ARMAS, GERMES E AÇO

Jared Diamond

ARMAS, GERMES E AÇO

Tradução de
SILVIA DE SOUZA COSTA
CYNTHIA CORTES
PAULO SOARES

11ª EDIÇÃO

EDITORA RECORD
RIO DE JANEIRO • SÃO PAULO
2009

CIP-Brasil. Catalogação-na-fonte
Sindicato Nacional dos Editores de Livros, RJ.

D528a Diamond, Jared M., 1937-
11ª ed. Armas, germes e aço: os destinos das sociedades humanas / Jared Diamond; tradução de Nota Assessoria, Silvia de Souza Costa. – 11ª ed. – Rio de Janeiro: Record, 2009.

Tradução de: Guns, germs and steel
Inclui bibliografia
ISBN 978-85-01-05600-9

1. Evolução social. 2. Civilização – História. 3. Etnologia. I. Título.

01-0765

CDD – 303.4
CDU – 316.423

Título original em inglês:
GUNS, GERMS AND STEEL
THE FATES OF HUMAN SOCIETIES

Copyright © 1997 by Jared Diamond

Todos os direitos reservados.
Proibida a reprodução, armazenamento ou transmissão de partes deste livro, através de quaisquer meios, sem prévia autorização por escrito.
Proibida a venda desta edição em Portugal e resto da Europa.

Direitos exclusivos de publicação em língua portuguesa para o Brasil adquiridos pela
EDITORA RECORD LTDA.
Rua Argentina 171 – Rio de Janeiro, RJ – 20921-380 –Tel.: 2585-2000
que se reserva a propriedade literária desta tradução

Impresso no Brasil

ISBN 978-85-01-05600-9

PEDIDOS PELO REEMBOLSO POSTAL
Caixa Postal 23.052
Rio de Janeiro, RJ – 20922-970

EDITORA AFILIADA

Para Esa, Kariniga, Omwai, Paran, Sauakari, Wiwor
e todos os outros amigos e professores da Nova Guiné —
mestres de um ambiente difícil

SUMÁRIO

PRÓLOGO A PERGUNTA DE YALI
  As diferenças regionais no curso da história 13

PARTE 1 DO ÉDEN A CAJAMARCA

CAPÍTULO 1 O PONTO DE PARTIDA
  O que aconteceu em todos os continentes antes de 11000 a.C.? 35

CAPÍTULO 2 UMA EXPERIÊNCIA NATURAL DE HISTÓRIA
  Como a geografia moldou sociedades nas ilhas polinésias 53

CAPÍTULO 3 ENFRENTAMENTO EM CAJAMARCA
  Por que o imperador inca Ataualpa não capturou o rei Carlos I da Espanha 67

PARTE 2 O SURGIMENTO E A EXPANSÃO DA PRODUÇÃO DE ALIMENTOS

CAPÍTULO 4 O PODER DOS FAZENDEIROS
  As raízes das armas, dos germes e do aço 83

CAPÍTULO 5 A HISTÓRIA DOS QUE TÊM E DOS QUE NÃO TÊM
  Diferenças geográficas no início da produção de alimentos 91

CAPÍTULO 6 SER OU NÃO SER AGRICULTOR
Causas da expansão da produção de alimentos 103

CAPÍTULO 7 COMO PRODUZIR AMÊNDOAS
O desenvolvimento inconsciente de velhas culturas 113

CAPÍTULO 8 MAÇÃS OU ÍNDIOS
Por que os povos de algumas regiões não conseguem cultivar plantas? 131

CAPÍTULO 9 ZEBRAS, CASAMENTOS INFELIZES E O PRINCÍPIO *ANNA KARENINA*
Por que a maioria dos grandes mamíferos nunca foi domesticada? 157

CAPÍTULO 10 VASTOS CÉUS E EIXOS INCLINADOS
Por que a produção de alimentos expandiu-se em velocidades diferentes nos diversos continentes? 177

PARTE 3 DO ALIMENTO ÀS ARMAS, AOS GERMES E AO AÇO

CAPÍTULO 11 O PRESENTE LETAL DOS ANIMAIS DOMÉSTICOS
A evolução dos germes 195

CAPÍTULO 12 ESQUEMAS DETALHADOS E LETRAS EMPRESTADAS
A evolução da escrita 215

CAPÍTULO 13 A MÃE DA NECESSIDADE
A evolução da tecnologia 239

CAPÍTULO 14 DO IGUALITARISMO À CLEPTOCRACIA
A evolução do governo e da religião 265

PARTE 4 A VOLTA AO MUNDO EM CINCO CAPÍTULOS

CAPÍTULO 15 O POVO DE YALI
As histórias da Austrália e da Nova Guiné 297

CAPÍTULO 16 COMO A CHINA TORNOU-SE CHINESA
A história do leste da Ásia 323

CAPÍTULO 17 UMA LANCHA PARA A POLINÉSIA
A história da expansão da Austronésia   335

CAPÍTULO 18 A COLISÃO DOS HEMISFÉRIOS
As histórias comparadas da Eurásia e das Américas   355

CAPÍTULO 19 COMO A ÁFRICA TORNOU-SE NEGRA
A história da África   377

EPÍLOGO   O FUTURO DA HISTÓRIA HUMANA COMO UMA CIÊNCIA   403

Agradecimentos   429

Leituras complementares   431

Índice   441

PRÓLOGO

A PERGUNTA DE YALI

Todos nós sabemos que a história avançou de modo muito diferente para os povos de cada parte do globo. Nos 13.000 anos que se passaram desde o fim da última Era Glacial, algumas partes do mundo desenvolveram sociedades industriais e letradas, que usavam utensílios de metal, enquanto outras produziram apenas sociedades agrícolas analfabetas e ainda outras se mantiveram caçadoras-coletoras de alimentos, usando artefatos feitos com pedras. Essas desigualdades projetaram grandes sombras sobre o mundo moderno, uma vez que as sociedades letradas que possuíam utensílios de metal conquistaram ou exterminaram as outras sociedades. Embora essas diferenças representem os fatos mais elementares da história mundial, suas causas continuam incertas e controvertidas. Essa intrigante questão me foi apresentada alguns anos atrás, de maneira simples e pessoal.

Em julho de 1972, eu estava caminhando por uma praia na ilha tropical de Nova Guiné, onde estudava a evolução dos pássaros, na condição de biólogo. Já tinha ouvido falar de um notável político local chamado Yali, que estava visitando o distrito naquele momento. Por acaso, Yali e eu caminhávamos na mesma direção naquele dia e ele me alcançou. Andamos juntos por uma hora, conversando durante todo o tempo.

Yali irradiava carisma e energia. Seus olhos brilhavam de modo hipnotizador. Ele falava de modo confiante sobre si mesmo, mas também fazia várias perguntas e ouvia atentamente as respostas. Nossa conversa começou com um assunto que estava na mente de todos os cidadãos da Nova Guiné — o ritmo acelerado dos acontecimentos políticos. Papua Nova Guiné, como o país de Yali é conhecido agora, era, naquela época, administrado pela Austrália sob mandato das Nações Unidas, mas a independência estava no ar. Yali explicou-me sua atuação, no sentido de conseguir nativos para formar um governo local.

Depois de algum tempo, Yali mudou o rumo da conversa e passou a me interrogar. Ele nunca havia saído da Nova Guiné e estudara até a escola secundária, mas sua curiosidade era insaciável. Primeiro, perguntou a respeito de meu trabalho sobre os pássaros de seu país e, inclusive, quanto eu ganhava. Expliquei como os diferentes grupos de pássaros colonizaram a Nova Guiné ao longo de milhões de anos. Ele quis saber então como os antepassados de seu próprio povo chegaram àquela região, ao longo de milhares de anos, e como os europeus brancos a colonizaram nos últimos 200 anos.

A conversa prosseguiu amistosamente, embora a tensão entre as duas sociedades, a representada por Yali e a minha, fosse conhecida por nós dois. Dois séculos atrás, todos os cidadãos da Nova Guiné ainda "viviam na Idade da Pedra". Isto é, ainda usavam utensílios feitos com pedras, semelhantes aos que foram substituídos na Europa pelos de metal milhares de anos atrás, e viviam em vilarejos, sem qualquer autoridade política centralizada. Os brancos chegaram, impuseram um governo central e levaram para a região diversos objetos cujo valor foi instantaneamente reconhecido pelos moradores locais, como machados de aço, fósforos, remédios, roupas, bebidas e guarda-chuvas. Na Nova Guiné, todos esses bens eram conhecidos pelo coletivo de "cargo".

Muitos colonizadores brancos desdenhavam abertamente os habitantes locais, que consideravam "primitivos". Até o menos capaz dos "mestres" brancos, como ainda eram chamados em 1972, tinha um padrão de vida bem melhor que o dos nativos, superior inclusive ao de políticos carismáticos como Yali. Mas Yali já havia feito perguntas a muitos homens brancos, como fazia agora para mim, e eu também já tinha conversado com vários nativos. Nós dois sabíamos perfeitamente bem que os cidadãos da Nova Guiné são, em geral, tão espertos quanto os europeus. Todas essas coisas deviam passar pela cabeça de Yali quando, com um olhar penetrante lançado por seus olhos brilhantes, indagou: "Por que vocês, brancos, produziram tanto 'cargo' e trouxeram tudo para a Nova Guiné, mas nós, negros, produzimos tão pouco 'cargo'?"

Era uma pergunta simples que ia ao fundo da questão como ele a sentia. Sim, existe uma grande diferença entre o estilo de vida do cidadão médio da Nova Guiné e o do europeu ou norte-americano médio. Diferenças do mesmo tipo também separavam os estilos de vida de outros povos em todo o mundo. Essas imensas disparidades devem ter causas poderosas, que alguém pode pensar que seriam óbvias.

Mas a pergunta aparentemente simples de Yali é difícil de ser respondida. Eu não tinha uma resposta naquela ocasião. Os historiadores profissionais ainda divergem sobre a resposta; a maioria nem mesmo faz mais essa pergunta. Nos anos que se passaram desde que tivemos essa conversa, estudei e escrevi sobre outros aspectos da evolução humana, sua história e sua língua. Este livro, escrito mais de 25 anos depois, é uma tentativa de responder à pergunta de Yali.

E<small>MBORA A PERGUNTA DE</small> Y<small>ALI</small> estivesse diretamente ligada ao contraste entre os estilos de vida adotados na Nova Guiné e pelos brancos europeus, ela pode ser estendida a um conjunto mais amplo de contrastes no mundo moderno. Povos de origem eurasiana, especialmente aqueles que ainda vivem na Europa e no leste da Ásia, assim como os levados para a América do Norte, dominam o mundo em termos de riqueza e poder. Outros povos, incluindo a maioria dos africanos, puseram fim à dominação colonial européia, mas continuam muito atrás em matéria de riqueza e poder. Existem ainda povos, como os aborígines da Austrália, os nativos das Américas e a maior parte dos habitantes do sul da África, que não são mais nem senhores de suas próprias terras, pois foram dizimados, subjugados e, em alguns casos, exterminados pelos colonizadores europeus.

Assim, perguntas sobre a desigualdade no mundo moderno podem ser reformuladas da seguinte maneira: por que a riqueza e o poder foram distribuídos dessa forma e não de qualquer outra? Por exemplo, por que os índios americanos, os africanos e os aborígines australianos não dizimaram, subjugaram ou exterminaram os europeus e asiáticos?

Podemos facilmente dar um passo atrás. No ano de 1500, quando a expansão colonial européia por todo o mundo estava se iniciando, povos de diferentes continentes já apresentavam grandes diferenças em matéria de tecnologia e organização política. Em boa parte da Europa, da Ásia e do norte da África havia Estados ou impérios que dominavam o metal, alguns deles no limiar da industrialização. Dois povos nativos das Américas, os astecas e os incas, dominavam impérios com armas e utensílios de pedras. Partes da África subsaariana foram divididas em pequenos Estados ou reinos com armas de ferro. A maioria dos outros povos — incluindo os da Austrália e da Nova Guiné, de muitas ilhas do Pacífico, de boa parte das Américas e de pequenas partes da África subsaariana — vivia como tribos de agricultores ou mesmo como bandos caçadores-coletores, usando utensílios e armas feitos de pedras.

Naturalmente, essas diferenças tecnológicas e políticas existentes em 1500 foram as causas imediatas das desigualdades do mundo moderno. Os impérios que possuíam armas de aço tinham condições de conquistar ou exterminar tribos com armas de pedra ou madeira. Como, então, o mundo chegou ao estágio em que se encontrava em 1500?

Mais uma vez, podemos recuar facilmente, recorrendo às histórias escritas e às descobertas arqueológicas. Até o fim da última Era Glacial, cerca de 11.000 anos antes de Cristo, todos os povos de todos os continentes eram caçadores-coletores de alimentos. Entre 11000 a.C. e 1500 d.C., diferentes ritmos de desenvolvimento nos vários continentes resultaram nas desigualdades tecnológicas e políticas existentes em 1500. Enquanto os aborígines australianos e muitos nativos americanos continuavam caçadores-coletores, a maior parte da Eurásia e boa parte das Américas e da África subsaariana desenvolveram gradualmente a agricultura, a criação de gado, a metalurgia e organizações políticas complexas. Partes da Eurásia e uma área das Américas também avançaram na escrita. Contudo, cada uma dessas novidades aparecia mais cedo na Eurásia do que em qualquer outra região. Por exemplo, a produção em massa de utensílios de bronze, que começava nos Andes sul-americanos nos séculos que antecederam 1500, já estava consolidada em partes da Eurásia mais de 4.000 anos antes. A tecnologia da pedra dos tasmanianos, que tiveram seu primeiro contato com os exploradores europeus em 1642, era mais simples que a do Paleolítico Superior na Europa dezenas de milhares de anos antes.

Assim, podemos finalmente reformular a pergunta sobre as desigualdades do mundo moderno da seguinte maneira: por que o desenvolvimento humano avançou em ritmos desiguais nos diferentes continentes? Esses ritmos disparatados constituem o padrão mais abrangente da história e o tema do meu livro.

Embora este livro trate, em última análise, de história e pré-história, o seu assunto não é de interesse apenas acadêmico, mas de imensa importância prática e política. Foi a história das interações entre povos distintos que deu forma ao mundo moderno, por meio de conquistas, epidemias e genocídios. Esses enfrentamentos produziram conseqüências que ainda não desapareceram depois de muitos séculos, e que continuam ativas em algumas das mais problemáticas áreas do mundo atual.

Boa parte da África, por exemplo, ainda luta com o legado do colonialismo recente. Em outras regiões — entre elas a maior parte da América Central, México,

Peru, Nova Caledônia, a ex-União Soviética e partes da Indonésia —, rebeliões civis ou guerras de guerrilha fazem populações nativas ainda numerosas enfrentar governos dominados por descendentes dos conquistadores. Muitos povos autóctones — como os nativos do Havaí, os aborígines australianos, os siberianos, e os índios dos Estados Unidos, Canadá, Brasil, Argentina e Chile — foram tão dizimados por genocídios e doenças que acabaram superados em quantidade pelos descendentes dos invasores. Embora sejam incapazes de produzir uma guerra civil, eles exigem e defendem cada vez mais os seus direitos.

Além das atuais conseqüências políticas e econômicas de enfrentamentos ocorridos no passado entre os povos, existe o fator lingüístico — especialmente o iminente desaparecimento da maioria das 6.000 línguas remanescentes do mundo moderno, que estão sendo substituídas por inglês, chinês, russo e alguns outros idiomas cujo número de usuários cresceu enormemente nos últimos séculos. Todos esses problemas do mundo moderno resultam de diferentes trajetórias históricas implícitas na pergunta de Yali.

A<small>NTES DE PROCURAR RESPONDÊ-LA</small>, deveríamos fazer uma pausa para considerar certas objeções a essa discussão. Algumas pessoas se ofendem pelo simples fato de a questão ser apresentada, por vários motivos.

Uma objeção é a seguinte: se conseguimos explicar como um povo pode dominar outro, isso não parece uma justificativa para a dominação? Não daria a impressão de que o desfecho era inevitável e que, portanto, seria inútil tentar mudar o resultado? Esta objeção baseia-se na tendência comum de confundir uma explicação das causas com a justificativa ou aceitação dos resultados. O uso que alguém faz de uma explicação histórica é diferente da explicação em si. A compreensão é mais freqüentemente usada para tentar alterar o resultado do que para repeti-lo ou perpetuá-lo. É por isso que os psicólogos tentam entender as mentes de assassinos e estupradores, historiadores sociais tentam entender os genocídios e médicos tentam entender as causas das doenças humanas. Eles não pretendem justificar o assassinato, o estupro, o genocídio ou a doença. Ao contrário, tentam usar a compreensão de uma cadeia de causas para interrompê-la

Em segundo lugar, responder automaticamente à pergunta de Yali não significa adotar uma perspectiva eurocêntrica da história, uma glorificação dos europeus ocidentais e uma obsessão pela proeminência da Europa ocidental e da América europeizada no mundo moderno? Essa importância não é um fenômeno efêmero dos últimos séculos, atualmente reduzida pelo crescimento do Japão e do sudeste Asiático? Na realidade, a maior parte deste livro vai tratar de povos não-europeus. Mais do que enfocar apenas as interações entre europeus e não-europeus, pretendemos examinar as interações entre diferentes povos não-europeus — especialmente aquelas que ocorreram entre os povos nativos da África subsaariana, do sudeste da Ásia, da Indonésia e da Nova Guiné. Longe de glorificar os povos de origem européia ocidental, pretendemos ver que os elementos básicos de sua civilização foram desenvolvidos por outros povos, que vivem em outros lugares, e que foram importados pela Europa ocidental.

Em terceiro lugar, palavras como "civilização" e expressões como "ascensão da civilização" podem dar a falsa impressão de que a civilização é algo bom, enquanto as tribos de caçadores-coletores de alimentos permanecem miseráveis — e que a história dos últimos 13.000 anos apresentou progressos no sentido de uma maior felicidade humana. De fato, não presumo que os Estados industrializados sejam "melhores" do que as sociedades de caçadores-coletores, ou que a troca desse estilo de vida por uma civilização baseada no ferro represente "progresso" ou, ainda, que tenha resultado num aumento da felicidade humana. Minha impressão, após ter dividido minha vida entre cidades dos Estados Unidos e vilarejos da Nova Guiné, é que os chamados benefícios da civilização são ambíguos. Por exemplo, em comparação com os caçadores-coletores, os cidadãos dos modernos Estados industrializados desfrutam de melhor atendimento médico, correm menor risco de morte por homicídio e têm uma expectativa de vida maior, mas também recebem menos apoio de seus amigos e de suas famílias. Meu motivo para investigar essas diferenças geográficas nas sociedades humanas não é celebrar um tipo de sociedade em detrimento de outra, mas, simplesmente, tentar entender o que aconteceu.

SERÁ QUE A PERGUNTA DE YALI precisa de um outro livro para ser respondida? Será que ainda não sabemos a resposta? E se sabemos, qual é ela?

Provavelmente, a explicação mais comum envolve implícita ou explicitamente a existência de diferenças biológicas entre os povos. Nos séculos após 1500, à medida que os exploradores europeus perceberam as enormes diferenças entre os povos do mundo em matéria de tecnologia e organização política, eles chegaram à conclusão de que isso se devia a diferenças em habilidades inatas. Com o surgimento da teoria de Darwin, as explicações foram reformuladas, passando a envolver seleção natural e descendência evolutiva. Povos tecnologicamente primitivos foram considerados remanescentes evolucionários de descendentes humanos dos primeiros ancestrais da espécie. O deslocamento desses povos pelos colonizadores das sociedades industriais comprova a lei da sobrevivência dos mais fortes. Com a posterior evolução da genética, as explicações foram novamente reformuladas. Os europeus passaram a ser considerados geneticamente mais inteligentes do que os africanos e, especialmente, do que os aborígines australianos.

Atualmente, segmentos da sociedade ocidental repudiam o racismo. Mas ainda muitos (talvez a maioria) dos ocidentais continuam a aceitar, reservada ou subconscientemente, explicações racistas. No Japão e em muitos outros países, essas teorias ainda são publicamente assumidas. Até mesmo brancos americanos, europeus e australianos instruídos admitem que há algo de primitivo quando se fala em aborígines australianos. Sua aparência certamente é diferente da dos brancos. Muitos dos descendentes desses aborígines que sobreviveram à colonização européia estão encontrando agora dificuldades para ter sucesso econômico na sociedade branca da Austrália.

Uma argumentação semelhante é usada no caso dos imigrantes brancos que foram para a Austrália e construíram um Estado democrático, alfabetizado, industrializado, com comando político central, baseado em utensílios de metal e na produção de alimentos. Tudo isso em um século de colonização de um continente onde os aborígines tinham vivido como tribos caçadoras-coletoras, sem usar metais, por pelo menos 40.000 anos. Aqui estão duas experiências de desenvolvimento humano em que o ambiente era idêntico, e a única variável era o povo. Que outra prova poderia ser necessária para demonstrar que as diferenças entre os aborígines australianos e as sociedades européias derivam das diferenças entre os próprios povos?

A objeção a estas explicações racistas não se limita ao fato de que elas são repugnantes, mas envolve também a constatação de que estão erradas. Faltam provas seguras da existência de diferenças na inteligência humana que resultem em diferenças tecnológicas. Na realidade, como explicarei a seguir, povos modernos da "Idade da Pedra" são, de modo geral, provavelmente mais inteligentes, e não menos, que os industrializados. Por mais paradoxal que possa parecer, veremos no Capítulo 15 que os imigrantes brancos da Austrália não merecem o crédito que habitualmente lhes é atribuído pela construção de uma sociedade alfabetizada e industrial, com as virtudes mencionadas anteriormente. Além disso, os povos que até pouco tempo atrás eram tecnologicamente primitivos — como os aborígines da Austrália e os nativos da Nova Guiné — costumam dominar as tecnologias industriais quando têm oportunidade de fazê-lo.

Especialistas em psicologia cognitiva fizeram intensas pesquisas em busca de diferenças de QI entre povos de diferentes origens geográficas que agora vivem no mesmo país. Um grande número desses profissionais — brancos, norte-americanos — tentou durante muitas décadas demonstrar que seus conterrâneos negros de origem africana são menos inteligentes que os brancos norte-americanos de origem européia. Como é sabido, contudo, a comparação foi feita entre pessoas com grandes diferenças em seu ambiente social e em suas oportunidades educacionais. Este fato cria dificuldades duplas para as tentativas de testar a hipótese de que as diferenças intelectuais podem explicar as diferenças tecnológicas. Primeiro, porque mesmo nossa capacidade cognitiva como adultos é fortemente influenciada pelo ambiente social em que vivemos durante a infância, o que torna difícil distinguir influências genéticas preexistentes. Segundo, porque testes de capacidade cognitiva (como os testes de QI) tendem a medir o aprendizado cultural e não apenas a inteligência inata, o que quer que ela signifique. Devido aos indiscutíveis efeitos do ambiente da infância e do conhecimento adquirido sobre os resultados dos testes, os esforços dos psicólogos não conseguiram estabelecer, de modo convincente, a suposta deficiência genética nos QIs dos povos não-brancos.

Minha perspectiva nessa controvérsia baseia-se em 33 anos de trabalho com os habitantes da Nova Guiné, em suas sociedades ainda intactas. Desde o início desse meu trabalho, eles me impressionaram por serem, em geral, mais inteligentes, mais atentos, mais expressivos e mais interessados nas coisas e nas pessoas em torno deles do que um europeu ou um norte-americano médio. Para algumas funções que se pode razoavelmente supor que refletem aspectos do funcionamento do cérebro, como a capacidade de formar um mapa mental de localidades que lhes são pouco familiares, eles parecem consideravelmente mais competentes que os ocidentais. Naturalmente, os nativos tendem a mostrar um fraco desempenho em tarefas para as quais os ocidentais foram bem treinados desde a infância e eles não. Por isso, quando pessoas que vivem em vilarejos remotos da Nova Guiné e pouco freqüentaram escolas chegam às cidades, elas parecem meio estúpidas para os ocidentais. Por outro lado, constantemente percebo como eu pareço estúpido aos olhos de meus anfitriões quando estou com eles na floresta, deixando evidente minha incompetência em tarefas simples (como seguir uma trilha ou construir um abrigo), nas quais eles são treinados desde crianças e eu não.

É fácil encontrar dois motivos para comprovar minha impressão de que os nativos da Nova Guiné são mais inteligentes que os ocidentais. Primeiro, os europeus têm vivido por milhares de anos em sociedades densamente povoadas, com governos centrais, polícia e sistema judiciário. Nessas sociedades, doenças epidêmicas infecciosas (como a varíola) estavam entre as mais importantes causas de mortes, enquanto os assassinatos eram relativamente pouco comuns e o estado de guerra era a exceção e não a regra. A maioria dos europeus que sobreviveram a algumas doenças fatais também escapou de outras causas potenciais de morte e conseguiu passar adiante seus genes. Hoje, a maior parte das crianças ocidentais sobrevive às infecções fatais e se reproduz, independentemente de sua inteligência e dos genes que carrega. Por outro lado, os nativos da Nova Guiné têm vivido em sociedades nas quais a quantidade de pessoas é pequena demais para permitir o desenvolvimento de doenças epidêmicas comuns às populações mais densas. Em vez disso, eles registram um alto índice de mortalidade decorrente de assassinatos, guerras tribais crônicas, acidentes e carência de alimentos.

Pessoas inteligentes têm mais probabilidade que as menos inteligentes de escapar dessas causas de alta mortalidade das sociedades tradicionais da Nova Guiné. Entretanto, a mortalidade causada por doenças epidêmicas em sociedades tradicionais européias pouco tem a ver com inteligência, pois envolve resistência genética, que depende de detalhes da química do corpo. Por exemplo, pessoas com sangue dos grupos B e O têm mais resistência à varíola do que as do grupo A. Isto é, a seleção natural, ao promover genes da inteligência, foi provavelmente bem mais implacável na Nova Guiné do que em áreas mais densamente povoadas e sociedades politicamente complexas, onde a seleção natural, no que diz respeito à química do corpo, foi mais rigorosa.

Além desta razão genética, há um segundo motivo pelo qual os nativos da Nova Guiné podem ter se tornado mais inteligentes que os ocidentais. As crianças européias e norte-americanas de hoje gastam boa parte de seu tempo passivamente entretidas pela televisão, pelo rádio e pelo cinema. Em um lar médio norte-americano, a televisão fica ligada diariamente durante sete horas. Por outro lado, as crianças da Nova Guiné não têm essa oportunidade e fazem alguma atividade durante quase todas as horas em que permanecem acordadas, seja conversando ou brincando com outras crianças ou com adultos. Quase todos os estudos sobre o desenvolvimento das crianças enfatizam o papel do estímulo infantil e da atividade para o desenvolvimento mental, além de destacarem os prejuízos mentais irreversíveis associados à ausência de estímulos. Esse efeito naturalmente contribui com um componente não-genético para a função mental em média superior apresentada pelos nativos.

Isso significa que, provalmente, a capacidade mental do povo da Nova Guiné é geneticamente superior à dos ocidentais, e eles são certamente superiores em sua capacidade de escapar das devastadoras desvantagens do desenvolvimento, sob as quais a maioria das crianças das sociedades industrializadas cresce hoje em dia. Não se trata de insinuar alguma desvantagem intelectual dos nativos que pudesse servir de resposta à pergunta de Yali. Os mesmos dois fatores — a genética e o desenvolvimento infantil —, servem para distinguir não apenas os nativos da Nova Guiné dos ocidentais, mas também os caçadores-coletores e outros integrantes de sociedades tecnologicamente primitivas de integrantes de sociedades tecnologicamente avançadas. Portanto, o habitual pressuposto racista tem que ser virado de cabeça para baixo. Por que os europeus, apesar de sua provável desvantagem genética, acabaram com muito mais "cargo"? Por que os nativos permaneceram tecnologicamente primitivos, embora eu ache que têm inteligência superior?

UMA EXPLICAÇÃO GENÉTICA não é a única resposta possível para a pergunta de Yali. Uma outra, bastante popular entre os habitantes do norte da Europa, invoca o suposto efeito estimulante de seu clima frio, em contraste com o clima tropical, quente e úmido, sobre a criatividade e a energia humanas. Talvez a variação sazonal do clima nas altas latitudes apresente desafios mais variados do que o constante clima tropical. Talvez os climas frios exijam mais inventividade tecnológica para garantir a sobrevivência, porque a pessoa precisa construir uma casa quente e produzir roupas quentes para se abrigar, enquanto a que vive nos trópicos consegue sobreviver com casas mais simples e com poucas roupas. O raciocínio pode também ser invertido para que se chegue à mesma conclusão: os longos invernos nas altas latitudes deixam as pessoas com mais tempo para permanecer dentro de casa e criar.

Embora já tenha sido popular, esse tipo de explicação não resiste a um exame criterioso. Como poderemos ver, os povos do norte da Europa não deram nenhuma contribuição fundamental para a civilização eurasiana até os últimos mil anos; eles simplesmente tiveram a sorte de viver em uma localização geográfica onde podiam se beneficiar dos conhecimentos (como a agricultura, a roda, a escrita e a metalurgia) desenvolvidos em partes menos frias da Eurásia. No Novo Mundo, as regiões frias de altas latitudes eram ainda mais sossegadas. As únicas sociedades de nativos americanos a desenvolver a escrita foram as do México, ao sul do trópico de Câncer; a mais antiga cerâmica do Novo Mundo surgiu em uma região próxima do Equador, na tropical América do Sul; e a sociedade geralmente considerada a mais avançada do Novo Mundo, em termos de arte, astronomia e outros aspectos foi a maia, localizada em Yucatán e na Guatemala, no primeiro milênio.

Há ainda um terceiro tipo de resposta para Yali, que invoca a suposta importância dos vales junto aos rios em climas secos, onde uma agricultura altamente produtiva dependia de sistemas de irrigação de larga escala, que por sua vez exigiam burocracias centralizadas. Essa explicação foi sugerida pelo fato indiscutível de que os primeiros impérios conhecidos e sistemas de escrita surgiram nos vales do Tigre e do Eufrates, no Crescente Fértil, e na região do Nilo, no Egito. Os sistemas de controle de água também aparecem associados a organizações políticas centralizadas em algumas áreas do mundo, inclusive o vale do Indo, do subcontinente indiano; os vales Amarelo e Yang-tsé, da China; as planícies habitadas pelos maias na América Central; e o deserto litorâneo do Peru.

Estudos arqueológicos detalhados mostraram, contudo, que os complexos sistemas de irrigação não *acompanharam* o surgimento de burocracias centralizadas, mas surgiram *após* um período considerável. Isto é, a centralização política foi decorrência de alguma outra causa e, então, permitiu a construção de complexos sistemas de irrigação. Nenhum dos acontecimentos decisivos que antecederam a centralização política nessas partes do mundo esteve associado a vales com rios ou a complexos sistemas de irrigação. A produção de alimentos e a vida em vilarejos no Crescente Fértil, por exemplo, tiveram origem nas montanhas, não nos vales. A região do rio Nilo permaneceu sem manifestações culturais por aproximadamente 3.000 anos, depois de iniciada a produção de alimentos nos vilarejos das montanhas do Crescente Fértil. Os vales do sudoeste dos Estados Unidos acabaram tendo agricultura irrigada e sociedades complexas, mas somente depois de importar do México a maior parte desses conhecimentos. Os vales do sudeste da Austrália, por sua vez, permaneceram ocupados por sociedades tribais sem agricultura.

Há ainda um outro tipo de explicação dos fatores imediatos que permitiram aos europeus matar ou conquistar outros povos — com suas armas, as doenças infecciosas, os utensílios de aço e os produtos manufaturados. Essa explicação segue o caminho certo, na medida em que esses fatores foram diretamente responsáveis pelas conquistas européias. No entanto, esta hipótese é incompleta, porque ainda oferece apenas uma explicação aproximada que identifica as causas imediatas. Ela convida a buscar as causas originais: por que eram os europeus, e não os africanos ou os nativos americanos, que detinham as armas, os germes mais repulsivos e o aço?

Embora tenham sido obtidos alguns progressos na identificação das causas originais da conquista européia do Novo Mundo, a África permaneceu um grande enigma. Foi lá que os proto-humanos evoluíram durante mais tempo, onde surgiram os humanos modernos e onde doenças nativas, como a malária e a febre amarela, mataram os exploradores europeus. Se o tempo conta para alguma coisa, por que as armas e o aço não surgiram primeiro na África, permitindo que seus povos e seus germes conquistassem a Europa? E o que determinou o fracasso dos aborígines australianos em superar o estágio de caçadores-coletores com utensílios de pedra?

Essas perguntas que surgem da comparação das sociedades humanas em todo o mundo já atraíram muita atenção de historiadores e geógrafos. O mais conhecido exemplo desses esforços foi o *Estudo da história*, de Arnold Toynbee, em 12 volumes. Ele estava especificamente interessado na dinâmica interna de 23 civilizações avançadas, das quais 22 eram alfabetizadas e 19 eram eurasianas. Estava menos preocupado com a pré-história e as sociedades mais simples e analfabetas. Mas as raízes das desigualdades no mundo moderno encontram-se lá atrás, na pré-história. Portanto, Toynbee não formulou a pergunta de Yali, nem chegou à compreensão do que considero um padrão mais amplo da história. Outros livros disponíveis sobre história mundial tendem, da mesma forma, a focalizar apenas as civilizações adiantadas e alfabetizadas da Eurásia dos últimos 5.000 anos. Eles mencionam muito superficialmente as civilizações pré-colombianas dos nativos americanos e tratam ainda mais resumidamente do resto do mundo, exceto por suas interações recentes com civilizações eurasianas. Desde a tentativa de Toynbee, as sínteses das causas históricas em todo o mundo caíram em desgraça entre a maioria dos historiadores, por apresentar um problema aparentemente intratável.

Especialistas de várias disciplinas forneceram sínteses globais de seus assuntos. Contribuições muito proveitosas foram fornecidas por geógrafos ecologistas, antropólogos culturais, biólogos que se dedicaram ao estudo de plantas e da domesticação de animais, assim como estudiosos preocupados com o impacto das doenças infecciosas na história. Esses estudos chamaram a atenção para partes do enigma, mas forneceram apenas fatias da necessária síntese mais ampla que estava faltando.

Assim, não há uma resposta amplamente aceita para a pergunta de Yali. As explicações mais próximas são claras: alguns povos desenvolveram armas, germes e aço, além de outros fatores que lhes conferiram poder político e econômico antes de outros; e alguns povos simplesmente nunca obtiveram esses fatores de poder. Por outro lado, as explicações definitivas — por exemplo, por que os utensílios de bronze apareceram cedo em partes da Eurásia e tarde ou apenas em alguns locais do Novo Mundo, e nunca para os aborígines australianos — permanecem pouco claras.

A falta de explicações definitivas deixa uma imensa lacuna intelectual, já que um padrão mais amplo da história permanece inexplicado. Muito mais grave, contudo, é a lacuna moral a ser preenchida. É perfeitamente óbvio para qualquer um, racista ou não, que os diferentes povos percorreram de forma diferente a história. Os Estados Unidos de hoje são uma sociedade moldada pelo padrão europeu, ocupando terras conquistadas dos nativos americanos e incorporando os descendentes de milhões de negros africanos da região subsaariana, levados para a América como escravos. A Europa moderna não é uma sociedade moldada por negros africanos que levaram milhões de nativos americanos como escravos.

Esses resultados são completamente desequilibrados: não se trata de dizer que 51% das Américas, da Austrália e da África foram conquistadas por europeus, enquanto 49% do território europeu foi conquistado por nativos americanos, aborígines australianos ou africanos. O mundo moderno, como um todo, é constituído de soluções desequilibradas. Portanto, é preciso ter explicações inexoráveis, mais consistentes do que meros detalhes em relação a quem venceu uma batalha ou desenvolveu algum invento em determinada ocasião, alguns milhares de anos atrás.

Parece lógico supor que os padrões da história refletem as diferenças inatas entre os povos. Naturalmente, aprendemos que não é delicado dizer isso em público. Lemos a respeito de estudos técnicos que pretendem demonstrar diferenças inatas, assim como lemos que esses estudos contêm falhas técnicas. Vemos também em nossas vidas cotidianas que alguns povos conquistados continuam a formar uma subclasse séculos depois das conquistas ou das importações de escravos. Fomos informados de que isso também não deve ser atribuído a qualquer defeito biológico, mas a desvantagens sociais ou oportunidades limitadas.

Ainda assim, temos que pensar. Continuamos vendo todas essas indiscutíveis e persistentes diferenças na situação dos povos. Garantem-nos que a explicação biológica para as desigualdades do mundo em 1500 é errada, mas não nos dizem qual é a explicação correta. Até que tenhamos uma versão convincente, detalhada, dentro de uma visão mais ampla da história, a maioria das pessoas vai continuar suspeitando de que a tese racista é a mais correta. E isso me parece o principal motivo para escrever este livro.

OS JORNALISTAS FREQÜENTEMENTE PEDEM aos autores para resumirem um livro volumoso em uma frase. Para este livro, aqui está a frase: "A história seguiu diferentes rumos para os diferentes povos devido às diferenças entre os ambientes em que viviam e não devido a diferenças biológicas entre os povos."

Naturalmente, o conceito de que o meio ambiente geográfico e a biogeografia influenciaram o desenvolvimento social é antigo. Hoje em dia, entretanto, essa opinião não é bem-vista pelos historiadores. É considerada errada ou simplista, ou é classificada de determinismo ambientalista e rejeitada — ou, ainda, toda essa questão de tentar compreender as diferenças do mundo é evitada por ser muito difícil. A geografia, obviamente, teve *algum* efeito na história. A questão que permanece aberta é sobre a extensão desse efeito e se a geografia pode ser responsável por um padrão mais amplo de história.

Esta é uma boa época para rever essas questões, em função das novas informações proporcionadas pela ciência, graças a disciplinas como genética, biologia molecular e biogeografia aplicadas às colheitas atuais e suas ancestrais silvestres; as mesmas disciplinas mais a ecologia comportamental, aplicadas a animais domésticos e seus antepassados selvagens; a biologia molecular dos germes humanos e de animais; a epidemiologia das doenças humanas; a genética humana; a lingüística; os estudos arqueológicos sobre todos os continentes e as principais ilhas; e estudos sobre a história da tecnologia, da escrita e da organização política.

Essa variedade de disciplinas cria problemas para os candidatos a autor de um livro que pretenda responder à pergunta de Yali. O autor precisa ter uma ampla gama de conhecimentos sobre as disciplinas mencionadas, de modo a sintetizar os avanços importantes. A história e a pré-história de cada continente devem ser sintetizadas de forma semelhante. O assunto deste livro é história, mas com uma abordagem científica — em particular, de ciências históricas como a biologia da evolução e a geologia. O autor deve ser capaz de entender experiências de uma ampla gama de sociedades humanas, desde as sociedades de caçadores-coletores de alimentos até as civilizações atuais da era espacial.

Essas exigências parecem inicialmente requerer um trabalho multiautoral. Mas essa possibilidade está condenada desde o início, porque a essência do problema é desenvolver uma síntese única. Portanto, seria necessário apenas um autor, apesar de todas as dificuldades que a tarefa apresenta. Inevitavelmente, esse único autor terá que suar muito para assimilar material de muitas disciplinas, e vai precisar de orientação de muitos colegas.

Minha experiência levou-me a várias dessas disciplinas, mesmo antes de Yali me fazer a pergunta, em 1972. Minha mãe é professora e lingüista; meu pai, médico especializado em genética de doenças infantis. Devido ao exemplo de meu pai, fui para a escola pensando em ser médico. Mas tornei-me um fanático observador de pássaros quando tinha sete anos. Portanto, foi um passo natural, no início de meus estudos universitários, mudar da medicina para a pesquisa biológica. Ao longo de meus anos na escola, entretanto, aprendi principalmente línguas, história e redação. Mesmo depois de decidir fazer meu doutorado em fisiologia, quase abandonei a ciência para me tornar lingüista.

Desde que completei meu doutorado em 1961, dividi minha pesquisa científica em dois campos: fisiologia molecular de um lado e biologia da evolução e biogeografia de outro. Como uma contribuição a mais para o objetivo deste livro, a biologia da evolução é uma ciência historicamente forçada a usar métodos diferentes das ciências laboratoriais. Essa experiência tornou familiares para mim as dificuldades de trabalhar a história humana com uma perspectiva científica. Vivendo na Europa de 1958 a 1962, entre amigos europeus cujas vidas haviam sido brutalmente traumatizadas pela história do Velho Continente no século XX, comecei a pensar mais seriamente sobre como cadeias de causas agem no desdobramento da história.

Nos últimos 33 anos, meu trabalho de campo como biólogo da evolução me fez entrar em contato com uma ampla gama de sociedades humanas. Minha especialidade é a evolução dos pássaros — que estudei na América do Sul, no sul da África, na Indonésia, na Austrália e especialmente na Nova Guiné. Convivendo com os nativos dessas regiões, familiarizei-me com muitas sociedades tecnologicamente primitivas, desde aquelas de caçadores-coletores de alimentos até tribos dedicadas à agricultura e povos pescadores, que dependiam até recentemente de utensílios de pedra. Portanto, o que a maioria das pessoas educadas consideraria estranhos estilos de vida é parte integrante da minha vida. A Nova Guiné, embora possua apenas uma pequena fração de terra, abriga uma desproporcional diversidade humana. Das 6.000 línguas modernas, 1.000 são encontradas lá. Durante meu trabalho com os pássaros da Nova Guiné, meu interesse por línguas foi reforçado pela necessidade de deduzir os nomes de diferentes espécies a partir de listas elaboradas em quase 100 desses idiomas.

A partir de todos esses interesses surgiu o meu livro mais recente, um relato da evolução humana intitulado *O terceiro chimpanzé*. Em seu capítulo 14, chamado "Conquistadores acidentais", procurei entender as conseqüências do encontro de europeus e nativos americanos. Depois de terminado o livro, percebi que outros encontros entre povos modernos, bem como pré-históricos, suscitavam indagações semelhantes. Vi que a questão tratada naquele capítulo 14 era, em essência, a pergunta feita por Yali em 1972, apenas transferida para outra parte do mundo. Finalmente, com a ajuda de muitos amigos, tentarei satisfazer a curiosidade de Yali — e a minha própria.

Os CAPÍTULOS DESTE LIVRO foram divididos em quatro partes. A Parte 1, intitulada "Do Éden a Cajamarca", é formada por três capítulos. O Capítulo 1 proporciona uma viagem rápida pela evolução humana e a história, desde que nos distinguimos dos gorilas, cerca de 7 milhões de anos atrás, até o fim da última Era Glacial, há aproximadamente 13.000 anos. Mostraremos como os ancestrais humanos se espalharam, a partir de suas origens na África, para outros continentes, de modo a entender o estágio do mundo pouco antes dos acontecimentos freqüentemente sintetizados pela expressão "surgimento da civilização". Ocorre que o desenvolvimento humano em alguns continentes começou bem antes do que em outros.

O Capítulo 2 nos prepara para examinar os efeitos históricos dos ambientes de cada continente nos últimos 13.000 anos, por meio de um breve exame das conseqüências históricas do ambiente de algumas ilhas durante um certo período de tempo. Quando os ancestrais dos polinésios se espalharam pelo Pacífico, cerca de 3.200 anos atrás, encontraram ilhas com ambientes muito diferentes. Em poucos milênios, aquela sociedade ancestral polinésia se espalhou por diversas ilhas, gerando várias sociedades diferentes, que iam de tribos de caçadores-coletores até proto-impérios. Essa seqüência pode servir de modelo para processos mais longos, em maior escala e menos compreendidos, de reprodução de sociedades nos diferentes continentes, desde o fim da última Era Glacial até se tornarem tribos caçadoras-coletoras ou impérios.

O Capítulo 3 apresenta os confrontos entre os povos de diferentes continentes, ao reproduzir, por intermédio de testemunhas contemporâneas, relatos do mais dramático desses choques na história: a captura do último imperador independente dos incas, Ataualpa, na presença de todo o seu exército, por Francisco Pizarro e seu pequeno bando de conquistadores, na cidade peruana de Cajamarca. Podemos identificar a cadeia de fatores que permitiu que Pizarro capturasse Ataualpa, que se reproduziu nas conquistas européias de outras sociedades nativas americanas. Esses fatores incluíram germes espanhóis, cavalos, cultura, organização política e tecnologia (especialmente navios e armas). Essa análise das causas próximas é a parte fácil deste livro; a difícil é identificar as causas originais que levaram a isso e ao desfecho real e não ao oposto, com Ataualpa indo para Madri e capturando o rei Carlos I da Espanha.

A Parte 2, intitulada "O surgimento e a expansão da produção de alimentos" e constituída dos capítulos 4 a 10, é dedicada ao que acredito ser a mais importante constelação de causas fundamentais. O Capítulo 4 mostra como a produção de alimentos — isto é, a produção de comida por meio da agricultura ou da criação de gado, em vez da caça ou coleta de alimentos silvestres —, em última análise, gerou os fatores imediatos que permitiram o triunfo de Pizarro. Mas o surgimento da produção de alimentos variou bastante em todo o mundo. Como veremos no Capítulo 5, os povos de algumas regiões desenvolveram sozinhos sua produção de alimentos; outros foram aprendendo desde os tempos pré-históricos, enquanto outros nem desenvolveram nem adquiriram esse conhecimento, permanecendo caçadores-coletores até os tempos modernos. O Capítulo 6 examina os numerosos fatores que produziram a mudança do estilo de vida caçador-coletor para o produtor de comida em algumas áreas e não em outras.

Os Capítulos 7, 8 e 9 mostram como o cultivo de plantas e a domesticação de animais surgiram na pré-história, a partir de plantas e animais selvagens, graças a agricultores iniciantes e criadores que não tinham condições de perceber as possibilidades com que estavam efetivamente lidando. As diferenças geográficas em matéria de plantas e de animais selvagens disponíveis para domesticação percorrem um longo caminho para explicar por que apenas algumas áreas tornaram-se centros independentes de produção de alimentos e por que isso ocorreu mais cedo em algumas partes do mundo do que em outras. Desses poucos centros originais, a produção de alimentos espalhou-se muito mais rapidamente para algumas áreas do que para outras. Um dos principais fatores que contribuíram para a diferença nos ritmos de expansão foi a direção dos eixos continentais: predominantemente oeste-leste para a Eurásia e predominantemente norte-sul para as Américas e a África (Capítulo 10).

Assim, o Capítulo 3 mostra os fatores imediatos por trás da conquista européia dos nativos americanos, e o Capítulo 4, a relação desses fatores com a produção de alimentos. Na Parte 3 ("Do alimento às armas, aos germes e ao aço", capítulos 11 a 14), as conexões das causas originais com as causas imediatas são traçadas em detalhes, começando com a evolução dos germes característica das populações humanas densas (Capítulo 11). Muito mais nativos americanos e outros povos não-eurasianos foram mortos pelos germes eurasianos do que por suas armas. Por outro lado, poucos (ou nenhum) germes letais esperavam os conquistadores europeus no Novo Mundo. Por que a troca de germes foi tão desigual? Os resultados dos mais recentes estudos de biologia molecular esclarecem a relação dos germes com o surgimento da produção de alimentos, muito mais na Eurásia do que nas Américas.

Outra cadeia de causas levou da produção de alimentos à escrita, possivelmente a mais importante invenção dos últimos milhares de anos (Capítulo 12). A escrita evoluiu apenas algumas poucas vezes na história humana, em áreas que haviam sido os primeiros locais de produção de alimentos de suas respectivas regiões. Todas as outras sociedades que se tornaram alfabetizadas o fizeram pela difusão de sistemas de escrita ou da idéia de escrever a partir de um daqueles centros primários. Por isso, para o estudante de história mundial, o fenômeno da escrita é particularmente útil para examinar outra importante constelação de causas: o efeito geográfico sobre a facilidade com que as idéias ou os inventos se difundiram.

O que influi na escrita também influi na tecnologia (Capítulo 13). Uma questão fundamental é que a inovação tecnológica depende tanto de uns raros inventores-gênios quanto de fatores culturais que desafiam a compreensão de padrões mundiais. De fato, veremos que, paradoxalmente, esse grande número de fatores culturais torna mais fácil, e não mais difícil, entender os padrões tecnológicos mundiais. Ao permitir que os agricultores obtivessem excedentes, a produção de alimentos tornou essas sociedades capazes de sustentar especialistas em tempo integral que não cultivavam sua própria comida e que desenvolveram as tecnologias.

Além de escribas e inventores, a produção de alimentos permitiu que os fazendeiros sustentassem políticos (Capítulo 14). Bandos nômades de caçadores-coletores são relativamente igualitários e sua esfera política fica confinada a seu próprio território e a alianças inconstantes com bandos vizinhos. Com o surgimento de populações produtoras de alimentos, densas e sedentárias, apareceram também os chefes, reis e burocratas. Essas burocracias eram essenciais não só para governar regiões grandes e populosas, mas também para manter exércitos, enviar navios em expedições e organizar guerras de conquista.

Na Parte 4 ("A volta ao mundo em cinco capítulos", capítulos 15 a 19), são aplicadas as lições das Partes 2 e 3 para cada continente e algumas ilhas importantes. O Capítulo 15 examina a história da Austrália e da ilha de Nova Guiné, que antes formava com aquele país um único continente. O caso australiano — terra de sociedades humanas recentes com tecnologias muito simples, e o único continente onde a produção de comida não se desenvolveu entre os nativos — representa um teste decisivo para as teorias sobre as diferenças intercontinentais das sociedades humanas. Veremos por que os aborígines australianos continuaram como caçadores-coletores, mesmo quando a maioria dos povos da vizinha Nova Guiné tornou-se produtora de alimentos.

Os capítulos 16 e 17 integram os acontecimentos da Austrália e da Nova Guiné em uma perspectiva de toda a região, abrangendo o leste da Ásia continental e as ilhas do Pacífico. O surgimento da produção de alimentos na China gerou vários grandes deslocamentos pré-históricos de populações humanas ou de traços culturais, ou ambos. Um desses movimentos, dentro da própria China, criou o fenômeno político-cultural chinês como conhecemos hoje. Outro resultou na substituição, através de praticamente todo o tropical sudeste da Ásia, de nativos caçadores-coletores por fazendeiros procedentes do sul da China. Um outro ainda, a expansão austronésia, substituiu de forma semelhante os nativos caçadores-coletores das Filipinas e da Indonésia, espalhando-os pelas mais remotas ilhas da Polinésia, mas foi incapaz de colonizar a Austrália e a Nova Guiné. Para o estudante de história mundial, todos esses confrontos entre os povos do leste da Ásia e do Pacífico são duplamente importantes: eles formaram os países onde vive um terço da população do mundo moderno vive e onde o poder econômico está cada vez mais concentrado; e fornecem modelos especialmente claros para a compreensão das histórias dos povos do resto do mundo.

No Capítulo 18, voltamos ao problema apresentado no Capítulo 3, os choques entre os europeus e os nativos americanos. Um resumo da história do Novo Mundo e do oeste eurasiano nos últimos 13.000 anos deixa claro que a conquista européia das Américas foi simplesmente o ponto culminante de duas trajetórias históricas longas e distintas. As diferenças entre essas trajetórias foram evidenciadas pelas diferenças continentais na domesticação de animais e no cultivo de plantas, nos germes, nos períodos de povoação, na direção dos eixos continentais e nas barreiras ecológicas.

Finalmente, a história da África subsaariana (Capítulo 19) apresenta impressionantes semelhanças, bem como contrastes, com a história do Novo Mundo. Os mesmos fatores que moldaram os encontros dos europeus com os africanos estiveram presentes em seu relacionamento com os nativos americanos. Mas a África era diferente das Américas. Em conseqüência, a conquista européia não criou uma ampla e duradoura colonização na África subsaariana, exceto no extremo sul. Mais significativa e duradoura foi uma mudança populacional em larga escala dentro da própria África: a expansão dos bantos. Ela foi impulsionada por muitas das mesmas causas verificadas em Cajamarca, no leste da Ásia, nas ilhas do Pacífico e na Austrália e Nova Guiné.

Não alimento ilusões de que esses capítulos tenham conseguido explicar as histórias de todos os continentes nos últimos 13.000 anos. Obviamente, isso seria impossível em um único livro, mesmo se soubéssemos todas as respostas. o que não acontece. Na melhor das hipóteses, este livro identifica vários grupos de fatores ambientais que, acredito, fornecem uma boa parte da resposta à pergunta de Yali. O reconhecimento desses fatores enfatiza o resíduo inexplicado, cuja compreensão será uma tarefa futura.

O Epílogo, intitulado "O futuro da história humana como uma ciência", aponta alguns aspectos desse resíduo, incluindo o problema das diferenças entre as várias partes da Eurásia, o papel dos fatores culturais não relacionados com o ambiente e o papel dos indivíduos. Talvez o maior dos problemas não solucionados seja definir a história humana como uma ciência histórica, no nível de ciências históricas reconhecidas, como a biologia da evolução, a geologia e a climatologia. O estudo da história humana apresenta dificuldades reais, mas essas ciências reconhecidas enfrentaram alguns dos mesmos desafios. Por isso, os métodos desenvolvidos em alguns desses outros campos podem também se mostrar úteis no campo da história humana.

Desde já, espero tê-lo convencido, leitor, de que a história não é "apenas um maldito fato depois do outro", como afirmou um cínico. Existem realmente padrões amplos da história e a busca de sua explicação é tão produtiva quanto fascinante.

PARTE 1

DO ÉDEN A CAJAMARCA

CAPÍTULO 1

O PONTO DE PARTIDA

UM PONTO DE PARTIDA ACEITÁVEL, EM SE TRATANDO DE COMPARAR OS DESDOBRAmentos históricos nos diferentes continente, encontra-se por volta de 11000 antes de Cristo.* Essa data corresponde aproximadamente ao surgimento dos primeiros vilarejos em algumas partes do mundo; ao primeiro povoamento pacífico das Américas; ao fim do pleistoceno e à última Era Glacial; e ao início do que os geólogos chamam de Era Recente. A domesticação de animais e o cultivo de plantas começava em pelo menos uma parte do mundo. Naquela altura, será que os povos de alguns continentes já tinham uma vantagem em relação aos de outros continentes?

Se a resposta for positiva, ela soluciona a pergunta de Yali. Por isso, este capítulo vai apresentar uma grande viagem por todos os continentes, por milhões de anos, desde nossas origens como espécie até 13.000 anos atrás. Tudo isso vai ser resumido em menos de 20 páginas. Naturalmente, terei que passar por cima dos detalhes e mencionar apenas as tendências que me parecem ser mais relevantes para este livro.

---

*Ao longo deste livro, as datas utilizadas para identificar os últimos 15.000 anos serão citadas como datas medidas pelo exame de radiocarbonos, e não como convencionalmente. A diferença entre os dois tipos será explicada no Capítulo 5. Datas calibradas são aquelas que, segundo se acredita, mais se aproximam do atual calendário. Os leitores acostumados a datas descalibradas precisarão ter esse aspecto em mente sempre que eu reproduzir datas aparentemente erradas, que são mais antigas do que outras com as quais estão familiarizados. Por exemplo, a data do horizonte arqueológico de Clóvis na América do Norte costuma ser citada como aproximadamente 9000 antes de Cristo (11.000 anos atrás), mas eu uso algo em torno de 11000 antes de Cristo (13.000 anos atrás), porque a primeira é descalibrada.

Nossos parentes mais próximos ainda vivos são três espécies de macacos: os gorilas, os chimpanzés comuns e os chimpanzés pigmeus. Seu confinamento na África e as abundantes provas fornecidas por fósseis indicam que os primeiros estágios da evolução humana ocorreram naquele continente. A história humana, como algo separado da história animal, começou ali há cerca de 7 milhões de anos (os cálculos vão de 5 a 9 milhões de anos). Mais ou menos nessa época, a população de macacos africanos dividiu-se em vários grupos e um deles evoluiu para os atuais gorilas, outro deu origem a dois chimpanzés atuais e um terceiro resultou nos humanos. A linha do gorila aparentemente dividiu-se, antes de cindir-se novamente para resultar no chimpanzé e no humano.

Fósseis indicam que a linha evolutiva que nos levou a alcançar a postura vertical, por volta de 4 milhões de anos atrás, começou a aumentar o tamanho do corpo e o do cérebro há cerca de 2,5 milhões de anos. Esses proto-humanos são conhecidos como *Australopithecus africanus*, *Homo habilis* e *Homo erectus*, e aparentemente evoluíram nessa seqüência. Embora o *Homo erectus*, o estágio alcançado por volta de 1,7 milhão de anos atrás, fosse parecido com o homem moderno em tamanho físico, seu cérebro era, no máximo, a metade do nosso. Os utensílios de pedra tornaram-se comuns há aproximadamente 2,5 milhões de anos, mas eles eram feitos de lascas ou pedaços de pedras. Em termos de distinção ou de significado zoológico, o *Homo erectus* era mais que um macaco, mas muito menos do que um humano moderno.

Toda essa história humana, nos primeiros 5 ou 6 milhões de anos a partir de nossas origens, cerca de 7 milhões de anos atrás, permaneceu confinada na África. O primeiro ancestral humano a deixar o continente africano foi o *Homo erectus*, como foi comprovado pelos fósseis encontrados na ilha de Java, no sudeste da Ásia, que ficaram conhecidos como o "homem de Java" (veja Figura 1.1). O mais antigo dos fósseis do "homem de Java" — naturalmente, ele pode ser de uma mulher — seria de aproximadamente um milhão de anos atrás. Entretanto, recentemente surgiu uma versão de que ele, na verdade, dataria de 1,8 milhão de anos atrás. (O nome *Homo erectus* pertence a esses fósseis de Java, enquanto os fósseis africanos classificados como *Homo erectus* podem receber um nome diferente.) Atualmente, considera-se que a primeira prova da presença de humanos na Europa data de aproximadamente meio milhão de anos atrás, mas existem hipóteses sobre uma presença anterior. Pode-se presumir, certamente, que a colonização da Ásia permitiu a simultânea colonização da Europa, uma vez que a Eurásia é uma única faixa de terra, sem grandes barreiras que a dividam.

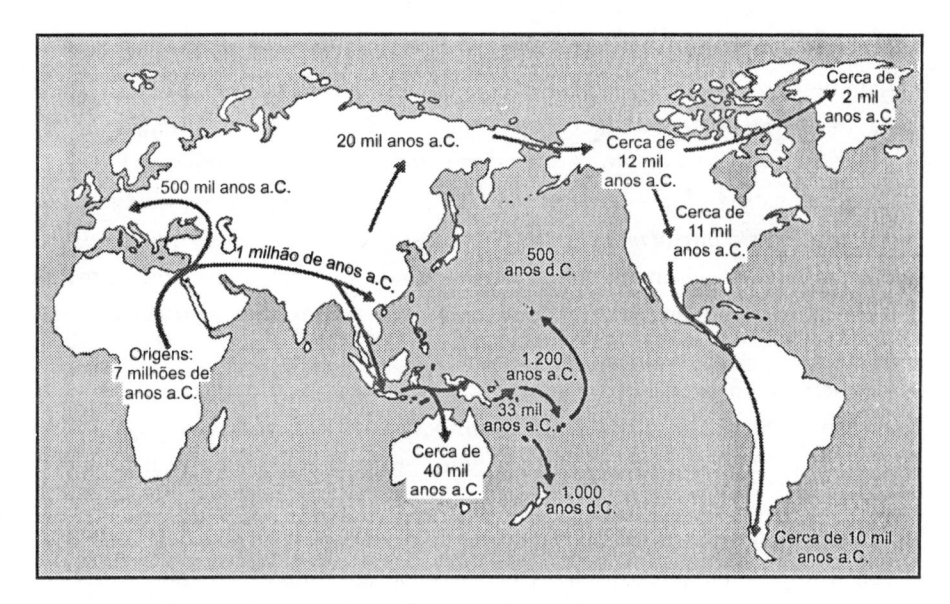

FIGURA 1.1. *Como os humanos se espalharam pelo mundo.*

Isso ilustra um ponto recorrente ao longo deste livro. Cada vez que alguns cientistas afirmam ter descoberto "o mais antigo X" — em que X pode ser o primeiro fóssil humano encontrado na Europa, a primeira prova do cultivo de milho no México ou a coisa mais antiga encontrada em qualquer lugar —, o anúncio desafia outros cientistas a acharem algo ainda mais antigo. Na realidade, deve haver algum verdadeiro "mais antigo X", com todos os demais sendo falsos. Entretanto, como veremos, para qualquer X surgem a cada ano novas descobertas e um cientista que assegura ter encontrado um X ainda mais antigo, assim como aparecem os contestadores da nova versão. Quase sempre são necessárias décadas de pesquisas para que os arqueólogos cheguem a um consenso sobre essas questões.

Cerca de meio milhão de anos atrás, os fósseis humanos tornaram-se um pouco diferentes do *Homo erectus*, com esqueletos maiores e crânios mais arredondados e menos angulosos. Os crânios dos africanos e europeus de meio milhão de anos atrás eram bastante semelhantes aos nossos, tanto que eles são classificados como *Homo sapiens* e não como *Homo erectus*. Essa distinção é arbitrária, já que o *Homo erectus* evoluiu para o *Homo sapiens*. Entretanto, esses primeiros *Homo sapiens* eram diferentes de nós em detalhes do esqueleto, tinham cérebros significativamente menores e eram grosseiramente diferentes em seus artefatos e comportamento. Povos modernos capazes de fazer utensílios de pedra, como os bisavós de Yali, teriam desprezo por essas ferramentas de meio milhão de anos atrás, considerando-as muito toscas. O único acréscimo significativo ao repertório cultural de nossos antepassados que está documentado e comprovado é o uso do fogo.

Nenhuma manifestação artística, nenhum utensílio de osso ou qualquer outra coisa dos primeiros *Homo sapiens* chegou até nós, exceto seus restos de esqueletos e alguns toscos utensílios de pedra. Ainda não havia seres humanos na Austrália, pelo simples motivo de que seriam necessários navios para transportá-los do sudeste da Ásia até lá. Também não havia seres humanos em lugar algum das Américas, pois isso exigiria a ocupação da parte mais próxima do continente Eurasiano (a Sibéria) e, possivelmente, também a capacidade de navegar. (O atual banco de areia do estreito de Bering, que separa a Sibéria do Alasca, já foi, alternadamente, um estreito e uma ampla ponte intercontinental de terra seca, conforme o nível das águas subia e descia durante as Eras Glaciais.) No entanto, a construção de embarcações e a sobrevivência na gélida Sibéria ainda estavam muito além da capacidade dos primeiros *Homo sapiens*.

Meio milhão de anos atrás, as populações humanas da África e do oeste da Eurásia continuavam a se diferenciar uma da outra e dos povos do leste da Ásia em detalhes do esqueleto. Os seres humanos da Europa e do oeste da Ásia, do período entre 130.000 e 40.000 anos atrás, são representados pelos esqueletos conhecidos como homem de Neanderthal, algumas vezes classificado como uma espécie diferente, *Homo neanderthalensis*. Embora sejam descritos como brutos que viviam em cavernas, os homens de Neanderthal tinham cérebros ligeiramente maiores que os nossos. Eles foram também os primeiros humanos a deixar provas de que enterravam seus mortos e cuidavam dos doentes. Mas seus utensílios de pedra eram toscos, se comparados com os machados de pedra polida dos modernos povos da Nova Guiné e, normalmente, não eram feitos em diferentes formatos padronizados, cada um com função claramente identificável.

Os poucos fragmentos preservados de esqueletos de africanos contemporâneos do homem de Neanderthal são mais parecidos com os nossos esqueletos atuais do que com os de Neanderthal. Mesmo com base nos poucos fragmentos de esqueletos de seres humanos encontrados no leste da Ásia, é possível dizer que são diferentes tanto dos africanos quanto dos homens de Neanderthal. Quanto ao estilo de vida daqueles tempos, os resquícios mais bem preservados são de artefatos de pedra e ossos de suas vítimas, encontrados em sítios arqueológicos localizados no sul da África. Embora aqueles africanos de 100.000 anos atrás tivessem esqueletos mais modernos que seus contemporâneos de Neanderthal, eles produziam basicamente os mesmos utensílios de pedra bruta que estes, sem qualquer padrão. Não preservaram uma só manifestação artística. A julgar pelos ossos das espécies animais que capturavam, sua habilidade para a caça não impressionava, direcionando-se sobretudo para as presas fáceis, animais que não eram perigosos. Não conheciam ainda a possibilidade de carnear um búfalo, um porco ou outras presas que oferecessem perigo. Não conseguiam nem pescar um peixe: em seus sítios, mesmo junto à costa, não foram encontrados vestígios de peixes. Assim como seus contemporâneos de Neanderthal, situavam-se ainda um degrau abaixo do que se considera completamente humano.

A história da espécie humana começou verdadeiramente há cerca de 50.000 anos, na época daquilo que denominei nosso Grande Salto Adiante. Os primeiros sinais desse salto vieram de lugares no leste da África, através de utensílios de pedra padronizados e das primeiras jóias preservadas (contas de ovos de avestruz). Amostras semelhantes surgem a seguir no Oriente Médio, no sudeste da Europa e, mais tarde (uns 40.000 anos atrás), no sudoeste europeu, onde a abundância de artefatos é associada a esqueletos totalmente modernos de um povo chamado Cro-magnon. O que foi preservado em sítios arqueológicos rapidamente torna-se mais e mais interessante, não deixando dúvidas de que estávamos lidando com seres humanos modernos, tanto do ponto de vista biológico quanto do ponto de vista de comportamento.

Os Cro-magnon produziram não só utensílios de pedra, mas também de ossos, e a possibilidade de serem moldados aparentemente não era conhecida por seus antecessores. Esses artefatos eram produzidos em formas variadas e distintas, tão modernas que suas funções como agulhas, furadores, fixadores e outras são óbvias para nós. Em vez de utensílios com apenas uma peça, começaram a surgir os artefatos constituídos de várias peças. Entre as armas multipeças encontradas nos sítios dos Cro-magnon estão arpões, lanças e, finalmente, arcos e flechas, os precursores dos rifles e de outras armas modernas. Esses meios eficientes de matar a uma distância segura permitiram a caça de animais perigosos como o rinoceronte e os elefantes, enquanto a invenção da corda para as redes, das linhas e armadilhas adicionaram à nossa dieta o peixe e os pássaros. Restos de casas e roupas costuradas testemunham a evolução da capacidade de sobreviver em climas frios, assim como os resquícios de jóias e de esqueletos cuidadosamente enterrados indicam acontecimentos revolucionários, em termos estéticos e espirituais.

Entre os produtos dos Cro-magnon que foram preservados, os mais conhecidos são seus trabalhos artísticos: suas magníficas pinturas de cavernas, estátuas e instrumentos musicais, até hoje apreciados como arte. Qualquer um que já tenha experimentado pessoalmente o fantástico poder das pinturas em tamanho natural de bois e cavalos na caverna Lascaux, no sudoeste da França, vai entender imediatamente que seus criadores foram homens de mentes tão modernas quanto seus esqueletos.

Obviamente, algumas mudanças importantes ocorreram na capacidade de nossos ancestrais, entre 100.000 e 50.000 anos atrás. O Grande Salto Adiante apresenta duas importantes questões ainda não resolvidas, relativas a seu ponto de partida e sua localização geográfica. Quanto à causa, mostrei em meu livro *O terceiro chimpanzé* a perfeição da caixa de voz e, em conseqüência, a base anatômica para a linguagem moderna, da qual tanto depende o exercício da criatividade humana. Outros sugeriram, ao contrário, que uma mudança na organização do cérebro nessa época, sem qualquer modificação no seu tamanho, tornou possível a linguagem moderna.

Em relação ao Grande Salto Adiante, será que ele começou em uma área geográfica específica, em um grupo de humanos, que foram capazes de se expandir e de substituir as antigas populações de outras partes do mundo? Ou aconteceu paralelamente em várias regiões e, em cada uma, o povo que habita atualmente o local descende daqueles que lá viviam antes do Salto? Os crânios humanos da África de aproximadamente 100.000 anos atrás, com aparência moderna, podem reforçar a primeira opinião, tendo o Salto ocorrido especificamente na África. Estudos moleculares (do chamado DNA mitocondrial) eram inicialmente interpretados também em termos de uma origem africana dos humanos modernos, embora o significado dessas descobertas moleculares esteja atualmente sendo posto em dúvida. Por outro lado, crânios de humanos que viveram na China e na Indonésia centenas de milhares de anos atrás exibem aspectos, segundo alguns antropólogos, ainda encontrados nos chineses modernos e nos aborígines australianos, respectivamente. Se verdadeira, essa descoberta sugeriria uma evolução paralela e origens multirregionais dos humanos modernos e não um único Jardim do Éden. A questão continua sem resposta.

A prova de uma origem localizada dos humanos modernos, seguida de seus deslocamentos e sua substituição por outros tipos de humanos em outros lugares, parece mais forte na Europa. Cerca de 40.000 anos atrás, os Cro-magnon foram para a Europa, com seus esqueletos modernos, armas mais poderosas e outros traços culturais avançados. Em alguns milhares de anos, não havia mais homens de Neanderthal, que se consolidaram como únicos ocupantes do continente europeu durante centenas de milhares de anos. Essa seqüência sugere enfaticamente que os modernos Cro-magnon de alguma forma usaram sua superioridade tecnológica, assim como suas habilidades para a linguagem e seu cérebro, para infectar, matar ou deslocar os homens de Neanderthal, deixando para trás pouca ou nenhuma prova da hibridização entre os dois.

O Grande Salto Adiante coincide com a primeira comprovação de uma importante expansão geográfica dos humanos desde a colonização da Eurásia por nossos ancestrais. Essa expansão consistiu na ocupação da Austrália e da Nova Guiné, reunidas então em um único continente. Muitos sítios comprovam a presença humana na Austrália/Nova Guiné entre 40.000 e 30.000 anos atrás (além das inevitáveis e velhas afirmações de validade contestada). Pouco tempo depois desse povoamento inicial, os humanos se expandiram por todo o continente e se adaptaram a seus diversos habitats, das florestas tropicais e altas montanhas da Nova Guiné ao seco interior e o úmido sudeste da Austrália.

Durante as Eras Glaciais, a maior parte da água dos oceanos estava nas geleiras e o nível do mar em todo o mundo encontrava-se centenas de metros abaixo do atual. Em conseqüência disso, os mares que existem hoje entre a Ásia e as ilhas indonésias de Sumatra, Bornéu, Java e Bali eram terra seca. (O mesmo aconteceu em outros estreitos, como o de Bering e o Canal da Mancha.) O limite da terra continental no sudeste da Ásia ficava então 1.100 quilômetros a leste de sua localização atual. Apesar disso, as ilhas centrais da Indonésia, entre Bali e Austrália, permaneceram separadas por canais profundos. Para chegar naquela época à Austrália/Nova Guiné, indo da Ásia continental, era preciso cruzar no mínimo oito canais, sendo que o maior deles tinha pelo menos 80 quilômetros de largura. A maioria desses canais separava ilhas visíveis umas das outras, mas a Austrália estava sempre invisível, mesmo das ilhas indonésias mais próximas, Timor e Tanimbar. Portanto, a ocupação da Austrália/Nova Guiné é importante pelo fato de que exigia embarcações, e fornece de longe a mais antiga prova de seu uso na história. Somente cerca de 30.000 anos depois (13.000 anos atrás) aparecem provas do uso de embarcações em algum outro lugar no mundo, a partir do Mediterrâneo.

Inicialmente, os arqueólogos consideraram a possibilidade de que a colonização da Austrália/Nova Guiné tivesse ocorrido acidentalmente, por algumas pessoas arrastadas para o mar enquanto pescavam em jangadas perto de uma ilha indonésia. Em um cenário extremo, os primeiros colonizadores são descritos como se estivessem resumidos a uma jovem mulher grávida de um menino. Mas os que acreditam na teoria da colonização acidental ficaram surpresos com as recentes descobertas de que outras ilhas, a leste de Nova Guiné, foram colonizadas logo depois desta, há cerca de 35.000 anos. Aquelas ilhas eram Nova Bretanha e Nova Irlanda, no arquipélago Bismarck, e Buka, nas ilhas Salomão. Buka está fora de vista da ilha mais próxima a oeste e só poderia ter sido alcançada por quem atravessasse aproximadamente 160 quilômetros de água. Portanto, os primeiros seres humanos da Austrália e da Nova Guiné seriam capazes de navegar intencionalmente até ilhas visíveis e usavam embarcações com freqüência suficiente para que a colonização até mesmo das ilhas distantes e invisíveis tenha ocorrido involuntariamente.

A colonização da Austrália/Nova Guiné talvez estivesse associada a outro dos primeiros grandes passos, além do uso de embarcações e da primeira expansão desde que alcançaram a Eurásia: o primeiro extermínio em massa de grandes espécies animais pelos humanos. Hoje, olhamos a África como *o* continente dos grandes mamíferos. A Eurásia moderna também tinha muitas espécies de grandes mamíferos (embora não com a abundância das planícies africanas de Serengeti), como os rinocerontes, elefantes, tigres da Ásia, alces, ursos e (até os tempos clássicos) leões. A Austrália/Nova Guiné não tem hoje mamíferos tão grandes quanto esses; na verdade, não possui nada maior que um canguru. Mas a Austrália/Nova Guiné teve antigamente os seus grandes mamíferos, incluindo cangurus gigantes; animais chamados diprotodontes, parecidos com os rinocerontes, que chegavam ao tamanho de uma vaca; e outros semelhantes ao leopardo. Tinha ainda enormes avestruzes não-voadores, alguns répteis gigantescos, entre os quais um lagarto de uma tonelada, um imenso píton e crocodilos.

Todos esses gigantes da Austrália/Nova Guiné (a chamada megafauna) desapareceram depois da chegada dos humanos. Devido à controvérsia sobre a data exata de seu desaparecimento, muitos sítios arqueológicos australianos, com datas que se espalham por dezenas de milhares de anos, e com abundantes depósitos de ossos de animais, foram cuidadosamente escavados, mas não se encontrou um só vestígio dos gigantes extintos nos últimos 35.000 anos. Portanto, a megafauna provavelmente foi extinta logo depois que os humanos chegaram à Austrália.

O desaparecimento quase simultâneo de tantas espécies gigantes suscita uma questão óbvia: o que causou isso? Uma resposta possível é que eles foram mortos ou eliminados indiretamente pelos primeiros humanos que chegaram. É bom lembrar que os animais da Austrália/Nova Guiné se desenvolveram durante milhões de anos na ausência dos humanos. Sabemos que os pássaros e os mamíferos das Galápagos e da Antártica, que evoluíram de maneira semelhante na ausência de humanos e não os encontraram até os tempos modernos, ainda não foram domesticados. Eles teriam sido exterminados se os conservacionistas não tivessem imposto rapidamente medidas para protegê-los. Em outras ilhas recentemente descobertas, onde não foram adotadas providências imediatas para proteger a fauna, houve verdadeiros extermínios: uma dessas vítimas, o dodô das ilhas Maurício, tornou-se praticamente um símbolo da extinção. Também sabemos agora, por meio de estudos, que em cada uma das ilhas colonizadas na pré-história, a presença humana levou à extinção, tendo como vítimas os mamíferos gigantes de Madagascar (semelhantes aos macacos), os grandes moas, pássaros sem asas da Nova Zelândia, e o grande e pacífico ganso do Havaí. Da mesma maneira que os modernos seres humanos se aproximavam sem medo dos dodôs e focas e os matavam, presumivelmente os homens pré-históricos não temiam os grandes pássaros e os mamíferos gigantes, e também os matavam.

Portanto, uma hipótese para o desaparecimento dos gigantes da Austrália e Nova Guiné é que eles tiveram o mesmo destino 40.000 anos atrás. Por outro lado, a maior parte dos grandes mamíferos da África e da Eurásia sobreviveu até os tempos modernos porque esses animais evoluíram juntamente com os protohumanos por centenas de milhares ou milhões de anos. Eles tiveram, assim, tempo para desenvolver um certo medo dos humanos, à medida que nossos ancestrais, inicialmente com pouca habilidade para caçar, foram aperfeiçoando lentamente essa habilidade. O dodô, os grandes pássaros e talvez os gigantes da Austrália/Nova Guiné tiveram a infelicidade de ser confrontados repentinamente, sem qualquer preparação evolutiva, com modernos humanos invasores, que já possuíam a habilidade de caçar.

A hipótese de uma matança, entretanto, não foi aceita sem restrições. Os críticos enfatizaram que até agora não há registros de ossos dos extintos gigantes da Austrália/Nova Guiné que comprovem que foram mortos por humanos ou mesmo que tenham convivido com humanos. Defensores da hipótese da matança respondem: dificilmente se poderia pretender encontrar cemitérios, pois o extermínio foi muito rápido e há muito tempo, algo como 40.000 anos atrás. Os críticos respondem com outra teoria: talvez os gigantes tenham sucumbido a uma mudança no clima, como uma seca rigorosa no já cronicamente seco continente australiano. O debate continua.

Pessoalmente, não posso compreender por que os gigantes australianos teriam sobrevivido a incontáveis secas durante dezenas de milhões de anos, para depois cair mortos de modo quase simultâneo (pelo menos em um período de milhões de anos) e precisamente quando os primeiros humanos chegaram. Os gigantes desapareceram não apenas na área seca do centro da Austrália, mas também na úmida Nova Guiné e no sudeste australiano. Todos morreram, sem exceção, desde os que viviam nos desertos até os das florestas frias e das florestas tropicais. Portanto, parece mais provável que os gigantes tenham sido de fato exterminados pelos humanos, tanto diretamente (para lhes fornecer comida), quanto indiretamente (como resultado de incêndios e de mudanças ambientais causadas por sua presença). Mas, independentemente de ter ocorrido a matança ou de terem sido vítimas do clima, o desaparecimento dos animais gigantes da Austrália/Nova Guiné teve, como veremos, grandes conseqüências para a história posterior da humanidade. Esse extermínio acabou com todos os grandes animais selvagens que poderiam, em outras circunstâncias, ser candidatos à domesticação, deixando os nativos da Austrália e da Nova Guiné sem um único animal nativo para domesticar.

Desta forma, a colonização da Austrália/Nova Guiné só se efetivou na época do Grande Salto Adiante. Uma outra expansão geográfica dos humanos surgiu logo depois nas partes mais frias da Eurásia. Embora os homens de Neanderthal que viveram nos tempos glaciais tivessem se adaptado ao frio, eles não foram além do norte da Alemanha e da altura de Kiev. Isso não surpreende, já que os homens de Neanderthal aparentemente não tinham agulhas, roupas costuradas, casas aquecidas nem outras tecnologias essenciais para sobreviver nos climas mais frios. Os povos anatomicamente modernos que possuíam efetivamente essas tecnologias rumaram para a Sibéria há cerca de 20.000 anos (existem outras versões que falam em muito mais tempo). Essa expansão pode ter sido responsável pela extinção do mamute e do rinoceronte lanudos da Eurásia.

Com a colonização da Austrália/Nova Guiné, os humanos ocupavam agora três dos cinco continentes habitáveis. (Neste livro, considero a Eurásia um único continente e omito a Antártica porque os humanos só chegaram lá no século XIX e ela nunca teve uma população que se auto-sustentasse.) Restavam, assim, apenas dois continentes, a América do Norte e a América do Sul. Elas foram, seguramente, as últimas a serem habitadas, pelo motivo óbvio de que chegar às Américas a partir do Velho Mundo exigia embarcações (das quais não há indícios, nem mesmo na Indonésia, antes de 40.000 anos atrás) para atravessar por mar, ou a ocupação da Sibéria (que só ocorreu há 20.000 anos), que permitiria cruzar a ponte de terra de Bering.

Entretanto, ainda não se sabe exatamente em que momento, entre 14.000 e 35.000 anos atrás, as Américas começaram a ser colonizadas. Os mais antigos e indiscutíveis traços da presença humana estão no Alasca e datam de 12.000 anos antes de Cristo, seguidos de diversos outros nos Estados Unidos, ao sul da fronteira do Canadá, e no México, nos séculos que antecederam o ano 11000 antes de Cristo. Os últimos encontrados são chamados de sítios Clóvis, por causa do tipo existente junto à cidade de Clóvis, no Novo México, onde suas lanças características, com grandes pedras na ponta, foram identificadas pela primeira vez. Centenas de sítios Clóvis são conhecidos hoje, abrangendo praticamente todos os estados do sul dos EUA até o México. Provas inquestionáveis da presença humana aparecem logo depois na Amazônia e na Patagônia. Esses fatos sugerem a interpretação de que os sítios Clóvis documentam a primeira colonização humana das Américas, que rapidamente se multiplicou, se expandiu e povoou os dois continentes.

Alguém pode se surpreender com fato de os descendentes de Clóvis terem chegado à Patagônia, situada 12.800 quilômetros ao sul da fronteira entre os EUA e o Canadá, em menos de mil anos. No entanto, isto representa uma expansão média de apenas 12,8 quilômetros por ano, uma proeza trivial para caçadores-coletores de alimentos, acostumados a percorrer essa distância em apenas um dia.

Podemos nos surpreender também com a velocidade com que as Américas foram povoadas, a ponto de motivar uma expansão para o sul em direção à Patagônia. Mas se considerarmos os números reais, veremos que esse crescimento populacional não foi tão surpreendente. Se as Américas abrigavam caçadores-coletores em uma densidade populacional média de uma pessoa para cada 1,6 quilômetro quadrado (um índice alto para os modernos caçadores-coletores), então toda a área das Américas teria aproximadamente 10 milhões de pessoas. Mesmo que os primeiros colonos constituíssem um grupo de apenas 100 pessoas e que seu número tenha crescido apenas 1,1% ao ano, seus descendentes chegariam a uma população de 10 milhões de pessoas no período de mil anos. Um crescimento populacional de 1,1% ao ano também é insignificante: taxas de 3,4% ao ano foram constatadas nos tempos modernos, quando foram colonizadas terras virgens, como ocorreu quando os amotinados do navio britânico *Bounty* e suas esposas taitianas colonizaram a ilha Pitcairn.

A profusão de sítios de Clóvis caçadores nos primeiros séculos após sua chegada se assemelha à profusão, arqueologicamente documentada, de descobertas mais recentes na Nova Zelândia, pelos ancestrais maoris. Uma grande parte dos primeiros sítios humanos também está bem documentada no que se refere a colonizações muito antigas dos modernos humanos na Europa e na Austrália/Nova Guiné. Isso evidencia, como tudo o que diz respeito ao fenômeno Clóvis e seu crescimento através das Américas, o que se constatou em outros locais, onde terras virgens foram colonizadas ao longo da história.

Qual poderia ser a importância dos sítios Clóvis que atravessaram séculos pouco antes de 11000 a.C. e não antes de 16000 ou 21000 a.C.? É preciso lembrar que a Sibéria sempre foi fria e que o gelo perpétuo constituía uma barreira intransponível, da largura do Canadá, durante boa parte da Era Glacial pleistocênica. Já vimos que a tecnologia necessária para lidar com temperaturas muito baixas só surgiria depois que os modernos humanos invadiram a Europa, há cerca de 40.000 anos, e que a Sibéria só seria colonizada 20.000 anos depois. Esses primeiros siberianos cruzaram para o Alasca por mar, através do estreito de Bering (com apenas 80 quilômetros hoje em dia), ou a pé, nos tempos glaciais, quando o estreito era terra seca. A ponte terrestre de Bering, durante seus milênios de existência intermitente, teria chegado a uma largura de 1.600 quilômetros, que podia ser percorrida facilmente por pessoas acostumadas ao frio. A ponte de terra foi depois inundada e o local voltou a ser um estreito, quando o nível do mar subiu, por volta de 14000 a.C. De qualquer modo, quer os siberianos tenham caminhado ou remado até o Alasca, a mais antiga prova da presença humana na região data de aproximadamente 12000 a.C.

Logo depois, um corredor gelado norte-sul foi aberto, permitindo que os habitantes do Alasca atravessassem pela primeira vez para o Canadá e chegassem às Grandes Planícies, onde hoje se localiza a cidade de Edmonton. Esse corredor eliminou a última barreira real entre o Alasca e a Patagônia para os seres humanos. Os pioneiros de Edmonton teriam encontrado as Grandes Planícies, prosperado, crescido numericamente e, gradualmente, se espalhado em direção ao sul, para ocupar todo o hemisfério.

Um outro aspecto do fenômeno Clóvis se enquadra em nossa expectativa sobre a presença dos primeiros humanos ao sul da cadeia de montanhas geladas do Canadá. Como na Austrália/Nova Guiné, as Américas, originalmente, estavam cheias de grandes mamíferos. Há cerca de 15.000 anos, o Oeste americano se parecia muito com a planície Serengeti, na África atual, com manadas de elefantes e cavalos perseguidas por leões e leopardos, e convivendo com espécies exóticas como camelos e preguiças gigantes. Assim como na Austrália/Nova Guiné, nas Américas a maioria dos grandes mamíferos foi extinta. Enquanto eles desapareciam da Austrália provavelmente há mais de 30.000 anos, nas Américas isso ocorreu entre 17.000 e 12.000 anos atrás. Pelos ossos desses mamíferos americanos que estão disponíveis para estudos e que tiveram suas épocas bem definidas, pode-se acreditar que sua extinção ocorreu por volta de 11000 a.C. Talvez os dois datados com mais precisão sejam o da preguiça gigante Shasta e do cabrito montês de Harrington, na região do Grand Canyon. Essas duas populações desapareceram no período em torno de 11000 a.C. Coincidência ou não, a data é idêntica à da chegada dos Clóvis caçadores à área próxima do Grand Canyon.

A descoberta de numerosos esqueletos de mamutes com lanças de Clóvis entre suas costelas sugere que essa simultaneidade de datas não é apenas coincidência. Os caçadores se espalharam para o sul, através das Américas, encontrando grandes animais que nunca tinham visto seres humanos antes e podem facilmente tê-los matado e exterminado. Outra teoria diz que os grandes mamíferos desapareceram devido às mudanças climáticas no final da última Era Glacial, o que (para confundir a interpretação dos modernos paleontólogos) também ocorreu por volta de 11.000 a.C.

Pessoalmente, tenho o mesmo problema com a teoria climática sobre a extinção da megafauna nas Américas e na Austrália/Nova Guiné. Os grandes animais americanos já haviam sobrevivido a 22 Eras Glaciais anteriores. Por que motivo a maioria deles escolheu a 23ª para desaparecer em conjunto, na presença de todos aqueles humanos supostamente inofensivos? Por que desapareceram de todos os habitats, não somente daqueles que foram reduzidos, mas também dos que se expandiram bastante no fim da última Era Glacial? Por isso, suspeito que os caçadores Clóvis os mataram, mas a questão permanece aberta. Qualquer que seja a teoria correta, a maior parte das espécies selvagens de mamíferos que poderia ter sido mais tarde domesticada pelos nativos americanos foi exterminada.

Também não está esclarecido se os caçadores Clóvis foram realmente os primeiros americanos. Como sempre acontece quando alguém alega ter descoberto o primeiro de alguma coisa, constantemente surgem informações sobre a descoberta de sítios anteriores aos Clóvis nas Américas. Todo ano, algumas novas versões parecem convincentes e empolgantes logo que são anunciadas. Depois, surgem, inevitavelmente, problemas na interpretação dos dados. Os utensílios supostamente feitos por seres humanos não seriam apenas formas naturais das pedras? As datas fixadas pelo exame de radiocarbono estariam corretas ou seriam invalidadas por qualquer uma das numerosas dificuldades enfrentadas por essa forma de aferição? Se as datas estão corretas, elas se refeririam realmente a produtos humanos ou seriam apenas restos disformes de carvão vegetal de 15.000 anos encontrados próximos a ferramentas de pedra feitas, na verdade, 9.000 anos atrás?

Para ilustrar esses problemas, é preciso levar em consideração os seguintes exemplos típicos, supostamente dos tempos pré-Clóvis. Em uma caverna brasileira conhecida como Pedra Furada, arqueólogos encontraram pinturas inegavelmente feitas por humanos. Descobriram também, entre as pilhas de pedras junto à base do penhasco, algumas cujas formas sugerem a possibilidade de que sejam utensílios primitivos. Além disso, eles encontraram supostas lareiras, cujo carvão vegetal queimado dataria de aproximadamente 35.000 anos atrás. Artigos sobre Pedra Furada foram aceitos para publicação na prestigiosa e internacionalmente respeitada revista *Nature*.

Mas nenhuma dessas pedras na base do penhasco é uma óbvia ferramenta humana, como são as lanças de Clóvis e os utensílios dos Cro-magnon. Se centenas de milhares de pedras caem de um alto penhasco ao longo de dezenas de milhares de anos, muitas delas vão se quebrar ou se despedaçar ao atingirem as pedras lá de baixo, e algumas vão adquirir a aparência de utensílios toscos produzidos por humanos. Na Europa ocidental e em algum lugar da Amazônia, os arqueólogos conseguiram determinar a data dos pigmentos usados nas pinturas das cavernas, mas isso não foi feito em Pedra Furada. Incêndios florestais ocorrem freqüentemente em suas proximidades e produzem carvão vegetal, que é regularmente jogado dentro das cavernas pelo vento e pelas correntes. Não há provas de uma ligação entre o carvão de 35.000 anos atrás e as pinturas nas cavernas de Pedra Furada. Embora os primeiros escavadores continuem convencidos, um grupo de arqueólogos que não participou das escavações, mas que é receptivo às afirmações de que se trata de um registro pré-Clóvis, visitou recentemente o sítio e não se convenceu.

O sítio norte-americano que atualmente reúne as mais fortes credenciais como um possível local pré-Clóvis fica na caverna de Meadowcroft, na Pensilvânia, onde a presença humana dataria de 16.000 anos atrás. Nenhum arqueólogo nega a existência de um grande número de artefatos produzidos por humanos em Meadowcroft, porém os registros mais antigos não fazem sentido, porque as espécies animais e vegetais associadas a eles viviam na Pensilvânia em tempos recentes de temperaturas amenas, e não na Era Glacial, 16.000 anos atrás. Portanto, deve-se suspeitar que as amostras de carvão vegetal, que datam da mais antiga ocupação humana, são na verdade pós-Clóvis, infiltradas por carvão ainda mais antigo. O mais forte candidato a pré-Clóvis na América do Sul é o Monte Verde, no sul do Chile, datado de pelo menos 15.000 anos atrás. Este sítio parece ser convincente para muitos arqueólogos, mas recomenda-se um pouco de cautela, em função de decepções anteriores.

Se havia realmente povos pré-Clóvis nas Américas, por que é tão difícil provar que existiram? Os arqueólogos escavaram centenas de sítios americanos que, inegavelmente, datavam do período entre 2.000 e 11.000 anos antes de Cristo, incluindo dezenas de locais de Clóvis no oeste norte-americano, em cavernas nos Apalaches e na costa da Califórnia. Em todos os sítios onde há presença incontestável de humanos, foram feitas escavações posteriores, até camadas mais profundas e antigas, para encontrar restos de animais, mas não foi achado nenhum vestígio de humanos. A fragilidade das provas da existência de povos pré-Clóvis nas Américas contrasta com a força dos indícios na Europa, onde centenas de sítios atestam a presença de humanos modernos bem antes do surgimento desses caçadores nas Américas, por volta de 11000 a.C. Mais impressionantes ainda são as provas disponíveis na Austrália/Nova Guiné, onde há no máximo um décimo dos arqueólogos existentes nos Estados Unidos, mas onde esses poucos profissionais mesmo assim descobriram mais de uma centena de inequívocos sítios pré-Clóvis espalhados por todo o continente.

Os humanos primitivos certamente não voaram de helicóptero do Alasca para Meadowcroft e Monte Verde, passando por cima de todos os obstáculos existentes no caminho. Defensores da colonização pré-Clóvis sugerem que, durante milhares ou dezenas de milhares de anos, os humanos daquela época não eram muito numerosos e deixaram um pequeno legado, do ponto de vista arqueológico, por razões desconhecidas e sem precedentes em outras partes do mundo. Considero essa idéia infinitamente mais improvável do que a de que Monte Verde e Meadowcroft serão finalmente reinterpretados, como aconteceu com outros supostos sítios pré-Clóvis. Tenho a impressão de que, se houve realmente uma colonização pré-Clóvis nas Américas, a esta altura isso já teria sido comprovado em diversos lugares e não estaríamos mais discutindo o assunto. No entanto, os arqueólogos continuam divididos no que diz respeito a essas questões.

As conseqüências para nossa compreensão do final da pré-história americana continuam as mesmas, não importa qual seja a interpretação correta. Pode ser que as Américas tenham recebido seus primeiros colonizadores por volta de 11000 a.C. e logo depois se encheram de gente; ou pode ser que os primeiros humanos tenham chegado um pouco antes (a maioria dos defensores de uma colonização pré-Clóvis sugere algo entre 15.000 e 20.000 anos atrás, talvez 30.000, e poucos pensariam em uma data muito anterior a isso), mas tenham permanecido pouco numerosos, passando despercebidos até 11000 a.C. Em qualquer caso, entre os cinco continentes habitáveis, a América do Norte e a América do Sul são as regiões que têm a pré-história humana mais curta.

COM A OCUPAÇÃO DAS AMÉRICAS, as áreas mais habitáveis dos continentes e as ilhas continentais, assim como as oceânicas, da Indonésia até o leste de Nova Guiné, tinham humanos. A colonização das ilhas remanescentes prosseguiu até os tempos modernos: nas mediterrâneas Creta, Chipre, Córsega e Sardenha, entre 8500 e 4000 a.C.; no Caribe, por volta de 4000 a.C.; na Polinésia e na Micronésia, entre 1200 a.C. e 1000 da Era Cristã; Madagascar, em algum momento entre 300 e 800; e a Islândia, no nono século da Era Cristã. Os nativos americanos espalharam-se através do Pólo Ártico por volta de 2000 a.C. Com isso, as únicas áreas que permaneceram desabitadas, à espera dos exploradores europeus, ao longo dos últimos 700 anos, foram apenas as ilhas mais remotas do Atlântico e do oceano Índico (como os Açores e as Seychelles), mais a Antártica.

Qual a importância, se é que tem, da data de colonização dos vários continentes para a história posterior? Suponhamos que uma máquina do tempo pudesse transportar um arqueólogo de volta no tempo, para um passeio pelo mundo de 11000 a.C. Considerando o modo como se vivia naquela época, será que ele teria previsto o curso seguido pelas sociedades humanas nos vários continentes, desenvolvendo armas, germes e aço, até o ponto em que se encontra o mundo hoje?

Nosso arqueólogo poderia levar em consideração as possíveis vantagens de uma liderança inicial. Se isso contasse para alguma coisa, a África estaria numa ótima posição: pelo menos 5 milhões de anos a mais de existência separada dos proto-humanos do que qualquer outro continente. Além disso, se é verdade que os modernos humanos proliferaram na África por volta de 100.000 anos atrás e se espalharam pelos outros continentes, isso deveria representar muito e resultar em uma grande vantagem para os africanos. Para completar, a diversidade genética humana é maior no continente africano; talvez seres mais diversificados produzissem coletivamente invenções mais diversificadas.

Mas nosso arqueólogo poderia então refletir: o que essa suposta vantagem inicial realmente significa para o objetivo deste livro? Não podemos adotar literalmente a metáfora das pegadas. Se por vantagem inicial considerarmos o tempo necessário para povoar um continente após a chegada dos colonos pioneiros, ele é relativamente curto: por exemplo, menos de 1.000 anos para ocupar todo o Novo Mundo. Se por vantagem inicial, ao contrário, você quer dizer o tempo necessário para a adaptação às condições locais, garanto que alguns locais em condições extremas exigem tempo: por exemplo, 9.000 anos para ocupar o Pólo Ártico, depois do povoamento de todo o resto da América do Norte. Mas os povos teriam explorado e se adaptado rapidamente à maior parte das outras regiões se a inventividade dos modernos humanos já tivesse aflorado. Depois que os ancestrais dos maoris chegaram à Nova Zelândia, por exemplo, não foi necessário mais de um século para descobrirem todas as utilizações possíveis para as pedras; precisaram de apenas alguns séculos para matar o último dos grandes pássaros gigantes sem asas em um dos terrenos mais difíceis do mundo; e apenas alguns séculos para se dividirem em uma série de sociedades diferentes, que iam desde os caçadores-coletores de alimentos da costa até os agricultores responsáveis por novos tipos de armazenamento de comida.

Nosso arqueólogo poderia então olhar para as Américas e concluir que os africanos, apesar de sua enorme vantagem inicial aparente, teriam sido superados pelos primeiros americanos em, no máximo, um milênio. Portanto, a maior área das Américas (que é 50% maior do que a África) e sua imensa diversidade ambiental teriam representado uma vantagem para os nativos americanos sobre os africanos.

O arqueólogo poderia então se voltar para a Eurásia e raciocinar da seguinte maneira: trata-se do maior continente e foi ocupado antes de qualquer outro continente, exceto a África. A longa ocupação do continente africano, antes da colonização da Eurásia, um milhão de anos atrás, poderia ter pouca importância, já que os proto-humanos se encontravam em um estágio muito primitivo. Nosso arqueólogo talvez olhasse então para o Paleolítico Superior que florescia no sudoeste europeu entre 20.000 e 12.000 anos atrás, com todos aqueles famosos trabalhos artísticos e ferramentas complexas, e imaginasse até que ponto a Eurásia não estaria obtendo uma vantagem inicial, ao menos localmente.

Por fim, o arqueólogo se voltaria para a Austrália/Nova Guiné, observando inicialmente sua pequena área (é o menor continente), boa parte da qual é coberta por um deserto onde poucos humanos conseguem viver, seu isolamento e sua ocupação tardia, posterior à da África e da Eurásia. Tudo isso poderia fazer com que o arqueólogo previsse um lento desenvolvimento para a Austrália/Nova Guiné.

Mas devemos lembrar que os habitantes da Austrália e da Nova Guiné tiveram as mais antigas embarcações do mundo. Eles fizeram pinturas em cavernas aparentemente na mesma época em que os Cro-magnon as faziam na Europa. Jonathan Kingdon e Tim Flannery observaram que a colonização da Austrália/Nova Guiné, a partir das ilhas do continente asiático, exigiu que os humanos aprendessem a lidar com os novos ambientes que encontraram nas ilhas da Indonésia central — um labirinto de costas com os mais ricos recursos marinhos, recifes de corais e mangues do mundo. À medida que os colonizadores atravessaram os estreitos que separavam cada ilha indonésia da próxima, mais ao leste, eles se adaptavam novamente, ocupavam aquele território e seguiam para a seguinte. Foi, até aquela altura, uma era de ouro de sucessivas explosões da população humana. Talvez esses ciclos de colonização-adaptação-explosão populacional tenham sido os responsáveis pelo Grande Salto Adiante, que depois se propagou na direção oeste, para Eurásia e a África. Se esse cenário for correto, então a Austrália e a

Nova Guiné ganharam uma importante vantagem inicial, que poderia ter impulsionado o desenvolvimento humano ali bem depois do Grande Salto Adiante.

Portanto, um observador que recuasse no tempo até 11000 a.C. não poderia prever em que continente as sociedades humanas se desenvolveriam mais rapidamente, mas teria condições de apostar em qualquer um deles. *A posteriori*, naturalmente, sabemos que a Eurásia tomou a dianteira. Ocorre que os motivos para isso não foram exatamente aqueles que nosso arqueólogo imaginário poderia prever. O restante deste livro é uma investigação para descobrir os motivos reais dessa evolução.

CAPÍTULO 2

UMA EXPERIÊNCIA NATURAL DE HISTÓRIA

Nas ilhas Chatham, 800 quilômetros a leste da Nova Zelândia, séculos de independência resultaram num fim brutal para o povo moriori, em dezembro de 1835. Em 19 de novembro desse ano, um navio que levava 500 maoris carregados de armas, porretes e machados chegou, seguido por outro, em 5 de dezembro, com mais 400 maoris. Grupos de maoris começaram a percorrer as colônias morioris, anunciando que estes passavam a ser seus escravos e que matariam os que se opusessem. Uma resistência organizada dos morioris poderia então ter derrotado os maoris, pois tinham pelo menos o dobro do número de homens. Entretanto, os morioris tradicionalmente resolviam suas brigas de forma pacífica e decidiram, reunidos em conselho, que não lutariam, preferindo propor paz, amizade e a divisão de recursos.

Antes que os morioris pudessem apresentar essa proposta, os maoris atacaram em massa. Ao longo dos dias seguintes, mataram centenas de morioris, cozinharam e comeram muitos de seus corpos, escravizando os demais, matando a maioria deles nos anos seguintes, de acordo com seu capricho. Um sobrevivente moriori recorda: "[Os maoris] começaram a nos matar como ovelhas... [Nós] ficamos horrorizados, fugimos para o mato, nos escondemos em buracos subterrâneos ou em qualquer outro lugar para escapar do inimigo. Pouco adiantou; fomos descobertos e mortos — homens, mulheres e crianças, indiscriminadamente."

Um conquistador maori explicou: "Tomamos posse... de acordo com nosso costume e pegamos todo o mundo. Ninguém escapou. Alguns fugiram e foram mortos, outros foram mortos — mas o que tem isso? Foi tudo de acordo com nossos costumes."

O resultado brutal desse choque entre moriori e maori poderia ser facilmente previsto. Os morioris constituíam um grupo pequeno de caçadores-coletores que viviam isolados, dispondo apenas das mais rudimentares tecnologias e armas, totalmente inexperientes em matéria de guerra e sem qualquer tipo de liderança ou organização. Os invasores maoris (procedentes do norte da ilha de Nova Zelândia) faziam parte de uma população de numerosos agricultores cronicamente envolvidos em guerras ferozes, equipados com tecnologia e armas mais avançadas, e que agiam sob o comando de uma liderança forte. É claro que, quando os dois grupos finalmente entraram em contato, foram os maoris que chacinaram os morioris, e não o contrário.

A tragédia dos morioris se parece com muitas outras ocorridas tanto no mundo moderno quanto no antigo, quando povos numerosos e bem equipados enfrentavam adversários menos numerosos e mal equipados. O que torna o choque entre os maoris e os morioris tão esclarecedor é que os dois grupos tinham uma origem comum menos de um milênio antes. Ambos eram povos polinésios. Os modernos maoris descendem de fazendeiros polinésios que colonizaram a Nova Zelândia por volta do ano 1000 da Era Cristã. Pouco depois, um grupo desses maoris colonizou as ilhas Chatham e se tornou moriori. Nos séculos que se seguiram, os dois grupos evoluíram em direções opostas, sendo que os maoris do norte da ilha desenvolveram uma organização política e tecnológica mais complexa, enquanto os morioris ficavam para trás. Os morioris voltaram a ser caçadores-coletores, enquanto os maori intensificaram o cultivo da terra.

Essa evolução em sentidos opostos determinou o desfecho de seu choque final. Se pudéssemos entender as razões desse desenvolvimento tão diferente de suas sociedades, talvez tivéssemos um modelo para compreender a questão mais ampla das evoluções desiguais ocorridas nos continentes.

A HISTÓRIA DOS MORIORIS E DOS MAORIS constitui uma breve experiência, em pequena escala, que mostra como o ambiente afeta as sociedades humanas. Antes que você leia um livro inteiro sobre os efeitos ambientais em larga escala — efeitos sobre as sociedades humanas ao redor do mundo, ao longo dos últimos 13.000 anos —, desejaria ter uma razoável certeza, a partir de testes, de que esses efeitos são realmente importantes. Se você fosse um cientista de laboratório estudando ratos, poderia fazer esse teste pegando uma colônia de ratos, distribuindo grupos desses ratos ancestrais por várias gaiolas em ambientes distintos e, depois de muitas gerações, ver o que aconteceu. Naturalmente, esse tipo de teste não pode ser feito em sociedades humanas. Ao contrário, os cientistas devem procurar observar as "experiências naturais", em que algo semelhante tenha ocorrido no passado.

Uma experiência dessas foi realizada durante a colonização da Polinésia. Espalhadas pelo oceano Pacífico, além da Nova Guiné e da Melanésia, encontram-se milhares de ilhas muito diferentes em termos de área, isolamento, elevações, clima, produtividade e recursos biológicos e geológicos (Figura 2.1). A história da presença humana na maior parte dessas ilhas começa bem antes do desenvolvimento da capacidade de navegar. Por volta de 1200 a.C., um grupo de agricultores, pescadores e homens do mar do arquipélago Bismarck, ao norte de Nova Guiné, conseguiu chegar até algumas dessas ilhas. Ao longo de vários séculos, seus descendentes colonizaram praticamente cada pedaço de terra habitável no Pacífico. O processo estava quase concluído por volta do ano 500 da Era Cristã, com as últimas ilhas sendo ocupadas aproximadamente no ano 1000 ou logo depois.

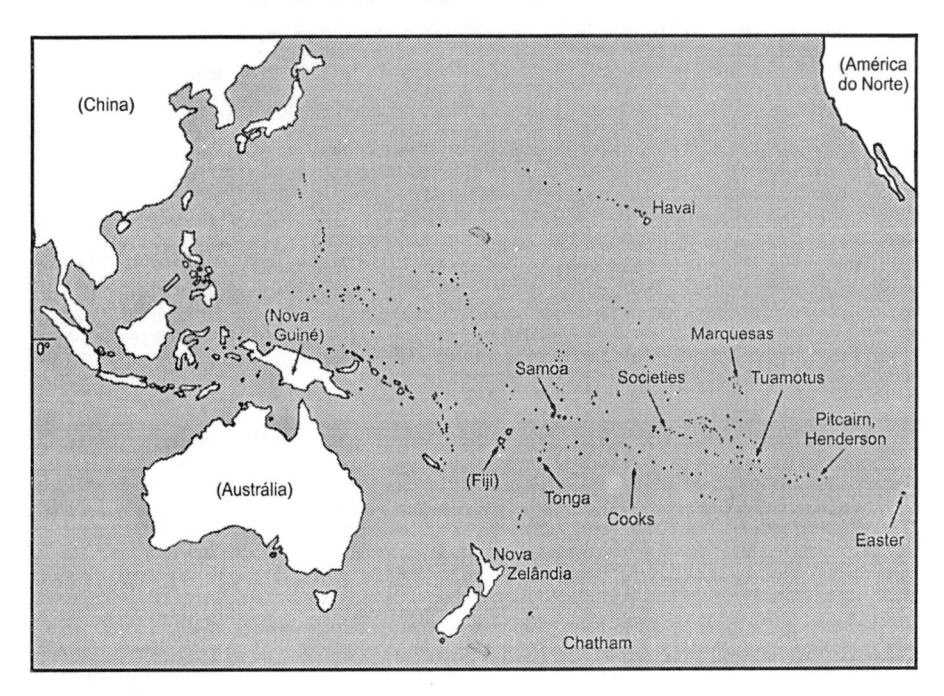

FIGURA 2.1. *Ilhas polinésias (os parênteses indicam terras que não pertencem à Polinésia.)*

Assim, em um curto intervalo de tempo, os ambientes extremamente diversificados das ilhas foram colonizados por descendentes da mesma população inicial. Os ancestrais de todas as modernas populações da Polinésia compartilhavam essencialmente a mesma cultura, a linguagem e a tecnologia, além dos mesmos tipos de plantas cultivadas e animais domesticados. A história da Polinésia, portanto, constitui uma experiência natural, que nos permite estudar a adaptação humana, sem as complicações habituais das múltiplas ondas de colonizadores diferentes, que freqüentemente frustram nossas tentativas de compreender a adaptação em outros lugares do mundo.

Nesse teste de proporções médias, o destino dos morioris constitui um pequeno exemplo. É fácil verificar como os ambientes distintos das ilhas Chatham e da Nova Zelândia moldaram de modo diferente os morioris e os maoris. Os ancestrais dos maoris que começaram a colonizar as Chatham podiam ser agricultores, mas suas culturas tropicais não se adaptavam às ilhas de clima frio — como as Chatham —, o que os obrigou a voltar à condição de caçadores-coletores. Nessa condição, sem ter como produzir excedentes para redistribuir ou armazenar, não tinham como sustentar e alimentar quem não caçava, como os artesãos, os exércitos, os burocratas e os chefes. Suas presas eram focas, mariscos, aves marinhas e peixes que conseguiam capturar com as mãos ou com porretes, sem exigir qualquer sofisticação tecnológica. Além disso, as Chatham eram ilhas relativamente pequenas e remotas, capazes de manter uma população de apenas 2.000 caçadores-coletores. Sem nenhum outro pedaço de terra para colonizar, os morioris tiveram que permanecer por lá, aprendendo a conviver uns com os outros. Eles conseguiram isso renunciando à guerra, e reduziram os conflitos potenciais de uma superpopulação castrando alguns recém-nascidos do sexo masculino. O resultado disso foi uma população pequena e pacífica, com armas e tecnologia simples, e sem uma liderança forte ou um sentido de organização.

Por outro lado, o norte (mais quente) da Nova Zelândia, o maior grupo de ilhas da Polinésia, era mais adequado à agricultura. Os maoris que permaneceram na Nova Zelândia cresceram numericamente, constituindo uma população de mais de 100.000 pessoas. Em função disso, geraram grandes densidades populacionais cronicamente envolvidass em ferozes batalhas com seus vizinhos. Com os excedentes agrícolas que podiam produzir e estocar, alimentavam artesãos, chefes e soldados. Eles precisavam e desenvolveram diversas ferramentas para a agricultura, as guerras e a arte. Construíram elaborados prédios para cerimônias e numerosas fortificações.

Portanto, as sociedades maori e moriori, que tinham uma origem comum, seguiram linhas totalmente diferentes. As sociedades resultantes perderam até mesmo a consciência da existência uma da outra, ficando sem contato durante séculos, talvez por cerca de 500 anos. Finalmente, um navio australiano de caçadores de focas em visita às Chatham, a caminho da Nova Zelândia, levou para lá a informação sobre a existência de ilhas onde havia "abundância de mar e mariscos; lagos cheios de enguias; e muitas frutas... Os habitantes são numerosos, mas não sabem como lutar e não possuem armas." Essa notícia foi suficiente para induzir 900 maoris a navegar até lá. O que aconteceu ilustra claramente como o ambiente pode afetar, em um período curto, a economia, a tecnologia, a organização política e a capacidade de lutar.

COMO JÁ MENCIONEI, O CHOQUE entre os maoris e os morioris representa um pequeno teste dentro de outro, de tamanho médio. O que podemos aprender da experiência da Polinésia sobre as influências ambientais nas sociedades humanas? Que diferenças entre as sociedades das várias ilhas polinésias precisam ser explicadas?

A Polinésia como um todo apresentava uma variedade ambiental muito maior do que as condições específicas da Nova Zelândia e das Chatham, embora estas últimas representem um extremo (apenas o fim) do tipo de organização local. Quanto às formas de subsistência, os polinésios iam desde os caçadores-coletores das Chatham, passando pelos fazendeiros predadores até os que obtinham alta produtividade na agricultura, vivendo em alguns dos locais mais densamente povoados do mundo. Os produtores de alimentos criavam ainda porcos, cachorros e galinhas. Organizavam frentes de trabalho para construir grandes sistemas de irrigação para suas terras, assim como para fazer tanques de criação de peixes. A base econômica das sociedades polinésias era formada de lares mais ou menos auto-suficientes, mas algumas ilhas também mantinham corporações hereditárias de artesãos. Em matéria de organização social, as sociedades polinésias iam desde vilarejos relativamente igualitários até algumas das mais estratificadas organizações sociais do mundo, com vários níveis hierárquicos, linhagens e classes de chefes e de homens comuns, que não se misturavam nem por meio de casamentos. A organização política das ilhas também era bastante variada: havia terras divididas por tribos independentes; pequenas aglomerações, como vilarejos; e proto-impérios formados por várias ilhas, que se dedicavam a construir instalações militares para invadir outras ilhas ou para promover guerras de conquista. Finalmente, a produção de bens materiais variava de uns poucos utensílios pessoais até a construção de prédios monumentais com arquitetura de pedra. Como essa variação tão grande pode ser explicada?

Contribuindo para essas diferenças entre as sociedades polinésias, havia pelo menos seis conjuntos de variáveis ambientais entre as ilhas: clima, geologia, recursos marinhos, área, fragmentação do terreno e isolamento. Vamos examinar todos esses fatores antes de considerar suas conseqüências específicas para as sociedades polinésias.

O clima na região varia do tropical quente ao subtropical na maioria das ilhas, situadas sob a linha do equador, até o temperado, na maior parte da Nova Zelândia, e frio subantártico nas Chatham e na parte sul da Nova Zelândia. A Grande Ilha do Havaí, embora situada na altura do trópico de Câncer, tem montanhas suficientemente elevadas para apresentar um ambiente alpino, com nevascas ocasionais. As chuvas vão das mais intensas da Terra (em Fjordland, na Nova Zelândia, e em Kauai, no Havaí) a precipitações tão pequenas em algumas ilhas que as tornam praticamente improdutivas em termos agrícolas.

A geologia polinésia abrange atóis de corais, imensas pedras calcárias, ilhas vulcânicas, partes de continentes e misturas de tudo isso. Em um extremo, incontáveis ilhotas, como as do arquipélago Tuamotu, são atóis planos e baixos que mal ultrapassam o nível do mar. Outros antigos atóis, como Henderson e Rennell, surgiram bem acima do nível do mar para formar ilhas de pedras calcárias. Esses dois tipos de atóis representam problemas para os colonizadores, porque são inteiramente constituídos de pedras calcárias, sem qualquer outro tipo de rocha, têm um solo muito fino e falta permanente de água fresca. No outro extremo, a maior ilha da Polinésia, Nova Zelândia, é um antigo e geologicamente diverso fragmento continental de Gondwana, rica em recursos minerais, entre eles ferro, carvão vegetal, ouro e jade. A maioria das outras grandes ilhas polinésias é constituída de vulcões que emergiram do mar, nunca fizeram parte do continente e podem ou não incluir áreas de pedras calcárias. Embora não tenham a riqueza geológica da Nova Zelândia, as ilhas vulcânicas representam pelo menos um passo adiante em relação aos atóis (do ponto de vista polinésio), por oferecerem diversos tipos de pedras vulcânicas, algumas bastante úteis para a produção de utensílios de pedra.

As ilhas vulcânicas também diferem entre si. As elevações existentes nas mais altas provocam chuva nas montanhas, o que as deixa sob intensas tempestades, com solos profundos e córregos permanentes. Isso acontece, por exemplo, em Societies, Samoa, Marquesas, e especialmente no Havaí, o arquipélago polinésio com as montanhas mais altas. Entre as ilhas mais baixas, Tonga e (em menor proporção) Páscoa também possuem solo rico devido às cinzas vulcânicas, mas não têm as grandes elevações do Havaí.

Em relação a recursos marinhos, a maioria das ilhas polinésias é cercada por recifes e águas pouco profundas, e muitas têm lagoas. Esses lugares estão cheios de peixes e mariscos. Entretanto, as costas rochosas de Páscoa, Pitcairn e das Marquesas, com seus penhascos e a ausência de recifes de corais, têm muito menos alimentos.

A área é uma outra variável óbvia, que pode ir dos 40 hectares de Anuta, a menor ilha da Polinésia, isolada e deserta, até os 165.000 quilômetros quadrados do minicontinente da Nova Zelândia. O terreno habitável de algumas ilhas, particularmente das Marquesas, é cortado por cordilheiras e penhascos, enquanto outras, como Tonga e Páscoa, são formadas por terrenos suavemente ondulados, que não constituem obstáculo para os deslocamentos e as comunicações.

A última variável a considerar é o isolamento. A ilha de Páscoa e as Chatham são pequenas e tão distantes das demais que, depois de colonizadas, desenvolveram sociedades totalmente isoladas do resto do mundo. Nova Zelândia, Havaí e as Marquesas também são bastante remotas, mas pelo menos as duas últimas aparentemente tiveram algum contato com outros arquipélagos após a ocupação inicial, e todas as três são formadas por várias ilhas suficientemente próximas para manter contatos regulares entre si. A maioria das outras ilhas polinésias manteve contatos mais ou menos regulares com outros arquipélagos. O arquipélago de Tonga, por exemplo, fica perto dos de Fiji, Samoa e Wallis, permitindo viagens regulares entre os arquipélagos e, finalmente, levando os habitantes de Tonga a conquistar Fiji.

Após essa rápida olhada na variedade de ambientes da Polinésia, vamos ver agora como essa diversidade influenciou as sociedades da região. A subsistência é um ponto de partida interessante, já que também afeta outros aspectos da vida.

A subsistência na Polinésia dependia do consumo de peixes variados, da coleta de plantas selvagens, mariscos e crustáceos, da caça de pássaros terrestres e marinhos, assim como da produção de alimentos. A maioria das ilhas polinésias tinha grandes pássaros que não voavam, que se desenvolveram na ausência de predadores. Os exemplos mais conhecidos são os grandes pássaros sem asas da Nova Zelândia e os gansos que não voavam do Havaí. Essas aves eram uma importante fonte de alimento para os primeiros colonizadores, principalmente na ilha Sul da Nova Zelândia, mas a maioria foi rapidamente exterminada em todas as ilhas, porque eram capturadas com facilidade. A quantidade de aves marinhas também diminuiu, embora elas tenham continuado a ser um importante alimento em algumas ilhas. Os recursos marinhos eram importantes na maior parte das ilhas, exceto em Páscoa, Pitcairn e nas Marquesas, onde as pessoas dependiam sobretudo da comida que produziam.

Os primeiros polinésios levavam com eles três animais domésticos: o porco, a galinha e o cachorro. Muitas ilhas contavam com essas três espécies, porém as mais isoladas tinham apenas uma ou duas, ou porque os animais levados em canoas não sobreviviam à longa jornada na água, ou porque não podiam ser substituídos por outros vindos de fora. Por exemplo, a isolada Nova Zelândia chegou ao ponto de só ter cachorros, enquanto em Páscoa e Tikopia restaram apenas galinhas. Sem acesso aos recifes de corais ou a águas rasas produtivas, e com seus pássaros terrestres rapidamente exterminados, os habitantes de Páscoa passaram a criar galinhas em larga escala.

Na melhor das hipóteses, contudo, esses três animais domésticos forneciam apenas refeições ocasionais. A produção de alimentos na Polinésia dependia principalmente da agricultura, uma prática quase impossível nas latitudes subantárticas, porque as culturas da região eram tropicais, inicialmente desenvolvidas em outros lugares e levadas para lá pelos colonizadores. Os habitantes das Chatham e da fria ilha Sul da Nova Zelândia foram, assim, obrigados a abandonar o legado agrícola desenvolvido por seus ancestrais durante milhares de anos para se tornarem novamente caçadores-coletores.

As populações das demais ilhas da Polinésia praticavam uma agricultura baseada em produtos adaptados à seca (como inhame e batatas-doces), colhiam frutos das árvores (como fruta-pão, bananas e cocos) e irrigavam as plantações (especialmente de inhame). A produtividade e a relativa importância dessas colheitas variavam consideravelmente nas diversas ilhas, dependendo de suas realidades ambientais. As densidades populacionais eram baixas em Henderson, Rennell e nos atóis por causa de seus solos pobres e sua pouca disponibilidade de água. As densidades também eram baixas na temperada Nova Zelândia, fria demais para algumas culturas polinésias. Os moradores dessas e de outras ilhas praticavam um tipo de agricultura itinerante, em que, após a colheita, queimavam o terreno.

Outras ilhas tinham solos ricos mas não eram suficientemente altas para possuir córregos permanentes e, portanto, irrigação. Os habitantes dessas ilhas desenvolveram métodos agrícolas intensivos para terras secas que exigiam muito trabalho para erguer terraços, adubá-los, fazer rotatividade das culturas, reduzir ou eliminar a entressafra e preservar as árvores. Esse tipo de agricultura tornou-se especialmente produtivo em Páscoa, na pequena Anuta e na plana e baixa Tonga, onde os moradores destinavam quase toda a terra ao cultivo de alimentos.

A cultura polinésia mais produtiva era a de inhame em campos irrigados. Entre as ilhas tropicais mais populosas, essa possibilidade era descartada por Tonga, devido à ausência de elevações e, conseqüentemente, de rios. A agricultura irrigada atingiu o seu ponto máximo nas ilhas de Kauai, Oahu e Molokai, a oeste do Havaí, que eram suficientemente grandes e úmidas para dispor de córregos permanentes e também de populações numerosas para trabalhar nos projetos de construção. Os havaianos envolvidos nesse trabalho construíram sofisticados sistemas de irrigação para as plantações de inhame, que chegaram a produzir cerca de 10 toneladas por hectare, o melhor resultado de toda a Polinésia. Essas colheitas, por sua vez, possibilitaram uma criação intensiva de porcos. O Havaí foi também o único lugar da região a usar o trabalho em massa na piscicultura, construindo grandes reservatórios para a criação de peixes.

Em consequência dessa diversidade de ambientes e fontes de subsistência, as densidades populacionais humanas (medidas em pessoas por quilômetro quadrado de terra arável) variavam muito na Polinésia. Em um extremo estavam os caçadores-coletores das Chatham (apenas duas pessoas por quilômetro quadrado) e da ilha Sul da Nova Zelândia, assim como os fazendeiros do restante da Nova Zelândia (mais de 10 pessoas por quilômetro quadrado). Em compensação, muitas ilhas com agricultura intensiva atingiam densidades populacionais em torno de 50 pessoas por quilômetro quadrado. Tonga, Samoa e Societies chegaram a ter o dobro disso e o Havaí chegava a 120. No outro extremo estava Anuta, uma ilha cheia de elevações, onde a população de 160 pessoas converteu praticamente toda a terra — 40 hectares — em produtora de comida, tornando-se uma das maiores populações auto-suficientes do mundo. A densidade populacional de Anuta superava a da Amsterdã atual e até rivalizava com a de Bangladesh.

O tamanho da população é o resultado da densidade populacional (pessoas por quilômetro quadrado) e da área (quilômetros quadrados). O importante não é a área de uma ilha, mas de uma unidade política, que pode ser menor ou maior do que uma única ilha. Por um lado, as ilhas próximas poderiam formar uma única unidade política. Por outro, ilhas com grande território acidentado foram divididas em várias unidades políticas independentes. Portanto, a área de cada unidade política dependia não apenas do tamanho da ilha, mas também de sua fragmentação ou seu isolamento.

Em pequenas ilhas isoladas, sem barreiras significativas que atrapalhem a comunicação interna, a ilha inteira constituía uma unidade política — como no caso de Anuta, com suas 160 pessoas. Muitas ilhas maiores nunca foram unificadas politicamente porque a população era formada de bandos dispersos de algumas dezenas de caçadores-coletores (como nas Chatham e na ilha Sul da Nova Zelândia), ou de fazendeiros separados por grandes distâncias (o resto da Nova Zelândia), ou ainda de fazendeiros que viviam em áreas densamente povoadas, mas em terrenos acidentados que impediam a unificação política. Por exemplo, os moradores dos escarpados vales vizinhos das Marquesas se comunicavam principalmente pelo mar; cada vale formava uma entidade política independente de alguns milhares de habitantes, e a maioria das grandes ilhas do arquipélago continuou dividida em várias entidades.

O relevo das terras de Tonga, Samoa, Societies e do Havaí permitiam a unificação política dentro das ilhas, gerando unidades de 10.000 pessoas ou mais (mais de 30.000 nas grandes ilhas do Havaí). As distâncias entre as ilhas do arquipélago de Tonga, bem como as que as separavam dos arquipélagos vizinhos, eram pequenas, o que acabou permitindo o surgimento de um império formado por várias ilhas, abrangendo cerca de 40.000 pessoas. Portanto, as unidades políticas da Polinésia variavam de algumas dezenas a 40 mil pessoas.

O tamanho da população de uma unidade política interagia com sua densidade populacional para influenciar a tecnologia, a economia, a sociedade e a organização política da Polinésia. Em geral, quanto maior o tamanho e a densidade, mais complexas e especializadas eram a tecnologia e a organização, por motivos que examinaremos detalhadamente em capítulos posteriores. Em resumo, pode-se dizer que em elevadas densidades populacionais apenas uma parcela das pessoas era de fazendeiros, mas elas trabalhavam de tal forma na produção intensiva de alimentos que produziam excedentes para alimentar os que não o faziam. Entre os não-produtores estavam os chefes, os sacerdotes, os burocratas e os guerreiros. As maiores unidades políticas eram capazes de reunir uma grande força de trabalho para construir sistemas de irrigação e reservatórios para peixes, intensificando ainda mais a produção de alimentos. Essa evolução foi especialmente visível em Tonga, Samoa e Societies, que eram constituídas de terras férteis, densamente povoadas e relativamente grandes para os padrões polinésios. Essa tendência atingiu seu ponto mais expressivo no arquipélago do Havaí, formado pelas maiores ilhas tropicais da região, onde as altas densidades populacionais e as grandes extensões de terra significavam que, potencialmente, havia muita mão-de-obra à disposição dos chefes.

As variações entre as sociedades polinésias relacionadas com densidade e tamanho da população ocorriam da seguinte forma: as economias permaneciam mais simples em ilhas com baixas densidades populacionais (como os caçadores-coletores das Chatham), com poucos habitantes (como os pequenos atóis) ou com a combinação dessas duas variáveis. Nessas sociedades, cada unidade habitacional produzia para atender às suas necessidades; havia pouca ou nenhuma especialização. Esta crescia nas ilhas maiores, mais densamente povoadas, atingindo o ponto máximo em Samoa, Societies e, especialmente, em Tonga e no Havaí, que contavam com artesãos que aprendiam o ofício com os pais, entre os quais construtores de canoas, navegadores, pedreiros, caçadores de pássaros e tatuadores.

A complexidade social também variava muito. Novamente, as Chatham e os atóis tinham as sociedades mais simples e igualitárias. Embora os ilhéus mantivessem a tradição polinésia de ter chefes, estes usavam poucos ou nenhum sinal visível dessa distinção, viviam em cabanas comuns, como as de todas as outras pessoas, e cultivavam ou obtinham sua comida como qualquer um. As distinções sociais e os poderes dos chefes aumentavam nas ilhas densamente povoadas, com grandes unidades políticas, principalmente em Tonga e nas Societies.

Mais uma vez, a complexidade social atinge seu auge no arquipélago do Havaí, onde os descendentes dos chefes se dividiam em oito níveis hierárquicos, constituindo verdadeiras linhagens. Os integrantes dessas linhagens de chefes não se casavam com gente do povo, mas somente entre eles. As pessoas comuns deviam se prostrar diante de chefes de alta hierarquia. Todos os membros dessas linhagens, assim como os burocratas e alguns artesãos especializados, estavam dispensados da tarefa de produzir comida.

A organização política seguia as mesmas tendências. Nas Chatham e nos atóis, os chefes tinham poucos recursos para comandar, as decisões eram tomadas a partir de discussões gerais e a terra pertencia à comunidade como um todo e não apenas aos chefes. As unidades políticas mais populosas e maiores concentravam mais autoridade nas mãos de seus chefes. A complexidade política era maior em Tonga e no Havaí, onde os poderes dos chefes hereditários se assemelhavam aos dos reis em outras partes do mundo, e onde a terra era controlada pelos chefes e não pelos moradores comuns. Utilizando-se de burocratas escolhidos como seus agentes, os chefes requisitavam comida dos ilhéus e os recrutavam para trabalhar em grandes projetos de construção, que variavam de ilha para ilha: irrigação e viveiros de peixes no Havaí, centros de danças e festas nas Marquesas, túmulos dos chefes em Tonga e templos no Havaí, nas Societies e em Páscoa.

Na época da chegada dos europeus, no século XVIII, já havia se formado um império em Tonga, constituído de vários arquipélagos. Como o arquipélago de Tonga englobava diversas ilhas grandes, cada uma ficou sob o comando de um único chefe. Depois, os chefes hereditários da maior ilha, Tongatapu, uniram todo o arquipélago e, finalmente, conquistaram ilhas que não faziam parte dele. Deram início a um comércio regular de longa distância com Fiji e Samoa, criando uma colônia na primeira e iniciando uma ofensiva para conquistar partes de seu território. A conquista e a administração deste proto-império marítimo foi possível graças a grandes canoas, que levavam até 150 homens cada.

Como Tonga, o Havaí tornou-se uma entidade política que abrangia diversas ilhas muito povoadas, mas sempre dentro do próprio arquipélago, devido a seu extremo isolamento. Na época da "descoberta" do Havaí pelos europeus, em 1778, cada ilha já havia posto em prática sua unificação política e alguns processos de fusão entre elas tinham sido iniciados. As quatro ilhas maiores — Grande Ilha (Havaí no sentido estrito), Maui, Oahu e Kauai — permaneceram independentes, controlando (ou disputando com as outras o controle) as ilhas menores (Lanai, Molokai, Kahoolawe e Niihau). Após a chegada dos europeus, o rei Kamehameha I, da Grande Ilha, rapidamente deu prosseguimento à consolidação do poder das ilhas maiores, adquirindo dos europeus armas e embarcações para invadir e conquistar Maui e depois Oahu. Kamehameha preparou, a seguir, a invasão da última ilha independente, Kauai, cujo chefe finalmente chegou a uma solução negociada, permitindo a completa unificação do arquipélago.

O último tipo de variação entre as sociedades polinésias a ser examinado envolve utensílios utilizados e outros aspectos da cultura material. A disponibilidade variável de matérias-primas impôs uma restrição óbvia nesse terreno. Em um extremo estava a ilha Henderson, um antigo recife de corais acima do nível do mar e sem qualquer outra pedra que não fosse calcária. Seus habitantes limitavam-se a fabricar adornos de conchas gigantes de ostras. No extremo oposto, os maoris do minicontinente da Nova Zelândia tinham acesso a uma ampla gama de matérias-primas e se destacaram pelo uso que faziam do jade. Entre os dois extremos estavam as ilhas vulcânicas da Polinésia, que não possuíam granito nem outras rochas continentais, mas pelo menos tinham rochas vulcânicas, que eram transformadas em solo ou em ferramentas de pedra polida usadas para preparar a terra para o cultivo.

Quanto aos artefatos produzidos, os habitantes das Chatham precisavam de pouco mais que tacapes e bastões para matar focas, pássaros e lagostas. A maioria dos outros ilhéus produzia uma variedade de arpões, adornos, jóias e outros objetos.

Nos atóis, como nas Chatham, esses artefatos eram pequenos, relativamente simples e produzidos individualmente por seus proprietários, enquanto sua arquitetura se limitava à construção de cabanas. As ilhas maiores e densamente povoadas mantinham artesãos especializados, que se encarregavam de produzir uma grande variedade de utensílios cobiçados para os chefes — como capas de penas destinadas aos chefes do Havaí, feitas com milhares de penas de pássaros.

As maiores produções da Polinésia eram as imensas estruturas de pedra em algumas poucas ilhas — as famosas estátuas gigantes da ilha de Páscoa, os túmulos dos chefes de Tonga, os palcos para festas das Marquesas e os templos do Havaí e das Societies. Esta monumental arquitetura polinésia obviamente se desenvolvia na mesma direção das pirâmides do Egito, Mesopotâmia, México e Peru. Naturalmente, as estruturas polinésias não têm a mesma escala das pirâmides, mas isso apenas reflete o fato de que os faraós egípcios podiam recrutar muito mais trabalhadores do que um chefe de uma ilha polinésia. Mesmo assim, os habitantes da ilha de Páscoa conseguiram erguer estátuas de pedra de 30 toneladas — sem dúvida uma façanha para uma ilha com apenas 7.000 pessoas, cuja única fonte de energia eram os seus próprios músculos.

PORTANTO, AS SOCIEDADES das ilhas polinésias eram muito diferentes em sua organização econômica, sua complexidade social e sua organização política, e em sua produção material, em função de diferenças de tamanho e densidade populacional, relacionadas, por sua vez, com diferenças no tamanho das ilhas, sua fragmentação, seu isolamento e as oportunidades de subsistência e de aumento da produção de comida. Todas essas diferenças entre as sociedades polinésias se desenvolveram durante um período relativamente curto de tempo, em uma fração modesta da superfície da Terra, a partir de uma única sociedade ancestral, com a variações decorrentes de cada ambiente específico. Essas diferenças culturais dentro da Polinésia são essencialmente as mesmas categorias que surgiram em todos os outros lugares do mundo.

Naturalmente, as variações no restante do planeta são muito maiores do que as existentes dentro da Polinésia. Enquanto os modernos povos continentais incluíam grupos que dependiam de ferramentas de pedra, como os polinésios, na América do Sul havia sociedades especializadas no uso de metais preciosos e os eurasianos e africanos continuavam a usar o ferro. Isso era impossível na Polinésia porque nenhuma ilha, com exceção da Nova Zelândia, possuía reservas significativas de metais. Na Eurásia, já havia impérios antes mesmo que a Polinésia tivesse sido colonizada. As Américas do Sul e Central desenvolveram impérios mais tarde, enquanto a Polinésia teve apenas dois proto-impérios, sendo que um deles (Havaí) se consolidou como tal somente após a chegada dos europeus. Na Eurásia e na América Central, surgiu a escrita nativa, o que não ocorreu na Polinésia, exceto talvez na ilha de Páscoa, cujos misteriosos sinais podem, contudo, ser posteriores ao contato de seus habitantes com os europeus.

Portanto, a Polinésia nos oferece uma pequena fatia e não um quadro completo da diversidade social humana existente no mundo. Isso não deve nos surpreender, já que a Polinésia nos proporciona apenas uma pequena fatia da diversidade geográfica do mundo. Além disso, como foi colonizada tão tarde, do ponto de vista da história humana, mesmo as mais antigas sociedades polinésias tiveram apenas 3.200 anos para se desenvolver, em contraste com pelo menos 13.000 anos das sociedades dos últimos continentes a serem ocupados (as Américas). Com alguns milênios a mais, talvez Tonga e o Havaí tivessem alcançado a condição de impérios prontos a combater os outros pelo controle do Pacífico, com uma escrita nativa desenvolvida para ajudá-los nas tarefas administrativas, enquanto os maoris, na Nova Zelândia, poderiam ter adicionado ferramentas de cobre e ferro a sua coleção de materiais, que incluía o jade.

Em suma, a Polinésia nos fornece um convincente exemplo de como se processa a diversificação nas sociedades humanas em função do ambiente. Mas nós aprendemos apenas que isso pode acontecer, porque aconteceu na Polinésia. Será que isso ocorreu também nos continentes? Se ocorreu, quais foram as diferenças ambientais responsáveis pela diversificação nos continentes e quais foram suas conseqüências?

CAPÍTULO 3

Enfrentamento em Cajamarca

A MAIOR MUDANÇA POPULACIONAL DOS TEMPOS MODERNOS FOI A COLONIZAÇÃO do Novo Mundo pelos europeus e a conseqüente conquista, redução numérica ou o completo desaparecimento da maioria dos grupos de nativos americanos (índios americanos). Como expliquei no Capítulo 1, o Novo Mundo foi inicialmente colonizado por volta ou antes de 11000 a.C. através do Alasca, do estreito de Bering e da Sibéria. Sociedades com agricultura complexa surgiram gradativamente nas Américas em direção ao sul, desenvolvendo-se de forma totalmente isolada das sociedades complexas que emergiam no Velho Mundo. Após a colonização inicial da Ásia, o único contato comprovado entre o Novo Mundo e o continente asiático envolvia caçadores-coletores que viviam nos dois lados do estreito de Bering, mais uma suposta viagem através do Pacífico que levou a batata-doce da América do Sul para a Polinésia.

Em relação aos contatos entre os povos do Novo Mundo e os da Europa nos primeiros tempos, os únicos ocorridos envolveram os nórdicos, que ocuparam a Groenlândia em pequenos grupos entre 986 e 1500. Mas essas visitas dos nórdicos não tiveram qualquer impacto perceptível sobre as sociedades dos nativos americanos. Em vez disso, para fins práticos, o enfrentamento entre a avançada sociedade do Velho Mundo e a do Novo Mundo começou em 1492, com a "descoberta", por Cristóvão Colombo, de ilhas do Caribe densamente povoadas por nativos americanos.

O momento mais dramático nas relações subseqüentes entre europeus e nativos americanos foi o primeiro encontro entre o imperador inca Ataualpa e o conquistador espanhol Francisco Pizarro, na cidade de Cajamarca, nas montanhas peruanas, em 16 de novembro de 1532. Ataualpa era o monarca absoluto do maior e mais adiantado Estado do Novo Mundo, enquanto Pizarro representava o imperador católico Carlos V (também conhecido como rei Carlos I da Espanha), monarca do mais poderoso Estado europeu. Liderando um grupo de 168 esfarrapados soldados espanhóis, Pizarro não conhecia o terreno nem os habitantes locais, estava completamente sem contato com os espanhóis mais próximos (1.600 quilômetros ao norte, no Panamá) e muito longe para receber reforços em tempo hábil. Ataualpa estava em seu próprio império e cercado por seu exército de 80.000 homens, recentemente vitoriosos em uma guerra com outros índios. Mesmo assim, Pizarro capturou Ataualpa poucos minutos depois que os dois se olharam de frente. Pizarro conseguiu reter seu prisioneiro por oito meses, enquanto obtinha o maior resgate da história em troca da promessa de libertá-lo. Após receber o resgate — ouro suficiente para encher um quarto com aproximadamente 6,6 metros de comprimento, 5 metros de largura e 2,5 metros de altura —, Pizarro renegou sua promessa e executou Ataualpa.

Sua captura foi decisiva para a conquista européia do Império Inca. Embora tivessem armas mais poderosas, que garantiriam uma vitória final espanhola em qualquer hipótese, a captura tornou a conquista mais rápida e infinitamente mais fácil. Ataualpa era reverenciado pelos incas como o deus Sol, exercendo absoluta autoridade sobre seus súditos, que obedeciam até mesmo às ordens que enviava do cativeiro. Os meses transcorridos até sua morte deram a Pizarro tempo para enviar unidades de exploração para outras partes do Império Inca sem que fossem molestadas e para receber reforços do Panamá. Quando a luta entre os espanhóis e os incas finalmente começou, após a morte de Ataualpa, as forças européias eram mais poderosas.

A captura de Ataualpa nos interessa especificamente como marco de um momento decisivo no maior enfrentamento da história moderna. Mas também interessa em um sentido mais amplo, porque os fatores que resultaram na captura de Ataualpa eram essencialmente os mesmos que determinaram o resultado de vários choques semelhantes entre colonizadores e povos nativos em outras partes do mundo. Por isso, a captura de Ataualpa nos proporciona uma ampla visão da história mundial.

O QUE ACONTECEU NAQUELE DIA em Cajamarca é bem conhecido porque foi descrito em textos de vários espanhóis presentes. Para se ter uma idéia do que ocorreu, vamos recordar os acontecimentos a partir de relatos de seis companheiros de Pizarro que testemunharam os fatos, entre eles, seus irmãos Hernando e Pedro:

"A prudência, o rigor, a disciplina militar, o trabalho, as perigosas navegações e as batalhas dos espanhóis — vassalos do mais invencível imperador do Império Católico Romano, nosso rei e senhor — causarão alegria aos crentes e terror aos infiéis. Por essa razão, e para a glória de Deus nosso Senhor e para servir à Majestade Católica Imperial, pareceu-me bom escrever esta narrativa e enviá-la a Sua Majestade, para que tenha conhecimento do que aqui é relatado. Será para a glória de Deus, porque eles conquistaram e trouxeram para nossa sagrada Fé Católica um grande número de pagãos, com a ajuda de Sua sagrada orientação. Será para a honra de nosso imperador porque, devido a seu grande poder e boa sorte, esses acontecimentos ocorreram em seu tempo. Dará alegria aos fiéis o fato dessas batalhas terem sido vencidas, dessas províncias terem sido descobertas e conquistadas, dessas riquezas terem sido levadas para o rei e para eles próprios; e que tal terror tenha se espalhado entre os infiéis, que tal admiração tenha entusiasmado toda a humanidade.

"Quando, nos tempos modernos ou antigos, tais façanhas foram alcançadas por tão poucos contra tantos, em tão diferentes climas, através de tantos mares, de tantas distâncias por terra, para subjugar aqueles que não podiam ser vistos e os desconhecidos? Quem pode comparar seus feitos aos da Espanha? Nossos espanhóis, ainda que pouco numerosos, nunca reunindo mais de 200 ou 300 homens, e algumas vezes apenas 100 ou até menos, conquistaram, em nossos tempos, mais territórios do que jamais se conheceu antes ou que todos os príncipes, fiéis e infiéis, possuem. Só escreverei, neste momento, sobre o que sucedeu na conquista, e não escreverei muito, para evitar a prolixidade.

"O governador Pizarro desejava obter informações de alguns índios de Cajamarca e, para isso, recorreu à tortura. Eles confessaram ter ouvido que Ataualpa estava esperando o governador em Cajamarca. O governador então ordenou que avançássemos. Quando chegamos à entrada de Cajamarca, vimos o acampamento de Ataualpa a uma légua de distância, junto às montanhas. O acampamento dos índios parecia uma cidade muito bonita. Eles tinham tantas tendas que fomos invadidos por uma grande apreensão. Até então, nunca tínhamos visto nada parecido nas Antilhas. Nossos espanhóis ficaram com medo e confusos. Mas não podíamos demonstrar medo ou voltar, pois se os índios percebessem qualquer fraqueza em nós, até mesmo aqueles que nos acompanhavam como guias, teriam nos matado. Então, demos uma demonstração de coragem e depois de observar cuidadosamente o lugarejo e as tendas, descemos o vale e entramos em Cajamarca.

"Conversamos muito entre nós sobre o que fazer. Estávamos com medo porque éramos tão poucos e tínhamos ido tão longe que não podíamos esperar receber reforços. Reunimo-nos com o governador para debater o que deveríamos fazer no dia seguinte. Poucos de nós dormiram naquela noite, pois ficamos observando a praça de Cajamarca e as fogueiras do exército indígena. Era uma visão assustadora. A maioria das fogueiras estava numa encosta e elas eram tão próximas umas das outras que pareciam o céu cheio de estrelas. Naquela noite, não havia distinção entre os poderosos e os humildes ou entre os soldados da infantaria e os da cavalaria. Todos os que estavam de sentinela permaneceram com todas as suas armas. O mesmo fez o bom e velho governador, que passou o tempo todo encorajando seus homens. O irmão do governador, Hernando Pizarro, estimou o número de guerreiros em cerca de 40.000, mas ele estava mentindo para nos encorajar, porque, na verdade, havia mais de 80.000 índios.

"Na manhã seguinte, chegou um mensageiro de Ataualpa e o governador disse a ele: 'Diga a seu senhor para vir quando e como ele quiser e que, de qualquer maneira, eu o receberei como um amigo e irmão. Rezo para que ele possa vir depressa, pois desejo vê-lo. Nenhum mal vai lhe acontecer.'

"O governador ocultou suas tropas em torno da praça de Cajamarca, dividindo a cavalaria em dois grupos, um sob o comando de seu irmão Hernando Pizarro e o outro, de Hernando de Soto. De modo semelhante, dividiu a infantaria, assumindo o comando de uma parte e entregando o da outra a seu irmão Juan Pizarro. Ao mesmo tempo, ordenou a Pedro de Candia que fosse, com mais dois ou três homens da infantaria e suas cornetas, para um pequeno forte existente na praça e que se instalassem lá com uma pequena arma de artilharia. Quando todos os índios, Ataualpa entre eles, entraram na praça, o governador daria um sinal para Candia e seus homens, para que eles começassem a atirar e, ao som das cornetas, a cavalaria deixaria o amplo pátio onde estava escondida, de prontidão.

"Ao meio-dia, Ataualpa começou a alinhar seus homens e se aproximar. Logo vimos toda a planície cheia de índios, que paravam a intervalos regulares para esperar por mais índios que continuavam deixando o acampamento. Eles continuavam saindo em destacamentos separados durante a tarde. Os destacamentos da frente estavam agora perto de nosso acampamento e ainda havia mais tropas saindo do acampamento dos indígenas. Na frente de Ataualpa havia 2.000 índios, que abriam caminho para ele, seguidos pelos guerreiros, que marchavam em fileiras de cada lado dele.

"Primeiro, veio um esquadrão de índios vestidos com roupas de cores diferentes, como em um tabuleiro de xadrez. Eles avançavam, retirando as palhas do caminho e limpando a estrada. Depois vinham três grupos com trajes diferentes, dançando e cantando. Então vinha um grupo de homens com armaduras, grandes escudos de metal e coroas de ouro e prata. Era tão grande a quantidade de ouro e prata em sua indumentária que era maravilhoso observar o reflexo do sol sobre ela. Entre eles vinha Ataualpa, em uma liteira muito elegante, com as pontas de madeira cobertas de prata. Oitenta senhores carregavam-no em seus ombros, todos vestindo librés azuis muito ricas. Ataualpa também estava ricamente vestido, com a coroa e um colar de grandes esmeraldas. Ele estava sentado num pequeno banco, ao lado de uma rica almofada. A liteira era forrada com penas de papagaio de várias cores e decorada com ouro e prata.

"Atrás de Ataualpa vinham duas outras liteiras e duas redes, que acomodavam alguns chefes importantes, e vários esquadrões de índios com coroas de ouro e prata. Esses esquadrões começaram a entrar na praça entoando canções e foram ocupando cada espaço vazio. Enquanto isso, todos nós, espanhóis, esperávamos prontos, escondidos no pátio, cheios de medo. Muitos de nós urinaram sem perceber, em estado de absoluto terror. Ao chegar ao centro da praça, Ataualpa permaneceu em sua liteira, no alto, enquanto as tropas continuavam a preencher o espaço em torno dele.

"O governador Pizarro enviou então frei Vicente de Valverde para falar com Ataualpa e pedir que, em nome de Deus e do rei de Espanha, ele se submetesse à lei de nosso Senhor Jesus Cristo e ao serviço de Sua Majestade. Avançando com a cruz em uma das mãos e a Bíblia na outra, por entre as tropas indígenas, até o local onde estava Ataualpa, o frei então falou: 'Sou um sacerdote de Deus e ensino aos cristãos as coisas de Deus e, da mesma forma, venho para ensinar a vocês. O que ensino é o que Deus nos diz neste livro. Portanto, da parte de Deus e dos cristãos, eu lhe imploro que seja seu amigo, porque este é o desejo de Deus, e para o seu bem.'

"Ataualpa pediu o livro, que queria ver, e o frei o entregou fechado. Ataualpa não sabia como abri-lo e o frei estava estendendo a mão para fazê-lo quando Ataualpa, com muita raiva, deu-lhe um golpe no braço, sem querer que fosse aberto. Então ele mesmo abriu o livro e, sem qualquer demonstração de surpresa com as letras ou o papel, atirou-o a uma distância de uns cinco ou seis passos, com o rosto extremamente vermelho.

"O frei devolveu-o a Pizarro, gritando: 'Saiam! Saiam, cristãos! Invistam contra esses cães inimigos que rejeitam as coisas de Deus. O tirano jogou no chão meu livro com a sagrada lei! Vocês não viram o que aconteceu? Por que continuar polidos e servis diante desse cachorro superorgulhoso enquanto as planícies estão cheias de índios? Marchem contra ele, porque eu os absolvo!'

"O governador então fez sinal para Candia, que começou a atirar. Ao mesmo tempo, as cornetas soaram e as tropas espanholas, tanto a cavalaria quanto a infantaria, deixaram seus esconderijos, avançando diretamente sobre a massa de índios desarmados que lotava a praça, dando o grito de guerra espanhol: 'Santiago!' Nós havíamos colocado matracas nos cavalos para aterrorizar os índios. Os estampidos das armas, o som das cornetas e as matracas nos cavalos deixaram os índios em verdadeiro pânico. Os espanhóis caíram em cima deles, cortando-os em pedaços. Os índios ficaram com tanto medo que subiam uns nos outros, amontoados e sufocados. Como estavam desarmados, foram atacados sem risco para qualquer cristão. A cavalaria passou por cima deles, matando, ferindo e perseguindo-os. A infantaria fez um ataque tão certeiro contra aqueles que ainda estavam em pé que em pouco tempo a maioria foi submetida à espada.

"O próprio governador empunhou sua espada e sua adaga, entrou na massa de índios com os espanhóis que estavam com ele e, com grande bravura, chegou à liteira de Ataualpa. Sem medo, pegou o braço esquerdo dele e gritou: 'Santiago!', mas não conseguiu tirá-lo da liteira porque ela era muito alta. Embora tivéssemos matado os índios que carregavam a liteira, outros imediatamente tomaram seus lugares e a mantiveram no alto, de modo que gastamos um bom tempo derrubando e matando índios. Finalmente, sete ou oito espanhóis a cavalo correram para a liteira e, com grande esforço, conseguiram tombá-la de lado. Assim Ataualpa foi capturado e o governador levou-o para seu alojamento. Os índios que carregavam a liteira e os que acompanhavam Ataualpa nunca o abandonaram: todos morreram em torno dele.

"Em pânico, os índios que restaram na praça, aterrorizados pelas armas e pelos cavalos — que nunca tinham visto — tentaram fugir derrubando uma parte do muro e correndo para a planície do outro lado. Nossa cavalaria pulou o muro derrubado e rumou para a planície, gritando: 'Peguem os das roupas mais luxuosas! Não deixem nenhum escapar! Matem-nos com suas lanças!' Todos os outros guerreiros que Ataualpa havia trazido estavam a um quilômetro e meio de Cajamarca prontos para a batalha, mas ninguém fez qualquer movimento, e durante todo esse tempo nenhum índio ergueu uma arma contra um espanhol. Quando os esquadrões de índios que tinham ficado na planície fora da cidade viram os outros índios fugindo e gritando, também entraram em pânico e trataram de escapar. Era uma visão impressionante, porque todo o vale, cerca de 30 quilômetros, estava repleto de índios. A noite já tinha caído e nossa cavalaria continuava matando índios nos campos, quando ouvimos a corneta que nos convocava para voltarmos ao acampamento.

"Se a noite não tivesse chegado, poucos dos mais de 40.000 índios teriam sido deixados vivos. Seis ou sete mil índios morreram e muitos mais tiveram braços cortados e outros ferimentos. O próprio Ataualpa admitiu que matamos 7.000 de seus homens naquela batalha. O homem assassinado em uma das liteiras era seu ministro, o senhor de Chincha, por quem ele tinha grande apreço. Todos aqueles índios em torno da liteira de Ataualpa pareciam ser chefes importantes e conselheiros. Todos foram mortos, assim como os índios que iam nas outras liteiras e redes. O senhor de Cajamarca também foi morto, entre tantos outros. O número de vítimas foi tão grande que era impossível contar, embora só houvesse grandes senhores em torno de Ataualpa. Foi extraordinário ver um governante tão poderoso ser capturado em tão pouco tempo, depois de surgir com um numeroso exército. Na verdade, não foi uma conquista de nossas próprias forças, pois éramos muito poucos. Foi pela graça de Deus, que é grande.

"As vestes de Ataualpa foram rasgadas, quando os espanhóis o retiraram da liteira. O governador ordenou que lhe fossem fornecidas roupas e, quando Ataualpa estava vestido, ordenou que se sentasse perto e acalmou sua raiva e sua agitação por se ver tão rapidamente destituído de seu alto posto. O governador disse-lhe: 'Não tome como um insulto o fato de ter sido derrotado e feito prisioneiro, porque com os cristãos que me acompanham, embora tão poucos, eu conquistei reinos maiores que o seu e derrotei senhores mais poderosos que você, impondo-lhes o domínio do Imperador, de quem sou vassalo, que é o rei da Espanha e do mundo todo. Viemos para conquistar esta terra sob suas ordens, para que todos tomem conhecimento de Deus e de sua sagrada fé católica. Devido à nossa missão, Deus, o criador do céu e da terra e de todas as coisas neles existentes, nos autoriza a fazer isso para que vocês possam conhecê-Lo e deixar essa vida bestial e diabólica que levam. É por esse motivo que nós, sendo tão poucos em número, subjugamos seu grande exército. Quando perceberem os erros em que vivem, vocês entenderão o bem que lhes fizemos vindo para sua terra por ordem de Sua Majestade, o Rei da Espanha. Nosso senhor determinou que seu orgulho fosse reduzido e que nenhum índio se sintasse em condições de ofender um cristão.'"

Vamos agora reconstituir as causas desse extraordinário confronto, começando com os acontecimentos mais próximos. Quando Pizarro e Ataualpa se encontraram em Cajamarca, por que o primeiro conseguiu capturar o segundo e matar seus seguidores, quando este tinha forças muito mais numerosas, que poderiam ter capturado e matado Pizarro? Afinal, o espanhol dispunha de apenas 62 homens a cavalo e 106 na infantaria, enquanto Ataualpa comandava um exército de aproximadamente 80.000 índios. Quanto aos antecedentes desses acontecimentos, como Ataualpa foi parar em Cajamarca? Como Pizarro chegou lá para capturá-lo, em vez de Ataualpa ir até a Espanha para capturar o rei Carlos I? Por que Ataualpa caiu naquilo que nos parece, com a vantagem da distância, uma armadilha óbvia? Será que os fatores que contribuíram para o desenlace do encontro entre Ataualpa e Pizarro também estiveram presentes em outros encontros dos povos do Velho e do Novo Mundo, assim como entre outros povos?

Por que Pizarro capturou Ataualpa? As vantagens militares de Pizarro estavam nas espadas de aço e em outras armas, armaduras de aço e nos cavalos. Contra essas armas, as tropas de Ataualpa, sem animais para montar, tinham apenas pedras, bronze e tacapes de madeira e machados, além de bodoques e pano acolchoado como armaduras. Esse desequilíbrio em matéria de equipamentos foi decisivo em inúmeros outros confrontos de europeus com nativos americanos e com outros povos.

Os únicos nativos do continente americano capazes de resistir à conquista dos europeus por muitos séculos foram aqueles que reduziram a disparidade militar, adquirindo e aprendendo a lidar com cavalos e armas. Para o americano branco em geral, a palavra "índio" evoca a imagem de um índio em cima de um cavalo correndo pelas planícies e sacudindo um rifle, como os guerreiros sioux que aniquilaram um batalhão do exército chefiado pelo general George Custer, na famosa batalha de Pequeno Grande Chifre, em 1876. Nós esquecemos com facilidade que cavalos e rifles eram inicialmente desconhecidos dos nativos americanos. Eles foram levados pelos europeus e possibilitaram uma transformação nas tribos indígenas que os adquiriram. Graças ao domínio de cavalos e rifles, os índios das planícies norte-americanas, os índios araucânios do sul do Chile, bem como os índios do pampa argentino, lutaram contra os invasores brancos por mais tempo que qualquer outro povo nativo, sucumbindo apenas às operações de grandes efetivos empreendidas pelos governos brancos nas décadas de 1870 e 1880.

Hoje, é difícil para nós entender as inúmeras situações em que o equipamento militar dos espanhóis prevaleceu. Na batalha de Cajamarca, narrada acima, 168 espanhóis aniquilaram um exército de nativos 500 vezes mais numeroso, matando milhares de índios sem perder um único espanhol. Muitas outras vezes, relatos de batalhas posteriores de Pizarro com os incas, da conquista dos astecas por Cortés e de outras campanhas européias mais recentes contra nativos americanos descrevem confrontos em que uma dúzia de europeus a cavalo massacrava milhares de índios. Durante a marcha de Pizarro de Cajamarca até a capital inca, Cuzco, após a morte de Ataualpa, houve quatro dessas batalhas: em Jauja, Vilcashuaman, Vilcaconga e Cuzco. Esses quatro conflitos envolveram, respectivamente, um contingente de 80, 30, 110 e 40 homens a cavalo em cada caso, contra milhares ou dezenas de milhares de índios.

Essas vitórias espanholas não podem ser descritas como resultado apenas da ajuda dos nativos americanos aliados, da novidade psicológica das armas e dos cavalos espanhóis ou (como freqüentemente se afirma) do erro dos incas, que confundiram os espanhóis com o deus Viracocha, que estava retornando. Os sucessos iniciais de Pizarro e Cortés na realidade atraíram aliados nativos. Muitos deles, entretanto, não teriam se tornado aliados se já não tivessem sido convencidos, pelas devastadoras vitórias anteriores dos espanhóis, de que qualquer resistência seria inútil e que deveriam se aliar aos prováveis vencedores. A novidade dos cavalos e das armas de aço sem dúvida paralisou os incas em Cajamarca, mas, nas batalhas seguintes, os espanhóis enfrentaram uma resistência determinada por parte dos exércitos incas, que já tinham visto as armas e os cavalos. Em meia dúzia de anos após a conquista inicial, os incas articularam e prepararam duas rebeliões em larga escala contra os espanhóis. Todos esses esforços fracassaram por causa do armamento superior dos espanhóis.

Por volta de 1700, as armas de fogo haviam substituído as espadas como principal arma, favorecendo os invasores europeus contra os nativos americanos e outros povos. Por exemplo, em 1808, um navegador britânico chamado Charlie Savage, munido de mosquetes e de uma excelente pontaria, chegou às ilhas Fiji. Savage, com esse nome muito adequado, prosseguiu sozinho, para alterar o equilíbrio de poder em Fiji. Entre várias incursões que realizou, subiu numa canoa um rio que o levou ao vilarejo de Kasavu, parou a uma distância inferior à de um tiro de pistola da cerca do lugarejo e atirou em seus indefesos habitantes. As vítimas foram tantas que os sobreviventes empilharam os corpos para fazer com eles uma proteção, enquanto o córrego junto ao vilarejo ficava vermelho de sangue. Esses exemplos do poder das armas contra povos nativos que não as possuíam podem se multiplicar indefinidamente.

Na conquista dos incas pelos espanhóis, as armas tiveram um papel secundário. As armas daquele tempo (os chamados arcabuzes) eram difíceis de carregar e disparar, e Pizarro tinha apenas uma dúzia delas. Mas produziam um grande efeito psicológico, quando conseguiam disparar. Muito mais importantes eram as espadas de metal dos espanhóis, as lanças e as adagas, que estraçalhavam suas frágeis armaduras. Por outro lado, os toscos tacapes dos índios serviam para bater e ferir os espanhóis e seus cavalos, mas raramente matavam. O aço dos espanhóis ou suas armaduras e escudos normalmente garantiam uma defesa eficaz contra os tacapes, enquanto as armaduras de tecido acolchoado dos índios não ofereciam qualquer proteção contra as armas de aço.

A tremenda vantagem obtida pelos espanhóis com seus cavalos salta aos olhos, de acordo com os relatos de testemunhas. Os cavaleiros podiam facilmente deixar para trás os sentinelas índios, sem lhes dar tempo para avisar suas tropas, o que facilitava sua tarefa de matar os guerreiros que lutavam a pé. O impacto de uma carga de cavalaria, sua agilidade, a velocidade de ataque e a proteção que os animais representavam deixavam os índios praticamente indefesos em campo aberto. Além disso, havia o efeito surpresa causado pelos cavalos, que os nativos enfrentavam pela primeira vez. Na época da grande rebelião inca de 1536, os indígenas já haviam aprendido a se defender melhor da cavalaria, fazendo emboscadas e aniquilando os cavaleiros espanhóis em passagens estreitas. Mas os incas, como qualquer outro soldado a pé, nunca foram capazes de derrotar a cavalaria em campo aberto. Quando Quizo Yupanqui, o melhor general do imperador inca Manco, que sucedeu Ataualpa, sitiou os espanhóis em Lima, em 1536, e tentou tomar a cidade, dois esquadrões da cavalaria espanhola partiram para cima de um número muito superior de índios a pé, matando Quizo e todos os seus comandantes no primeiro ataque, derrotando seu exército. Uma investida semelhante, feita por 26 cavaleiros, derrotou as melhores tropas do imperador Manco, quando ele cercou os espanhóis em Cuzco.

A mudança nos métodos de guerra provocada pelos cavalos começou com sua domesticação, por volta de 4000 a.C., nas estepes ao norte do mar Negro. Os cavalos permitiam que seus donos percorressem distâncias muito maiores do que era possível cobrir a pé, assim como atacar de surpresa e bater em retirada antes que uma força de defesa pudesse ser reunida. Seu papel em Cajamarca exemplifica, portanto, o poder de uma arma que, durante 6.000 anos — até o início do século XX —, foi valiosa e que acabou sendo usada em todos os continentes. Somente na Primeira Guerra Mundial, o predomínio militar da cavalaria chegou ao fim. Quando consideramos as vantagens obtidas pelos espanhóis por causa de seus cavalos, armas de aço e armaduras, contra os soldados a pé e sem equipamentos de metal, não deveríamos nos surpreender com o fato de os espanhóis terem vencido tantas batalhas com tanta superioridade.

Por que Ataualpa se encontrava em Cajamarca? Ataualpa e seu exército estavam em Cajamarca porque tinham acabado de vencer batalhas decisivas em uma guerra civil que deixou os incas divididos e vulneráveis. Pizarro rapidamente percebeu essas divisões e passou a explorá-las. O motivo da guerra civil foi uma epidemia de varíola, que se alastrou entre os índios sul-americanos após a chegada dos colonos espanhóis ao Panamá e à Colômbia, que matou o imperador inca Huayna Cápac e a maior parte de sua corte em 1526, assim como seu herdeiro designado, Ninan Cuyuchi. Essas mortes precipitaram uma disputa pelo trono entre Ataualpa e seu meio-irmão Huáscar. Não fosse a epidemia, os espanhóis teriam encontrado um império unido.

A presença de Ataualpa em Cajamarca, portanto, destaca um fator-chave na história mundial: doenças transmitidas para pessoas sem imunidade por invasores com considerável imunidade. Varíola, sarampo, gripe, tifo, peste bubônica e outras doenças infecciosas, endêmicas na Europa, tiveram um papel decisivo nas conquistas européias, dizimando muitos povos de outros continentes. Uma epidemia de varíola, por exemplo, devastou os astecas após o fracasso do primeiro ataque espanhol, em 1520, e matou Cuitláhuac, o imperador que havia sucedido Montezuma.

Em todas as Américas, as doenças introduzidas pelos europeus se alastraram de uma tribo para outra bem antes do avanço dos próprios europeus, matando um percentual calculado em cerca de 95% da população nativa da América pré-colombiana. As sociedades mais populosas e altamente organizadas da América do Norte, como a dos caciques do Mississippi, desapareceram desse modo entre 1492 e 1690, antes mesmo de europeus terem instalado sua primeira colônia junto ao rio Mississippi. Uma epidemia de varíola, em 1713, foi o maior fator de destruição do povo san, de nativos da África do Sul, pelos colonizadores europeus. Logo depois da chegada dos primeiros britânicos a Sydney, Austrália, em 1788, começou a primeira das epidemias que dizimaram os aborígines australianos. Um exemplo bem documentado ocorrido nas ilhas do Pacífico é o da epidemia que arrasou Fiji em 1806, levada por alguns navegadores europeus que chegaram à costa depois que seu navio, *Argo*, afundou. Epidemias semelhantes marcaram as histórias de Tonga, Havaí e de outras ilhas do Pacífico.

Não quero dizer, entretanto, que o papel das doenças na história foi apenas o de pavimentar o caminho para a expansão européia. A malária, a febre amarela e outras doenças de regiões tropicais como a África, a Índia, o sudeste da Ásia e a Nova Guiné constituíram os principais obstáculos para a colonização européia dessas áreas.

Como Pizarro chegou a Cajamarca? Por que Ataualpa não tentou conquistar a Espanha? Pizarro foi a Cajamarca graças à tecnologia marítima européia, que permitiu a construção de navios que o levaram, através do Atlântico, da Espanha até o Panamá, e depois, pelo Pacífico, do Panamá ao Peru. Sem essa tecnologia, Ataualpa não podia expandir seus domínios para fora da América do Sul.

Além dos navios, Pizarro dependia de uma organização política centralizada que permitiu à Espanha financiar, construir, formar gente e equipar os navios. O império inca também tinha uma organização centralizada, mas que acabou representando uma desvantagem, porque, ao capturar Ataualpa, Pizarro apoderou-se de toda a cadeia de comando inca. Como a burocracia inca estava tão fortemente identificada seu monarca absoluto, com poderes divinos, ela se desintegrou após a morte do imperador. A combinação da tecnologia marítima com a organização política foi essencial para a expansão européia em outros continentes, como também para a expansão de muitos outros povos.

Um outro fator relacionado com a ida dos espanhóis ao Peru foi a existência da escrita. A Espanha dispunha desse conhecimento e o império inca, não. A informação podia ter um alcance maior, de modo mais preciso e detalhado, através da escrita do que acontecia nos relatos orais. Essa informação, voltando à Espanha depois das viagens de Colombo e da conquista do México por Cortés, fez com que os espanhóis se espalhassem pelo Novo Mundo. Cartas e panfletos forneceram tanto a motivação quanto as informações necessárias sobre navegação. O primeiro relato publicado das descobertas de Pizarro, feito por seu companheiro, capitão Cristóbal de Mena, foi impresso em Sevilha em abril de 1534, apenas nove meses após a execução de Ataualpa. Tornou-se um *best-seller*, foi rapidamente traduzido para outras línguas européias e enviado a um outro grupo de colonizadores espanhóis que se encarregou de aumentar o domínio conquistado por Pizarro no Peru.

Por que Ataualpa caiu na armadilha? Analisando agora os acontecimentos, ficamos espantados por Ataualpa ter caído na armadilha óbvia em Cajamarca. Os espanhóis que o capturaram também ficaram surpresos com seu próprio sucesso. Os efeitos da alfabetização ficam claros neste caso.

A explicação imediata é que Ataualpa tinha muito pouca informação sobre os espanhóis, seu poderio militar e suas intenções. Ele tinha apenas noções escassas, obtidas principalmente através do relato de um enviado seu que havia estado com as tropas de Pizarro durante dois dias, quando ia da costa para o interior. Esse enviado viu os espanhóis desorganizados, disse a Ataualpa que eles não eram guerreiros e que poderiam ser controlados por uns 200 índios. Compreensivelmente, nunca ocorreu a Ataualpa que deveria temer os espanhóis e que eles poderiam atacá-lo sem que houvesse qualquer provocação.

No Novo Mundo, a habilidade de escrever estava restrita a pequenas elites de alguns povos do moderno México e de algumas áreas próximas, bem longe do império inca. Embora a conquista espanhola do Panamá, a apenas mil quilômetros da fronteira norte do império inca, tenha começado em 1510, nenhuma informação sobre a existência dos espanhóis parece ter chegado aos incas até o desembarque de Pizarro na costa peruana, em 1527. Ataualpa ignorava completamente as conquistas espanholas das mais poderosas e populosas sociedades indígenas da América Central.

Tão surpreendente para nós quanto o comportamento de Ataualpa que resultou em sua captura foi o que ele fez depois. Ofereceu seu famoso resgate na ingênua crença de que, depois de pago, os espanhóis o libertariam e iriam embora. Ele não tinha como perceber que os homens de Pizarro constituíam a primeira equipe de uma força destinada a realizar uma conquista permanente, e não apenas um ataque isolado.

Ataualpa não foi o único a cometer esses erros fatais. Mesmo depois de sua captura, o irmão de Francisco Pizarro, Hernando Pizarro, enganou o principal general de Ataualpa, Chalcuchima, que comandava um grande exército e praticamente se entregou aos espanhóis. Os erros de Chalcuchima marcaram um momento decisivo no colapso da resistência inca, um momento quase tão importante quanto o da captura de Ataualpa. O imperador asteca Montezuma errou de modo ainda mais grosseiro, quando achou que Cortés era um deus que retornava e deixou que ele entrasse, com seu pequeno exército, na capital asteca de Tenochtitlán. O resultado foi que Cortés prendeu Montezuma e prosseguiu até conquistar Tenochtitlán e todo o império asteca.

Em outro nível, os erros de avaliação de Ataualpa, Chalcuchima, Montezuma e de inúmeros outros líderes nativos americanos enganados pelos europeus se devem ao fato de que nenhum habitante do Novo Mundo havia estado no Velho Mundo e, portanto, eles não podiam ter qualquer informação específica sobre os espanhóis. Mesmo assim, é difícil evitar a conclusão de que Ataualpa "deveria" ter sido menos ingênuo, se sua sociedade tivesse tido experiência com uma gama mais ampla do comportamento humano. Pizarro também chegou a Cajamarca sem outras informações sobre os incas além das que havia obtido ao interrogar vassalos incas que encontrou em 1527 e 1531. Embora Pizarro fosse analfabeto, pertencia a uma tradição que conhecia a escrita. A partir dos livros, os espanhóis tinham conhecimento de várias civilizações contemporâneas distantes da Europa e sobre milhares de anos de história européia. Pizarro explicitamente construiu sua emboscada para Ataualpa baseado na estratégia bem-sucedida de Cortés.

Em suma, o fato de conhecerem a escrita fez dos espanhóis herdeiros de uma imensa quantidade de conhecimentos sobre o comportamento humano e a história. Já Ataualpa não tinha nenhuma idéia sobre os espanhóis nem experiência com invasores vindos do outro lado do oceano, e também nunca tinha havia ouvido (ou lido) sobre ameaças semelhantes a quem quer que fosse, em nenhum outro lugar, em qualquer outra ocasião na história. Esse abismo entre suas respectivas experiências estimulou Pizarro a montar sua armadilha e Ataualpa, a cair nela.

A CAPTURA DE ATAUALPA POR PIZARRO ilustra, portanto, o conjunto de fatores que resultaram na colonização européia do Novo Mundo e não na colonização da Europa pelos nativos americanos. Entre os motivos do sucesso de Pizarro estão também, naturalmente, a tecnologia militar baseada em armas de aço e cavalos; doenças infecciosas endêmicas na Eurásia; tecnologia marítima européia; organização política centralizada dos Estados europeus; e a escrita. O título deste livro servirá de síntese desses fatores, que ainda permitem aos modernos europeus a conquista de povos de outros continentes. Muito antes que qualquer povo começasse a produzir armas e aço, outros desses fatores tinham levado à expansão de alguns povos não-europeus, como veremos em outros capítulos.

Mas continuamos com a pergunta fundamental: por que todas essas vantagens estavam na Europa e não no Novo Mundo? Por que não foram os incas que inventaram as armas e as espadas de aço, que montaram animais tão temíveis quanto os cavalos, que espalharam doenças para as quais os europeus não tinham resistência, que desenvolveram navios capazes de cruzar oceanos e organizações políticas avançadas, e que tiveram condições de se basear na experiência de milhares de anos de história escrita? Essa não é mais uma discussão sobre causas imediatas, de que tratamos neste capítulo, mas de causas fundamentais, que ocupam as duas partes seguintes deste livro.

PARTE 2

O SURGIMENTO E A EXPANSÃO DA PRODUÇÃO DE ALIMENTOS

CAPÍTULO 4

O PODER DOS FAZENDEIROS

Q UANDO ERA ADOLESCENTE, PASSEI O VERÃO DE 1956 EM MONTANA, TRABALHANDO para um velho fazendeiro chamado Fred Hirschy. Nascido na Suíça, Fred tinha vindo para o sudoeste de Montana quando jovem, na última década do século XIX, instalando uma das primeiras fazendas da região. Na época de sua chegada, boa parte da população original de nativos, basicamente caçadores-coletores, ainda vivia por lá.

Meus companheiros eram, em sua maioria, brancos rudes que estavam sempre praguejando e que passavam a semana trabalhando para poder dedicar os fins de semana a gastar no bar local o dinheiro ganho. Entre eles, contudo, havia um integrante da tribo de índios pés-pretos chamado Levi, que se comportava de modo diferente — era cortês, gentil, responsável, sóbrio e bem-falante. Foi o primeiro índio com quem convivi durante algum tempo e acabei por admirá-lo.

Foi portanto uma grande decepção quando, um domingo de manhã, encontrei Levi bêbado e praguejando, após uma noite de sábado passada na farra. Entre seus xingamentos, um ficou em minha memória: "Maldito Fred Hirschy e maldito o navio que o trouxe da Suíça!" Isso me fez perceber a perspectiva que os índios tinham daquilo que eu — como todos os outros estudantes brancos — havia aprendido a ver como a heróica conquista do Oeste norte-americano. A família de Fred Hirschy se orgulhava dele, como um fazendeiro pioneiro que conseguiu ser bem-sucedido em meio a condições bastante difíceis. Mas a tribo de Levi, de caçadores e famosos guerreiros, teve suas terras roubadas pelos imigrantes brancos. Como os fazendeiros venceram os famosos guerreiros?

Na maior parte do tempo, desde que os ancestrais dos modernos humanos se distinguiram dos grandes macacos, há cerca de 7 milhões de anos, todos os humanos da Terra se alimentavam exclusivamente da caça de animais selvagens e da coleta de plantas, como os pés-pretos ainda faziam no século XIX. Foi somente nos últimos 11.000 anos que alguns povos passaram a se dedicar ao que chamamos de produção de alimentos: isto é, a domesticação de animais selvagens e o cultivo de plantas, comendo carne de gado e o que colhiam. Hoje em dia, a maioria das pessoas na Terra consome alimentos que elas próprias produziram ou que outros produziram para elas. Pelos atuais padrões de mudança, na próxima década os poucos bandos de caçadores-coletores remanescentes vão abandonar essa prática, se desintegrar ou morrer, pondo fim a milhões de anos desse modo de vida.

Povos diferentes iniciaram a produção de alimentos em diferentes períodos da pré-história. Alguns, como os aborígines australianos, nunca chegaram a esse estágio. Entre aqueles que adquiriram o hábito, alguns (por exemplo, os antigos chineses) desenvolveram essa prática por conta própria, enquanto outros (inclusive os antigos egípcios) aprenderam com seus vizinhos. Mas, como veremos, a produção de comida era um pré-requisito indireto para o desenvolvimento de armas, germes e aço. Por isso, as variações em matéria de clima e geografia ou o momento em que os povos de diferentes continentes se tornaram agricultores ou criadores de animais, explicam em grande parte seus destinos contrastantes. Antes de dedicarmos os próximos seis capítulos a entender como surgiram as diferenças geográficas na produção de alimentos, este capítulo vai mostrar as principais conexões através das quais a produção de alimentos gerou as vantagens que permitiram a Pizarro capturar Ataualpa e ao povo de Fred Hirschy tirar a terra do povo de Levi (Figura 4.1).

A primeira conexão é a mais direta: a disponibilidade de mais calorias para consumo significa mais gente. Entre as plantas silvestres e as espécies animais selvagens, somente uma pequena parte é comestível ou vale a pena ser caçada ou colhida. A maioria é inútil como alimento para nós por uma ou mais das seguintes razões: é de difícil digestão (como a casca de árvore), venenosa (algumas borboletas e cogumelos), de pouco valor nutritivo (água-viva), difícil de preparar (nozes muito pequenas), difícil de coletar (larvas da maioria dos insetos) ou perigosa para caçar (rinocerontes). A maior parte da biomassa (matéria viva orgânica) existente encontra-se na forma de madeira e folhas, sendo que poucas são digeríveis pelos seres humanos.

Fatores que marcaram um padrão mais amplo da história

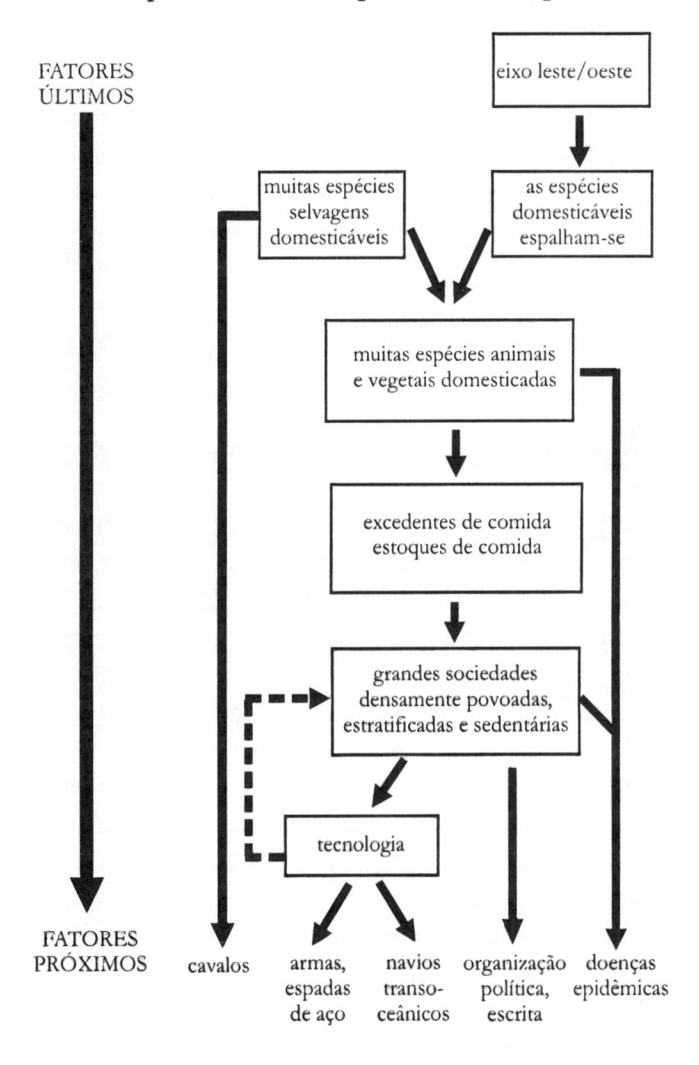

FATORES
ÚLTIMOS

- eixo leste/oeste
- muitas espécies selvagens domesticáveis
- as espécies domesticáveis espalham-se
- muitas espécies animais e vegetais domesticadas
- excedentes de comida, estoques de comida
- grandes sociedades densamente povoadas, estratificadas e sedentárias
- tecnologia

FATORES
PRÓXIMOS

cavalos — armas, espadas de aço — navios transoceânicos — organização política, escrita — doenças epidêmicas

FIGURA 4.1. *Visão esquemática das cadeias de causas que levaram aos fatores imediatos (como armas, cavalos e doenças), permitindo que alguns povos conquistassem outros povos, a partir dos fatores fundamentais (como direção dos eixos continentais). Por exemplo, diversas doenças epidêmicas dos humanos se desenvolveram em regiões onde havia muitas espécies de vegetais e animais que podiam ser cultivados e domesticados, em parte porque a agricultura e os animais domésticos ajudavam a alimentar sociedades densamente povoadas, onde as epidemias podiam proliferar, e em parte porque as doenças surgiram a partir de germes dos próprios animais domesticados.*

Ao selecionar e cultivar as poucas espécies de plantas e animais que podemos comer, de modo que eles constituam 90% e não 0,1% de biomassa em um hectare de terra, obtemos um volume muito maior de calorias por hectare. Em conseqüência disso, um hectare pode alimentar muito mais criadores e agricultores — em geral, de 10 a 100 vezes mais — do que o método dos caçadores-coletores. A força desses números foi a primeira das muitas vantagens militares obtidas pelas tribos produtoras de alimentos sobre as de caçadores-coletores.

Nas sociedades humanas que possuíam animais domésticos, eles alimentavam mais gente de quatro maneiras distintas: ao fornecer carne, leite e fertilizantes, e ajudando a arar a terra. Em primeiro lugar, e de modo mais direto, os animais domésticos tornaram-se a principal fonte de proteína animal para as sociedades, substituindo a caça. Hoje, por exemplo, os norte-americanos tendem a obter a maior parte da proteína animal que consomem de vacas, porcos, ovelhas e galinhas, e a caça, como a carne de veado, é uma iguaria rara. Além disso, alguns mamíferos grandes forneciam o leite e seus derivados, como a manteiga, o queijo e o iogurte. Entre esses animais estão a vaca, a ovelha, a cabra, o cavalo, a rena, o búfalo, o iaque e os camelos. Esses mamíferos produziam muito mais calorias ao longo de sua vida do que se fossem mortos e consumidos apenas como carne.

Os grandes mamíferos domésticos também interagiam de duas maneiras com as culturas domésticas, ajudando a aumentar a colheita. Primeiro, como qualquer jardineiro ou fazendeiro moderno sabe por experiência própria, a colheita melhora muito se for utilizado esterco como fertilizante. Mesmo com os fertilizantes sintéticos hoje disponíveis, produzidos pelas indústrias químicas, o principal recurso ainda utilizado atualmente na maioria das sociedades é o esterco de animais — principalmente de vacas, mas também de iaques e ovelhas. O estrume é ainda muito valioso como combustível de fogueiras nas sociedades tradicionais.

Em segundo lugar, os grandes mamíferos domesticados ajudavam a melhorar a agricultura familiar puxando arados e possibilitando o cultivo de terras que antes eram inaproveitáveis. Entre esses animais estavam as vacas, os cavalos, os búfalos e os híbridos do iaque e da vaca. Aqui está um exemplo de seu valor: os primeiros fazendeiros pré-históricos da Europa central, os chamados Linearbandkeramik, que existiram pouco antes de 5000 a.C., estavam inicialmente confinados em terras que podiam ser aradas apenas com a força dos músculos humanos. Somente mais de mil anos depois, com a introdução do arado puxado por bois, eles foram capazes de ampliar sua produção até regiões de solo pesado e turfas duras. Da mesma forma, fazendeiros nativos das Grandes Planícies da América do Norte cultivavam as terras dos vales, mas tiveram que esperar a chegada dos europeus e de seus arados puxados por animais, no século XIX, para conseguir plantar nas duras turfas dos planaltos.

Todas essas são formas diretas em que a agricultura e a domesticação de animais resultaram em maiores densidades populacionais, graças à produção de mais comida do que proporcionava o estilo de vida caçador-coletor. Uma maneira indireta envolvia as conseqüências de uma vida sedentária forçada pela produção de alimentos. As pessoas de muitas sociedades de caçadores-coletores se mudam freqüentemente em busca de comida, mas os fazendeiros precisam permanecer junto a seus campos e pomares. Essa permanência contribuiu para o crescimento das populações porque permitia intervalos menores entre os nascimentos dos filhos. Uma mãe de uma sociedade caçadora-coletora, que se mudava constantemente, podia carregar apenas uma criança, além de seus poucos pertences. Ela não podia ter outro filho antes que o primeiro fosse capaz de caminhar rapidamente para poder acompanhar a tribo. Na prática, os nômades tinham filhos a cada quatro anos, fora situações como amenorréia durante a amamentação, abstinência sexual, infanticídio e aborto. Por outro lado, os povos sedentários, que não enfrentavam o problema de carregar crianças durante as caminhadas, podiam ter e criar tantos filhos quantos pudessem alimentar. Os intervalos entre os nascimentos dos filhos de fazendeiros eram de aproximadamente dois anos, metade da média dos caçadores-coletores. A taxa de natalidade mais elevada dos produtores de alimentos, assim como sua capacidade de alimentar mais pessoas por hectare, fez com que atingissem densidades populacionais muito maiores do que as dos caçadores-coletores.

Uma outra conseqüência do modo de vida sedentário é que ele permite a estocagem dos excedentes de alimentos, uma tarefa impossível para quem não permanecia junto aos estoques para zelar por eles. Enquanto alguns nômades podiam ocasionalmente conseguir mais comida do que consumiam em alguns dias, esse excedente de pouco lhes servia, já que não tinham como protegê-lo. Os estoques de comida eram essenciais para alimentar os especialistas que não se dedicavam ao cultivo, podendo abastecer cidades inteiras. Portanto, as sociedades de nômades têm poucos ou nenhum especialista em tempo integral, que surgem nas sociedades sedentárias.

Dois tipos desses especialistas são os reis e os burocratas. Os caçadores-coletores tendem a desenvolver sociedades relativamente igualitárias, sem burocratas e sem chefes hereditários, além de terem pouquíssima organização política em seu bando ou tribo. Isso acontece porque todos os seus integrantes em condições de caçar são obrigados a dedicar a maior parte de seu tempo a procurar comida. Já entre os que são de estocar alimentos, uma elite política pode obter o controle da comida produzida por outros, criar taxas, livrar-se da obrigação de conseguir a sua própria alimentação e dedicar-se em tempo integral às atividades políticas. As sociedades agricultoras de médio porte são freqüentemente lideradas por chefes, enquanto as grandes são comandadas por reis. Essas unidades políticas complexas têm muito mais condições de manter uma guerra de conquista do que um bando de nômades igualitários. Alguns caçadores-coletores de regiões especialmente ricas, como a costa noroeste do Pacífico na América do Norte e a costa do Equador, também desenvolveram sociedades sedentárias, estocagem de alimentos e hierarquias com chefes, mas não chegaram a se tornar reinos.

Um excedente de comida estocado pode sustentar outros especialistas, além dos chefes e reis. De grande importância direta nas guerras de conquista, esse estoque pode ser usado para alimentar soldados profissionais. Foi este o fator decisivo na derrota final dos bem armados nativos maoris da Nova Zelândia diante do império britânico. Os maoris conseguiram algumas vitórias impressionantes mas temporárias, porque não podiam manter seu exército permanentemente no campo de batalha e acabaram derrotados pelos 18.000 soldados profissionais da Grã-Bretanha. Os estoques de comida podiam também alimentar os sacerdotes, que forneciam justificativas religiosas para as guerras de conquista; artesãos especialistas em metais, que produzem espadas, armas e outras tecnologias; e escribas, capazes de preservar muito mais informações do que as que podem ser recordadas de forma precisa.

Até aqui, enfatizei os valores diretos ou indiretos das colheitas e dos animais domésticos para a alimentação. Mas eles têm outras utilidades, como nos manter aquecidos e fornecer outros produtos valiosos. Suas fibras naturais podem ser aproveitadas para fazer roupas, cobertas, redes e cordas. A maioria dos principais centros de cultivo de plantas produzia não apenas alimentos mas também fibras, especialmente o algodão, o linho e o cânhamo. Muitos animais domésticos também produziam fibras, como a lã dos carneiros, bodes, lhamas e alpacas, assim como a seda, a partir do bicho-da-seda. Os ossos dos animais eram importante matéria-prima para os utensílios dos povos neolíticos, antes do desenvolvimento da metalurgia. As peles das vacas eram usadas para fazer couro. Uma das primeiras plantas cultivadas em várias regiões das Américas não tinha finalidade comestível: a cabaça, usada como recipiente.

Os grandes animais domésticos ainda revolucionaram as sociedades humanas por terem se transformado no principal meio de transporte terrestre até o século XIX, quando surgiram as estradas de ferro. Antes da domesticação dos animais, o único meio de transporte de bens e pessoas por terra era nas costas dos humanos. Os grandes mamíferos mudaram isso: pela primeira vez na história humana, tornou-se possível transportar coisas pesadas em grandes quantidades, assim como pessoas, com rapidez e por longas distâncias. Os animais usados como montaria eram os cavalos, os burros, os iaques, as renas e os camelos. Além desses animais, a lhama também era utilizada para carregar fardos. Vacas e cavalos eram atrelados a carroças, enquanto renas e cachorros puxavam trenós no Ártico. O cavalo tornou-se o principal meio de transporte de longa distância na maior parte da Eurásia. Os camelos desempenharam um papel semelhante no norte da África, na Arábia, na Ásia Central, enquanto as lhamas eram utilizadas nos Andes.

A contribuição mais direta da domesticação de animais e plantas para as guerras de conquista foi dada pelos cavalos da Eurásia, cuja utilização militar os transformou nos jipes e tanques das antigas guerras naquele continente. Como mencionei no Capítulo 3, eles permitiram que Cortés e Pizarro, liderando pequenos grupos de aventureiros, derrubassem os impérios inca e asteca. Mesmo bem antes (por volta de 4000 a.C.), numa época em que os cavalos ainda eram montados em pêlo, eles foram um ingrediente militar essencial por trás da expansão para oeste dos povos que falavam línguas indo-européias a partir da Ucrânia. Essas línguas acabaram substituindo os idiomas europeus ocidentais anteriores, exceto no caso do basco. Quando mais tarde os cavalos foram atrelados a carroças e outros veículos, as batalhas entre carruagens (inventadas por volta de 1800 a.C.) revolucionaram a arte da guerra nos Bálcãs, na região mediterrânea e na China. Em 1674 a.C., por exemplo, os cavalos permitiram que estrangeiros, os hicsos, conquistassem os egípcios, que na época não possuíam cavalos, e se estabelecessem temporariamente no Egito como faraós.

Mais tarde, após a invenção das selas e dos estribos, os cavalos permitiram que os hunos e as sucessivas levas de outros povos das estepes asiáticas aterrorizassem o Império Romano e os Estados que o sucederam, culminando na conquista pelos mongóis de boa parte da Ásia e da Rússia, nos séculos 13 e 14 d.C. Somente com a introdução de caminhões e tanques, na Primeira Guerra Mundial, os cavalos foram finalmente superados como principal veículo de assalto e meio de transporte rápido em uma guerra. Os camelos desempenharam um papel semelhante, em termos militares, nas regiões onde viviam. Em todos esses exemplos, os povos que domesticaram cavalos (ou camelos), ou com melhores meios de utilizá-los, desfrutaram de uma enorme vantagem militar sobre os que não os possuíam.

A mesma importância nas guerras de conquista tiveram os germes que se desenvolveram em sociedades humanas com os animais domésticos. Doenças infecciosas como varíola, sarampo e gripe surgiram como germes de seres humanos derivados, por mutações, de germes ancestrais semelhantes que tinham infectado animais (Capítulo 11). Os humanos que domesticaram animais foram as primeiras vítimas desses novos germes, mas desenvolveram então uma boa resistência às novas doenças. Quando esses povos parcialmente imunes entraram em contato com outros povos, que não tinham sido expostos anteriormente aos germes, provocaram epidemias em que até 99% da população atingida morria. Portanto, os germes adquiridos dos animais domesticados tiveram um papel decisivo nas conquistas européias dos nativos americanos, australianos, sul-africanos e dos habitantes das ilhas do Pacífico.

Em suma, a domesticação de animais e o cultivo de plantas significaram muito mais do que comida e populações mais numerosas. Os excedentes de alimentos resultantes e (em algumas áreas) o transporte por animais desses excedentes eram um pré-requisito para o desenvolvimento das sociedades sedentárias, politicamente centralizadas, socialmente estratificadas, economicamente complexas e tecnologicamente inovadoras. A existência de plantas e animais domésticos explica, em última instância, por que os impérios, a alfabetização e as armas de aço surgiram inicialmente na Eurásia e depois se desenvolveram, ou não, em outros continentes. O uso militar de cavalos e camelos e o poder assassino dos germes derivados de animais completam a lista dos principais vínculos entre produção de alimentos e conquista que iremos examinar.

CAPÍTULO 5

A HISTÓRIA DOS QUE TÊM E DOS QUE NÃO TÊM

Boa parte da história humana é constituída de conflitos desiguais entre os que têm e os que não têm: entre povos que dominavam a agricultura e aqueles que não dominavam; ou entre aqueles que adquiriram esse domínio em diferentes momentos. Não deve surpreender o fato de a produção de alimentos nunca ter crescido em grandes áreas do globo, por motivos ambientais que, ainda hoje, tornam difícil ou impossível o cultivo. Por exemplo, nem a agricultura nem a criação de gado se desenvolveram na época pré-histórica no Ártico norte-americano, enquanto a única forma de produção de alimento conhecida no Ártico eurasiano era a criação de renas. Da mesma forma, os alimentos não brotaram espontaneamente nos desertos, longe das fontes de água para irrigação, como a Austrália central e partes do oeste dos Estados Unidos.

Ao contrário, o que surpreende e requer explicações é a ausência de qualquer forma de produção de alimentos, até os tempos modernos, em áreas ambientalmente propícias, que estão hoje entre os mais ricos centros agrícolas e de criação. Entre as áreas que nos deixam mais intrigados — as habitadas por povos indígenas que eram caçadores-coletores quando os colonizadores europeus chegaram —, estão a Califórnia e outros estados americanos da costa do Pacífico; o pampa argentino; o sudoeste e o sudeste da Austrália; e boa parte da região do Cabo, na África do Sul. Se tivéssemos feito uma pesquisa no mundo de 4000 a.C., milhares de anos depois do surgimento da produção de alimentos nos locais onde essa prática é mais antiga, ficaríamos surpresos com vários outros dos modernos países-líderes que não adotavam essa prática, incluindo os Estados Unidos, a Inglaterra e boa parte da França, da Indonésia e toda a África subequatorial. Quando reconstituímos o início da produção de alimentos, os locais onde tudo começou também nos surpreendem. Longe dos atuais países-líderes, incluem áreas que hoje estão secas ou ambientalmente degradadas: Iraque e Irã, México, os Andes, partes da China e parte da África. Por que a produção de alimentos se desenvolveu primeiro nessas terras aparentemente secundárias e somente depois onde se tem hoje as regiões mais férteis e os melhores pastos?

Diferenças geográficas também influíram na forma como essa atividade surgiu, e de modo surpreendente. Em alguns lugares, a produção de alimentos desenvolveu-se de modo independente, como conseqüência da domesticação de animais e do cultivo de plantas. Na maioria dos outros lugares, a prática foi importada — na forma de produtos agrícolas cultivados e de animais domesticados em outras região. Se os lugares que importaram essas práticas tinham condições de produzir alimentos desde a pré-história, por que seus habitantes não se tornaram agricultores e criadores sem ajuda externa, cultivando plantas locais e criando animais?

Entre as regiões onde a produção de alimentos surgiu de modo independente, por que as épocas de seu aparecimento variam tanto — por exemplo, no leste da Ásia milhares de anos antes que no leste dos Estados Unidos, e nunca no leste da Austrália? Entre as regiões importadoras dos tempos pré-históricos, por que as datas de chegada dos produtos variam tanto — por exemplo, milhares de anos antes no sudoeste da Europa do que no sudoeste dos Estados Unidos? E, novamente, entre as regiões importadoras, por que em algumas áreas (como o sudoeste dos Estados Unidos) os próprios caçadores-coletores adotaram as práticas do cultivo de plantas e da criação e sobreviveram como fazendeiros, enquanto em outras áreas (como a Indonésia e boa parte da África subequatorial) a importação da produção de alimentos envolveu uma substituição dos caçadores-coletores locais pelos novos invasores? Todas essas questões envolvem desdobramentos que determinaram quais os povos que se tornariam os "não têm" da história e aqueles que seriam os "têm".

ANTES QUE POSSAMOS ESPERAR resolver essas questões, precisamos imaginar como identificar as áreas onde a produção de alimentos se originou, quando surgiu ali e onde e quando a agricultura e a criação de animais foram inicialmente adotadas. A prova mais evidente vem da identificação de restos de animais e plantas em sítios arqueológicos. A maioria das plantas cultivadas e das espécies animais domesticadas difere morfologicamente de seus ancestrais selvagens: por exemplo, no tamanho menor do gado e das ovelhas domesticadas, no tamanho maior das galinhas e das maçãs, nas sementes de pêra menores e mais macias, e na forma dos chifres dos bodes. Restos de plantas e animais domesticados em um sítio arqueológico datado podem ser reconhecidos e fornecem fortes indícios da produção de alimentos naquele lugar, e naquele período, enquanto a descoberta de restos só de espécies selvagens não comprova a produção de alimentos, sendo compatível com os caçadores-coletores. Naturalmente, os produtores de alimentos, principalmente os primeiros, continuaram a colher plantas silvestres e a caçar, de modo que os restos de comida em seus sítios freqüentemente incluem tanto espécies selvagens quanto domesticadas.

Os arqueólogos calculam a data da produção de alimentos através do material que contém carbono encontrado nos sítios. Esse método se baseia na lenta decomposição do carbono radioativo 14, um componente muito pequeno do carbono, no isótopo não-radioativo do nitrogênio 14. O carbono 14 é gerado continuamente na atmosfera pelos raios cósmicos. As plantas absorvem o carbono da atmosfera, que tem uma proporção conhecida e mais ou menos constante de carbono 14 em relação ao predominante isótopo de carbono 12 (uma proporção de um em um milhão). Esse carbono da planta continua seu ciclo, passando a fazer parte do corpo dos animais herbívoros que comem plantas, e dos carnívoros, que comem esses animais herbívoros. Quando uma planta ou um animal morre, entretanto, metade do seu conteúdo de carbono 14 vira carbono 12 a cada 5.700 anos, até que, depois de aproximadamente 40.000 anos, o conteúdo de carbono 14 é muito pequeno e difícil de medir ou de distinguir da contaminação por pequenas quantidades de materiais modernos que contêm carbono 14. Portanto, a idade do material de um sítio arqueológico pode ser calculada a partir da proporção de carbono 14/carbono 12.

O radiocarbono é responsabilizado por muitos problemas técnicos, dos quais vale mencionar dois. Um é que a datação por radiocarbono até 1980 exigia volumes relativamente grandes de carbono (alguns gramas), muito mais do que a quantidade existente em pequenas sementes ou em ossos. Por isso, os cientistas tinham que recorrer freqüentemente a materiais obtidos no mesmo local na mesma época, que acreditavam estar relacionados com os restos de comida — isto é, que tivessem sido depositados simultaneamente pelas pessoas que deixaram os alimentos ali. Uma escolha típica de material "associado" é o carvão das fogueiras.

Mas os sítios arqueológicos nem sempre são cápsulas fechadas no tempo, contendo materiais depositados no mesmo dia. Esses materiais podem ter sido deixados em épocas diferentes e se misturado, como vermes, roedores e outros agentes que se fundiram no solo. Resíduos de carvão de uma fogueira podem, portanto, estar junto a restos de animais ou plantas que morreram e foram comidos milhares de anos antes ou depois. Hoje, cada vez mais, os arqueólogos estão contornando esse problema graças a uma nova técnica chamada espectrometria de aceleração de massa, que permite estabelecer a data por radiocarbono de pequenas amostras, possibilitando que se saiba a idade precisa de uma pequena semente, um pedaço de osso ou algum resto de comida. Em alguns casos, foram encontradas grandes diferenças entre as datas obtidas com os novos métodos diretos (que também apresentam problemas) e aquelas baseadas nos antigos métodos indiretos. Entre as controvérsias que permanecem sem solução, talvez a mais importante para os objetivos deste livro diga respeito à data em que começou a produção de alimentos nas Américas: os métodos indiretos dos anos 60 e 70 remetem a datas remotas, como 7000 a.C., mas a nova metodologia remete a épocas posteriores a 3500 a.C.

Um segundo problema resultante desse método de datação é que a proporção de carbono 14/carbono 12 na atmosfera não é constante, mas varia ligeiramente com o tempo, de modo que os cálculos de datas por radiocarbono baseados no pressuposto de uma proporção constante estão sujeitos a pequenos erros. A magnitude desse erro para cada data passada pode, em princípio, ser determinada com a ajuda de árvores de longa duração e dos anéis que se formam a cada ano de seu crescimento, uma vez que esses anéis podem ser contados para se obter um calendário preciso, e as amostras de carbono da madeira datadas por esse método podem então ser analisadas por sua proporção de carbono 14/carbono 12. Desse modo, as datas por radiocarbono podem ser "calibradas" para levar em conta as alterações da proporção de carbono na atmosfera. O efeito dessa correção é que, para materiais com datas aparentes (isto é, não-calibradas) entre 1000 e 6000 a.C., a verdadeira data (calibrada) fica entre alguns séculos ou mil anos antes. Algumas amostras mais antigas começaram recentemente a ser calibradas por um método alternativo, baseado em outro processo de resíduos radioativos, levando à conclusão de que as amostras que pareciam datar de aproximadamente 9000 a.C. na verdade eram de 11000 a.C.

Os arqueólogos freqüentemente distinguem datas calibradas de não-calibradas escrevendo as primeiras em letras maiúsculas e as últimas em letras minúsculas (por exemplo 3000 A.C. e 3000 a.c., respectivamente). A literatura arqueológica, entretanto, pode ser confusa a esse respeito, porque muitos livros e relatórios contêm datas não-calibradas como A.C. e não mencionam isso. As datas que reproduzo neste livro para acontecimentos dos últimos 15.000 anos são calibradas. Isso explica algumas discrepâncias que os leitores podem notar entre este livro e outras publicações consideradas referências, quando se fala do início da produção de alimentos.

Depois que alguém reconhece e estabelece a data de determinados resíduos de animais ou plantas, como pode saber se o animal ou o vegetal havia sido realmente domesticado ou cultivado nas proximidades do sítio ou se isso foi feito em outro lugar e depois eles foram levados para lá? Uma maneira é examinar um mapa com a distribuição dos ancestrais selvagens da plantação ou dos animais e deduzir que a domesticação deve ter ocorrido na região onde havia ancestrais selvagens. O grão-de-bico, por exemplo, era amplamente cultivado por agricultores tradicionais do Mediterrâneo e Etiópia até a Índia, sendo que este último país responde atualmente por 80% da produção mundial desse alimento. Alguém pode, portanto, se desapontar ao supor que o grão-de-bico começou a ser cultivado na Índia. Ocorre que o seu ancestral silvestre existia somente no sudeste da Turquia. A interpretação de que o grão-de-bico foi efetivamente domesticado lá é sustentada pelo fato de que os mais antigos achados, indicando que o grão-de-bico teria possivelmente sido domesticado, encontram-se em sítios arqueológicos do período neolítico localizados no sudeste da Turquia e, lá perto, no norte da Síria, que datam de aproximadamente 8000 a.C.; e somente mais de 5.000 anos depois aparecem provas arqueológicas de sua existência no subcontinente indiano.

Um segundo método para identificar o local de domesticação de plantas ou animais é marcar em um mapa as datas da primeira vez em que surgiram as formas domesticadas em cada região. O sítio onde elas apareceram primeiro pode ser o local inicial de sua domesticação — especialmente se seu ancestral selvagem também existia ali e se as datas das primeiras aparições em outros locais, cada vez mais distantes do lugar da domesticação inicial, sugerirem que tenha se espalhado para outros sítios. Por exemplo, o primeiro trigo cultivado de que se tem notícia vem do Crescente Fértil, por volta de 8500 a.C. Logo depois, a cultura aparece progressivamente no sentido oeste, chegando à Grécia por volta de 6500 a.C. e à Alemanha por volta de 5000 a.C. Essas datas sugerem que a domesticação do trigo começou no Crescente Fértil, conclusão reforçada pelo fato de que a sua forma silvestre só era encontrada na área que se estende de Israel ao oeste do Irã e da Turquia.

Entretanto, como veremos, surgem complicações em muitos casos em que a mesma planta ou o mesmo animal foi domesticado em vários sítios diferentes. Esses casos podem ser detectados com freqüência pela análise das diferenças morfológicas, genéticas e cromossômicas entre espécies da mesma cultura ou dos mesmos animais domésticos em diferentes áreas. O zebu indiano domesticado, por exemplo, tem uma corcunda inexistente nas espécies de gado do oeste da

Eurásia. As análises genéticas mostram que os ancestrais das modernas espécies recentes de gado da Índia e do oeste da Eurásia se dividiram em dois ramos milhares de anos atrás, muito antes que qualquer animal fosse domesticado em algum lugar. Isso significa que o gado foi domesticado de modo independente na Índia e no oeste da Eurásia, nos últimos 10.000 anos, começando com as subespécies selvagens da Índia e do oeste da Eurásia, que se diferenciaram milhares de anos antes.

Vamos agora voltar a nossas questões anteriores sobre o início da produção de alimentos. Onde, quando e como a produção de alimentos se desenvolveu nas diversas partes do globo?

Em um extremo estão áreas em que a produção de comida surgiu de forma independente, com o cultivo de muitos vegetais e, em alguns casos, antes da chegada de produtos e animais de outros lugares. Existem apenas cinco dessas regiões onde as provas são detalhadas e convincentes: sudoeste da Ásia, também conhecido como Crescente Fértil; China; Mesoamérica (o centro e o sul do México e áreas adjacentes da América Central); os Andes, na América do Sul, e possivelmente a Bacia Amazônica; e o leste dos Estados Unidos (Figura 5.1). Alguns ou todos esses centros podem, na verdade, abranger vários locais próximos onde a produção de alimentos surgiu de modo mais ou menos independente, como o vale do rio Amarelo, no norte da China, e o vale do rio Yang-tsé, no sul do país.

Além dessas cinco áreas onde a produção de comida começou de modo independente, quatro outras — a região africana do Sael, o tropical oeste africano, a Etiópia e a Nova Guiné — são candidatas a essa distinção. Há, entretanto, algumas dúvidas em cada caso. Embora plantas silvestres nativas tenham sido indiscutivelmente domesticadas no Sael, ao sul do Saara, a criação de animais pode ter precedido a agricultura na região, e ainda não se tem certeza se o gado foi domesticado lá ou se o gado domesticado no Crescente Fértil impulsionou, com sua chegada, o cultivo das plantas. Também não se sabe com certeza se a chegada das culturas do Sael impulsionou a indiscutível domesticação local de plantas silvestres nativas no oeste tropical africano e até que ponto a chegada de culturas originárias do sudoeste da Ásia acelerou o cultivo de plantas silvestres na Etiópia. Quanto à Nova Guiné, estudos arqueológicos forneceram provas de uma agricultura primitiva, bem anterior à produção de alimentos em áreas adjacentes, mas não foram identificadas as plantas cultivadas.

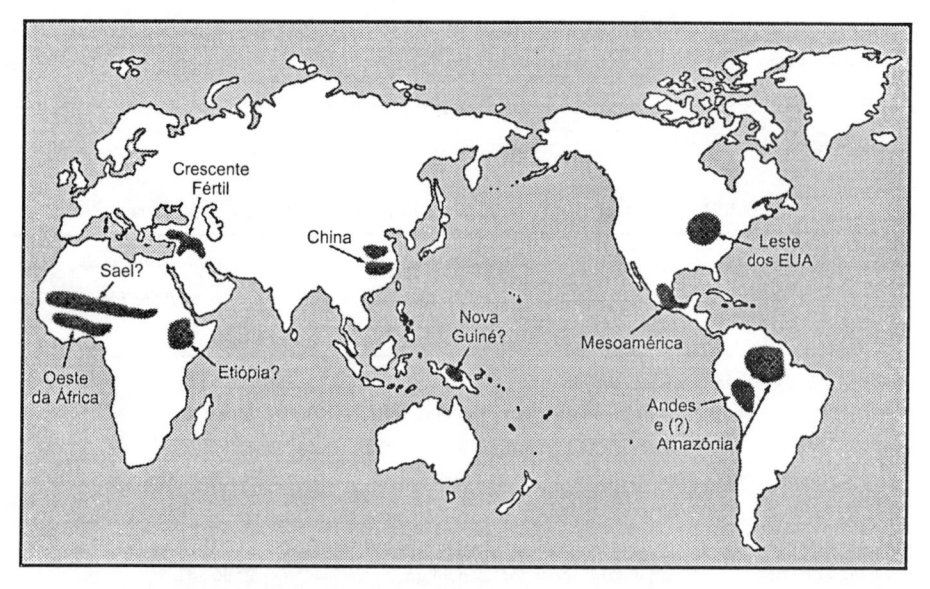

FIGURA 5.1. *Centros de origem da produção de alimentos. O ponto de interrogação indica certa dúvida: se a produção naquele local ocorreu sem influências externas ou se foi influenciada por outros centros, ou ainda, no caso da Nova Guiné, quais eram as culturas originais.*

A Tabela 5.1 sintetiza, para essas e outras áreas de domesticação local, alguns dos animais e culturas mais conhecidos e as datas iniciais da domesticação. Entre as nove áreas prováveis de produção independente de alimentos no início da evolução dessa prática, o sudoeste da Ásia tem as datas precisas mais antigas, tanto para a domesticação de plantas (por volta de 8500 a.C.), quanto de animais (por volta de 8000 a.C.); e também tem, de longe, o maior número de datas obtidas por radiocarbono relativas ao início da produção de alimentos. As datas da China são quase tão antigas, enquanto no leste dos Estados Unidos a atividade só apareceu cerca de 6.000 anos depois. Nas outras seis áreas, a mais antiga não compete com as do sudoeste da Ásia, mas muito poucos sítios foram datados com precisão nessas seis áreas para que pudéssemos ter certeza de que realmente começaram antes e, neste caso, quanto tempo antes.

O grupo seguinte de regiões é formado por aquelas que domesticaram pelo menos alguns animais e plantas locais, mas onde a produção de alimentos dependia principalmente de produtos levados de outros lugares. Esses animais e plantas importados podem ser considerados os "fundadores" da produção local, porque foram o seu ponto de partida. A chegada das primeiras espécies domesticadas permitiu que as pessoas se tornassem sedentárias e, assim, aumentaram o número de culturas locais, passando das plantas silvestres que colhiam, levavam para casa e plantavam acidentalmente para as que, depois, passaram a plantar intencionalmente.

TABELA 5.1. Exemplos de espécies domesticadas em cada área

Área	Domesticados		Data comprovada da primeira domesticação
	Plantas	Animais	
Origens independentes da domesticação			
1. Sudoeste da Ásia	trigo, ervilha, azeitona	ovelha, cabra	8500 a.C.
2. China	arroz, milho miúdo	porco, bicho-da-seda	aproximadamente 7500 a.C.
3. Mesoamérica	milho, feijão, abóbora	peru	aproximadamente 3500 a.C.
4. Andes e Amazônia	batata, mandioca	lhama, porquinho-da-índia	aproximadamente 3500 a.C
5. Leste dos Estados Unidos	sorgo, arroz africano	nenhum	2500 a.C.
? 6. Sael	girassol, quenopódio	galinha d'angola	aproximadamente 5000 a.C.
? 7. África ocidental tropical	inhame africano, palma	nenhum	aproximadamente 3000 a.C.
? 8. Etiópia	café, cereal africano	nenhum	?
? 9. Nova Guiné	cana-de-açúcar, banana	nenhum	7000 a.C.?
Domesticação local após a chegada de colheitas "fundadoras"			
10. Europa ocidental	papoula, aveia	nenhum	6000-3500 a.C.
11. Vale do Indo	gergelim, berinjela	gado zebu	7000 a.C.
12. Egito	sicômoro, chufa	burro, gato	6000 a.C.

Em três ou quatro dessas áreas, o pacote fundador veio do sudoeste da Ásia. Uma delas é a Europa central e ocidental, onde a produção de alimentos cresceu com a chegada das culturas e dos animais procedentes do sudoeste da Ásia, entre 6000 e 3500 a.C., mas pelo menos uma planta (a papoula, e provavelmente aveia e outras) era então cultivada no local. Papoulas silvestres estão confinadas em áreas costeiras do oeste do Mediterrâneo. Sementes de papoula não foram encontradas nos sítios das primeiras comunidades agrícolas da Europa oriental e do Sudoeste da Ásia; elas apareceram pela primeira vez nos sítios agrícolas mais antigos da Europa ocidental. Por outro lado, os ancestrais silvestres da maior parte das culturas e dos animais do sudoeste da Ásia não existiam na Europa ocidental. Portanto, parece claro que a produção de alimentos não se desenvolveu de forma independente na Europa ocidental. Ao contrário, foi impulsionada pela chegada dos domesticados do sudoeste da Ásia. As sociedades agrícolas que surgiram então na Europa ocidental passaram a cultivar a papoula, que depois se espalhou para o leste como uma cultura.

Outra região onde a domesticação local parece ter começado depois da chegada das colheitas fundadoras procedentes do sudoeste da Ásia é o Vale do Indo, região do subcontinente indiano. As primeiras comunidades agrícolas existentes ali, no sétimo milênio a.C., utilizavam o trigo, a cevada e outros produtos que haviam sido previamente cultivados no Crescente Fértil e que evidentemente se espalharam para o Vale do Indo através do Irã. Só mais tarde os domesticados derivados de espécies nativas do subcontinente indiano, como o gado zebu e o gergelim, aparecem nas comunidades de fazendeiros do Vale do Indo. Também no Egito a produção de alimentos começou no sexto milênio a.C., com a chegada das culturas do sudoeste da Ásia. Os egípcios passaram então a cultivar o sicômoro e um vegetal local chamado chufa.

Os mesmos padrões talvez se apliquem à Etiópia, onde o trigo, a cevada e outras culturas do sudoeste da Ásia haviam sido desenvolvidos há muito tempo. Os etíopes também domesticaram muitas das espécies silvestres locais para obter colheitas que, em sua maioria, continuam limitadas ao país, mas uma delas (o grão de café) espalhou-se pelo mundo inteiro. Entretanto, ainda não se sabe se os etíopes cultivavam essas plantas locais antes ou somente depois da chegada do pacote do sudoeste da Ásia.

Nessas e em outras áreas onde a produção de alimentos dependeu da chegada de culturas fundadoras vindas de outros lugares, os caçadores-coletores adotaram essas práticas dos vizinhos fazendeiros e depois se tornaram eles próprios fazendeiros? Ou o pacote fundador foi levado pelos fazendeiros invasores, que ficaram assim em condições de desalojar os caçadores locais, matá-los e superá-los em quantidade?

No Egito, parece provável que tenha ocorrido o seguinte: os caçadores-coletores locais simplesmente aprenderam a ser fazendeiros e criadores, adaptando as técnicas do sudoeste da Ásia à sua própria dieta de plantas e animais selvagens, e depois, gradualmente, abandonaram estes últimos. Isto é, o que chegou para deslanchar a produção de alimentos no Egito foram as culturas agrícolas e os animais, não povos estrangeiros. O mesmo pode ter ocorrido na costa européia do Atlântico, onde os caçadores-coletores locais aparentemente adotaram, ao longo dos séculos, as ovelhas e os cereais levados do sudoeste da Ásia. Na região do Cabo, na África do Sul, os membros da tribo khoi, de caçadores-coletores, tornaram-se criadores (mas não agricultores), ao adquirir ovelhas e vacas do longínquo norte da África (e, mais tarde, do sudoeste da Ásia). De modo semelhante, os nativos americanos caçadores-coletores do sudoeste dos Estados Unidos aos poucos tornaram-se agricultores, ao adquirir as colheitas mexicanas. Nessas quatro áreas, o início da produção de alimentos fornece poucos ou nenhum indício do cultivo de plantas e da domesticação de animais locais, mas também pouca ou nenhuma prova da substituição da população humana.

No extremo oposto estão regiões em que a produção de alimentos certamente começou com a súbita chegada de um povo estrangeiro, assim como de produtos agrícolas e animais levados por eles. O motivo que nos leva a ter certeza é que sua chegada ocorreu nos tempos modernos e envolveu europeus alfabetizados, que descreviam em vários livros o que acontecia. Essas áreas incluem a Califórnia, o noroeste da América do Norte (junto ao Pacífico), o pampa argentino, a Austrália e a Sibéria. Até alguns séculos atrás, essas áreas eram ocupadas por caçadores-coletores — nativos americanos, nos três primeiros casos, e aborígines australianos e nativos siberianos nos últimos dois. Esses caçadores-coletores foram mortos, infectados e desalojados ou, em grande parte, substituídos por fazendeiros e criadores europeus recém-chegados, que levavam seus próprios produtos agrícolas e não cultivaram nenhuma espécie silvestre local (com exceção da macadâmia, na Austrália). Na Cidade do Cabo, na África do Sul, os europeus encontraram não apenas khois caçadores-coletores, mas também khois criadores, que já possuíam animais domésticos, mas nada plantavam. O resultado foi, novamente, o início da atividade agrícola dependente das colheitas importadas, fracasso na domesticação de espécies locais e uma substituição em massa da população humana.

Finalmente, o mesmo padrão de um início abrupto da produção de alimentos com a adoção de produtos domesticados levados de outros lugares parece ter se repetido em muitas regiões nos tempos pré-históricos. Na falta de registros escritos, as provas dessas substituições devem ser buscadas em registros arqueológicos ou deduzidas a partir da evidência lingüística. Os casos mais comprovados são aqueles em que não pode haver dúvida sobre a substituição populacional porque os produtores de alimentos tinham esqueletos diferentes dos caçadores-coletores que eles substituíram e porque introduziram não apenas a agricultura e os animais, mas também a cerâmica. Capítulos posteriores vão descrever os dois exemplos mais claros: a expansão austronésia do sul da China para as Filipinas e a Indonésia (Capítulo 17) e a expansão dos bantos para a África subequatorial (Capítulo 19).

O sudeste e o centro da Europa apresentam um quadro semelhante de um súbito início da produção de alimentos (dependente das colheitas e dos animais do sudoeste da Ásia) e da arte da cerâmica. Esses primórdios provavelmente envolveram ainda a substituição dos velhos gregos e alemães por novos gregos e alemães, do mesmo modo que os velhos deram lugar aos novos nas Filipinas, na Indonésia e na África subequatorial. No entanto, as diferenças nos esqueletos, entre os caçadores-coletores e os fazendeiros que os substituíram são menos acentuadas na Europa do que nas Filipinas, na Indonésia e na África subequatorial. Portanto, a substituição populacional na Europa é menos forte ou menos direta.

Em resumo, somente algumas regiões do mundo desenvolveram a produção de alimentos de forma independente, e o fizeram em períodos diferentes da história. A partir desses núcleos, os caçadores-coletores das vizinhanças aprenderam a produzir alimentos e os povos de outras áreas próximas foram substituídos por invasores procedentes dos núcleos — novamente, em momentos bastante distintos. Finalmente, os povos de algumas áreas ambientalmente adequadas à produção de alimentos nunca desenvolveram nem aprenderam a atividade agrícola durante a pré-história; insistiram em permanecer caçadores-coletores até que o mundo moderno finalmente os varreu do mapa. Os povos de regiões que largaram na frente na produção de alimentos também se adiantaram no caminho que conduzia a armas, germes e aço. O resultado foi uma longa série de choques históricos entre os que têm e os que não têm.

Como se pode explicar essas diferenças geográficas nas épocas e no modo de iniciar a produção de alimentos? Essa questão, uma das mais importantes da pré-história, será o assunto dos próximos cinco capítulos.

CAPÍTULO 6

SER OU NÃO SER AGRICULTOR

Inicialmente, todos os povos da Terra eram caçadores-coletores. Por que nenhum deles adotou a produção de alimentos? Considerando que eles deviam ter algum motivo, por que o fizeram por volta de 8500 a.C. na área mediterrânea do Crescente Fértil, somente 3.000 anos depois no sudoeste da Europa, que tinha condições semelhantes, enquanto os nativos de habitats parecidos com os do Mediterrâneo, como a Califórnia, o sudoeste da Austrália e o Cabo, na África do Sul, nunca adotaram essa prática por iniciativa própria? Por que mesmo os povos do Crescente Fértil esperaram até 8500 a.C., em vez de se tornarem produtores de alimentos já em 18500 ou 28500 a.C.?

A partir de nossa perspectiva moderna, todas essas questões inicialmente parecem tolas, já que as dificuldades de ser um caçador-coletor parecem tão óbvias. Os cientistas costumavam citar uma frase de Thomas Hobbes para caracterizar o estilo de vida dos caçadores-coletores como "porco, bruto e breve". Parece que eles tinham que trabalhar duro, eram movidos pela busca diária de comida, chegavam freqüentemente perto da inanição, não dispunham de confortos elementares como uma cama macia e roupas adequadas, além de morrerem cedo.

Na realidade, somente para os cidadãos ricos do Primeiro Mundo, que não trabalham para cultivar sua própria comida, a produção de alimentos (por uma remota indústria de negócios agrícolas) significa menos trabalho físico, mais conforto, menor risco de passar fome e uma expectativa de vida maior. A maioria dos fazendeiros e criadores, que constituem quase a totalidade dos atuais produtores de alimentos do mundo, não está necessariamente em melhor situação que os caçadores-coletores. Estudos sobre o emprego do tempo mostram que eles gastam mais — e não menos — horas por dia no trabalho que os caçadores-coletores. Arqueólogos demonstraram que os primeiros agricultores de muitas regiões eram menores e menos nutridos, sofriam de doenças mais graves e morriam, em média, mais cedo do que os caçadores-coletores que eles substituíram. Se esses primeiros fazendeiros pudessem prever as conseqüências da adoção da produção de alimentos, talvez optassem por não fazê-lo. Já que eram incapazes de prever o resultado, por que fizeram assim mesmo essa escolha?

Existem muitos casos reais de caçadores-coletores que viam seus vizinhos produzirem comida e se recusaram a aceitar os supostos benefícios dessa prática, decidindo continuar como caçadores-coletores. Os aborígines do nordeste australiano, por exemplo, trocaram produtos durante milhares de anos com agricultores das ilhas do estreito de Torres, entre a Austrália e a Nova Guiné. Os nativos americanos da Califórnia, também caçadores-coletores, estabeleciam trocas com os agricultores nativos norte-americanos do vale do rio Colorado. Além disso, os criadores khois, que viviam a oeste do rio Peixe, na África do Sul, negociavam com agricultores bantos, que habitavam a margem leste do rio, sem querer assumir essas tarefas. Por quê?

Outros caçadores-coletores ainda, em contato com agricultores, acabaram assumindo esse papel, mas somente depois do que pode nos parecer um grande período de tempo. Os moradores da costa norte da Alemanha, por exemplo, não produziram alimentos até 1.300 anos depois que os povos da cultura cerâmica linearband levaram esse costume para o interior do país, apenas 200 quilômetros ao sul. Por que esses alemães da costa esperaram tanto tempo e o que fez com que finalmente mudassem?

ANTES QUE POSSAMOS RESPONDER a essas perguntas, devemos esclarecer alguns equívocos quanto às origens da produção de alimentos e, então, reformular a questão. O que realmente aconteceu não foi uma *descoberta* da produção de alimentos, nem uma *invenção*, como podemos imaginar inicialmente. Não havia nem mesmo uma escolha consciente entre produzir comida ou ser caçador-coletor. Em cada região do globo, os primeiros povos que adotaram a produção de alimentos podiam, obviamente, não estar fazendo uma escolha consciente ou ter a intenção de se tornar fazendeiros, porque não conheciam essa possibilidade e não tinham como saber o que isso significava. Ao contrário, como veremos, a produção de alimentos se desenvolveu como um subproduto de decisões tomadas sem idéia de suas conseqüências. Portanto, a pergunta que devemos fazer é por que a produção de alimentos se desenvolveu, por que isso ocorreu em alguns lugares e não em outros, e por que não em data anterior ou posterior.

Outro equívoco é pensar que exista necessariamente uma clara divisão entre os nômades caçadores-coletores e sedentários produtores de alimentos. Na realidade, embora freqüentemente vejamos esse contraste, os caçadores-coletores de algumas áreas produtivas, inclusive a costa noroeste do Pacífico, na América do Norte, e possivelmente o sudeste da Austrália, tornaram-se sedentários, mas nunca produziram alimentos. Outros caçadores-coletores da Palestina, da costa do Peru e do Japão primeiro tornaram-se sedentários, e só passaram a produzir alimentos bem mais tarde. Grupos sedentários provavelmente constituíam uma fração bem maior dos caçadores-coletores de 15.000 anos atrás, quando todas as regiões despovoadas do mundo (inclusive as áreas mais produtivas) estavam ocupadas por eles, do que hoje em dia, quando os poucos que se mantêm nessa atividade sobrevivem somente em áreas improdutivas, onde o nomadismo é a única opção.

Por outro lado, existem grupos móveis de produtores de alimentos. Alguns modernos nômades dos Lagos Planos da Nova Guiné abrem clareiras na floresta, plantam bananas e papaias, partem por alguns meses para viver novamente como caçadores-coletores, voltam para examinar suas plantações e eliminar as ervas daninhas, partem novamente para caçar e retornam meses depois para verificar como estão as culturas e se estabelecem no local por algum tempo para colher e comer o que produziram. Os índios apaches do sudoeste dos Estados Unidos se fixavam como agricultores no verão, nos locais mais elevados e na direção do norte, e depois partiam para o sul e para as planícies em busca de alimentos silvestres durante o inverno. Muitos criadores da África e da Ásia trocavam de acampamento de acordo com as estações, para tirar proveito das previsíveis mudanças na pastagem. Portanto, a mudança da condição de caçador-coletor para a de produtor de alimentos nem sempre coincidiu com a troca do nomadismo pela vida sedentária.

Outra suposta dicotomia desmentida pela realidade é a que distingue produtores de alimentos, considerados ativos administradores de sua terra, dos caçadores-coletores, tidos como meros coletores do que encontravam disponível. Na verdade, alguns caçadores-coletores administravam de forma intensiva sua terra. Os povos da Nova Guiné, por exemplo, que nunca domesticaram os sagüeiros das montanhas, aumentaram mesmo assim sua produção cortando as árvores que com eles disputavam espaço, mantendo canais limpos e estimulando o crescimento de novas mudas por meio do corte das árvores adultas. Os aborígines austrálianos, que nunca chegaram ao estágio de cultivar inhame e outras plantas a partir de sementes, mesmo assim anteciparam vários elementos do cultivo agrícola. Eles tratavam a terra queimando-a, para estimular o crescimento das plantas que brotavam depois. Ao colher inhames silvestres, cortavam fora os tubérculos, mas replantavam os caules e as pontas para que crescessem novamente. Ao cavar para extrair o tubérculo, aravam o solo e estimulavam uma nova safra. Tudo o que teriam de fazer para se tornarem formalmente agricultores era levar os caules e os tubérculos remanescentes para casa e, de modo semelhante, recolocá-los no solo no seu acampamento.

Desde aqueles estágios iniciais da produção de alimentos, já praticados pelos caçadores-coletores, ela se desenvolveu muito. Nem todas as técnicas necessárias surgiram em um prazo curto e nem todas as plantas e todos os animais não cultivados foram domesticados simultaneamente em uma determinada região. Mesmo nos casos mais rápidos de desenvolvimento da produção de alimentos a partir de um estilo de vida caçador-coletor, passaram-se milhares de anos na mudança da completa dependência de alimentos não-cultivados para uma dieta com alguns desses elementos. Nos estágios iniciais da produção de alimentos, os povos coletavam alimentos silvestres e ao mesmo tempo cultivavam outros. Além disso, diversos tipos de atividades coletoras tiveram sua importância reduzida em momentos diferentes, à medida que cresciam as colheitas.

A explicação para o fato de essa transição ter sido gradativa é que os sistemas de produção de alimentos se desenvolveram em conseqüência da acumulação de várias decisões isoladas sobre alocação de tempo e esforços. A alimentação dos seres humanos, assim como a dos animais, tem apenas um tempo e uma energia finitos, que eles podem gastar de várias maneiras. Podemos imaginar um fazendeiro iniciante acordando e se perguntando: devo passar o dia capinando minha terra (o que deverá me render muitos vegetais dentro de alguns meses), apanhando mariscos (o que vai dar um pouco de carne para hoje) ou caçando cervos (talvez obtendo um monte de carne para hoje)? A produção de suprimentos para homens e animais requer um constante estabelecimento de prioridades e decisões sobre alocação de esforços, mesmo que apenas inconscientemente. Eles se concentram primeiro nos alimentos favoritos ou naqueles que apresentam a melhor relação custo/benefício. Se eles não estiverem disponíveis, mudam para os menos preferidos.

Muitos fatores são levados em conta nessas decisões. As pessoas procuram comida para satisfazer a fome e encher suas barrigas. Elas também necessitam de alguns alimentos específicos, como os ricos em proteínas, gordura, sal, frutas doces e os que simplesmente agradam ao paladar. Sendo todos os outros fatores iguais, as pessoas tentar maximizar seu retorno em calorias, proteínas e outras categorias específicas de alimentos que lhes proporcionem o maior benefício, com mais certeza, no menor tempo e com o menor esforço possível. Ao mesmo tempo, elas procuram minimizar seu risco de passar fome: retornos moderados mas confiáveis são preferíveis a um estilo de vida oscilante, com uma alta taxa de retorno mas um grande risco de morrer de fome. Uma das funções das primeiras hortas, cerca de 11.000 anos atrás, era garantir uma reserva de alimentos para o caso de falta de alimentos silvestres.

Por outro lado, os caçadores tendiam a se guiar por fatores de prestígio: por exemplo, podem preferir caçar girafas todos os dias e ganhar o *status* de grandes caçadores, em vez de trazer para casa duas vezes o peso de uma girafa em alimentos ao longo de um mês, limitando-se a apanhar nozes todos os dias. As pessoas são também guiadas por preferências culturais aparentemente arbitrárias, como considerar o peixe uma delicada iguaria ou um tabu. Finalmente, suas prioridades são fortemente influenciadas pelos valores relativos que atribuem a diferentes estilos de vida — da mesma forma que ocorre hoje em dia. No século XIX, por exemplo, no oeste norte-americano, os criadores de animais e os agricultores desprezavam uns aos outros. Da mesma forma, ao longo da história humana, os agricultores tendiam a menosprezar os caçadores-coletores, que consideravam primitivos, enquanto estes consideravam os primeiros ignorantes, e os criadores desprezavam os dois. Todos esses elementos influenciaram as decisões isoladas dos povos sobre como obter seus alimentos.

COMO JÁ OBSERVAMOS, OS PRIMEIROS fazendeiros de cada continente não poderiam ter escolhido conscientemente sua atividade porque não havia ninguém por perto na mesma situação. Entretanto, depois que a produção de alimentos surgiu em uma parte do continente, os caçadores-coletores vizinhos podiam ver os resultados e então tomar decisões conscientes. Em alguns casos, os caçadores-coletores adotaram o sistema de produção de alimentos dos vizinhos como um pacote único; em outros, escolheram apenas alguns elementos dessa atividade; e ainda outros rejeitaram inteiramente a idéia, permanecendo como caçadores-coletores.

Em algumas partes do sudeste da Europa, por exemplo, os caçadores-coletores rapidamente adotaram, ao mesmo tempo, o cultivo de cereais, legumes e a criação de animais originários do sudoeste asiático por volta de 6000 a.C. Esses três elementos também se espalharam rapidamente pela Europa central nos séculos anteriores a 5000 a.C. A adoção da produção de alimentos pode ter sido rápida e abrangente no sudeste e no centro da Europa porque o estilo de vida dos caçadores-coletores era menos produtivo e menos competitivo. Por outro lado, essa prática foi adotada gradativamente no sudoeste europeu (sul da França, da Espanha e da Itália), onde as ovelhas chegaram antes dos cereais. A adoção de uma produção intensiva de alimentos procedentes da Ásia continental foi também muito lenta e gradual no Japão, provavelmente porque o estilo de vida dos caçadores-coletores baseava-se em frutos do mar e plantas locais, que eram abundantes.

Assim como um modo de vida caçador-coletor pode se transformar gradativamente em um modo de vida de produção de alimentos, um sistema de produção de alimentos pode aos poucos ser substituído por outro. Os índios do leste dos Estados Unidos, por exemplo, domesticaram as plantas locais por volta de 2500 a.C., mas tinham relações comerciais com os índios mexicanos, que desenvolveram um sistema mais produtivo de colheitas, baseado no trio milho, abóbora e feijão. Os índios americanos do leste adotaram as culturas mexicanas e muitos deles deixaram para trás muitas de suas próprias plantações. A abóbora foi cultivada de modo independente, o milho chegou do México por volta de 200 d.C. mas só ganhou escala por volta de 900, e o feijão apareceu um século ou dois mais tarde. Houve até casos em que sistemas de produção de alimentos foram abandonados em favor da atividade de caçar-coletar. Por volta de 3000 a.C., por exemplo, os caçadores-coletores do sul da Suécia tornaram-se agricultores, cultivando as plantas vindas do sudoeste da Ásia, mas abandonaram essa prática por volta de 2700 a.C. e voltaram a ser caçadores-coletores durante 400 anos, antes de retomarem a atividade agrícola.

Todas essas considerações deixam claro que não devemos supor que a decisão de se dedicar à agricultura tenha sido tomada por falta de opção, como se as pessoas não tivessem outros meios de se alimentar. Ao contrário, devemos considerar a produção de comida e a atividade de caçador-coletor como *estratégias alternativas* que competiam entre si. Economias mistas que acrescentaram algumas culturas ou a criação de animais domésticos à caça-coleta também competiam com os dois tipos de economias "puras", e com economias mistas que tinham proporções maiores ou menores de produção de alimentos. De qualquer forma, ao longo dos últimos 10.000 anos, o resultado predominante foi a mudança da caça-coleta para a produção de alimentos. Então, devemos perguntar: quais foram os fatores que determinaram a vantagem competitiva das últimas, em detrimento das primeiras?

Essa questão continua sendo debatida por arqueólogos e antropólogos. Um motivo dessa controvérsia é que fatores diferentes foram decisivos em diferentes partes do mundo. Outro problema foram as causas e os efeitos no crescimento da produção de alimentos. Entretanto, cinco fatores principais que contribuíram para isso ainda podem ser identificados; as controvérsias abordam principalmente a sua importância relativa.

Um fator é a redução da disponibilidade de alimentos não-cultivados. O estilo de vida dos caçadores-coletores tornou-se cada vez menos compensador nos últimos 13.000 anos, à medida que os recursos dos quais dependiam (principalmente animais) foram se tornando menos abundantes ou até desapareceram. Como vimos no Capítulo 1, a maior parte dos grandes mamíferos foi extinta nas Américas do Norte e do Sul no final do Pleistoceno e algumas espécies desapareceram na Eurásia e na África, em função de mudanças de clima e do maior número de caçadores. Embora se possa debater o papel da extinção de animais como estímulo para que os antigos nativos americanos, eurasianos e africanos produzissem alimentos, há numerosos casos incontestáveis em ilhas nos tempos modernos. Somente depois que os primeiros colonizadores da Polinésia exterminaram os grandes pássaros sem asas e dizimaram as populações de focas da Nova Zelândia, além de acabar com os pássaros em outras ilhas da região, eles intensificaram a produção de alimentos. Embora os polinésios que colonizaram a ilha de Páscoa, por volta de 500 d.C., tenham levado galinhas para lá, elas só passaram a ser um alimento importante quando os pássaros selvagens e os botos ficaram escassos. Assim também, um fator que supostamente contribuiu para o aumento da domesticação de animais no Crescente Fértil foi a redução da quantidade de gazelas selvagens, que haviam sido anteriormente uma importante fonte de carne para os caçadores-coletores da região.

Um segundo fator é que, à medida que o desaparecimento de animais selvagens tornava a atividade de caçador-coletor menos compensadora, uma disponibilidade cada vez maior de plantas domesticadas tornou o seu cultivo mais interessante. Por exemplo, as mudanças no clima no final do Pleistoceno no Crescente Fértil expandiram enormemente a área com cereais silvestres, que geravam grandes colheitas em um período curto. Essas colheitas de cereais foram as precursoras das primeiras culturas de trigo e cevada no Crescente Fértil.

Um outro fator a pesar contra os caçadores-coletores foi o desenvolvimento cumulativo de tecnologias das quais a produção de alimentos iria depender — tecnologias para coleta, processamento e armazenamento de alimentos silvestres. Que uso os fazendeiros poderiam fazer de uma tonelada de grãos de trigo, se não tivessem antes pensado em como colher, como descascar e como armazenar essa quantidade? Os métodos, implementos e meios necessários surgiram rapidamente no Crescente Fértil depois de 11000 a.C., e foram inventados para dar conta da abundância de cereais subitamente disponíveis.

Essas invenções incluíam foices com lâminas de ferro presas a pedaços de madeira ou de osso para colher os grãos; cestas para levar os grãos cultivados nas montanhas para casa; pilões ou tábuas de moer, para retirar as cascas; a técnica de torrar os grãos para que pudessem ser estocados sem germinar; e os silos subterrâneos, alguns com revestimento para resistir à água. Provas de todas essas técnicas são abundantes em sítios de caçadores-coletores do Crescente Fértil depois de 11000 a.C. Todas elas, embora desenvolvidas para o aproveitamento de cereais silvestres, eram pré-requisitos para o plantio dos cereais cultivados. A acumulação desse aprendizado constituiu o primeiro passo para a domesticação das plantas.

Um quarto fator foi o vínculo, nos dois sentidos, do crescimento da densidade populacional com o aumento da produção de alimentos. Em todas as partes do mundo onde existem indícios disponíveis, os arqueólogos encontram comprovação do aumento da densidade associado com o surgimento da produção de alimentos. Qual foi a causa e qual a conseqüência? Este é um longo debate do tipo "o ovo ou a galinha": foi o aumento da densidade populacional que forçou as pessoas a recorrer à produção de alimentos ou foi esta produção que permitiu o crescimento da densidade populacional?

Em princípio, imagina-se que a cadeia de causas atue em ambas as direções. Como já mencionei, a produção de alimentos tende a resultar em maiores densidades populacionais porque gera mais calorias disponíveis por hectare do que a caça-coleta. Por outro lado, as densidades populacionais humanas foram crescendo gradualmente no final do Pleistoceno, graças ao aperfeiçoamento da tecnologia de coleta e processamento de alimentos não-cultivados. O aumento da densidade populacional favorecia cada vez mais a produção de alimentos, porque ela fornecia o alimento necessário para todas essas pessoas.

Isto é, a adoção da produção de alimentos exemplifica o que é chamado de processo autocatalítico — o que cataliza a si próprio em um ciclo positivo de retorno, que anda cada vez mais depressa depois que começa. Um crescimento gradual da densidade populacional impeliu as pessoas a obter mais alimentos, recompensando aqueles que inconscientemente adotaram medidas para produzi-los. Quando as pessoas começaram a produzir alimentos e tornaram-se sedentárias, puderam encurtar o intervalo entre o nascimento dos filhos e gerar ainda mais gente, o que, por sua vez, exigiria mais alimentos. Esse vínculo bidirecional entre produção de comida e densidade populacional explica o paradoxo: embora tenha aumentado a quantidade de calorias disponíveis por hectare, a produção de alimentos deixou os agricultores menos nutridos do que os caçadores-coletores que eles substituíram. Esse paradoxo ocorreu porque as densidades populacionais humanas cresceram ligeiramente mais depressa do que a disponibilidade de alimentos.

Considerados em conjunto, esses quatro fatores nos ajudam a entender por que a transição para a produção de alimentos no Crescente Fértil começou por volta de 8500 a.C., e não por volta de 18500 ou 28500 a.C. Nestas duas últimas datas, a caça-coleta ainda era muito mais compensadora do que a incipiente produção de alimentos, porque os mamíferos selvagens ainda eram abundantes; os cereais silvestres não eram abundantes; os povos ainda não tinham desenvolvido a tecnologia necessária para coletar, processar e estocar os cereais de modo eficiente; e as densidades populacionais humanas ainda não eram suficientemente elevadas para que fosse feito um grande esforço para a obtenção de mais calorias por hectare.

Um último fator na transição tornou-se decisivo nos limites geográficos que separavam caçadores-coletores e agricultores. As populações mais densas dos produtores de alimentos permitiram que eles desalojassem ou matassem caçadores-coletores apenas por sua quantidade, para não mencionar as outras vantagens associadas à produção de alimentos (inclusive a tecnologia, os germes e os soldados profissionais). Para começar, em áreas onde havia somente caçadores-coletores, os grupos que passaram a se dedicar à produção de alimentos superaram aqueles que não o fizeram.

Em conseqüência, na maioria das áreas do globo adequadas à produção de alimentos, os caçadores-coletores tiveram um dos dois destinos: ou foram desalojados por produtores de alimentos vizinhos ou sobreviveram porque passaram a produzir sua alimentação. Em lugares onde já eram numerosos ou onde a geografia retardou a imigração de agricultores, os caçadores-coletores locais tiveram tempo para adotar a agricultura em épocas pré-históricas e, assim, sobreviver como fazendeiros. Isso pode ter acontecido no sudoeste dos Estados Unidos, no oeste do Mediterrâneo, na costa atlântica da Europa e em partes do Japão. Entretanto, na Indonésia, no sudeste tropical da Ásia, na maior parte da África subequatorial e, provavelmente, em partes da Europa, os caçadores-coletores foram substituídos por agricultores na pré-história, enquanto uma mudança semelhante ocorreu nos tempos modernos na Austrália e em boa parte do oeste norte-americano.

Somente nos lugares onde barreiras poderosas, geográficas ou ecológicas, dificultavam a imigração dos agricultores ou a difusão de técnicas apropriadas ao local é que os caçadores-coletores tiveram condições de permanecer até os tempos modernos em regiões adequadas à produção de alimentos. Os três exemplos mais extraordinários são a permanência dos nativos caçadores-coletores na Califórnia, separados pelos desertos dos fazendeiros nativos do Arizona; o dos coissãs, no Cabo, África do Sul, em uma zona de clima mediterrâneo inadequada às culturas equatoriais dos fazendeiros bantos que estavam próximos; e o dos caçadores-coletores do continente australiano, separados por mares estreitos dos agricultores da Indonésia e da Nova Guiné. Esses poucos povos que permaneceram como caçadores-coletores até o século XX escaparam de serem substituídos por produtores de alimentos porque estavam confinados em regiões que não serviam para essa atividade, principalmente os desertos e as regiões árticas. Na presente década, **até** mesmo eles terão sido seduzidos pelos atrativos da civilização, se fixado por pressão de burocratas ou missionários, ou sucumbido aos germes.

CAPÍTULO 7

COMO PRODUZIR AMÊNDOAS

Se você é um andarilho cujo apetite está cansado de comidas cultivadas, pode se divertir experimentando alimentos silvestres. Você sabe que algumas plantas silvestres, como os morangos, são gostosas e boas para o ser humano. Elas são bastante semelhantes a algumas plantas a que estamos acostumados e que podemos facilmente reconhecer como sua versão silvestre, mesmo sendo menores do que as que plantamos. Andarilhos aventureiros tomam cuidado ao comer cogumelos, pois sabem que muitas espécies podem nos matar. Mas nem mesmo os grandes amantes de castanhas vão comer amêndoas silvestres, porque algumas delas contêm cianureto (o veneno usado pelos nazistas nas câmaras de gás) suficiente para nos matar. A floresta está cheia de outras plantas que não podemos comer.

Mas todas as culturas atuais surgiram de espécies silvestres de plantas. Como algumas delas passaram a ser cultivadas? A pergunta é especialmente intrigante se considerarmos muitas culturas (como as amêndoas) cujos antepassados silvestres são letais ou têm gosto ruim, enquanto outras (como o milho) têm aparência inteiramente diferente de seus ancestrais. Como a mulher das cavernas ou o homem das cavernas teve a idéia de "domesticar" uma planta, e como conseguiu fazer isso?

A domesticação de plantas pode ser definida como o cultivo de uma planta que, consciente ou inconscientemente, provoca uma mudança genética em relação ao seu ancestral silvestre, de modo a torná-la apta ao consumo humano.

O desenvolvimento da agricultura é hoje um esforço consciente e altamente especializado, realizado por cientistas profissionais. Eles já conhecem centenas de culturas e continuam desenvolvendo outras. Para atingir esse objetivo, plantam sementes e raízes, de vários tipos, selecionam os melhores produtos e plantam suas sementes, aplicam o conhecimento de genética para desenvolver boas variedades e talvez usem até as técnicas mais recentes da engenharia genética para transferir alguns genes específicos. No *campus* Davis da Universidade da Califórnia, um departamento inteiro (o Departamento de Pomologia) dedica-se a maçãs e outro (o Departamento de Viticultura e Enologia), às uvas e ao vinho.

Mas a domesticação de plantas começou há mais de 10.000 anos. Os primeiros agricultores certamente não usavam técnicas de genética molecular para obter seus resultados. Nem tinham outras culturas como modelo para inspirá-los a desenvolver novas alternativas. Portanto, não poderiam saber se, o que quer que estivessem fazendo, resultaria em algo saboroso.

Como faziam então para domesticar plantas de maneira não deliberada? Como, por exemplo, transformaram as amêndoas venenosas em outras inofensivas ao ser humano sem saber o que estavam fazendo? Que alterações eles realmente fizeram nas plantas silvestres, além de tornar algumas delas maiores ou menos venenosas? Mesmo nas culturas importantes, o período de domesticação variou muito: as ervilhas, por exemplo, foram domesticadas aproximadamente em 8000 a.C., as azeitonas, por volta de 4000 a.C., os morangos somente na Idade Média, e as pecãs, apenas em 1846. Muitas plantas silvestres que produzem alimentos apreciados por milhões de pessoas, como os carvalhos que dão glandes comestíveis em muitas partes do mundo, não foram domesticadas até hoje. O que faz com que algumas plantas sejam mais fáceis ou atraentes para a domesticação do que outras? Por que as oliveiras eram utilizadas pelos fazendeiros da Idade da Pedra, enquanto os carvalhos continuam a desafiar nossos mais brilhantes agrônomos?

Vamos começar examinando a domesticação do ponto de vista das plantas. No que lhes diz respeito, somos apenas uma das milhares de espécies animais que inconscientemente "domesticam" plantas.

Como todas as espécies animais (inclusive os humanos), as plantas precisam espalhar seus frutos em áreas onde possam florescer e transmitir seus genes. Os animais jovens fazem isso caminhando ou voando, mas as plantas não têm essa opção e precisam pegar alguma carona. Enquanto algumas espécies têm sementes próprias para serem levadas pelo vento ou pela água, muitas enganam os animais, fazendo-os carregar suas sementes. Para isso, as sementes são escondidas em alguma fruta saborosa, colorida e cheirosa. O animal com fome arranca-a da árvore e engole a fruta, depois caminha ou voa, e então cospe ou defeca a semente em algum lugar distante da árvore-mãe. Desse modo, as sementes podem ser transportadas por milhares de quilômetros.

Pode ser uma surpresa saber que as sementes resistem à digestão no intestino e germinam a partir das fezes. Mas qualquer leitor aventureiro que não seja supersensível pode fazer o teste por conta própria. As sementes de muitas espécies de plantas silvestres precisam realmente passar pelo intestino de um animal antes de germinar. Por exemplo, uma espécie de melão africano está tão adaptada a ser ingerida pelo protelo (mamífero africano da família das hienas) que a maior parte dos melões dessa espécie cresce junto ao local que esses animais usam como latrina.

Um exemplo de como as plantas que pedem carona atraem os animais são os morangos. Quando as sementes do morango são jovens e ainda não estão prontas para serem plantadas, a aparência da fruta é verde, ácida e dura. Quando estão maduras, tornam-se vermelhas, doces e tenras. A mudança na cor funciona como um sinal para os pássaros, como os tordos, arrancarem as bagas e voarem para longe, onde cuspirão ou defecarão as sementes.

Naturalmente, os morangos não têm a intenção consciente de atrair pássaros quando, e apenas quando, suas sementes estão prontas para serem espalhadas. Nem os tordos carregam as sementes com a intenção de domesticar seu cultivo. Ao contrário, os morangos evoluíram através da seleção natural. Quanto mais verdes e ácidos são os morangos jovens, menor a quantidade de pássaros que destrói suas sementes ao comê-las antes que estejam prontas; quanto mais doces e mais vermelhas, maior o número de pássaros que vai espalhar suas sementes maduras.

Muitas outras plantas têm frutas adaptadas para serem comidas e espalhadas por determinadas espécies de animais. Assim como os morangos são adaptados aos pássaros, as glandes são adaptadas aos esquilos, as mangas aos morcegos e algumas ciperáceas, às formigas. Isso preenche em parte a nossa definição da domesticação de plantas, no que diz respeito à modificação genética para torná-la mais útil aos consumidores. Mas ninguém descreveria seriamente esse processo evolutivo como uma domesticação, já que os pássaros e os morcegos, ou outros animais consumidores, não preenchem a outra parte da definição: eles não cultivam plantas conscientemente. Da mesma forma, os primeiros estágios inconscientes da evolução da agricultura, a partir de espécies silvestres, consistiam em um tipo de desenvolvimento que atraía os humanos, fazendo com que ingerissem e espalhassem seus frutos, ainda sem qualquer intenção de cultivá-los. As latrinas dos homens, assim como as dos protelos, podem ter servido como lugar de teste dos primeiros agricultores, embora involuntários.

As latrinas são apenas um dos muitos lugares onde acidentalmente se espalham as sementes de plantas silvestres que comemos. Quando colhemos plantas silvestres comestíveis e as levamos para casa, algumas caem no caminho ou em nossas casas. Algumas frutas apodrecem enquanto ainda contêm sementes perfeitas e são jogadas no lixo sem serem comidas. Como partes das frutas que realmente comemos, as sementes de morangos são pequenas e inevitavelmente acabam ingeridas e defecadas, mas outras sementes são grandes e por isso são cuspidas. Assim, nossas escarradeiras e lixeiras, bem como nossas latrinas, constituíram os primeiros laboratórios de pesquisas agrícolas.

Qualquer que seja o "laboratório" em que as sementes tenham ido parar, a tendência é que elas provenham apenas de algumas plantas comestíveis — ou seja, aquelas que preferimos comer por um motivo ou outro. Isso ocorre desde os tempos em que catávamos bagas, selecionávamos algumas delas e desprezávamos outras. Finalmente, quando os primeiros agricultores começaram a semear intencionalmente, usavam as sementes das plantas que tinham escolhido para colher, mesmo sem entender o princípio genético segundo o qual os grandes bagos têm sementes que se transformam em arbustos, produzindo bagos ainda maiores.

Portanto, quando estiver atravessando um matagal cerrado cheio de mosquitos em um dia quente e úmido, você não vai em busca de um morango qualquer. Mesmo que de modo inconsciente, você decide qual o arbusto que parece mais promissor e se vale a pena escolhê-lo ou não. Quais são seus critérios inconscientes?

Um deles, naturalmente, é o tamanho. Você prefere os bagos maiores porque não vale a pena enfrentar o sol e as picadas de mosquitos para obter alguns moranguinhos desprezíveis. Isso explica em parte que muitas plantas cultivadas fornecem frutos maiores do que seus ancestrais silvestres. Sabemos perfeitamente que os morangos que encontramos nos supermercados são gigantescos, se comparados com os silvestres; essas diferenças surgiram somente nos últimos séculos.

Essas diferenças de tamanho em outras plantas nos remetem ao início da agricultura, quando as ervilhas cultivadas se desenvolveram, através da seleção humana, chegando a ser 10 vezes mais pesadas que as silvestres. As pequenas ervilhas foram apanhadas por caçadores-coletores durante milhares de anos, assim como se colhe vacínios, antes que o cultivo preferencial das ervilhas maiores e mais atraentes — isto é, do que chamamos agricultura — começasse automaticamente a contribuir para o aumento do tamanho médio da ervilha, de geração em geração. Da mesma forma, as maçãs dos supermercados têm o triplo do tamanho de suas ancestrais silvestres. As antigas espigas de milho tinham pouco mais de um centímetro, mas as dos índios agricultores mexicanos de 1500 d.C. alcançavam cerca de 15 centímetros e algumas hoje chegam a 45 centímetros.

Outra diferença óbvia entre as sementes que cultivamos e muitas de suas ancestrais silvestres é o fato de serem mais amargas. Muitas delas se tornaram amargas, com gosto ruim ou mesmo venenosas, para impedir os animais de comê-las. Portanto, a seleção natural age de forma oposta nas sementes e nas frutas. As plantas cujas frutas são saborosas têm suas sementes espalhadas pelos animais, mas a semente dentro da fruta deve ter gosto ruim. Do contrário, o animal também mastigaria a semente e não iria cuspi-la.

As amêndoas são um bom exemplo de sementes amargas e de sua transformação quando cultivadas. A maioria das sementes de amêndoas silvestres contém uma substância química chamada amigdalina, que é extremamente amarga e que (como já foi mencionado) produz o veneno cianureto. Uma dentada em uma amêndoa silvestre pode matar uma pessoa suficientemente boba para ignorar o alerta dado pelo gosto amargo. Como o primeiro estágio da domesticação inconsciente envolve a coleta de sementes para comer, como a domesticação das amêndoas silvestres chegou a esse primeiro estágio?

A explicação é que algumas amendoeiras sofreram mutação em um gene, que as impede de sintetizar a amarga amigdalina. Essas árvores morriam sem deixar descendentes, porque os pássaros descobriram e comeram todas as suas sementes. Mas crianças curiosas ou famintas, filhas dos primeiros agricultores, experimentando as plantas silvestres que existiam perto de onde viviam, acabaram identificando essas amendoeiras que não eram amargas. (Do mesmo modo, camponeses europeus ainda hoje reconhecem e apreciam alguns carvalhos cujas glandes são doces, e não amargas.) Essas sementes de amêndoas que não eram amargas foram as únicas que os antigos agricultores cultivaram, inicialmente de modo involuntário, em meio ao seu lixo, e depois intencionalmente, em suas hortas.

Já por volta de 8000 a.C., amêndoas silvestres aparecem nos sítios arqueológicos escavados na Grécia. Por volta de 3000 a.C., elas estavam sendo domesticadas nas terras a leste do Mediterrâneo. Quando o rei egípcio Tutancamon morreu, por volta de 1325 a.C., as amêndoas foram um dos alimentos deixados em seu famoso túmulo para nutri-lo após a morte. Feijão-de-lima, melancias, batatas, berinjelas e repolhos estavam entre as várias culturas cujos ancestrais silvestres eram amargos e venenosos. Alguns tipos doces devem ter sido cuspidos perto das latrinas de antigos caminhantes.

Embora o tamanho e o gosto sejam os critérios mais óbvios para os caçadores-coletores humanos selecionarem plantas silvestres, outros critérios incluem frutas carnudas e sem sementes, sementes oleaginosas e fibras longas. Abóboras e abóboras-morangas tinham pouca ou nenhuma fruta em torno de suas sementes, mas os primeiros fazendeiros selecionavam aquelas que tinham mais parte comestível do que sementes. Bananas cultivadas foram selecionadas há muito tempo para terem apenas polpa e nenhuma semente, inspirando os modernos cientistas agrícolas a desenvolver laranjas, uvas e melancias sem sementes. As frutas sem sementes representam um bom exemplo de como a seleção humana pode reverter completamente a evolução natural de uma fruta silvestre, que na natureza serve como um veículo para espalhar sementes.

Nos tempos antigos, muitas plantas eram selecionadas, de modo semelhante, por suas frutas oleaginosas ou sementes. Entre as primeiras árvores frutíferas domesticadas no Mediterrâneo estavam as oliveiras, cultivadas desde 4000 a.C. por causa de seu óleo. Azeitonas cultivadas são não apenas maiores, mas também mais oleosas que as silvestres. Os primeiros fazendeiros selecionavam gergelim, mostarda, papoula e linho por suas sementes oleaginosas, do mesmo modo que os modernos cientistas o fazem com o girassol, o açafrão e o algodão.

Antes de produzir óleo, o algodão era selecionado por suas fibras, usadas para a fabricação de tecidos. As fibras são os cabelos das sementes de algodão e os antigos fazendeiros, tanto das Américas quanto do Velho Mundo, selecionavam de modo independente diferentes espécies de algodão para obter fibras longas. Nos casos do linho e do cânhamo, duas outras plantas cultivadas para produzir os tecidos da Antiguidade, as fibras aparecem no lugar dos caules e apenas os mais longos eram selecionados. Embora imaginemos que a maioria das culturas tinha por finalidade obter alimentos, o linho é uma das mais antigas (foi cultivado por volta de 7000 a.C.). Ele fornecia o tecido de linho, que permaneceu como o principal produto têxtil da Europa até ser superado pelo algodão e pelos sintéticos, após a Revolução Industrial.

ATÉ AGORA, TODAS AS MUDANÇAS que descrevi na evolução das plantas silvestres para alimentos cultivados envolvem características que os primeiros fazendeiros podiam perceber — como o tamanho da fruta, se era amarga, carnuda, oleosa, ou se tinha fibras. Ao cultivar as plantas silvestres com essas qualidades desejáveis, os povos antigos inconscientemente espalharam as plantas e iniciaram o caminho para a sua domesticação.

Além disso, houve pelo menos outros quatro tipos principais de mudanças que não envolveram escolhas visíveis. Nesses casos, as mudanças se deram pela colheita das plantas disponíveis, enquanto outras continuaram indisponíveis por motivos não perceptíveis ou devido a mudanças nas condições em que viviam.

A primeira dessas mudanças afetou os mecanismos de dispersão das sementes. Muitas plantas têm mecanismos especializados para espalhar as sementes (e evitar que os humanos as coletem de modo eficiente). Apenas as sementes mutantes sem esses mecanismos teriam sido cultivadas e se tornariam antecessoras de outras safras.

Um exemplo claro diz respeito às ervilhas, cujas sementes (as ervilhas que comemos) vêm fechadas em uma vagem. As ervilhas têm que sair da vagem se quiserem germinar. Para conseguir esse resultado, a própria planta desenvolveu um gene que faz explodir a vagem, jogando as ervilhas no chão. Mas as vagens de ervilhas mutantes não explodem. Nas plantas silvestres mutantes, as ervilhas morrem dentro da vagem de sua planta-mãe e somente as que estouram transmitem seus genes. Curiosamente, as únicas vagens disponíveis para os homens cultivarem seriam as que não explodem e permanecem na planta. Assim, depois que os homens começaram a levar ervilhas selvagens para casa para comer, houve uma imediata seleção daquele gene mutante. Outros mutantes que não explodiam foram selecionados nas lentilhas, no linho e na papoula.

Em vez de virem fechadas em uma vagem que explode, as sementes de trigo e cevada crescem na extremidade de um talo longo que se despedaça espontaneamente, deixando cair as sementes no chão, onde podem germinar. A mutação de um único gene evita que os talos se despedacem. Na forma silvestre, essa mutação seria letal para a planta, já que as sementes permaneceriam suspensas no ar, incapazes de germinar e formar raiz. Mas essas sementes mutantes teriam sido aquelas que esperaram a colheita no talo e foram levadas para casa pelos homens. Quando plantaram essas sementes mutantes, qualquer uma delas entre suas descendentes ficou novamente disponível para que os fazendeiros pudessem colher e cultivar, enquanto as sementes normais caíam no chão e não podiam ser aproveitadas. Portanto, os fazendeiros inverteram a direção da seleção natural em 180 graus: o antigo gene bem-sucedido tornou-se de uma hora para outra letal e o mutante letal tornou-se bem-sucedido. Mais de 10.000 anos atrás, essa seleção inconsciente de talos de trigo e cevada que não se despedaçassem foi aparentemente o primeiro "aperfeiçoamento" importante promovido pelos humanos em uma planta. Essa mudança marcou o início da agricultura no Crescente Fértil.

O segundo tipo de mudança foi ainda menos visível para os antigos andarilhos. Para as plantas anuais que crescem em áreas com um clima muito imprevisível, poderia ser fatal se todas as sementes brotassem rápida e simultaneamente. Se isso acontecesse, todas as sementes poderiam morrer em uma única seca ou geada, impedindo a propagação da espécie. Por isso, muitas plantas anuais evoluíram, criando inibidores de germinação, que deixavam as sementes inicialmente adormecidas e distribuíam sua germinação ao longo de vários anos. Assim, mesmo que a maioria das sementes morra em conseqüência do mau tempo, restarão algumas para germinar mais tarde.

Uma adaptação comum pela qual as plantas silvestres conseguem esse resultado é envolvendo as sementes em uma espécie de casaco grosso ou couraça. Entre as várias plantas silvestres capazes dessa adaptação estão o trigo, a cevada, as ervilhas, o linho e os girassóis. Embora essas sementes ainda tenham a oportunidade de germinar em ambientes selvagens, pode-se imaginar o que aconteceu quando houve o desenvolvimento da agricultura. Os primeiros agricultores descobriram, por tentativa e erro, que podiam aumentar sua produção arando e molhando o solo antes de semear. Quando isso aconteceu, as sementes que brotavam logo tornavam-se plantas cujas sementes eram plantadas e colhidas no ano seguinte. Mas muitas dessas sementes silvestres não brotavam imediatamente e não produziam nada.

Alguns mutantes ocasionais entre essas plantas silvestres não tinham um "casaco grosso" para suas sementes ou outros inibidores de germinação. Todos esses mutantes brotavam rapidamente, produzindo sementes mutantes.

Os primeiros agricultores não teriam percebido a diferença do mesmo modo que percebiam e colhiam seletivamente os grandes bagos. Mas o ciclo semear/crescer/colher/semear teria selecionado imediata e inconscientemente os mutantes. Como ocorreu com mudanças na forma de espalhar as sementes, essas alterações na inibição da germinação são características do trigo, da cevada, das ervilhas e de muitas outras culturas, quando comparadas com seus ancestrais silvestres.

A outra mudança importante e invisível para os primeiros agricultores envolve a reprodução das plantas. Um problema no desenvolvimento das colheitas é que plantas mutantes ocasionais são mais úteis para os humanos (por exemplo, por causa das sementes maiores ou menos amargas) do que as normais. Se essas mutantes desejáveis continuassem a cruzar com plantas normais, a mutação se diluiria ou se perderia imediatamente. Em que circunstâncias os agricultores poderiam preservar essa capacidade?

Para as plantas que se reproduzem, o mutante automaticamente seria preservado. Isso vale também para plantas que se reproduzem vegetativamente (a partir de um tubérculo ou raiz da planta-mãe) ou para as hermafroditas, capazes de fertilizar a si mesmas. Mas a grande maioria das plantas silvestres não se reproduz dessa maneira. Elas são hermafroditas incapazes de fertilizar a si mesmas e, portanto, obrigadas a cruzar com outras hermafroditas (minha parte masculina fertiliza sua parte feminina, sua parte masculina fertiliza minha parte feminina), ou existem como indivíduos machos e fêmeas, como todos os mamíferos normais. As primeiras são chamadas de hermafroditas auto-incompatíveis; as demais, espécies diécias. Ambas causavam problemas para os agricultores, que perdiam os mutantes que lhes interessavam sem entender por quê.

A solução envolvia um outro tipo de mudança invisível. Muitas mutações nas plantas afetam o próprio sistema reprodutivo. Alguns mutantes desenvolvem os frutos sem precisarem ser polinizados, resultando em nossas bananas, uvas, laranjas e abacaxis sem sementes. Alguns mutantes hermafroditas perderam sua auto-incompatibilidade e passaram a ser capazes de fecundar a si próprios — um processo exemplificado por muitas árvores frutíferas como as ameixeiras, os pessegueiros, as macieiras, os abricoteiros e as cerejeiras. Algumas uvas mutantes que normalmente teriam se separado em indivíduos machos e fêmeas também tornaram-se hermafroditas capazes de se autofertilizar. Por tudo isso, os antigos agricultores, que não entendiam a biologia reprodutiva das plantas, ainda acabaram com alguns cultivos úteis que se multiplicavam e que deviam ser replantados, em vez de alguns mutantes, que inicialmente pareciam promissores, mas cujos frutos acabaram caindo no esquecimento.

Os agricultores selecionaram então as plantas com base não apenas em qualidades perceptíveis, como tamanho e gosto, mas também em aspectos invisíveis, como mecanismos de dispersão das sementes, inibição da germinação e biologia reprodutiva. Em conseqüência, plantas diferentes foram selecionadas por características distintas e até opostas. Algumas plantas (como os girassóis) foram selecionadas por suas sementes muito grandes, enquanto outras (como as bananas), por causa de suas sementes pequenas ou até inexistentes. A alface foi escolhida por suas folhas luxuriantes, em detrimento das sementes ou do fruto; o trigo e os girassóis, pelas sementes, em detrimento das folhas; e a abóbora, pelo fruto, em detrimento das folhas. Especialmente instrutivos são os casos em que uma única espécie silvestre foi selecionada para diferentes finalidades, dando origem a culturas que em nada se assemelhavam às originais. As beterrabas, que já eram cultivadas nos tempos babilônicos por suas folhas (como a atual variedade de beterraba chamada acelga), foram então cultivadas por causa de suas raízes comestíveis, e finalmente (no século XVIII) por seu açúcar. Os ancestrais do repolho, talvez cultivados originalmente por suas sementes oleaginosas, passaram por uma diversificação ainda maior, transformando-se em uma variedade selecionada de folhas (o repolho atual e a couve), caules (couve-rábano), brotos (couve-de-bruxelas) e brotos de flores (couve-flor e brócolis).

Até agora, discutimos as transformações das plantas silvestres em culturas como decorrência da seleção feita pelos agricultores, consciente ou inconscientemente. Isto é, os agricultores inicialmente selecionavam as sementes de algumas plantas silvestres para levar para suas hortas e depois escolheram algumas de suas descendentes para dar continuidade à produção no ano seguinte. Mas boa parte da transformação foi realizada também em conseqüência de uma auto-seleção por parte das plantas. A frase de Darwin sobre "a seleção natural" refere-se ao fato de que certos indivíduos de uma espécie sobrevivem melhor que outros e/ou se reproduzem com mais sucesso do que outros concorrentes da mesma espécie em condições normais. Na verdade, o processo natural de diferenciação na sobrevivência e na reprodução se encarrega de selecionar. Se as condições mudam, diferentes tipos de indivíduos podem sobreviver ou reproduzir-se melhor, tornando-se "naturalmente selecionados", além do que a população passa por mudanças evolutivas. Um exemplo clássico é o desenvolvimento de um melanismo industrial nas mariposas britânicas: elas se tornaram mais escuras, à medida que o meio ambiente se tornou mais sujo, no século XIX, porque as mariposas escuras, ao pousarem em uma árvore também escura e suja, se confundiam mais facilmente, escapando da ação dos predadores.

Assim como a Revolução Industrial mudou o ambiente das mariposas, a agricultura alterou o ambiente das plantas. Uma horta arada, fertilizada, regada e capinada proporciona condições de crescimento muito diferentes daquelas existentes em uma encosta seca e sem cuidados. Muitas alterações ocorridas nas plantas domesticadas foram conseqüência das novas condições em que viviam, que favoreceram alguns tipos de indivíduos. Quando um agricultor planta muitas sementes em uma horta, há uma acirrada competição entre elas. As sementes grandes, que podem tirar vantagem das boas condições para crescer rapidamente, serão beneficiadas em relação às sementes menores, que anteriormente se beneficiavam de um solo seco e sem cuidados das encostas, onde eram menos numerosas e enfrentavam uma competição menos intensa. Essa competição maior entre as próprias plantas foi um fator importante para aumentar o tamanho das sementes e para muitas outras mudanças ocorridas durante a transformação de plantas silvestres nas primeiras culturas.

O QUE DETERMINOU AS GRANDES diferenças entre as plantas em seu processo de domesticação, fazendo com que para algumas delas isso ocorresse muito tempo atrás e para outras, somente na Idade Média, enquanto outras plantas silvestres ainda se mantêm imunes a todas as nossas atividades? Podemos deduzir muitas das respostas examinando a seqüência em que várias culturas se desenvolveram no Crescente Fértil do sudoeste da Ásia.

Ocorre que as primeiras culturas do Crescente Fértil, como o trigo, a cevada e as ervilhas, domesticadas há cerca de 10.000 anos, tiveram ancestrais silvestres que apresentavam muitas vantagens. Comestíveis, proporcionavam alta produtividade. Eram facilmente cultivados, bastando ser semeados ou plantados. Cresciam rapidamente e podiam ser colhidos poucos meses após o plantio, uma grande vantagem para agricultores iniciantes, ainda na fronteira entre caçadores nômades e aldeões estabelecidos. Podiam ser imediatamente estocados, ao contrário de muitas outras culturas posteriores, como as de morangos e alfaces. Em sua maioria, eram autopolinizados, isto é, as variedades cultivadas podiam polinizar a si próprias e passar adiante seus genes sem mudanças, em vez de ter que formar híbridos com outras variedades menos úteis aos seres humanos.

Finalmente, seus ancestrais silvestres necessitavam de muito poucas mudanças genéticas para serem convertidos em cultivos — por exemplo, no trigo, apenas as mutações para talos que não se despedaçavam e para uma rápida germinação uniforme.

O estágio seguinte do desenvolvimento das culturas incluiu as primeiras árvores frutíferas e castanheiras, domesticadas por volta de 4000 a.C. Entre elas estavam oliveiras, figueiras, tamareiras, romãzeiras e parreiras. Comparadas com os cereais e legumes, tinham a desvantagem de só começar a produzir no mínimo três anos após o plantio e só atingir sua produção normal ao cabo de uma década. Assim, essas culturas só eram viáveis para pessoas que estivessem totalmente estabelecidas nas aldeias. No entanto, essas árvores frutíferas e castanheiras ainda eram as mais fáceis de cultivar. Ao contrário de outras árvores domesticadas mais tarde, elas cresciam a partir de mudas ou de sementes. As mudas tinham uma vantagem: depois que o fazendeiro tivesse encontrado ou desenvolvido uma árvore produtiva, podia ter certeza de que todos os seus descendentes seriam idênticos a ela.

Um terceiro estágio envolveu árvores frutíferas muito mais difíceis de cultivar, entre elas as maçãs, peras, ameixas e cerejas, que não podem ser cultivadas a partir de mudas. Também é perda de tempo e esforço cultivá-las a partir de sementes, pois sua descendência, mesmo que resulte em uma árvore fantástica, apresenta muitas variações e a maioria produz frutas inaproveitáveis. Essas árvores exigem uma difícil técnica de enxertos, desenvolvida na China muito depois do início da agricultura. Os enxertos não apenas exigem muito trabalho mesmo quando se conhece o método, como a técnica em si só pôde ser descoberta por meio de experiências conscientes. O surgimento do enxerto dificilmente seria produto apenas da latrina de algum nômade, que voltou mais tarde ao local e descobriu, com surpresa, que havia surgido uma cultura de boas frutas.

Muitas dessas árvores frutíferas do último estágio apresentavam um problema adicional, porque seus antecessores selvagens eram o oposto da autopolinização. Precisavam ser polinizados por outra planta que pertencesse a uma espécie geneticamente diferente. Os antigos fazendeiros tinham que encontrar árvores mutantes que não exigissem polinização cruzada ou deviam plantar variedades geneticamente diferentes, ou ainda colocar indivíduos machos e fêmeas próximos no mesmo pomar. Todos esses problemas atrasaram a domesticação de maçãs, peras, ameixas e cerejas até o período clássico.

Mais ou menos na mesma época, entretanto, um outro grupo que também foi domesticado mais tarde surgiu com muito menos esforço, pois as plantas silvestres das quais ele se originou estabeleceram-se inicialmente como ervas daninhas em áreas intencionalmente cultivadas. As culturas que começaram como ervas daninhas incluem centeio e aveia, nabo e rabanete, beterraba e alho-poró, além da alface.

Embora a seqüência detalhada que descrevi se aplique ao Crescente Fértil, seqüências parcialmente semelhantes também ocorreram em outras partes do mundo. Em particular, o trigo e a cevada do Crescente Fértil são exemplos das culturas chamadas de cereais ou grãos (membros da família das pastagens), enquanto as ervilhas e as lentilhas exemplificam os legumes (membros da família das leguminosas, que inclui os feijões). Os cereais têm a vantagem de crescer rapidamente, conter muitos carboidratos e produzir até uma tonelada de comestíveis por hectare cultivado. Em conseqüência disso, os cereais representam hoje mais da metade de todas as calorias consumidas pelas pessoas, e incluem cinco das 12 principais culturas do mundo (trigo, milho, arroz, cevada e sorgo). Muitos cereais têm poucas proteínas, mas esse déficit é compensado pelos legumes, que contêm freqüentemente 25% de proteínas (38% no caso dos grãos de soja). Cereais e legumes juntos fornecem muitos dos ingredientes de uma dieta equilibrada.

Como está sintetizado na Tabela 7.1, a domesticação de cereais/legumes combinados desencadeou a produção de alimentos em várias regiões. Os exemplos mais conhecidos são a combinação de trigo e cevada com ervilhas e lentilhas no Crescente Fértil, a combinação de milho com vários tipos de feijões da Mesoamérica, e a combinação de arroz e milho miúdo com grãos de soja e outros feijões na China. Menos conhecidas são as combinações africanas de sorgo, arroz e milho miúdo com feijão-de-corda e amendoim, e a combinação nos Andes do grão quinoa (não cereal) com várias espécies de feijões.

A Tabela 7.1 também mostra que o cultivo inicial do linho para fazer fibra, no Crescente Fértil, teve paralelos em outros lugares. Cânhamo, quatro espécies de algodão, iúca e agave forneciam fibra para cordas e roupas tecidas na China, Mesoamérica, Índia, Etiópia, África subsaariana e América do Sul, complementados, em várias dessas áreas, com a lã de animais domésticos. Dos centros iniciais de produção de alimentos, somente o leste dos Estados Unidos e a Nova Guiné não cultivavam fibras.

TABELA 7.1. Exemplos dos primeiros tipos de cultivos importantes no mundo antigo

Região	Tipos de cultivos	
	Cereais, Outras ervas	Legumes
Crescente Fértil	trigo e cevada	ervilhas, lentilhas
China	milho miúdo e arroz	grãos de soja, azuki
Mesoamérica	milho	vários feijões
Andes, Amazônia	quinoa, [milho]	feijões e amendoim
África Ocidental e Sael	sorgo, milho miúdo e arroz africano	feijão-de-corda, amendoim
Índia	[trigo, cevada, arroz, sorgo e milhos miúdos]	feijão e grão-de-bico
Etiópia	cereal africano, milho miúdo [trigo, cevada]	[ervilhas, lentilha]
Leste dos EUA	ervas, cevada, capim e quenopódio	–
Nova Guiné	cana-de-açúcar	–

	Tipos de cultivos	
Fibra	Raízes, tubérculos	Melões
linho	–	melão almiscarado
cânhamo	–	[melão almiscarado]
algodão (*G. hirsutum*), iúca, agave	jicama	abóbora (*C. pepo* etc.)
algodão (*G. barbadense*)	mandioca, batata-doce, batata, oca	abóbora (*C. maxima* etc.)
algodão (*G. herbaceum*)	inhame africano	melancia, cabaça
algodão (*G. arboreum*), linho	–	pepino
[linho]	–	–
–	alcachofra	abóbora (*C. pepo*)
–	inhames	–

A tabela mostra as principais culturas, de cinco categorias, de vários sítios agrícolas, em diversas partes do mundo. As palavras dentro de colchetes são nomes de culturas inicialmente domesticadas em outros lugares; os nomes sem colchetes referem-se aos domesticados no local. Os omitidos são culturas que chegaram ou se tornaram importantes somente mais tarde, como as bananas na África, milho e feijões no leste dos Estados Unidos e batata-doce na Nova Guiné. Há quatro algodões do gênero *Gossypium*, sendo cada espécie nativa de uma determinada parte do mundo; e há cinco espécies de abóbora do gênero *Cucurbita*. Observem que os cereais, os legumes e as fibras iniciaram a agricultura na maioria das regiões, mas as raízes, os tubérculos e os melões tiveram grande importância inicial apenas em algumas áreas.

Além desses paralelos, havia também algumas diferenças importantes nos sistemas de produção de alimentos em todo o mundo. Uma delas é que a agricultura em boa parte do Velho Mundo precisava ampliar os campos plantados com monocultura. Isto é, as sementes eram jogadas aos punhados, resultando em uma área inteira dedicada a uma única cultura. Quando as vacas, os cavalos e outros mamíferos grandes foram domesticados, os campos passaram a ser cultivados por tração animal. No Novo Mundo, entretanto, nenhum animal foi domesticado para trabalhar no arado. Ao contrário, os campos sempre foram lavrados por braços humanos, com a ajuda de enxadas, e as sementes eram plantadas individualmente, à mão, e não espalhadas aos punhados. A maioria dos campos do Novo Mundo transformou-se principalmente em hortas mistas, com muitas culturas plantadas juntas, e não em monocultura.

Outra diferença importante entre os sistemas agrícolas envolvia as principais fontes de calorias e carboidratos. Como vimos, eles provinham de cereais, em muitas regiões. Em outras áreas, contudo, o papel dos cereais foi assumido ou dividido com raízes e tubérculos, que tinham pouquíssima importância no antigo Crescente Fértil e na China. A mandioca e a batata-doce tornaram-se os principais produtos na América do Sul, a batata e a oca nos Andes, os inhames africanos na África, e os inhames do indo-pacífico no sudeste da Ásia e na Nova Guiné. Outras culturas, principalmente as bananas e a fruta-pão, também forneciam uma dieta rica em carboidratos no sudeste da Ásia e na Nova Guiné.

No PERÍODO ROMANO, PORTANTO, quase todas as principais culturas atuais estavam sendo desenvolvidas em alguma parte do mundo. Como veremos no caso dos animais domésticos (Capítulo 9), os primitivos caçadores-coletores estavam intimamente familiarizados com as plantas silvestres da região e os antigos agricultores evidentemente descobriram e domesticaram quase todas as espécies que valiam a pena. Naturalmente, monges medievais começaram a cultivar morangos e framboesas, e os modernos agricultores ainda trabalham para melhorar antigas culturas, além de terem acrescentado novos cultivos secundários, especialmente de algumas bagas (como vacínio, oxicoco e kiwi) e castanhas (macadâmia, pecã e caju). Mas essas novidades têm pouca importância, se comparadas com antigas culturas como trigo, milho e arroz.

Ainda faltam em nossa lista de conquistas muitas plantas silvestres que, apesar de seu valor como alimento, jamais conseguimos domesticar. Entre esses fracassos estão os carvalhos, cujas glandes eram o principal alimento dos nativos da

Califórnia e do leste dos Estados Unidos, assim como um recurso dos camponeses europeus em épocas de fome, quando os cultivos fracassavam. As glandes têm valor nutritivo por serem ricas em amido e óleo. Como muitas outras plantas silvestres comestíveis, a maior parte das glandes contém o amargo tanino, mas quem gosta delas aprendeu a lidar com essa substância do mesmo modo como fazia com as substâncias amargas das amêndoas e de outras plantas selvagens: ou moendo as glandes para retirar o tanino, ou colhendo-as de um carvalho mutante com baixo teor de tanino.

Por que não conseguimos domesticar uma fonte de alimento tão apreciada como as glandes? Por que demoramos tanto para domesticar morangos e framboesas? O que há com essas plantas, cuja domesticação ficou fora do alcance dos antigos agricultores, capazes de dominar técnicas difíceis como o enxerto?

Acontece que os carvalhos têm três problemas contra eles. Primeiro, seu crescimento lento esgota a paciência da maioria dos agricultores. O trigo cultivado permite uma colheita em poucos meses; uma amêndoa plantada cresce em três ou quatro anos; mas uma glande posta na terra pode não ser produtiva durante uma década ou mais. Segundo, os carvalhos produzem nozes de tamanho e gosto adequados aos esquilos, que enterram, cavam e comem as glandes. Os carvalhos crescem a partir de glandes que ocasionalmente um esquilo esquece de enterrar. Com bilhões de esquilos que espalham cada um centenas de glandes por ano em praticamente qualquer pedaço disponível e adequado para o crescimento de carvalhos, nós, humanos, não tivemos oportunidade de selecionar árvores das matrizes que nós queríamos. Esses mesmos problemas de crescimento lento e esquilos rápidos provavelmente explicam também por que as árvores faia e hicória, bastante exploradas como plantas silvestres por causa de suas castanhas pelos europeus e nativos americanos, respectivamente, não foram domesticadas.

Finalmente, talvez a diferença mais importante entre as amêndoas e as glandes seja que o gosto amargo é controlado por um único gene nas primeiras, mas aparentemente por muitos nas últimas. Se os antigos fazendeiros plantassem amêndoas ou glandes a partir de uma árvore mutante não amarga, as leis da genética determinavam que metade das amêndoas da árvore resultante não seria amarga, mas quase todos teriam sido amargos no caso dos carvalhos. Só isso seria suficiente para acabar com o entusiasmo de qualquer pessoa disposta a cultivar glandes, que tivesse derrotado os esquilos e sido paciente.

No caso dos morangos e das framboesas, tivemos problemas semelhantes com os tordos e outros pássaros que adoram bagos. Sim, os romanos cultivavam morangos silvestres em seus jardins. Mas com bilhões de tordos defecando sementes de morangos silvestres em qualquer lugar possível (inclusive nos jardins romanos), as frutas continuaram sendo as pequenas bagas desejadas pelos pássaros, não se transformando nas frutas grandes que os humanos queriam. Somente com as inovações recentes em matéria de redes protetoras e estufas fomos capazes de derrotar os tordos e modificar os morangos e as framboesas de acordo com nossos padrões.

Já vimos que a diferença entre os morangos gigantes dos supermercados e as pequenas frutas silvestres é apenas mais um exemplo dos vários aspectos que distinguem as plantas cultivadas de suas ancestrais silvestres. Essas diferenças surgem inicialmente da variação natural entre as próprias plantas silvestres. Algumas delas, como a variação no tamanho do bago ou no amargor da castanha, foram rapidamente percebidas pelos primeiros agricultores. Outra variação, como nos mecanismos de dispersão de sementes, não teria sido percebida pelos humanos até o surgimento da moderna botânica. Se a seleção das plantas comestíveis pelos antigos andarilhos baseava-se em critérios conscientes e inconscientes, a conseqüente evolução das plantas silvestres para culturas foi inicialmente um processo inconsciente. Foi conseqüência inevitável de nossa *seleção* das plantas silvestres e da competição entre determinadas plantas em jardins, que beneficiou indivíduos diferentes daqueles que eram beneficiados no estado selvagem.

Foi por esse motivo que Darwin, em seu grande livro *A origem das espécies*, não começou com um relato sobre a seleção natural. Seu primeiro capítulo é, em vez disso, uma longa descrição de como nossos animais e plantas domesticados surgiram por meio da seleção artificial feita pelos humanos. Mais do que discutir os pássaros das ilhas Galápagos que normalmente associamos a ele, Darwin começou analisando como os agricultores desenvolveram variedades de groselhas! Ele escreveu: "Tenho visto uma grande surpresa expressa em trabalhos sobre horticultura em relação às maravilhosas habilidades dos jardineiros, por terem produzido aqueles excelentes resultados a partir de materiais tão pobres; mas a arte era simples e, quanto ao resultado final, foi seguido quase inconscientemente. Consistia em cultivar sempre a melhor variedade conhecida, semear suas sementes e, quando uma variedade ligeiramente melhor aparecia, selecioná-la, e assim por diante." Esses princípios do desenvolvimento de culturas pela seleção artificial ainda são nosso modelo mais compreensível da origem das espécies pela seleção natural.

CAPÍTULO 8

MAÇÃS OU ÍNDIOS

A CABAMOS DE VER COMO OS POVOS DE ALGUMAS REGIÕES COMEÇARAM A CULTIVAR espécies silvestres de plantas, um passo de importantes conseqüências imprevisíveis para seu estilo de vida e para o lugar que seus descendentes ocupariam na história. Vamos agora voltar às nossas perguntas: por que a agricultura nunca surgiu de modo independente em algumas regiões férteis e bastante adequadas para essa atividade, como a Califórnia, a Europa, a Austrália temperada e a África subequatorial? Por que, entre as áreas onde a agricultura surgiu de forma independente, algumas se desenvolveram muito antes das outras?

Duas explicações diferentes se impõem: problemas com os povos que lá viviam ou problemas com as plantas silvestres disponíveis na região. Por um lado, talvez quase todas as áreas tropicais ou temperadas do globo, bem irrigadas, tenham várias espécies de plantas silvestres que podem ser domesticadas. Nesse caso, a explicação para o fracasso da agricultura em algumas dessas áreas estaria ligado a características culturais de seus povos. Por outro lado, talvez pelo menos alguns humanos em alguma grande região do globo teriam sido receptivos à experiência que levou à domesticação. Somente a falta de plantas silvestres adequadas poderia então explicar por que a produção de alimentos não se desenvolveu em algumas áreas.

Como veremos no próximo capítulo, o problema relativo à domesticação dos grandes mamíferos selvagens é mais fácil de resolver, porque suas espécies são muito menos numerosas que as das plantas. O mundo tem apenas 148 espécies de grandes mamíferos selvagens, herbívoros ou onívoros, que poderiam ser candidatos à domesticação. Apenas um modesto número de fatores determina se o animal é passível de domesticação. Portanto, é correto analisar os grandes mamíferos da região e pesquisar para saber se a ausência de domesticados em algumas áreas se deve à inexistência de espécies adequadas ou ao povo local.

Esse raciocínio seria muito mais difícil de aplicar às plantas, por causa do grande número de espécies — 200.000 — na vegetação da terra, que forneceram a base de quase todas as nossas culturas. Não podemos esperar examinar todas as plantas selvagens, nem mesmo de uma área limitada, como a Califórnia, e calcular quantas teriam sido domesticáveis. Mas veremos agora como contornar esse problema.

Q<small>UANDO ALGUÉM OUVE QUE EXISTEM</small> tantas espécies de plantas no mundo, a primeira reação poderia ser: certamente, com todas essas espécies silvestres na Terra, qualquer área com um clima favorável deve ter tido espécies em número mais do que suficiente para fornecer muitos candidatos ao desenvolvimento agrícola.

Mas então verificamos que a grande maioria das plantas selvagens não é adequada por motivos óbvios: elas servem apenas como madeira, não produzem frutas comestíveis e suas folhas e raízes também não servem como alimento. Das 200.000 espécies de plantas selvagens, somente alguns milhares são comidos por humanos e apenas algumas centenas dessas são mais ou menos domesticadas. Dessas várias centenas de culturas, a maioria fornece suplementos secundários para nossa dieta e não teriam sido suficientes para sustentar o surgimento de civilizações. Apenas uma dúzia de espécies representa mais de 80% do total mundial anual de todas as culturas no mundo moderno. Essa dúzia de exceções são os cereais trigo, milho, arroz, cevada e sorgo; o legume soja; as raízes e os tubérculos batata, mandioca e batata-doce; fontes de açúcar como a cana-de-açúcar e a beterraba; e a fruta banana. Somente os cultivos de cereais respondem atualmente por mais da metade das calorias consumidas pelas populações humanas do mundo. Com tão poucas culturas importantes, todas elas domesticadas milhares de anos atrás, é menos surpreendente que muitas áreas do mundo não tenham nenhuma planta selvagem de grande potencial. Nossa incapacidade de domesticar uma única planta nova que produza alimento nos tempos modernos sugere que os antigos podem ter explorado praticamente todas as plantas selvagens aproveitáveis e domesticado aquelas que valiam a pena.

Mesmo assim, alguns dos fracassos na domesticação de plantas selvagens ainda são difíceis de explicar. Os casos mais flagrantes dizem respeito a plantas que foram domesticadas em uma região mas não em outra. Podemos, assim, estar certos de que foi realmente possível transformar essa planta selvagem em uma cultura aproveitável e temos que perguntar por que essas espécies não foram domesticadas em certas áreas.

Um exemplo intrigante vem da África. O importante cereal sorgo foi domesticado na região do Sael, logo ao sul do Saara. O sorgo também existe como planta silvestre no sul da África, mas nem ele nem qualquer outra planta foi cultivada no sul da África até a chegada dos agricultores bantos, com todos os seus conhecimentos, levados da África, ao norte do equador, 2.000 anos atrás. Por que os povos nativos do sul da África não domesticaram o sorgo por conta própria?

Igualmente intrigante é a incapacidade de domesticar o linho em sua forma selvagem no oeste da Europa e no norte da África, ou o trigo, em sua forma selvagem, nos Bálcãs. Como essas duas plantas estavam entre as primeiras oito culturas do Crescente Fértil, deviam estar, presumivelmente, entre as plantas selvagens mais rapidamente domesticadas. Elas passaram a ser cultivadas nessas áreas onde existiam na forma selvagem, fora do Crescente Fértil, assim que chegaram, juntamente com todo o pacote de conhecimentos sobre produção oriundo do Crescente Fértil. Por que, então, os povos dessas regiões não começaram a cultivá-las por sua própria iniciativa?

De modo semelhante, as primeiras quatro frutas domesticadas no Crescente Fértil existiam em sua forma selvagem numa área que se estendia além do leste do Mediterrâneo oriental, onde parecem ter sido inicialmente domesticadas: as azeitonas, as uvas e os figos existiam na Itália, na Espanha e no noroeste da África, enquanto a tamareira era comum no norte da África e na Arábia. Essas quatro estão, evidentemente, entre as frutas mais fáceis de domesticar. Por que os povos que não viviam no Crescente Fértil não conseguiram domesticá-las e só começaram a cultivá-las quando já tinham sido domesticadas no Mediterrâneo oriental e chegaram como culturas?

Outros exemplos espantosos envolvem espécies silvestres que não foram domesticadas em áreas onde a produção de alimentos nunca ocorreu espontaneamente, embora essas espécies tivessem parentes próximos domesticados em outras regiões. Por exemplo, a oliveira *Olea europea* foi domesticada no leste do Mediterrâneo. Existem cerca de 40 outras espécies de azeitonas nos trópicos e no sul da África, no sul da Ásia e no leste da Austrália, algumas bem parecidas com a *Olea europea*, mas nenhuma delas jamais foi domesticada. Do mesmo modo, enquanto espécies silvestres de maçãs e uvas eram domesticadas na Eurásia, havia muitas espécies parecidas na América do Norte, algumas das quais foram, nos tempos modernos, transformadas em híbridos com as culturas derivadas de suas primas eurasianas, como forma de melhorar esses cultivos. Por que, então, os nativos americanos não domesticaram essas maçãs e uvas aparentemente úteis?

Pode-se continuar enumerando indefinidamente esses exemplos. Mas há uma falha fatal nesse raciocínio: a domesticação de plantas não é uma questão de caçadores-coletores que domesticam uma única planta e depois prosseguem com seu estilo de vida nômade. Suponhamos que as maçãs silvestres da América do Norte realmente se transformariam em uma grande cultura se os índios caçadores-coletores tivessem se estabelecido em um determinado lugar e se dedicado a cultivá-las. Mas os caçadores-coletores nômades não abandonariam seu tradicional estilo de vida, fixando-se em aldeias e iniciando o cultivo de pomares de maçã, a menos que muitos outros animais e plantas selvagens domesticáveis estivessem disponíveis de modo a fazer com que a existência sedentária de produção de alimentos fosse capaz de competir com seu estilo de vida tradicional.

Como, em suma, poderíamos avaliar o potencial de toda uma flora para domesticação? Para os nativos americanos que não domesticaram as maçãs norte-americanas, o problema estaria realmente nos índios ou nas maçãs?

Para responder a essa pergunta, devemos comparar três regiões que se encontram em extremos opostos entre os centros de domesticação independente. Como vimos, um deles, o Crescente Fértil, foi talvez o primeiro centro de produção de alimentos do mundo e o lugar de origem de várias das principais culturas modernas e de quase todos os principais animais domesticados. As outras duas regiões, a Nova Guiné e o leste dos Estados Unidos, domesticaram algumas culturas locais, mas a variedade era pequena e apenas uma conquistou importância mundial. A dieta alimentar resultante não foi suficiente para manter um desenvolvimento extensivo da tecnologia e da organização política da humanidade como ocorreu no Crescente Fértil. À luz dessa comparação, devemos perguntar: a flora e o ambiente do Crescente Fértil tinham nítidas vantagens sobre os da Nova Guiné e do leste dos Estados Unidos?

UM DOS FATOS FUNDAMENTAIS DA história primitiva da humanidade é a importância da região do sudoeste da Ásia conhecida como Crescente Fértil (devido ao formato de meia-lua de suas terras em um mapa: ver Figura 8.1). Essa área parece ter sido o primeiro local de toda uma cadeia de acontecimentos, incluindo cidades, a escrita, impérios e o que agora chamamos (para o bem ou para o mal) de civilização. Todos esses acontecimentos, por sua vez, tiveram origem nas densas populações humanas, nos excedentes de comida armazenados e na possibilidade de alimentar especialistas que não fossem agricultores, o que ocorreu graças ao aumento da produção de alimentos, na forma de agricultura ou criação de animais. A produção de alimentos foi a primeira dessas grandes inovações a surgir no Crescente Fértil. Por isso, qualquer tentativa de entender as origens do mundo moderno deve vir com a pergunta: por que as plantas e os animais domesticados no Crescente Fértil lhe proporcionaram um início tão poderoso?

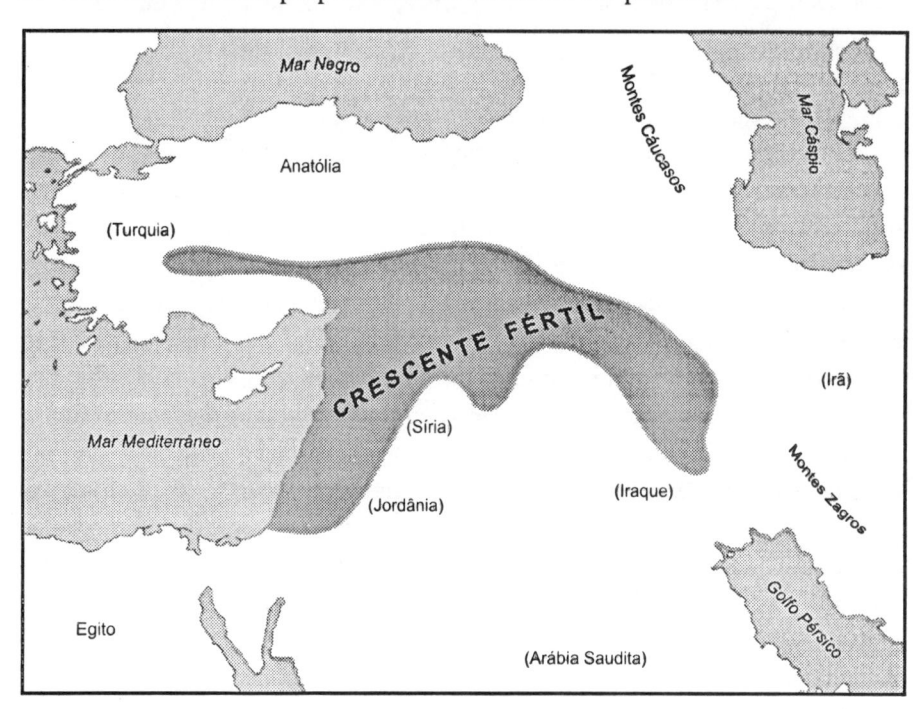

FIGURA 8.1. *O Crescente Fértil, abrangendo os locais de produção de alimentos antes de 7000 a.C.*

Felizmente, o Crescente Fértil é, de longe, a parte do globo mais estudada e compreendida no que diz respeito ao surgimento da agricultura. Para a maioria das culturas domesticadas no ou perto do Crescente Fértil, a planta silvestre ancestral foi identificada; sua relação com a planta cultivada foi comprovada por estudos genéticos e cromossômicos; seu habitat geográfico selvagem é conhecido; as alterações causadas pela domesticação foram identificadas e são freqüentemente compreendidas no nível de genes isolados; essas mudanças podem ser observadas em sucessivas camadas dos registros arqueológicos; e os locais e as épocas aproximados da domesticação são conhecidos. Não nego que outras regiões, principalmente a China, também tinham vantagens como locais iniciais de domesticação, mas aquelas vantagens e o conseqüente desenvolvimento da agricultura podem ser especificados com muito mais detalhes no Crescente Fértil.

Uma vantagem do Crescente Fértil é que ele está localizado em uma área de clima mediterrâneo, caracterizado por invernos amenos e úmidos e por verões longos, quentes e secos. Esse clima seleciona espécies de plantas capazes de sobreviver a longas temporadas de secas e retomar rapidamente o crescimento com a volta das chuvas. Muitas plantas do Crescente Fértil, principalmente cereais e legumes, adaptaram-se de modo a se tornarem úteis aos humanos: são anuais, o que significa que a própria planta seca e morre na temporada seca.

Em seu ano de vida, as plantas anuais inevitavelmente sobrevivem como pequenas ervas. Muitas delas, em vez disso, aplicam boa parte de sua energia para produzir grandes sementes, que permanecem inativas durante a estação seca e depois ficam prontas para se espalhar quando chega a chuva. Plantas anuais, portanto, desperdiçam pouca energia para produzir madeira ou caules fibrosos, como o corpo de árvores ou arbustos. Mas muitas dessas sementes grandes, principalmente as de cereais e legumes anuais, podem ser comidas pelos humanos. Elas constituem seis das 12 principais culturas do mundo moderno. Por outro lado, se você mora perto de uma floresta e olha pela janela, as espécies de plantas que você vê provavelmente são árvores e arbustos, a maioria dos quais você não pode comer e que aplicam muito menos energia em sementes comestíveis. É claro que algumas árvores de áreas de clima úmido produzem grandes sementes comestíveis, mas elas não são adaptadas para sobreviver a uma longa estação seca e para resistir a uma longa estocagem.

Uma segunda vantagem da flora do Crescente Fértil é que os ancestrais selvagens de muitas dessas culturas já eram abundantes e muito produtivos, existindo em grandes pés, cujo valor devia ser óbvio para os caçadores-coletores. Estudos experimentais em que botânicos coletaram sementes desses pés naturais de cereais silvestres, como os caçadores-coletores devem ter feito há mais de 10.000 anos, mostram que podem ser obtidas colheitas anuais de até uma tonelada de sementes por hectare, produzindo 50 quilocalorias de alimentos energéticos para apenas uma quilocaloria gasta no trabalho. Ao coletar grandes quantidades de cereais silvestres em pouco tempo, quando as sementes estavam maduras, e estocando-os para usar como alimento durante o restante do ano, alguns povos caçadores-coletores do Crescente Fértil já haviam se fixado em aldeias antes mesmo de começarem a cultivar plantas.

Como os cereais do Crescente Fértil eram tão produtivos em sua forma selvagem, poucas mudanças adicionais tiveram que ser feitas para cultivá-los. Como vimos no capítulo anterior, as principais mudanças — a interrupção dos sistemas naturais de dispersão de sementes e a inibição da germinação — evoluíram automática e rapidamente assim que os humanos começaram a cultivar sementes nos campos. Os ancestrais selvagens das nossas culturas de trigo e cevada são tão parecidos com seus descendentes que nunca houve dúvida sobre a sua origem. Devido à facilidade da domesticação, as grandes sementes anuais foram as primeiras culturas desenvolvidas não apenas no Crescente Fértil, mas também na China e no Sael.

Essa rápida evolução do trigo e da cevada contrasta com a do milho, o principal cereal cultivado no Novo Mundo. O provável antecessor do milho, a planta silvestre conhecida como teosinto, é tão diferente do milho nas estruturas da semente e da flor que até seu papel de ancestral tem sido, há muito tempo, objeto de acaloradas discussões entre os botânicos. O valor do teosinto como alimento não teria impressionado os caçadores-coletores: era menos produtivo na forma silvestre que o trigo, produzia muito menos sementes do que o milho desenvolvido a partir dele, e suas sementes ficavam fechadas dentro de cápsulas muito duras e não comestíveis. Para o teosinto tornar-se uma cultura aproveitável, ele teve que passar por grandes mudanças em sua biologia reprodutiva, para aumentar a produção de sementes e para perder a cápsula dentro da qual elas ficavam. Os arqueólogos ainda debatem vigorosamente quantos séculos ou milênios de desenvolvimento do milho nas Américas foram necessários para as antigas espigas passarem de seu reduzido tamanho inicial até o do polegar humano, mas parece claro que outros milhares de anos foram necessários para que atingisse seu tamanho atual. Esse contraste entre as virtudes imediatas do trigo e da cevada e as dificuldades apresentadas pelo teosinto podem ter sido um fator importante nas diferenças de desenvolvimento apresentadas pelas sociedades humanas do Novo Mundo e da Eurásia.

Uma terceira vantagem da flora do Crescente Fértil é o fato de ter um alto percentual de hermafroditas "autônomas" — isto é, plantas que normalmente polinizam a si mesmas, mas que podem ser ocasionalmente polinizadas por cruzamentos. Recordemos que a maioria das plantas selvagens é normalmente hermafrodita polinizada por cruzamentos ou é formada de indivíduos separados, macho e fêmea, que inevitavelmente dependem de outro indivíduo para a polinização. Esses fatos da biologia reprodutiva irritavam os primeiros fazendeiros porque, logo que localizavam uma planta produtiva mutante, sua descendência cruzaria com outras plantas e perderia assim sua preciosa herança. Em conseqüência, a maioria das culturas pertence a um pequeno percentual de plantas selvagens que são hermafroditas geralmente autopolinizáveis ou se reproduzem sem cruzamento, propagando-se vegetativamente (por exemplo, por uma raiz que reproduz geneticamente seu antecessor). Portanto, o elevado percentual de hermafroditas "autônomas" na flora do Crescente Fértil ajudou os primeiros fazendeiros, porque significava que um elevado percentual da flora silvestre tinha uma biologia reprodutiva conveniente para os humanos.

As "autônomas" também eram convenientes para os primeiros fazendeiros porque ocasionalmente tornavam-se polinizadas por cruzamentos, gerando novas variedades para serem selecionadas. Essa polinização por cruzamento ocorria não apenas entre indivíduos da mesma espécie, mas também entre espécies relacionadas para produzir híbridos interespecíficos. Um desses híbridos entre os "autônomos" do Crescente Fértil, o trigo para pão, tornou-se a mais valiosa cultura do mundo moderno.

Das oito primeiras culturas importantes domesticadas no Crescente Fértil, todas eram "autônomas". Dos cereais "autônomos" existentes entre elas — trigo e cevada —, o trigo apresentava como vantagem adicional um alto teor de proteínas (de 8 a 14%). Por outro lado, as culturas de cereais mais importantes do leste da Ásia e do Novo Mundo — arroz e milho, respectivamente — tinham menores quantidades de proteína, o que representava problemas nutricionais importantes.

E<small>SSAS ERAM ALGUMAS DAS VANTAGENS</small> da flora do Crescente Fértil para os primeiros agricultores: ela incluía uma alta e incomum percentagem de plantas selvagens em condições de serem domesticadas. O clima mediterrâneo da região se estende para oeste através de boa parte do sul da Europa e do noroeste da África. Existem também áreas de clima semelhante ao mediterrâneo em outras quatro partes do mundo: Califórnia, Chile, sudoeste da Austrália e África do Sul (Figura 8.2). Mas essas outras regiões não competiam com o Crescente Fértil como locais de surgimento da produção de alimento, elas nunca tiveram qualquer tipo de agricultura nativa. Que vantagem tinha essa área mediterrânea, específica do oeste da Eurásia?

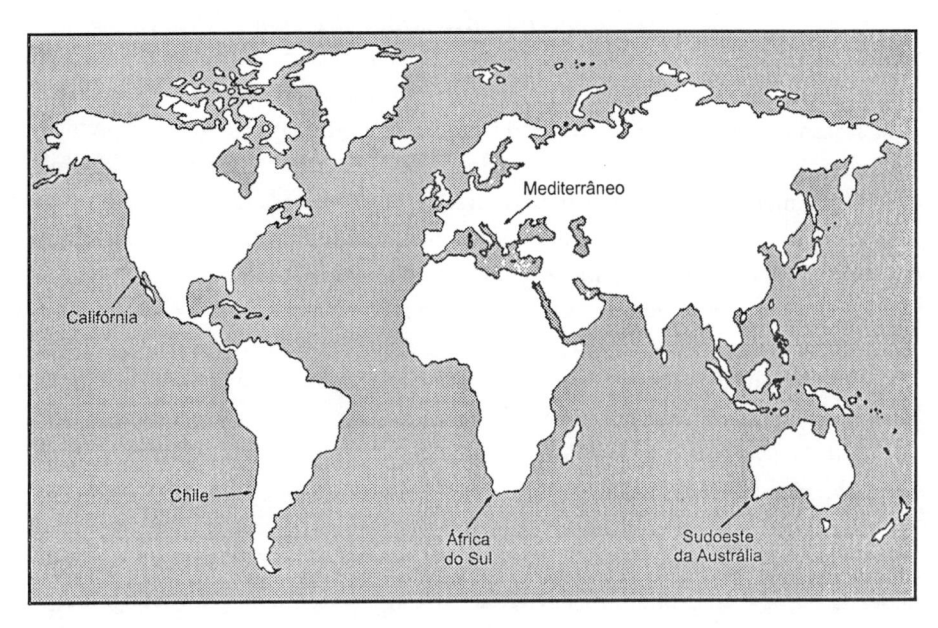

FIGURA 8.2. *As regiões do mundo de clima mediterrâneo.*

Ocorre que ela, e especialmente sua região do Crescente Fértil, tinha pelo menos cinco vantagens sobre as outras áreas mediterrâneas. Em primeiro lugar, o oeste da Eurásia tinha, de longe, a maior área do mundo de clima mediterrâneo. Em conseqüência disso, apresentava uma grande diversidade de plantas e espécies animais, maior do que as áreas proporcionalmente pequenas do sudoeste da Austrália e do Chile. Em segundo lugar, entre as regiões mediterrâneas, o oeste da Eurásia passa por grande variação climática a cada estação e a cada ano. Essa variação favoreceu a evolução, na flora, de um elevado percentual de plantas anuais. A combinação desses dois fatores — uma grande diversidade de espécies e um elevado percentual de plantas anuais — significa que a zona mediterrânea do oeste da Eurásia é a que tem a maior diversidade de culturas anuais.

O significado dessa riqueza botânica para os humanos é ilustrado pelos estudos do geógrafo Mark Blumler sobre a distribuição das pastagens selvagens. Entre as milhares de espécies de capim selvagem, Blumler encontrou as 56 com as maiores sementes, a nata da produção da natureza: as espécies com sementes pelo menos 10 vezes mais pesadas que as espécies médias (ver Tabela 8.1). Praticamente todas elas são nativas de regiões mediterrâneas ou outros ambientes sazonalmente secos. Além disso, estão impressionantemente concentradas no Crescente Fértil ou em outras regiões do oeste da Eurásia, que oferecem uma grande seleção para os primeiros fazendeiros: cerca de 32 das 56 melhores pastagens selvagens do mundo! Especificamente, a cevada e o trigo, as duas culturas mais antigas e importantes do Crescente Fértil, situam-se, respectivamente, em terceiro e décimo terceiro lugar em tamanho de semente, entre as 56 principais. Por outro lado, a região do Chile com clima mediterrâneo tinha apenas duas dessas espécies, a Califórnia e o sul da África apenas uma cada, e o sudoeste da Austrália, nenhuma. Esse fato sozinho fornece uma boa explicação sobre o curso da história humana.

Uma terceira vantagem da zona mediterrânea do Crescente Fértil é que ela apresenta uma ampla variedade de altitudes e topografias em uma distância relativamente pequena. No que diz respeito a elevações, elas variam do mais baixo lugar da Terra (o mar Morto) a montanhas de quase 5.500 metros (perto de Teerã), garantindo uma variedade equivalente de ambientes, com uma grande diversidade de plantas silvestres servindo como potenciais ancestrais de culturas. As montanhas estão próximas de planícies com rios e desertos próprios para a irrigação. Em comparação, as regiões de clima mediterrâneo do sudoeste da Austrália e, em menor grau, da África do Sul e do oeste da Europa, apresentam menor variação de altitudes, ambientes e topografias.

TABELA 8.1 Distribuição mundial das espécies de pastagens de sementes grandes

Região	Número de espécies
Oeste da Ásia, Europa, norte da África	33
Região mediterrânea	32
Inglaterra	1
Leste da Ásia	6
África subsaariana	4
Américas	11
América do Norte	4
Mesoamérica	5
América do Sul	2
Norte da Austrália	2
Total:	56

Tabela 12.1 da tese de doutorado de Mark Blumler, "Seed Weight and Environment in Mediterranean-type Grasslands in California and Israel" (Universidade da Califórnia, Berkeley, 1992), listou 56 espécies de pastagens selvagens com as sementes mais pesadas (excluindo o bambu) sobre as quais há informações disponíveis. O peso do grão nessas espécies variava de 10 miligramas a mais de 40 miligramas, cerca de 10 vezes maior que o valor médio de todas as espécies de capim do mundo. Essas 56 espécies representam menos de 1% das espécies existentes no mundo. Esse quadro mostra que essas pastagens valorizadas estão extraordinariamente concentradas na região mediterrânea do oeste da Eurásia.

A variação de altitudes no Crescente Fértil resultava em oscilações nos períodos de colheita: as plantas dos locais mais elevados produziam as sementes um pouco depois das dos lugares mais baixos. Em conseqüência disso, os caçadores-coletores podiam se deslocar para as encostas para colher as sementes de grãos quando amadureciam, em vez de ficarem sobrecarregados pela concentração de colheitas em uma única altitude, onde todos os grãos amadureciam simultaneamente. Quando começaram a cultivar, era fácil para os agricultores: levavam as sementes de cereais silvestres que cresciam nas encostas, e que dependiam de chuvas imprevisíveis, e as plantavam nas partes baixas dos vales, onde cresceriam sem problemas e com menor dependência das chuvas.

A diversidade biológica do Crescente Fértil em espaços reduzidos contribuiu para a quarta vantagem — sua riqueza em ancestrais não só de produtos agrícolas valiosos, mas também de grandes mamíferos domesticados. Como veremos, havia poucas ou nenhuma espécie de mamífero selvagem disponível para domesticação nas outras regiões de clima mediterrâneo, como a Califórnia, o Chile, o sudoeste da Austrália e a África do Sul. Em compensação, quatro espécies de grandes mamíferos — as cabras, as ovelhas, os porcos e as vacas — foram domesticadas muito cedo no Crescente Fértil, possivelmente antes de qualquer outro animal, exceto o cachorro, em qualquer parte do mundo. Essas espécies até hoje representam quatro dos cinco mais importantes mamíferos domesticados do mundo (Capítulo 9). Mas seus ancestrais selvagens eram mais comuns em partes um pouco diferentes do Crescente Fértil, resultando no fato de que as quatro espécies foram domesticadas em lugares diferentes: as ovelhas, possivelmente na parte central, as cabras, tanto na parte leste, nos pontos mais altos (montanhas Zagros, no Irã), como na região sudoeste (o Levante), os porcos, no centro-norte, e as vacas, na área oeste, incluindo Anatólia. De qualquer forma, embora as regiões que concentravam um grande número desses quatro antecessores selvagens fossem diferentes, todos viviam bastante próximos, de modo que puderam ser rapidamente transferidos, após a domesticação, de uma parte para outra do Crescente Fértil, e toda a região acabou tendo as quatro espécies.

A agricultura começou no Crescente Fértil com a domesticação inicial de oito culturas, chamadas "culturas fundadoras" (porque deram início à agricultura na região e possivelmente, no mundo). Essas oito culturas eram os cereais cevada e dois tipos de trigo; os legumes lentilha, ervilha, grão-de-bico e ervilhaca amarga; e a fibra linho. Desses oito, somente dois, o linho e a cevada, existiam como espécies selvagens fora do Crescente Fértil e de Anatólia. Dois desses fundadores tinham poucas variedades selvagens, ficando o grão-de-bico confinado ao sudeste da Turquia e o trigo, ao próprio Crescente Fértil. Portanto, a agricultura pôde surgir na região a partir da domesticação de plantas silvestres ali existentes, sem ter que esperar a chegada de culturas derivadas de plantas domesticadas em outros lugares. Mas duas das oito culturas fundadoras não poderiam ter sido domesticadas em nenhum outro lugar no mundo, a não ser no Crescente Fértil, porque não existiam na forma selvagem em outras regiões.

Graças a essa disponibilidade de plantas e mamíferos selvagens adequados, os primeiros povos do Crescente Fértil puderam rapidamente reunir um poderoso e equilibrado pacote biológico para a produção intensiva de alimentos. Esse pacote incluía três cereais, como principais fontes de carboidratos; quatro legumes, com 20-25% de proteína; quatro animais domésticos, como as principais fontes de proteínas, suplementadas pelo generoso teor de proteína do trigo; e o linho, como fonte de fibras e óleo (chamado de óleo de linhaça: as sementes de linho têm cerca de 40% de óleo). Finalmente, milhares de anos depois do início da domesticação de animais e da produção de alimentos, os animais também começaram a ser usados para obtenção de leite e lã, bem como para arar a terra e como meio de transporte. Assim, as plantações e os animais dos primeiros agricultores do Crescente Fértil atendiam às necessidades econômicas básicas da humanidade: carboidratos, proteínas, gorduras, roupas, tração e transporte.

Uma última vantagem da produção inicial de comida no Crescente Fértil é que ela pode ter enfrentado menos competição do estilo de vida caçador-coletor do que em algumas outras regiões, inclusive o oeste do Mediterrâneo. O sudoeste da Ásia tem poucos rios grandes e uma costa pequena, o que lhe proporciona recursos aquáticos (na forma de peixes e mariscos) relativamente escassos. Uma das importantes espécies de mamíferos caçadas por sua carne, a gazela, originalmente vivia em grandes manadas, mas foi superexplorada em função da crescente população humana e sua quantidade acabou ficando muito reduzida. Portanto, a produção de alimentos em pouco tempo tornou-se mais importante que a atividade dos caçadores-coletores. Aldeias com moradores sedentários que viviam de cereais já existiam antes do crescimento da produção de alimentos e levaram os caçadores-coletores a se interessarem pela agricultura e pela criação. No Crescente Fértil, a transição da caça-coleta para a produção de alimentos foi relativamente rápida: em torno de 9000 a.C. ainda não havia animais domésticos nem cultivos, e as pessoas dependiam inteiramente de alimentos silvestres, mas por volta de 6000 a.C. algumas sociedades já eram quase totalmente dependentes da agricultura e dos animais domésticos.

A situação na Mesoamérica apresentava um contraste acentuado: nessa área havia apenas dois animais domesticados (o peru e o cachorro), cuja carne era muito menos rica que a dos carneiros, das cabras e dos porcos; e o milho, o principal grão produzido na região, era, como já expliquei, difícil de domesticar e, talvez, lento em seu desenvolvimento. Em conseqüência disso, a domesticação pode ter começado somente por volta de 3500 a.C. (a data não está confirmada). As primeiras iniciativas foram tomadas por pessoas que ainda eram caçadores-coletores nômades e as primeiras aldeias só surgiram por volta de 1500 a.C.

Em toda essa discussão sobre as vantagens do Crescente Fértil, não tivemos que invocar qualquer suposta vantagem dos próprios povos da região. Na verdade, desconheço qualquer sugestão séria de alguém sobre supostas características biológicas específicas dos povos daquela área que possam ter influído no desenvolvimento da produção local de alimentos. Em vez disso, vimos muitos aspectos ligados a clima, ambiente, plantas selvagens e animais que, reunidos, fornecem uma explicação convincente.

Como a produção de alimentos verificada na Nova Guiné e no leste dos Estados Unidos era muito menos vigorosa, a explicação poderia estar nos povos dessas áreas? Antes de falar dessas regiões, entretanto, devemos considerar duas questões relativas a qualquer área do mundo onde a produção de alimentos nunca se desenvolveu de forma independente ou que resultou em uma produção menos vigorosa. Primeiro: os caçadores-coletores e os primeiros fazendeiros realmente conheciam bem todas as espécies selvagens disponíveis na região e sua utilidade ou podem ter deixado de dar atenção a ancestrais potencialmente valiosos para a agricultura? Segundo: se conheciam realmente as plantas e os animais, será que aproveitaram esse conhecimento para domesticar as espécies mais úteis ou fatores culturais impediram-nos de fazê-lo?

Em relação à primeira pergunta, há um campo da ciência, chamado etnobiologia, que estuda o conhecimento dos povos sobre as plantas e os animais selvagens em seu ambiente. Esses estudos se concentraram principalmente nos poucos povos caçadores-coletores sobreviventes e nos povos agrícolas que ainda dependem muito de alimentos silvestres e produtos naturais. Os estudos geralmente mostram que esses povos são enciclopédias ambulantes de história natural, tendo dado nomes (em sua língua) a cerca de mil ou mais espécies de plantas e animais, com conhecimento detalhado de suas características biológicas, de sua distribuição e seu potencial. À medida que as pessoas ficaram mais dependentes de plantas e animais domesticados, esse conhecimento tradicional perdeu gradualmente seu valor e desapareceu, até chegarmos a um moderno supermercado, onde os compradores não sabem distinguir uns produtos dos outros.

Aqui temos um exemplo típico. Nos últimos 33 anos, enquanto fazia minhas pesquisas biológicas na Nova Guiné, passava boa parte do tempo no campo em companhia de habitantes da região que ainda usam muito animais e plantas selvagens. Um dia, quando meus companheiros da tribo foré e eu estávamos morrendo de fome na selva porque uma outra tribo impedia nosso retorno à base de abastecimento, um homem foré voltou ao acampamento com um grande saco cheio de cogumelos que havia encontrado e começou a tostá-los. Finalmente um jantar! Mas, então, tive um pensamento inquietante: e se os cogumelos fossem venenosos?

Expliquei pacientemente a meus companheiros forés que havia lido que alguns cogumelos eram venenosos e que tinha ouvido falar de um especialista americano em cogumelos que morreu devido à dificuldade de distinguir os perigosos dos inofensivos, e que, embora estivéssemos com fome, não valia a pena correr o risco. A esta altura, eles ficaram zangados e me disseram para calar a boca e ouvir o que iam me explicar. Depois de ter passado anos perguntando a eles os nomes de centenas de árvores e pássaros, como eu podia insultá-los presumindo que não tivessem nomes para os diferentes cogumelos? Somente os norte-americanos poderiam ser tão estúpidos a ponto de confundir os cogumelos venenosos com os inofensivos. Eles continuaram me ensinando sobre 29 tipos de cogumelos comestíveis, fornecendo o nome de cada um em sua língua e os locais da floresta onde deveriam ser procurados. Aquele ali, o *tánti*, crescia em árvores, era delicioso e perfeitamente comestível.

Todas as vezes que levei comigo os habitantes da Nova Guiné para outra parte da ilha, eles sempre falavam sobre as plantas e os animais locais com outros habitantes que encontravam e colhiam plantas que podiam ser úteis, levando-as para suas aldeias para tentar plantá-las. Minhas experiências com os habitantes da Nova Guiné são equivalentes às dos etnobiólogos que estudam os povos tradicionais de outros lugares. Entretanto, todos esses povos produzem pelo menos algum tipo de alimento ou são os últimos remanescentes parcialmente aculturados de antigas sociedades de caçadores-coletores. O conhecimento das espécies selvagens era supostamente até mais detalhado antes do surgimento da produção de alimentos, quando todo mundo na Terra ainda dependia inteiramente das espécies selvagens para obter comida. Os primeiros agricultores herdaram esse conhecimento, acumulado durante dezenas de milhares de anos de observação da natureza por seres humanos biologicamente modernos que viviam em íntima dependência do mundo natural. Parece, portanto, extremamente improvável que espécies selvagens potencialmente valiosas tivessem escapado da observação dos primeiros agricultores.

Uma outra questão relativa ao assunto é até que ponto os antigos caçadores-coletores e os agricultores aplicaram seu conhecimento etnobiológico para selecionar as plantas silvestres que deviam colher e depois cultivar. Um teste foi realizado no sítio arqueológico existente no vale do rio Eufrates, na Síria, chamado Tell Abu Hureyra. Entre 10000 e 9000 a.C., os povos da região já podiam estar vivendo o ano inteiro em aldeias, mas ainda eram caçadores-coletores; e a agricultura só começou no milênio seguinte. Os arqueólogos Gordon Hillman, Susan Colledge e David Harris recuperaram grandes quantidades de restos de plantas do sítio, que provavelmente representavam os restos de vegetais colhidos em outros lugares e levados para lá por seus moradores. Os cientistas analisaram mais de 700 amostras, cada uma contendo, em média, mais de 500 sementes identificáveis, pertencentes a mais de 70 espécies. A conclusão foi que os aldeões coletaram uma impressionante variedade (157 espécies!) de plantas identificadas por suas sementes, sem falar nas outras, que não podemos identificar agora.

Será que os ingênuos aldeões coletavam todos os tipos de semente que encontravam, levavam para casa, eram envenenados pela maioria das espécies e se alimentavam apenas com algumas delas? Não, eles não eram loucos. Embora o número — 157 espécies — dê a impressão de se tratar de uma coleta indiscriminada, uma quantidade muito maior de espécies selvagens crescia nas redondezas e elas não foram encontradas no material recolhido pelos arqueólogos. As 157 selecionadas pertencem a três categorias. Muitas delas têm sementes que não são venenosas e podem ser comidas imediatamente. Outras, como legumes e plantas da família das mostardas, têm sementes tóxicas, mas as toxinas são facilmente removidas, tornando-as comestíveis. Algumas sementes pertencem a espécies tradicionalmente usadas como fontes de corantes ou de remédios. As diversas espécies selvagens que não estão representadas nas 157 selecionadas deviam ser inúteis ou prejudiciais para as pessoas, encontrando-se entre elas as ervas mais tóxicas da natureza.

Portanto, os caçadores-coletores de Tell Abu Hureyra não estavam perdendo tempo ou correndo riscos ao coletar indiscriminadamente plantas silvestres. Ao contrário, eles com certeza conheciam as plantas locais tão bem quanto os modernos habitantes da Nova Guiné, e usavam esse conhecimento para selecionar e levar para casa apenas as sementes mais aproveitáveis. Mas aquelas sementes coletadas teriam constituído o material para os primeiros passos inconscientes da domesticação das plantas.

Meu outro exemplo de como os antigos povos aparentemente usavam seu conhecimento etnobiológico vem do vale do rio Jordão, no nono milênio a.C., época das primeiras culturas naquela região. Os primeiros cereais cultivados no vale foram a cevada e o trigo, que ainda estão entre as culturas mais produtivas no mundo atual. Mas, como em Tell Abu Hureyra, centenas de outras espécies de plantas silvestres cresciam nas proximidades e uma centena ou mais delas seriam comestíveis e foram coletadas antes do surgimento da domesticação de plantas. O que havia na cevada e no trigo que fez delas as primeiras culturas? Os primeiros agricultores do vale do rio Jordão eram ignorantes que não sabiam o que faziam? Ou o trigo e a cevada eram realmente os melhores cereais silvestres locais que eles poderiam ter selecionado?

Dois cientistas israelenses, Ofer Bar-Yosef e Mordechai Kislev, enfrentaram essa questão examinando as espécies de pastos selvagens que ainda hoje crescem no vale. Deixando de lado as espécies com sementes pequenas e as de gosto ruim, selecionaram 23 das mais saborosas e com sementes maiores. A cevada e o trigo estavam na lista, o que não é uma surpresa.

Mas as outras 21 candidatas não teriam sido tão úteis. Entre as 23, a cevada e o trigo provaram ser os melhores por vários critérios. O trigo tinha as maiores sementes e as da cevada ficavam em segundo lugar. Na forma silvestre, a cevada é uma das quatro espécies mais abundantes, enquanto o trigo fica na média. A cevada tem a vantagem adicional de que sua genética e sua morfologia permitem que ela realize rapidamente as mudanças úteis na dispersão de sementes e na inibição da germinação que analisamos no capítulo anterior. Mas o trigo, em compensação, tem outras virtudes compensatórias: pode ser colhido mais facilmente que a cevada e se destaca dos outros cereais porque suas sementes não aderem à casca. Quanto às outras 21 espécies, suas desvantagens incluem sementes pequenas, menos abundantes e, em alguns casos, o fato de serem perenes e não anuais, com a conseqüência de que se desenvolveriam lentamente ao serem domesticadas.

Portanto, os primeiros agricultores do vale do rio Jordão escolheram as duas melhores das 23 espécies selecionadas entre as que estavam disponíveis. Naturalmente, as mudanças ocorridas com a evolução (após o cultivo) na dispersão de sementes e na inibição da germinação teriam sido conseqüências inesperadas para aqueles pioneiros. Mas sua seleção inicial de cevada e trigo, e não de outros cereais, que colheram, levaram para casa e cultivaram, teria sido consciente e baseada no critério facilmente detectado de tamanho da semente, gosto e abundância.

Este exemplo do vale do rio Jordão, assim como o de Tell Abu Hureyra, mostra que os primeiros agricultores usaram seu conhecimento das espécies locais em seu próprio benefício. Sabendo muito mais sobre as plantas locais do que quase todos os atuais botânicos profissionais, eles dificilmente teriam deixado de cultivar alguma espécie útil de planta selvagem que fosse apropriada para a domesticação.

Podemos agora examinar o que os agricultores, em duas partes do mundo (Nova Guiné e leste dos Estados Unidos), com sistemas de produção de alimentos aparentemente deficientes, se comparados com os do Crescente Fértil, realmente fizeram quando culturas mais produtivas chegaram de outros lugares. Se essas culturas não fossem adotadas por razões culturais ou de outra natureza, ficaríamos com uma dúvida incômoda. Apesar de todo o nosso raciocínio até aqui, ainda teríamos que suspeitar que a flora silvestre local abrigava algum ascendente com potencial para se tornar um cultivo valioso, mas que isso não aconteceu devido a fatores culturais. Esses dois exemplos vão demonstrar também em detalhes um fato decisivo para a história: que culturas nativas de diferentes partes do mundo não apresentavam o mesmo rendimento.

A Nova Guiné, a maior ilha do mundo depois da Groenlândia, fica ao norte da Austrália e perto do equador. Devido à sua localização tropical e à grande diversidade em termos de topografia e habitats, é rica em plantas e espécies animais, embora menos do que as áreas tropicais continentais, porque é uma ilha. Existem povos vivendo na Nova Guiné há, pelo menos, 40.000 anos — muito mais tempo do que nas Américas e um pouco mais que os povos anatomicamente modernos no oeste da Europa. Portanto, os habitantes de Nova Guiné tiveram amplas oportunidades de conhecer a fauna e a flora de sua região. Eles estavam motivados para aplicar esse conhecimento no desenvolvimento da produção de alimentos?

Já mencionei que a adoção da produção de comida envolvia a *competição* entre esse estilo de vida e o dos caçadores-coletores. A atividade dos caçadores-coletores não é tão compensadora na Nova Guiné a ponto de eliminar o estímulo para o desenvolvimento da produção de alimentos. Os modernos caçadores da Nova Guiné, em particular, sofrem uma tremenda desvantagem nesse jogo selvagem: não há animal que viva em terra maior que o pássaro casuar, que não voa e tem menos de 40 quilos, e o canguru, com a metade disso. Os habitantes das regiões baixas junto da costa podem conseguir muitos peixes e mariscos, e alguns moradores das planícies no interior ainda vivem hoje como caçadores-coletores, subsistindo especialmente do sagüeiro selvagem. Mas não há mais povos vivendo como caçadores-coletores nas terras altas da Nova Guiné; todos os atuais moradores das montanhas são, ao contrário, agricultores que usam alimentos silvestres apenas para suplementar suas dietas. Quando os montanheses vão para a floresta para caçar, levam vegetais cultivados para se alimentar. Se por acaso tiverem a pouca sorte de acabar com as provisões antes do fim da viagem, passam fome apesar de conhecerem bem os alimentos silvestres disponíveis na região. Como o estilo de vida dos caçadores-coletores é, portanto, inviável na moderna Nova Guiné, não surpreende o fato de que todos os montanheses do país e a maior parte dos moradores das baixadas sejam hoje agricultores estabelecidos, com sofisticados sistemas de produção de alimentos. Antigas áreas de floresta nas montanhas foram convertidas por agricultores tradicionais em campos cercados, drenados e intensivamente aproveitados, que abastecem densas populações humanas.

Os arqueólogos encontraram provas de que as origens da agricultura da Nova Guiné são antigas, datando de aproximadamente 7000 a.C. Nessa época, todas as terras em torno da Nova Guiné ainda eram ocupadas exclusivamente por caçadores-coletores, de modo que a agricultura primitiva deve ter se desenvolvido ali de forma independente. Embora não tenha sido possível recuperar restos de plantações que fossem, sem dúvida, desses primeiros campos, é provável que eles incluíssem alguns dos mesmos produtos agrícolas que estavam sendo cultivados na Nova Guiné na época da colonização européia e que se sabe agora que foram domesticados na região, a partir de ancestrais selvagens do local. Em primeiro lugar, entre essas plantas silvestres domesticadas ali está a principal cultura do mundo moderno, a cana-de-açúcar, cuja tonelagem anual produzida hoje em dia equivale ao total da número dois e da número três juntas (trigo e milho). Outras culturas indiscutivelmente originárias da Nova Guiné são as bananas conhecidas como *Australimusa*, a castanheira *Canarium indicum* e o inhame gigante do brejo, bem como vários caules comestíveis de ervas, raízes e verduras. A árvore de fruta-pão e as culturas de inhames também podem ter sido domesticadas pelo povo da Nova Guiné, embora esta conclusão não possa ser confirmada porque seus ancestrais selvagens não existiam apenas naquela região, mas estavam espalhados até o sudeste da Ásia. No momento, não temos provas para resolver essa questão — se foram domesticados no Sudeste da Ásia, como tradicionalmente se supõe, ou de forma própria, ou, ainda, se apenas na Nova Guiné.

Ocorre, entretanto, que a biota da Nova Guiné tinha três limitações. Primeiro: nenhum cereal fora domesticado ali, enquanto vários de importância vital haviam sido domesticados no Crescente Fértil, no Sael e na China. Em sua ênfase nas raízes e árvores, a Nova Guiné leva ao extremo uma tendência observada em sistemas agrícolas de outras áreas tropicais úmidas (a Amazônia, o oeste tropical da África e o sudeste da Ásia), cujos agricultores também davam mais importância às raízes, mas cultivavam pelo menos dois cereais (o arroz asiático e um cereal asiático de sementes gigantes chamado lágrimas de Job). Um motivo provável da inexistência do cultivo de cereais na Nova Guiné é uma deficiência óbvia: nenhuma das 56 pastagens selvagens com sementes maiores é nativa daquela região.

Em segundo lugar, a fauna da Nova Guiné não incluía espécies de grandes mamíferos domesticáveis. Os únicos animais domésticos na moderna Nova Guiné — o porco, a galinha e o cachorro — vieram do sudeste da Ásia e foram levados via Indonésia, em um trajeto de vários milhares de anos. Em conseqüência disso, enquanto os moradores das terras baixas da Nova Guiné obtêm proteína do peixe que apanham, as populações agrícolas das montanhas sofrem uma grave restrição de proteínas, porque as principais culturas que fornecem a maior parte de suas calorias (inhame e batata-doce) têm pouca quantidade de proteínas. O inhame, por exemplo, tem cerca de 1% de proteína, muito menos que o arroz branco e bem abaixo dos níveis do trigo e dos legumes do Crescente Fértil (8% a 14% e 20% a 25% de proteína, respectivamente).

As crianças das montanhas da Nova Guiné têm as barrigas inchadas características de uma dieta que produz volume, mas tem deficiência de proteínas. Velhos e jovens da Nova Guiné comem rotineiramente ratos, aranhas, sapos e outros pequenos animais que os povos de outros lugares, com acesso a grandes mamíferos domésticos ou grandes espécies selvagens, não se interessam em comer. A fome de proteína é, provavelmente, também a principal razão do canibalismo generalizado nas sociedades tradicionais das montanhas da Nova Guiné.

Finalmente, nos tempos antigos, as raízes disponíveis para o cultivo na Nova Guiné eram limitadas tanto em calorias quanto em proteínas, porque não cresciam bem nas altas montanhas, onde muitos de seus habitantes vivem atualmente. Há vários séculos, entretanto, uma nova raiz de origem sul-americana, a batata-doce, chegou à região, provavelmente através das Filipinas, para onde teria sido levada pelos espanhóis. Em comparação com o inhame e outras culturas supostamente mais antigas, a batata-doce tem a vantagem de crescer bem nas montanhas e mais rapidamente, além de render mais por hectare cultivado e em relação às horas de trabalho exigidas. O resultado da chegada da batata-doce foi uma explosão populacional entre os montanheses. Embora exercessem atividades agrícolas nas montanhas da Nova Guiné milhares de anos antes da chegada da batata-doce, as culturas locais disponíveis impunham limitações em matéria de densidade populacional e de altitude onde poderiam viver.

Em suma, a Nova Guiné apresenta um contraste instrutivo em relação ao Crescente Fértil. Como os caçadores-coletores daquela região, os da Nova Guiné desenvolveram a produção de alimentos de forma independente. Entretanto, essa produção era limitada pela ausência de cereais, legumes e animais domesticáveis, o que resultou numa deficiência de proteínas nas montanhas, e por restrições no cultivo das raízes locais em pontos muito elevados. Mesmo assim, seus habitantes sabem tanto sobre a vida das plantas e dos animais selvagens quanto os demais povos do planeta hoje em dia. Presume-se que tenham descoberto e testado todas as espécies de plantas que valiam a pena domesticar e que sejam perfeitamente capazes de reconhecer novidades úteis para sua produção agrícola local, como mostra sua exuberante adoção da batata-doce quando ela chegou ali. Essa mesma lição pode ser aplicada outra vez à Nova Guiné de hoje, na medida em que essas tribos com acesso preferencial a novas culturas e animais domésticos (ou com vontade de adotá-los) se expandiram, à custa de outras, sem acesso ou vontade. Portanto, as limitações à produção de alimentos na Nova Guiné não tinham nada a ver com o povo, mas sim com a biota e o meio ambiente.

Um outro exemplo de agricultura nativa aparentemente limitada pela flora local vem do leste dos Estados Unidos. Como a Nova Guiné, essa região tinha condições de domesticar as plantas selvagens locais de forma independente. Entretanto, temos uma compreensão melhor dos acontecimentos nos EUA do que na Nova Guiné: as culturas desenvolvidas pelos primeiros agricultores foram identificadas e as datas e a seqüência de cultivos domesticados no local são conhecidas. Muito antes que outras culturas começassem a chegar de outros lugares, os nativos norte-americanos se estabeleceram no leste, nos vales dos rios, e desenvolveram uma intensa produção de alimentos baseada nas plantas locais. Eles tinham condições de aproveitar as mais promissoras plantas silvestres. Quais eles cultivaram efetivamente e como se compara sua dieta com a dos precursores do Crescente Fértil?

As culturas precursoras no leste dos EUA foram quatro plantas domesticadas no período de 2500-1500 a.C., cerca de 6.000 anos depois da domesticação do trigo e da cevada no Crescente Fértil. Uma espécie local de abóbora fornecia pequenos recipientes, além de sementes comestíveis. As outras três eram cultivadas apenas por causa de suas sementes comestíveis (girassol, uma espécie de margarida-dos-campos chamada *sumpweed* e um tipo de espinafre chamado quenopódio).

Mas quatro culturas e um recipiente estão longe de constituir uma dieta completa. Durante 2.000 anos, essas culturas iniciais serviram apenas como suplementos secundários, enquanto os nativos norte-americanos do leste continuaram a depender principalmente dos alimentos silvestres, sobretudo mamíferos e pássaros aquáticos, peixes, mariscos e castanhas. A agricultura não fornecia a principal parte de sua dieta até o período de 500-200 a.C., depois que mais três produtos com sementes (corriola-bastarda, capim e cevadinha) começaram a ser cultivados.

Um nutricionista moderno teria aplaudido essas sete culturas do leste dos EUA. Todas têm elevado teor de proteínas — de 17% a 32%, em comparação com os 8% a 14% do trigo, os 9% do milho e percentuais ainda menores da cevada e do arroz branco. Dois deles, o girassol e a *sumpweed*, também têm muito óleo (de 45% a 47%). A *sumpweed*, em particular, teria sido o sonho de um nutricionista, com 32% de proteína e 45% de óleo. Por que não comemos até hoje esse alimento dos sonhos?

Apesar de sua vantagem nutricional, a maioria dessas culturas do leste dos EUA tinha sérias desvantagens em outros aspectos. O quenopódio, a corriola-bastarda, a cevadinha e o capim tinham sementes pequenas, com volume de aproximadamente um décimo das sementes do trigo e da cevada. Pior ainda, a *sumpweed* é uma parente da ambrosia-americana, uma planta notória por causar febre do feno. Como a ambrosia-americana, seu pólen pode provocar a febre do feno nas regiões onde ela existe em grande quantidade. Se essa informação não acaba com sua vontade de cultivá-la, fique sabendo que ela tem um odor forte que não agrada a algumas pessoas e que seu manuseio pode causar irritação na pele.

As culturas mexicanas finalmente começaram a chegar ao leste dos EUA através de rotas comerciais no início da Era Cristã. O milho apareceu por volta de 200, mas não teve importância durante muitos séculos. Finalmente, por volta de 900, surgiu uma nova variedade de milho adaptada aos curtos verões norte-americanos e em 1100, com a chegada dos feijões, ficou completo o trio de culturas mexicanas, com milho, feijões e abóbora. A agricultura do leste dos EUA foi bastante intensificada e se desenvolveram vários núcleos densamente povoados junto ao rio Mississippi e seus afluentes. Em algumas áreas, os cultivos originais foram mantidos, paralelamente ao trio mexicano, mais produtivo, mas em outras as culturas importadas substituíram totalmente as locais. Nenhum europeu jamais viu a *sumpweed* crescer em hortas indígenas, porque ela desapareceu como cultura na época do início da colonização européia das Américas, em 1492. Entre todos os antigos cultivos do leste dos EUA, apenas dois (girassol e abóbora) foram capazes de competir com as culturas domesticadas em outros lugares e continuam sendo cultivados até hoje. As abóboras de hoje são derivadas das abóboras americanas domesticadas milhares de anos atrás.

Portanto, como na Nova Guiné, o caso do leste dos EUA é instrutivo. *A priori*, a região pode ter parecido capaz de manter uma agricultura nativa produtiva. Tinha solos ricos, chuvas moderadas e clima capaz de assegurar uma agricultura produtiva hoje em dia. A flora é rica em espécies, incluindo árvores de castanhas silvestres (carvalho e hicória). Os nativos americanos desenvolveram uma agricultura baseada em plantas locais por eles domesticadas, puderam, assim, se sustentar em aldeias e até desenvolveram uma cultura (Hopewell, localizada onde hoje está Ohio) entre 200 a.C. e 400 da Era Cristã. Estavam, portanto, em condições de explorar por milhares de anos, como cultivos potenciais, as mais úteis plantas selvagens disponíveis, quaisquer que fossem.

Apesar disso, o florescimento da cultura Hopewell só ocorreu cerca de 9.000 anos depois do surgimento da vida em aldeias no Crescente Fértil. Ainda assim, só depois do ano 900, com o trio mexicano, começou um grande crescimento populacional, o chamado florescimento do Mississippi, que gerou as maiores cidades e as sociedades mais complexas de nativos americanos ao norte do México. Mas essa explosão populacional veio tarde demais para preparar os nativos dos Estados Unidos para o iminente desastre da colonização européia. A produção de alimentos baseada apenas nas culturas do leste dos EUA foi insuficiente para impulsionar o "*boom*" populacional, por motivos fáceis de especificar. Os cereais selvagens disponíveis na região eram tão úteis quanto o trigo e a cevada. Os nativos americanos do leste dos EUA não domesticaram nenhum legume silvestre, nenhuma cultura de fibras, nenhuma árvore frutífera ou castanheiras. Não tinham animais domésticos, exceto cães, que provavelmente haviam sido domesticados em outra parte das Américas.

Fica claro que os nativos do leste dos EUA não estavam desprezando culturas potencialmente importantes entre as espécies selvagens ali existentes. Até mesmo os agricultores do século XX, munidos de todo o poder da ciência moderna, tiveram pouco sucesso ao explorar as plantas silvestres da América do Norte. Sim, agora comemos pecãs domesticadas e vacínios, além de termos aperfeiçoado algumas culturas eurasianas (maçãs, ameixas, uvas, framboesas, amoras pretas e morangos) por meio da hibridização com parentes silvestres norte-americanos. Entretanto, esses poucos sucessos mudaram muito menos nossos hábitos alimentares do que o milho mexicano fez com a dieta dos nativos americanos do leste dos EUA depois de 900.

Os agricultores com maior conhecimento sobre a domesticação no leste dos EUA, os próprios nativos da região, os deixaram de lado quando o trio de culturas mexicanas chegou. Isso também demonstra que os nativos norte-americanos não eram conservadores e se mostraram capazes de apreciar uma boa planta quando tomaram conhecimento dela. Portanto, como ocorreu na Nova Guiné, as limitações da produção de alimentos no leste dos EUA não podem ser atribuídas aos habitantes locais, mas às características e disponibilidades da região.

Analisamos agora os exemplos de três regiões contrastantes, onde a produção de alimentos surgiu com os nativos. O Crescente Fértil situa-se em um extremo; a Nova Guiné e o leste dos EUA, no extremo oposto. Os povos do Crescente Fértil domesticaram as plantas locais muito antes. Domesticaram também um número muito maior de espécies produtivas e valiosas, uma gama muito mais ampla de tipos de cultivo, além de terem intensificado a produção de alimentos e tornado mais densas as populações humanas mais rapidamente. Em conseqüência disso, ingressaram no mundo moderno com tecnologia mais avançada, com uma organização política mais complexa e com mais doenças epidêmicas com as quais infectaram outros povos.

Essas diferenças entre o Crescente Fértil, a Nova Guiné e o leste dos EUA decorreram das disponibilidades variáveis de espécies animais e vegetais para domesticação e não de limitações de seus respectivos povos. Quando culturas mais produtivas chegaram de outro lugar (a batata-doce na Nova Guiné e o trio mexicano no leste dos EUA), os habitantes locais rapidamente tiraram proveito delas, intensificaram a produção de comida e aumentaram muito suas populações. Por esse raciocínio, imagino que em áreas do globo onde a produção de comida nunca foi desenvolvida pelos nativos — como Califórnia, Austrália, os pampas argentinos, a Europa ocidental e assim por diante —, isso ocorreu porque havia uma disponibilidade menor de plantas e animais selvagens passíveis de domesticação do que os que existiam na Nova Guiné e no leste dos EUA, onde pelo menos surgiu uma produção limitada de alimentos. Na verdade, a pesquisa mundial feita por Mark Blumler sobre as grandes sementes selvagens disponíveis em cada lugar, mencionada neste capítulo, e uma pesquisa mundial semelhante sobre os grandes mamíferos, a ser apresentada no próximo capítulo, convergem ao revelar que essas áreas onde não havia produção de alimentos, ou onde essa produção era limitada, tinham escassez de ancestrais selvagens de animais domesticáveis e de cereais.

Lembremos que o surgimento da produção de alimentos envolvia uma competição entre essa atividade e a dos caçadores-coletores. Podemos, portanto, nos perguntar se todos esses casos de surgimento lento da produção de alimentos, ou sua inexistência, podem ser atribuídos à excepcional riqueza de recursos locais disponíveis para serem caçados ou coletados, e não apenas a uma excepcional disponibilidade de espécies adequadas para domesticação. De fato, a maioria das áreas onde a produção de alimentos surgiu tarde, ou nunca surgiu, oferecia um universo excepcionalmente pobre de recursos para os caçadores-coletores, porque a maioria dos mamíferos da Austrália e das Américas (mas não da Eurásia e da África) havia sido extinta no final da Era Glacial. A produção de alimentos teria enfrentado menos competição dos caçadores-coletores nessas áreas do que enfrentou no Crescente Fértil. Portanto, esses fracassos ou limitações não podem ser atribuídos à competição de abundantes oportunidades de caça.

PARA QUE ESSAS CONCLUSÕES não sejam mal interpretadas, devemos terminar este capítulo com advertências contra o exagero em dois aspectos: a disposição dos povos para aceitar cultivos e animais domésticos e as limitações impostas pela disponibilidade local de plantas e animais selvagens. Nem a disposição dos povos nem as limitações são absolutas.

Já analisamos muitos exemplos de povos que adotaram culturas mais produtivas domesticadas em outros lugares. Nossa conclusão é que um povo que pode reconhecer as plantas úteis teria condições de identificar as plantas locais passíveis de domesticação se elas existissem e que não foram impedidos de fazê-lo por tabus ou conservadorismo cultural. *Mas* um grande "porém" deve ser adicionado a esta frase: "a longo prazo e em áreas grandes". Qualquer pessoa com conhecimento a respeito das sociedades humanas pode citar incontáveis exemplos de sociedades que recusaram culturas, animais domésticos e outras inovações que teriam sido produtivas.

Naturalmente, não concordo com a óbvia falácia de que toda sociedade adota prontamente qualquer inovação que lhe seja útil. O fato é que, em continentes inteiros e outras grandes áreas contendo centenas de sociedades que competem entre si, algumas serão mais receptivas a inovações e outras, mais resistentes. As que adotam novos cultivos, animais domésticos ou tecnologia podem ter condições de se alimentar melhor e desalojar, conquistar ou matar as outras que resistem às inovações. Este é um fenômeno importante, cujas manifestações se estendem muito além da adoção de novas culturas, e ao qual voltaremos no Capítulo 13.

Uma outra advertência diz respeito aos limites estabelecidos pelas espécies disponíveis em cada local para o surgimento da produção de alimentos. Não estou dizendo que a produção de alimentos não poderia, em qualquer período de tempo, ter surgido em todas essas áreas onde efetivamente não surgiu por conta própria nos tempos modernos. Hoje, os europeus que observam que os aborígines australianos entraram no mundo moderno como caçadores-coletores da Idade da Pedra, supõem freqüentemente que eles poderiam ter permanecido nessa condição para sempre.

Para avaliar esse equívoco, considerem um visitante de Outra Galáxia que tivesse caído na Terra no ano 3000 a.C. Este ser espacial não veria qualquer produção de alimentos no leste dos EUA porque ela só começou ali por volta de 2500 a.C. Se o visitante chegasse à conclusão de que as limitações impostas pelas plantas e pelos animais selvagens do leste dos EUA impediam a produção de alimentos para sempre, os acontecimentos do milênio subseqüente provariam que estava errado. Mesmo um visitante do Crescente Fértil por volta de 9500 a.C. — e não de 8500 a.C. — seria induzido a pensar que a região continuaria imprópria para a produção de alimentos.

Minha tese, portanto, não é que a Califórnia, a Austrália, a Europa ocidental e todas as outras áreas sem produção de alimentos fossem desprovidas de espécies domesticáveis e teriam continuado a ser ocupadas indefinidamente apenas por caçadores-coletores, se outros povos ou espécies domesticadas não tivessem chegado lá. Ao contrário, observo que as regiões diferiam muito quanto à disponibilidade de espécies domesticáveis, que as datas de surgimento da produção de alimentos variavam e que esta produção ainda não ocorreu de forma independente em algumas regiões férteis até os tempos modernos.

A Austrália, supostamente o continente mais "atrasado", ilustra muito bem esse ponto. No sudeste do país, onde há bastante água disponível para a produção de alimentos, as sociedades aborígines nos últimos milênios parecem ter seguido uma trajetória que poderia, ao final, levar ao desenvolvimento dessa atividade. Eles já construíram aldeias de inverno e começaram a manejar seu meio ambiente intensivamente para produzir peixes, construindo armadilhas, redes e até mesmo longos canais. Se os europeus não tivessem colonizado a Austrália em 1788 e abortado essa trajetória independente, os aborígines poderiam, em alguns milhares de anos, passar a ser produtores de alimentos, criando peixes domesticados e cultivando inhames e pastagens de pequenas sementes domesticadas.

Nessa perspectiva, podemos responder agora à pergunta implícita no título deste capítulo. Perguntei se o motivo do fracasso dos índios norte-americanos na domesticação das maçãs locais está nos índios ou nas maçãs.

Não estou querendo dizer que as maçãs nunca poderiam ter sido domesticadas na América do Norte. Lembremos que as maçãs estavam historicamente entre as árvores frutíferas mais difíceis de cultivar e entre as últimas importantes a serem domesticadas na Eurásia, porque sua multiplicação exige uma difícil técnica de enxertos. Não há provas do cultivo em larga escala de maçãs nem mesmo no Crescente Fértil e na Europa até a época clássica grega, cerca de 8.000 anos depois do início da produção de alimentos na Eurásia. Se os nativos norte-americanos tivessem seguido nesse mesmo ritmo de inventar ou adquirir técnicas de enxertos, eles também teriam finalmente domesticado as maçãs — por volta do ano 5500 da Era Cristã, cerca de 8.000 anos depois do surgimento da domesticação na América do Norte, por volta de 2500 a.C.

Portanto, o motivo do fracasso dos nativos norte-americanos na domesticação de maçãs na época da chegada dos europeus não está no povo nem nas maçãs. No que diz respeito aos pré-requisitos biológicos para a domesticação das maçãs, os índios norte-americanos eram como os agricultores eurasianos, e as maçãs silvestres norte-americanas eram iguais às maçãs silvestres eurasianas. De fato, algumas das variedades de maçãs disponíveis nos supermercados, que agora estão sendo mastigadas pelos leitores deste capítulo, resultam de cruzamentos das maçãs eurasianas com as norte-americanas. O motivo pelo qual os nativos norte-americanos não domesticaram as maçãs está no conjunto de espécies selvagens, de plantas e animais, disponíveis na América do Norte. O modesto potencial de domesticação desse conjunto foi o responsável pelo início tardio da produção de alimentos na América do Norte.

CAPÍTULO 9

ZEBRAS, CASAMENTOS INFELIZES E O PRINCÍPIO *ANNA KARENINA*

Todos os animais domesticáveis se parecem; cada animal não domesticável é não domesticável a seu próprio modo.

Se você acha que já leu algo assim antes, você está certo. Faça apenas umas pequenas mudanças e você tem a famosa primeira frase do grande romance de Tolstói *Anna Karenina*: "Todas as famílias felizes se parecem; cada família infeliz é infeliz a seu próprio modo." Com esta frase, Tolstói queria dizer que, para ser feliz, um casamento deve ser bem-sucedido em vários aspectos diferentes: atração sexual, acordo a respeito de dinheiro, disciplina dos filhos, religião, parentes dos cônjuges e outras questões fundamentais. O fracasso em qualquer um desses aspectos essenciais pode arruinar um casamento, mesmo que ele tenha todos os outros ingredientes necessários à felicidade.

Este princípio pode ser estendido para a compreensão de muitas outras coisas da vida, além de casamentos. Tendemos a buscar explicações fáceis para o sucesso, e baseadas em apenas um aspecto. Para as coisas mais importantes, entretanto, o sucesso realmente exige que se evite muitas possíveis causas específicas de fracasso. O princípio *Anna Karenina* explica um aspecto da domesticação animal que teve graves conseqüências para a história humana — notadamente, que muitas espécies de mamíferos selvagens aparentemente dóceis, como a zebra e o pecari,* nunca foram domestica-

---

*Espécie de porco selvagem norte-americano.

dos, e que os animais domesticados fossem quase exclusivamente eurasianos. Depois de ter discutido nos dois capítulos anteriores por que tantas espécies vegetais aparentemente adequadas para a domesticação nunca foram domesticadas, devemos agora lidar com a mesma questão em relação aos mamíferos domésticos. Nossa pergunta anterior sobre maçãs ou índios desloca-se agora: zebras ou africanos.

No capítulo 4, recordamos os vários motivos pelos quais os grandes mamíferos domésticos eram fundamentais para as sociedades humanas que os possuíam. Mais especificamente, forneciam carne, leite e seus derivados, fertilizantes, transporte terrestre, couro, veículos militares de assalto, tração e lã, como também os germes que mataram povos que não haviam sido anteriormente expostos a eles.

Além disso, é claro, os pequenos mamíferos domésticos, assim como as aves e os insetos, foram úteis aos humanos. Muitas aves foram domesticadas por sua carne, seus ovos e penas: a galinha na China, várias espécies de patos e gansos em regiões da Eurásia, perus na Mesoamérica, galinha d'angola na África e o pato-do-mato na América do Sul. Os lobos foram domesticados na Eurásia e na América do Norte para se tornarem nossos cães, usados como companheiros de caçadas, sentinelas, animais de estimação e, em algumas sociedades, alimento. Roedores e outros pequenos mamíferos domesticados para servir de alimento incluíam o coelho na Europa, o porquinho-da-índia nos Andes, um rato gigante na África ocidental e possivelmente um roedor chamado hutia nas ilhas do Caribe. As doninhas foram domesticadas na Europa para caçar coelhos; e gatos foram domesticados no norte da África e no sudoeste da Ásia, para caçar roedores. Pequenos mamíferos domesticados recentemente, nos séculos XIX e XX, incluem raposas, visons e chinchilas criados por causa da pele, e os hamsters, mantidos como animais de estimação. Até mesmo alguns insetos foram domesticados, principalmente a abelha da Eurásia, por causa do mel, e o bicho-da-seda da China.

Muitos desses pequenos animais proporcionavam ainda comida, roupa ou calor. Mas nenhum deles puxava arados ou carros, nenhum levava cavaleiros e nenhum, exceto os cães, puxava trenós ou se tornou máquina de guerra, e nenhum deles foi tão importante para a alimentação quanto os grandes mamíferos domésticos. Por isso, o restante deste capítulo vai se restringir aos grandes mamíferos.

A importância dos mamíferos domesticados está na quantidade surpreendentemente reduzida de grandes herbívoros terrestres. (Apenas mamíferos terrestres foram domesticados, pela razão óbvia de que a manutenção e a procriação dos mamíferos aquáticos era muito difícil até o desenvolvimento dos recursos atuais do Sea World.) Se alguém define "grande" como "pesando mais de 37 quilos", então apenas 14 espécies foram domesticadas antes do século XX (ver Tabela 9.1 para obter uma lista). Desses Antigos Catorze, nove (os "Nove Menores" da Tabela 9.1) tornaram-se animais domésticos importantes apenas em áreas limitadas do globo: o dromedário, o camelo, a lhama/alpaca (descendentes diferentes da mesma espécie), o burro, a rena, o búfalo, o iaque, o banteng e o gauro.* Apenas cinco espécies se espalharam e passaram a ser importantes em todo o mundo. Esses Cinco Principais da domesticação de mamíferos são a vaca, a ovelha, a cabra, o porco e o cavalo.

Pode parecer, à primeira vista, que esta lista deixou de fora vários nomes. Onde estão os elefantes africanos com os quais os exércitos de Aníbal cruzaram os Alpes? E os elefantes asiáticos usados até hoje como auxiliares do trabalho no sudeste da Ásia? Não me esqueci deles e isso nos permite fazer uma importante distinção. Os elefantes foram amansados, mas não domesticados. Os elefantes de Aníbal e os elefantes trabalhadores da Ásia são apenas elefantes selvagens que foram capturados e amansados; não foram criados em cativeiro. Um animal domesticado, ao contrário, é definido como um animal seletivamente criado em cativeiro e, por isso, diferente de seus antecessores selvagens, para ser usado por homens, que controlam sua procriação e sua alimentação.

A domesticação envolve, portanto, a transformação dos animais selvagens em algo mais útil para os seres humanos. Os animais verdadeiramente domesticados têm várias diferenças em relação aos seus ancestrais selvagens. Essas diferenças resultam de dois processos: a seleção humana dos animais mais úteis e respostas evolutivas automáticas dos animais à alteração das forças da seleção natural que agem em ambientes humanos, quando comparados com os ambientes selvagens. Já vimos no Capítulo 7 que todas essas afirmações também se aplicam à domesticação de plantas.

As diferenças entre os animais domesticados e seus ancestrais selvagens incluem os seguintes aspectos. Muitas espécies mudaram de tamanho: vacas, porcos e ovelhas ficaram menores; os porquinhos-da-índia ficaram maiores. As ovelhas e alpacas foram selecionadas por sua retenção de lã, enquanto as vacas eram selecionadas por sua capacidade de produzir leite. Várias espécies de animais

---

*Boi selvagem da Índia.

domésticos têm cérebros menores e sentidos menos desenvolvidos que seus ancestrais, porque não precisam mais de cérebros maiores e sentidos mais desenvolvidos, que seus ancestrais usavam para escapar de seus predadores.

Para avaliar as mudanças ocorridas com a domesticação basta comparar os lobos, ancestrais dos cães domésticos, com as várias raças de cães. Alguns são muito maiores que os lobos (os dinamarqueses), enquanto outros são muito menores (pequineses). Alguns são mais magros e criados para corridas (galgo), enquanto outros têm pernas curtas e não servem para corridas (bassê). Eles variam muito no tipo e na cor do pêlo, e alguns nem têm pêlos. Os polinésios e os astecas desenvolveram raças de cães especificamente para servirem de alimento. Comparando um bassê com um lobo, ninguém suspeitaria que um descende do outro, se não soubesse disso antes.

TABELA 9.1 As 14 espécies antigas de grandes mamíferos herbívoros domésticos

Os cinco principais

1. *Ovelha*. Ancestral selvagem: carneiro das regiões oeste e central da Ásia. Agora, em todo o mundo.
2. *Cabra*. Ancestral selvagem: cabra bezoar do oeste da Ásia. Agora, em todo o mundo.
3. *Vaca ou gado*. Ancestral selvagem: os atualmente extintos auroques, que viviam antigamente na Eurásia e no norte da África. Agora, em todo o mundo.
4. *Porco*. Ancestral selvagem: porco selvagem, da Eurásia e norte da África. Agora, em todo o mundo. Na verdade, é um onívoro (come regularmente tanto animais quanto plantas), enquanto os outros 13 dos 14 antigos são mais herbívoros.
5. *Cavalo*. Ancestral selvagem: os atualmente extintos cavalos selvagens do sul da Rússia; subespécies diferentes da mesma espécie sobreviveram na forma selvagem até os tempos modernos, como o cavalo przewalski da Mongólia. Agora, em todo o mundo.

Os nove restantes

6. *Camelo árabe (com uma corcunda)*. Ancestral selvagem: atualmente extinto, vivia antigamente na Arábia e nas áreas adjacentes. Ainda muito restrito à Arábia e ao norte da África, e vivendo como selvagem na Austrália.
7. *Camelo bactriano (com duas corcundas)*. Ancestral selvagem: agora extinto, vivia na Ásia Central.
8. *Lhama e alpaca*. Parecem ser apenas dois ramos bem diferenciados da mesma espécie, e não espécies diferentes. Ancestral selvagem: o guanaco, dos Andes. Existem basicamente nos Andes, embora alguns sejam usados como animal de carga na América do Norte.

9. *Burro*. Ancestral selvagem: asno selvagem do norte da África e talvez, antigamente, na área adjacente do sudoeste da Ásia. Originalmente confinado, como animal doméstico, no norte da África e no oeste da Eurásia; mais recentemente, usado em outros lugares.

10. *Rena*. Ancestral selvagem: a rena do norte da Eurásia. Ainda hoje muito usada como animal doméstico nessa região e agora também no Alasca.

11. *Búfalo*. O ancestral selvagem vive no sudeste da Ásia. Ainda hoje é usado como animal doméstico principalmente nessa área, embora também seja usado no Brasil; muitos continuaram vivendo na selvagem Austrália e em outros lugares.

12. *Iaque*. Ancestral selvagem: o iaque selvagem do Himalaia e do Tibete. Ainda confinados como animais domésticos nessa região.

13. *Gado de Bali*. Ancestral selvagem: o banteng (um parente dos auroques), do sudeste da Ásia. Ainda confinado como animal doméstico nessa região.

14. *Mithan*. Ancestral selvagem: o gauro, boi selvagem da Índia e da Birmânia (outro parente dos auroques). Ainda confinado como animal doméstico nessa região.

OS ANCESTRAIS SELVAGENS dos Antigos Catorze se espalharam irregularmente por todo o globo. A América do Sul tinha apenas um deles, que deu origem à lhama e à alpaca. A América do Norte, a Austrália e a África subsaariana, nenhum. A falta de mamíferos domésticos nativos na África subsaariana é especialmente espantosa, já que a principal motivação dos turistas para visitar o continente é ver diversos animais selvagens em grande quantidade. Já os ancestrais selvagens de 13 dos Antigos Catorze (incluindo os Cinco Principais) estavam confinados na Eurásia. (Como em outras partes deste livro, o termo Eurásia inclui, em vários casos, o norte da África, que, biogeograficamente e em muitos aspectos da cultura humana, está mais ligado à Eurásia do que à África subsaariana.)

Naturalmente, nem todas essas 13 espécies selvagens existiam juntas na Eurásia. Nenhuma região tinha as 13, e alguns ancestrais, como o iaque, permaneceram confinados no Tibete e em outras montanhas próximas. Entretanto, em muitas regiões da Eurásia havia algumas dessas 13 espécies vivendo juntas no mesmo espaço: por exemplo, sete de seus ancestrais selvagens existiam no sudoeste da Ásia.

Essa distribuição irregular das espécies selvagens ancestrais entre os continentes tornou-se uma explicação importante para o fato de que os eurasianos, mais que outros povos de outros continentes, acabassem ficando com as armas, os germes e o aço. Como podemos explicar a concentração dos Antigos Catorze na Eurásia?

Um motivo é simples. A Eurásia tem o maior número de espécies de mamíferos selvagens, sejam eles ou não ancestrais de espécies domesticadas. Vamos definir um "candidato à domesticação" como qualquer espécie mamífera herbívora ou onívora (uma não predominantemente carnívora) pesando, em média, mais de 45 quilos. A Tabela 9.2 mostra que a Eurásia tem a maioria dos candidatos, 72 espécies, assim como tem a maioria das espécies de muitos outros grupos de animais e plantas. Isso porque a Eurásia representa o maior volume de terras do mundo e também porque apresenta uma grande diversidade ecológica, com habitats que variam de florestas tropicais extensivas, passam por florestas de clima temperado, desertos e pântanos, até tundras. A África subsaariana tinha menos candidatos, 51 espécies, como também tem menos espécies de plantas e animais — porque é menor e menos diversificada que a Eurásia do ponto de vista ambiental. A África tem áreas menores de florestas tropicais do que o sudeste da Ásia e nenhum habitat temperado além de 37 graus de latitude. Como vimos no Capítulo 1, as Américas podem ter tido antigamente tantos candidatos quanto a África, mas a maioria dos grandes mamíferos selvagens do continente (entre eles seus cavalos, a maior parte de seus camelos e outras espécies passíveis de domesticação, caso tivessem sobrevivido) foi extinta há aproximadamente 13.000 anos. A Austrália, o menor continente e o mais isolado, sempre teve muito menos espécies de grandes mamíferos selvagens do que a Eurásia, a África ou as Américas. Assim como nas Américas, na Austrália esses poucos candidatos, exceto o canguru vermelho, estavam extintos na época em que o continente começou a ser colonizado por seres humanos.

TABELA 9.2 Mamíferos candidatos à domesticação

	Continente			
	Eurásia	África subsaariana	Américas	Austrália
Candidatos	72	51	24	1
Espécies domesticadas	13	0	1	0
Percentual de candidatos domesticados	18%	0%	4%	0%

Um "candidato" é definido como uma espécie de mamífero selvagem, herbívoro ou onívoro, pesando, em média, mais de 45 quilos.

Portanto, parte da explicação para o fato de a Eurásia ter sido o principal local de domesticação dos grandes mamíferos é que o continente possuía o maior número de espécies candidatas com as quais começar e teve o menor número de candidatos extintos nos últimos 40.000 anos. Mas os números da Tabela 9.2 nos alertam para o fato de que esta explicação não está completa. Também é verdade que o *percentual* de candidatos efetivamente domesticados é mais alto na Eurásia (18%) e é especialmente baixo na África subsaariana (nenhuma espécie domesticada em 51 candidatas!). Mais surpreendente é o grande número de espécies de mamíferos africanos e americanos que nunca foram domesticados, apesar de terem parentes próximos na Eurásia que foram domesticados. Por que os cavalos da Eurásia puderam ser domesticados, mas não as zebras africanas? Por que os porcos da Eurásia e não os da América ou da África, onde havia três espécies de verdadeiros porcos selvagens? Por que as cinco espécies de gado selvagem na Eurásia (auroque, búfalo, iaque, gauro e banteng) mas não o búfalo africano ou o bisão americano? Por que o carneiro da Ásia (ancestral de nossa ovelha doméstica) e não o carneiro de grandes chifres da América do Norte?

SERÁ QUE TODOS OS POVOS da África, das Américas e da Austrália, apesar de sua enorme diversidade, compartilhavam algumas barreiras culturais à domesticação que os eurasianos não enfrentavam? Por exemplo, a abundância de grandes mamíferos selvagens na África, disponíveis para serem caçados, tornava supérfluo para os africanos o trabalho de manter animais domésticos?

A resposta para esta questão é inequívoca: Não! Essa interpretação é refutada por cinco tipos de provas: a rápida aceitação dos animais domesticados na Eurásia pelos povos não-eurasianos, a tendência universal dos seres humanos de manter animais de estimação, a rápida domesticação dos Antigos Catorze, as várias domesticações independentes de alguns deles e o limitado sucesso das tentativas atuais para conseguir novas domesticações.

Primeiro, quando os Cinco Principais mamíferos da Eurásia chegaram à África subsaariana, foram adotados pelos mais diversos povos africanos, quando as condições permitiam. Os criadores africanos obtiveram assim uma grande vantagem sobre os caçadores-coletores e rapidamente os desalojaram. Em especial, os agricultores bantos que adquiriram vacas e ovelhas se espalharam além de seu território na África Ocidental e, em pouco tempo, conquistaram as terras dos antigos caçadores-coletores na maior parte do resto da África subsaariana. Mesmo sem adquirir as culturas agrícolas, os coissás, que adquiriram vacas e ovelhas há cerca de dois mil anos, desalojaram os coissãs caçadores-coletores na maior parte do sul da África. A chegada do cavalo domesticado à África ocidental mudou a forma de luta na região e transformou-a em um conjunto de reinos que dependiam da cavalaria. O único fator que impediu que os cavalos se espalhassem além da África ocidental foram as doenças causadas por tripanossomas e transmitidas pelas moscas tsé-tsé.

O mesmo padrão repetiu-se em outros lugares do mundo, qundo os povos que não dispunham de mamíferos selvagens nativos que pudessem ser domesticados finalmente tinham a oportunidade de obter animais domésticos da Eurásia. Os cavalos europeus foram entusiasticamente adotados pelos nativos americanos, tanto da América do Norte quanto do Sul, no período de uma geração, a partir da fuga dos animais dos núcleos de colonização européia. No século XIX, por exemplo, os índios das Grandes Planícies da América do Norte eram famosos como guerreiros especialistas em combates a cavalo e como caçadores de bisões, mas eles só tiveram acesso a esses animais no fim do século XVII. As ovelhas adquiridas dos espanhóis transformaram, de modo semelhante, a sociedade dos índios navajos, levando-os, entre outras coisas, a tecer os belos cobertores de lã que se tornaram famosos. Em uma década de colonização pelos europeus, com seus cães, os aborígines da Tasmânia, que nunca tinham visto esses animais, passaram a criá-los em grande quantidade para ajudar na caça. Assim, entre os milhares de povos culturalmente diversos da Austrália, das Américas e da África, nenhum tabu cultural universal impediu a domesticação de animais.

Certamente, se algumas espécies selvagens de mamíferos desses continentes fossem domesticáveis, esses povos teriam sido capazes de domesticá-los e tirar vantagem disso, assim como se beneficiaram dos animais domésticos da Eurásia que eles adotaram imediatamente, quando tiveram acesso a eles. Consideremos, por exemplo, todos os povos da África subsaariana que viviam próximos de zebras e búfalos. Por que nenhuma tribo africana de caçadores-coletores domesticou essas zebras e búfalos, conquistando com isso o controle sobre outros africanos, sem ter que esperar chegada de cavalos e gado da Eurásia? Todos esses fatos indicam que a explicação para a falta de domesticação de mamíferos fora da Eurásia está nos mamíferos selvagens disponíveis na região, e não nos povos.

U<small>M SEGUNDO TIPO DE PROVA</small> para essa mesma interpretação vem dos animais de estimação. Manter animais domésticos como animais de estimação constitui um estágio inicial da domesticação. Mas foram encontrados animais de estimação em quase todas as sociedades humanas tradicionais, em todos os continentes. A variedade de animais selvagens domesticados dessa forma é muito maior do que a variedade dos que foram finalmente domesticados, e inclui algumas espécies que dificilmente imaginaríamos como animais de estimação.

Nas aldeias da Nova Guiné onde trabalho, por exemplo, freqüentemente vejo pessoas com animais de estimação como cangurus, gambás e pássaros, como o papa-moscas e a águia-pescadora. A maioria desses animais cativos acabava sendo comida, embora alguns fossem mantidos apenas como animais de estimação. Os habitantes da Nova Guiné costumam capturar filhotes de casuares selvagens (uma ave parecida com um avestruz, que não voa) e dedicam-se a criá-los para depois comer como iguaria — embora os casuares cativos, quando adultos, sejam extremamente perigosos e, vez por outra, ataquem as pessoas da aldeia. Alguns povos asiáticos domesticam águias para usá-las na caça, embora esses poderosos animais de estimação sejam conhecidos por eventualmente matar os humanos com que convivem. Os antigos egípcios e assírios, assim como os modernos indianos, costumavam domesticar o guepardo para ajudá-los nas caçadas. Pinturas feitas por antigos egípcios mostram que eles domesticavam ainda (o que não surpreende) mamíferos como a gazela e o antílope africano, pássaros como a garça-azul, girafas (surpreendentemente, pois elas podem ser perigosas) e até hienas. Elefantes africanos foram domesticados nos tempos romanos, apesar de seu óbvio perigo, e os elefantes asiáticos são domesticados até hoje. Talvez o animal de estimação mais inusitado seja o urso marrom da Europa (da mesma espécie do *Ursus horribilis*, urso norte-americano de grande porte e muito feroz), que os japoneses *habitualmente* capturavam quando ainda novos, domesticavam e finalmente matavam e comiam em uma cerimônia ritual.

Muitas espécies de animais selvagens, portanto, atingiram o primeiro estágio na seqüência de relações animais-humanos que resultou na domesticação, mas só alguns surgiram na outra ponta dessa trajetória como animais domésticos. Mais de um século atrás, o cientista britânico Francis Galton resumiu assim essa discrepância: "Poderia parecer que todo animal selvagem teve sua chance de ser domesticado, que uns poucos... foram domesticados há muito tempo, mas a maior parte dos demais está destinada a se perpetuar como selvagens."

As datas de domesticação fornecem uma terceira linha de provas que confirmam a opinião de Galton de que os primeiros criadores domesticaram rapidamente todas as espécies de grandes mamíferos que podiam ser domesticadas. Todas as espécies cujas datas de domesticação em relação às quais há provas arqueológicas situam-se entre 8000 e 2500 a.C. — isto é, nos primeiros milhares de anos das sociedades de agricultores-criadores sedentários que surgiram depois do fim da última Era Glacial. Como resumimos na Tabela 9.3, a era da domesticação dos grandes mamíferos começou com a ovelha, a cabra e o porco, e terminou com os camelos. Desde 2500 a.C. não houve acréscimos significativos nessa lista.

Naturalmente, alguns pequenos mamíferos só foram domesticados muito depois de 2500 a.C. Os coelhos, por exemplo, só foram domesticado por causa de sua carne na Idade Média, os ratos e camundongos só passaram a ser usados para pesquisas de laboratório no século XX e os hamsters só viraram animais de estimação na década de 1930. O contínuo desenvolvimento da domesticação de pequenos mamíferos não surpreende, porque existem literalmente milhares de espécies selvagens candidatas e porque eles tinham muito pouco valor para as sociedades tradicionais para que se justificasse o esforço de criá-los. Mas a domesticação dos grandes mamíferos terminou há quase 4.500 anos. Naquela época, todas as 148 grandes espécies candidatas tinham sido testadas muitas vezes, mas apenas algumas passaram no teste, sem que restassem outras adequadas para isso.

UMA QUARTA LINHA DE PROVAS de que algumas espécies de mamíferos são mais adequadas que outras é fornecida pelas repetidas domesticações isoladas das mesmas espécies. Provas genéticas baseadas nas partes de nosso material genético conhecidas como DNA mitocondrial confirmaram recentemente, como se suspeitava há muito tempo, que o gado corcunda da Índia e o sem corcunda da Europa derivam de duas populações distintas do ancestral selvagem do gado, que começou a se diferenciar centenas de milhares de anos atrás. Isto é, os povos indianos domesticaram as subespécies locais de auroques selvagens, os povos do sudoeste da Ásia domesticaram por sua vez suas próprias subespécies de auroques e os norte-africanos podem ter domesticado de modo independente os auroques de sua região.

De modo semelhante, os lobos foram domesticados para se tornar cães nas Américas e, provavelmente, em várias regiões da Eurásia, inclusive na China e no sudoeste da Ásia. Os porcos de hoje derivam de seqüências independentes de domesticação na China, no oeste da Eurásia e possivelmente em outras partes do mundo. Esses exemplos dão nova ênfase ao fato de que as mesmas (poucas) espécies selvagens domesticáveis atraíram a atenção de muitas sociedades humanas diferentes.

TABELA 9.3 Datas aproximadas da primeira prova de domesticação
de grandes mamíferos

Espécies	Data (a.C.)	Local
Cachorro	10000	Sudoeste da Ásia, China, América do Norte
Ovelha	8000	Sudoeste da Ásia
Cabra	8000	Sudoeste da Ásia
Porco	8000	China, sudoeste da Ásia
Vaca	6000	Sudoeste da Ásia, Índia, (?) norte da África
Cavalo	4000	Ucrânia
Burro	4000	Egito
Búfalo-da-índia	4000	China?
Lhama/alpaca	3500	Andes
Camelo	2500	Ásia Central
Dromedário	2500	Arábia

Sobre as outras quatro espécies de grandes mamíferos domesticadas — rena, iaque, gauro e banteng — ainda há poucas provas da data de sua domesticação. As datas e os locais indicados são apenas os primeiros onde foram encontradas provas; mas a domesticação pode, na verdade, ter começado antes e em outro lugar.

O FRACASSO DAS TENTATIVAS atuais fornece uma prova cabal de que os fracassos anteriores na domesticação de um grande número de espécies selvagens decorreram das deficiências dessas espécies, e não de deficiências dos antigos humanos. Os europeus são hoje os herdeiros de uma das mais antigas tradições de domesticação animal, que começou há cerca de 10 mil anos no sudoeste da Ásia. Desde o século XV, os europeus espalharam-se pelo globo e descobriram espécies de mamíferos selvagens não encontradas na Europa. Os colonos europeus, como aqueles que encontrei na Nova Guiné com cangurus e gambás de estimação, domesticaram muitos mamíferos locais, assim como fizeram os povos indígenas. Pastores e agricultores europeus que emigraram para outros continentes também se empenharam em domesticar algumas espécies locais.

Nos séculos XIX e XX, pelo menos seis mamíferos grandes — eland ou elã, alce, alce americano, boi almiscareiro, zebra e bisão americano — foram objeto de projetos especialmente organizados visando à domesticação, executados por modernos criadores de animais e geneticistas. Por exemplo, o eland, o maior antílope africano, foi submetido a uma seleção por causa da qualidade de carne e da quantidade de leite no Jardim Zoológico Nova Askaniya, na Ucrânia, assim como na Inglaterra, no Quênia, no Zimbábue e na África do Sul; uma fazenda experimental para alces (veado, na terminologia britânica) foi administrada pelo Instituto de Pesquisas Rowett, em Aberdeen, na Escócia; e uma fazenda experimental para alces americanos funcionou no Parque Nacional Pechero-Ilych, na Rússia. Mas, essas modernas iniciativas tiveram êxito muito limitado. Embora a carne de bisão apareça ocasionalmente em alguns supermercados americanos, e embora o alce seja montado, ordenhado e usado para puxar trenós na Suécia e Rússia, nenhuma dessas iniciativas trouxe resultados de valor econômico suficiente para atrair muitos fazendeiros. É mais surpreendente ainda que as recentes tentativas de domesticar o eland dentro da própria África, onde a resistência da espécie às doenças e sua tolerância ao clima lhe dariam uma grande vantagem sobre o gado selvagem eurasiano ali introduzido, suscetível às doenças africanas, não tenham tido êxito.

Assim, nem os pastores nativos com acesso às espécies candidatas durante milhares de anos, nem os modernos geneticistas, conseguiram transformar em animais domésticos úteis os grandes mamíferos além dos Antigos Catorze, que foram domesticados há pelo menos 4.500 anos. Mas hoje os cientistas podiam, sem dúvida, se desejassem, cumprir para muitas espécies aquela parte da definição de domesticação que especifica o controle da procriação e da provisão de alimentos. Por exemplo, os jardins zoológicos de San Diego e Los Angeles estão submetendo os últimos condores sobreviventes da Califórnia a um controle reprodutivo mais draconiano do que o imposto a qualquer espécie domesticada. Cada condor foi identificado geneticamente, e um programa de computador determina que macho irá acasalar com que fêmea a fim de cumprir metas humanas (neste caso, maximizar a diversidade genética e, desse modo, preservar o pássaro ameaçado). Os zoológicos estão realizando programas de procriação semelhantes para muitas outras espécies ameaçadas, entre elas os gorilas e rinocerontes. Contudo, a seleção rigorosa dos condores nos zoológicos da Califórnia não mostra perspectivas de chegar a um produto economicamente útil. Tampouco mostram as iniciativas dos jardins zoológicos com rinocerontes, embora estes ofereçam até mais de três toneladas de carne não abatida. Como veremos agora, os rinocerontes (e outros mamíferos grandes) apresentam obstáculos insuperáveis à domesticação.

No total, dos 148 grandes mamíferos herbívoros terrestres selvagens do mundo — os candidatos à domesticação — só 14 passaram no teste. Por que as outras 134 espécies falharam? A que condições Francis Galton estava se referindo quando disse que essas outras espécies estavam "fadadas a permanecer eternamente selvagens"?

A resposta segue o princípio *Anna Karenina*. Para ser domesticada, uma espécie selvagem candidata tem que possuir muitas características diferentes. A falta de qualquer um dos atributos obrigatórios compromete os esforços de domesticação, assim como compromete as tentativas para o estabelecimento de um casamento feliz. Bancando os conselheiros matrimoniais do casal zebra/humano e de outros casais destoantes, podemos identificar pelo menos seis grupos de motivos para uma domesticação fracassar.

Dieta. Sempre que um animal come uma planta ou outro animal, a conversão da biomassa de alimento em biomassa do consumidor envolve uma eficiência de muito menos de 100 por cento: normalmente em torno de 10 por cento. Isto é, são necessárias cerca de 4,6 toneladas de milho para criar uma vaca que pese meia tonelada. Se, em vez disso, você quer criar meia tonelada de carnívoro, precisa alimentar 4,6 toneladas de herbívoros criados à base de 46 toneladas de milho. Até mesmo entre herbívoros e onívoros, muitas espécies, como os coalas, são exigentes demais em suas preferências alimentares para serem indicadas como animais da fazenda.

Como resultado desta ineficiência básica, nenhum mamífero carnívoro foi domesticado para servir de alimento. (Mas não porque sua carne fosse dura ou insípida: comemos peixe carnívoro selvagem o tempo todo, e pessoalmente posso atestar o sabor delicioso do hambúrguer de leão.) Quase uma exceção é o cachorro. Originalmente foi domesticado como cão de guarda e companheiro de caça, mas algumas raças foram desenvolvidas e criadas para servirem de alimento no México asteca, na Polinésia e na China antiga. No entanto, alimentar-se regularmente de carne de cachorro era o último recurso de sociedades humanas privadas de carne: os astecas não possuíam outro mamífero doméstico, e os polinésios e os antigos chineses, apenas porcos e cães. Sociedades humanas abençoadas com mamíferos herbívoros domésticos não precisavam comer cães, a não ser como uma iguaria rara (como em partes do sudeste da Ásia hoje). Além disso, os cães não são estritamente carnívoros, mas onívoros: se você é tão ingênuo a ponto de achar que seu adorável cachorrinho é realmente um comedor de carne, leia a lista de ingredientes na embalagem da ração. Os cachorros que os astecas e os polinésios criavam como alimento eram engordados eficazmente com verduras e restos de comida.

Taxa de crescimento. Para valer a pena mantê-los, os animais domesticados também devem crescer depressa. Isso elimina os gorilas e os elefantes, embora eles sejam vegetarianos com preferências alimentares admiravelmente pouco exigentes e representem muita carne. Que provável criador de gorilas ou de elefantes esperaria 15 anos para que o rebanho chegasse ao tamanho adulto? Os asiáticos de hoje que querem elefantes para auxiliá-los no trabalho acham que é muito mais barato capturá-los na selva e domesticá-los.

Problemas de procriação no cativeiro. Nós, humanos, não gostamos de ter relações sexuais sob os olhos atentos de outras pessoas; certas espécies animais potencialmente valiosas também não. Foi isso que atrapalhou as tentativas de domesticar o guepardo, o mais veloz de todos os animais terrestres, apesar de nossa forte motivação para fazer isso durante milhares de anos.

Como já mencionei, guepardos dóceis eram apreciados pelos antigos egípcios e assírios e pelos índios modernos como animais de caça infinitamente superiores aos cães. Um imperador mongol da Índia chegou a manter um estábulo com mil guepardos. Mas, apesar dos altos investimentos que muitos príncipes ricos fizeram, todos os seus guepardos eram animais domesticados depois de capturados na selva. As tentativas desses príncipes de criar guepardos em cativeiro fracassaram, e só depois de 1960 é que os biólogos em modernos jardins zoológicos conseguiram o primeiro nascimento bem-sucedido de guepardo. Na selva, vários irmãos de guepardo perseguem uma fêmea durante muitos dias, e essa corte rude por longas distâncias parece necessária para que a fêmea ovule ou fique sexualmente receptiva. Em geral, os guepardos se recusam a cumprir esse complicado ritual de namoro dentro de uma jaula.

Um problema semelhante frustrou os planos para criar a vicunha, um camelo selvagem dos Andes cuja lã é considerada a melhor e a mais fina de todas as lãs de animal. Os antigos incas extraíam a lã levando as vicunhas selvagens para currais, tosquiando-as e depois soltando-as vivas. Os modernos comerciantes interessados nesta lã de luxo tiveram que recorrer a este mesmo método ou simplesmente matar vicunhas selvagens. Apesar dos fortes estímulos do dinheiro e do prestígio, todas as tentativas de criar vicunhas para a produção de lã em cativeiro falharam por várias razões, entre elas, o demorado e complicado ritual do namoro antes do acasalamento, um ritual inibido no cativeiro; a violenta intolerância entre as vicunhas macho; e a necessidade de um território para se alimentar e outro separado para dormir durante o ano inteiro.

Má índole. Naturalmente, quase todas as espécies de mamíferos suficientemente grandes são capazes de matar um ser humano. Pessoas foram mortas por porcos, cavalos, camelos e bois. Mas alguns animais grandes têm índoles ainda piores e são mais irremediavelmente perigosos que outros. A tendência para matar pessoas desclassificou muitos candidatos aparentemente ideais para domesticação em outras circunstâncias.

Um bom exemplo é o urso-cinzento, cuja carne é uma iguaria cara. Os ursos-cinzentos chegam a pesar 770 quilos, são principalmente vegetarianos (apesar de formidáveis caçadores), sua dieta vegetal é muito variada, eles se desenvolvem em meio ao lixo dos humanos (criando graves problemas por isso nos parques nacionais Yellowstone e Glacier) e crescem relativamente depressa. Se esses ursos se comportassem bem em cativeiro, seriam um animal fabuloso para a produção de carne. O povo aino do Japão fez a experiência criando regularmente os filhotes de ursos-cinzentos como parte de um ritual. Por razões compreensíveis, entretanto, os ainos acharam prudente matar e comer os filhotes ao completarem um ano de idade. Manter os ursos-cinzentos por mais tempo seria suicídio; não tenho conhecimento de nenhum urso-cinzento adulto que tenha sido domesticado.

Outro candidato aparentemente apropriado que se desqualificou por razões também óbvias foi o búfalo africano. Ele cresce rapidamente, chegando a atingir uma tonelada, e vive em rebanhos que têm uma hierarquia de comando bem desenvolvida, uma característica cujas virtudes discutiremos mais adiante. Mas o búfalo africano é considerado o grande mamífero mais perigoso e imprevisível da África. Quem cometeu a loucura de tentar domesticá-lo morreu na tentativa ou viu-se forçado a matar o búfalo antes que este ficasse muito grande e muito mau. Da mesma maneira, os hipopótamos, como vegetarianos de quatro toneladas, seriam excelentes animais de curral se não fossem tão perigosos. Eles matam mais gente a cada ano do que qualquer outro mamífero africano, incluindo até mesmo os leões.

Poucos se surpreenderiam com a desqualificação desses candidatos notoriamente ferozes. Mas há outros candidatos cujos perigos não são tão bem conhecidos. Por exemplo, as oito espécies de eqüídeos selvagens (os cavalos e seus parentes) variam muito de índole, embora as oito espécies sejam geneticamente tão semelhantes que elas podem cruzar entre elas e gerar uma prole saudável (embora normalmente estéril). Duas delas, o cavalo e o asno norte-africano (o antepassado do burro), foram domesticadas com êxito. O parente próximo do asno norte-africano é o asno asiático, também conhecido como onagro. Como seu local de origem inclui o Crescente Fértil, o berço da civilização ocidental e da domesticação de animais, os povos antigos devem ter feito muitas experiências com onagros. Sabemos pelas pinturas sumérias e outras mais recentes que os onagros eram caçados regularmente, como também capturados e acasalados com burros e cavalos. Algumas pinturas antigas de animais parecidos com o cavalo, usados para montar ou puxar carroças, podem se referir aos onagros. Todos que escreveram sobre eles, porém, dos romanos aos zoólogos modernos, criticam seu temperamento irritável e o péssimo hábito de morder as pessoas. Como conseqüência, embora semelhante em outros aspectos aos ancestrais burros, os onagros nunca foram domesticados.

As quatro espécies de zebras africanas são até piores. As tentativas de domesticação foram até o ponto de atrelá-las às carroças: foram testadas como animais de tração no século XIX na África do Sul, e o excêntrico Sir Walter Rothschild andou pelas ruas de Londres em uma carruagem puxada por zebras. Mas, as zebras ficam incrivelmente perigosas à medida que envelhecem. (Isso não quer dizer que muitos cavalos, individualmente, não sejam maus também, mas zebras e onagros em geral têm uma índole má.) As zebras têm o hábito desagradável de morder uma pessoa e não soltá-la. Assim, ferem mais tratadores a cada ano nos zoológicos americanos do que os tigres! Também é quase impossível laçar zebras, mesmo para os vaqueiros que ganham campeonatos de rodeio laçando cavalos, por sua infalível habilidade para escapar do laço abaixando a cabeça no momento certo.

Por isso raramente (se tanto) tem sido possível selar ou montar uma zebra, e o entusiasmo dos sul-africanos para domesticá-las diminuiu. O comportamento agressivo imprevisível por parte de um grande mamífero potencialmente perigoso também explica por que as experiências recentes, inicialmente promissoras, de domesticar o alce e o eland não tiveram mais êxito.

Tendência para o pânico. Os grandes mamíferos herbívoros reagem ao perigo representado por predadores ou seres humanos de maneiras diferentes. Algumas espécies são nervosas, ligeiras e programadas para fugir imediatamente quando percebem uma ameaça. Outras são mais lentas, menos nervosas, buscam a proteção em rebanhos, mantêm-se firmes quando ameaçadas e só correm quando necessário. A maioria dos cervos e antílopes (com exceção da rena) é do primeiro tipo, enquanto ovelhas e cabras pertencem ao último.

Naturalmente, é difícil manter as espécies nervosas em cativeiro. Se colocadas em um cercado, elas tendem a entrar em pânico e morrem de choque ou se debatem até a morte contra a cerca tentando escapar. Isso ocorre, por exemplo, com as gazelas, que durante milhares de anos foram a espécie caçada com mais freqüência em algumas partes do Crescente Fértil. Não há outra espécie de mamífero que os primeiros povos dessa região tenham tido mais oportunidade de domesticar do que as gazelas. Mas nenhuma espécie de gazela foi domesticada. Imagine só tentar criar um rebanho com um animal que se atira e se bate cegamente contra as paredes, que consegue saltar até quase nove metros e pode correr a uma velocidade de 80 quilômetros por hora!

Estrutura social. Quase todas as espécies de grandes mamíferos domesticados foram aquelas cujos antepassados selvagens compartilham três características sociais:

vivem em rebanhos; mantêm uma hierarquia de dominação bem desenvolvida entre os membros do rebanho; e os rebanhos ocupam as mesmas pastagens, em vez de territórios exclusivos para cada um. Os rebanhos de cavalos selvagens, por exemplo, são formados por um garanhão, até seis éguas e seus potros. A égua A exerce domínio sobre as éguas B, C, D e E; a égua B é subordinada à A mas exerce domínio sobre C, D e E; a C é subordinada à B e à A, mas exerce domínio sobre D e E, e assim por diante. Quando o rebanho está em movimento, seus membros mantêm uma ordem estereotipada: na retaguarda, o garanhão; na frente, a fêmea mais importante, seguida por seus potros ordenados por idade, começando pelo mais jovem; e atrás dela, as outras éguas por ordem de importância, cada uma seguida por seus potros pela ordem de idade. Desse modo, vários adultos podem coexistir no rebanho sem lutas constantes e com cada um conhecendo seu lugar.

Essa estrutura social é ideal para a domesticação, porque os humanos, na verdade, assumem o controle da hierarquia de dominação. Os cavalos domésticos em uma fila seguem o líder humano assim como seguiriam normalmente a primeira fêmea. Rebanhos ou grupos de ovelhas, cabras, vacas e cães ancestrais (lobos) tinham uma hierarquia semelhante. À medida que os animais jovens crescem nesse rebanho, memorizam os animais que vêem regularmente por perto. Na selva, estes são os membros de sua própria espécie, mas animais jovens criados em cativeiro também vêem as pessoas por perto e as gravam na memória.

Esses animais sociais podem ser agrupados em rebanho. Como são tolerantes uns com os outros, eles podem ser reunidos. Como eles seguem instintivamente um líder dominante e irão memorizar os humanos como esse líder, podem ser prontamente guiados por um pastor ou um cão pastor. Animais de rebanho dão-se bem em currais superlotados porque estão acostumados a viver em densas aglomerações na selva.

Por outro lado, os membros das espécies territoriais mais solitárias não podem ser agrupados. Eles não toleram um ao outro, não memorizam os humanos e não são instintivamente submissos. Quem já viu uma fila de gatos (solitário e territorial na selva) seguindo um ser humano ou permitindo que um humano os agrupe? Todas as pessoas que gostam de gatos sabem que eles não são instintivamente submissos aos humanos como os cães. Gatos e furões são as únicas espécies de mamíferos territoriais que foram domesticadas, porque nosso motivo não era o de reuni-los em grandes grupos criados para servirem de alimento, mas o de mantê-los como caçadores solitários ou animais de estimação.

O fato de as espécies territoriais mais solitárias não terem sido domesticadas não significa que a maioria das espécies que vive em rebanho possa ser domesticada. A maioria não pode, por várias outras razões.

Primeiro, os rebanhos de muitas espécies não ocupam os mesmos territórios mas, ao contrário, mantêm espaços exclusivos em relação a outros rebanhos. Botar num curral dois desses rebanhos não é mais fácil do que botar num curral dois machos de uma espécie solitária.

Segundo, muitas espécies que vivem em rebanhos parte do ano são territoriais durante o período de procriação, quando lutam e não toleram a presença de outros. Isto ocorre com a maioria dos cervos e dos antílopes (novamente com exceção da rena), e é um dos principais fatores que desqualificaram para a domesticação toda a espécie de antílope social pela qual a África é famosa. Embora a primeira associação que se faça com o antílope africano seja de "vastos e densos rebanhos que se espalham pelo horizonte", na verdade os machos desses rebanhos ficam afastados uns dos outros nos territórios e brigam ferozmente quando estão procriando. Por isso esses antílopes não podem ser mantidos cativos em cercados superlotados, como a ovelha, as cabras ou o gado bovino. Do mesmo modo, o comportamento territorial, combinado com uma índole feroz e uma taxa de crescimento lenta, bane os rinocerontes dos currais das fazendas.

Finalmente, muitas espécies que vivem em rebanhos, novamente incluindo a maioria dos cervos e antílopes, não têm uma hierarquia de dominação bem definida e não estão preparadas, de modo instintivo, para gravar na memória um líder dominante (por isso não memorizam os humanos). Em conseqüência disso, embora muitas espécies de cervos e antílopes tenham sido domesticadas (lembre-se de todas as histórias verdadeiras do Bambi), não vemos esse cervo dócil e o antílope sendo conduzidos em rebanhos como a ovelha. Esse problema também atrapalhou a domesticação da ovelha americana *bighorn*, que pertence ao mesmo gênero da ovelha mouflon asiática, antepassada de nossa ovelha doméstica. As *bighorns* são convenientes para nós e parecidas com os mouflons em muitos aspectos, exceto em um aspecto decisivo: elas não têm o comportamento estereotipado do mouflon, que faz com que certos indivíduos se comportem de modo submisso em relação a outros indivíduos cuja ascendência eles reconhecem.

VOLTEMOS AGORA AO PROBLEMA apresentado no começo deste capítulo. Inicialmente, uma das características mais intrigantes da domesticação de animais é a aparente arbitrariedade com que algumas espécies foram domesticadas ao passo que seus parentes próximos não foram. Ocorre que quase todos os candidatos à domesticação foram eliminados pelo princípio *Anna Karenina*. Os seres humanos e a maioria das espécies animais formam um casamento infeliz, por uma ou mais de muitas razões possíveis: dieta, taxa de crescimento, hábitos de acasalamento, índole, tendência ao pânico e várias características distintas de organização social. Só uma pequena porcentagem de mamíferos selvagens chegou a casamentos felizes com os seres humanos, graças à compatibilidade de todos esses aspectos isolados.

Os povos eurasianos herdaram uma quantidade muito maior de espécies domesticáveis de grandes mamíferos herbívoros selvagens do que os povos dos outros continentes. Esse resultado, com todas as suas vantagens importantes para as sociedades eurasianas, foi determinado por três fatos básicos da geografia, da história e da biologia dos mamíferos. Primeiro, a Eurásia, por causa de sua grande extensão e sua diversidade ecológica, começou com mais candidatos. Segundo, a Austrália e as Américas, não a Eurásia ou a África, perderam a maioria de seus candidatos em uma grande onda de extinções do fim do Pleistoceno — possivelmente porque os mamíferos dos primeiros continentes tiveram o azar de serem expostos primeiro aos humanos, repentina e tardiamente em nossa história evolutiva, quando nossas habilidades de caça já estavam bastante desenvolvidas. Finalmente, uma porcentagem maior dos candidatos sobreviventes mostrou que era mais apropriada à domesticação na Eurásia do que nos outros continentes. Um exame dos candidatos que nunca foram domesticados, como os grandes mamíferos que vivem em rebanhos na África, revela razões particulares que desqualificaram cada um deles. Assim, Tolstói teria aderido à idéia apresentada em outro contexto por um escritor mais antigo, São Mateus: "Muitos são chamados, mas poucos são os escolhidos."*

---

*Mateus, 22:14 (*N. da T.*).

CAPÍTULO 10

VASTOS CÉUS E EIXOS INCLINADOS

No mapa-múndi da página 178 (Figura 10.1), compare as formas e posições dos continentes. Você ficará surpreso com uma diferença muito clara. A extensão norte-sul das Américas é muito maior (cerca de 14.500 quilômetros) que a extensão leste-oeste: apenas 4.800 quilômetros na parte mais larga, chegando a cerca de 64 quilômetros no istmo de Panamá. Ou seja, o eixo principal da América é norte-sul. O mesmo ocorre também, embora em menor grau, na África. Já, o eixo principal da Eurásia é leste-oeste. Que efeito, se é que houve algum, tiveram essas diferenças na direção dos eixos dos continentes na história humana?

Neste capítulo, tratarei daquilo que considero as enormes, às vezes trágicas, conseqüências desse fato. As direções dos eixos afetaram o ritmo da expansão da agricultura e da pecuária, e, possivelmente, também da disseminação da escrita, da roda e de outras invenções. Por isso, essa característica geográfica básica contribuiu muito para as diferenças das experiências dos nativos americanos, africanos e eurasianos nos últimos 500 anos.

A expansão da produção de alimentos é tão fundamental para compreendermos as diferenças geográficas no surgimento das armas, dos germes e do aço como o foram suas origens, que examinamos nos capítulos anteriores. Isso porque, como vimos no Capítulo 5, não havia mais de nove regiões no globo, talvez apenas cinco, onde a produção de alimentos surgiu de modo independente. Já nos tempos pré-históricos, a produção de alimentos estabeleceu-se em muitas outras áreas além dessas poucas áreas de origem. Essas outras passaram a produzir alimentos como conseqüência da expansão da agricultura, da pecuária e de técnicas de cultivo e, em alguns casos, em decorrência das migrações dos próprios agricultores e pastores.

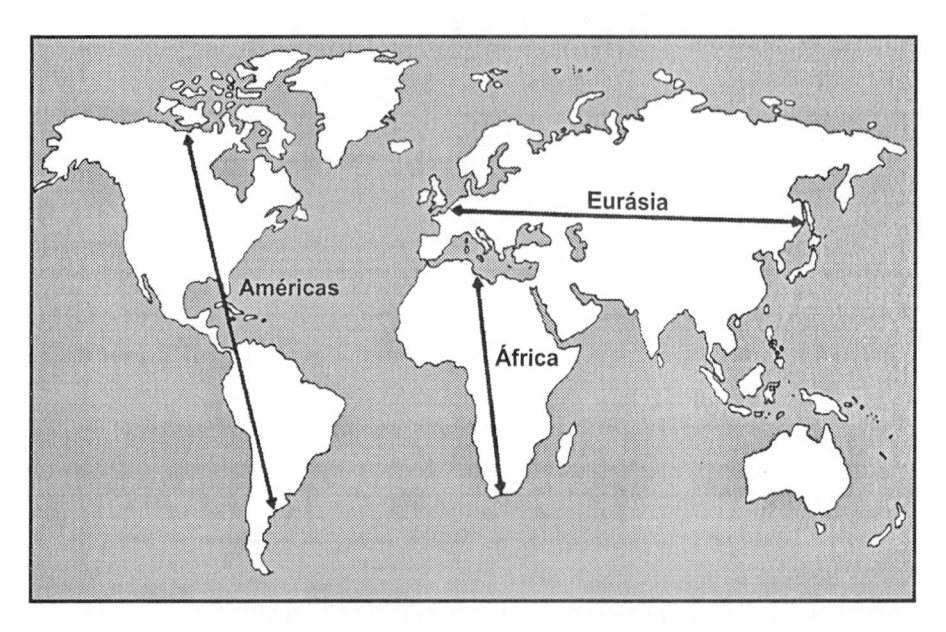

FIGURA 10.1. *Eixos principais dos continentes.*

As principais expansões da produção de alimentos ocorreram do sudoeste da Ásia para a Europa, Egito e norte da África, Etiópia, Ásia Central e Vale do Indo; do Sael e do oeste da África para o leste e o sul da África; da China para o sudeste tropical da Ásia, Filipinas, Indonésia, Coréia e Japão; e da Mesoamérica para a América do Norte. Além disso, a produção de alimentos foi enriquecida até mesmo em suas regiões de origem, pela incorporação de produtos agrícolas, de animais e técnicas provenientes de outras regiões de origem.

Assim como algumas regiões mostraram-se muito mais propícias ao início da produção de alimentos do que outras, a facilidade de sua expansão também variou muito no mundo. Algumas regiões ecologicamente muito adequadas à produção de alimentos nunca o fizeram nos tempos pré-históricos, embora existissem áreas próximas que produziram alimentos na pré-história. Os exemplos mais evidentes são o fracasso das atividades agrícola e pastoril em chegar até o americano nativo da Califórnia a partir do sudoeste dos Estados Unidos ou de chegar à Austrália partindo da Nova Guiné e da Indonésia, e o fato de a agricultura não ter conseguido propagar-se da província de Natal para a Cidade do Cabo, ambas na África do Sul. Mesmo entre todas essas regiões onde a produção de alimentos se difundiu na era pré-histórica, o ritmo e as datas da expansão tiveram variações consideráveis. Em um extremo, sua rápida expansão ocorreu ao longo dos eixos leste-oeste: do sudoeste da Ásia tanto para oeste, para a Europa e o Egito, quanto para leste, para o Vale do Indo (a uma taxa média aproximada de 1,13 quilômetro por ano); e das Filipinas, a leste, para a Polinésia (a uma média de 5,15 quilômetros por ano). No extremo oposto, sua expansão foi lenta ao longo dos eixos norte-sul; a menos de 0,80 quilômetro por ano, do México, em direção ao norte, para o sudoeste dos Estados Unidos; a menos de 0,48 quilômetro por ano, para que o milho e o feijão do México rumassem para o norte e se tornassem produtivos no leste dos Estados Unidos, por volta do ano 900; e a 0,32 quilômetro por ano, para a lhama do Peru chegar ao Equador. Essas diferenças poderiam ter sido ainda maiores se o milho não tivesse sido domesticado no México já em 3500 a.C, como supus, de modo conservador, para esses cálculos, e como alguns arqueólogos admitem agora, mas, se tivesse sido domesticado bem antes, como a maioria dos arqueólogos supunha (e muitos ainda supõem).

Também houve grandes diferenças na conclusão da expansão de certas culturas, indicando novamente obstáculos maiores ou menores para sua difusão. Por exemplo, a maior parte das culturas originárias do sudoeste da Ásia expandiu-se em direção ao oeste, para a Europa, e para leste para o Vale do Indo, mas nenhum mamífero doméstico dos Andes (a lhama/alpaca e o porquinho-da-índia) conseguiu chegar à Mesoamérica na era pré-colombiana. Esse fracasso surpreendente requer uma explicação. Afinal, a Mesoamérica desenvolveu densas populações agrícolas e sociedades complexas, e, portanto, não pode haver dúvida de que os animais domésticos andinos (se estivessem disponíveis) teriam sido importantes para a alimentação, o transporte e a produção de lã. Com exceção dos cães, a Mesoamérica carecia totalmente de mamíferos nativos que atendessem a essas necessidades. Entretanto, algumas culturas agrícolas sul-americanas conseguiram alcançar a Mesoamérica, como a mandioca, a batata-doce e o amendoim. Que barreira seletiva deixou passar essas culturas mas filtrou a lhama e os porquinhos-da-índia?

Uma manifestação mais sutil dessa facilidade de expansão geograficamente variada é o fenômeno denominado domesticação preventiva (preemptiva). A maioria das espécies de plantas silvestres das quais derivaram nossos produtos agrícolas varia geneticamente de região para região, porque mutações alternativas foram comprovadas entre as populações ancestrais de diferentes regiões. Do mesmo modo, as modificações necessárias para transformar plantas silvestres em produtos agrícolas podem, em princípio, ter sido causadas por novas mutações alternativas ou caminhos alternativos de seleção para obter resultados equivalentes. Sob essa luz, podemos examinar uma cultura disseminada na era pré-histórica e perguntar se todas as suas variedades revelam a mesma mutação silvestre ou a mesma transmutação. O objetivo desse exame é tentar saber se o cultivo foi desenvolvido apenas em uma região ou de modo independente em várias regiões.

Estendendo essa análise genética para as principais culturas antigas do Novo Mundo, muitas delas mostram que contêm duas ou mais dessas variantes silvestres alternativas, ou duas ou mais dessas transmutações alternativas. Isso leva a crer que a planta foi cultivada de modo independente em pelo menos duas áreas diferentes, e que algumas variedades herdaram a mutação específica de uma área enquanto outras variedades da mesma cultura herdaram a mutação de outra área. Com base nisso, os botânicos concluem que o feijão-de-lima (*Phaseolus lunatus*), o feijão comum (*Phaseolus vulgaris*) e as pimentas do grupo *Capsicum annuum/chinense* foram todos cultivados em pelo menos duas ocasiões distintas, uma vez na Mesoamérica e outra na América do Sul; e que a abóbora-moranga (*Cucurbita pepo*) e as quenopodiáceas também foram cultivadas de modo independente pelo menos duas vezes, uma vez na Mesoamérica e outra no leste dos Estados Unidos. Por outro lado, as culturas mais antigas do sudoeste da Ásia exibem apenas uma das variantes silvestres alternativas ou das transmutações alternativas, o que sugere que todas as variedades modernas dessa cultura específica têm origem em uma mesma domesticação.

Quais seriam as implicações se a mesma planta tivesse sido domesticada de modo independente e repetidas vezes em várias partes diferentes de sua área de ocorrência natural, e não uma vez só e em uma única região? Já vimos que a domesticação de plantas envolve a modificação de espécies silvestres de modo a torná-las mais úteis aos seres humanos pela produção de sementes maiores, de um gosto menos amargo ou de outras qualidades. Conseqüentemente, se uma cultura já está sendo produzida, os agricultores iniciantes certamente continuarão seu cultivo em vez de recomeçar tudo, coletando os parentes silvestres não tão úteis e domesticando-os novamente. A evidência de apenas uma única domesticação sugere, então, que, depois que uma planta silvestre foi domesticada, seu cultivo difundiu-se rapidamente para as outras regiões por onde a planta silvestre se distribui, evitando a necessidade de outras domesticações independentes da mesma planta. No entanto, quando encontramos indícios de que a mesma espécie nativa foi domesticada de modo independente em diferentes áreas, deduzimos que a disseminação do cultivo foi lenta demais para evitar sua domesticação em outro lugar. A evidência de que predominaram domesticações únicas no sudoeste da Ásia, mas domesticações múltiplas e freqüentes nas Américas, poderia, assim, fornecer provas mais sutis de que as culturas difundiram-se mais facilmente a partir do sudoeste da Ásia do que nas Américas.

A rápida expansão de uma cultura pode evitar não só a domesticação dos mesmos ancestrais silvestres em outro lugar, mas também a de espécies silvestres aparentadas. Se você já está cultivando ervilhas boas, não faz sentido partir do zero e redomesticar o mesmo ancestral silvestre, mas também não faz sentido domesticar parentes silvestres da ervilha que, para os fazendeiros, são praticamente iguais às espécies de ervilha domesticadas. Todas as "culturas fundadoras" do sudoeste da Ásia anteciparam-se à domesticação dos parentes próximos desses produtos agrícolas em toda a Eurásia ocidental. Já o Novo Mundo apresenta muitos casos de espécies equivalentes e muito próximas, embora distintas, que foram cultivadas na Mesoamérica e na América do Sul. Por exemplo, 95 por cento do algodão cultivado no mundo hoje pertencem à espécie *Gossypium hirsutum*, domesticado na Mesoamérica na era pré-histórica. No entanto, os lavradores sul-americanos pré-históricos cultivaram o algodão da espécie *Gossypium barbadense*. Evidentemente, o algodão centro-americano teve tanta dificuldade para chegar à América do Sul que na era pré-histórica não conseguiu se antecipar à domesticação de uma espécie de algodão diferente ali (e vice-versa). Pimenta-malagueta, abóboras, amarantos e quenopódios são outras culturas que tiveram espécies diferentes, mas relacionadas, domesticadas na Mesoamérica e América do Sul, já que nenhuma espécie conseguiu difundir-se bastante rapidamente para evitar as demais.

Assim, temos muitos fenômenos diferentes convergindo para a mesma conclusão: a produção de alimentos espalhou-se mais prontamente a partir do sudoeste da Ásia do que nas Américas e também, possivelmente, do que na África subsaariana. Esses fenômenos incluem o fracasso completo da produção de alimentos em chegar a algumas áreas ecologicamente adequadas; as diferenças em sua velocidade e seletividade de expansão; e as diferenças decorrentes do fato de as culturas domesticadas primeiro terem evitado a redomesticação de espécies iguais ou a domesticação de parentes próximos. O que aconteceu nas Américas e na África que tornou a expansão da produção de alimentos ali mais difícil do que na Eurásia?

P<small>ARA RESPONDER A ESSA PERGUNTA</small>, vamos começar examinando a rápida expansão da produção de alimentos a partir do sudoeste da Ásia (o Crescente Fértil). Logo depois de seu surgimento nessa região, pouco antes de 8000 a.C., uma onda centrífuga dessa produção de alimentos surgiu em outras partes da Eurásia ocidental e norte da África, muito distantes do Crescente Fértil, a oeste e a leste. Nesta página, redesenhei o mapa extraordinário (Figura 10.2), montado pelo geneticista Daniel Zohary e pela botânica Maria Hopf, no qual eles mostram como essa onda chegou à Grécia, a Chipre e ao subcontinente indiano por volta de 6500 a.C., ao Egito pouco depois de 6000 a.C., à Europa central por volta de 5400 a.C., à Espanha meridional em aproximadamente 5200 a.C. e à Inglaterra por volta de 3500 a.C. Em cada uma dessas áreas, a produção de alimentos foi iniciada por alguns dos mesmos conjuntos de plantas e animais domésticos que a fizeram surgir no Crescente Fértil. Além do mais, o pacote do Crescente Fértil penetrou na África em direção ao sul, para a Etiópia, em data ainda incerta. No entanto, a Etiópia também desenvolveu muitas culturas nativas, e ainda não sabemos se foram estas culturas ou as que vieram do Crescente Fértil que deram origem à produção de alimentos no local.

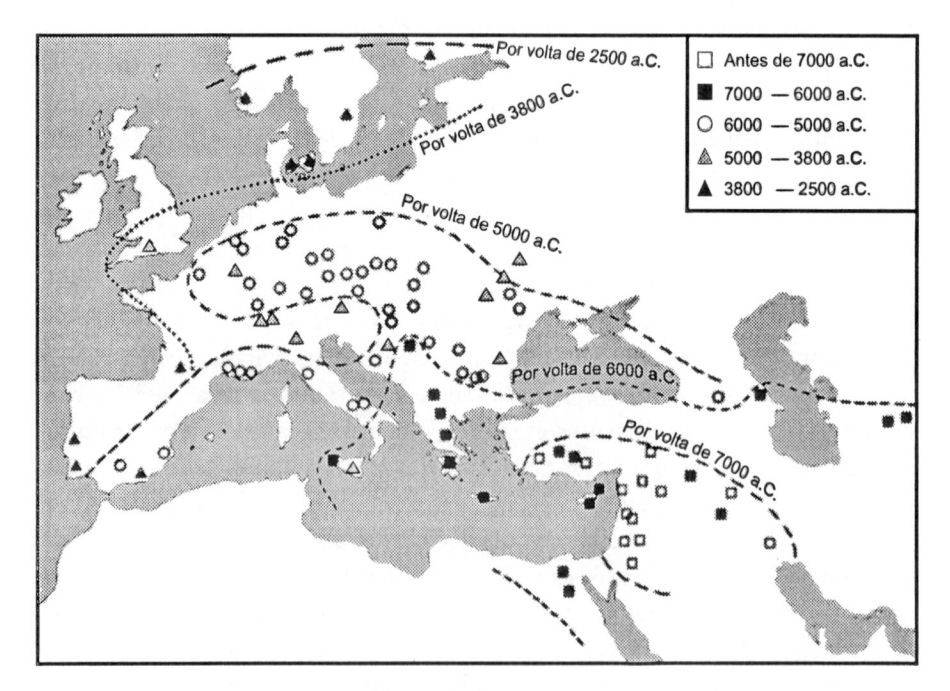

FIGURA 10.2. *Os símbolos mostram os primeiros sítios com datação por radiocarbono onde restos das culturas do Crescente Fértil foram encontrados.* □ = *Crescente Fértil (sítios antes de 7000 a. C.). Observe que as datas ficam progressivamente mais próximas à medida que aumenta a distância do Crescente Fértil. Este mapa é baseado no mapa 20 de* Domestication of Plants in the Old World (A domesticação de plantas no velho mundo), *de Zohary e Hopf, mas datas radiocarbônicas calibradas substituem as datas não-calibradas deles.*

Naturalmente, nem todas as espécies do pacote de plantas e animais se espalharam por todas essas áreas periféricas: o Egito, por exemplo, era quente demais para o trigo einkorn se fixar. Em algumas áreas distantes, elementos do pacote chegaram em momentos diferentes: por exemplo, as ovelhas precederam os cereais no sudoeste da Europa. Em algumas áreas distantes, a domesticação de plantas próprias do local continuou, como a papoula na Europa ocidental e a melancia, possivelmente, no Egito. Mas grande parte da produção de alimentos em áreas periféricas dependia inicialmente do que foi domesticado no Crescente Fértil. Sua disseminação foi logo seguida pela de outras inovações que nasciam no Crescente Fértil ou perto dele, entre elas a roda, a escrita, técnicas de metalurgia, ordenha, árvores frutíferas e produção de vinho e cerveja.

Por que o mesmo pacote de plantas deu origem à produção de alimentos na Eurásia ocidental? Seria porque o mesmo conjunto de plantas que existia em muitas regiões selvagens foi considerado útil da mesma maneira que no Crescente Fértil, e foi domesticado de modo independente? Não, não é esta a razão. Primeiro, muitas das culturas primitivas do Crescente Fértil nem mesmo surgiram nas selvas fora do sudoeste da Ásia. Por exemplo, nenhuma das oito principais culturas fundadoras, exceto a cevada, era nativa do Egito. O Vale do Nilo tem um ambiente semelhante ao dos vales do Tigre e do Eufrates no Crescente Fértil. Por isso o pacote de culturas que funcionou bem nestes vales também funcionou bem no Vale do Nilo, promovendo a espetacular ascensão da civilização egípcia. Mas os alimentos para impulsionar essa ascensão espetacular não existiam originalmente no Egito. A esfinge e as pirâmides foram construídas por pessoas alimentadas com plantas nativas do Crescente Fértil, não do Egito.

Segundo, mesmo em relação às plantas cujos ancestrais silvestres existiam fora do sudoeste da Ásia, podemos ter certeza de que as culturas da Europa e da Índia foram obtidas principalmente do sudoeste da Ásia e não eram espécies locais domesticadas. Por exemplo, o linho silvestre existe a oeste da Inglaterra e da Argélia, e a leste, na direção do mar Cáspio, enquanto a cevada silvestre existe a leste, mesmo no Tibete. No entanto, para a maior parte das plantas primitivas do Crescente Fértil, todas as variedades cultivadas no mundo hoje compartilham uma só combinação de cromossomos, das várias combinações encontradas no ancestral silvestre; ou então compartilham uma só mutação (das muitas mutações possíveis) pela qual as variedades cultivadas diferem do ancestral silvestre quanto às características desejáveis para o consumo humano. Por exemplo, todas as ervilhas cultivadas têm o mesmo gene recessivo que impede as vagens maduras de se abrir espontaneamente e espalhar os grãos, como acontece com as ervilhas silvestres.

Evidentemente, a maioria das plantas primitivas do Crescente Fértil nunca foi redomesticada em outro lugar depois da domesticação inicial no Crescente Fértil. Se elas tivessem sido domesticadas de modo repetido e independente, exibiriam legados dessas múltiplas origens, na forma de combinações cromossômicas variadas ou mutações variadas. Estes são, portanto, exemplos típicos do fenômeno de domesticação preventiva, sobre o qual já falamos. A rápida expansão do pacote do Crescente Fértil evitou qualquer outra possível tentativa de domesticação dos mesmos ancestrais silvestres, no Crescente Fértil ou em outro lugar. Depois que a cultura ficou disponível, não havia mais a necessidade de coletar a planta na selva e redomesticá-la.

Os ancestrais da maioria das culturas primitivas têm parentes silvestres, no Crescente Fértil e em outros lugares, que também seriam ideais para a domesticação. Por exemplo, as ervilhas pertencem ao gênero *Pisum,* que tem duas espécies silvestres: *Pisum sativum,* que foi domesticada para produzir nossas ervilhas de horta, e *Pisum fulvum,* que nunca foi domesticada. Mas, as ervilhas silvestres *Pisum fulvum* são saborosas, frescas ou secas, e são comuns na selva. Do mesmo modo, o trigo, a cevada, a lentilha, o grão-de-bico, os feijões e o linho têm muitos parentes silvestres, além dos que foram domesticados. Alguns desses feijões e cevadas foram, na verdade, domesticados de modo independente nas Américas ou na China, longe do local original de domesticação no Crescente Fértil. Mas na Eurásia ocidental, apenas uma das várias espécies silvestres potencialmente úteis foi domesticada, provavelmente porque a expansão dessa cultura foi tão rápida que as pessoas deixaram de coletar os parentes silvestres e logo passaram a consumir apenas a planta domesticada. Novamente, como dissemos antes, a rápida expansão da cultura evitou qualquer outra tentativa de domesticar seus parentes, bem como de redomesticar seu ancestral.

POR QUE A EXPANSÃO DAS CULTURAS do Crescente Fértil foi tão rápida? A resposta depende em parte daquele eixo leste-oeste da Eurásia mencionado no início deste capítulo. As localidades distribuídas a leste e a oeste de ambas, na mesma latitude, têm exatamente a mesma duração do dia e suas variações sazonais. Num segundo nível, elas tendem também a compartilhar doenças similares, regimes de temperatura e de chuvas, e habitats ou biomas (tipos de vegetação). Por exemplo, Portugal, norte do Irã e Japão, todos localizados na mesma latitude, mas dispostos sucessivamente a leste ou a oeste, a cerca de 6.500 quilômetros um do outro, são mais parecidos em clima do que um local distante apenas 1.600 quilômetros ao sul. Em todos os continentes, o tipo de habitat conhecido como floresta tropical está limitado a aproximadamente 10 graus de latitude do equador, enquanto o cerrado mediterrâneo (como o chaparral da Califórnia e o maqui da Europa) situa-se entre cerca de 30 e 40 graus de latitude.

Mas a germinação, o crescimento e a resistência à doença das plantas ajustam-se perfeitamente a essas características climáticas. As mudanças sazonais de duração do dia, temperatura e chuva constituem sinais que estimulam as sementes a germinar, crescer e amadurecer para desenvolver flores, sementes e frutos. Cada população de plantas é programada geneticamente, por meio da seleção natural, para reagir adequadamente aos sinais do regime sazonal no qual se desenvolveu. Esses regimes variam muito com a latitude. Por exemplo, a duração do dia é constante ao longo do ano no equador, mas nas zonas temperadas ela aumenta à medida que os meses passam do solstício de inverno ao solstício de verão, tornando a diminuir na outra metade do ano. A temporada de cultivo — isto é, os meses com temperaturas e durações do dia ideais para o crescimento das plantas — é mais curta nas latitudes altas e mais longa perto do equador. As plantas também são adaptadas às doenças predominantes na latitude em que crescem.

Coitada da planta cujo programa genético não combina com a latitude do campo no qual é plantada! Imagine um agricultor canadense tolo o bastante para plantar uma espécie de milho adaptada ao cultivo no sul distante, como o México. O pobre pé de milho, seguindo seu programa genético próprio para o México, se prepararia para lançar seus brotos em março, quando descobriria que ainda estava enterrado sob três metros de neve. Ainda que fosse reprogramada geneticamente para germinar numa época mais apropriada ao Canadá — digamos, em junho — a planta ainda teria dificuldades para germinar por outras razões. Seus genes estariam lhe dizendo para crescer num ritmo mais lento, o bastante para atingir sua maturidade em cinco meses. Uma estratégia perfeita para o clima moderado do México, mas desastrosa no Canadá, onde a planta acabaria morrendo congelada no outono antes que ela tivesse produzido uma só espiga de milho madura. Também lhe faltariam genes para resistir às doenças próprias do clima do norte, enquanto carregaria inutilmente os genes para resistir às doenças dos climas meridionais. Todas essas características fazem com que as plantas das latitudes mais baixas não se adaptem bem às condições das zonas altas e vice-versa. Em conseqüência, a maioria das culturas do Crescente Fértil se desenvolve bem na França e no Japão, mas muito mal no equador.

Os animais também são adaptados às características climáticas relacionadas com a latitude. Nesse aspecto, somos animais típicos, como sabemos por introspecção. Alguns de nós não suportam as baixas temperaturas do inverno do norte, com seus dias curtos e seus germes característicos, enquanto outros não conseguem suportar os climas tropicais quentes com suas doenças características. Nos últimos séculos, os colonos do frio norte da Europa preferiram emigrar para as regiões de clima também frio da América do Norte, da Austrália e da África do Sul, e se estabelecer nas regiões montanhosas frias das regiões equatoriais do Quênia e da Nova Guiné. Os europeus do norte que foram enviados para as quentes planícies tropicais costumavam morrer aos montes de doenças como a malária, contra a qual os povos tropicais haviam desenvolvido uma certa resistência genética.

Isso explica em parte por que as espécies domesticadas do Crescente Fértil se expandiram tão rapidamente para leste e para oeste: elas já estavam bem-adaptadas aos climas das regiões para as quais estavam se estendendo. Por exemplo, depois que as culturas agrícolas atravessaram as planícies da Hungria a caminho da Europa central por volta de 5400 a.C., elas se espalharam tão depressa que os locais dos primeiros agricultores na vasta área do oeste da Polônia à Holanda (marcada por sua cerâmica típica com adornos lineares) foram quase contemporâneos. À época de Cristo, os cereais originários do Crescente Fértil estavam sendo cultivados nos 13 mil quilômetros de extensão da costa atlântica da Irlanda à costa do Pacífico no Japão. Essa distância oeste-leste da Eurásia é a maior extensão de terra do planeta.

Por isso, o eixo oeste-leste da Eurásia permitiu que as culturas do Crescente Fértil introduzissem com rapidez a agricultura na faixa de latitudes temperadas da Irlanda até o Vale do Indo, e enriquecessem a agricultura que surgia de modo independente na Ásia oriental. Pela mesma razão, as culturas eurasianas que começaram a ser domesticadas longe do Crescente Fértil, mas nas mesmas latitudes, puderam difundir-se outra vez no Crescente Fértil. Hoje, quando as sementes são transportadas por todo o globo de navio e avião, vemos que nossas refeições são uma colcha de retalhos geográfica. Um típico restaurante americano de refeições ligeiras inclui em seu cardápio frango (domesticado primeiramente na China) com batatas (dos Andes) ou milho (do México), temperado com pimenta-do-reino (da Índia) e uma xícara de café (de origem etíope). No entanto, há dois mil anos, os romanos também estavam se alimentando com sua miscelânea de comidas basicamente originárias de outro lugar. Das culturas romanas, apenas a aveia e a papoula eram nativas da Itália. Os principais produtos agrícolas eram o pacote fundador do Crescente Fértil, acrescido do marmelo (originário do Cáucaso); milho-miúdo e cominho (domesticados na Ásia Central); pepino, gergelim e frutas cítricas (da Índia); e galinha, arroz, abricó, pêssego e acalifa (originários da

China). Embora pelo menos as maçãs de Roma fossem nativas da Eurásia ocidental, elas eram cultivadas por meio de técnicas de enxerto desenvolvidas na China e de lá trazidas para o Ocidente.

Embora a Eurásia tenha a faixa de terra mais larga do mundo na mesma latitude, e por isso ofereça o exemplo mais expressivo da rápida expansão de espécies domesticadas, existem outros exemplos. Competindo em velocidade com a expansão do pacote do Crescente Fértil estava a expansão para o leste de um pacote subtropical inicialmente formado no sul da China e que recebeu acréscimos ao chegar ao tropical sudeste da Ásia, às Filipinas, à Indonésia e à Nova Guiné. Em 1.600 anos, esse pacote final de culturas (incluindo banana, inhame e inhame-branco) e animais domésticos (galinhas, porcos e cães) havia se expandido por mais de oito mil quilômetros para leste até o Pacífico tropical, para chegar às ilhas da Polinésia. Outro exemplo provável é a expansão leste-oeste das culturas dentro da vasta região do Sael, na África, mas os paleobotânicos ainda precisam estudar os detalhes.

COMPARE A FACILIDADE da difusão leste-oeste na Eurásia com as dificuldades da difusão ao longo do eixo norte-sul da África. A maioria das culturas fundadoras do Crescente Fértil chegou muito depressa ao Egito e depois se expandiu para o sul até as frescas regiões montanhosas da Etiópia, mas não foi além. O clima mediterrâneo da África do Sul teria sido ideal para elas, porém os mais de três mil quilômetros de condições tropicais entre a Etiópia e a África do Sul representavam uma barreira insuperável. Em vez disso, a agricultura africana ao sul do Saara começou com a domesticação de plantas silvestres (como o sorgo e o inhame africanos) nativas na zona do Sael e da África ocidental tropical, e adaptadas às temperaturas quentes, às chuvas tropicais e à duração dos dias relativamente constante nessas baixas latitudes.

Do mesmo modo, a expansão para o sul de animais domésticos do Crescente Fértil através da África foi interrompida ou retardada pelo clima e pelas doenças, sobretudo por doenças causadas por tripanossomas transmitidas pelas tsé-tsés. O ponto mais ao sul em que o cavalo se fixou foi nos reinos da África ocidental ao norte do equador. O avanço dos bois, ovelhas e cabras foi detido durante dois mil anos no extremo norte das planícies de Serengeti, enquanto estavam sendo desenvolvidos novos tipos de economia humana e raças de gado. Somente após o período do ano 1 ao 200 da Era Cristã, cerca de oito mil anos depois de o gado ter sido domesticado no Crescente Fértil, os bois, as ovelhas e as cabras chegaram finalmente à África do Sul. As culturas africanas tropicais tiveram suas próprias dificuldades na expansão para o sul, chegando à África do Sul com os lavradores africanos (os bantos) logo depois da chegada do gado do Crescente Fértil. Entretanto, essas culturas africanas tropicais nunca puderam passar para o outro lado do rio do Peixe, na África do Sul, além do qual foram interrompidas pelas condições mediterrâneas às quais não estavam adaptadas.

O resultado foi o curso totalmente familiar dos últimos dois milênios da história sul-africana. Alguns dos povos coissãs nativos da África do Sul (também conhecidos como hotentotes ou bosquímanos) adquiriram o gado, mas permaneceram sem agricultura. Eles foram ultrapassados em quantidade e substituídos a nordeste do rio do Peixe pelos lavradores africanos, cuja expansão para o sul foi sustada ali. Somente quando os colonos europeus chegaram por mar em 1652, trazendo com eles o pacote de produtos agrícolas do Crescente Fértil, a agricultura pôde se desenvolver na zona mediterrânea da África do Sul. Os choques de todos esses povos produziram as tragédias da África do Sul moderna: a rápida dizimação dos coissãs pelos germes e pelas armas dos europeus; um século de guerras entre europeus e negros; outro século de opressão racial; e agora, tentativas de europeus e negros para buscar um modo novo de coexistência nas antigas terras coissãs.

COMPARE TAMBÉM A facilidade da difusão na Eurásia com suas dificuldades ao longo do eixo norte-sul nas Américas. A distância entre a Mesoamérica e a América do Sul — digamos, entre as regiões montanhosas do México e as do Equador — é de apenas 1.900 quilômetros, quase a mesma que separa os Bálcãs da Mesopotâmia, na Eurásia. Os Bálcãs proporcionaram condições de cultivo ideais para a maioria das plantações e para a criação de gado mesopotâmicas, e receberam as espécies domesticadas como um pacote durante os dois mil anos de sua formação no Crescente Fértil. Essa rápida expansão evitou a domesticação dessas e de outras espécies semelhantes nos Bálcãs. Assim também, as regiões montanhosas do México e os Andes teriam sido adequadas a muitas plantações e animais domésticos de ambos. Alguns produtos agrícolas, sobretudo o milho mexicano, de fato se expandiram para a outra região na era pré-colombiana.

Mas outras culturas e outros animais domésticos não se disseminavam entre a Mesoamérica e a América do Sul. O clima frio das regiões montanhosas do México teria oferecido condições ideais para a criação de lhamas, porquinhos-da-índia e batatas, todos domesticados no clima frio dos Andes, na América do Sul. Entretanto, a expansão para o norte dessas especialidades andinas foi totalmente interrompida pelas quentes planícies intermediárias da América Central. Cinco mil anos depois de a lhama ter sido domesticada nos Andes, os olmecas, os maias, os astecas e todas as outras sociedades nativas do México continuavam sem animais de tração e sem mamíferos domésticos comestíveis, com exceção do cachorro.

Em contrapartida, o peru doméstico do México e os girassóis domésticos do leste dos Estados Unidos podiam ter se desenvolvido nos Andes, mas sua expansão para o sul foi interrompida pelos climas tropicais. Pouco mais de mil quilômetros de distância entre o norte e o sul impediram que o milho, a abóbora e o feijão mexicanos chegassem ao sudoeste dos Estados Unidos milhares de anos depois de sua domesticação no México, e a pimenta e o quenopódio mexicanos jamais chegaram ali nos tempos pré-históricos. Durante milhares de anos depois de ter sido domesticado no México, o milho não se espalhou em direção ao norte, para o leste da América do Norte, por causa do clima mais frio e dos períodos curtos de cultivo que prevalecem ali. Em algum momento entre os anos 1 e 200 da Era Cristã, o milho finalmente apareceu no leste dos Estados Unidos, mas apenas como uma cultura secundária. Somente por volta do ano 900, depois que foram desenvolvidas variedades resistentes do milho adaptadas ao clima setentrional, a agricultura baseada no milho contribuiu para o florescimento da sociedade americana nativa mais complexa da América do Norte, a cultura do Mississippi — um breve período de alto desenvolvimento que terminou por causa dos germes introduzidos pelos europeus que chegaram com e depois de Colombo.

Vale lembrar que estudos genéticos provaram que a maioria das culturas do Crescente Fértil é proveniente de um único processo de domesticação, cujas culturas resultantes se difundiram tão depressa que evitaram outras domesticações incipientes das mesmas espécies ou de espécies correlatas. Por outro lado, muitas culturas americanas nativas, aparentemente bastante disseminadas, eram, na verdade, espécies similares, ou mesmo de variedades geneticamente distintas da mesma espécie, domesticadas isoladamente na Mesoamérica, na América do Sul e no leste dos Estados Unidos. Espécies muito próximas alternavam-se geograficamente entre amarantos, feijões, quenopódios, pimentas e pimentões, algodões, abóboras e tabacos. Variedades diferentes da mesma espécie tomavam o lugar umas das outras entre o feijão comum, feijão-de-lima, o pimentão vermelho (*Capsicum annuum/ chinense*) e a abobrinha italiana (*Cucurbita pepo*). Esses legados de múltiplas domesticações independentes podem ser mais uma prova da lenta difusão das culturas ao longo do eixo norte-sul das Américas.

A África e as Américas são, portanto, as duas maiores massas de terra com um eixo predominantemente longitudinal e uma conseqüente difusão lenta. Em algumas outras partes do mundo, a lenta difusão norte-sul foi menos importante.

Entre esses outros exemplos estão o ritmo moroso do intercâmbio de culturas entre o Vale do Indo, no Paquistão, e o sul da Índia, a lenta expansão da produção de alimentos do sul da China para a Malásia peninsular e o fracasso da produção de alimentos da Indonésia e da Nova Guiné, nos tempos pré-históricos, em chegar às modernas fazendas do sudoeste e sudeste da Austrália respectivamente. Esses dois pontos da Austrália são agora as regiões abastecedoras de grãos do continente, mas ficam mais de 3,2 mil quilômetros ao sul do equador. A agricultura teve de esperar a chegada, em embarcações da longínqua Europa, das culturas adaptadas ao clima frio europeu e às curtas temporadas de cultivo.

Alonguei-me sobre a questão da latitude, instantaneamente avaliada por uma rápida olhada no mapa, porque é um importante fator determinante do clima, das condições de cultivo e da facilidade de expansão da produção de alimentos. No entanto, a latitude não é, naturalmente, o único fator determinante, e nem sempre é verdade que lugares adjacentes na mesma latitude têm o mesmo clima (embora o dia tenha necessariamente a mesma duração). Barreiras topográficas e ecológicas, muito mais acentuadas em alguns continentes do que em outros, constituíam importantes obstáculos locais à difusão.

Por exemplo, a difusão das culturas entre o sudeste e o sudoeste dos Estados Unidos foi muito lenta e seletiva, embora essas duas regiões estejam na mesma latitude. Isso porque boa parte da área do Texas que fica no meio e das Grandes Planícies do sul era seca e imprópria para a agricultura. Um exemplo semelhante na Eurásia envolvia o limite oriental das culturas do Crescente Fértil, que se expandiram rapidamente a oeste para o oceano Atlântico e a leste para o Vale do Indo, sem esbarrar em maiores obstáculos. No entanto, em direção ao extremo leste na Índia, a mudança de um índice pluviométrico predominantemente de inverno para outro predominantemente de verão contribuiu para retardar a ampliação da agricultura, que envolvia diferentes técnicas e culturas agrícolas, para a planície do Ganges no nordeste da Índia. Mais a leste ainda, as áreas temperadas da China eram isoladas das áreas ocidentais eurasianas com climas semelhantes pela combinação do deserto asiático central, do planalto tibetano e do Himalaia. O desenvolvimento inicial da produção de alimentos na China foi, portanto, independente daquela, na mesma latitude, no Crescente Fértil, e deu origem a culturas totalmente diferentes. Entretanto, mesmo essas barreiras entre a China e a Eurásia ocidental foram pelo menos em parte superadas durante o segundo milênio da Era Cristã, quando o trigo, a cevada e os cavalos da Ásia ocidental chegaram à China.

Como prova, a potencialidade de um deslocamento norte-sul de 3,2 mil quilômetros como barreira também varia segundo as condições locais. A produção de alimentos no Crescente Fértil expandiu-se para o sul percorrendo essa distância até a Etiópia, e a produção de alimentos banto espalhou-se depressa da região dos Grande Lagos na África em direção a Natal, no sul, porque em ambos os casos as áreas que ficavam no meio tinham regime de chuvas semelhante e eram próprias para a agricultura. Em contrapartida, a difusão das culturas do sul da Indonésia para o sudoeste da Austrália era completamente impossível, e a difusão pela distância muito menor do México para o sudoeste e o sudeste dos Estados Unidos foi lenta, pois as áreas interpostas eram desertos hostis à agricultura. A falta de um planalto elevado na Mesoamérica no sul da Guatemala e a faixa muito estreita de terra da Mesoamérica no sul do México, e sobretudo no Panamá, eram pelo menos tão importantes quanto o gradiente latitudinal para conter o intercâmbio de produtos agrícolas e gado bovino entre as áreas montanhosas do México e dos Andes.

As diferenças continentais na direção dos eixos afetaram não apenas a difusão da produção de alimentos, mas também de outras tecnologias e invenções. Por exemplo, por volta de 3000 a.C., a invenção da roda no sudoeste da Ásia ou perto dele espalhou-se rapidamente para oeste e para leste através de grande parte da Eurásia em poucos séculos, enquanto as rodas inventadas independentemente no México pré-histórico nunca se difundiram na direção sul, para os Andes. Do mesmo modo, o alfabeto, desenvolvido na parte ocidental do Crescente Fértil por volta de 1500 a.C., difundiu-se a oeste para Cartago e a leste para o subcontinente indiano em cerca de mil anos, mas os sistemas de escrita mesoamericanos que se desenvolveram nos tempos pré-históricos durante pelo menos dois mil anos nunca chegaram aos Andes.

Naturalmente, a roda e a escrita não estão diretamente ligadas à latitude e à duração do dia como no caso das culturas agrícolas. Ao contrário, os vínculos são indiretos, especialmente através dos sistemas de produção de alimentos e suas conseqüências. As primeiras rodas eram partes de carroças de boi utilizadas para transportar produtos agrícolas. Os primeiros sistemas de escrita restringiam-se às elites sustentadas por camponeses produtores de alimentos, e atendia aos objetivos de sociedades produtoras de alimentos econômica e socialmente complexas (como a propaganda real, o inventário de bens e a manutenção burocrática de registros). Em geral, as sociedades envolvidas em intensas permutas de plantios, criações de animais e técnicas relacionadas com a produção de alimentos tinham mais probabilidade de envolver-se também em outras permutas.

A canção patriótica da América, *America the Beautiful* (América, a Bela), invoca seus vastos céus, suas ondas ambarinas de grãos, do mar ao brilhante mar. Na verdade, essa canção inverte realidades geográficas. Como na África, nas Américas a disseminação das culturas e dos animais domésticos nativos foi, na realidade, retardada por céus comprimidos e barreiras ambientais. Nenhuma onda de grãos nativos se estendeu, na América do Norte, do Atlântico à costa do Pacífico, do Canadá à Patagônia ou do Egito à África do Sul, ao passo que ondas ambarinas de trigo e cevada estenderam-se do Atlântico ao Pacífico através dos vastos céus da Eurásia. Essa expansão mais rápida da agricultura eurasiana, comparada com a da agricultura nativa americana e africana subsaariana, influenciou (como mostrará a próxima parte deste livro) a difusão mais rápida da escrita, da metalurgia, da tecnologia e dos impérios eurasianos.

Expor todas essas diferenças não é afirmar que as culturas amplamente difundidas sejam admiráveis, ou que elas testemunham a engenhosidade superior dos primeiros lavradores eurasianos. Elas refletem, ao contrário, a direção axial da Eurásia comparada à da América ou da África. Em torno desses eixos giraram os destinos da história.

PARTE III

DO ALIMENTO ÀS ARMAS, AOS GERMES E AO AÇO

CAPÍTULO 11

O PRESENTE LETAL DOS ANIMAIS DOMÉSTICOS

Já vimos como a produção de alimentos surgiu em alguns centros, e como se difundiu em velocidades desiguais de lá para outras áreas. Essas diferenças geográficas constituem respostas importantes e conclusivas para a pergunta de Yali sobre o motivo pelo qual povos diferentes chegaram a níveis diversos de poder e riqueza. No entanto, a produção de alimentos em si não é uma causa imediata. Em um combate corpo-a-corpo, um agricultor despido não levaria nenhuma vantagem sobre um caçador-coletor despido.

Ao contrário, parte da explicação para o poder do agricultor reside em populações mais densas do que a produção de alimentos era capaz de sustentar: dez agricultores despidos certamente levariam vantagem sobre um caçador-coletor despido em uma luta. A outra parte é que nem agricultores nem caçadores-coletores estão despidos, pelo menos não de modo figurado. Os agricultores tendem a expirar germes piores, a possuir armas e armaduras melhores, a possuir tecnologia mais poderosa em geral, e a viver sob governos centralizados com elites cultas mais capazes de empreender guerras de conquista. Por isso, os próximos quatro capítulos vão examinar como a causa original da produção de alimentos conduziu a causas imediatas de germes, alfabetização, tecnologia e governo centralizado.

Os elos que interligam criações de animais e culturas agrícolas aos germes me foram mostrados de modo inesquecível por um caso ocorrido em um hospital, contado por um amigo médico. Quando este meu amigo era um médico jovem e inexperiente, foi chamado a um quarto de hospital para tratar de um casal muito abatido por causa de uma doença misteriosa. A situação era ainda pior porque o casal estava tendo dificuldade de comunicação entre si e com meu amigo. O marido era um homem pequeno, tímido, com uma pneumonia causada por um micróbio não identificado, e com domínio limitado do idioma inglês. Atuando como intérprete estava sua bela esposa, preocupada com a situação do marido e assustada com o ambiente hospitalar pouco familiar. Meu amigo também estava muito cansado depois de uma longa semana de trabalho no hospital e de tentar imaginar que fatores de risco incomuns poderiam ter desencadeado a estranha moléstia. A tensão fez meu amigo esquecer tudo o que aprendera sobre a discrição ao abordar o paciente: ele cometeu a terrível asneira de pedir à esposa que perguntasse ao marido se ele havia tido alguma experiência sexual que pudesse ter causado a infecção.

Enquanto o médico observava, o marido corou, encolheu-se a ponto de parecer ainda menor, tentou desaparecer sob os lençóis e gaguejou baixinho algumas palavras. A esposa de repente deu um grito irado e se preparou para atirar-se sobre ele. Antes que o médico pudesse impedir, ela agarrou uma garrafa pesada de metal, bateu com toda a força na cabeça do marido e saiu do quarto vociferando. Foi preciso algum tempo para o médico reanimar o paciente e mais tempo ainda para extrair, por causa do péssimo inglês do homem, o que ele dissera que deixou a esposa enfurecida. A resposta veio lentamente: ele havia confessado várias relações sexuais com uma ovelha em uma recente visita à fazenda da família; talvez fosse esse o modo como ele contraiu o micróbio misterioso.

Este incidente parece bizarro e único, sem maior importância. Mas ele ilustra, na verdade, uma questão de grande importância: as doenças humanas de origem animal. Pouquíssimos de nós amam uma ovelha no sentido carnal como fez esse paciente. Mas a maioria de nós ama platonicamente nossos bichos de estimação, como os nossos cães e gatos. Como sociedade, parecemos ter um carinho exagerado por ovelhas e outros tipos de animais de rebanho, a julgar pelas imensas quantidades que criamos. Por exemplo, durante um censo recente, os 17.085.400 de habitantes da Austrália tinham a ovelha em tão alta conta que criavam 161.600.000 delas.

Alguns de nós, adultos, e muitos de nossos filhos, contraem doenças infecciosas de nossos bichos de estimação. Normalmente, não passam de um breve incômodo, mas algumas evoluíram para algo muito mais sério. Os principais assassinos da humanidade ao longo de nossa história recente, varíola, gripe, tuberculose, malária, peste bubônica, sarampo e cólera, são doenças infecciosas que se desenvolveram de doenças de animais, embora a maioria dos micróbios responsáveis por nossas próprias epidemias agora esteja, paradoxalmente, quase restrita aos seres humanos. Por terem sido as maiores assassinas das pessoas, as doenças também moldaram de forma decisiva a história. Até a Segunda Guerra Mundial, uma quantidade maior de vítimas morreu por causa de micróbios trazidos com a guerra do que dos ferimentos das batalhas. Todas essas histórias militares que glorificam grandes generais simplificam demais a dolorosa verdade: os vencedores das guerras passadas nem sempre foram os exércitos com os melhores generais e as melhores armas, mas quase sempre aqueles que simplesmente carregavam os piores germes para transmiti-los aos inimigos.

Os exemplos mais terríveis do papel dos germes na história vêm da conquista das Américas pelos europeus, a começar pela viagem de Colombo, em 1492. Mais numerosos que os ameríndios vítimas dos conquistadores espanhóis assassinos foram as inúmeras vítimas dos micróbios espanhóis assassinos. Por que a troca de germes perigosos entre América e Europa foi tão desigual? Por que as doenças dos nativos americanos não dizimaram os invasores espanhóis, não se propagaram na volta à Europa nem aniquilaram 95 por cento da população européia? Perguntas semelhantes surgem a respeito da dizimação de muitos outros povos nativos por germes eurasianos, como também sobre a dizimação dos supostos conquistadores europeus nas regiões tropicais da África e da Ásia.

Desse modo, questões sobre a origem animal das doenças humanas estão por trás do padrão mais amplo da história humana, e por trás de algumas das questões mais importantes da saúde humana hoje. (Pense na Aids, uma doença humana que se propaga de modo explosivo e parece ter evoluído de um vírus que existe em macacos africanos selvagens.) Vamos começar este capítulo analisando o que é uma "doença", e por que alguns micróbios evoluíram de modo a nos "deixar doentes", enquanto a maioria das outras espécies de seres vivos não nos causam doenças. Examinaremos por que muitas de nossas doenças infecciosas mais conhecidas ocorrem em epidemias, como a atual epidemia de Aids e as epidemias de peste negra (ou bubônica) na Idade Média. Depois veremos como os ancestrais dos micróbios, agora restritos a nós, saíram de seus animais hospedeiros originais. Finalmente, veremos como um claro entendimento das origens animais de nossas doenças infecciosas ajudam a explicar a intensa troca de germes, praticamente em um só sentido, entre os europeus e os ameríndios.

NATURALMENTE, SOMOS INCLINADOS a só pensar nas doenças do nosso próprio ponto de vista: o que podemos fazer para nos salvar e matar os micróbios? Esmaguemos os canalhas, e não importa quais são os motivos *deles*! Mas na vida, de modo geral, é preciso conhecer o inimigo para vencê-lo, e isso vale principalmente em medicina.

Portanto, vamos começar pondo de lado, temporariamente, nossa tendência para o aspecto humano e considerar a doença do ponto de vista dos micróbios. Afinal, micróbios são um produto da seleção natural tanto quanto nós. Que benefício evolutivo um micróbio extrai em nos causar doenças tão bizarras como lesões genitais ou diarréia? E por que os micróbios evoluem de modo a nos matar? Isso parece muito intrigante e autodestrutivo, já que um micróbio que mata seu hospedeiro mata a si mesmo.

Basicamente, os micróbios evoluem como as outras espécies. A evolução seleciona os indivíduos que são mais eficientes na produção de bebês e na ajuda para que estes se propaguem por lugares adequados para viver. Para um micróbio, a propagação pode ser definida matematicamente como o número de novas vítimas contaminadas por cada paciente original. Esse número depende de quanto tempo cada vítima permanece capaz de infectar novas vítimas, e da eficácia com que o micróbio é transmitido de uma vítima para a seguinte.

Os micróbios desenvolveram diversas maneiras de passar de uma pessoa para outra, e dos animais para as pessoas. O germe que melhor se propaga deixa mais "filhotes" e acaba favorecido pela seleção natural. Muitos de nossos "sintomas" de doença na verdade representam os mecanismos pelos quais um maldito micróbio inteligente modifica nossos corpos ou nosso comportamento de modo que sejamos recrutados para transmitir micróbios.

A maneira mais fácil de um germe se propagar é esperar que seja transmitido passivamente para a próxima vítima. Essa é a estratégia adotada por micróbios que esperam que um hospedeiro seja comido pelo próximo hospedeiro: por exemplo, a bactéria salmonela, que contraímos comendo ovos ou carne contaminados; o verme responsável pela triquinose, que passa dos porcos para nós esperando que matemos o porco e o comamos sem um cozimento adequado; e o verme que causa anisaquíase, com o qual japoneses e americanos amantes do sushi se infectam ocasionalmente consumindo peixe cru. Esses parasitas passam para uma pessoa quando elas ingerem carne de um animal, mas o vírus causador do kuru nas regiões montanhosas da Nova Guiné era transmitido para pessoas que se alimentavam de carne humana. Ele era transmitido em regiões onde se praticava o canibalismo, quando os bebês das regiões montanhosas cometeram o erro fatal de lamber os dedos depois de brincar com os cérebros de pessoas contaminadas com kuru, que as mães haviam acabado de cortar e que iam ser cozinhados.

Alguns micróbios não esperam que o hospedeiro morra e seja comido, e pegam carona na saliva de um inseto que pica o hospedeiro e sai voando para achar um novo hospedeiro. O passeio grátis pode ser proporcionado por mosquitos, pulgas, piolhos ou moscas africanas tsé-tsé que transmitiam, respectivamente, malária, peste bubônica, tifo e doença do sono. O mais sujo de todos os truques de transmissão passiva é perpetrado por micróbios que passam de uma mulher para o feto e assim já contaminam os bebês no nascimento. Lançando mão desse truque, os micróbios responsáveis pela sífilis, pela rubéola e agora pela Aids suscitam dilemas éticos com os quais as pessoas que acreditam em um universo essencialmente justo tiveram que travar uma luta desesperada.

Outros germes transportam as matérias nas próprias mãos, metaforicamente falando. Eles modificam a anatomia ou os hábitos do hospedeiro a fim de acelerar sua transmissão. Da nossa perspectiva, as lesões genitais abertas causadas por doenças venéreas como a sífilis são uma indignidade vil. Do ponto de vista dos micróbios, no entanto, elas são apenas um dispositivo útil para recrutar a ajuda de um hospedeiro na inoculação de micróbios na cavidade do corpo de um novo hospedeiro. As lesões da pele causadas pela varíola também transmitem micróbios por contato corporal direto ou indireto (às vezes, muito indireto, como quando os homens brancos dos Estados Unidos, determinados a exterminar nativos americanos "beligerantes", enviaram-lhes de presente cobertores usados antes por pacientes com varíola).

Mais enérgica, contudo, é a estratégia usada pelos micróbios da gripe, do resfriado comum e da coqueluche (tosse comprida), que induzem a vítima a tossir ou a espirrar, lançando assim uma nuvem de micróbios em direção aos possíveis novos hospedeiros. Do mesmo modo, a bactéria do cólera provoca em sua vítima uma intensa diarréia que espalha bactérias no sistema de abastecimento de água das novas vítimas potenciais, enquanto o vírus responsável pela febre hemorrágica coreana propaga-se através da urina dos ratos. Para modificar o comportamento de um hospedeiro, nada se compara ao vírus da hidrofobia (raiva), que não só se aloja na saliva de um cão contaminado mas também provoca no animal um furor de morder e, assim, infectar muitas vítimas novas. Mas pelo esforço físico do próprio micróbio, os campeões são vermes como o ancilóstomo e o esquistossoma, que penetram na pele de um hospedeiro que tenha contato com a água ou com a terra na qual suas larvas foram excretadas nas fezes de uma vítima anterior.

Assim, do nosso ponto de vista, lesões genitais, diarréias e tosses são "sintomas de doença". Do ponto de vista de um germe, são estratégias evolutivas inteligentes para se disseminar. Por isso interessa ao germe nos "deixar doentes". Mas por que um germe deveria desenvolver a estratégia aparentemente autodestrutiva de matar seu hospedeiro?

Da perspectiva do germe, isso é apenas uma decorrência involuntária (grande consolo para nós!) dos sintomas do hospedeiro que promovem a transmissão eficiente de micróbios. Mas uma vítima do cólera não tratada pode acabar morrendo em conseqüência de uma diarréia abundante que provoca a perda de vários litros de líquido por dia. Contudo, pelo menos por algum tempo, enquanto o paciente estiver vivo, a bactéria do cólera se beneficia do fato de ser despejada maciçamente no suprimento de água de suas próximas vítimas. Contanto que cada vítima contamine assim, em média, mais de uma vítima, a bactéria se propagará, mesmo que o primeiro hospedeiro acabe morrendo.

CHEGA DE EXAMES IMPARCIAIS dos interesses do germe. Vamos voltar a analisar os nossos próprios interesses egoístas: permanecermos vivos e saudáveis, e ainda por cima matando os malditos germes. Uma reação comum à infecção é a febre. Novamente, estamos acostumados a considerar a febre um "sintoma de doença", como se ela se desenvolvesse inevitavelmente, sem ter qualquer função. Mas a temperatura do corpo está subordinada ao nosso controle genético e não acontece por acaso. Alguns micróbios são mais sensíveis ao calor do que nossos próprios corpos. Elevando nossa temperatura corporal, nós, na verdade, tentamos assar os germes até a morte antes de sermos assados.

Outra reação comum nossa é ativar nosso sistema imunológico. Os glóbulos brancos e outras células do corpo procuram ativamente e matam micróbios estranhos. Os anticorpos específicos que desenvolvemos gradualmente contra um micróbio específico que nos contamina reduzem a probabilidade de uma reinfecção depois de curados. Como sabemos por experiência, há certas doenças, como a gripe e o resfriado comum, contra as quais nossa resistência é apenas temporária; podemos acabar contraindo a moléstia outra vez. Mas contra outras doenças — entre elas, sarampo, caxumba, rubéola, coqueluche e a agora erradicada varíola — nossos anticorpos estimulados por uma infecção conferem imunidade permanente. Esse é o princípio da vacinação: estimular nossa produção de anticorpos sem termos que passar pela experiência real da doença, pela inoculação em nosso organismo de uma variedade do micróbio morto ou atenuado.

Mas alguns micróbios espertos não se sujeitam a nossas defesas imunológicas. Alguns aprenderam a nos enganar alterando essas substâncias moleculares (os chamados antígenos) que nossos anticorpos reconhecem. A constante evolução ou reciclagem de novas variedades de gripe, com antígenos diferentes, explica por que o fato de termos contraído uma gripe dois anos atrás não nos deixa protegidos contra a variedade diferente que apareceu este ano. Os protozoários que causam a malária e a doença do sono são ainda mais astuciosos na sua capacidade de mudar seus antígenos. O mais astuto de todos é o vírus da Aids, que desenvolve novos antígenos mesmo quando alojado dentro de um paciente individual, acabando por dominar completamente o sistema imunológico da pessoa.

Nossa reação defensiva mais lenta é pela seleção natural, que muda as freqüências de nossos genes de geração para geração. Para quase todas as doenças, algumas pessoas são geneticamente mais resistentes do que outras. Numa epidemia, as pessoas com genes resistentes àquele micróbio em particular têm mais probabilidade de sobreviver do que aquelas que não têm esses genes. Em conseqüência disso, no curso da história, populações humanas repetidamente expostas a determinado agente patogênico passaram a ter uma proporção maior de indivíduos com genes resistentes — apenas porque indivíduos infelizes sem os genes tinham menos probabilidade de sobreviver para transmitir seus genes aos bebês.

Que grande consolo, você pode estar pensando de novo. Esta reação evolutiva não faz bem algum ao indivíduo agonizante geneticamente suscetível. Significa, entretanto, que uma população humana como um todo está mais protegida contra o agente patogênico. Exemplos dessas defesas genéticas incluem as proteções (a um preço) que os genes da anemia falciforme, da Tay-Sachs* e da fibrose cística podem dar a negros africanos, judeus asquenazes (de origem européia central ou oriental) e europeus do norte contra a malária, a tuberculose e as diarréias bacterianas, respectivamente.

Em suma, nossa interação com a maioria das espécies, como é o caso dos colibris, não faz com que nós ou os colibris fiquemos "doentes". Nem nós nem os colibris tivemos que desenvolver defesas um contra o outro. Essa relação pacífica é possível porque os colibris não contam conosco para disseminar seus bebês ou para oferecermos nossos corpos como alimento. Em vez disso, os colibris evoluíram para se alimentarem de néctar e insetos, que eles encontram usando suas próprias asas.

Mas os micróbios evoluíram para se alimentar dos nutrientes que existem em nossos próprios corpos, e eles não têm asas que lhes permitam alcançar o corpo de uma nova vítima depois que a primeira morreu ou resistiu. Conseqüentemente, muitos germes tiveram que desenvolver truques para poderem se propagar entre vítimas potenciais, e

---

*Doença que provoca paralisia e cegueira (*N. da T.*).

muitos desses truques são o que nós experimentamos como "sintomas de doença". Desenvolvemos nossos próprios "contratruques", aos quais os germes reagiram desenvolvendo "contra-contratruques". Nós e nossos agentes patogênicos estamos agora evoluídos em uma crescente disputa evolucionista, em que a morte de um concorrente é o preço da derrota e a seleção natural desempenha o papel de árbitro. Agora vamos tratar da forma da disputa: guerra-relâmpago ou guerrilha?

Suponha que alguém esteja contabilizando o número de casos de uma determinada doença infecciosa numa região geográfica, e observando como os números mudam com o tempo. Os padrões resultantes diferem muito de uma doença para outra. Para certas doenças, como a malária ou a ancilostomose, surgem novos casos em qualquer mês de qualquer ano em uma área afetada. As chamadas doenças epidêmicas, entretanto, não têm nenhum caso durante muito tempo; depois surge uma onda de casos, e a seguir nenhum caso novamente durante mais algum tempo.

Entre essas doenças epidêmicas, a gripe é conhecida pessoalmente pela maioria dos americanos, sendo que determinados anos são piores para nós (mas grandes anos para o vírus da gripe). As epidemias de cólera ocorrem a intervalos mais longos, e a epidemia peruana de 1991 foi a primeira a atingir o Novo Mundo no século XX. Embora hoje as epidemias de gripe e cólera mereçam as primeiras páginas dos jornais, as epidemias eram muito mais aterrorizantes antes do desenvolvimento da medicina moderna. A grande pandemia da história da humanidade foi a gripe espanhola, que matou 21 milhões de pessoas no fim da Primeira Guerra Mundial. A peste negra (bubônica) matou um quarto da população da Europa entre 1346 e 1352, com o número de mortos chegando a 70 por cento em algumas cidades. Quando a Canadian Pacific Railroad estava sendo construída em Saskatchewan no início da década de 1880, os ameríndios daquela província, que quase não haviam tido contato com os brancos e seus germes antes, morreram de tuberculose à incrível taxa de nove por cento ao ano.

As doenças infecciosas que nos chegam na forma de epidemias, e não como um pinga-pinga regular de casos, têm várias características comuns. Primeiro, elas se transmitem rápida e eficazmente da pessoa contaminada para as saudáveis que estão próximas, e com isso a população inteira fica exposta em pouco tempo. Segundo, são "doenças agudas": num curto período, ou as pessoas morrem ou se recuperam completamente. Terceiro, os felizardos que se recuperam desenvolvem anticorpos que os deixam imunes por muito tempo a uma repetição da doença, possivelmente para o resto de suas vidas. Finalmente, essas doenças costumam ser restritas aos seres humanos; os micróbios que as provocam não costumam viver na terra ou em outros animais. Todas essas quatro características aplicam-se ao que os americanos conhecem como doenças infantis epidêmicas agudas, como sarampo rubéola, caxumba, coqueluche e varíola.

A razão pela qual a combinação dessas quatro características tende a transformar uma doença em epidemia é fácil de entender. Em termos simples, veja como acontece. A rápida disseminação dos micróbios e a passagem rápida dos sintomas significam que todo mundo em determinada população humana é rapidamente contaminado e logo depois está morto ou recuperado e imune. Ninguém que ainda pudesse ser contaminado permanecia vivo. Mas como o micróbio só pode sobreviver nos corpos de pessoas vivas, a doença desaparece, até uma nova leva de bebês atingir a idade suscetível — e até que uma pessoa infectada chegue do exterior para desencadear uma nova epidemia.

Um exemplo clássico de como essas doenças se transformam em epidemias é a história do sarampo nas isoladas ilhas do Atlântico chamadas Feroé. Uma grave epidemia de sarampo chegou às Feroé em 1781 e depois desapareceu, deixando as ilhas livres do sarampo até a chegada de um carpinteiro contaminado vindo da Dinamarca de navio, em 1846. Em três meses, quase toda a população de Feroé (7.782 pessoas) havia contraído o sarampo e morrido, ou se recuperado. O vírus do sarampo desapareceu outra vez até a epidemia seguinte. Estudos mostram que o sarampo tende a desaparecer em qualquer população humana inferior a meio milhão de pessoas. Só em populações maiores a doença pode passar de um local para outro, persistindo assim até que um número suficiente de bebês tenha nascido na área originalmente infectada para que o sarampo possa voltar.

O que ocorreu com o sarampo nas ilhas Feroé também ocorre com as demais doenças infecciosas agudas conhecidas no mundo. Para se sustentarem, elas precisam de uma população humana suficientemente numerosa e densamente aglomerada, que um novo e numeroso grupo de crianças suscetíveis esteja predisposta à infecção no momento em que a doença estaria decrescendo se não fosse isso. Por este motivo, o sarampo e as doenças assemelhadas também são conhecidas como doenças de multidão.

OBVIAMENTE, AS DOENÇAS de multidão não conseguiram se manter em pequenos grupos de caçadores-coletores e lavradores primitivos. Como confirma a trágica experiência moderna com índios da Amazônia e habitantes das ilhas do Pacífico, uma tribo quase inteira foi dizimada por uma epidemia trazida por visitantes de fora porque ninguém na tribo possuía anticorpos contra aquele micróbio. Por exemplo, no inverno de 1902 uma epidemia de disenteria levada por um marinheiro do baleeiro *Active* matou 51 dos 56 esquimós sadlermiuts, um bando de pessoas que viviam isoladas na ilha Southampton, na região ártica do Canadá. Além disso, sarampo e outras doenças "infantis" têm maior probabilidade de matar adultos infectados do que crianças, e todos os adultos na tribo eram suscetíveis. (Em compensação, os americanos hoje raramente contraem sarampo quando adultos, porque a maioria já teve a doença ou foi vacinada na infância.) Depois de acabar com quase todos na tribo, a epidemia desapareceu. A baixa densidade populacional das tribos explica não apenas por que elas não podem sustentar epidemias introduzidas pelo mundo exterior mas também por que elas nunca desenvolvem doenças epidêmicas próprias para transmitir aos visitantes.

Isso não quer dizer, no entanto, que pequenas populações humanas estejam livres de todas as doenças infecciosas. Elas têm infecções, mas apenas de certos tipos. Algumas são causadas por micróbios capazes de se conservarem em animais ou na terra, fazendo com que a doença não desapareça, mas permaneça sempre pronta a infectar pessoas. Por exemplo, o vírus da febre amarela é transmitido por macacos selvagens africanos, e por isso sempre pode infectar populações rurais da África, daí ter sido propagado pelo comércio transatlântico de escravos, contaminando pessoas e macacos do Novo Mundo.

Outras infecções típicas de pequenas populações humanas são doenças crônicas como a lepra e o caraté. Como a doença pode levar muito tempo para matar a vítima, esta permanece viva como um reservatório de micróbios a infectar outros membros da tribo. Por exemplo, a Karimui Basim das montanhas da Nova Guiné, onde trabalhei na década de 1960, era ocupada por uma população isolada de umas mil pessoas, que sofriam da mais alta incidência de lepra do mundo — cerca de 40 por cento! Enfim, pequenas populações humanas são também suscetíveis a infecções não fatais contra as quais não nos tornamos imunes, fazendo com que a mesma pessoa possa se contagiar novamente depois da recuperação. Isso acontece com o ancilóstomo e muitos outros parasitas.

Todos esses tipos de doenças, característicos de pequenas populações isoladas, podem ser os mais antigos do mundo. Foram essas as doenças que pudemos desenvolver e manter durante os primeiros milhões de anos de nossa história evolutiva, quando a população humana total era mínima e fragmentada. Essas doenças são também compartilhadas por nossos parentes selvagens mais próximos, ou semelhantes às doenças deles: os grandes macacos africanos. Por outro lado, as doenças de multidão, sobre as quais já falamos, só podiam ter surgido a partir da formação de grandes e densas populações humanas. Essa formação começou com o surgimento da agricultura, há cerca de dez mil anos, e depois se acelerou com o nascimento das cidades, há alguns milhares de anos. De fato, as primeiras datas confirmadas de muitas doenças infecciosas conhecidas são surpreendentemente recentes: por volta de 1600 a.C. para a varíola (como se deduz dos vestígios encontrados em uma múmia egípcia), 400 a.C. para a caxumba, 200 a.C. para a lepra, 1840 para a poliomielite epidêmica e 1959 para a Aids.

POR QUE O SURGIMENTO DA AGRICULTURA desencadeou a evolução de nossas doenças infecciosas de multidão? Uma razão pouco mencionada é que a agricultura sustenta populações humanas muito mais densas do que o estilo de vida caçador-coletor — em média, 10 a 100 vezes mais densas. Além disso, caçadores-coletores mudavam freqüentemente de acampamento e deixavam para trás montes de dejetos com micróbios e larvas de vermes. Mas os agricultores eram sedentários e viviam em meio à própria imundície, proporcionando assim aos micróbios um curto caminho entre o corpo de uma pessoa e a água que outra usava para beber.

Algumas populações de lavradores facilitaram ainda mais a contaminação de novas vítimas com bactérias e vermes fecais, juntando fezes e urina e espalhando-as como fertilizante nos campos onde as pessoas trabalhavam. A irrigação e criação de peixes proporcionavam condições ideais para os caramujos que transmitem a esquistossomose e para o fascíolo, que se infiltram na nossa pele quando andamos em águas rasas poluídas por dejetos. Os agricultores sedentários estavam cercados por seus dejetos e também por roedores transmissores de doenças, atraídos pelos alimentos que ficavam armazenados. As clareiras abertas por agricultores africanos também ofereciam um habitat propício à proliferação dos mosquitos transmissores da malária.

Se o desenvolvimento da agricultura foi, portanto, a bonança para nossos micróbios, o desenvolvimento das cidades foi ainda mais, pois populações ainda mais aglomeradas infectaram-se em condições sanitárias ainda piores. Só depois do início do século XX as populações urbanas da Europa finalmente se tornaram auto-sustentáveis: antes disso, a imigração constante de camponeses saudáveis da zona rural era necessária para compensar as mortes dos moradores das cidades causadas por doenças de multidão. Outra bonança foi o desenvolvimento das rotas de comércio mundiais, que na era romana realmente uniram as populações da Europa, da Ásia e do norte da África em uma gigantesca base de proliferação de micróbios. Foi quando a varíola chegou a Roma, como a peste de Antonino, que matou milhões de cidadãos romanos entre 165 e 180.

De modo semelhante, a peste bubônica surgiu primeiro na Europa como a peste de Justiniano (542-43). Mas a peste não começou a atingir a Europa com força total, como a epidemia de peste negra, até 1346, quando uma nova rota terrestre de comércio com a China impulsionou, ao longo do eixo leste-oeste da Eurásia, o trânsito de peles infestadas de pulgas, provenientes de regiões da Ásia Central contaminadas pela peste, para a Europa. Hoje, nossos aviões a jato fazem com que até mesmo os vôos intercontinentais mais longos sejam mais rápidos do que a duração de qualquer doença infecciosa humana. Foi assim que um avião da Aerolineas Argentinas, que parou em Lima (no Peru) em 1991, conseguiu transportar várias pessoas infectadas com cólera, no mesmo dia, para minha cidade de Los Angeles, a quase cinco mil quilômetros de Lima. O aumento explosivo do número de viagens internacionais feitas por americanos e da imigração para os Estados Unidos está nos transformando em outro *melting pot* (mistura de raças) — desta vez, de micróbios aos quais não dávamos atenção por achar que provocavam apenas doenças exóticas em países longínquos.

ASSIM, QUANDO A POPULAÇÃO HUMANA tornou-se suficientemente grande e concentrada, atingimos a fase de nossa história na qual poderíamos afinal desenvolver e sustentar doenças de multidão restritas à nossa própria espécie. Mas essa conclusão apresenta um paradoxo: essas doenças nunca poderiam ter existido antes dessa época! Ao contrário, elas tiveram que se desenvolver como doenças novas. De onde vieram essas doenças novas?

O indício surgiu recentemente de estudos moleculares dos micróbios causadores de doenças. Em muitos dos micróbios responsáveis por doenças exclusivas nossas, os biólogos moleculares já conseguem identificar seus parentes mais próximos, que também são agentes de doenças infecciosas de multidão. Mas, entre eles, alguns se restringem a várias espécies de nossos animais domésticos e de estimação! Nos animais, as doenças epidêmicas também precisam de populações grandes e densas, e tampouco atacam qualquer animal: elas estão restritas principalmente a animais sociais que proporcionam a grande população necessária. Conseqüentemente, quando domesticamos animais sociais, como vacas e porcos, eles já sofriam de doenças epidêmicas que apenas esperavam o momento de serem transmitidas para nós.

Por exemplo, o vírus do sarampo é parente próximo do vírus causador da peste bovina. Essa grave moléstia epidêmica se manifesta no gado e em muitos mamíferos ruminantes selvagens, mas não no homem. O sarampo, por sua vez, não incide no gado. A grande semelhança do vírus do sarampo com o da peste bovina leva a crer que o último foi transmitido dos rebanhos para os seres humanos e depois evoluiu para o vírus do sarampo, mudando suas propriedades para adaptar-se a nós. Essa forma de contágio não surpreende, porque muitos camponeses vivem e dormem perto de vacas e de suas fezes, urina, respiração, lesões e sangue. Nossa intimidade com o gado vacum já dura nove mil anos, desde que o domesticamos — bastante tempo para o vírus da peste bovina nos descobrir por perto. Como mostra a Tabela 11.1, outras de nossas conhecidas doenças infecciosas também podem ter suas origens em doenças de nossos amigos animais.

Devido à nossa proximidade dos animais de que gostamos, certamente somos constantemente bombardeados pelos micróbios deles. Esses invasores são criteriosamente escolhidos pela seleção natural, e apenas alguns conseguem se transformar em doenças do homem. Uma rápida pesquisa sobre as doenças atuais permite-nos localizar quatro fases na evolução de uma doença humana a partir de um precursor animal.

A primeira fase é ilustrada por várias doenças que apanhamos de vez em quando diretamente de nossos bichos de estimação e animais domésticos. Entre elas estão a síndrome da arranhadura do gato, a leptospirose de nossos cães, a psitacose de nossas galinhas e papagaios, e a brucelose de nossas vacas. Também estamos sujeitos a pegar doenças de animais selvagens, como a tularemia que os caçadores podem contrair ao tirar a pele de coelhos selvagens. Todos esses micróbios ainda estão na fase inicial de sua evolução para doenças exclusivamente humanas. Eles ainda não são transmitidos diretamente de uma pessoa para outra, e até mesmo o contágio por intermédio dos animais é raro.

TABELA 11.1 Presentes letais de nossos amigos animais

Doença humana	Animais com agente patogênico mais estreitamente relacionado
Sarampo	gado vacum (peste bovina)
Tuberculose	gado vacum
Varíola	gado vacum (varíola bovina) ou outros rebanhos com vírus de varíola assemelhados
Gripe	porcos e patos
Coqueluche	porcos, cães
Febre terçã maligna	aves (galinhas e patos?)

Na segunda fase, um antigo agente patogênico animal evolui até o ponto em que é transmitido diretamente entre as pessoas e causa epidemias. No entanto, a epidemia desaparece por várias razões, como a cura por meio da medicina moderna, ou a interrupção quando todos em volta já foram infectados e se tornaram imunes ou morreram. Por exemplo, uma febre desconhecida denominada O'nyong-nyong apareceu no leste da África em 1959 e contaminou milhões de africanos. Foi causada provavelmente por um vírus de macaco transmitido aos seres humanos por mosquitos. O fato de os pacientes se recuperarem depressa e se tornarem imunes a um novo ataque contribuiu para que a doença desaparecesse rapidamente. Mais próximo dos americanos, febre Fort Bragg foi o nome dado a uma nova doença lepstospirácea que irrompeu nos Estados Unidos no verão de 1942 e logo desapareceu.

Uma doença fatal que some por uma outra razão foi o kuru da Nova Guiné, transmitida por meio do canibalismo e causada por um vírus de ação lenta, do qual ninguém jamais se recuperou. O kuru estava exterminando as vinte mil pessoas da tribo foré, até que o estabelecimento do controle do governo australiano, por volta de 1959, pôs fim ao canibalismo e, assim, à transmissão do kuru. Os anais da medicina estão repletos de relatos de doenças que não se parecem com nenhuma das doenças conhecidas hoje, mas que outrora causaram epidemias e depois desapareceram tão misteriosamente quanto surgiram. A *sweating sickness* (febre epidêmica registrada na Inglaterra) que varreu e aterrorizou a Europa entre 1485 e 1552, e o "suor da Picardia" dos séculos XVIII e XIX na França são apenas duas das muitas doenças epidêmicas que desapareceram muito tempo antes de a medicina moderna ter desenvolvido métodos para identificar os micróbios responsáveis.

Uma terceira fase no ciclo evolutivo de nossas doenças mais importantes é representada por antigos agentes patogênicos de animais que se alojaram em seres humanos, não desapareceram (ainda não?), e ainda podem, ou não, vir a se tornar grandes assassinos da humanidade. Ainda não se sabe o futuro da febre de Lassa, provocada por um vírus provavelmente derivado de roedores. A febre de Lassa foi observada pela primeira vez em 1969, na Nigéria, onde provoca uma doença fatal (febre hemorrágica) tão contagiosa que os hospitais nigerianos teriam fechado se ocorresse um único caso. Mais estudada e conhecida é borreliose, causada por uma espiroqueta que contraímos pela picada de carrapatos que vivem em ratos e veados. Embora os primeiros casos humanos conhecidos nos Estados Unidos só tenham surgido em 1962, a borreliose já está atingindo proporções epidêmicas em muitas partes do país. O futuro da Aids, derivada de um vírus do macaco e constatado pela primeira vez em seres humanos em 1959, é ainda mais seguro (do ponto de vista do vírus).

A fase final dessa evolução é representada pelas mais importantes e antigas doenças epidêmicas restritas aos seres humanos. Essas doenças devem ter sido as sobreviventes evolutivas dos muitos agentes patogênicos que tentaram saltar dos animais para nós — e a maioria fracassou.

O que realmente ocorre nessas fases, à medida que uma doença exclusiva dos animais se transforma em uma doença exclusiva dos seres humanos? Uma transformação pressupõe uma mudança do vetor animal intermediário: quando um micróbio que depende de um vetor artrópode para a transmissão muda-se para um novo hospedeiro, o micróbio pode ser obrigado a encontrar um novo artrópode também. Por exemplo, o tifo era transmitido inicialmente entre os ratos por pulgas de rato, que durante algum tempo foram suficientes para transmitir o tifo dos ratos para os seres humanos. Por fim, os micróbios do tifo descobriram que o piolho do corpo humano tinha um método muito mais eficiente de propagar-se diretamente entre seres humanos. Agora que os americanos de modo geral se livraram dos piolhos, o tifo descobriu uma rota nova para chegar até nós: infectar os esquilos voadores do leste dos Estados Unidos e depois passar para as pessoas em cujos sótãos os esquilos voadores se abrigam.

Em suma, doenças significam evolução constante, e os micróbios adaptam-se, pela seleção natural, a novos hospedeiros e vetores. Mas comparados aos das vacas, nossos corpos têm defesas imunológicas, piolhos, dejetos e substâncias diferentes. Nesse ambiente novo, um micróbio precisa desenvolver novas maneiras de viver e novos mecanismos de transmissão. Em vários casos instrutivos, médicos ou veterinários têm conseguido realmente observar micróbios desenvolvendo esses novos mecanismos.

O caso mais bem estudado foi o que aconteceu quando a mixomatose atingiu os coelhos australianos. Observou-se que o ultravírus da mixomatose, originário de uma espécie selvagem de coelho brasileiro, causava uma epidemia letal nos coelhos domésticos europeus, que são uma espécie diferente. Por isso, o vírus foi introduzido intencionalmente na Austrália, em 1950, na esperança de livrar o continente da praga dos coelhos europeus, ingenuamente levados para lá no século XIX. No primeiro ano, o vírus produziu uma gratificante (para os agricultores australianos) taxa de mortalidade de 99,8 por cento dos coelhos infectados. Infelizmente para os agricultores, a taxa de mortalidade caiu no segundo ano para 90 por cento e, finalmente, para 25 por cento, frustrando as esperanças de erradicar completamente os coelhos da Austrália. O problema foi que o vírus evoluiu para servir aos seus próprios interesses, que eram diferentes dos nossos, e também diferentes dos interesses dos coelhos. O vírus mutou para matar menos coelhos e permitir que os mortalmente infectados vivessem mais tempo antes de morrer. Como conseqüência, um vírus menos letal transmitia seus filhotes para uma quantidade maior de coelhos do que os primeiros, que eram vírus de alto poder patogênico.

Para citar um exemplo semelhante em seres humanos, basta considerarmos a surpreendente evolução da sífilis. Hoje, associamos imediatamente a sífilis às lesões genitais e a uma moléstia de lento desenvolvimento, que causa a morte de muitas vítimas sem tratamento depois de muitos anos. No entanto, quando a sífilis foi constatada pela primeira vez na Europa, em 1495, suas pústulas geralmente cobriam o corpo da cabeça aos joelhos, fazendo com que a carne se deteriorasse no rosto das pessoas e causando a morte em poucos meses. Em 1546, a sífilis havia evoluído para os sintomas conhecidos hoje. Aparentemente, da mesma maneira que a mixomatose, as espiroquetas da sífilis evoluíram de modo a manter as vítimas vivas por mais tempo, adquirindo assim a capacidade de transmitir seus filhotes espiroquetas para mais vítimas.

A IMPORTÂNCIA DOS MICRÓBIOS letais na história humana é bem ilustrada pelas conquistas européias e o despovoamento do Novo Mundo. Muito mais ameríndios morreram abatidos pelos germes eurasianos do que pelas armas e espadas européias nos campos de batalha. Esses germes minavam a resistência indígena matando grande parte dos índios e seus líderes e abalando o moral dos sobreviventes. Em 1519, por exemplo, Cortés desembarcou na costa do México com 600 espanhóis a fim de conquistar o temível império asteca militarista com uma população de muitos milhões. O fato de Cortés chegar à capital asteca de Tenochtitlán, fugir depois da perda de "apenas" dois terços de seu contingente e conseguir abrir caminho lutando para voltar à costa demonstra a superioridade militar espanhola e a ingenuidade inicial dos astecas. Mas quando sobreveio o novo ataque violento de Cortés, os astecas já não eram mais ingênuos e lutaram com a máxima tenacidade. O que deu aos espanhóis uma vantagem decisiva foi a varíola, que chegou ao México em 1520 com um escravo contaminado procedente da Cuba espanhola. A epidemia que veio em seguida matou quase a metade dos astecas, incluindo o imperador Cuitláhuac. Os sobreviventes astecas ficaram desmoralizados pela doença misteriosa que matava os índios e poupava os espanhóis, como que anunciando a invencibilidade dos espanhóis. Em 1618, a população inicial do México, de quase 20 milhões, caíra para cerca de 1,6 milhão.

Pizarro também foi ajudado por um acaso sinistro quando desembarcou na costa do Peru em 1531 com 168 homens para conquistar o império inca de milhões. Felizmente para Pizarro e infelizmente para os incas, a varíola havia chegado por terra por volta de 1526 e exterminado grande parte da população inca, incluindo o imperador Huayna Cápac e seu sucessor. Como vimos no Capítulo 3, a conseqüência de o trono ter permanecido desocupado foi que os outros dois filhos de Huayna Cápac, Ataualpa e Huáscar, enfrentaram-se numa guerra civil que Pizarro explorou para conquistar o império inca dividido.

Quando os americanos pensam nas sociedades mais populosas do Novo Mundo que existiam em 1492, só se lembram dos astecas e dos incas. Esquecem que a América do Norte abrigava sociedades indígenas populosas no lugar mais óbvio, o vale do Mississippi, que contém um dos melhores terrenos do país para a agricultura. Nesse caso, porém, os conquistadores não contribuíram diretamente para a destruição das sociedades; os germes eurasianos, que se disseminaram antes, fizeram tudo. Hernando de Soto, o primeiro conquistador europeu a atravessar o sudeste dos Estados Unidos, em 1540, encontrou em sua marcha aldeias indígenas abandonadas dois anos antes porque os habitantes haviam morrido em epidemias. Essas epidemias haviam sido disseminadas pelas índias do litoral contaminadas pelos espanhóis que visitavam a costa. Os micróbios dos espanhóis propagaram-se pelo interior antes dos próprios espanhóis.

De Soto ainda pôde ver algumas aldeias densamente povoadas contornando o segmento mais baixo do rio Mississippi. Depois do fim de sua expedição, passou-se muito tempo até que europeus chegassem novamente ao vale do Mississippi, mas os micróbios eurasianos já estavam instalados na América do Norte e continuavam se propagando. Quando os colonos franceses chegaram ao trecho mais baixo do Mississippi, no final do século XVII, quase todas as grandes aldeias indígenas já haviam desaparecido. A relíquia deles são as grandes colinas do vale. Só recentemente percebemos que muitas das sociedades construídas nas colinas estavam quase intactas quando Colombo chegou ao Novo Mundo, e que elas ruíram (provavelmente por causa das doenças) entre 1492 e a exploração sistemática do Mississippi pelos europeus.

Quando eu era jovem, os alunos dos colégios americanos aprendiam que a América do Norte era originalmente ocupada por apenas cerca de um milhão de índios. Esse número baixo seria para justificar a conquista pelos brancos do que poderia ser considerado um continente quase desabitado. Entretanto, escavações arqueológicas e o exame minucioso das descrições deixadas pelos primeiros exploradores europeus em nossas costas apontam agora para um número inicial de cerca de 20 milhões de índios. Para o Novo Mundo como um todo, estima-se que o declínio da população indígena no primeiro ou nos dois séculos posteriores à chegada de Colombo tenha sido de 95 por cento.

Os principais assassinos foram os germes do Velho Mundo, aos quais os índios jamais haviam sido expostos e contra os quais não tinham resistência imunológica nem genética. Varíola, sarampo, gripe e tifo disputavam o primeiro lugar entre os maiores assassinos. Como se esses não bastassem, difteria, malária, caxumba, coqueluche, peste, tuberculose e febre amarela vinham logo atrás. Em inúmeros casos, os brancos estavam lá para testemunhar a destruição ocorrida com a chegada dos germes. Por exemplo, em 1837 a tribo dos mandans, que possuía uma das culturas mais sofisticadas das Grandes Planícies dos Estados Unidos, contraiu varíola dos tripulantes de um barco a vapor que viajava pelo rio Missouri vindos de St. Louis. A população de uma aldeia mandan despencou de dois mil para menos de 40 habitantes em poucas semanas.

ENQUANTO VÁRIAS DOENÇAS INFECCIOSAS importantes originárias do Velho Mundo se instalavam no Novo Mundo, talvez nem um único assassino importante da América chegou à Europa. A única exceção possível é a sífilis, cujo local de origem ainda é objeto de controvérsias. A unilateralidade dessa troca de germes é mais espantosa quando lembramos que a alta densidade populacional é um pré-requisito para a evolução de nossas doenças infecciosas de multidão. Se as recentes reavaliações da população pré-colombiana estiverem corretas, ela não estava muito abaixo da população da Eurásia naquela época. Algumas cidades do Novo Mundo, como Tenochtitlán, estavam entre as cidades mais populosas do mundo naquele tempo. Por que Tenochtitlán não tinha germes terríveis esperando pelos espanhóis?

Um possível fator é que o surgimento de populações humanas compactas começou no Novo Mundo um pouco mais tarde do que no Velho Mundo. Outro é que os três centros americanos mais densamente povoados — Andes, Mesoamérica e vale do Mississippi — nunca estiveram interligados por um comércio rápido e regular que os transformassem em terreno propício para uma intensa proliferação de micróbios, do modo como aconteceu entre Europa, norte da África, Índia e China no período romano. Esses fatores ainda não explicam por que o Novo Mundo acabou aparentemente sem epidemias de multidão letais. (O DNA da tuberculose foi encontrado na múmia de um índio peruano morto mil anos atrás, mas o procedimento de identificação usado não distinguiu a tuberculose humana de um agente patogênico estreitamente relacionado [*Mycobacterium bovis*] que se propaga em animais selvagens.)

A principal razão pela qual as epidemias de multidão letais não surgiram nas Américas fica clara quando fazemos uma pergunta simples. A partir de que micróbios elas poderiam ter se desenvolvido? Vimos que as doenças de multidão eurasianas se desenvolveram a partir das doenças dos rebanhos eurasianos domesticados. Enquanto muitos desses animais existiam na Eurásia, apenas cinco foram domesticados nas Américas: o peru no México e no sudoeste dos Estados Unidos, a lhama/alpaca e o porquinho-da-índia nos Andes, o pato-do-mato na América do Sul tropical, e o cachorro em todo o continente americano.

Também vimos que essa escassez extrema de animais domésticos no Novo Mundo reflete a escassez de material selvagem inicial. Cerca de 80 por cento dos grandes mamíferos selvagens das Américas foram extintos no final da última Era Glacial, por volta de 13 mil anos atrás. Os poucos domesticados que sobraram para os ameríndios não eram fontes prováveis de doenças de multidão, comparados às vacas e aos porcos. O pato-do-mato e o peru não vivem em grandes bandos e não são espécies que as pessoas costumam abraçar e afagar (como os cordeirinhos) e com as quais temos muito contato físico. Os porcos-da-índia podem ter contribuído com uma tripanossomíase, como a doença de Chagas ou a leishmaniose, para o nosso catálogo de aflições, mas isso não está confirmado. Inicialmente, mais surpreendente é a ausência de doenças humanas derivadas das lhamas (ou alpacas), que tendemos a considerar o equivalente andino do rebanho eurasiano. No entanto, houve quatro constatações que eliminam as lhamas como fonte de agentes patogênicos humanos: elas eram mantidos em rebanhos menores do que as ovelhas, as cabras e os porcos; sua quantidade total nunca foi nem remotamente tão grande quanto o total das populações de rebanhos domésticos eurasianos, já que a lhama nunca se espalhou além dos Andes; as pessoas não bebem (e por isso não são contaminadas) o leite de lhama; e as lhamas não são mantidas em lugares fechados, em contato direto com as pessoas. Por outro lado, as mães humanas das regiões montanhosas da Nova Guiné costumam amamentar os leitões, e porcos e vacas freqüentemente são mantidos dentro das cabanas dos camponeses.

A IMPORTÂNCIA HISTÓRICA DAS DOENÇAS derivadas dos animais vai além do choque do Velho e do Novo Mundo. Os germes eurasianos desempenharam um papel-chave no extermínio dos povos nativos em muitas outras partes do mundo, incluindo os habitantes das ilhas do Pacífico, os aborígines australianos e os coissãs (hotentotes) da África meridional. A taxa de mortalidade acumulada desses povos antes não expostos aos germes eurasianos variava de 50 a 100 por cento. Por exemplo, a população indígena da ilha de Hispaniola (Grandes Antilhas) caiu de cerca de oito milhões na chegada de Colombo, em 1492, para zero por volta de 1535. O sarampo chegou a Fiji com a volta de um chefe fijiano depois de uma visita à Austrália em 1875, e matou cerca de um quarto dos fijianos (depois de grande parte já ter sido morta por epidemias que começaram com a primeira visita européia, em 1791). Sífilis, gonorréia, tuberculose e gripe que chegaram junto com o navegador James Cook em 1779, seguidas de uma grande epidemia de febre tifóide em 1804 e numerosas "epidemias secundárias", reduziram a população do Havaí de meio milhão de habitantes em 1779 para 84 mil em 1853, ano em que a varíola chegou ao Havaí e acabou matando cerca de dez mil sobreviventes. Há inúmeros exemplos como esses.

Contudo, os germes não agiram somente em prol dos europeus. Embora o Novo Mundo e a Austrália não tivessem doenças epidêmicas nativas à espera dos europeus, a Ásia tropical, a África, a Indonésia e a Nova Guiné com certeza tinham. A malária em todo o Velho Mundo tropical, o cólera no sudeste da Ásia e a febre amarela na África tropical eram (e ainda são) os assassinos tropicais mais notórios. Eles representavam o obstáculo mais grave à colonização européia das regiões dos trópicos, e explicam por que a divisão colonial européia da Nova Guiné e de grande parte da África só foi feita quase 400 anos depois do começo da divisão européia do Novo Mundo. Além do mais, depois de transmitidas às Américas pelas viagens de navios europeus, a malária e a febre amarela também surgiram como o principal obstáculo à colonização das regiões tropicais do Novo Mundo. Um exemplo conhecido é o papel dessas duas doenças no insucesso da tentativa francesa e no quase fracasso da tentativa americana de construir o canal do Panamá.

Com todos esses fatos em mente, vamos tentar retomar nossa perspectiva sobre o papel dos germes para responder à pergunta de Yali. Não há dúvida de que os europeus tinham uma grande vantagem em termos de armas, tecnologia e organização política sobre a maioria dos povos não-europeus que conquistaram. Mas essa vantagem sozinha não explica inteiramente como, a princípio, tão poucos imigrantes europeus conseguiram suplantar tantos nativos das Américas e de outras partes do mundo. Isso não teria ocorrido sem o presente sinistro da Europa para os outros continentes: os germes que se desenvolvem a partir da prolongada convivência dos eurasianos com os animais domésticos.

CAPÍTULO 12

ESQUEMAS DETALHADOS E LETRAS EMPRESTADAS

Os AUTORES DO SÉCULO XIX TENDIAM A INTERPRETAR A HISTÓRIA COMO UMA progressão da barbárie à civilização. Entre os pontos mais marcantes dessa transição estavam o desenvolvimento da agricultura, a metalurgia, a tecnologia complexa, os governos centralizados e a escrita. Destes, a escrita era tradicionalmente a mais restrita do ponto de vista geográfico: até a expansão do Islã e das colônias européias, ela esteve ausente da Austrália, das ilhas do Pacífico, da África subequatorial e do Novo Mundo inteiro, com exceção de uma parte pequena da Mesoamérica. Como resultado dessa distribuição limitada, os povos que se orgulhavam de serem civilizados sempre viram a escrita como a distinção mais nítida que os elevava acima dos "bárbaros" ou "selvagens".

O saber engendra poder. Por isso a escrita é um instrumento de poder das sociedades modernas, permitindo a transmissão do conhecimento, das terras mais longínquas e dos tempos mais remotos, com muito mais precisão e em maior quantidade e detalhe. Naturalmente, certos povos (de maneira notável, os incas) conseguiram dirigir seus impérios sem a escrita, e os povos "civilizados" nem sempre derrotam os "bárbaros", como descobriram os exércitos romanos ao enfrentarem os hunos. Mas as conquistas européias das Américas, da Sibéria e da Austrália ilustram a típica conseqüência recente.

A escrita caminhou junto com as armas, os micróbios e a organização política centralizada como um agente moderno de conquista. As ordens dos monarcas e comerciantes que organizaram as frotas colonizadoras eram transmitidas por escrito. As frotas estabeleceram suas rotas por meio de mapas e instruções de navegação escritas por expedições anteriores. Relatos escritos de expedições motivaram expedições posteriores, pela descrição da riqueza e das terras férteis que esperavam os conquistadores. Os relatos explicavam para os exploradores seguintes que condições eles deviam esperar, e os ajudavam a se preparar. Os impérios resultantes foram governados com a ajuda da escrita. Embora todos esses tipos de informação também fossem transmitidos por outros meios nas sociedades ainda não alfabetizadas, a escrita tornou a transmissão mais fácil, mais detalhada, mais precisa e mais convincente.

Então, por que somente alguns povos desenvolvem a escrita, levando-se em conta seu imenso valor? Por exemplo, por que os caçadores-coletores tradicionais não desenvolveram ou adotaram a escrita? Entre os impérios insulares, por que a escrita surgiu na Creta minóica mas não na Tonga polinésia? Quantas vezes a escrita foi desenvolvida na história da humanidade, em que circunstâncias e para que fim? Entre os povos que a desenvolveram, por que alguns o fizeram bem mais cedo que outros? Por exemplo, hoje, quase todos os japoneses e escandinavos são alfabetizados, mas a maioria dos iraquianos, não: apesar disso, por que a escrita surgiu quase quatro mil anos antes no Iraque?

A difusão da escrita a partir de seus locais de origem também suscita questões importantes. Por que, por exemplo, ela se difundiu do Crescente Fértil para a Etiópia e a Arábia, mas não do México para os Andes? Os sistemas de escritas se difundiram sendo copiados ou os sistemas existentes apenas inspiraram os povos vizinhos a inventar seus próprios sistemas? Considerando-se um sistema de escrita que funciona bem para um idioma, como se desenvolve um sistema para uma língua diferente? Perguntas semelhantes surgem sempre que se procura entender as origens e a difusão de muitos outros aspectos da cultura humana — como tecnologia, religião e produção de alimentos. O historiador interessado nessas questões sobre a escrita tem a vantagem de encontrar as respostas, quase sempre em raros detalhes, no próprio registro escrito. Portanto, vamos reconstruir a evolução da escrita não só por sua importância intrínseca, mas também porque ela proporciona uma percepção geral da história cultural.

As TRÊS ESTRATÉGIAS BÁSICAS que estão por trás dos sistemas de escrita apresentam diferenças no tamanho da unidade lingüística indicada por um sinal gráfico: um único som básico, uma sílaba inteira ou uma palavra inteira. Destes, o que é utilizado hoje pela maioria dos povos é o alfabeto, que em termos ideais ofereceria um símbolo único (chamado letra) para cada som básico do idioma (fonema). De fato, a maioria dos alfabetos é formada por apenas 20 ou 30 letras, e a maioria das línguas possui mais fonemas do que as letras dos seus alfabetos. Por exemplo, o inglês representa cerca de 40 fonemas com apenas 26 letras. Conseqüentemente, a maioria das línguas escritas em caracteres alfabéticos, inclusive o inglês, são obrigadas a atribuir vários fonemas diferentes à mesma letra e a representar outros por combinações de letras, como os dígrafos *sh* e *th* do inglês (cada qual representado por uma única letra nos alfabetos russo e grego, respectivamente).

A segunda estratégia utiliza os chamados logogramas, símbolos gráficos que representam uma palavra inteira. Essa é a função de muitos elementos da escrita chinesa e do sistema japonês predominante (denominado kanji). Antes da difusão do alfabeto, os sistemas que usavam muito os logogramas eram mais comuns, entre eles, o hieróglifo egípcio, os glifos dos maias e a escrita cuneiforme dos sumérios.

A terceira estratégia, a menos conhecida da maioria dos leitores deste livro, utiliza um sinal para cada sílaba. Na prática, a maior parte desses sistemas de escrita (denominados silabários) emprega sinais distintos apenas para sílabas de uma consoante seguida por uma vogal (como as sílabas da palavra "fi-ve-la"), e recorre a vários mecanismos para escrever outros tipos de sílabas por meio desses símbolos. Os silabários eram comuns antigamente, como mostram as inscrições conhecidas como Linear B da Grécia micênica. Alguns silabários existem até hoje, sendo o mais importante o silabário kana que os japoneses usam para telegramas, extratos de banco e textos para deficientes visuais.

Tenho chamado intencionalmente essas três abordagens de estratégias em vez de sistemas de escrita. Nenhum sistema atual emprega uma estratégia só. A escrita chinesa não é puramente logográfica, nem a inglesa é puramente alfabética. Como todos os sistemas de escrita alfabéticos, o inglês usa muitos logogramas, como os números, $, % e + : isto é, sinais arbitrários, não compostos de elementos fonéticos, representando palavras inteiras. O Linear B, "silábico", tinha muitos logogramas, e os hieróglifos egípcios, "logográficos", incluíam muitos sinais silábicos, como também um alfabeto virtual de letras individuais para cada consoante.

INVENTAR UM SISTEMA DE ESCRITA a partir do nada deve ter sido incomparavelmente mais difícil do que tomar emprestado um e adaptá-lo. Os primeiros escribas tiveram que estabelecer princípios básicos que hoje aceitamos como verdadeiros. Por exemplo, eles tiveram que imaginar como decompor um som articulado contínuo em unidades lingüísticas, fossem essas unidades palavras, sílabas ou fonemas. Tiveram que aprender a reconhecer o mesmo som ou unidade lingüística em todas as nossas variações normais de volume, intensidade, velocidade, ênfase, agrupamento de frases e idiossincrasias individuais da fala. Tiveram que decidir que um sistema de escrita deveria ignorar todas essas variações. E depois tiveram que inventar modos de representar os sons por meio de símbolos.

De alguma maneira, os primeiros escribas resolveram todos esses problemas, sem ter qualquer idéia do resultado final para orientar suas tentativas. Essa tarefa era, evidentemente, tão difícil que poucas vezes na história os povos inventaram uma escrita inteiramente própria. As duas invenções indiscutivelmente independentes da escrita foram a dos sumérios na Mesopotâmia, um pouco antes de 3000 a.C., e a dos índios mexicanos, antes de 600 a.C. (Figura 12.1); a escrita egípcia de 3000 a.C. e a chinesa (por volta de 1300 a.C.) também podem ter surgido de modo independente. Provavelmente todos os outros povos que desenvolveram a escrita desde então tomaram emprestados, adaptaram ou, no mínimo, inspiraram-se nos sistemas existentes.

A invenção independente que podemos reconstruir com mais detalhes é o sistema de escrita mais antigo da história: a escrita cuneiforme suméria (Figura 12.1). Durante milhares de anos antes de sua consolidação, os habitantes de algumas aldeias agrícolas do Crescente Fértil usavam símbolos feitos de argila em várias formas simples para contabilizar o número de ovelhas e a quantidade de grãos. Nos últimos séculos antes de 3000 a.C., o avanço das técnicas, do formato e dos sinais contábeis conduziram rapidamente ao primeiro sistema de escrita. Uma inovação tecnológica foi o uso das tábuas de argila como uma superfície adequada à escrita. Inicialmente, a argila era arranhada com ferramentas pontiagudas, que aos poucos foram sendo substituídas por estiletes de caniço por imprimirem marcas mais nítidas na tábuas. O aperfeiçoamento do formato incluiu a adoção progressiva de convenções cuja necessidade é agora aceita universalmente: que a escrita fosse disposta em linhas ou colunas (linhas para o sumérios, assim como para os europeus modernos); que as linhas fossem lidas sempre na mesma direção (da esquerda para a direita para os sumérios, como para os europeus modernos); e que as linhas da tábua fossem lidas de cima para baixo e não ao contrário.

Origem independente ou possivelmente independente
1. Suméria
2. Mesoamérica
?3. China
??4. Egito

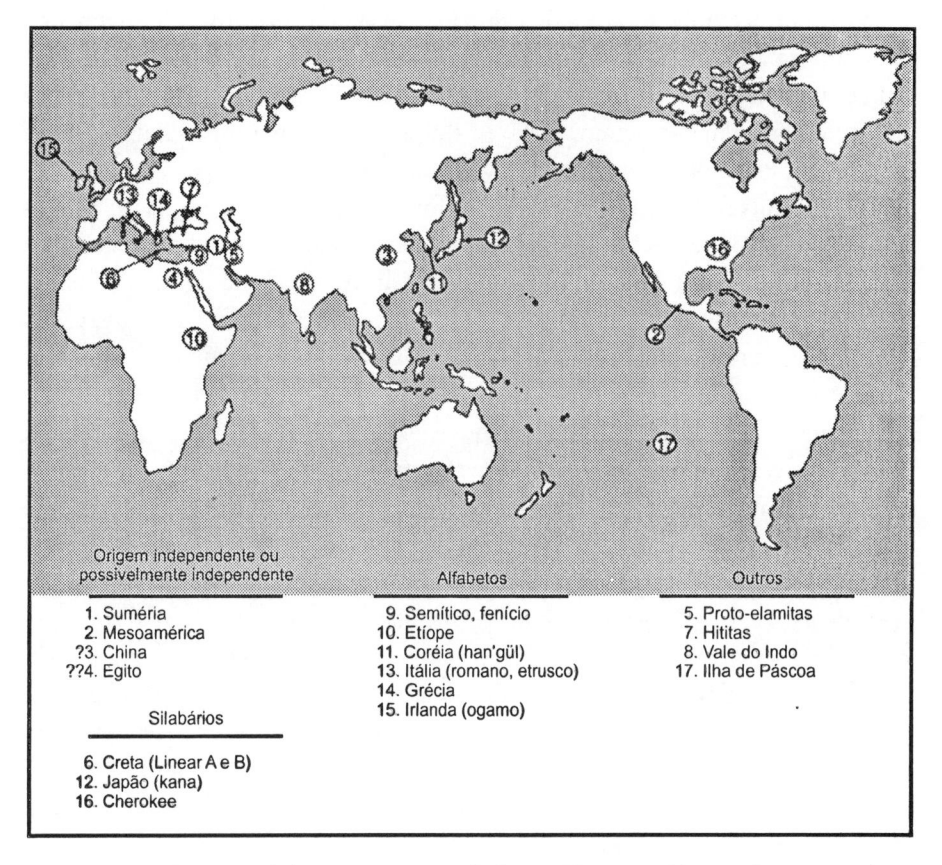

Silabários
6. Creta (Linear A e B)
12. Japão (kana)
16. Cherokee

Alfabetos
9. Semítico, fenício
10. Etíope
11. Coréia (han'gül)
13. Itália (romano, etrusco)
14. Grécia
15. Irlanda (ogamo)

Outros
5. Proto-elamitas
7. Hititas
8. Vale do Indo
17. Ilha de Páscoa

FIGURA 12.1. *Os pontos de interrogação assinalados na China e no Egito indicam certa dúvida sobre o fato de a escrita nessas regiões ter surgido de modo completamente independente ou estimulada por sistemas que surgiram anteriormente em outros lugares. "Outros" refere-se a escritas que não eram nem alfabéticas nem silábicas e que provavelmente surgiram sob a influência de sistemas de escrita anteriores.*

Mas a mudança crucial envolvia a solução do problema básico de quase todos os sistemas de escrita: como criar marcas visíveis aceitas por todos que representem os sons articulados reais, e não apenas conceitos ou palavras independentes de sua pronúncia. Estágios iniciais do desenvolvimento da solução foram detectados em milhares de placas de argila desenterradas nas ruínas da antiga cidade suméria de Uruk, no rio Eufrates, cerca de 320 quilômetros a sudeste da atual

Bagdá. Os primeiros símbolos gráficos sumérios eram figuras representativas de objetos (por exemplo, a figura de um peixe ou de um pássaro). Naturalmente, esses sinais pictóricos eram sobretudo numerais, além de nomes de objetos visíveis; os textos resultantes eram meros relatórios contábeis numa escrita telegráfica destituída de elementos gramaticais. Aos poucos, as formas dos sinais foram se estilizando, principalmente quando as ferramentas pontiagudas foram substituídas pelos estiletes de caniço. Novos sinais foram criados em combinação com os antigos para produzir novos significados: por exemplo, o símbolo para *cabeça* foi combinado com o símbolo de *pão* para produzir um sinal que significava *comer*.

A mais antiga escrita suméria consistia em logogramas não-fonéticos, isto é, não era baseada em sons específicos da língua suméria, e podia ser pronunciada com sons completamente diferentes para produzir o mesmo significado em qualquer outra língua, do mesmo modo que o símbolo do numeral 4 é pronunciado de várias maneiras: *four, chetwire, neljä* e *empat* por pessoas que falam inglês, russo, finlandês e indonésio, respectivamente. Talvez o passo mais importante em toda a história da escrita tenha sido a introdução pelos sumérios da representação fonética, inicialmente escrevendo um nome abstrato (que não podia ser prontamente representado por uma figura) por meio do sinal correspondente a um nome que podia ser representado graficamente e que tinha a mesma pronúncia fonética. Por exemplo, é fácil representar uma *seta*, difícil desenhar a *vida*, mas ambas têm a pronúncia *ti* em sumério. Assim, a figura de uma seta passou a indicar *seta* ou *vida*. A conseqüente ambigüidade foi resolvida pela adição de um sinal mudo chamado determinativo, para indicar a categoria de nomes à qual o objeto pretendido pertencia. Os lingüistas chamam essa inovação decisiva, que também sustenta os trocadilhos hoje, de princípio dos rébus.

Depois que os sumérios se depararam com este princípio fonético, começaram a utilizá-lo para outras coisas, além de escrever nomes abstratos. Eles o empregaram para escrever sílabas ou letras que formam desinências gramaticais. Por exemplo, a representação gráfica da terminação *-tion* em inglês não é óbvia, mas poderíamos desenhar uma figura que ilustre o verbo *shun* (evitar, esquivar-se), que tem a mesma pronúncia. Sinais foneticamente interpretados também eram utilizados para "soletrar" palavras mais longas, como uma série de figuras em que cada uma representa o som de uma sílaba. É como se uma pessoa que fala inglês fosse escrever a palavra *believe* (acreditar) usando a figura de uma *abelha* (*bee*, em inglês) seguida da figura de uma *folha* (*leaf*, em inglês). Sinais fonéticos também permitiram que os escribas usassem o mesmo sinal pictórico para um conjunto de palavras correlatas (como *dente, fala* e *falante*), mas eliminando a ambigüidade com um sinal adicional foneticamente interpretado (como selecionar o sinal para *laço, lasso ou mato*).

Exemplo de escrita cuneiforme babilônica, derivada da suméria.

A escrita suméria, portanto, passou a ser uma mistura complexa de três tipos de sinais: os logogramas, referentes a uma palavra ou nome inteiros; os sinais fonéticos, usados para grafar sílabas, letras, elementos gramaticais ou partes de palavras; e os determinativos, que não eram pronunciados mas serviam para eliminar as ambigüidades. Mesmo assim, os sinais fonéticos na escrita suméria careciam de um silabário ou alfabeto completo. Faltavam sinais escritos para algumas sílabas; o mesmo sinal poderia ser pronunciado de modos diferentes; e o mesmo sinal podia ser lido como uma palavra, uma sílaba ou uma letra.

Além da escrita cuneiforme suméria, os outros casos certos de origens independentes da escrita na história humana provêm das sociedades ameríndias da Mesoamérica, provavelmente no sul do México. Acredita-se que a escrita mesoamericana tenha surgido independentemente da escrita do Velho Mundo, pois não há provas convincentes de contato pré-escandinavo das sociedades do Novo Mundo com as sociedades do Velho Mundo que tinham a escrita. Além disso, as formas dos sinais gráficos mesoamericanos eram completamente diferentes das usadas nos sistemas de escrita do Velho Mundo. Conhece-se cerca de uma dúzia de escritas mesoamericanas, todas ou quase todas aparentemente relacionadas entre si (por exemplo, em seus sistemas numéricos e calendáricos), e a maioria delas só foi decifrada em parte. No momento, a mais antiga escrita mesoamericana preservada é da região zapoteca, no sul do México, de 600 a.C., mas sem dúvida a mais compreendida é a dos maias, em que a data escrita mais antiga que se conhece corresponde ao ano 292.

Apesar de sua origem independente e de seus signos característicos, a escrita maia é organizada de acordo com princípios basicamente semelhantes aos dos sumérios e de outras escritas eurasianas ocidentais nas quais os sumérios se inspiraram. A escrita maia, como a suméria, usava logogramas e sinais fonéticos. As palavras abstratas eram quase sempre representadas por rébus, ou seja, a palavra abstrata era escrita com o símbolo de outra palavra de pronúncia semelhante, mas com significado diferente que poderia ser prontamente desenhado. Como os elementos do kana do Japão e do Linear B da Grécia micênica, os sinais fonéticos maias eram principalmente sinais referentes a sílabas de uma consoante e uma vogal (como *ta, te, ti, to, tu*). Como as letras do antigo alfabeto semítico, os sinais silábicos maias derivavam de figuras representativas de objetos cuja pronúncia começava com essa sílaba (por exemplo, o sinal silábico "ne" assemelha-se a uma cauda, pois esta palavra na língua maia é *neh*).

Pintura da escola Rajasthani ou Gujarati, do subcontinente indiano, do início do século XVII. A escrita, como a maioria das outras escritas hindus, deriva do brâmane da Índia, que por sua vez deve ter derivado pela difusão do alfabeto aramaico por volta do século VII. As escritas hindus incorporaram o princípio alfabético mas, independentemente, criaram formas e seqüência de letras e tratamento vocálico sem copiar de outro.

Todos esses paralelos entre a escrita mesoamericana e a antiga escrita eurasiana ocidental comprovam a universalidade que está na base da criatividade humana. Embora as línguas suméria e mesoamericana não tenham nenhuma relação especial uma com a outra em meio às línguas do mundo, ambas suscitam questões básicas semelhantes quando convertidas à escrita. As soluções que os sumérios inventaram antes de 3000 a.C. foram reinventadas, do outro lado do mundo, pelos antigos ameríndios antes de 600 a.C.

COM AS POSSÍVEIS EXCEÇÕES das escritas egípcia, chinesa e pascoense, que serão analisadas mais tarde, todos os outros sistemas de escrita inventados em qualquer lugar do mundo, em qualquer época, parecem descendentes de sistemas modificados, ou, pelo menos, inspirados, na escrita suméria ou mesoamericana antiga. Uma das explicações para o fato de ter havido tão poucas origens independentes da escrita é a grande dificuldade de inventá-la, como já dissemos. A outra explicação é que a escrita suméria ou a antiga escrita mesoamericana e suas derivadas anteciparam-se a outras oportunidades de invenção independente da escrita, impedindo que elas ocorressem.

Sabemos que o desenvolvimento da escrita suméria levou pelo menos centenas, possivelmente milhares, de anos. Como veremos, as condições necessárias para esses avanços baseavam-se em várias características da sociedade humana que determinavam se uma sociedade acharia a escrita útil e se a sociedade poderia manter os escribas especialistas necessários. Muitas outras sociedades humanas, além dessas dos sumérios e dos mexicanos antigos — como as da Índia antiga, de Creta e da Etiópia, desenvolveram esses pré-requisitos. No entanto, os sumérios e os antigos mexicanos foram os primeiros a desenvolvê-los no Velho e no Novo Mundo, respectivamente. Depois que eles inventaram a escrita, os detalhes ou princípios de seu sistema difundiram-se rapidamente para outras sociedades, antes que eles mesmos pudessem atravessar os séculos ou milênios necessários de experimentação independente. Desse modo, a possibilidade de outras experiências independentes foi impedida ou abortada.

A difusão da escrita ocorreu por um dos dois métodos contrastantes, que encontram paralelos ao longo da história da tecnologia e das idéias. Alguém inventa algo e o põe em uso. Como você, outro possível usuário, projeta algo semelhante para seu próprio uso, sabendo que outras pessoas já têm seu próprio modelo construído e funcionando?

Essa transmissão de invenções presume uma completa gama de formas. De um lado está a "cópia do plano detalhado", quando se copia ou se modifica um plano disponível com todos os seus pormenores. Do outro lado, a "difusão de idéias", quando você recebe pouco mais do que a idéia básica e tem que reinventar os detalhes. Saber que pode ser feito estimula você a tentar por conta própria, mas a sua solução pode ou não se parecer com a do primeiro inventor.

Para citar um exemplo recente, os historiadores ainda estão discutindo se foi a cópia do plano detalhado ou a difusão de idéias o que mais contribuiu para a Rússia fazer uma bomba atômica. A iniciativa de fabricação da bomba russa teria se baseado, de maneira decisiva, nos esquemas da bomba americana já construída, roubados e transmitidos para a Rússia por espiões? Ou foi a revelação da bomba A em Hiroxima que afinal convenceu Stalin da viabilidade de construir tal bomba, e que os cientistas russos depois reinventaram os princípios em um programa imediato independente, com pouca orientação baseada na iniciativa americana anterior? Perguntas semelhantes surgem sobre a história do desenvolvimento da roda, da pirâmide e da pólvora. Vamos examinar agora como os planos detalhados e a difusão de idéias contribuíram para a difusão dos sistemas de escrita.

HOJE, OS LINGÜISTAS PROJETAM sistemas de escrita para línguas não-escritas pelo método do plano detalhado. A maioria desses sistemas feitos sob medida modifica alfabetos existentes, embora alguns projetem silabários. Por exemplo, lingüistas missionários estão trabalhando em alfabetos romanos modificados de centenas de línguas da Nova Guiné e de nativos americanos. Lingüistas do governo planejaram o alfabeto romano modificado adotado em 1928 pela Turquia para escrever o turco, bem como os alfabetos cirílicos modificados projetados para muitas línguas tribais da Rússia.

Em certos casos, também sabemos alguma coisa sobre os inventores dos sistemas de escrita concebidos a partir do plano detalhado de outros sistemas no passado remoto. Por exemplo, o próprio alfabeto cirílico (ainda usado na Rússia) decorre de uma adaptação de letras gregas e hebraicas feita por São Cirilo, missionário grego dos eslavos, no século IX. Os primeiros textos preservados de qualquer idioma germânico (a família de línguas que inclui o inglês) estão no alfabeto gótico criado pelo bispo Ulfilas, missionário que vivia com os visigodos, no século IV, no que hoje é a Bulgária. Como a invenção de São Cirilo, o alfabeto de Ulfilas era uma mistura de letras emprestadas de fontes diversas: cerca de 20 letras gregas, cinco romanas e duas outras tomadas do alfabeto rúnico ou inventadas pelo próprio Ulfilas. Com muito mais freqüência, não sabemos nada sobre os criadores dos famosos alfabetos do passado. Mas ainda é possível comparar alfabetos do passado surgidos recentemente com os que já existiam, e deduzir, a partir das formas das letras, quais os que serviram de modelo. Pela mesma razão, podemos ter certeza de que o silabário Linear B da Grécia micênica foi adaptado do Linear A da Creta minóica, por volta de 1400 a.C.

Todas as vezes que um sistema de escrita de uma língua serviu de esquema para uma língua diferente, surgiram alguns problemas, porque duas línguas nunca têm os mesmos conjuntos de sons. Letras ou sinais herdados podem simplesmente deixar de existir se não houver um som correspondente para eles na língua que está tomando emprestado a escrita. Por exemplo, o finlandês não tem os sons que muitas outras línguas européias representam pelas letras *b, c, f, g, w, x* e *z*, de modo que os finlandeses excluíram essas letras de sua versão do alfabeto romano. Também havia o problema inverso: inventar letras para representar os "novos" sons presentes na língua que tomava emprestado mas ausentes na língua emprestada. Esse problema foi resolvido de várias maneiras diferentes: usando uma combinação arbitrária de duas ou mais letras (como o *th* do inglês para representar um som que nos alfabetos gregos e rúnicos era representado por uma única letra); acrescentar uma pequena marca distintiva para uma letra existente (como o til espanhol em *ñ*, o trema alemão em *ö*, e a proliferação de marcas que giram em torno das letras polacas e turcas); utilizar letras existentes para as quais a língua de empréstimo não tinha uso (como os tchecos modernos que reciclaram a letra *c* do alfabeto romano para expressar o *ts* do tcheco); ou apenas inventar uma letra (como fizeram nossos antepassados medievais quando criaram as letras *j, u* e *w*).

O próprio alfabeto romano era o produto final de uma longa sucessão de adaptações. Os alfabetos surgiram aparentemente só uma vez na história humana: entre os que falavam línguas semíticas, na região que vai da Síria atual até o Sinai, durante o segundo milênio a.C. As centenas de alfabetos históricos e atuais derivam, em última instância, do alfabeto semítico ancestral, em alguns casos (como o alfabeto ogâmico irlandês) pela difusão de idéias, mas a maioria, pela imitação e modificação das formas das letras.

Essa evolução do alfabeto remonta aos hieróglifos egípcios, que continham um conjunto completo de 24 símbolos para as 24 consoantes egípcias. Os egípcios nunca deram o passo lógico (para nós) seguinte de descartar todos os seus logogramas, determinativos e sinais para pares e trios de consoantes, e usar apenas seu alfabeto consonantal. A partir de 1700 a.C., entretanto, os semitas familiarizados com os hieróglifos egípcios começaram a experimentar esse passo lógico.

Restringir os sinais àqueles das consoantes únicas foi apenas a primeira das três inovações decisivas que distinguiam os alfabetos de outros sistemas de escrita. A segunda foi ajudar os usuários a memorizar o alfabeto dispondo as letras em uma seqüência fixa e atribuindo-lhes nomes fáceis de lembrar. Os nomes são, em sua maioria, monossílabos sem significado ("a" , "bê", "cê", "dê", e assim por diante). Mas os nomes semíticos tinham significado nas línguas semitas: eram nomes de objetos familiares ('aleph=boi, beth=casa, gimel=camelo, daleth=porta etc.). Essas palavras estavam "acrofonicamente" relacionadas com as consoantes semíticas às quais se referem: ou seja, a letra inicial do nome do objeto também era a letra designada para o objeto ('a, b, g, d etc.). Além do mais, as formas mais antigas das letras semíticas, em muitos casos, parecem ter sido imagens desses mesmos objetos. Todas essas características tornaram as formas, os nomes e a seqüência das letras do alfabeto fáceis de lembrar. Muitos alfabetos modernos, entre eles o inglês, conservam, com pequenas modificações, a seqüência original (e, no caso do grego, até mesmo os nomes das letras originais: alfa, beta, gama, delta etc.) mais de três mil anos depois. Uma modificação secundária que os leitores já devem ter notado é que o *g* semítico e grego transformou-se no *c* romano e inglês, enquanto os romanos criaram um *g* em sua posição atual.

A terceira e última inovação que ensejou os alfabetos modernos foi a inclusão das vogais. Desde o começo do alfabeto semítico, foram feitas experiências com métodos para escrever as vogais acrescentando-se pequenas letras para indicar vogais selecionadas, ou então por meio de pontos, linhas ou ganchos colocados sobre as consoantes. No século VIII a.C., os gregos foram o primeiro povo a indicar todas as vogais sistematicamente pelos mesmos tipos de letras usados para as consoantes. Eles criaram as formas das vogais α - ε - η - γ - ι - o "apropriando-se" de cinco letras usadas no alfabeto fenício para o som de consoantes inexistentes no grego.

Desses alfabetos semíticos primitivos, uma linha baseada na cópia de esquemas e na modificação evolutiva resultou nos primeiros alfabetos árabes e no moderno alfabeto etíope. Uma linha bem mais importante desenvolveu-se por meio do alfabeto aramaico, usado nos documentos oficiais do império persa, chegando aos modernos alfabetos árabe, hebraico, hindu e do sudeste da Ásia. Mas a linha mais conhecida dos leitores europeus e americanos é aquela que levou aos gregos, via fenícios, no início do século VIII a.C., e dali aos etruscos, no mesmo século, e no século seguinte aos romanos, cujo alfabeto, com ligeiras modificações, foi o utilizado para imprimir este livro. Graças à vantagem potencial dos alfabetos para combinar precisão com simplicidade, eles foram adotados na maior parte do mundo moderno.

Embora copiar e modificar esquemas prontos seja a opção mais direta para transmitir tecnologia, às vezes ela é inviável. Os esquemas podem ser mantidos em segredo, ou podem ser ilegíveis para alguém que ainda não esteja impregnado de tecnologia. Pode-se deixar escapar uma palavra a respeito de uma invenção feita em algum lugar distante, mas os detalhes talvez não sejam transmitidos. Apenas a idéia básica é conhecida: alguém conseguiu, de algum modo, atingir determinado resultado. Essa notícia pode inspirar outros à criação, pela difusão de idéias, ainda que eles tenham que imaginar suas próprias rotas para chegar a esse resultado.

Um exemplo notável da história da escrita é a origem do silabário inventado por volta de 1820, no Arkansas, por um índio cherokee chamado Sequoyah, para escrever a língua cherokee. Sequoyah observou que os brancos faziam marcas no papel e que eles tiravam grande proveito dessas marcas para registrar e repetir longos discursos. Mas a maneira de usar essas marcas era um mistério para ele, porque ele era analfabeto (como a maioria dos cherokees antes de 1820) e não sabia falar nem ler inglês. Sequoyah era ferreiro e começou a inventar um sistema de contabilidade para ajudá-lo a acompanhar as dívidas de seus clientes. Desenhou uma figura representando cada cliente; depois, traçou círculos e linhas de vários tamanhos para representar a quantia de dinheiro devida.

Em 1810, Sequoyah decidiu prosseguir e projetar um sistema para escrever a língua cherokee. Começou novamente desenhando figuras, mas acabou desistindo por ser muito complicado e exigir um grande dote artístico. Depois ele começou a criar sinais separados para cada palavra, e novamente se decepcionou quando, depois de cunhar milhares de sinais, viu que ainda precisava de mais.

Finalmente, Sequoyah percebeu que as palavras eram compostas de pequenas quantidades de pedaços de sons diferentes que se repetiam em muitas palavras diferentes — o que chamaríamos de sílabas. Inicialmente ele criou 200 sinais silábicos e, aos poucos, reduziu-os para 85, a maioria de combinações de uma consoante e uma vogal.

D a	R e	T i	ᏫBo	Ꮼu	i v
Ꮜga Ꮉka	Ᏺge	Ꮍgi	A go	J gu	E gv
ᎧᏆha	Ꭾhe	Ꮀhi	F ho	Γ hu	Ꮾhv
W la	Ꮄle	P li	G lo	M lu	Ꮑlv
ᏓᎸma	Ꮊme	H mi	5 mo	Ꭹmu	
Θ na Ꮏrhna G nah	Λ ne	ᏂHni	Z no	ᏄHnu	O nv
Ꮀqua	Ꮿque	P qui	Ꮺquo	Ꮚquu	Ꮄquv
Ʉ sa Ꮝs	4 se	b si	Ꮬso	Ꮤsu	R sv
Ꮥda W ta	Ꭶde Ꮷte	Ꭰdi Ꮵti	V do	S du	Ꮩdv
ᏘᏛdla Ꮧtla	L tle	C tli	Ꮅtlo	Ꭷtlu	P tlv
G tsa	Ꮴtse	Ᏺtsi	K tso	Ꮷtsu	Ꮳtsv
G wa	Ꮿwe	Θ wi	Ꮾwo	Ꮽwu	6 wv
Ꮿya	β ye	Ꮿyi	Ꮀyo	Ꮆyu	B yv

Conjunto de sinais criado por Sequoyah para representar as sílabas da língua cherokee.

Como uma fonte para os próprios sinais, Sequoyah praticava copiando as letras de um livro de ortografia inglês que lhe fora dado por um professor. Mais de 20 sinais silábicos do cherokee foram extraídos diretamente dessas letras, embora, é claro, com significados completamente novos, pois Sequoyah não sabia os significados deles em inglês. Por exemplo, ele escolheu as formas D, R, b, h para representar as sílabas do cherokee *a, e, si* e *ni*, respectivamente, enquanto a forma do numeral 4 ele tomou emprestada da sílaba *se*. Sequoyah cunhou outros sinais modificando letras inglesas, por exemplo, desenhando os sinais Ǵ, Ʉ, Θ para representar as sílabas *yu, sa* e *na*, respectivamente. Outros sinais foram totalmente criados por ele, como Ꭾ, Ꭾ, Ꮄ para *ho, li* e *nu*, respectivamente. O silabário de Sequoyah é muito admirado por lingüistas por ajustar-se bem aos sons da língua cherokee e pela facilidade com que pode ser aprendido. Em pouco tempo, os cherokees estavam quase todos alfabetizados no silabário, compraram uma prensa, fundiram os sinais de Sequoyah como os tipos e começaram a imprimir livros e jornais.

A escrita cherokee é um dos exemplos mais evidentes de um sistema que surgiu pela difusão de idéias. Sabemos que Sequoyah recebeu papel e outros materiais para escrever, a idéia de um sistema de escrita, a idéia de usar marcas distintas e as formas de várias marcas. Entretanto, como ele não sabia ler nem escrever inglês, não obteve detalhes e nem mesmo os princípios das escritas existentes. Cercado por alfabetos que não compreendia, ele criou, por sua vez, um silabário de modo independente, sem saber que na Creta minóica outro silabário havia sido inventado 3.500 anos antes.

O EXEMPLO DE SEQUOYAH pode mostrar como a difusão de idéias provavelmente inspirou muitos sistemas de escrita dos tempos antigos. O alfabeto han'gul, criado em 1446 pelo rei Sejong, da Coréia, para a língua coreana, foi evidentemente baseado no formato em bloco dos caracteres chineses e no princípio alfabético da escrita budista mongólica ou tibetana. No entanto, o rei Sejong criou as formas das letras han'gul e várias características específicas de seu alfabeto, entre elas o agrupamento de letras por sílabas em blocos quadrados, o uso de formas de letra relacionadas para representar os sons da vogal ou consoante relacionada, e formas de consoantes que representam a posição dos lábios ou da língua para pronunciar determinada consoante. O alfabeto ogâmico usado na Irlanda e em partes da Inglaterra céltica por volta do século IV adotou, de modo semelhante, o princípio alfabético (neste caso, dos alfabetos europeus existentes) mas também criou suas próprias formas de letra, aparentemente baseadas em um sistema pentadáctilo de sinais da mão.

Podemos associar, com segurança, os alfabetos han'gul e ogâmico à difusão de idéias, e não à invenção independente e isolada, porque sabemos que as duas sociedades estavam em contato direto com sociedades que já dispunham da escrita e porque são claras as fontes escritas estrangeiras que serviram de inspiração. Por outro lado, podemos atribuir a escrita cuneiforme suméria e as mesoamericanas primitivas à invenção independente, porque na época em que elas surgiram não havia outra escrita em seus respectivos hemisférios que pudessem tê-las inspirado. Mas ainda são questionáveis as origens da escrita na ilha de Páscoa, na China e no Egito.

Os polinésios que habitavam a ilha de Páscoa, no oceano Pacífico, tinham uma escrita exclusiva, da qual os exemplos preservados mais antigos remontam ao ano de 1851, muito depois de os europeus terem chegado à ilha, em 1722. Talvez a escrita tenha surgido de modo independente antes da chegada dos europeus, embora nenhum exemplo tenha permanecido. Mas a interpretação mais simples dos fatos é considerá-los por seu valor intrínseco, e presumir que os pascoenses foram estimulados a criar uma escrita depois de verem o texto da proclamação e anexação que uma expedição espanhola entregou a eles no ano de 1770.

산 유 화
산에는 꽃피네
꽃이 피네
갈 봄 여름 없이
꽃이 피네

산에
산에
피는 꽃은
저만치 혼자서 피어있네

산에서 우는 작은 새요
꽃이 좋아
산에서
사노라네

산에는 꽃지네
꽃이 지네
갈 봄 여름 없이
꽃이 지네

김소월

Um texto coreano (o poema "Flores nas Colinas", de So-Wol Kim), ilustrando o notável sistema de escrita han'gul. Cada bloco quadrado representa uma sílaba, mas cada sinal componente dentro do bloco representa uma letra.

Quanto à escrita chinesa, cuja comprovação mais antiga data de 1300 a.C., mas com possíveis precursores, ela também tem sinais locais exclusivos e alguns princípios próprios, e a maioria dos estudiosos presume que ela se desenvolveu de modo independente. A escrita havia surgido antes de 3000 a.C. na Suméria, 6,5 mil quilômetros a oeste dos primeiros centros urbanos chineses, e apareceu por volta de 2200 a.C. no vale do Indo, cerca de quatro mil quilômetros a oeste, mas não se conhece nenhum sistema antigo de escrita que tenha existido em toda a área compreendida entre o Vale do Indo e a China. Portanto, não há indício de que os escribas chineses pudessem ter tido conhecimento de qualquer outro sistema de escrita para inspirá-los.

Os hieróglifos egípcios, o mais famoso de todos os sistemas antigos de escrita, também parecem ser produto de uma invenção independente, mas a interpretação alternativa da difusão de idéias é mais plausível do que no caso da escrita chinesa. A escrita hieroglífica surgiu um tanto de repente, quase pronta, por volta de 3000 a.C. O Egito fica a uma distância de apenas 1.300 quilômetros da Suméria, com a qual mantinha contatos comerciais. Acho estranho que nenhum indício de uma evolução gradual dos hieróglifos tenha chegado até nós, embora o clima seco do Egito fosse favorável à preservação de antigas experiências de escrita, e ainda que na Suméria o clima seco parecido tenha garantido provas abundantes da evolução da escrita cuneiforme durante, pelo menos, vários séculos antes de 3000 a.C. Igualmente suspeito é o surgimento de vários outros sistemas de escrita, aparentemente elaborados de modo independente, no Irã, em Creta e na Turquia (a chamada escrita protoelamita, os pictógrafos cretenses e hieróglifos hititas, respectivamente), depois do aparecimento das escritas suméria e egípcia. Embora cada um desses sistemas tenha utilizado conjuntos distintos de sinais não tomados de empréstimo ao Egito ou à Suméria, os povos envolvidos dificilmente poderiam ter deixado de tomar conhecimento da escrita dos seus parceiros de comércio e vizinhos.

Seria uma coincidência impressionante se, depois de milhões de anos de existência humana sem a escrita, todas essas sociedades do Mediterrâneo e do Oriente Próximo de repente chegassem, isoladamente, à idéia da escrita num período de poucos séculos entre umas e outras. Conseqüentemente, a difusão de idéias me parece uma interpretação possível, como no caso do silabário de Sequoyah. Ou seja, os egípcios e outros povos podem ter sabido pelos sumérios da idéia da escrita e, possivelmente, de alguns dos princípios, e depois criado outros princípios e todas as formas específicas das letras para eles.

Exemplo de escrita chinesa: um rolo de papiro de Wu Li, de 1679.

Exemplo de hieróglifos egípcios: o papiro fúnebre da princesa Entiu-ny.

VAMOS VOLTAR AGORA à questão principal com que começamos este capítulo: por que a escrita surgiu e se difundiu em algumas sociedades, mas não em muitas outras? Os pontos de partida convenientes para nossa discussão são os recursos, usos e usuários limitados dos primeiros sistemas de escrita.

Os manuscritos antigos eram incompletos, ambíguos ou complexos, ou tudo isso. Por exemplo, os sumérios mais antigos não se expressavam pela prosa normal mas por meras frases telegráficas, cujo vocabulário era restrito a nomes, números, unidades de medida, palavras para objetos contados e alguns adjetivos. É como se um escrevente americano de hoje fosse obrigado a escrever "John 27 ovelhas gordas", por faltarem à escrita inglesa as palavras e os elementos gramaticais necessários para escrever "Solicitamos ao John que entregue as 27 ovelhas gordas que ele deve ao governo". Mais tarde, a escrita cuneiforme chegou à forma natural de expressão, mas por um sistema confuso que já descrevi, misturando logogramas, sinais fonéticos e determinativos impronunciáveis que totalizavam centenas de sinais distintos. A escrita Linear B da Grécia micênica era pelo menos mais simples, baseando-se em um silabário de cerca de 90 sinais, além dos logogramas. Em compensação, o Linear B era muito ambíguo. Omitia qualquer consoante no final de uma palavra e utilizava o mesmo sinal para várias consoantes relacionadas (por exemplo, um sinal para *l* e *r*, outro para *p* e *b* e *ph*, e ainda outro para *g* e *k* e *kh*). Sabemos como fica confuso quando os japoneses falam inglês sem distinguir *l* e *r*: imagine a confusão se nosso alfabeto fizesse o mesmo, e também igualando as outras consoantes que mencionei! É como se pronunciássemos da mesma maneira as palavras "rap", "lap", "lab" e "laugh".

Uma limitação associada é que pouca gente aprendia a usar esses sistemas antigos de escrita. O conhecimento era restrito aos escribas profissionais a serviço do rei ou do templo. Por exemplo, não há nenhuma pista de que o Linear B fosse usado ou compreendido por qualquer grego micênico além dos poucos burocratas do palácio. Como era possível distinguir os escribas que utilizavam o Linear B por sua letra em documentos preservados, podemos dizer que todos os documentos preservados, escritos em Linear B, pertencentes aos palácios de Knossos e Pylos são trabalho de apenas 75 e 40 escribas, respectivamente.

A utilização dessas escritas antigas, telegráficas, canhestras e ambíguas era tão restrita quanto o número de seus usuários. Quem espera descobrir como os sumérios de 3000 a.C. pensavam e sentiam fica decepcionado. Os primeiros textos sumérios são relatos frios de burocratas do palácio e do templo. Cerca de 90 por cento das placas dos arquivos mais antigos que se conhece, oriundos da cidade de Uruk, são registros administrativos de bens pagos, rações dadas aos trabalhadores e produtos agrícolas distribuídos. Só mais tarde, à medida que os sumérios passavam dos logogramas para a escrita fonética, é que eles começaram a escrever narrativas em prosa, como a propaganda e os mitos.

Os gregos micênicos nunca atingiram esse estágio da propaganda e dos mitos. Um terço das tábulas de Linear B do palácio de Knossos é constituído de registros dos contadores sobre ovelhas e lã, ao passo que uma proporção descomunal dos escritos do palácio de Pylos é de registros de linho. O linear B era inerentemente tão ambíguo que ficou restrito às contas do palácio, nas quais o contexto e a escolha limitada de palavras tornavam a interpretação clara. Nem um índício de seu uso para a literatura sobreviveu. A *Ilíada* e a *Odisséia* foram compostas e transmitidas por bardos analfabetos para ouvintes analfabetos, e não foram escritas até o desenvolvimento do alfabeto grego centenas de anos mais tarde.

Usos igualmente restritos caracterizavam as antigas escritas egípcias, mesoamericanas e chinesas. Os primeiros hieróglifos egípcios registravam a propaganda religiosa e estatal e relatos burocráticos. A escrita maia preservada também era dedicada à propaganda, a registros de nascimentos, ascensão ao trono e vitórias dos reis, e a observações astronômicas dos sacerdotes. A mais antiga escrita chinesa preservada, da dinastia Shang, consiste em prognósticos religiosos sobre assuntos dinásticos, gravada nos chamados ossos oraculares. Um trecho de um texto Shang: "O rei, lendo o significado da fratura (em um osso quebrado por aquecimento), disse: 'Se a criança nascer em um dia keng, será um bom presságio'."

Hoje somos tentados a perguntar por que as sociedades com sistemas de escrita antigos aceitavam as ambigüidades que restringiam a escrita a umas poucas funções e a uns poucos escribas. Mas só o fato de fazer essa pergunta ilustra o hiato entre as perspectivas antigas e nossas próprias expectativas de alfabetização em massa. Os usos restritos *intencionais* da antiga escrita acabaram sendo um desestímulo positivo para a criação de sistemas de escrita menos ambíguos. Os reis e os sacerdotes da antiga Suméria queriam que a escrita fosse usada apenas por escribas profissionais para registrar a quantidade de ovelhas devidas em impostos, e não pela massa para escrever poesia e peças teatrais. Como dizia o antropólogo Claude Lévi-Strauss, a função principal da escrita antiga era "facilitar a escravização de outros seres humanos". Os usos pessoais da escrita, para fins não-profissionais, só vieram a ocorrer muito mais tarde, à medida que os sistemas de escrita se tornaram mais simples e mais expressivos.

Por exemplo, com a queda da civilização grega micênica, por volta de 1200 a.C., o Linear B desapareceu, e a Grécia voltou a uma época pré-literária. Quando a escrita finalmente reapareceu na Grécia, no século VIII a.C., a nova escrita grega, seus usuários e seus usos eram muito diferentes. A escrita já não era mais um silabário ambíguo misturado com logogramas, mas um alfabeto emprestado do alfabeto consonantal fenício e aperfeiçoado pela invenção das vogais. Em vez de listas de ovelhas, legíveis somente para escribas e lidas apenas nos palácios, a escrita alfabética grega, desde o momento de seu surgimento, foi um veículo de poesia e humor, para serem lidos nos lares. Por exemplo, a primeira amostra preservada da escrita alfabética grega, riscada sobre um jarro de vinho ateniense de cerca de 740 a.C., é um verso que anuncia um concurso de dança: "De todos os dançarinos, o mais ágil ganhará este vaso como prêmio." O outro exemplo são três linhas de um hexâmetro dactílico riscado em uma taça: "Eu sou a deliciosa taça de Nestor. Quem beber desta taça logo será tomado pelo desejo da bela Afrodite." Os mais antigos exemplos preservados dos alfabetos etrusco e romano também são inscrições em taças e recipientes de vinho. Só mais tarde o veículo de comunicação particular do alfabeto fácil é adotado para fins públicos ou burocráticos. Assim, a evolução dos usos da escrita alfabética foi o oposto da evolução dos sistemas mais antigos de logogramas e silabários.

Os USOS E USUÁRIOS LIMITADOS da escrita antiga explicam por que a escrita surgiu tão tarde na evolução humana. Todas as invenções independentes prováveis ou possíveis da escrita (na Suméria, no México, na China e no Egito), e todas as primeiras adaptações desses sistemas inventados (por exemplo, os sistemas de Creta, Irã, Turquia, Vale do Indo e a região dos maias), envolviam sociedades estratificadas, instituições políticas complexas e centralizadas, cuja relação necessária com a produção de alimentos nós iremos analisar num capítulo posterior. A escrita antiga atendia às necessidades dessas instituições políticas (como a manutenção de registros e a propaganda real), e os usuários eram burocratas, nutridos por excedentes de alimentos armazenados, cultivados por camponeses. A escrita nunca foi desenvolvida ou mesmo adotada pelas sociedades de caçadores-coletores, porque elas careciam dos usos institucionais da escrita antiga e dos mecanismos sociais e agrícolas para gerar os excedentes de alimentos necessários para alimentar os escribas.

Desse modo, a produção de alimentos e os milhares de anos de evolução social que se seguiram a sua adoção foram tão essenciais para a evolução da escrita como para a evolução dos micróbios causadores das epidemias humanas. A escrita só surgiu de modo independente no Crescente Fértil, no México e, provavelmente, na China, justamente porque essas foram as primeiras áreas onde a produção de alimentos começou em seus hemisférios respectivos. Depois que a escrita foi inventada por essas poucas sociedades, ela se propagou, por meio do comércio, das conquistas e da religião, para outras sociedades com economias e organizações políticas semelhantes.

Embora a produção de alimentos fosse, por conseguinte, uma condição necessária para o desenvolvimento ou a adoção precoce da escrita, ela não era uma condição suficiente. No início deste capítulo, mencionei o fracasso de algumas sociedades produtoras de alimentos com organização política complexa em desenvolver ou adotar a escrita antes dos tempos modernos. Esses casos, inicialmente tão enigmáticos para nós, modernos, acostumados a ver a escrita como algo indispensável para uma sociedade complexa, incluem um dos maiores impérios do mundo a partir de 1520, o império inca na América do Sul. Eles também incluíam o proto-império marítimo de Tonga, o estado havaiano que surgiu no final do século XVIII, todos os estados e tribos da África subequatorial e da África ocidental subsaariana antes da chegada do islamismo, e as grandes sociedades nativas da América do Norte, aquelas do vale do Mississippi e seus afluentes. Por que essas sociedades não adquiriram a escrita, apesar de terem os mesmos pré-requisitos das sociedades que o fizeram?

Aqui devemos lembrar que a grande maioria das sociedades que dispunham da escrita a adquiriu por empréstimo de vizinhos ou inspirada por eles a desenvolvê-la, e não a inventando por conta própria. As sociedades sem escrita que há pouco mencionei são aquelas que demoraram mais do que a Suméria, o México e a China para começar a produção de alimentos. (A única incerteza nesta afirmação refere-se às datas relativas do início da produção de alimentos no México e nos Andes, o reino inca no final.) Se tivessem tido tempo suficiente, as sociedades que não dispunham da escrita também poderiam ter acabado desenvolvendo a delas por conta própria. Se estivessem localizadas mais perto da Suméria, do México e da China, poderiam ter adquirido a escrita ou a idéia da escrita desses centros, como fizeram a Índia, os maias e a maioria das outras sociedades com escrita. Mas elas estavam longe demais dos primeiros centros de escrita para que pudessem tê-la adquirido antes dos tempos modernos.

A importância do isolamento é muito óbvia nos casos do Havaí e de Tonga, ambos separados por pelo menos 2,5 mil quilômetros de oceano das sociedades com escrita mais próximas. As outras sociedades ilustram o ponto importante de que a distância em linha reta não é uma maneira apropriada de medir o isolamento dos seres humanos. Os Andes, as tribos da África ocidental e a foz do rio Mississippi ficam a apenas cerca de 1,9 mil, 2,4 mil e 1,1 mil quilômetros de distância das sociedades com escrita no México, no norte da África e no México, respectivamente. Essas distâncias são consideravelmente menores do que aquelas que o alfabeto teve que percorrer de sua terra natal, na costa oriental do Mediterrâneo, para chegar à Irlanda, à Etiópia e ao sudeste da Ásia durante dois mil anos depois de sua invenção. Mas os seres humanos diminuem a marcha por causa de barreiras ecológicas e pela água sobre as quais pode-se voar em linha reta. Os estados do norte da África (com escrita) e da África ocidental (sem escrita) estavam separados uns dos outros pelo deserto do Saara, impróprio para a agricultura e para a construção de cidades. Os desertos do norte do México também separavam os centros urbanos do sul das tribos do vale do Mississippi. A comunicação entre o sul do México e os Andes exigia uma viagem por mar ou então uma longa cadeia de contatos por terra pelo estreito, arborizado e nunca urbanizado istmo de Darién. Por isso, os Andes, a África ocidental e o vale do Mississippi estavam realmente bastante isolados das sociedades com escrita.

Não quero dizer com isso que essas sociedades sem escrita estavam *totalmente* isoladas. Afinal, a África ocidental recebeu animais domésticos do Crescente Fértil pelo Saara, e mais tarde aceitou a influência islâmica, incluindo a escrita árabe. O milho propagou-se do México aos Andes e, mais lentamente, do México para o vale do Mississippi. Mas já vimos no Capítulo 10 que os eixos norte-sul e as barreiras ecológicas dentro da África e das Américas retardaram a difusão das culturas agrícolas e das criações de animais. A história da escrita ilustra os modos semelhantes pelos quais a geografia e a ecologia influenciaram, de maneira impressionante, a expansão das invenções humanas.

CAPÍTULO 13

A MÃE DA NECESSIDADE

E M 3 DE JULHO DE 1908, ARQUEÓLOGOS QUE FAZIAM ESCAVAÇÕES NO LOCAL DO antigo palácio minóico de Festos, na ilha de Creta, encontraram por acaso um dos objetos mais notáveis da história da tecnologia. À primeira vista não era muito atraente: apenas um disco pequeno, plano, sem pintura, de argila cozida em alta temperatura, com cerca de 16 centímetros de diâmetro. Um exame mais atento revelou que cada lado estava coberto com coisas escritas sobre uma linha em espiral que seguia no sentido horário, formando cinco espirais da borda para o centro. Os 241 sinais ou letras estavam nitidamente distribuídos por linhas verticais gravadas em grupos de vários sinais, possivelmente formando palavras. O autor deve ter planejado e executado o disco com cuidado, para começar escrevendo a partir da borda e preencher todo o espaço disponível ao longo da linha em espiral, e sem deixar espaços à medida que chegava ao centro do disco (p. 240).

Desde que foi descoberto, o disco representou um mistério para os historiadores da escrita. O número de sinais distintos (45) leva a crer que se trata de um silabário em vez de um alfabeto, ainda indecifrado, e as formas dos sinais são diferentes das de qualquer outro sistema de escrita conhecido. Nenhum outro fragmento dessa escrita estranha apareceu nos 89 anos que passaram desde a sua descoberta. Assim, até hoje não se sabe se ele representa uma escrita nativa de Creta ou se foi importada por Creta.

Para os historiadores da tecnologia, o disco de Festos é ainda mais intrigante; a data estimada de 1700 a.C. faz dele, sem dúvida, o documento impresso mais

O disco de Festos.

antigo do mundo. Em vez de serem gravados à mão, como todos os textos cretenses posteriores nas escritas Linear A e Linear B, os sinais do disco foram gravados na argila temperada (depois cozida) por carimbos que tinham um sinal em baixo-relevo. O impressor, evidentemente, dispunha de um conjunto de pelo menos 45 carimbos, um para cada sinal gravado no disco. Fazer esses carimbos deve ter sido muito trabalhoso, e eles certamente não foram preparados apenas para imprimir este único documento. Presume-se que quem os usava escrevia muito. O dono desses carimbos podia fazer cópias de modo muito mais rápido e mais nítido com eles do que se tivesse escrito cada um dos sinais complicados de cada vez.

O disco de Festos antecipa as tentativas seguintes de impressão feitas pela humanidade, que também utilizaram tipos ou blocos, mas os aplicaram com tinta ao papel e não ao barro sem tinta. No entanto, essas tentativas só ocorreram 2.500 anos depois na China e 3.100 anos depois na Europa medieval. Por que a antiga técnica de impressão do disco não foi amplamente adotada em Creta ou em algum outro lugar no antigo Mediterrâneo? Por que seu método de impressão foi inventado por volta de 1700 a.C. em Creta e não em algum outro momento na Mesopotâmia, no México ou em qualquer outro antigo centro de escrita? Por que então foram necessários milhares de anos para que se juntassem as idéias da tinta e da prensa e se chegasse a uma impressora? Assim o disco constitui um desafio ameaçador para os historiadores. Se as invenções são tão idiossincráticas e imprevisíveis como o disco parece sugerir, a intenção de generalizar sobre a história da tecnologia pode estar condenada desde o início.

A tecnologia, na forma de armas e transporte, proporciona os meios diretos pelos quais certos povos ampliaram seus reinos e conquistaram outros povos. Isso faz dela a causa principal do padrão mais geral da história. Mas por que foram os eurasianos, e não os ameríndios ou africanos subsaarianos, os inventores das armas de fogo, das embarcações que atravessavam os oceanos e dos equipamentos de aço? As diferenças se estendem a outros avanços tecnológicos significativos, das prensas ao vidro e aos motores a vapor. Por que todas essas invenções foram eurasianas? Por que todos os papuas e os nativos australianos ainda estavam usando, em 1800, instrumentos de pedra como aqueles que haviam sido descartados milhares de anos antes na Eurásia e em boa parte da África, apesar de algumas das reservas de cobre e ferro mais ricas do mundo estarem na Nova Guiné e na Austrália, respectivamente? Todos esses fatos explicam por que tantos leigos supõem que os eurasianos são superiores a outros povos em inventividade e inteligência.

Por outro lado, se não há diferenças neurobiológicas entre os seres humanos que sejam responsáveis pelas diferenças continentais no desenvolvimento tecnológico, o que as explica? Uma visão alternativa repousa na teoria heróica da invenção. Os avanços tecnológicos parecem vir, de modo desproporcional, de alguns gênios muito especiais, como Johannes Gutenberg, James Watt, Thomas Edison e os irmãos Wright. Eles eram europeus ou descendentes de emigrantes europeus na América. Eram o caso de Arquimedes e de outros gênios raros dos tempos antigos. Será que gênios assim poderiam também ter nascido na Tasmânia ou na Namíbia? Será que a história da tecnologia não depende de nada além da casualidade dos locais de nascimento de alguns inventores?

Mas uma visão alternativa sustenta que não é uma questão de inventividade individual, mas da receptividade de sociedades inteiras à inovação. Algumas sociedades parecem ser irremediavelmente conservadoras, voltadas para si mesmas e hostis à mudança. Essa é a impressão de muitos ocidentais que tentaram ajudar os povos do Terceiro Mundo e acabaram desistindo. As pessoas parecem perfeitamente inteligentes como indivíduos; o problema parece, em vez disso, estar nas sociedades delas. De que outra maneira seria possível explicar por que os aborígines do nordeste da Austrália não adotaram os arcos e as flechas que eles viram sendo usados por habitantes do estreito de Torres com quem comerciavam? Será que as sociedades de um continente inteiro podiam ser não receptivas, explicando assim o ritmo lento de seu desenvolvimento tecnológico? Neste capítulo trataremos, finalmente, de um problema fundamental neste livro: a questão de saber por que a tecnologia se desenvolveu em ritmos tão diferentes nos vários continentes.

O PONTO DE PARTIDA da nossa discussão é a idéia comum expressa no ditado: "A necessidade é a mãe da invenção." Ou seja, as invenções supostamente surgem quando uma sociedade tem uma necessidade não atendida: certa tecnologia é vista como insatisfatória ou limitada. Os possíveis inventores, motivados pela perspectiva de ganhar dinheiro ou fama, percebem a necessidade e tentam preenchê-la. Algum inventor chega finalmente a uma solução superior à tecnologia insatisfatória existente. A sociedade adota a solução se ela for compatível com seus valores e com outras tecnologias.

Várias invenções encaixam-se nesta sensata visão da necessidade como a mãe da invenção. Em 1942, no meio da Segunda Guerra Mundial, o governo americano criou o Projeto Manhattan com o objetivo explícito de desenvolver a tecnologia necessária para construir uma bomba atômica antes que a Alemanha nazista o fizesse. Em três anos o projeto atingiu seu objetivo, a um custo de dois bilhões de dólares (equivalentes hoje a mais de 20 bilhões de dólares). Outros exemplos são o descaroçador de algodão, inventado por Eli Whitney em 1794 para substituir a trabalhosa limpeza do algodão cultivado no sul dos Estados Unidos, e a máquina a vapor, concebida por James Watt em 1769, para solucionar o problema de bombear a água para fora das minas de carvão britânicas.

Esses exemplos famosos nos levam erroneamente a presumir que outras invenções importantes também foram respostas a necessidades percebidas. De fato, muitas invenções, ou a maioria delas, foram concebidas por pessoas motivadas pela curiosidade ou, na falta de qualquer demanda inicial para o produto que tinham em mente, pelo prazer de experimentar. Depois de criado o dispositivo, o inventor precisava achar uma aplicação para ele. Só depois que estivesse em uso durante um bom tempo os consumidores passavam a achar que "precisavam" daquilo. Contudo, outros dispositivos, inventados com um objetivo, acabavam sendo úteis para outros fins não previstos. Pode ser uma surpresa descobrir que essas invenções que procuravam uma utilização incluem a maioria das grandes inovações tecnológicas dos tempos modernos e vão do avião e do automóvel, passando pelo motor de combustão interna e a lâmpada elétrica incandescente, ao fonógrafo e ao transístor. Assim, a invenção é quase sempre a mãe da necessidade, e não o contrário.

Um bom exemplo é a história do fonógrafo de Thomas Edison, a criação mais original do maior inventor dos tempos modernos. Quando Edison construiu seu primeiro fonógrafo em 1877, publicou um artigo sugerindo dez utilizações possíveis para sua invenção. Entre elas estavam: preservar as últimas palavras de pessoas no leito de morte, gravar livros para deficientes visuais ouvirem, informar a hora e ensinar ortografia. A reprodução de música não estava entre as maiores prioridades da lista de Edison. Alguns anos depois, ele disse a seu assistente que sua invenção não tinha nenhum valor comercial. Poucos anos depois, Edison mudou de idéia e passou a vender fonógrafos — mas para serem usados como máquinas para ditar textos em escritórios. Quando outros empresários criaram as vitrolas automáticas ao fazerem com que um fonógrafo tocasse música popular quando caía uma moeda, Edison fez objeções a este aviltamento, que parecia depreciar a utilização séria de sua invenção. Só depois de aproximadamente 20 anos, Edison admitiu com relutância que a principal utilidade de seu fonógrafo era gravar e tocar música.

O veículo motorizado é outra invenção cujas utilidades parecem óbvias hoje. Entretanto, ele não foi inventado para atender a uma demanda. Quando Nikolaus Otto construiu a primeira máquina a gás, em 1866, os cavalos já supriam as necessidades de transporte terrestre há quase seis mil anos, complementados cada vez mais por trens movidos a vapor durante várias décadas. Não havia escassez de cavalos nem insatisfação com as ferrovias.

Por ser fraca, pesada e ter mais de dois metros de altura, a máquina de Otto não era mais aceitável que os cavalos. Só depois de 1885 os motores foram aperfeiçoados, levando Gottfried Daimler a instalar um motor numa bicicleta e criar a primeira motocicleta a gasolina; ele esperou até 1896 para construir o primeiro caminhão.

Em 1905, os veículos motorizados ainda eram brinquedos para ricos, caros e pouco confiáveis. O povo continuou muito satisfeito com os cavalos e as ferrovias até a Primeira Guerra Mundial, quando o exército concluiu que realmente precisava de caminhões. O intensivo *lobby* pós-guerra dos fabricantes de caminhão e dos exércitos finalmente convenceu o público de sua própria necessidade e acabou permitindo que os caminhões começassem a suplantar as carroças puxadas a cavalo nos países industrializados. Mesmo nas maiores cidades americanas, a mudança completa levou 50 anos.

Os inventores quase sempre têm que persistir durante muito tempo em seu invento quando não há demanda pública, porque os primeiros modelos apresentam um desempenho fraco demais para serem úteis. As primeiras máquinas fotográficas, máquinas de escrever e os aparelhos de televisão eram tão terríveis quanto a medonha máquina a gás de dois metros de Otto. Isso torna difícil para um inventor prever se seu horrível protótipo poderá afinal encontrar uma aplicação e assim garantir mais tempo e dinheiro para aperfeiçoá-lo. Todos os anos, os Estados Unidos emitem cerca de 70 mil patentes, das quais poucas chegam à fase de produção comercial. Para cada grande invenção que acabou encontrando um uso, há inúmeras outras que não conseguiram. Até mesmo as invenções que atendem à necessidade para a qual foram projetadas inicialmente podem vir a ser mais valiosas para outras necessidades imprevistas. Embora James Watt tivesse projetado a máquina a vapor para bombear água para fora das minas, pouco depois a invenção estava fornecendo energia para as fábricas de algodão, depois (com lucro muito maior) impulsionando locomotivas e barcos.

P<small>ORTANTO, A VISÃO SENSATA</small> da invenção que serviu como nosso ponto de partida inverte os papéis habituais de invenção e necessidade. Ela também exagera a importância dos gênios, como Watt e Edison. Essa "teoria heróica da invenção", como se denomina, é incentivada pela lei de patentes, porque o candidato a uma patente tem que provar a qualidade inovadora de sua invenção. Os inventores, assim, têm um incentivo financeiro para denegrir ou ignorar o trabalho anterior. Da perspectiva de um advogado de patentes, a invenção ideal é aquela que surge sem precursores, como a deusa Atena, que nasceu completamente formada da cabeça de Zeus.

Na realidade, até mesmo nas invenções modernas mais famosas e aparentemente decisivas, precursores negligenciados estão escondidos por trás da seca afirmação "X inventou Y". Por exemplo, contam-nos que "James Watt inventou a máquina a vapor em 1769", supostamente inspirado pelo vapor do bico de uma chaleira. Infelizmente para essa ficção esplêndida, Watt na verdade teve a idéia de seu motor a vapor enquanto consertava um modelo da máquina a vapor de Thomas Newcomen, concebida 57 anos antes, e a partir da qual mais de cem haviam sido fabricadas na Inglaterra nessa época. A máquina de Newcomen, por sua vez, tinha como modelo a máquina a vapor que o inglês Thomas Savery patenteou em 1698, que era baseada na máquina a vapor que o francês Denis Papin idealizou (mas não construiu) por volta de 1680, que, por sua vez, se baseava nas idéias do cientista holandês Christiaan Huygens e outros. Com isso não queremos negar que Watt tenha aperfeiçoado bastante a máquina de Newcomen (incorporando um condensador separado e um cilindro de ação dupla), assim como Newcomen aperfeiçoara o invento de Savery.

Histórias parecidas podem ser contadas sobre todas as invenções modernas que estejam convenientemente documentadas. O herói a quem geralmente se credita a invenção seguiu os passos de inventores precursores cujos objetivos eram semelhantes e que já haviam desenvolvido projetos e criado modelos que funcionavam, ou (como no caso da máquina a vapor de Newcomen) modelos comercialmente bem-sucedidos. A famosa "invenção" da lâmpada incandescente de Edison, na noite de 21 de outubro de 1879, era um aperfeiçoamento de muitas outras lâmpadas incandescentes patenteadas por outros inventores entre 1841 e 1878. Do mesmo modo, o avião tripulado dos irmãos Wright fora precedido pelos planadores de Otto Lilienthal e a máquina voadora não-tripulada de Samuel Langley; o telégrafo de Samuel Morse foi precedido pelos de Joseph Henry, William Cooke e Charles Wheatstone; e o descaroçador de algodão de Eli Whitney para limpar o algodão de fibras curtas (produzido internamente) era um aperfeiçoamento de outras máquinas usadas para descaroçar o algodão de fibras longas (Sea Island) durante milhares de anos.

Nada disso nega os grandes aperfeiçoamentos introduzidos por Watt, Edison, os irmãos Wright, Morse e Whitney, que, assim, ampliaram ou inauguraram o sucesso comercial. A forma do invento finalmente adotado poderia ter sido um pouco diferente sem a contribuição do inventor reconhecido. Mas a questão, para o objetivo deste livro, é se o padrão geral da história mundial teria sido alterado significativamente se algum gênio inventor não tivesse nascido em determinado lugar e em determinado momento. A resposta é clara: nunca houve essa pessoa. Todos os inventores famosos reconhecidos tiveram precursores e sucessores capazes e fizeram os aperfeiçoamentos numa época em que a sociedade estava em condições de usar o produto deles.

Como veremos, o azar do herói que idealizou os carimbos usados para gravar o disco de Festos foi que ele inventou algo que a sociedade da época não podia utilizar em grande escala.

MEUS EXEMPLOS ATÉ AGORA foram extraídos da moderna tecnologia, porque suas histórias são bem conhecidas. Minhas duas principais conclusões são que a tecnologia evolui de modo cumulativo, não em atos heróicos isolados, e que a descoberta da maioria das utilidades de uma invenção é feita depois, e não antes, para satisfazer uma necessidade prevista. Essas conclusões certamente aplicam-se com muito mais força à história não documentada da tecnologia antiga. Quando os caçadores-coletores da Era Glacial notaram resíduos de areia queimada e calcário nos fornos, eles não podiam prever a extensa e acidental série de descobertas que resultou nas primeiras janelas de vidro romanas (por volta do ano 1), por meio dos primeiros objetos vitrificados (em 4000 a.C.), os primeiros objetos de vidro separados no Egito e na Mesopotâmia (em 2500 a.C.), e os primeiros vasos de vidro (por volta de 1500 a.C.).

Não sabemos nada sobre a maneira como essas primeiras superfícies vítreas conhecidas foram desenvolvidas. Contudo, podemos deduzir os métodos de invenção pré-histórica observando os povos tecnologicamente "primitivos" hoje, como os papuas com quem trabalho. Já mencionei o conhecimento que eles têm a respeito de centenas de espécies de plantas e animais locais e a comestibilidade de cada espécie, o valor medicinal e outros usos de cada uma. Os papuas também me falaram dos vários tipos de rocha de seu ambiente e da dureza, cor, comportamento delas quando são quebradas ou lascadas e sua utilização. Todo esse conhecimento é adquirido por meio da observação e do método de tentativa e erro. Vejo esse processo "inventivo" ocorrendo sempre que levo papuas para trabalhar comigo em uma região distante de suas casas. Eles apanham constantemente coisas desconhecidas na floresta, as manuseiam, e de vez em quando as consideram suficientemente úteis para levar para casa. Vejo o mesmo processo quando estou deixando uma área de acampamento, e os nativos vêm catar o que fica. Brincam com os objetos deixados ali e tentam imaginar se poderiam ser úteis na sociedade da Nova Guiné. As latinhas descartadas são fáceis: elas acabam sendo reutilizadas como recipientes de alguma coisa. Outros objetos são experimentados para fins muito diferentes dos originais. Que tal aquele lápis amarelo número 2 como um adorno, enfiado num lóbulo de orelha ou num septo nasal furado? E será que aquele caco de vidro é suficientemente afiado e resistente para ser usado como faca? Heureca!

As substâncias brutas disponíveis para os povos antigos eram materiais naturais como pedra, madeira, ossos, peles, fibra, argila, areia, calcário e minerais, todos em grande variedade. A partir desses materiais, os povos foram aos poucos aprendendo a explorar tipos específicos de pedra, madeira e ossos para fabricar ferramentas; a converter tipos específicos de argila em cerâmica e tijolos; a converter determinadas misturas de areia, calcário e outros "pós" em vidro; e a trabalhar em puros metais flexíveis disponíveis como cobre e ouro, depois a extrair metais de minérios e, finalmente, a trabalhar em metais duros como o bronze e o ferro.

Encontramos uma boa ilustração das histórias de tentativa e erro no desenvolvimento da pólvora e da gasolina a partir das matérias-primas. Os produtos naturais combustíveis são inevitavelmente notados, como quando uma tora resinosa explode na fogueira de um acampamento. Por volta de 2000 a.C., os mesopotâmicos estavam extraindo toneladas de petróleo pelo aquecimento de xisto perobetuminoso. Os antigos gregos descobriram os empregos de várias misturas de petróleo, piche, resinas, enxofre e cal virgem como armas incendiárias, lançadas por catapultas, flechas, bombas incendiárias e navios. A técnica de destilação que os alquimistas islâmicos medievais desenvolveram para produzir álcool e perfumes também lhes permitiu destilar petróleo, decompondo-o em várias substâncias, algumas das quais eram incendiárias até mais potentes. Lançadas em granadas, foguetes e torpedos, essas substâncias incendiárias exerceram um papel fundamental na derrota dos cruzados para o Islã. Nessa época, os chineses haviam observado que uma determinada mistura de enxofre, carvão e salitre, que ficou conhecida como pólvora, era especialmente explosiva. Um tratado de química islâmico de aproximadamente 1100 descreve sete receitas de pólvora, enquanto outro tratado, de 1280, dá mais de 70 receitas cujos resultados foram satisfatórios para diversos fins (uns para foguetes, outros para canhões).

Quanto à destilação de petróleo pós-medieval, químicos do século XIX consideraram a fração destilada útil como combustível para iluminação. Os químicos rejeitaram a fração mais volátil (a gasolina) considerando-a um lamentável resíduo do produto — até que se descobriu ser o combustível ideal para os motores de combustão interna. Quem hoje se lembra que a gasolina, o combustível da civilização moderna, surgiu como mais uma invenção em busca de uma aplicação?

Depois que um inventor descobre um uso para uma tecnologia nova, o passo seguinte é convencer a sociedade a adotá-la. O simples fato de ter um dispositivo maior, mais rápido, mais poderoso para fazer algo não é garantia de pronta aceitação. Inúmeras tecnologias deixaram de ser adotadas ou só o foram depois de longa resistência. Entre os exemplos notórios estão a rejeição do Congresso americano ao pedido de verba para financiar o desenvolvimento de um transporte supersônico em 1971, a permanente rejeição do mundo a um teclado de máquina de escrever eficaz, e a longa relutância da Inglaterra em adotar a luz elétrica. O que faz uma sociedade aceitar um invento?

Vamos começar comparando a receptividade de diversas invenções dentro da mesma sociedade. Pelo menos quatro fatores influenciam a aceitação.

O primeiro fator, e o mais óbvio, é a vantagem econômica relativa, em comparação com a tecnologia existente. Embora as rodas sejam muito úteis nas sociedades industriais modernas, elas não o foram em algumas sociedades. Os antigos mexicanos nativos inventaram veículos que tinham rodas com eixos para serem usados como brinquedos, mas não como transporte. Isso nos parece incrível, até lembrarmos que os antigos mexicanos não dispunham de animais domésticos para atrelar aos veículos com rodas, que, portanto, não ofereciam vantagem alguma sobre os carregadores humanos.

É preciso considerar também o valor social e o prestígio, que podem se sobrepor ao benefício econômico (ou à falta dele). Milhões de pessoas hoje compram calças jeans de grife pelo dobro do preço das comuns igualmente duráveis — porque o selo social da etiqueta do estilista é mais importante que o custo extra. Do mesmo modo, o Japão continua usando seu complicado sistema de escrita kanji em lugar de alfabetos eficientes ou de seu próprio silabário kana, porque o prestígio inerente ao kanji é imenso.

Outro fator ainda é a compatibilidade com o capital investido. Este livro, como provavelmente todos os outros documentos digitados que você já leu, foi digitado em um teclado Qwerty, cujo nome foi extraído das seis letras da esquerda para a direita da fileira superior do teclado. Por mais inacreditável que possa parecer, o *layout* desse teclado foi projetado em 1873 como uma proeza de antiengenharia. Ele emprega uma série de truques perversos destinados a obrigar os datilógrafos a digitar o mais lentamente possível, como espalhar as letras mais comuns por todas as fileiras do teclado e concentrá-las no lado esquerdo (forçando as pessoas destras a usar a mão mais fraca). A explicação por trás dessas características aparentemente contraproducentes é que as máquinas de escrever de 1873 emperravam se as teclas adjacentes fossem tocadas numa seqüência rápida, de modo que os fabricantes tinham que reduzir a velocidade dos datilógrafos. Quando os aperfeiçoamentos realizados nas máquinas de escrever eliminaram o problema do emperramento, experiências com um teclado mais eficiente, em 1932, mostraram que poderíamos dobrar nossa velocidade na datilografia e reduzir nosso esforço em 95 por cento. Mas nessa época o teclado Qwerty já estava consolidado. O capital investido, representado por milhões de datilógrafos, professores de datilografia, fabricantes e vendedores de máquinas de escrever e de computadores, reprimiu todos os movimentos em prol de um teclado eficiente durante mais de 60 anos.

Embora a história do teclado Qwerty possa parecer engraçada, muitos casos semelhantes envolveram conseqüências econômicas mais graves. Por que os japoneses dominam o mercado mundial de produtos eletrônicos transistorizados de consumo, a ponto de afetar o balanço de pagamento dos Estados Unidos com o Japão, embora os transistores tenham sido inventados e patenteados nos Estados Unidos? Porque a Sony comprou o direito de fabricar transistores da Western Electric numa época em que a indústria eletrônica de consumo americana estava fabricando válvulas em massa e relutava em competir com seus próprios produtos. Por que as cidades britânicas ainda usavam iluminação a gás em suas ruas na década de 1920, muito depois de as cidades americanas e alemãs já terem passado para a iluminação elétrica? Porque os governos municipais britânicos tinham investido pesadamente na iluminação a gás e impuseram regulamentos que atrapalharam o caminho das companhias de eletricidade.

O último ponto a ser considerado sobre a aceitação de novas tecnologias é a facilidade com que as vantagens podem ser observadas. Em 1340, quando as armas de fogo ainda não haviam chegado à maior parte da Europa, os condes de Derby e de Salisbury, da Inglaterra, estavam presentes à batalha de Tarifa, na Espanha, quando os árabes usaram canhões contra os espanhóis. Impressionados com o que viram, os condes mostraram os canhões ao exército inglês, que os adotou com entusiasmo e os utilizou seis anos depois contra os soldados franceses na batalha de Crécy.

Assim, a roda, os jeans de grife e o teclado Qwerty ilustram as diversas razões pelas quais a mesma sociedade não aceita da mesma forma todas as invenções. Em contrapartida, a aceitação de um mesmo invento também varia muito entre sociedades contemporâneas. Costuma-se generalizar a afirmação de que as sociedades rurais do Terceiro Mundo são, supostamente, menos receptivas à inovação do que as sociedades industriais ocidentalizadas. Até mesmo no mundo industrializado, algumas áreas são muito mais receptivas que outras. Essas diferenças, se elas existissem em escala continental, poderiam explicar por que a tecnologia evoluiu mais rapidamente em alguns continentes que em outros. Por exemplo, se todas as sociedades aborígines australianas fossem, por alguma razão, invariavelmente resistentes à mudança, isso poderia explicar a continuação do uso de instrumentos de pedra depois que as ferramentas de metal já haviam aparecido nos demais continentes. Como surgiram as diferenças de aceitação entre as sociedades?

Um rol de pelo menos 14 fatores explicativos foi proposto por historiadores da tecnologia. Um deles é a expectativa de vida longa que, em princípio, deveria dar aos prováveis inventores o tempo de vida necessário para acumular conhecimentos técnicos, como também paciência e segurança para aderir a longos programas de desenvolvimento que geram recompensas demoradas. Conseqüentemente, a maior expectativa de vida proporcionada pela medicina moderna pode ter contribuído para o ritmo recentemente acelerado das invenções.

Os cinco fatores seguintes envolvem economia ou a organização da sociedade: (1) a disponibilidade de mão-de-obra escrava nos tempos clássicos supostamente desestimulava a inovação, enquanto salários altos ou escassez de mão-de-obra estimulam hoje a busca de soluções tecnológicas. Por exemplo, a perspectiva de mudanças nas políticas de imigração, que cortariam o suprimento de mão-de-obra mexicana sazonal e barata para as fazendas californianas, foi o incentivo imediato para o desenvolvimento de uma variedade de tomates na Califórnia que podiam ser colhidos por máquinas; (2) as patentes e outras leis de propriedade, que protegem os direitos de propriedade dos inventores, recompensam a inovação no Ocidente moderno, enquanto a falta dessa proteção desestimula a China moderna; (3) as sociedades industriais modernas oferecem amplas oportunidades para treinamento técnico, como fez o Islã medieval e o Zaire moderno não faz; (4) o capitalismo moderno é, e a economia romana antiga não era, organizado de um modo que tornou potencialmente compensador investir capital no desenvolvimento tecnológico; (5) o forte individualismo da sociedade americana permite que inventores bem-sucedidos guardem seus ganhos para eles mesmos, ao passo que os fortes laços familiares na Nova Guiné asseguram que alguém que começa a ganhar dinheiro atrairá vários parentes que esperam morar com ele e ser alimentados e sustentados por ele.

Outras quatro explicações sugeridas são mais ideológicas do que econômicas ou organizacionais: (1) Disposição para correr riscos, essencial para as tentativas de inovação, mais generalizada em algumas sociedades do que em outras; (2) uma atitude científica é uma característica ímpar da sociedade européia pós-renascentista, que contribuiu enormemente para sua importância tecnológica atual; (3) a tolerância para com opiniões diferentes e heréticas estimula a inovação, ao passo que uma perspectiva fortemente tradicional (como a ênfase da China nos clássicos chineses) a sufoca; (4) as religiões variam muito em sua relação com a inovação tecnológica: alguns ramos do judaísmo e do cristianismo são especialmente compatíveis com ela, enquanto algumas divisões do islamismo, do hinduísmo e do bramanismo podem ser incompatíveis.

Todas essas dez hipóteses são plausíveis. Mas nenhuma delas está necessariamente ligada à geografia. Se os direitos de patente, o capitalismo e certas religiões promovem a tecnologia, o que determinou esses fatores na Europa pós-medieval mas não na China ou na Índia contemporâneas?

Pelo menos a direção em que esses dez fatores influenciam a tecnologia parece clara. Os quatro fatores restantes — guerra, governo centralizado, clima e abundância de recursos — parecem agir de modo incoerente: às vezes eles estimulam a tecnologia, às vezes a inibem. (1) Ao longo de história, a guerra foi freqüentemente um importante motivador da inovação tecnológica. Os enormes investimentos feitos, por exemplo, em armas nucleares durante a Segunda Guerra Mundial e em aviões e caminhões durante a Primeira Guerra, abriram campos inteiramente novos de tecnologia. Mas as guerras também podem provocar retrocessos arrasadores no desenvolvimento tecnológico. (2) Um governo centralizado forte impulsionou a tecnologia no final do século XIX na Alemanha e no Japão e a reprimiu na China depois de 1500. (3) Muitos europeus do norte supõem que a tecnologia prospera em um clima rigoroso, em que a sobrevivência é impossível sem a tecnologia, e murcha em um clima ameno, em que as roupas são desnecessárias e as bananas supostamente caem das árvores. Uma opinião oposta é que os ambientes favoráveis deixam as pessoas livres da luta constante pela existência, livres para se dedicarem à inovação. (4) Também foi discutido se a tecnologia é estimulada pela abundância ou pela escassez de recursos ambientais. A abundância de recursos pode estimular o desenvolvimento de invenções que utilizem esses recursos, como o moinho movido a água no chuvoso norte da Europa, com seus muitos rios, mas por que essa tecnologia não progrediu mais rapidamente na Nova Guiné, onde chove mais ainda? A destruição das florestas da Inglaterra foi apontada como motivo por trás de sua liderança inicial no desenvolvimento da tecnologia do carvão, mas por que o desmatamento não teve o mesmo efeito na China?

Essa discussão não esgota a lista de motivos sugeridos para explicar por que as sociedades diferem na aceitação de uma nova tecnologia. Pior ainda, todas essas explicações aproximadas desviam-se da questão dos verdadeiros fatores por trás delas. Isto pode parecer um contratempo desestimulante em nossa tentativa de entender o curso da história, já que a tecnologia foi, sem dúvida, uma das forças mais impetuosas da história. No entanto, devo afirmar agora que a diversidade de fatores independentes que estão por trás da inovação tecnológica na verdade torna mais fácil, e não mais difícil, entender o padrão geral da história.

PARA O OBJETIVO DESTE LIVRO, a questão fundamental é saber se a lista desses fatores apresentou diferenças sistemáticas de continente para continente, conduzindo a diferenças continentais no desenvolvimento tecnológico. A maioria dos leigos e muitos historiadores supõem, expressa ou tacitamente, que a resposta seja sim. Por exemplo, acredita-se que os aborígines australianos, como grupo, compartilhavam características ideológicas que influíram no seu atraso tecnológico: eles eram (ou são) supostamente conservadores, vivendo num passado *dreamtime* (a criação do mundo na mitologia dos aborígines australianos), e não preocupados em melhorar o presente. Um importante historiador da África caracterizou os africanos como uma gente introspectiva e carente do ímpeto expansionista europeu.

Mas todas essas afirmações estão baseadas em pura especulação. Nunca houve um estudo de várias sociedades em condições socioeconômicas semelhantes em cada um dos continentes, demonstrando diferenças ideológicas sistemáticas entre os povos dos dois continentes. O raciocínio habitual é, antes, cíclico: por existirem diferenças tecnológicas, deduz-se a existência de diferenças ideológicas correspondentes.

Na verdade, observei regularmente na Nova Guiné que as sociedades nativas diferem muito umas das outras em suas perspectivas predominantes. Assim como a Europa e a América industrializadas, a Nova Guiné tradicional tem sociedades conservadoras que resistem a novos métodos e vivem lado a lado com sociedades inovadoras que adotam seletivamente os novos métodos. O resultado, com a chegada da tecnologia ocidental, é que as sociedades mais empreendedoras estão explorando tecnologia ocidental agora para subjugar seus vizinhos conservadores.

Por exemplo, quando os europeus chegaram às regiões montanhosas da Nova Guiné oriental, na década de 1930, eles "descobriram" várias tribos da Idade da Pedra isoladas, das quais a tribo dos chimbus mostrou-se especialmente agressiva quanto à adoção da tecnologia ocidental. Quando os chimbus viram os colonos brancos plantando café, passaram a cultivar o café como uma cultura para ganhar dinheiro. Em 1964, conheci um chimbu de 50 anos, analfabeto, vestido com uma tradicional saia de fibras e nascido em uma sociedade que ainda usava ferramentas de pedra, que enriqueceu plantando café, usou seus lucros para comprar uma serraria por cem mil dólares à vista e comprou uma frota de caminhões para transportar o café e a madeira para comercializar. Por outro lado, um povo vizinho com o qual trabalhei durante oito anos, os daribis, é especialmente conservador e sem interesse pela nova tecnologia. Quando o primeiro helicóptero aterrissou na área dos daribis, eles o olharam rapidamente e voltaram para o que estavam fazendo; os chimbus teriam negociado para fretá-lo. Em conseqüência, chimbus estão passando agora para a área dos daribis, ocupando-a para plantar e obrigando os daribis a trabalhar para eles.

Em todos os outros continentes, certas sociedades nativas se mostraram muito receptivas, adotaram de modo seletivo métodos e tecnologia estrangeiros, e integrou-os com sucesso a sua própria sociedade. Na Nigéria, o povo ibo tornou-se o equivalente empreendedor dos chimbus da Nova Guiné. Hoje, a tribo de ameríndios mais numerosa nos Estados Unidos é a dos navajos, que, na época da chegada dos europeus, era apenas uma das centenas de tribos. Mas os navajos se mostraram especialmente flexíveis e capazes de lidar seletivamente com a inovação. Incorporaram os pigmentos ocidentais a sua tecelagem, tornaram-se prateiros e rancheiros e agora dirigem caminhões, embora continuem morando em suas habitações tradicionais.

Entre os aborígines australianos supostamente conservadores também há sociedades receptivas. Em um extremo, os tasmanianos continuam usando ferramentas de pedra banidas milhares de anos antes na Europa e também substituídas na maior parte da Austrália. No extremo oposto, alguns grupos de pescadores aborígines do sudeste da Austrália desenvolveram técnicas sofisticadas para controlar as populações de peixe, entre elas a construção de canais, barragens e armadilhas.

Assim, o desenvolvimento e a aceitação das invenções variam muito de sociedade para sociedade no mesmo continente. Eles também variam com o passar do tempo dentro da mesma sociedade. Hoje em dia, as sociedades islâmicas do Oriente Médio são relativamente conservadoras e não estão na vanguarda da tecnologia. Mas o Islã medieval na mesma região era tecnologicamente avançado e aberto às inovações. Alcançou taxas de alfabetização bem mais altas que a Europa na mesma época; assimilou o legado da civilização grega clássica a tal ponto que só conhecemos muitos livros gregos clássicos por meio de exemplares árabes; inventou ou aperfeiçoou moinhos, a trigonometria e as velas latinas; fez progressos importantes na metalurgia, na engenharia mecânica e química, e nos métodos de irrigação; e adotou o papel e a pólvora oriundos da China e os difundiu para a Europa. Na Idade Média, o fluxo de tecnologia era principalmente do Islã para a Europa, e não da Europa para o Islã, como é hoje. Só depois de 1500 a direção do fluxo começou a inverter-se.

A inovação na China também variou nitidamente com o tempo. Até por volta de 1450, a China era tecnologicamente muito mais inovadora e avançada que a Europa, mais até do que o Islã medieval. Na extensa lista de invenções chinesas estão incluídas comportas para fechamento de canais, ferro fundido, perfuração em profundidade, arreios eficientes para animais, pólvora, pipas de brinquedo, bússolas magnéticas, tipos móveis, papel, porcelana, impressão (com exceção do disco de Festos), leme de popa e carrinhos de mão. Depois, a China deixou de ser inovadora, por razões que abordaremos no Epílogo. Em contrapartida, consideramos a Europa ocidental e as sociedades norte-americanas que dela derivaram líderes do mundo moderno em matéria de inovação tecnológica, mas a tecnologia era menos avançada na Europa ocidental do que em qualquer outra área "civilizada" do Velho Mundo até o fim da Idade Média.

Não é verdade, portanto, que existam continentes cujas sociedades tenderam a ser inovadoras e continentes cujas sociedades tenderam a ser conservadoras. Em qualquer época, em qualquer continente, existem sociedades inovadoras e sociedades conservadoras. Além disso, a receptividade à inovação varia com o tempo na mesma região.

Refletindo melhor, essas conclusões são justamente o que se esperaria se a capacidade inovadora de uma sociedade fosse determinada por muitos fatores independentes. Sem um conhecimento detalhado de todos esses fatores, a capacidade inovadora é imprevisível. Conseqüentemente, os cientistas sociais continuam discutindo as razões específicas pelas quais a receptividade mudou no Islã, na China e na Europa, e por que os chimbus, ibos e navajos eram mais receptivos à nova tecnologia do que seus vizinhos. Para o estudioso dos padrões históricos gerais, entretanto, não importam as razões específicas em cada um desses casos. Os vários fatores que influem na capacidade inovadora tornam a tarefa do historiador paradoxalmente mais fácil, transformando a variação social da capacidade de inovação em uma variável essencialmente aleatória. Isso significa que, sobre uma área suficientemente grande (como um continente inteiro), em um determinado momento, alguma parcela das sociedades tem a probabilidade de ser inovadora.

DE ONDE VÊM DE FATO AS INOVAÇÕES? Em todas as sociedades, exceto algumas passadas que eram completamente isoladas, boa parte da nova tecnologia, ou a maior parte, não é inventada localmente, mas emprestada de outras sociedades. A importância relativa da invenção local e do empréstimo depende principalmente de dois fatores: a facilidade de invenção da tecnologia específica e a proximidade de determinada sociedade com as outras sociedades.

Algumas invenções surgiram diretamente da manipulação de matérias-primas naturais. Essas invenções se desenvolveram em muitas ocasiões independentes na história mundial, em lugares e momentos diferentes. Um exemplo, do qual já tratamos extensamente, é a domesticação de plantas, com pelo menos nove origens independentes. Outro é a cerâmica, que pode ter surgido a partir de observações do comportamento da argila, um material natural muito comum, quando seca ou aquecida. A cerâmica apareceu há cerca de 14 mil anos no Japão, há uns 10 mil anos no Crescente Fértil e na China, e depois na Amazônia, na zona do Sael na África, no sudeste dos Estados Unidos e no México.

A escrita é um exemplo de uma invenção bem mais difícil, que não pressupõe a observação de substâncias naturais. Como vimos no Capítulo 12, a escrita teve poucas origens independentes, e o alfabeto aparentemente só surgiu uma vez na história mundial. Entre outras invenções difíceis estão a roda d'água, o moinho de rolos, a roda dentada, a bússola magnética, o moinho de vento e a câmara escura, todas concebidas apenas uma ou duas vezes no Velho Mundo e nunca no Novo Mundo.

Essas invenções complexas eram normalmente obtidas por empréstimo, porque se difundiam com mais rapidez do que podiam ser inventadas de modo independente em outro lugar. Um exemplo claro é a roda, comprovada pela primeira vez por volta de 3400 a.C. perto do mar Negro, e que depois reaparece nos séculos seguintes em grande parte da Europa e da Ásia. Todas essas antigas rodas do Velho Mundo têm um desenho peculiar: um círculo de madeira sólido construído a partir de três tábuas presas uma na outra, em vez de um aro com raios. Por outro lado, as rodas exclusivas das sociedades ameríndias (desenhadas nos vasos de cerâmica mexicanos) consistiam em uma única peça, levando a crer que se tratava de uma segunda invenção independente da roda — como era de se esperar de outra prova de isolamento do Novo Mundo em relação às civilizações do Velho Mundo.

Ninguém acha que o mesmo desenho peculiar da roda do Velho Mundo apareceu várias vezes por acaso em muitos locais separados do Velho Mundo, num período de poucos séculos entre uma aparição e outra, depois de sete milhões de anos de história humana sem rodas. Ao contrário, a utilidade da roda fez, certamente, com que ela se difundisse depressa para o leste e para o oeste no Velho Mundo. Entre outros exemplos de tecnologias complexas que se difundiram para o leste e para o oeste no Velho Mundo, a partir de uma única fonte asiática ocidental, estão as fechaduras de portas, as polias, o moinho de rolos, os cataventos e o alfabeto. Um exemplo de difusão tecnológica do Novo Mundo é a metalurgia, que propagou-se dos Andes para a Mesoamérica pelo Panamá.

Quando uma invenção de ampla utilidade surge de repente em uma sociedade, ela tende a se difundir de duas maneiras. Uma é quando outras sociedades vêem ou ouvem falar da invenção, são receptivas a ela e a adotam. A segunda maneira é quando as sociedades que não conhecem o invento se vêem em desvantagem em relação à sociedade inventora, e são subjugadas e substituídas se essa desvantagem for muito grande. Um exemplo simples é a disseminação dos mosquetes entre as tribos maoris da Nova Zelândia. Uma tribo, a ngapuhi, adotou os mosquetes de comerciantes europeus por volta de 1818. Durante os 15 anos seguintes, a Nova Zelândia foi agitada pelas chamadas Guerras do Mosquete, à medida que as tribos sem mosquetes adquiriam estas armas ou eram dominadas pelas tribos armadas. Em conseqüência, a tecnologia do mosquete estava difundida por toda a Nova Zelândia em 1833: todos os sobreviventes das tribos maoris passaram a ter mosquetes.

Quando sociedades adotam uma tecnologia nova da sociedade que a inventou, a difusão pode ocorrer em muitos contextos diferentes. Esses contextos incluem o comércio pacífico (como a difusão dos transistores dos Estados Unidos para o Japão em 1954), a espionagem (o contrabando de bichos-da-seda do sudeste da Ásia para o Oriente Médio em 552), a emigração (a difusão do vidro e das técnicas de fabricação de roupa franceses na Europa pelos 200 mil huguenotes expulsos da França em 1685) e a guerra. Um caso decisivo desta última foi a transferência de técnicas chinesas de fabricação de papel para o Islã, possibilitada quando o exército árabe derrotou o exército chinês na batalha do rio Talas, na Ásia Central, em 751, encontrou alguns artífices entre os prisioneiros de guerra e os levou para Samarkand com a intenção de montar uma fábrica de papel.

No Capítulo 12 vimos que a difusão cultural pode envolver "esquemas detalhados" ou apenas idéias vagas que estimulam a reinvenção dos detalhes. Embora o Capítulo 12 tenha ilustrado essas alternativas no caso da difusão da escrita, elas também se aplicam à difusão de tecnologia. No parágrafo anterior, citei exemplos de cópia de esquemas detalhados, considerando que a transferência da técnica da porcelana chinesa para a Europa oferece um exemplo de uma difusão de idéia muito protelada. A porcelana, uma cerâmica translúcida e fina, foi inventada na China por volta do século VII. Quando começou a chegar à Europa pela Rota da Seda

Irven DeVore, Anthro-Photo

1: *Mulher e criança das regiões baixas da costa norte da Nova Guiné (Ilha Siar).*

Cortesia do autor

2: *Paran, um nativo das montanhas da Nova Guiné, pertencente ao povo Fore. (As fotos de 2 a 5 mostram quatro dos meus amigos da Nova Guiné, aos quais este livro é dedicado.)*

Cortesia do autor

3: *Esa, um nativo das montanhas da Nova Guiné, pertencente ao povo Fore.*

Cortesia do autor

4: *Kariniga, membro da tribo Tudawhe, das terras baixas do sul da Nova Guiné.*

Cortesia do autor

5: *Sauakari, das terras baixas da Nova Guiné, na costa norte.*

McLanahan, American Museum of Natural History

6: *Habitante das montanhas da Nova Guiné.*

Richard Gould, American Museum of Natural History

7: *Aborígine australiano do povo Pintupi (Austrália central).*

Irven DeVore, Anthro-Photo

8: *Aborígines australianos do povo da Terra Arnhem (norte da Austrália).*

J. W. Beattie, American Museum of Natural History

9: *Mulher aborígine da Tasmânia, uma das últimas sobreviventes entre os nascidos antes da chegada dos europeus.*

Bogoras, American Museum of Natural History

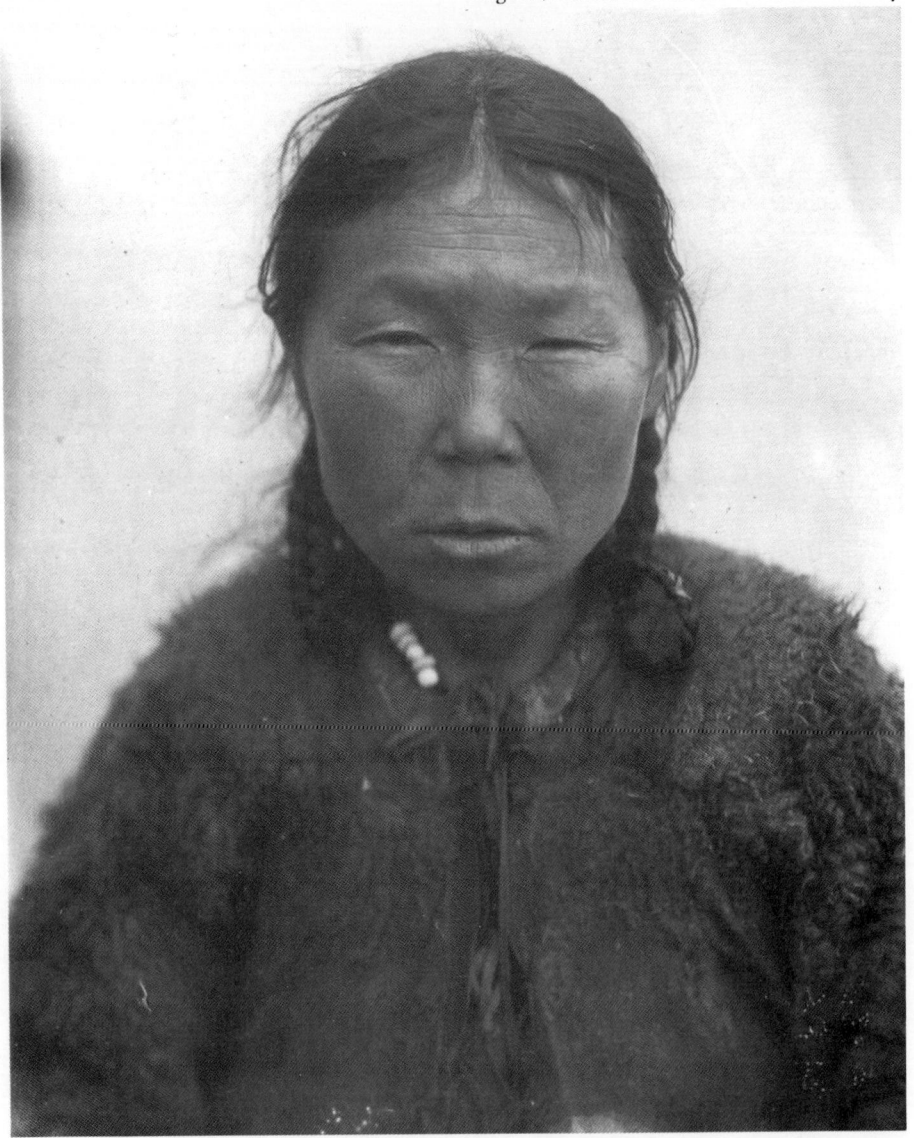

10: *Mulher Tungu, da Sibéria.*

AP/Wide World Photos

11: *Um japonês: o imperador Akihito festejando seu 59º aniversário.*

Judith Ferster, Anthro-Photo

12: *Mulher javanesa colhendo arroz. (As fotos 12 e 13 mostram pessoas que falam línguas austronésias.)*

R. H. Beck, American Museum of Natural History

13: *Mulher polinésia da Ilha de Rapa, no Pacífico tropical, mais de 11.000 quilômetros a leste de Java.*

Dan Hrdy, Anthro-Photo

14: *Menina chinesa coletando pedaços de bambu.*

Rodman Wanamaker, American Museum of Natural History

15: *Nativo norte-americano: chefe Cavalo Pintado, da tribo Pawnee, das Grandes Planícies.*

Marjorie Shostak, Anthro-Photo

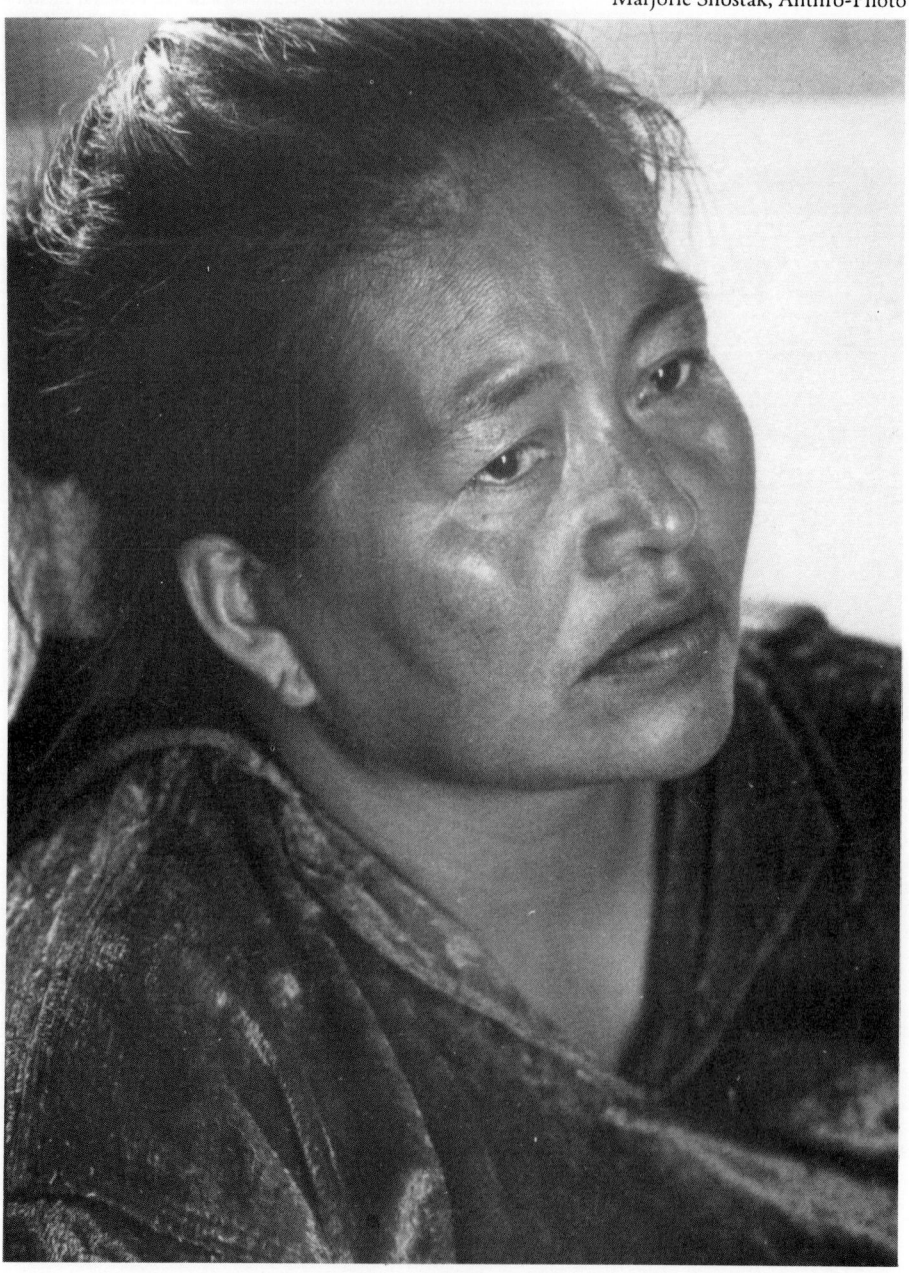

16: *Outro nativo norte-americano: mulher da tribo Navajo, do sudoeste dos Estados Unidos.*

Boris Malkin, Anthro-Photo

17: *Um oaiana do norte da América do Sul.*

Napoleon Chagnon, Anthro-Photo

18: *Menina ianomâmi do extremo norte da América do Sul.*

Kirschner, American Museum of Natural History

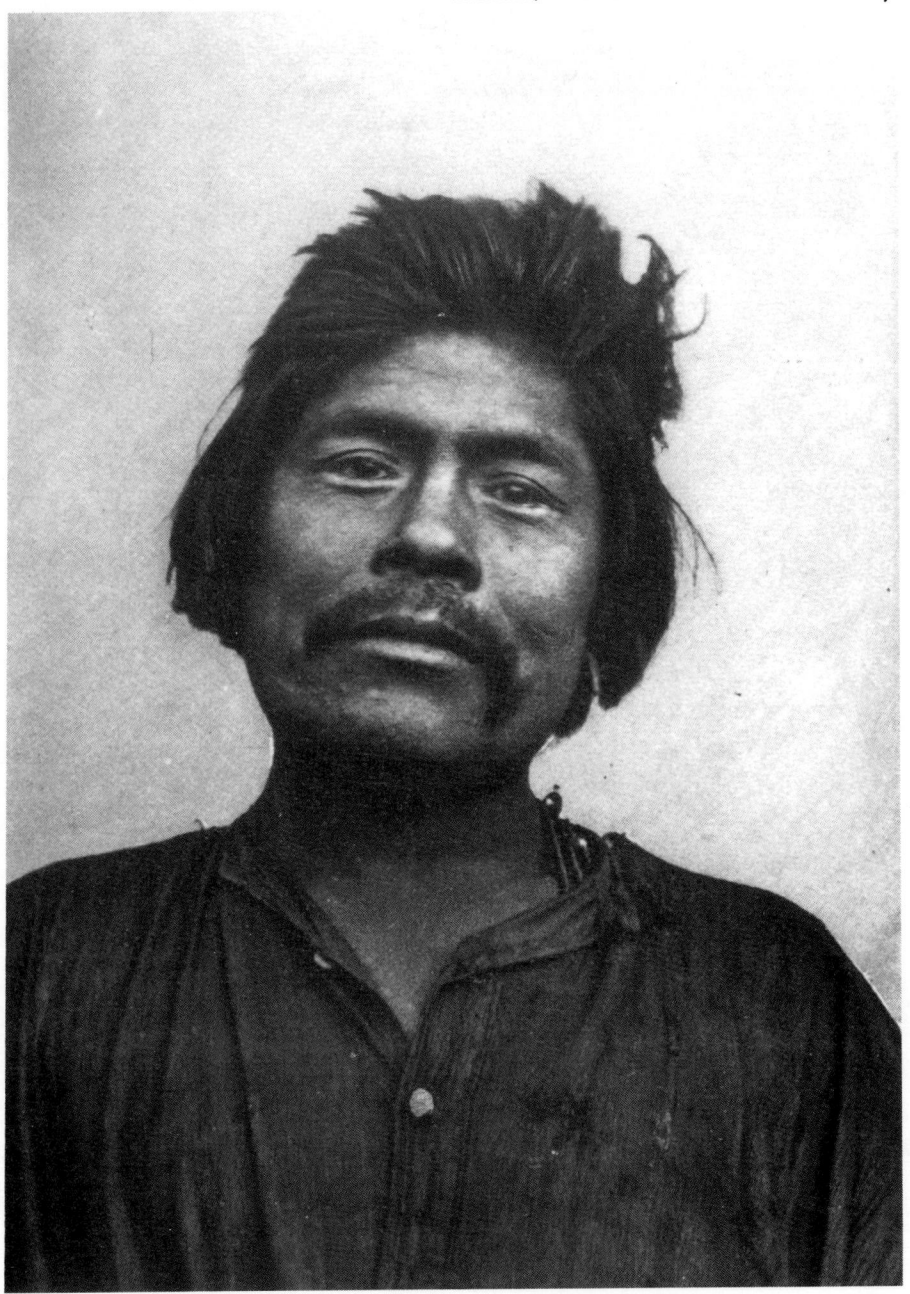

19: *Um fueguino do extremo sul da América do Sul.*

AP/Wide World Photos

20: *Um quíchua das regiões montanhosas dos Andes.*

Gladstone, Anthro-Photo

21: *Um homem da Europa ocidental (Espanha). (As Fotos 21 a 24 mostram pessoas que falam línguas indo-européias, da parte ocidental da Eurásia.)*

AP/Wide World Photos

22: *Outro europeu ocidental: o ex-presidente da França Charles de Gaulle.*

AP/Wide World Photos

23: *Acima: mulheres escandinavas (a atriz sueca Ingrid Bergman e sua filha). Abaixo: um armênio da Ásia ocidental.*

W. B., American Museum of Natural History

AP/Wide World Photos

24: *Soldados afegãos (Ásia central).*

Marjorie Shostak, Anthro-Photo

25: *Uma coissã do deserto Kalahari em Botsuana (sul da África).*

Irven DeVore, Anthro-Photo

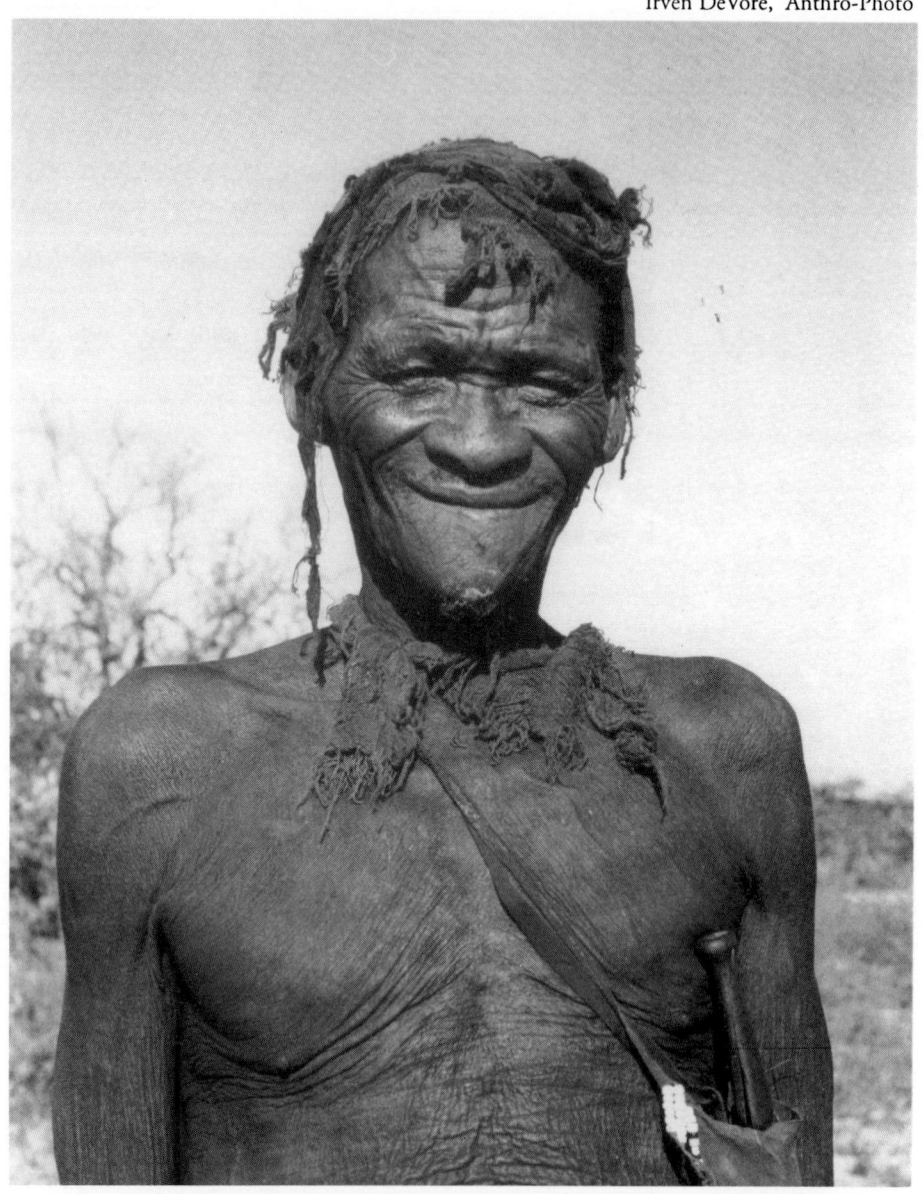

26: *Um coissã do deserto Kalahari em Botsuana (sul da África).*

Steve Winn, Anthro-Photo

27: *Uma pigméia da floresta Ituri (África equatorial).*

J. B. Thorpe, American Museum of Natural History

28: *Grupo de pigmeus da floresta Ituri (África equatorial)*.

J. F. E. Bloss, Anthro-Photo

29: *Um homem que fala uma língua nilo-saariana da região oriental da África: um nuer do Sudão.*

AP/Wide World Photos

30: *Um homem que fala uma língua afro-asiática: Haile Gebreselassie, da Etiópia, medalha de ouro na corrida dos 10 mil metros nos Jogos Olímpicos de 1996, logo à frente de Paul Tergat, do Quênia.*

J. F. E. Bloss, Anthro-Photo

31: *Uma mulher que fala uma língua nigero-congolesa não-banta da região oriental da África: uma zande do Sudão.*

AP/Wide World Photos

32: *Um homem que fala uma língua nigero-congolesa banta: o presidente da África do Sul, Nelson Mandela.*

no século XIV (sem informação sobre como era fabricada), foi muito admirada, e muitas tentativas de imitá-la fracassaram. Só em 1707 o alquimista alemão Johann Böttger, depois de demoradas experiências com processos e com misturas de vários minerais e argila, encontrou a solução e iniciou a fabricação das hoje famosas porcelanas de Meissen. Experiências posteriores mais ou menos independentes na França e na Inglaterra resultaram nas porcelanas de Sèvres, Wedgwood e Spode. Desse modo, os oleiros europeus tiveram que reinventar os métodos chineses de fabricação por conta própria, mas foram estimulados a fazer isso tendo diante deles os modelos do produto desejado.

DEPENDENDO DA LOCALIZAÇÃO geográfica, as sociedades diferem na rapidez com que recebem a tecnologia de outras sociedades por meio da difusão. Os povos mais isolados da Terra na história recente eram os aborígines tasmanianos, que viviam sem embarcações próprias para atravessar oceanos em uma ilha a cerca de 160 quilômetros da Austrália, que é, por sua vez, o continente mais isolado. Os tasmanianos não tiveram nenhum contato com outras sociedades durante dez mil anos e não adquiriram nenhuma tecnologia diferente da que eles próprios criaram. Os australianos e papuas, separados do continente asiático pela cadeia de ilhas indonésias, só receberam uma gota das invenções da Ásia. As sociedades que tinham mais facilidade para receber invenções por meio da difusão eram aquelas localizadas nos principais continentes. Nessas sociedades, a tecnologia evoluía mais depressa, porque elas não só acumulavam suas próprias invenções, mas também as invenções de outras sociedades. O Islã medieval, por exemplo, localizado no centro da Eurásia, absorveu invenções da Índia e da China e herdou a cultura grega antiga.

A importância da difusão, e da localização geográfica para torná-la possível, é bem ilustrada por alguns casos, em outras circunstâncias incompreensíveis, de sociedades que abandonaram tecnologias poderosas. Em geral, presumimos que as tecnologias úteis, uma vez adquiridas, persistem inevitavelmente até serem substituídas por outras melhores. Na realidade, as tecnologias não só devem ser adquiridas mas também mantidas, e isso também depende de muitos fatores imprevisíveis. Qualquer sociedade passa por movimentos sociais ou por modismos, nos quais coisas economicamente inúteis passam a ser valorizadas ou coisas úteis perdem temporariamente seu valor. Hoje em dia, quando quase todas sociedades na terra estão conectadas umas às outras, não conseguimos imaginar que um modismo avance tanto a ponto de uma tecnologia importante ser realmente descartada. Uma sociedade que desse as costas temporariamente a uma tecnologia poderosa continuaria a vê-la utilizada pelas sociedades vizinhas e teria a oportunidade de readquiri-la por difusão (ou seria conquistada pelos vizinhos se não fizesse isso). Mas esses modismos podem perdurar em sociedades isoladas.

Um exemplo famoso envolve o abandono das armas pelo Japão. As armas de fogo chegaram ao Japão em 1543, quando dois aventureiros portugueses armados com arcabuzes (arma primitiva) chegaram em um cargueiro chinês. Os japoneses ficaram tão impressionados com a nova arma que deram início a uma produção local, aperfeiçoaram bastante a tecnologia e, por volta de 1600, já possuíram armas melhores e em maior quantidade do que qualquer outro país do mundo.

Mas havia também fatores agindo contra a aceitação de armas de fogo no Japão. O país tinha uma numerosa classe de guerreiros, os samurais, para quem as espadas eram símbolo de *status* e consideradas obras de arte (e meio de dominação das classes sociais inferiores). A guerra japonesa anterior envolvia combates isolados entre samurais, que ficavam ao ar livre, faziam discursos rituais e se orgulhavam de lutar elegantemente. Esse comportamento tornou-se fatal na presença de soldados camponeses que atiravam deselegantemente com suas armas. Além disso, as armas eram uma invenção estrangeira e passaram a ser menosprezadas, como ocorreu com outras coisas estrangeiras no Japão depois de 1600. O governo controlado pelos samurais começou a limitar a produção de armas a algumas cidades, depois passou a exigir uma licença do governo para a fabricação de armas, depois emitiu licenças apenas para armas fabricadas para o governo, e finalmente reduziu as encomendas de armas para o governo, até que o Japão ficou novamente quase desprovido de armas funcionais.

Entre os governantes europeus da época também havia alguns que rejeitaram as armas e tentaram restringir sua disponibilidade. Mas essas medidas jamais foram adiante na Europa, onde qualquer país que renunciasse temporariamente às armas de fogo era logo invadido por países vizinhos armados. O Japão só conseguiu escapar impune de sua rejeição à nova e poderosa tecnologia militar porque era uma ilha populosa e isolada. Sua segurança no isolamento terminou em 1853, quando a visita da frota americana do comodoro Perry, apinhada de canhões, convenceu o Japão da necessidade de retomar a fabricação de armas.

Essa rejeição e o abandono pela China de embarcações transatlânticas (assim como dos relógios mecânicos e das máquinas de fiar movidas a água) são exemplos históricos famosos de retrocessos tecnológicos em sociedades isoladas ou semi-isoladas. Outros desses retrocessos ocorreram nos tempos pré-históricos. O caso extremo é o dos aborígines tasmanianos que abandonaram até as ferramentas feitas de osso e a pesca para se tornarem a sociedade com a tecnologia mais simples do mundo moderno (Capítulo 15). Os aborígines australianos podem ter adotado e depois abandonado os arcos e as flechas. Os habitantes do estreito de Torres abandonaram as canoas, enquanto os habitantes de Gaua as abandonaram e depois passaram a usá-las novamente. A cerâmica foi abandonada em toda a Polinésia. A maioria dos polinésios e muitos melanésios deixaram de usar arcos e flechas na guerra. Os esquimós polares perderam o arco e a flecha e o caiaque, enquanto os esquimós de Dorset perderam o arco e a flecha, a broca de arco e os cães.

Esses exemplos, a princípio tão estranhos para nós, ilustram bem os papéis da geografia e da difusão na história da tecnologia. Sem a difusão, menos tecnologias novas são adotadas e mais tecnologias existentes são perdidas.

COMO TECNOLOGIA GERA mais tecnologia, a importância da difusão de uma invenção possivelmente ultrapassa a importância da invenção original. A história da tecnologia exemplifica o que é chamado de processo autocatalítico: isto é, um processo que avança a uma velocidade que aumenta com o tempo, porque ele se catalisa. A explosão da tecnologia desde a Revolução Industrial nos impressiona hoje, mas a explosão medieval foi igualmente impressionante, comparada à da Idade do Bronze que, por sua vez, ultrapassou a do Paleolítico Superior.

Uma razão pela qual a tecnologia tende a se catalisar é que os avanços dependem da solução prévia de problemas mais simples. Os agricultores da Idade de Pedra, por exemplo, não se ocuparam diretamente da extração e da metalurgia do ferro, que requer fornos de alta temperatura. Ao contrário, a metalurgia de minério de ferro desenvolveu-se a partir de milhares de anos de experiência humana com o afloramento natural de metais puros e maleáveis que podiam ser moldados sem a ação do calor (cobre e ouro). Ela também originou-se dos milhares de anos de desenvolvimento de fornos simples para a fabricação de cerâmica, e depois para extrair minério de cobre e liga metálica de cobre (bronze) que não exigem altas temperaturas, como o ferro. No Crescente Fértil e na China, objetos de ferro só se tornaram comuns depois de cerca de dois mil anos de experiência com a metalurgia do bronze. As sociedades do Novo Mundo mal haviam começado a fabricar artefatos de bronze e nem haviam começado ainda a fazer objetos de ferro quando a chegada dos europeus interrompeu a trajetória independente do Novo Mundo.

A outra explicação importante da autocatálise é que novas tecnologias e novos materiais possibilitam a geração de outras tecnologias novas pelo processo de recombinação. Por exemplo, por que a impressão difundiu-se de modo explosivo na Europa medieval depois que Gutenberg imprimiu sua Bíblia em 1455, mas não depois que um impressor desconhecido gravou o disco de Festos em 1700 a.C.? Em parte porque os impressores europeus medievais conseguiram combinar seis avanços tecnológicos, a maioria deles inacessível à pessoa que fez o disco de Festos. Desses avanços — o papel, o tipo móvel, a metalurgia, as prensas, as tintas e os sistemas de escrita — o papel e o tipo móvel chegaram à Europa pela China. Os tipos feitos de metal criados por Gutenberg, para superar o problema potencialmente fatal do tamanho desigual dos tipos, dependia de muitos avanços na metalurgia: do aço para as punções, das ligas de latão ou de bronze (depois substituídas pelas de aço) para as matrizes, chumbo para os moldes e uma liga de chumbo-estanho-antimônio para fundir os tipos. A prensa de Gutenberg derivara das prensas comuns, utilizadas para a fabricação de vinho e azeite, enquanto a tinta à base de óleo era um aperfeiçoamento das tintas existentes. As escritas alfabéticas que a Europa medieval herdou de três milênios de evolução do alfabeto prestavam-se à impressão com o tipo móvel, porque só algumas formas de letras precisavam ser fundidas, em vez dos milhares de sinais necessários para a escrita chinesa.

Em todos os seis aspectos, o autor do disco de Festos contava com técnicas muito menos eficazes para combinar em um sistema de impressão do que Gutenberg. O disco era de argila, um material muito mais encorpado e mais pesado que o papel. As técnicas de metalurgia, as tintas de impressão e as prensas da Creta de 1700 a.C. eram mais primitivas que as da Alemanha de 1455, de modo que o disco teve que ser riscado à mão e não gravado por tipos móveis presos em uma armação de metal, marcados com tinta e comprimidos. O sistema de escrita era silábico, usava mais sinais e era mais complexo que o alfabeto romano utilizado por Gutenberg. Por isso, a técnica de impressão do disco de Festos era muito mais tosca, e tinha menos vantagens em relação à escrita feita à mão do que a prensa de Gutenberg. Além de todas essas desvantagens tecnológicas, o disco de Festos foi gravado numa época em que o conhecimento da escrita era restrito a alguns poucos escribas dos palácios ou dos templos. Por isso havia pouca demanda para o belo produto do fabricante do disco, e pouco incentivo para investir nas muitas punções manuais necessárias. Por outro lado, o potencial mercado de massa para a impressão na Europa medieval induziu muitos investidores a emprestar dinheiro a Gutenberg.

A TECNOLOGIA HUMANA EVOLUIU dos primeiros instrumentos de pedra, usados 2,5 milhões de anos atrás, à impressora a laser de 1996, que substituiu minha já antiquada impressora a laser de 1992, e que foi usada para imprimir os originais deste livro. O ritmo do desenvolvimento era lentíssimo no início, quando milhares de anos se passavam sem uma mudança perceptível em nossos instrumentos de pedra e sem vestígios de artefatos feitos de outros materiais. Hoje, os avanços tecnológicos ocorrem tão depressa que são noticiados diariamente no jornal.

Nesta longa história de desenvolvimento acelerado, dois saltos especialmente importantes podem ser identificados. O primeiro, que ocorreu entre 100 mil e 50 mil anos atrás, talvez tenha sido possibilitado por mudanças genéticas em nossos corpos: isto é, pelo desenvolvimento da anatomia moderna que permitiu uma fala ou uma função cerebral modernas, ou ambas. Esse salto levou às ferramentas feitas de osso, às ferramentas de pedra para um fim específico e às combinações de ferramentas. O segundo salto resultou do fato de termos adotado um estilo de vida sedentário, o que ocorreu em momentos diferentes, em partes diferentes do mundo, há 13 mil anos em algumas áreas, enquanto em outras nem começou. Em grande parte, esse fato estava ligado a nossa escolha da produção de alimentos, que exigia que ficássemos perto de nossas lavouras, pomares e dos locais de armazenamento dos excedentes.

A vida sedentária foi decisiva para a história da tecnologia, pois permitiu que as pessoas acumulassem bens não-portáteis. Os caçadores-coletores nômades estão limitados à tecnologia que pode ser carregada. Se você se desloca com freqüência e não dispõe de veículos ou animais de carga, limitará seus haveres a bebês, armas e um mínimo de outras coisas imprescindíveis e suficientemente pequenas para serem carregadas. Não se pode ficar carregando vasos de cerâmica e prensas a cada vez que se muda de acampamento. Essa dificuldade prática explica o intrigante aparecimento de algumas tecnologias, seguido de uma longa demora em sua evolução. Por exemplo, os mais antigos precursores confinados da cerâmica são estatuetas de barro cozido feitas na região de Tchecoslováquia moderna há 27 mil anos, muito antes dos mais antigos vasos de barro cozido conhecidos (japoneses, 14 mil anos atrás). A mesma área, na mesma época, apresentou o mais antigo vestígio de tecelagem, não confirmada até o aparecimento do cesto mais antigo, cerca de 13 mil anos atrás, e do tecido mais antigo, há cerca de nove mil anos. Apesar desses primeiros passos, a cerâmica e a tecelagem só sobressaíram depois que as pessoas se tornaram sedentárias e, portanto, ficaram livres do problema de transportar vasos e teares.

Além de permitir a vida sedentária e, conseqüentemente, a acumulação de bens, outra razão fez da produção de alimentos um passo decisivo na história da tecnologia. Foi possível, pela primeira vez na evolução humana, desenvolver sociedades economicamente especializadas constituídas de especialistas não-produtores de alimentos e sustentados por camponeses produtores de alimentos. Mas já vimos, na segunda parte deste livro, que a produção de alimentos surgiu em momentos diferentes em continentes diferentes. Como vimos neste capítulo, a tecnologia local depende, para sua origem e sua manutenção, não só da invenção local mas também da difusão da tecnologia de outro lugar. Essa foi a causa da evolução mais rápida da tecnologia em continentes com poucas barreiras geográficas e ecológicas que impedissem a difusão dentro desse mesmo continente ou em outros. Finalmente, cada sociedade em um continente representa mais uma oportunidade para a invenção e a adoção de uma tecnologia, porque a capacidade de inovação das sociedades varia muito, por muitas razões distintas. Conseqüentemente, se todas as outras coisas forem iguais, a tecnologia se desenvolve mais rapidamente em grandes regiões produtivas e populosas, muitos inventores potenciais e muitas sociedades rivais.

Vamos agora resumir como as variações nesses três fatores — data de início da produção de alimentos, obstáculos à difusão e tamanho da população humana — acarretaram as diferenças intercontinentais observadas na evolução da tecnologia. A Eurásia (incluindo o norte da África) é a maior massa de terra do mundo, abrangendo o maior número de sociedades rivais. Também era a massa de terra que continha os dois centros onde a produção de alimentos começou mais cedo: o Crescente Fértil e a China. Seu eixo principal leste-oeste permitiu que muitas invenções adotadas em uma parte da Eurásia se difundissem relativamente depressa para sociedades localizadas em latitudes e climas semelhantes aos seus em outros pontos da Eurásia. Sua amplitude ao longo de seu eixo secundário (norte-sul) contrasta com a estreiteza do continente americano no istmo do Panamá. Não possui as barreiras ecológicas que atravessam os principais eixos das Américas e da África. Assim, as barreiras geográficas e ecológicas que dificultam a difusão da tecnologia eram menos acentuadas na Eurásia do que em outros continentes. Graças a todos esses fatores, a Eurásia foi o continente no qual a tecnologia começou sua aceleração pós-pleistocênica e que resultou na maior acumulação regional de tecnologias.

As Américas do Sul e do Norte são convencionalmente vistas como continentes separados, mas elas estiveram ligadas durante milhões de anos, mostram problemas históricos semelhantes e podem ser consideradas em conjunto para efeito de comparação com a Eurásia. As Américas formam a segunda maior massa de terra, significativamente menor que a Eurásia. Contudo, elas são fragmentadas pela geografia e pela ecologia: o istmo do Panamá, com apenas 64 quilômetros de largura, quase divide geograficamente as Américas, como o fazem ecologicamente as florestas tropicais do istmo de Darién e o deserto mexicano ao norte. Este deserto separou as sociedades humanas adiantadas da Mesoamérica daquelas da América do Norte, enquanto o istmo separou as sociedades adiantadas da Mesoamérica daquelas dos Andes e da Amazônia. Além do mais, o eixo principal das Américas é norte-sul, forçando a difusão a ir contra um gradiente de latitude (e clima) em vez de operar dentro da mesma latitude. Por exemplo, a roda foi inventada na Mesoamérica e a lhama foi domesticada na região central dos Andes por volta de 3000 a.C., mas cinco mil anos depois o único animal de carga e as únicas rodas das Américas ainda não haviam se encontrado, embora a distância que separava as sociedades maias da Mesoamérica da fronteira norte do império inca (cerca de 1.900 quilômetros) fosse bem menor que os quase 10 mil quilômetros que separavam a roda do cavalo compartilhados pela França e a China. Esses fatores parecem explicar o atraso tecnológico da América em relação à Eurásia.

A África subsaariana é a terceira maior massa de terra, consideravelmente menor que as Américas. Ao longo de boa parte da história humana, ela era muito mais acessível à Eurásia do que as Américas, mas o deserto saariano ainda é uma importante barreira ecológica que separa a África subsaariana da Eurásia e do norte da África. O eixo norte-sul da África representou mais um obstáculo à difusão da tecnologia, tanto entre a Eurásia e a África subsaariana como dentro da própria região subsaariana. Como ilustração deste último obstáculo, a cerâmica e a metalurgia surgiram ou chegaram à zona do Sael na África subsaariana (norte do equador) pelo menos na mesma época em que chegaram à Europa ocidental. Entretanto, a cerâmica só chegou ao extremo sul da África por volta do ano 1, e a metalurgia ainda não havia se difundido por terra para o extremo sul na época em que lá chegou da Europa em navios.

Finalmente, a Austrália é o menor continente. Pouca chuva e produtividade muito baixa na maior parte da Austrália a tornam ainda menor em relação a sua capacidade de sustentar populações humanas. A Austrália também é o continente mais isolado. E a produção de alimentos nunca surgiu na Austrália de modo autóctone. A combinação desses fatores fez da Austrália o único continente desprovido de artefatos de metal nos tempos modernos.

A Tabela 13.1 traduz esses fatores em números, comparando as áreas e as populações humanas atuais dos continentes. Não se sabe o tamanho das populações dos continentes dez mil anos atrás, pouco antes do início da produção de alimentos, mas seguramente estavam na mesma seqüência, já que muitas das áreas que hoje mais produzem alimentos também teriam sido áreas produtivas para os caçadores-coletores dez mil anos atrás. As diferenças em termos populacionais são gritantes: a população da Eurásia (incluindo o norte da África) é quase seis vezes maior que a das Américas, quase oito vezes maior que a da África e 230 vezes maior que a da Austrália. Populações maiores significam mais inventores e mais sociedades rivais. A Tabela 13.1 por si só é muito útil para explicar a origem das armas e do aço na Eurásia.

TABELA 13.1 Populações humanas nos continentes

Continente	População em 1990	Área (km^2)
Eurásia e norte da África	4.120.000.000	24.200.000
(Eurásia)	(4.000.000.000)	(21.500.000)
(Norte da África)	(120.000.000)	(2.700.000)
Américas do Norte e do Sul	736.000.000	16.400.000
África subsaariana	535.000.000	9.100.000
Austrália	18.000.000	3.000.000

Todos esses efeitos que as diferenças continentais em área, população, facilidade de difusão e início da produção de alimentos tiveram no progresso da tecnologia intensificaram-se porque a tecnologia se catalisa. A considerável superioridade inicial da Eurásia traduziu-se, assim, em uma fortíssima liderança a partir de 1492 — por causa da geografia característica da Eurásia e não de um intelecto humano peculiar. Os papuas, que eu conheço, têm Edisons potenciais. Mas eles dirigiram sua engenhosidade para a solução de problemas tecnológicos inerentes às situações deles: os problemas de sobreviver sem artigos importados nas selvas da Nova Guiné, e não o problema de inventar fonógrafos.

CAPÍTULO 14

DO IGUALITARISMO À CLEPTOCRACIA

E M 1979, ENQUANTO EU E ALGUNS AMIGOS MISSIONÁRIOS SOBREVOÁVAMOS UMA distante bacia pantanosa da Nova Guiné, notei algumas cabanas muito afastadas. O piloto explicou-me que, em algum lugar naquela expansão barrenta abaixo de nós, um grupo de caçadores de crocodilo indonésios havia encontrado recentemente um grupo de nômades. Os dois grupos se apavoraram, e o encontro acabou com os indonésios atirando em vários nômades.

Meus amigos missionários acreditavam que os nômades pertenciam a um grupo isolado chamado fayu, só conhecidos no mundo exterior por relatos de vizinhos aterrorizados, um grupo de ex-nômades catequizados chamado kirikiri. Os primeiros contatos entre estrangeiros e grupos da Nova Guiné sempre são perigosos, mas este começo foi especialmente desfavorável. Apesar de tudo, meu amigo Doug voou até lá de helicóptero para tentar estabelecer relações amigáveis com os fayus. Voltou vivo, embora muito abalado, para contar uma história extraordinária.

Ocorre que os fayus viviam normalmente como famílias solitárias, espalhadas pelo pântano, e reuniam-se uma ou duas vezes a cada ano para negociar a troca de noivas. A visita de Doug coincidiu com um desses encontros, com algumas dezenas de fayus. Para nós, algumas dezenas de pessoas constituem uma reunião pequena, comum, mas para os fayus isso era um acontecimento raro e assustador. Assassinos de repente se viam frente a frente com os parentes de suas vítimas. Por exemplo, um fayu reconheceu o assassino de seu pai. Ergueu o machado e partiu para o assassino, mas foi derrubado no chão por amigos. O assassino então foi até o filho da vítima, que estava caído, com um machado e também foi derrubado. Os dois foram contidos por outros homens, berrando irados, até parecerem suficientemente cansados para serem soltos. Outros homens trocavam insultos, trêmulos de raiva e frustração, e batiam no chão com seus machados. Essa tensão continuou durante os vários dias do encontro, enquanto Doug rezava para que a visita não acabasse em violência.

Os fayus são formados por cerca de 400 caçadores-coletores, divididos em quatro clãs, vagando por uma área de uns 160 quilômetros quadrados. Segundo eles mesmos relatam, chegaram a somar quase dois mil, mas a população foi muito reduzida em conseqüência dos assassinatos cometidos entre eles. Careciam de mecanismos políticos e sociais, indiscutíveis para nós, para chegarem à solução pacífica de graves disputas. Finalmente, como resultado da visita de Doug, um grupo fayu convidou um corajoso casal de missionários a viver com eles. O casal morou lá durante alguns anos e aos poucos convenceu os fayus a desistirem da violência. Eles estão sendo trazidos para o mundo moderno, onde enfrentam um futuro incerto.

Muitos outros grupos isolados da Nova Guiné e os índios da Amazônia também devem aos missionários sua incorporação à sociedade moderna. Depois dos missionários vêm os professores e médicos, burocratas e soldados. A disseminação dos governos e da religião sempre estiveram interligadas ao longo da história que está registrada, quer a disseminação fosse pacífica (como acabou sendo com os fayus) ou pela força. Neste caso, é quase sempre o governo que organiza a conquista, e a religião que a justifica. Embora nômades e integrantes de tribos vez por outra derrotem governos e religiosos organizados, a tendência nos últimos 13 mil anos tem sido a derrota de nômades e tribos.

No final da última Era Glacial, grande parte da população mundial vivia em sociedades semelhantes a essa dos fayus hoje e, portanto, ninguém vivia em uma sociedade muito mais complexa. Em 1500, menos de 20 por cento da área terrestre do planeta tinha estados delimitados por fronteiras, dirigidos por burocratas e governados por leis. Hoje, toda a terra, menos a Antártica, está dividida assim. Descendentes dessas sociedades que chegaram antes a um governo centralizado e à religião organizada acabaram dominando o mundo moderno. A combinação de governo e religião funcionou, portanto, juntamente com os germes, a escrita e a tecnologia, como um dos quatro conjuntos principais de agentes próximos que conduzem ao padrão mais geral da história. Como surgiram o governo e a religião?

Os BANDOS FAYUS E OS Estados modernos representam os extremos opostos no espectro das sociedades humanas. A sociedade americana moderna e os fayus diferem pela presença ou ausência de uma força policial profissional, em relação a cidades, dinheiro, distinções entre ricos e pobres e muitas outras instituições políticas, econômicas e sociais. Todas essas instituições surgiram juntas, ou algumas surgiram antes das outras? Podemos responder a esta pergunta comparando as sociedades modernas em diferentes níveis de organização, examinando relatos escritos ou evidências arqueológicas de sociedades passadas, e observando como as instituições de uma sociedade mudam com o passar do tempo.

Os antropólogos culturais que tentam descrever a diversidade das sociedades humanas quase sempre as dividem em cerca de meia dúzia de categorias. Qualquer tentativa de definir estágios de um *continuum* evolutivo — seja de estilos musicais, fases da vida humana ou das sociedades humanas — está duplamente fadada ao erro. Primeiro, pelo fato de cada estágio se desenvolver a partir de um estágio anterior, as linhas de demarcação são inevitavelmente arbitrárias. (Por exemplo, uma pessoa de 19 anos é um adolescente ou um adulto jovem?) Segundo, as seqüências de desenvolvimento não são invariáveis, de modo que exemplos classificados no mesmo estágio são inevitavelmente heterogêneos. (Brahms e Liszt se revirariam em seus túmulos se soubessem que agora estão agrupados como compositores do período romântico.) Mesmo assim, fases delineadas de modo arbitrário oferecem uma referência útil para a discussão da diversidade da música e das sociedades humanas, sem esquecer das precauções acima. Seguindo esse espírito, usaremos uma classificação simples, baseada em apenas quatro categorias, para entender as sociedades: bando, tribo acéfala, tribo centralizada e Estado (veja Tabela 14.1).

Bandos são as menores sociedades, que normalmente variam de cinco a 80 pessoas, quase todas parentes próximos por nascimento ou casamento. Um bando é, na realidade, uma família ampliada ou várias famílias ampliadas interligadas. Hoje, os bandos que ainda vivem de modo autônomo estão praticamente confinados às partes mais remotas da Nova Guiné e da Amazônia, mas nos tempos modernos havia muitos outros que só recentemente se submeteram ao controle do Estado ou foram absorvidos ou exterminados. Entre eles estão a maioria dos pigmeus africanos, os caçadores-coletores do sul da África (também chamados bosquímanos), os aborígines australianos, os esquimós (*inuit*) e índios de algumas áreas das Américas pobres em recursos, como a Terra do Fogo e as florestas boreais. Todos esses bandos modernos são ou foram caçadores-coletores nômades em vez de produtores de alimentos estabelecidos. Provavelmente todos os humanos viveram em bandos até pelo menos 40 mil anos atrás, e a maioria ainda vivia dessa maneira há somente 11 mil anos.

TABELA 14.1 Tipos de sociedades

	Bando	Tribo acéfala	Tribo centralizada	Estado
Situação dos integrantes				
Número de pessoas	dezenas	centenas	milhares	mais de 50 mil
Sistema de vida	nômade	estabelecido: 1 vila	estabelecido: 1 ou mais aldeias	estabelecido: muitas aldeias e cidades
Base das relações humanas	familiar	clãs familiares	classe e residência	classe e residência
Etnicidades e línguas	1	1	1	1 ou mais
Governo				
Tomada de decisão, liderança	"igualitária"	"igualitária" ou homem-grande	centralizada, hereditária	centralizada
Burocracia	nenhuma	nenhuma	nenhuma, ou 1 ou 2 níveis	muitos níveis
Monopólio da força e da informação	não	não	sim	sim
Solução de conflitos	informal	informal	centralizada	leis, juízes
Hierarquia de povoamento	não	não	não → aldeia principal	capital
Religião				
Justifica a cleptocracia?	não	não	sim	sim → não
Economia				
Produção de alimentos	não	não → sim	sim → intensiva	intensiva
Divisão do trabalho	não	não	não → sim	sim
Trocas	mútuas	mútuas	Redistributivas ("tributo")	Redistributivas ("impostos")
Controle da terra	bando	clã	chefe	vários
Sociedade				
Estratificada	não	não	sim, por parentesco	sim, não
Escravidão	não	não	pequena escala	larga escala
Bens de luxo para a elite	não	não	sim	sim
Arquitetura pública	não	não	não → sim	sim
Povo alfabetizado	não	não	não	com freqüência

A seta horizontal indica que o atributo varia entre sociedades menos e mais complexas desse tipo.

Os bandos não dispõem de muitas instituições, que são plenamente aceitas em nossa própria sociedade. Eles não têm uma base única e permanente de residência. Sua terra é usada em conjunto por todo o grupo, em vez de ser dividida entre subgrupos ou indivíduos. Não há uma especialização econômica regular, exceto por idade e sexo: todos os indivíduos fisicamente aptos partem em busca de alimentos. Não há instituições formais, como leis, polícia e tratados, para solucionar conflitos dentro do bando e entre os bandos. Sua organização normalmente é descrita como "igualitária": não há uma estratificação social formal em classes superiores e inferiores, não há liderança hereditária ou formal, e não há monopólios formais da informação e da tomada de decisões. O termo "igualitário", contudo, não deveria ser entendido no sentido de que todos os membros do bando são iguais em prestígio e têm a mesma participação igualmente nas decisões. Na verdade, o termo apenas significa que qualquer "liderança" do bando é informal e conquistada por qualidades como personalidade, força, inteligência e habilidades de luta.

Minha experiência com bandos ocorreu nas planícies pantanosas da Nova Guiné onde vivem os fayus, uma região conhecida como as Planícies dos Lagos. Lá, ainda encontro famílias ampliadas de poucos adultos com seus dependentes, crianças e velhos, vivendo em toscos abrigos temporários ao longo dos riachos e viajando de canoa e a pé. Por que os povos das Planícies dos Lagos continuam vivendo como bandos nômades, quando a maioria dos outros povos da Nova Guiné, e quase todos os outros povos em outros lugares do mundo, agora vivem assentados em grupos maiores? A explicação é que faltam na região densas concentrações locais de recursos, que permitiriam que muitas pessoas vivessem juntas, e (até a chegada dos missionários trazendo as culturas agrícolas) também faltam plantas nativas que possibilitariam uma agricultura produtiva. A base da alimentação dos bandos é o sagüeiro, de cujo caule extrai-se uma medula viscosa (o sagu), quando a palmeira fica adulta. Os bandos são nômades, porque têm que se mudar quando já cortaram os sagüeiros maduros em uma área. O número de membros dos bandos é baixo por causa das doenças (principalmente a malária), da falta de matérias-primas no pântano (até mesmo a pedra para fabricar ferramentas precisa ser obtida no comércio interurbano) e pela quantidade limitada de alimento que o pântano oferece aos seres humanos. Limitações semelhantes dos recursos acessíveis à tecnologia humana existente prevalecem em regiões do mundo recentemente ocupadas por outros bandos.

Nossos parentes animais mais próximos, os gorilas, chimpanzés e os macacos bonobos africanos, também vivem em bandos. Presume-se que todos os humanos viveram em bandos, até que o aperfeiçoamento das técnicas para extrair alimentos permitiu que alguns caçadores-coletores se fixassem em habitações permanentes em algumas áreas ricas em recursos naturais. O bando é a organização política, econômica e social que herdamos de nossos milhões de anos de história evolutiva. Nossos avanços além dele ocorreram nos últimos milhares de anos.

O PRIMEIRO DOS ESTÁGIOS posteriores ao bando denomina-se tribo, que é diferente por ser maior (inclui centenas em vez de dezenas de pessoas) e normalmente ter residência fixa. Entretanto algumas tribos acéfalas, e mesmo as centralizadas, são formadas por pastores que se mudam sazonalmente.

A organização tribal é bem representada pelos habitantes das regiões montanhosas da Nova Guiné, cuja unidade política antes da chegada do governo colonial era uma aldeia ou um grupo de aldeias de pessoas com relações de parentesco. Esta definição política de "tribo" é, portanto, freqüentemente muito mais limitada do que a definição dos lingüistas e antropólogos culturais: um grupo que tem a mesma língua e a mesma cultura. Por exemplo, em 1964 comecei a trabalhar em um grupo de montanheses conhecidos como forés. Pelos padrões lingüísticos e culturais, havia 12 mil forés, falando dois dialetos mutuamente inteligíveis e vivendo em 65 povoados de centenas de pessoas cada um. Mas não havia qualquer tipo de unidade política entre os povoados do grupo lingüístico foré. Cada pequeno povoado estava envolvido em um padrão extremamente variável de guerras e alianças com os povoados vizinhos, quer esses vizinhos falassem a língua foré ou outra língua.

As tribos, recentemente independentes e agora subordinadas de várias maneiras aos Estados nacionais, ainda ocupam boa parte da Nova Guiné, da Melanésia e da Amazônia. Supõe-se que havia uma organização tribal similar no passado a partir de vestígios arqueológicos de povoações que eram substanciais, mas careciam de marcas arqueológicas autênticas de tribo centralizada, que explicarei a seguir. Essa evidência leva a crer que a organização tribal começou a surgir por volta de 13 mil anos atrás no Crescente Fértil e depois em algumas outras áreas. Um pré-requisito para fixar residência é a produção de alimentos ou então um ambiente produtivo com recursos especialmente concentrados que possam ser caçados e coletados dentro de uma área pequena. Por isso os assentamentos e, por inferência, as tribos, começaram a proliferar no Crescente Fértil naquele momento, quando as mudanças climáticas e os avanços tecnológicos se combinaram, permitindo a colheita abundante de cereais silvestres.

Além de diferir do bando em virtude da residência fixa e do maior número de membros, a tribo também difere por ser constituída de mais de um grupo de afinidade formalmente reconhecida, denominados clãs, que trocam os cônjuges. A terra pertence a um clã particular, não à tribo inteira. No entanto, a quantidade de pessoas em uma tribo ainda é pequena, a ponto de permitir que todos se conheçam pelo nome e por relações.

Quanto a outros tipos de grupos humanos, "algumas centenas" parecem ser o limite máximo para o tamanho do grupo compatível com o tipo "todo mundo conhece todo mundo". Em nossa sociedade oficial, por exemplo, os diretores de uma escola provavelmente conhecem todos os seus alunos pelo nome, se a escola tiver algumas centenas de crianças, mas não se ela tiver milhares de crianças. Uma explicação para o fato de a organização de governo ter tendência a passar de tribal acéfala para uma organização tribal centralizada em sociedades com mais de algumas centenas de membros é que a difícil questão da solução de conflitos entre estranhos fica mais complicada em grupos maiores. Um fato que complica ainda mais os possíveis problemas na solução de conflitos nas tribos é que quase todos são parentes consangüíneos ou por afinidade, ou ambos. Esses laços de parentesco interligando todos os membros da tribo tornam desnecessárias a polícia, as leis e outras instituições usadas na solução de conflitos das sociedades maiores, já que aqueles que entram numa discussão terão muitos parentes comuns a pressioná-los para que evitem a violência. Na sociedade tradicional da Nova Guiné, se um papua encontra outro papua desconhecido, ambos longe de seus respectivos povoados, os dois entabulariam uma longa discussão sobre os parentes, na tentativa de estabelecer uma relação e, conseqüentemente, uma razão para que um não tentasse matar o outro.

Apesar de todas essas diferenças entre bandos e tribos, ainda restam muitas semelhanças. As tribos acéfalas ainda preservam um sistema de governo informal e "igualitário". A informação e a tomada de decisão são da comunidade. Nas regiões montanhosas da Nova Guiné, assisti a reuniões com a presença de todos os adultos do povoado, sentados no chão, e as pessoas faziam discursos, sem qualquer sinal de alguém "presidindo" a discussão. Muitos povoados nessas regiões têm alguém conhecido como o "homem-grande", o mais influente da vila. Mas essa posição não é um cargo formal a ser preenchido, e seu poder é limitado. O homem-grande não tem autoridade para tomar decisões sozinho, não conhece nenhum segredo diplomático e não pode fazer mais do que tentar controlar as decisões comunais. Os homens-grandes conquistam esse *status* por seus próprios atributos; o posto não é herdado.

As tribos também compartilham com os bandos um sistema social "igualitário", sem uma hierarquia de linhagem ou classe. O *status* não só não é herdado como nenhum membro de uma tribo ou bando tradicional pode enriquecer mais do que os outros pelos próprios esforços, pois cada indivíduo tem deveres e obrigações para com muitos outros. Por isso é impossível para um visitante adivinhar, pela aparência, qual dos homens adultos da vila é o homem-grande: ele vive no mesmo tipo de cabana, usa as mesmas roupas ou adornos, ou está despido, como todos os outros.

Como os bandos, as tribos não têm burocracia, força policial e impostos. Sua economia se baseia na troca informal entre indivíduos ou famílias, e não na redistribuição de um tributo pago à autoridade central. A especialização econômica é superficial: faltam artífices especializados em tempo integral, e todos os adultos fisicamente capazes (inclusive o homem-grande) participam do cultivo, da coleta ou da caça dos alimentos. Lembro-me de uma ocasião em que eu estava atravessando uma horta nas ilhas Salomão e notei um homem cavando e acenando de longe para mim. Para minha surpresa, percebi que era o meu amigo Faletau. Ele era o entalhador mais famoso de Salomão, um artista de grande originalidade, mas isso não o livrava da necessidade de cultivar suas próprias batatas-doces. Assim como faltam especialistas econômicos às tribos, também faltam os escravos, porque não há trabalho subalterno especializado para um escravo executar.

Assim como os compositores do período clássico variam de Bach a Schubert, cobrindo toda a gama, de compositores barrocos a românticos, as tribos também variam de bandos, em um extremo, às tribos centralizadas, no extremo oposto. Em particular, o papel do homem-grande em uma tribo acéfala na divisão da carne de porcos sacrificados para os banquetes prolonga-se no papel dos chefes na coleta e redistribuição de alimentos e bens — agora transformados em tributo — nas tribos centralizadas. Do mesmo modo, a presença ou a ausência de arquitetura pública é, supostamente, uma das distinções entre as tribos acéfalas e as centralizadas, mas as grandes aldeias da Nova Guiné quase sempre dispõem de casas de culto (conhecidas como *haus tamburan*, no rio Sepik) que anunciam os templos das tribos centralizadas.

E<small>MBORA ALGUNS BANDOS</small> e tribos sobrevivam hoje em terras longínquas e ecologicamente secundárias fora do controle do Estado, as tribos centralizadas totalmente independentes desapareceram no início do século XX, porque costumavam ocupar a melhor terra, almejada pelos Estados. No entanto, a partir de 1492, as tribos centralizadas ainda estavam espalhadas por parte do leste dos Estados Unidos, em áreas produtivas da América Central e do Sul, na África subsaariana que ainda não havia sido incorporada aos Estados nativos, e em toda a Polinésia. O indício arqueológico discutido a seguir sugere que as tribos centralizadas surgiram por volta de 5500 a.C. no Crescente Fértil, e por volta de 1000 a.C. na Mesoamérica e nos Andes. Vamos analisar os traços característicos das tribos centralizadas, muito diferentes dos Estados europeus e americanos modernos e, ao mesmo tempo, dos bandos e das sociedades tribais acéfalas simples.

No que diz respeito ao tamanho da população, as tribos centralizadas eram bem maiores que as acéfalas, variando de milhares a dezenas de milhares de pessoas. Esse porte gerou um sério potencial para o conflito interno porque, para qualquer habitante da tribo centralizada, as outras pessoas, em sua maioria, não são parentes consangüíneos ou por afinidade, nem são conhecidas pelo nome. Cerca de 7.500 anos atrás, com o aparecimento das tribos centralizadas, as pessoas tiveram que aprender, pela primeira vez na história, como encontrar-se regularmente com estranhos sem tentar matá-los.

Parte da solução desse problema representou para uma pessoa, o chefe, o exercício do monopólio sobre o direito de usar a força. Em contraste com o homem-grande de uma tribo acéfala, o chefe ocupava um posto reconhecido, preenchido por direito hereditário. Em vez da anarquia descentralizada de uma reunião na aldeia, o chefe era uma autoridade centralizada permanente, tomava todas as decisões importantes e monopolizava informações cruciais (como, por exemplo, qual era a ameaça tramada secretamente por um chefe vizinho, ou que colheita os deuses supostamente haviam prometido). Ao contrário dos homens-grandes, os chefes podiam ser reconhecidos à distância por características visíveis, como um grande leque usado nas costas na ilha Rennell, no sudoeste do Pacífico. Um membro da comunidade que encontrava um chefe era obrigado a cumprir um ritual em sinal de respeito, como (no Havaí) atirar-se no chão. As ordens do chefe podiam ser transmitidas por um ou dois níveis de burocratas, muitos dos quais eram subchefes. Mas, em contraste com os burocratas estatais, os burocratas das tribos centralizadas em geral desempenhavam funções genéricas, e não especializadas. No Havaí polinésio, os mesmos burocratas (denominados konohiki) coletavam tributos *e* supervisionavam a irrigação *e* organizavam a corvéia para o chefe, ao passo que as sociedades estatais têm funcionários que são cobradores de impostos, outros que são administradores distritais, além de juntas de recrutamento.

A grande população de uma tribo centralizada em uma área reduzida precisava de muita comida, obtida por meio da produção de alimentos na maioria dos casos, pela coleta e pela caça em algumas áreas especialmente ricas. Por exemplo, os ameríndios da costa noroeste do Pacífico, como os kwakiutl, os nootkas e os tlingits, viviam sob o controle de chefes em aldeias desprovidas de agricultura ou de animais domésticos, porque os rios e o mar eram muito ricos em salmão e linguado. O excedente de alimentos gerados por algumas pessoas, relegadas à classe plebéia, era usado para alimentar os chefes, suas famílias, os burocratas e os artífices que fabricavam canoas, enxós ou escarradeiras, ou que trabalhavam como apanhadores de pássaros ou tatuadores.

Os produtos de luxo, que consistiam nesses objetos dos artífices especializados ou em objetos raros obtidos pelo comércio interurbano, eram reservados para os chefes. Por exemplo, os chefes havaianos usavam capas de plumas, algumas feitas com milhares de plumas, que requeriam muitas gerações para fabricá-las (por fabricantes plebeus, naturalmente). Essa concentração de produtos de luxo quase sempre facilita o reconhecimento arqueológico das tribos centralizadas, já que alguns túmulos (dos chefes) guardavam produtos mais ricos que outros (dos homens do povo), em contraste com os enterros igualitários da história humana mais antiga. Algumas antigas tribos centralizadas complexas também se distinguem dos povoados tribais simples pelas ruínas da arquitetura pública elaborada (como os templos) e por uma hierarquia regional de povoações, revelando um local obviamente maior (o local do chefe supremo) e possuindo mais prédios administrativos e artefatos que os demais.

Como as acéfalas, as tribos centralizadas eram constituídas de várias linhagens hereditárias que viviam em um mesmo local. Mas enquanto as linhagens das tribos acéfalas são clãs de uma mesma classe, em uma tribo centralizada todos os membros da linhagem do chefe tinham pré-requisitos hereditários. A sociedade era dividida, na realidade, em chefe hereditário e classes plebéias, com os próprios chefes havaianos subdivididos em oito linhagens hierarquicamente ordenadas, cada uma concentrando os casamentos dentro de sua própria linhagem. Além disso, como os chefes precisavam de criados e artífices especializados, as tribos centralizadas diferiam das acéfalas por terem muitas funções que podiam ser exercidas por escravos, normalmente capturados em ataques de surpresa.

A característica econômica mais marcante das tribos centralizadas era a mudança da base exclusiva de troca, característica dos bandos e das tribos acéfalas, pela qual A dá a B um presente esperando que B, num momento futuro qualquer, retribua com um presente de valor comparável. Nós, habitantes de Estados modernos, aderimos a esse tipo de comportamento em aniversários e festas, mas grande parte de nosso fluxo de bens é obtido pela compra e venda baseada em dinheiro, de acordo com a lei da oferta e da procura. Embora continuando com as trocas informais não monetárias, as tribos centralizadas desenvolveram um sistema novo adicional denominado economia redistributiva. Um exemplo simples seria o de um chefe recebendo trigo de todos os agricultores na época da colheita, depois dando um banquete para todo mundo e servindo pão, ou então armazenando o trigo e redistribuindo, aos poucos, na entressafra. Quando uma parcela dos bens recebidos dos homens do povo não era redistribuída para eles, mas retida e consumida pelas linhagens principais e pelos artífices, a redistribuição passava a ser um tributo, um precursor dos impostos que apareceram pela primeira vez nas tribos centralizadas. Dos homens do povo, os chefes reivindicavam não só produtos mas também mão-de-obra para a realização de obras públicas que, novamente, poderiam retornar como benefícios para o próprio povo (por exemplo, os sistemas de irrigação para ajudar a alimentar todo mundo) ou então beneficiar principalmente os chefes (por exemplo, tumbas extravagantes).

Falamos genericamente sobre as tribos centralizadas, como se todas fossem iguais. Na verdade, essas tribos variavam muito de uma para outra. As maiores tendiam a ter chefes mais poderosos, mais níveis de linhagens principais, maiores distinções entre a autoridade e os homens do povo, mais retenção de tributos pelos chefes, mais categorias de burocratas, e arquitetura pública mais grandiosa. Por exemplo, as sociedades nas pequenas ilhas polinésias eram muito semelhantes às sociedades tribais com um homem-grande, exceto pelo fato de que o posto do chefe era hereditário. A cabana do chefe se parecia com qualquer outra cabana, não havia burocratas ou obras públicas, o chefe redistribuía para o povo a maioria dos bens que recebia, e a terra era controlada pela comunidade. Mas nas ilhas polinésias maiores, como Havaí, Taiti e Tonga, os chefes eram facilmente reconhecíveis por seus ornamentos, obras públicas eram erguidas por numerosa força de trabalho, a maior parte dos tributos era retida pelos chefes e toda a terra era controlada por eles. Uma outra gradação entre as sociedades com linhagens estratificadas vai daquela em que a unidade política era uma única aldeia autônoma às que eram formadas por uma aglomeração regional de aldeias, em que a aldeia maior com um chefe supremo controlava as menores com chefes inferiores.

BEM, DEVERIA SER ÓBVIO que as tribos centralizadas apresentavam o dilema fundamental de todas as sociedades não-igualitárias cujo governo era centralizado. Na melhor das hipóteses, elas fazem bem prestando serviços caros impossíveis de contratar individualmente. Na pior das hipóteses, elas funcionam audaciosamente como cleptocracias, transferindo a riqueza líquida do homem do povo para as classes sociais superiores. Essas funções nobres e egoístas estão indissoluvelmente ligadas, embora alguns governos dessem muito mais destaque a uma do que a outra. A diferença entre um cleptocrata e um estadista sábio, entre um barão ladrão e um benfeitor público, é de apenas um grau: só questão do tamanho da percentagem do tributo extorquido dos produtores é retida pela elite, e da aprovação, pelos homens do povo, das obras públicas nas quais o tributo redistribuído é aplicado. Consideramos o presidente do Zaire, Mobutu, um cleptocrata porque ele retém grande parte do tributo (o equivalente a bilhões de dólares) e redistribui uma parte muito pequena (nenhum sistema telefônico funciona no Zaire). Consideramos George Washington um estadista porque ele gastou dinheiro do imposto em programas amplamente apreciados e não enriqueceu como presidente. Mas, George Washington nasceu na riqueza, que tem uma distribuição muito mais injusta nos Estados Unidos do que nos povoados da Nova Guiné.

Em qualquer sociedade estratificada, seja ela uma tribo centralizada ou um Estado, deve-se perguntar: por que o povo tolera a transferência do fruto de seu trabalho árduo para os cleptocratas? Essa pergunta, suscitada por teóricos políticos de Platão a Marx, é novamente levantada por eleitores em todas as eleições modernas. As cleptocracias com pequeno apoio público correm o risco de ser derrubadas, ou pelo povo oprimido ou por novos-ricos destinados a substituir os cleptocratas que buscam apoio público com a promessa de uma proporção maior de serviços prestados em relação aos frutos roubados. Por exemplo, a história havaiana foi marcada pelas revoltas contra chefes repressores, normalmente comandadas por irmãos mais jovens que prometiam menos opressão. Isso pode nos soar engraçado no contexto do antigo Havaí, até refletirmos sobre toda a miséria que ainda é causada por essas lutas no mundo moderno.

O que uma elite deveria fazer para conquistar apoio popular e ao mesmo tempo manter um estilo de vida mais confortável que o do povo? Cleptocratas em todas as épocas recorreram a uma mistura de quatro soluções:

1. Desarmar o populacho e armar a elite. Isso é muito mais fácil nestes tempos de armamento de alta tecnologia, produzido somente nas fábricas e facilmente monopolizado por uma elite, do que nos tempos antigos das lanças e bastões feitos em casa.

2. Fazer a massa feliz redistribuindo boa parte do tributo recebido em coisas de apelo popular. Este princípio era válido para os chefes havaianos e ainda é valido hoje para os políticos americanos.

3. Usar o monopólio da força para promover a felicidade, mantendo a ordem pública e contendo a violência. Isso é possivelmente uma grande vantagem subestimada das sociedades centralizadas sobre as não-centralizadas. Os antropólogos anteriormente julgavam que os bandos e as sociedades tribais eram dóceis e pacíficos, porque os antropólogos visitantes não observaram nenhum assassinato em um bando de 25 pessoas no decorrer de três anos de estudo. É claro que eles não fizeram: é fácil imaginar que um bando de uma dúzia de adultos e uma dúzia de crianças, sujeito às inevitáveis mortes causadas por razões habituais que não o assassinato, não pode se perpetuar se, além disso, um de seus poucos adultos matar outro a cada três anos. Informações muito mais extensivas e de longo prazo sobre os bandos e as sociedades tribais revelam que o assassinato é uma causa importante de morte. Por exemplo, eu estava visitando o povo iyau da Nova Guiné numa época em que uma antropóloga estava entrevistando as mulheres iyaus sobre suas histórias de vida. Uma depois da outra, quando solicitada a dizer o nome do marido, citava vários maridos que haviam morrido de mortes violentas. Em geral elas respondiam: "Meu primeiro marido foi morto pelos ataques dos elopis. Meu segundo marido foi morto por um homem que me queria e que se tornou meu terceiro marido. Este foi morto pelo irmão do meu segundo marido, que queria vingar a morte dele." Essas biografias são comuns entre os chamados habitantes dóceis das tribos e contribuiu para a aceitação de uma autoridade centralizada à medida que a tribo aumentava de tamanho.

4. O último mecanismo para os cleptocratas conquistarem o apoio público é elaborar uma ideologia ou uma religião que justifique a cleptocracia. Bandos e tribos já tinham crenças sobrenaturais, assim como as religiões modernas estabelecidas. Mas as crenças sobrenaturais dos bandos e das tribos não serviam para justificar a autoridade central, a transferência de riqueza, ou para manter a paz entre indivíduos que não tinham relações de parentesco. Quando as crenças sobrenaturais ganharam essas funções e foram institucionalizadas, transformaram-se nisso que hoje denominamos uma religião. Os chefes havaianos eram como quaisquer outros chefes, na afirmação da divindade, na ascendência divina ou, pelo menos, numa linha direta com os deuses. O chefe alegava servir ao povo, intercedendo por eles junto aos deuses e recitando as fórmulas rituais necessárias para obter chuva, boas colheitas e êxito na pescaria.

As tribos centralizadas normalmente têm uma ideologia, precursora de uma religião institucionalizada, que sustenta a autoridade do chefe. O chefe pode concentrar as funções de líder político e sacerdote em uma única pessoa, ou apoiar um grupo separado de cleptocratas (ou seja, os sacerdotes) cuja função é oferecer justificativas ideológicas aos chefes. Por isso as tribos centralizadas destinam uma parte tão grande dos tributos à construção dos templos e a outras obras públicas que servem como centros da religião oficial e como sinais visíveis do poder do chefe.

Além de justificar a transferência de riqueza para os cleptocratas, a religião institucionalizada traz dois outros benefícios importantes para as sociedades centralizadas. Primeiro, ter uma ideologia ou uma religião compartilhada por todos ajuda a solucionar o problema de como os indivíduos sem relação de parentesco podem viver juntos sem se matarem — dotando-os com um laço baseado na afinidade. Segundo, ela dá às pessoas um motivo, diferente dos interesses genéticos egoístas, para sacrificarem suas vidas em nome dos outros. À custa de alguns membros da sociedade que morrem em batalha como soldados, a sociedade inteira se torna muito mais eficaz para conquistar outras sociedades ou para resistir a ataques.

As INSTITUIÇÕES POLÍTICAS, econômicas e sociais que nos são mais familiares hoje são as dos Estados, que regem todas as regiões do mundo, com exceção da Antártica. Muitos Estados antigos e todos os modernos também tiveram elites letradas, e muitos Estados modernos têm povos alfabetizados. Estados desaparecidos costumavam deixar marcas arqueológicas visíveis, como ruínas de templos com desenhos padronizados, pelo menos quatro tamanhos de habitação e vários estilos de cerâmica cobrindo milhares de quilômetros quadrados. Sabemos, assim, que os Estados surgiram por volta de 3700 a.C. na Mesopotâmia e de 300 a.C. na Mesoamérica, mais de dois mil anos atrás nos Andes, na China e no sudeste da Ásia, e mais de mil anos atrás na África ocidental. Nos tempos modernos, a formação dos Estados a partir das tribos centralizadas foi observada repetidas vezes. Assim, temos muito mais informações sobre os Estados antigos e sua formação do que sobre as aldeias, tribos e bandos.

Os proto-estados conservam muitas características de grandes aldeias (multivilas). Eles aumentam de tamanho, passando de bandos para tribos acéfalas e destas para as tribos centralizadas. Enquanto as populações destas últimas variam de milhares a dezenas de milhares, as populações da maioria dos Estados modernos ultrapassa um milhão, e a China ultrapassa um bilhão. A cidade em que está o chefe supremo pode se tornar a capital do Estado. Outros centros populacionais além da capital também podem ser classificados como verdadeiras cidades, o que falta às tribos centralizadas. As cidades diferem das aldeias pelas monumentais construções públicas, palácios dos governantes, acumulação de capital de tributos ou impostos, e pela concentração de pessoas com ofícios diferentes dos produtores de alimentos.

Os antigos Estados tinham um líder hereditário com um título equivalente a rei, como um chefe mais que supremo, e que exercia um monopólio ainda maior das informações, da tomada de decisão e do poder. Até mesmo nas democracias atuais, o conhecimento crucial só está disponível para alguns indivíduos que controlam o fluxo de informações para o restante do governo e, por conseguinte, controlam as decisões. Por exemplo, na crise dos mísseis de Cuba, em 1963, as informações e as discussões que determinaram se a guerra nuclear acabaria com meio bilhão de pessoas eram limitadas inicialmente ao presidente Kennedy e aos dez membros do comitê executivo do Conselho de Segurança Nacional por ele designados; depois, ele restringiu as decisões finais a um grupo de quatro pessoas formado por ele e por três ministros de seu gabinete.

O controle central é mais abrangente, e a redistribuição econômica na forma de tributo (rebatizado como imposto) é mais extensa nos Estados do que nas aldeias. A especialização econômica é mais acentuada, a ponto de, hoje, nem mesmo os agricultores serem auto-suficientes. Conseqüentemente, o efeito na sociedade, quando o governo desmorona, é catastrófico, como aconteceu na Inglaterra na retirada das tropas romanas, dos administradores e da cunhagem de moedas, entre 407 e 411. Até mesmo os Estados mesopotâmicos mais antigos exercem o controle centralizado de suas economias. Os alimentos eram produzidos por quatro grupos especializados (agricultores de cereais, pastores, pescadores e cultivadores de pomares e hortas) e de cada um deles o Estado tomava a produção, e para cada qual fornecia os materiais e as ferramentas necessários, e alimentos diferentes dos tipos produzidos por aquele grupo. O Estado fornecia as sementes e os animais dos arados para os fazendeiros de cereais, tomava a lã dos pastores, trocava-a no comércio interurbano por metal e outras matérias-primas essenciais, e pagava rações de comida para os operários que mantinham os sistemas de irrigação dos quais os agricultores dependiam.

Talvez a maioria dos antigos Estados tenha adotado a escravidão em uma escala bem maior do que as tribos centralizadas. Não porque estas fossem mais gentis com os inimigos derrotados, mas porque maior especialização econômica dos Estados, com mais produção de massa e mais obras públicas, tivesse mais necessidade de trabalho escravo. Além disso, o maior número de guerras dos Estados resultava em mais cativos disponíveis.

Os níveis administrativos das tribos centralizadas, geralmente um ou dois, multiplicam-se nos Estados, como sabe qualquer pessoa que tenha olhado o organograma de qualquer governo. Além da proliferação dos níveis verticais de burocratas, há também a especialização horizontal. Em lugar dos konohikis que cuidavam de todos os aspectos administrativos em um distrito havaiano, os governos dos Estados têm vários departamentos separados, cada um com sua própria hierarquia, para cuidar do controle da água, impostos, serviço militar etc. Até mesmo os Estados pequenos têm burocracias mais complexas que as grandes tribos centralizadas. Por exemplo, o Estado africano de Maradi tinha uma administração central com mais de 130 postos preenchidos por nomeação.

A solução de conflitos internos nos Estados foi cada vez mais formalizada por leis, um poder judiciário e a polícia. As leis são quase sempre escritas, porque muitos Estados (com claras exceções, como a dos incas) tinham elites letradas e a escrita se desenvolvera na mesma época em que os Estados mais antigos se formaram na Mesopotâmia e na Mesoamérica. Por outro lado, nenhuma tribo centralizada antiga que não estivesse perto de sua condição de Estado desenvolveu a escrita.

Os antigos Estados tinham religiões oficiais e templos padronizados. Muitos reis eram considerados divinos e recebiam tratamento especial em inúmeros aspectos. Por exemplo, os imperadores astecas e incas eram carregados em liteiras; os servos iam à frente da liteira do imperador inca varrendo o chão; e a língua japonesa só inclui formas especiais do pronome "tu" para serem usadas apenas com o imperador. Os reis eram os chefes da religião oficial ou então tinham sumos sacerdotes distintos. O templo mesopotâmico não era apenas o centro da religião mas também da redistribuição econômica, da escrita e dos ofícios.

Todas essas características dos Estados tornam extremos os avanços que transformaram as tribos acéfalas em centralizadas. Entretanto, os Estados se diferenciavam das tribos centralizadas em várias direções novas. A distinção mais fundamental é que os Estados são organizados segundo linhas políticas e territoriais, não segundo as linhas de afinidade que definiam os bandos e as tribos. Além disso, bandos e tribos acéfalas sempre, e tribos centralizadas geralmente, eram constituídos de um único grupo étnico e lingüístico. Os Estados — sobretudo os chamados impérios formados por fusão ou pela conquista de outros Estados — são multiétnicos e multilíngües. A seleção dos burocratas estatais não é feita principalmente com base na afinidade, como nas tribos centralizadas, mas eles são profissionais selecionados, pelo menos em parte, com base no seu treinamento e na aptidão. Nos Estados mais recentes, incluindo a maioria dos atuais, a liderança deixou de ser hereditária, e muitos abandonaram o sistema inteiro de classes hereditárias formais oriundo das tribos centralizadas.

Durante os últimos 13 mil anos, a tendência predominante na sociedade humana foi a substituição de unidades menores e menos complexas por outras maiores e mais complexas. Obviamente, isso não passa de uma tendência comum a longo prazo, com inúmeras mudanças em uma direção ou em outra: mil fusões para 999 reversões. Sabemos pelos jornais que as grandes unidades (por exemplo, a antiga União Soviética, a Iugoslávia e a Tchecoslováquia) podem se desintegrar em unidades menores, como ocorreu com o império de Alexandre da Macedônia mais de dois mil anos atrás. Unidades mais complexas nem sempre conquistam as menos complexas, mas podem sucumbir a elas, como quando os impérios romano e chinês foram invadidos por tribos "bárbaras" e mongólicas, respectivamente. Mas a tendência a longo prazo ainda tem sido no sentido de sociedades grandes e complexas, culminando em Estados.

Obviamente, parte do motivo do triunfo dos Estados sobre as entidades mais simples quando os dois entram em conflito é que os Estados geralmente são superiores em armas e outras tecnologias, além de terem uma população bem mais numerosa. Mas há duas outras vantagens potenciais inerentes às tribos centralizadas e aos Estados. Primeiro, um processo decisório centralizado tem a vantagem de concentrar tropas e recursos. Segundo, as religiões oficiais e o fervor patriótico de muitos Estados incutem nas suas tropas a disposição de lutar até a morte.

Essa disposição é tão fortemente programada em nós, cidadãos dos Estados modernos, por nossas escolas e igrejas e governos, que esquecemos que ela marca o rompimento radical com a história humana anterior. Todo Estado tem seu *slogan* incitando seus cidadãos a estarem preparados para morrer por ele se for preciso: "Pela Rainha e pelo País", na Inglaterra, e "Por Deus e pela Espanha", na Espanha, e assim por diante. Sentimentos semelhantes motivaram os guerreiros astecas no século XVI: "Não há nada como morrer na guerra, nada como a morte florida tão preciosa para Ele (o deus nacional asteca Huitzilopochtli) que dá a vida: lá longe eu vejo, meu coração anseia por isso!"

Esses sentimentos são inconcebíveis nos bandos e nas tribos acéfalas. Em todos os relatos que meus amigos da Nova Guiné me fizeram sobre suas guerras tribais anteriores, não houve uma única alusão ao patriotismo tribal, a um ataque suicida ou a qualquer outra conduta militar em que houvesse o risco consentido de ser morto. Ao contrário, os ataques são iniciados por emboscada ou por força superior, para minimizar a todo custo o risco de que alguém possa morrer pela sua aldeia. Mas essa atitude restringe bastante as opções militares das tribos, se comparadas com as sociedades estatais. Naturalmente, o que faz dos fanáticos patrióticos e religiosos adversários perigosos não são as mortes deles, mas sua disposição para aceitar as mortes de uma parcela deles para aniquilar ou dominar o inimigo infiel. O fanatismo na guerra, do tipo registrado nas conquistas cristãs e islâmicas, provavelmente era desconhecido até o surgimento das tribos centralizadas e, sobretudo, dos Estados nos últimos seis mil anos.

Como as pequenas sociedades não-centralizadas e familiares evoluíram para unidades grandes e centralizadas, em que nem todos os membros são parentes próximos? Depois de repassar os estágios dessa transformação de bandos em Estados, perguntamos agora o que impeliu as sociedades a se transformarem.

Em vários momentos da história, os Estados surgiram de modo independente, ou, como dizem os antropólogos culturais, "intactos", isto é, na ausência de Estados circunvizinhos preexistentes. A origem intacta dos Estados ocorreu pelo menos uma vez, possivelmente muitas vezes, em cada um dos continentes, menos na Austrália e na América do Norte. Os Estados pré-históricos incluíam os da Mesopotâmia, da China setentrional, dos vales do Nilo e do Indo, da Mesoamérica, dos Andes e da África ocidental. Estados nativos em contato com Estados europeus surgiram repetidamente nos últimos três séculos a partir das tribos centralizadas em Madagascar, Havaí, Taiti e em muitas regiões da África. As tribos centralizadas surgiram intactas com mais freqüência ainda em todas essas mesmas regiões e também no sudeste da América do Norte e noroeste do Pacífico, na Amazônia, na Polinésia e na África subsaariana. Todas essas origens de sociedades complexas nos fornecem um rico banco de dados para entender seu desenvolvimento.

Das muitas teorias que tratam do problema da origem dos Estados, a mais simples nega que haja qualquer problema a ser resolvido. Aristóteles considerava os Estados uma condição natural da sociedade humana que dispensa explicações. O erro dele era compreensível, porque todas as sociedades que ele teria conhecido — as sociedades gregas do século IV a.C. — eram Estados. Porém, sabemos agora que, em 1492, grande parte do mundo era organizada em tribos centralizadas, acéfalas, ou em bandos. A formação do Estado passou a exigir uma explicação.

A teoria seguinte é a mais conhecida. O filósofo francês Jean-Jacques Rousseau achava que os Estados são formados por meio de um contrato social, uma decisão racional a que se chega quando as pessoas pensam em seus interesses próprios, concordam que estariam em melhores condições em um Estado do que em sociedades mais simples, e acabam voluntariamente com as sociedades mais simples. Mas a observação e os registros históricos não descobriram um só caso de Estado formado nessa atmosfera etérea de perspicácia imparcial. Unidades menores não abandonam voluntariamente sua soberania e se fundem em unidades maiores. Só fazem isso pela conquista ou por pressão externa.

Uma terceira teoria, ainda popular entre alguns historiadores e economistas, parte do fato inegável de que, na Mesopotâmia, na China setentrional e no México, os grandes sistemas de irrigação começaram a ser construídos na época em que os Estados começaram a surgir. A teoria também nota que qualquer sistema grande e complexo de irrigação ou controle hidráulico requer uma burocracia centralizada para construí-lo e mantê-lo. A teoria então transforma uma grosseira correlação observada na época em uma pretensa cadeia de causa e efeito. Supostamente, os mesopotâmicos, os chineses do norte e os mexicanos anteviram as vantagens de um grande sistema de irrigação, embora tal sistema não existisse na ocasião num raio de milhares de quilômetros (ou em qualquer outro lugar do planeta) para mostrar-lhes essas vantagens. Esses iluminados decidiram fundir suas tribos centralizadas, pequenas e ineficientes, em um Estado maior capaz de recompensá-los com a irrigação em grande escala.

No entanto, essa "teoria hidráulica" sobre a formação do Estado está sujeita às mesmas objeções levantadas contra as teorias do contrato social em geral. Mais especificamente, ela só trata da fase final na evolução das sociedades complexas. Não fala nada sobre o que determinou a progressão dos bandos para tribos acéfalas e destas para tribos centralizadas durante os milênios que antecederam a idéia de irrigação em grande escala. Quando examinadas em detalhe, as datas históricas ou arqueológicas não conseguem sustentar a idéia de que a irrigação foi a força motriz da formação do Estado. Na Mesopotâmia, na China setentrional, no México e em Madagascar, os sistemas de irrigação em pequena escala já existiam antes do surgimento dos Estados. A construção dos grandes sistemas de irrigação não acompanhou o surgimento dos Estados, e só muito mais tarde eles apareceram em cada uma dessas áreas. Na maioria dos Estados formados na região dos maias na Mesoamérica e nos Andes, os sistemas de irrigação sempre foram pequenos, num tamanho que as comunidades locais podiam construir e manter. Assim, mesmo nas áreas onde os sistemas complexos de controle hidráulico surgiram, eles eram uma conseqüência secundária dos Estados, que devem ter-se formado por outras razões.

O que, na minha opinião, parece indicar uma visão fundamentalmente correta de formação do Estado é um fato inegável e mais válido do que a correlação entre a irrigação e a formação de alguns Estados: o mais forte precursor isolado da complexidade da sociedade é o tamanho da população regional. Como vimos, os bandos eram formados por algumas dezenas de indivíduos, as tribos acéfalas, por algumas centenas, as centralizadas, por milhares a dezenas de milhares, e os Estados, geralmente, por mais de 50 mil. Além da grosseira correlação entre o tamanho da população regional e o tipo de sociedade (bando, tribo etc.), há uma tendência mais sutil, em cada uma dessas categorias, entre a população e a complexidade de sociedade: por exemplo, que as tribos centralizadas com grandes populações são as mais centralizadas, estratificadas e complexas.

Essas correlações sugerem firmemente que o tamanho da população regional, ou a densidade populacional ou a pressão da população tem *algo* a ver com a formação de sociedades complexas. Mas as correlações não nos dizem com precisão como as variáveis populacionais atuam em uma cadeia de causa e efeito cujo resultado é uma sociedade complexa. Para rastrear essa cadeia, vamos lembrar como surgem as populações grandes e densas. Depois podemos verificar por que uma sociedade grande mas simples não conseguia se manter. Com esse pano de fundo, voltaremos finalmente à pergunta de como uma sociedade mais simples fica mais complexa à medida que a população regional aumenta.

V<small>IMOS QUE AS POPULAÇÕES</small> grandes ou densas só surgem quando há produção de alimentos, ou, pelo menos, condições excepcionalmente produtivas para a caça e a coleta de alimentos. Algumas sociedades produtivas de caçadores-coletores atingiram o nível organizacional de tribo centralizada, mas nenhuma chegou ao nível de Estado: todos os Estados sustentam seus cidadãos com produção de alimentos. Essas considerações, aliadas à correlação mencionada entre o tamanho da população regional e a complexidade da sociedade, ensejaram um longo debate do tipo "quem nasceu primeiro, o ovo ou a galinha" sobre as relações causais entre a produção de alimentos, as variáveis populacionais e a complexidade social. Será que a produção intensiva de alimentos é a causa, por impulsionar crescimento populacional e, de certo modo, levar a uma sociedade complexa? Ou, ao contrário, a causa são as populações grandes e as sociedades complexas, que, de alguma maneira, provocam a intensificação da produção de alimentos?

Colocar a questão na base exclusiva do "ou isso-ou aquilo" prejudica seu entendimento. A produção intensiva de alimentos e a complexidade social estimulam uma à outra, por meio da autocatálise. Ou seja, o crescimento populacional leva à complexidade social, por mecanismos que discutiremos depois, enquanto a complexidade social, por sua vez, resulta na intensificação da produção de alimentos e, portanto, causa o crescimento populacional. As sociedades centralizadas complexas são as únicas capazes de organizar obras públicas (incluindo os sistemas de irrigação), o comércio interurbano (incluindo a importação de metais para fabricar instrumentos agrícolas melhores), e atividades de grupos diferentes de especialistas econômicos (como alimentar os pecuaristas com os cereais dos agricultores e transferir o gado dos pecuaristas para os agricultores, para puxar o arado). Todos esses recursos das sociedades centralizadas intensificaram a produção de alimentos e, conseqüentemente, o crescimento populacional ao longo da história.

Além disso, a produção de alimentos influi pelo menos de três maneiras nas características específicas das sociedades complexas. Primeiro, ela envolve gastos sazonais de mão-de-obra. Depois que a colheita é armazenada, o trabalho do agricultor fica disponível para uma autoridade política central utilizar — para a construção de obras públicas que proclamam o poder do Estado (como as pirâmides egípcias), ou que possam alimentar mais bocas (como os sistemas de irrigação ou os viveiros de peixes do Havaí), ou para empreender guerras de conquista a fim de formar entidades políticas maiores.

Segundo, a produção de alimentos pode ser organizada de modo a gerar excedentes de alimentos armazenados, o que permite a especialização econômica e a estratificação social. Os excedentes podem ser usados para alimentar todas as camadas de uma sociedade complexa: chefes, burocratas e outros membros da elite; escriturários, artífices e outros especialistas não-produtores de alimentos; e os próprios agricultores, durante os períodos em que são recrutados para a construção de obras públicas.

Por fim, a produção de alimentos permite ou exige que se adote um sistema de vida sedentário, que é um pré-requisito para acumular bens substanciais, desenvolver tecnologia e ofícios sofisticados e construir obras públicas. A importância da residência fixa para uma sociedade complexa explica por que missionários e governos, sempre que estabelecem o primeiro contato com tribos nômades ou bandos da Nova Guiné ou da Amazônia, geralmente têm em vista dois objetivos imediatos. Um deles, naturalmente, é "pacificar" os nômades, ou seja, dissuadi-los de matar missionários, burocratas, ou uns aos outros. O segundo objetivo é induzir os nômades a viver em aldeias, de forma que os missionários e os burocratas possam encontrá-los, levar-lhes serviços como assistência médica e escolas, convertê-los e controlá-los.

Desse modo, a produção de alimentos, que aumenta o tamanho de população, também age de muitas maneiras para tornar *possíveis* características das sociedades complexas. Mas isso não prova que a produção de alimentos e as grandes populações tornem *inevitáveis* as sociedades complexas. Como podemos explicar a observação empírica de que a organização tribal não funciona em sociedades de centenas de milhares de pessoas, e de que todas as grandes sociedades existentes têm uma organização centralizada complexa? Podemos citar pelo menos quatro razões óbvias.

Uma razão é o problema do conflito entre pessoas sem laços de parentesco. Esse problema cresce de modo astronômico à medida que aumenta o número de pessoas que compõem a sociedade. As relações em um bando de 20 pessoas implicam apenas 190 interações entre duas pessoas (20 vezes 19 dividido por 2), mas um bando de duas mil pessoas teria 1.999.000 díades. Cada uma dessas díades representa uma bomba-relógio que poderia explodir numa discussão mortífera. Cada assassinato num bando ou numa sociedade tribal costuma resultar numa tentativa de vingança e começa um ciclo interminável de assassinatos e contra-assassinatos que desestabiliza a sociedade.

Num bando em que predominam as relações de parentesco, as pessoas que são, ao mesmo tempo, parentes de dois adversários intervêm para mediar as disputas. Em uma tribo na qual muita gente ainda é parente e todo mundo conhece todo mundo pelo nome, parentes e amigos comuns interferem na contenda. Mas quando o limite de "algumas centenas", abaixo do qual todo mundo pode conhecer todo mundo, é ultrapassado, uma quantidade cada vez maior de díades passa a ser de pares de estranhos sem parentesco. Quando os estranhos lutam, poucas pessoas serão amigas ou parentes dos adversários, com interesse pessoal em acabar com a briga. Ao contrário, muitos espectadores serão amigos ou parentes de apenas um dos combatentes e tomarão partido dessa pessoa, fazendo a briga se transformar numa rixa geral. Por isso, uma sociedade numerosa que continua deixando a solução dos conflitos a cargo de todos os seus membros está fadada a ir pelos ares. Esse fator sozinho explicaria por que sociedades de milhares de indivíduos conseguem existir somente se desenvolverem uma autoridade centralizada para monopolizar a força e solucionar conflitos.

Uma segunda razão é a impossibilidade cada vez maior de uma tomada de decisão pela comunidade numa população que aumenta sempre. A tomada de decisão por toda a população adulta ainda é possível em aldeias da Nova Guiné, tão pequenas que as notícias e a informação se espalham depressa, que todos podem falar e ser ouvidos em uma reunião da aldeia inteira. Mas todos esses pré-requisitos para uma tomada de decisões comunitária tornam-se inacessíveis em comunidades maiores. Mesmo agora, nestes tempos de microfones e alto-falantes, sabemos que uma reunião de grupo não é o meio de solucionar problemas para um grupo de milhares de pessoas. Conseqüentemente, uma sociedade numerosa deve ser estruturada se quiser efetivamente tomar decisões.

Uma terceira razão abrange questões econômicas. Qualquer sociedade requer meios para transferir bens entre seus membros. Uma pessoa pode adquirir mais quantidade de um item essencial em um dia e menos em outro. Como as pessoas têm aptidões diferentes, uma tende a acabar sempre com sobra de alguns itens essenciais e com falta de outros. Nas pequenas sociedades, com poucos pares de membros, as transferências necessárias de bens podem ser combinadas diretamente entre os pares de pessoas ou famílias, por meio da troca. Mas a mesma matemática que torna ineficiente a solução de conflitos por pares nas sociedades grandes também torna ineficientes as transferências econômicas diretas entre pares. Sociedades grandes só podem funcionar economicamente se tiverem uma economia redistributiva, além de uma economia de troca. Bens que ultrapassam as necessidades de uma pessoa devem ser transferidos para uma autoridade central, que então os redistribui para aqueles que carecem deles.

Uma consideração final que determina uma organização complexa para as sociedades grandes refere-se à densidade populacional. As sociedades grandes de produtores de alimentos não só têm mais membros como também maior densidade populacional do que os pequenos bandos de caçadores-coletores. Cada bando ocupa um vasto território, dentro do qual podem obter a maior parte dos recursos essenciais para eles. As necessidades restantes podem ser satisfeitas por meio de negociação com bandos vizinhos durante o período de trégua. À medida que a densidade populacional aumenta, o território dessa pequena população espreme-se numa área reduzida, e cada vez mais as necessidades vitais têm que ser supridas com recursos de fora. Por exemplo, não se pode dividir os pouco mais de 25 mil quilômetros quadrados da Holanda e 16 milhões de pessoas em 800 mil territórios individuais, cada um abrangendo 5 hectares e servindo de lar a um bando autônomo de 20 pessoas que permaneciam auto-suficientes confinadas em seus 5 hectares, vez por outra aproveitando-se de uma trégua para ir às fronteiras do minúsculo território a fim de trocar alguns artigos e noivas com o bando vizinho. Essa realidade espacial exige que regiões densamente povoadas sustentem sociedades grandes e complexamente organizadas.

Portanto, considerações relativas à solução de conflitos, tomada de decisões, economia e espaço convergem, exigindo sociedades grandes e centralizadas. Mas a centralização do poder inevitavelmente abre a porta — para aqueles que detêm o poder, estão a par das informações, tomam decisões e redistribuem os bens — à exploração das oportunidades resultantes em benefício próprio e de seus parentes. Para aqueles que estão familiarizados com qualquer agrupamento atual de pessoas, isso é óbvio. À medida que as sociedades antigas se desenvolveram, aquelas que adquiriram o poder centralizado gradualmente se estabeleceram como uma elite, talvez se originando como um dos vários clãs antigos de povoados hierarquicamente iguais que ficaram "mais iguais" que os outros.

Essas são as razões pelas quais sociedades grandes não podem funcionar com uma organização tribal e, em vez disso, são cleptocracias complexas. Mas nós continuamos sem resposta para a pergunta sobre como sociedades pequenas e simples evoluem ou se fundem em sociedades grandes e complexas. A fusão, a solução centralizada de conflitos, a tomada de decisão, a redistribuição econômica e a religião cleptocrática não se desenvolvem automaticamente por meio de um contrato social rousseauniano. O que comanda a fusão?

Em parte, a resposta depende de um raciocínio evolucionista. Eu disse, no início deste capítulo, que as sociedades classificadas na mesma categoria não são idênticas, porque os seres humanos e os grupos humanos são infinitamente diversos. Por exemplo, entre bandos e tribos, os homens-grandes de alguns são inevitavelmente mais carismáticos, poderosos e hábeis na tomada das decisões do que os de outros. Entre as tribos grandes, as que têm homens-grandes mais fortes e, conseqüentemente, maior centralização, tendem a ter uma vantagem sobre aquelas com menos centralização. As tribos que resolvem mal seus conflitos, como os fayus, tendem a dispersar-se novamente em bandos, enquanto as tribos centralizadas que são mal governadas dispersam-se em tribos menores ou acéfalas. Sociedades com um sistema eficaz para a solução de conflitos, tomada de decisão e redistribuição econômica harmoniosa podem desenvolver tecnologia mais sofisticada, concentrar seu poder militar, tomar territórios maiores e mais produtivos e dominar sociedades autônomas menores uma a uma.

Assim, a rivalidade entre sociedades em um nível de complexidade costuma conduzir as sociedades ao nível seguinte de complexidade *se* as condições permitirem. As tribos conquistam outras ou combinam-se para atingir o porte de tribos centralizadas que novamente conquistam outras ou combinam-se para atingir o porte de Estados, que também conquistam outros ou combinam-se para se transformar em impérios. De modo geral, as grandes unidades têm uma vantagem sobre as unidades pequenas individuais *se* — e este é um grande "se" — as unidades grandes puderem resolver os problemas que acompanham o aumento de seu tamanho, como as constantes ameaças de pretendentes novos-ricos à liderança, o ressentimento do povo com a cleptocracia e o aumento de problemas ligados à integração econômica.

A fusão de unidades menores para formar uma unidade maior tem sido documentada histórica ou arqueologicamente. Contrariando Rousseau, essas fusões nunca ocorrem por um processo em que pequenas sociedades, voluntária e livremente, decidem se fundir para promover a felicidade de seus povos. Os líderes de pequenas sociedades, como os das grandes, são ciosos de sua independência e de suas prerrogativas. A fusão ocorre, ao contrário, de uma dessas duas maneiras: pela fusão sob ameaça de força externa, ou pela conquista real. Existem inúmeros exemplos para ilustrar cada modo de fusão.

A fusão feita sob ameaça de força externa é bem representada pela formação da confederação cherokee no sudeste dos Estados Unidos. Os cherokees eram inicialmente divididos em 30 ou 40 tribos centralizadas independentes, cada uma formada por uma aldeia de cerca de 400 pessoas. A crescente colonização branca acarretou conflitos entre esses dois povos. Quando indivíduos cherokees roubavam ou assaltavam os colonos e comerciantes brancos, os brancos não sabiam distinguir os culpados dentre as diferentes tribos cherokees e retaliavam indiscriminadamente qualquer cherokee, por meio de uma ação militar ou impedindo o comércio. Em resposta, as tribos cherokees aos poucos viram-se obrigadas a se juntar em uma única confederação no decorrer do século XVIII. Inicialmente, em 1730, as tribos maiores escolheram um líder geral, um chefe chamado Moytoy, que foi sucedido por seu filho em 1741. A primeira tarefa desses líderes foi castigar os cherokees que atacavam os brancos e negociar com o governo branco. Por volta de 1758, os cherokees regulamentaram seu processo decisório, realizando um conselho anual nos moldes dos conselhos anteriores da aldeia e reunindo-se em uma aldeia (Echota), que assim se tornou uma capital "de facto". Por fim, os cherokees alfabetizaram-se (como vimos no Capítulo 12) e adotaram uma constituição escrita.

A confederação cherokee, portanto, não foi formada pela conquista, mas pela fusão de entidades menores antes enciumadas, que só se fundiram quando se viram ameaçadas de destruição por forças externas poderosas. Em um exemplo muito parecido de formação de Estado descrito em todos os livros didáticos de história americana, as colônias americanas brancas, uma das quais (a Geórgia) precipitara a formação do Estado cherokee, foram impelidas a formar uma nação própria quando ameaçadas pelo grande aparato militar da monarquia britânica. As colônias americanas eram inicialmente tão ciosas de sua autonomia quanto as tribos cherokees, e a primeira tentativa de fusão, segundo os Artigos da Confederação (1781), mostrou-se inviável porque dava autonomia demais às ex-colônias. Somente ameaças posteriores, principalmente a Rebelião de Shays de 1786, e o fardo das dívidas da guerra superaram a extrema relutância das ex-colônias em sacrificar a autonomia e as levou a adotar a atual e rigorosa constituição federal em 1787. No século XIX, a unificação dos enciumados principados da Alemanha foi igualmente difícil. Três tentativas anteriores (o Parlamento de Frankfurt de 1848, a Confederação Germânica restabelecida em 1850, e a Confederação da Alemanha do Norte de 1866) fracassaram antes de a ameaça de declaração de guerra da França em 1870 acarretar a rendição dos principados a um governo imperial alemão central em 1871.

O outro modo de formação de sociedades complexas, além da fusão sob ameaça de força externa, é a fusão pela conquista. Um exemplo bem documentado é a origem do Estado zulu, no sudeste da África. Quando observados pela primeira vez por colonos brancos, os zulus estavam divididos em várias pequenas tribos centralizadas. No final dos anos 1700, à medida que aumentava a pressão da população, as guerras entre as tribos ficaram cada vez mais violentas. Entre todas essas tribos, o problema geral de conceber estruturas de poder centralizadas foi resolvido por um chefe chamado Dingiswayo, que obteve o domínio da tribo mtetwa matando um rival por volta de 1807. Dingiswayo desenvolveu uma organização militar centralizada superior recrutando rapazes de todas as aldeias e os agrupando em regimentos pelo critério de idade, e não pela aldeia de origem. Ele também desenvolveu uma organização política centralizada superior, evitando a matança à medida que conquistava outras tribos, e preservando a família do chefe conquistado, limitando-se a substituir o chefe conquistado por um parente disposto a cooperar com ele. Dingiswayo desenvolveu um mecanismo de solução de conflitos centralizado, submetendo a julgamento um número maior de disputas. Desse modo ele pôde conquistar e iniciar a integração de 30 outras tribos zulus. Seus sucessores fortaleceram o embrionário Estado zulu ampliando seu sistema judiciário, a polícia e as cerimônias.

Existem muitos outros exemplos de um Estado formado por meio da conquista, como este dos zulus. Estados nativos cuja formação a partir de tribos centralizadas veio a ser testemunhada por europeus nos séculos XVIII e XIX incluem o Estado polinésio do Havaí, o Estado polinésio do Taiti, o Estado Merina de Madagascar, Lesoto, Suazilândia e outros do sul da África além do zulu, o ashanti da África ocidental e os Estados de Ankole e Buganda, em Uganda. Os impérios asteca e inca foram formados pelas conquistas do século XV, antes da chegada dos europeus, mas sabemos muito sobre sua formação por meio das histórias contadas pelos nativos aos primeiros colonos espanhóis que as transcreveram. A formação do Estado romano e a expansão do império macedônio liderado por Alexandre foram narradas em detalhes por autores clássicos contemporâneos.

Todos esses exemplos mostram que as guerras, ou as ameaças de guerra, exercem um papel fundamental na maioria, se não em todas, das fusões de sociedades. Mas as guerras, até mesmo entre simples bandos, foram um fato constante da história humana. Por que, então, elas só começaram a provocar a fusão das sociedades nos últimos 13 mil anos? Já havíamos concluído que a formação de sociedades complexas está de algum modo ligada à pressão da população, portanto deveríamos buscar um vínculo entre a pressão de população e o efeito da guerra. Por que as guerras tenderiam a provocar a fusão das sociedades quando as populações são densas mas não quando são esparsas? A resposta é que o destino dos povos derrotados depende da densidade populacional, com três possíveis conseqüências:

Nos lugares onde as taxas de densidade populacional são muito baixas, como ocorre em regiões ocupadas por bandos de caçadores-coletores, os sobreviventes de um grupo derrotado só precisam mudar para um local mais distante de seus inimigos. Este costumava ser o resultado das lutas entre bandos nômades na Nova Guiné e na Amazônia.

Nos lugares onde as taxas de densidade populacional são moderadas, como nas regiões ocupadas por tribos produtoras de alimentos, não há nenhuma área grande desocupada para onde os sobreviventes de um bando derrotado possam fugir. Mas sociedades tribais sem produção intensiva de alimentos não têm emprego para escravos e não produzem excedentes de alimentos suficientes para gerar muitos tributos. Por isso os sobreviventes de uma tribo derrotada não têm utilidade alguma, a não ser a de casar com as mulheres. Os homens derrotados são mortos, e o território deles pode ser ocupado pelos vencedores.

Nos lugares onde as taxas de densidade populacional são altas, como nas regiões ocupadas por Estados e tribos centralizadas, os derrotados também não têm para onde fugir, mas os vencedores têm duas opções para explorá-los quando os deixam vivos. Como as sociedades das tribos centralizadas e dos Estados dispõem de especialização econômica, os derrotados podem ser usados como escravos, como ocorria normalmente nos tempos bíblicos. Por outro lado, como muitas dessas sociedades têm sistemas intensivos de produção de alimentos, capazes de produzir grandes excedentes, os vencedores podem deixar os derrotados no local, mas privando-os de autonomia política, obrigando-os a pagar tributo pelos alimentos ou bens, e fundindo sua sociedade com o Estado ou a tribo vitoriosa. Este era o resultado habitual das batalhas ligadas à fundação de Estados ou impérios ao longo da história registrada. Por exemplo, os conquistadores espanhóis queriam obrigar os ameríndios derrotados no México a pagar tributos, de modo que estavam muito interessados nas listas de tributos do império asteca. Ocorre que o tributo recebido pelos astecas a cada ano dos súditos incluía sete mil toneladas de milho, quatro mil toneladas de feijão, quatro mil toneladas de sementes de amaranto, dois milhões de capas de algodão e imensas quantidades de sementes de cacau, vestimentas de guerra, escudos, cocares e âmbar.

Desse modo, a produção de alimentos, e a competição e a difusão entre as sociedades, conduziram, como causas finais, através de cadeias de causas que difeririam em particularidades mas que envolviam, em geral, populações grandes e densas e a vida sedentária, aos agentes imediatos da conquista: germes, escrita, tecnologia e organização política centralizada. Como essas causas finais evoluíram de maneira diferente em continentes diferentes, o mesmo ocorreu com esses agentes da conquista. Conseqüentemente, esses agentes tendiam a surgir associados uns aos outros, mas esta associação não era rígida: por exemplo, um império surgiu sem a escrita entre os incas, e com escrita e algumas doenças epidêmicas entre os astecas. Os zulus de Dingiswayo mostram que cada um desses agentes contribuiu de modo um tanto independente para o padrão histórico. Entre as várias tribos zulus, a de mtetwa não tinha vantagem alguma, fosse em tecnologia, escrita ou germes, sobre as outras tribos centralizadas, mas, mesmo assim, conseguiu derrotá-las. Sua superioridade estava somente nas esferas do governo e da ideologia. O Estado zulu resultante estava, assim, preparado para conquistar uma fração de um continente durante quase um século.

PARTE IV

A VOLTA AO MUNDO EM CINCO CAPÍTULOS

CAPÍTULO 15

O POVO DE YALI

Q UANDO MINHA MULHER, MARIE, E EU ESTÁVAMOS PASSANDO UMAS FÉRIAS NA Austrália, decidimos visitar um local em que havia pinturas rupestres bem preservadas no deserto próximo da cidade de Menindee. Embora conhecesse a fama da seca e do calor do verão no deserto australiano, eu já passara longos períodos trabalhando em regiões quentes e secas no deserto da Califórnia e nas savanas da Nova Guiné. Portanto, achei que tinha experiência suficiente para lidar com os desafios menores que enfrentaríamos como turistas na Austrália. Levando bastante água potável, Marie e eu partimos, ao meio-dia, para uma caminhada de alguns quilômetros até as pinturas.

A trilha a partir do posto do guarda-florestal era uma subida, sob um céu sem nuvens, em meio a um terreno aberto que não oferecia uma sombra. O ar quente e seco que respirávamos me lembrava a sensação de respirar sentado em uma sauna finlandesa. Antes de chegarmos ao rochedo com as pinturas, nossa água havia acabado. Também já tínhamos perdido o interesse pela arte, e apertamos o passo na subida, respirando lenta e regularmente. De repente, notei um pássaro que era sem dúvida uma espécie palradeira, mas parecia enorme em comparação com outras espécies conhecidas. Nesse momento, percebi que estava tendo alucinações por causa do calor pela primeira vez em minha vida. Marie e eu decidimos que era melhor voltar.

Paramos de falar. Caminhávamos concentrados em nossa respiração, calculando a distância até o marco seguinte e o tempo que faltava. Minha boca e minha língua estavam secas, e o rosto de Marie, vermelho. Quando finalmente chegamos ao posto refrigerado do guarda-florestal, nós nos jogamos nas cadeiras próximas à geladeira, bebemos os últimos dois litros de água e pedimos outra garrafa ao guarda-florestal. Ali sentado, exausto física e emocionalmente, pensei nos aborígines que tinham feito aquelas pinturas e no fato de terem passado a vida inteira naquele deserto, sem ar-refrigerado, tentando encontrar alimentos e água.

Para os australianos brancos, Menindee é famosa por ter sido o acampamento de dois brancos que passaram seus piores momentos no calor seco do deserto um século antes: o policial irlandês Robert Burke e o astrônomo inglês William Wills, líderes desventurados da primeira expedição européia a atravessar a Austrália de sul a norte. Partindo com seis camelos que carregavam comida suficiente para três meses, Burke e Wills ficaram sem provisões quando estavam no norte do deserto de Menindee. Três vezes seguidas, foram encontrados e salvos por aborígines bem alimentados que viviam naquele deserto, e que abasteceram os exploradores de peixe, bolos de samambaia e ratos gordos assados. Mas certa vez Burke tolamente atirou com sua pistola em um dos aborígines, e o grupo fugiu. Apesar da enorme vantagem de contarem com armas para caçar, Burke e Wills passaram fome, desmaiaram e morreram um mês depois da partida dos aborígines.

A minha experiência e a de minha mulher em Menindee e o destino de Burke e Wills tornaram nítidas para mim as dificuldades de se formar uma sociedade humana na Austrália. É um continente que se destaca dos demais: as diferenças entre Eurásia, África, América do Norte e América do Sul parecem insignificantes se comparadas às diferenças entre a Austrália e qualquer uma dessas massas de terra. A Austrália é, sem dúvida, o continente mais seco, menor, mais plano, mais estéril, climaticamente mais imprevisível e biologicamente mais pobre. Foi o último continente a ser ocupado pelos europeus. Até então, abrigara as sociedades humanas mais peculiares e a população menos numerosa de todos os continentes.

A Austrália representa, portanto, um teste decisivo para as teorias que tratam das diferenças intercontinentais nas sociedades. Tinha o ambiente mais peculiar e também as sociedades mais características. Será que o primeiro era a causa do segundo? Se é assim, como? A Austrália é o continente ideal para começarmos nossa excursão pelo mundo, aplicando as lições das Partes 2 e 3 para entender as histórias diferentes de todos os continentes.

A MAIORIA DOS LEIGOS DESCREVERIA como traço mais marcante das sociedades australianas nativas seu aparente "atraso". A Austrália é o único continente onde, nos tempos modernos, todos os povos nativos ainda viviam sem qualquer marca da chamada civilização — desprovidos de agricultura, gado bovino, metal, arcos e flechas, construções significativas, aldeias povoadas, escrita, tribos centralizadas ou Estados. Ao contrário, os aborígines australianos eram nômades ou caçadores-coletores seminômades, organizados em bandos e vivendo em abrigos temporários ou cabanas, e que ainda dependiam dos instrumentos de pedra. Durante os últimos 13 mil anos, menos mudanças culturais ocorreram na Austrália do que em qualquer outro continente. A opinião predominante dos europeus sobre os nativos australianos já foi manifestada pelas palavras de um explorador francês que escreveu: "Eles são a gente mais miserável do mundo, e os seres humanos mais próximos das bestas selvagens."

Mas 40 mil anos atrás, as sociedades australianas nativas levavam uma grande vantagem sobre as sociedades da Europa e de outros continentes. Os australianos nativos desenvolveram algumas das ferramentas de pedra mais antigas que se conhece com sedimentos, as ferramentas encabadas mais antigas (isto é, cabeças de machado de pedra acopladas a cabos), e, sem dúvida, a embarcação mais antiga do mundo. Algumas das pinturas conhecidas mais antigas em superfícies de pedra provêm da Austrália. Os humanos anatomicamente modernos podem ter povoado a Austrália antes de povoarem a Europa ocidental. Por que, apesar dessa vantagem, os europeus acabaram conquistando a Austrália e não o contrário?

Dentro dessa pergunta existe outra. Durante a Era Glacial do Pleistoceno, quando grande parte da água dos oceanos foi congelada em lâminas de gelo continentais e o nível do mar baixou muito em relação ao nível atual, o pouco profundo mar de Arafura, que hoje separa a Austrália da Nova Guiné, era um banco de areia. Quando as lâminas começaram a derreter, entre 12 mil e 8 mil anos atrás, o nível do mar subiu, aquele banco de areia foi inundado, e o antigo continente da Grande Austrália fendeu-se nos hemicontinentes da Austrália e da Nova Guiné (Figura 15.1, p. 300).

As sociedades humanas dessas duas massas de terra antes unidas estavam, nos tempos modernos, muito diferentes umas das outras. Em contraste com tudo o que acabei de dizer sobre os nativos australianos, a maioria dos papuas, como o povo de Yali, era de lavradores e criadores de porcos. Viviam em aldeias e eram politicamente organizados em tribos e não em bandos. Todos usavam arcos e flechas e muitos usavam cerâmica. Viviam em habitações muito maiores, possuíam embarcações mais apropriadas ao alto-mar e utensílios mais numerosos e mais variados do que os australianos. Por serem produtores de alimentos em vez de caçadores-coletores, suas taxas médias de densidade demográfica eram mais altas que as dos australianos: a Nova Guiné tem apenas um décimo da área da Austrália mas abriga uma população nativa muito maior que a da Austrália.

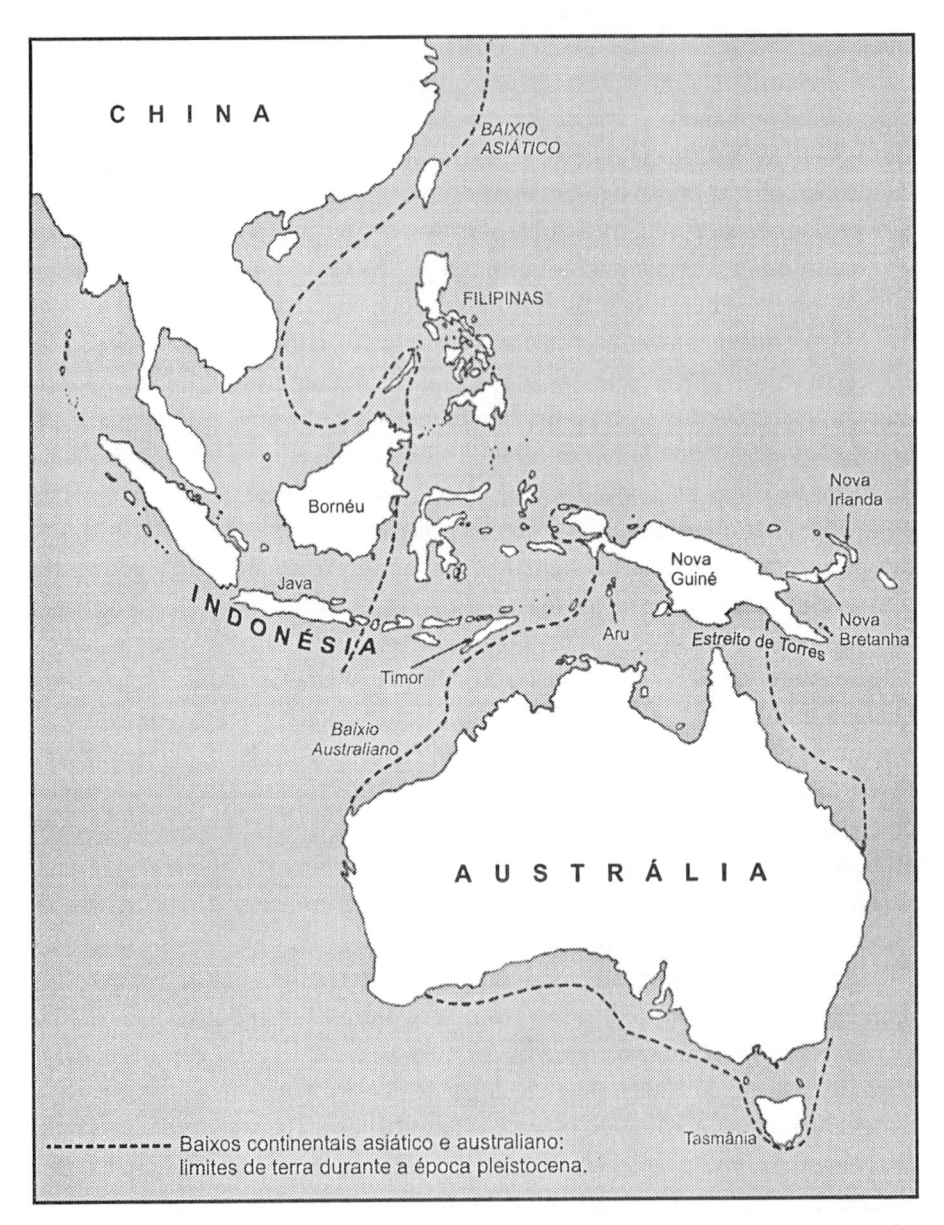

FIGURA 15.1. *Mapa da região do sudeste da Ásia até a Austrália e a Nova Guiné. As linhas contínuas representam o litoral atual; as linhas tracejadas representam o litoral na época pleistocena, quando o nível do mar ficou abaixo do nível atual — ou seja, o extremo dos baixios asiático e australiano. Nessa época, a Nova Guiné e a Austrália eram unidas em uma Grande Austrália, enquanto Bornéu, Java, Sumatra e Taiwan faziam parte do continente asiático.*

Por que as sociedades humanas da maior massa de terra derivada da Grande Austrália pleistocena permaneceram tão "atrasadas" em seu desenvolvimento, enquanto as sociedades da massa de terra menor "avançaram" muito mais depressa? Por que as inovações da Nova Guiné não se disseminaram para a Austrália, que está a menos de 150 quilômetros da Nova Guiné no estreito de Torres? Da perspectiva da antropologia cultural, a distância geográfica entre a Austrália e a Nova Guiné chega a ser inferior a 150 quilômetros, porque o estreito de Torres é coalhado de ilhas habitadas por lavradores que usam arcos e flechas e têm semelhanças culturais com os papuas. A maior ilha do estreito fica a apenas 16 quilômetros da Austrália. Os habitantes mantiveram um comércio ativo com os nativos australianos e com os papuas. Como dois universos culturais puderam permanecer tão diferentes se eram separados por um canal tranqüilo com apenas 16 quilômetros de largura e habitualmente atravessado por canoas?

Comparados com os nativos australianos, os papuas são classificados como culturalmente "avançados". Mas a maioria dos outros povos modernos os considera "atrasados". Quando os europeus começaram a colonizar a Nova Guiné, no final do século XIX, todos os habitantes eram analfabetos, usavam ferramentas de pedra e politicamente ainda não eram organizados em Estados ou (com algumas exceções) em tribos centralizadas. Se considerarmos que a Nova Guiné "progredira" mais do que os nativos australianos, por que ainda não teriam "progredido" tanto quanto muitos eurasianos, africanos e americanos nativos? Portanto, o povo de Yali e seus primos australianos representam um enigma dentro de outro enigma.

Quando solicitados a explicar o "atraso" cultural da sociedade australiana aborígine, muitos australianos brancos têm uma resposta simples: as supostas deficiências dos próprios aborígines. Em sua estrutura facial e na cor de sua pele, os aborígines certamente parecem diferentes dos europeus, levando alguns estudiosos do final do século XIX a considerá-los um elo perdido entre os macacos e os seres humanos. De que outra maneira se pode explicar o fato de os colonizadores ingleses brancos criarem uma democracia letrada, produtora de alimentos e industrial em poucas décadas de colonização de um continente cujos habitantes, depois de mais de 40 mil anos, ainda eram caçadores-coletores analfabetos? É surpreendente que a Austrália possua algumas das mais ricas reservas de ferro e alumínio do mundo, como também ricas reservas de cobre, estanho, chumbo e zinco. Por que, então, os nativos australianos ainda desconheciam as ferramentas de metal e viviam na Idade da Pedra?

Parece uma experiência perfeitamente controlada da evolução das sociedades humanas. O continente era o mesmo; só sua gente era diferente. Logo, a explicação para as diferenças entre o nativo australiano e as sociedades euro-australianas deve estar nos povos diferentes que as compõem. O raciocínio por trás desta conclusão racista parece convincente. Mas veremos que ele contém um erro simples.

Como primeiro passo para analisarmos a coerência deste raciocínio, vamos examinar as origens dos povos. A Austrália e a Nova Guiné já eram ocupadas há pelo menos 40 mil anos, numa época em que estavam unidas na Grande Austrália. Observando o mapa (Figura 15.1), vemos que os colonos devem ter partido do continente mais próximo, o sudeste da Ásia, saltando as ilhas do arquipélago indonésio. Esta conclusão baseia-se nas relações genéticas entre os modernos australianos, os papuas e os asiáticos, e na sobrevivência, hoje, de algumas populações fisicamente parecidas nas Filipinas, na península malaia e nas ilhas Andaman, próximas de Mianmar.

Depois que chegaram à costa da Grande Austrália, os colonos se espalharam rapidamente por todo o continente, para ocupar até suas extensões de terra mais distantes e os habitats mais inóspitos. Fósseis e ferramentas de pedra atestam a presença deles 40 mil anos atrás no sudoeste australiano; 35 mil anos atrás, no sudeste da Austrália e na Tasmânia, o ponto da Austrália mais distante da provável cabeça-de-ponte dos colonos na Austrália ocidental ou na Nova Guiné (as áreas mais próximas da Indonésia e da Ásia); e 30 mil anos atrás, nas frias montanhas da Nova Guiné. Todas essas áreas poderiam ter sido alcançados por terra a partir de uma cabeça-de-ponte ocidental. Contudo, a colonização dos arquipélagos de Bismarck e Salomão no nordeste da Nova Guiné, há 35 mil anos, exigia a travessia de mais dezenas de quilômetros por mar. A ocupação poderia ter sido até mais rápida do que aquela aparente expansão de 40 mil a 30 mil anos atrás, já que as várias datas quase não diferem dentro da margem de erro do método do radiocarbono.

Na época pleistocena, quando a Austrália e a Nova Guiné começaram a ser ocupadas, o continente asiático estendia-se a leste, incorporando as modernas ilhas de Bornéu, Java e Bali, quase de 1,5 quilômetro mais perto da Austrália e da Nova Guiné do que a atual margem do sudeste da Ásia. No entanto, pelo menos oito canais de até 80 quilômetros de largura ainda precisavam ser atravessados para se ir de Bornéu ou Bali até a Grande Austrália do Pleistoceno. Quarenta mil anos atrás, essas travessias devem ter sido feitas em balsas de bambu, embarcações de baixa tecnologia mas próprias para o alto-mar, ainda utilizadas no litoral meridional da China hoje. Mesmo assim, essas travessias devem ter sido difíceis, porque depois desse primeiro aportamento há 40 mil anos, o registro arqueológico não fornece nenhuma prova convincente de outras chegadas de seres humanos na Grande Austrália pela Ásia por dezenas de milhares de anos. Só nos últimos milhares de anos nós encontramos outro indício seguro, na forma do aparecimento de porcos e cães oriundos da Ásia, respectivamente na Nova Guiné e na Austrália.

Assim, as sociedades humanas da Austrália e da Nova Guiné se desenvolveram bastante isoladas das sociedades asiáticas que as fundaram. Esse isolamento se reflete nas línguas faladas hoje. Depois de todos esses milênios de isolamento, nem as línguas dos modernos aborígines australianos nem o grupo principal das modernas línguas da Nova Guiné (as chamadas línguas papuas) revelam qualquer relação clara com outra língua asiática moderna.

O isolamento também se reflete nos genes e na antropologia física. Estudos genéticos sugerem que os aborígines australianos e os habitantes das montanhas da Nova Guiné são um pouco mais parecidos com os asiáticos modernos do que com os povos dos outros continentes, mas essa relação não é muito próxima. Nos esqueletos e na aparência física, os aborígines australianos e os papuas também se distinguem da maioria das populações do sudeste da Ásia, como fica óbvio quando comparamos as fotografias de australianos ou papuas com as de indonésios ou chineses. Em parte, todas essas diferenças decorrem do fato de que os primeiros colonos asiáticos da Grande Austrália tiveram muito tempo para se tornarem diferentes de seus primos asiáticos que não saíram de casa, com trocas genéticas limitadas durante a maior parte desse tempo. Mas, uma razão talvez mais importante é que o tronco familiar original do sudeste da Ásia, do qual derivavam os colonos da Grande Austrália, foi sendo substituído por outros asiáticos que se espalharam fora da China.

Os aborígines australianos e os papuas também tinham diferenças genéticas, físicas e lingüísticas entre eles. Por exemplo, entre os principais grupos sangüíneos humanos (geneticamente determinados), o grupo B do chamado sistema ABO e o grupo S do sistema MNS ocorrem na Nova Guiné assim como na maior parte do mundo, mas ambos são praticamente inexistentes na Austrália. O cabelo crespo dos papuas contrasta com o cabelo liso ou ondulado da maioria dos australianos. As línguas australianas e papuas não têm relação com as línguas asiáticas nem entre elas, com exceção de alguma difusão do vocabulário nas duas direções pelo estreito de Torres.

Todas essas divergências entre australianos e papuas refletem o longo período de isolamento em ambientes muito diferentes. Como a subida do mar de Arafura separou a Austrália da Nova Guiné cerca de 10 mil anos atrás, a troca de genes foi limitada a tênues contatos pela cadeia de ilhas do estreito de Torres. Isso permitiu que as populações dos dois hemicontinentes se adaptassem aos próprios ambientes.

Embora as savanas e os arbustos do litoral meridional da Nova Guiné sejam muito semelhantes aos do norte da Austrália, outros habitats dos hemicontinentes diferem em quase todos os aspectos.

Vejamos algumas das diferenças. A Nova Guiné localiza-se perto do equador, enquanto a Austrália estende-se pelas zonas temperadas, atingindo quase 40 graus ao sul do equador. A Nova Guiné é montanhosa e muito acidentada, com uma altitude que chega a cinco mil metros, e os picos mais altos são cobertos de neve. Já a Austrália é quase toda baixa e plana — 94 por cento de sua área não ultrapassam os 600 metros de altitude. A Nova Guiné é um das áreas mais úmidas do planeta, a Austrália, uma das mais secas. A maior parte da Nova Guiné recebe mais de 2.500 milímetros de chuva anualmente, e as regiões montanhosas, mais de cinco mil milímetros, enquanto uma grande extensão da Austrália recebe menos de 500 milímetros de chuva. O clima equatorial da Nova Guiné varia muito pouco de uma estação para outra e de um ano para outro, mas o clima da Austrália é bastante sazonal e varia muito mais de ano para ano do que o clima de qualquer outro continente. Em conseqüência, a Nova Guiné é cortada por grandes rios permanentes, enquanto os rios permanentes da Austrália estão restritos, na maioria dos anos, à Austrália oriental, e mesmo sua maior rede hidrográfica (Murray-Darling) deixou de fluir durante vários meses por causa das secas. A maior parte da área terrestre da Nova Guiné é coberta por uma floresta tropical densa, enquanto a maior parte da Austrália tem apenas desertos e vastos bosques secos.

O solo da Nova Guiné é fértil e novo, em virtude da atividade vulcânica, do vaivém das geleiras que limpam as regiões montanhosas, e de riachos que levam quantidades enormes de lodo para as baixadas. Já a Austrália tem o solo mais antigo, mais estéril e mais pobre de todos os continentes, por causa da pouca atividade vulcânica e, sem dúvida, da falta de montanhas altas e geleiras. Embora tenha apenas um décimo da área da Austrália, a Nova Guiné abriga quase tantas espécies de mamíferos e pássaros quanto a Austrália — por causa da localização equatorial da Nova Guiné, da maior pluviosidade, das montanhas mais elevadas e da maior fertilidade. Todas essas diferenças ambientais influíram nas histórias culturais tão diferentes dos hemicontinentes, que analisaremos agora.

A PRODUÇÃO DE ALIMENTOS mais antiga e mais intensa e as populações mais densas da Grande Austrália surgiram nos vales da Nova Guiné, em altitudes que variam de 1.200 e 1.800 metros acima do nível de mar. Escavações arqueológicas descobriram sistemas complexos de fossos de drenagem datando de nove mil anos atrás, que se tornaram extensos há cerca de seis mil anos, bem como terraços construídos para reter a umidade do solo nas áreas mais secas. Os sistemas de fosso eram semelhantes aos utilizados ainda hoje nas regiões montanhosas para drenar as áreas pantanosas a serem usadas como hortas. Análises de pólen atestam o grande desmatamento dos vales cerca de cinco mil anos atrás, indicando a destruição de florestas para a agricultura.

Hoje, as principais culturas agrícolas das regiões montanhosas são a batata-doce recém-introduzida, inhame-branco, banana, inhame, cana-de-açúcar, vários tipos de gramíneas e vegetais folhosos. Como o inhame-branco e a banana são nativos do sudeste da Ásia, um local indiscutível de domesticação de plantas, supunha-se que as outras culturas das regiões montanhosas da Nova Guiné vieram da Ásia. Percebeu-se, entretanto, que os ancestrais silvestres da cana-de-açúcar, dos vegetais folhosos e dos talos comestíveis são espécies da Nova Guiné, que os ancestrais silvestres de certos tipos de banana ali cultivados eram da própria Nova Guiné, e que o inhame e alguns tipos de inhame-branco são nativos da Nova Guiné e da Ásia. Se a origem da agricultura da Nova Guiné fosse realmente asiática, era de se esperar que fossem encontradas culturas agrícolas, nas regiões montanhosas, derivadas inegavelmente da Ásia, mas não há nenhuma. Por essas razões, admite-se agora que a agricultura surgiu naturalmente nas regiões montanhosas da Nova Guiné pela domesticação de plantas silvestres do local.

A Nova Guiné, portanto, junta-se ao Crescente Fértil, à China e a algumas outras regiões como um dos centros mundiais de origens independentes da domesticação de plantas. Nenhum remanescente das plantações realmente cultivadas seis mil anos atrás foi preservado nos sítios arqueológicos. Mas isso não surpreende, porque as modernas culturas das regiões montanhosas são espécies de plantas que não deixam resíduos arqueológicos visíveis, a não ser em condições excepcionais. Por isso, parece provável que algumas delas também eram as culturas fundadoras da agricultura das regiões montanhosas, especialmente se considerarmos que os antigos sistemas de drenagem preservados são tão semelhantes aos modernos utilizados no cultivo do inhame-branco.

Os três elementos inegavelmente estrangeiros na produção de alimentos das regiões montanhosas da Nova Guiné, segundo notaram os primeiros exploradores europeus, eram galinhas, porcos e batatas-doces. Porcos e galinhas foram domesticados no sudeste da Ásia e introduzidos cerca de 3,6 mil anos atrás na Nova Guiné e em outras ilhas do Pacífico por austronésios, um povo originário do sul da China, do qual trataremos no Capítulo 17. (Os porcos podem ter chegado antes.) A batata-doce, nativa da América do Sul, aparentemente só chegou à Nova Guiné nos últimos séculos, depois de introduzida nas Filipinas pelos espanhóis. Depois de estabelecida na Nova Guiné, a batata-doce tomou o lugar do inhame-branco como a principal cultura das regiões montanhosas, por precisar de menos tempo para amadurecer, por render mais por hectare plantado e por tolerar melhor o solo pobre.

    O desenvolvimento da agricultura nas regiões montanhosas da Nova Guiné deve ter desencadeado uma explosão demográfica há milhares de anos, porque essas regiões só podiam sustentar populações muito reduzidas de caçadores-coletores depois que sua megafauna original de grandes marsupiais foi exterminada. A chegada da batata-doce provocou outra explosão nos últimos séculos. Quando os europeus sobrevoaram a região na década de 1930, ficaram surpresos ao ver abaixo deles uma paisagem semelhante à da Holanda. Extensos vales completamente desmatados e pontilhados de aldeias, e campos drenados e cercados para a produção intensiva de alimentos cobriam o solo de vales inteiros. Essa paisagem comprova a densidade demográfica alcançada nas regiões montanhosas por agricultores munidos de ferramentas de pedra.

    Terreno íngreme, céu sempre nublado, malária e risco de seca nas elevações menores limitam a agricultura aos locais com mais de 1.200 metros de altitude. De fato, as regiões montanhosas da Nova Guiné são uma ilha de densas populações de agricultores empurradas para o céu e cercadas por um mar de nuvens. Os papuas das planícies, no litoral e nas margens dos rios, são aldeões que dependem muito do peixe, enquanto os que vivem nos terrenos secos, longe da costa e dos rios, sobrevivem cultivando de modo primitivo a banana e o inhame, complementados pela caça e a coleta. Em contrapartida, os habitantes dos pântanos vivem como caçadores-coletores nômades, dependendo dos sagüeiros silvestres, que são muito produtivos e rendem três vezes mais calorias por hora de trabalho do que a horticultura. Os pântanos da Nova Guiné, portanto, são um bom exemplo de um ambiente em que as pessoas permaneceram como caçadoras-coletoras porque a agricultura não podia competir com esse estilo de vida.

    Os povos que se alimentam de sagu nos pântanos exemplificam a organização dos bandos de caçadores-coletores nômades que deve ter caracterizado todos os papuas antigamente. Por todas as razões analisadas nos Capítulos 13 e 14, foram os lavradores e os pescadores que conseguiram desenvolver tecnologia, sociedades e organização política mais complexas. Eles vivem em aldeias permanentes e em sociedades tribais, freqüentemente comandadas por um homem-grande. Alguns constroem casas de culto grandes e bem ornamentadas. Sua arte notável, na forma de esculturas e máscaras de madeira, é apreciada em museus do mundo inteiro.

A Nova Guiné tornou-se, portanto, a parte da Grande Austrália que dispunha das mais avançadas tecnologias, organização social e política, e arte. Mas do ponto de vista urbano americano ou europeu, a Nova Guiné ainda é classificada mais como "primitiva" do que como "adiantada". Por que os papuas continuaram utilizando ferramentas de pedra em vez de fabricarem ferramentas de metal, continuaram analfabetos e não se organizaram em tribos centralizadas e Estados? Acontece que a Nova Guiné sofreu vários golpes biológicos e geográficos.

Primeiro, embora a produção de alimentos nativa surgisse nas regiões montanhosas, vimos no Capítulo 8 que seu teor protéico era baixo. Sua dieta era baseada no cultivo de raízes pobres em proteína, e na criação de animais domésticos (porcos e galinhas), muito escassa para suprir as necessidades protéicas das pessoas. Considerando-se que porcos e galinhas não podiam ser arreados para puxar carros, os habitantes dessa região continuaram sem outras fontes de energia além da força muscular dos seres humanos, e também não desenvolveram doenças epidêmicas para repelir os invasores europeus.

Uma segunda restrição ao tamanho das populações das regiões montanhosas da Nova Guiné era a limitada área disponível: a região tinha poucos vales largos, como os vales de Wahgi e Baliem, capazes de abrigar populações densas. A terceira limitação era o fato de as zonas centrais das montanhas, de 1.200 e 2.900 metros de altitude, serem as únicas áreas ideais para a produção intensiva de alimentos. Não havia qualquer produção de alimentos nos habitats alpinos da Nova Guiné acima de 2.900 metros, pouca nas encostas entre 1.200 e 300 metros, e apenas a agricultura muito primitiva de subsistência nas planícies. Assim, as trocas de alimentos em larga escala, entre comunidades de diferentes altitudes especializadas na produção de diferentes tipos de alimentos, nunca evoluíram na Nova Guiné. Este tipo de troca nos Andes, nos Alpes e no Himalaia aumentou a densidade demográfica nessas áreas, proporcionando às pessoas de todas as altitudes uma dieta mais equilibrada, e promovendo a integração econômica e política da região.

Por todas essas razões, a população tradicional da Nova Guiné nunca passou de um milhão, até que os governos coloniais europeus levaram para lá a medicina ocidental e puseram fim às guerras intertribais. Dos nove centros mundiais de origem agrícola discutidos no Capítulo 5, a Nova Guiné foi o que permaneceu com a menor população. Com cerca de um milhão de pessoas, não pôde desenvolver a tecnologia, a escrita e os sistemas políticos que surgiram entre as populações de dezenas de milhões na China, Crescente Fértil, nos Andes e na Mesoamérica.

A população da Nova Guiné não só é pequena no conjunto, como também é fragmentada em milhares de micropopulações espalhadas pelo terreno acidentado: pântanos na maior parte das planícies, serras escarpadas e gargantas estreitas alternando-se nas regiões montanhosas, e uma selva fechada abraçando as planícies e as montanhas. Quando estou envolvido com a exploração biológica na Nova Guiné, usando equipes de papuas como assistentes de campo, considero um excelente avanço andar cerca de cinco quilômetros por dia, se estivermos percorrendo as trilhas existentes. A maioria dos montanheses tradicionais nunca se afastou mais de 16 quilômetros de casa durante suas vidas.

Essas dificuldades do terreno, aliadas ao estado de guerra intermitente que caracterizava as relações entre os bandos ou aldeias da Nova Guiné, são responsáveis pela tradicional fragmentação lingüística, cultural e política da região. Ela tem, sem dúvida, a maior concentração de idiomas do mundo: mil das seis mil línguas do mundo abarrotam uma área pouco maior que a do Texas, e divididas em várias famílias lingüísticas e línguas isoladas tão diferentes uma da outra como o inglês do chinês. Quase a metade das línguas papuas tem menos de quinhentos falantes, e até os maiores grupos lingüísticos (mesmo assim com meros cem mil falantes) eram politicamente fragmentados em centenas de aldeias, lutando entre si com mais violência do que os falantes de outras línguas. Cada uma dessas microssociedades era pequena demais para sustentar chefes e artífices, ou para desenvolver a metalurgia e a escrita.

Além de uma população pequena e fragmentada, a outra limitação ao progresso na Nova Guiné era o isolamento geográfico, que restringia a entrada de tecnologia e de idéias de outros lugares. Os três vizinhos da Nova Guiné estavam separados dela por extensões de água, e até alguns milhares de anos atrás, todos eram ainda menos avançados (principalmente os montanheses) em tecnologia e produção de alimentos. Desses três vizinhos, os aborígines australianos continuaram como caçadores-coletores, com quase nada a oferecer aos papuas que eles já não possuíssem. O segundo vizinho da Nova Guiné eram as ilhotas dos arquipélagos Bismarck e Salomão, a leste. E o terceiro, as ilhas da Indonésia oriental. Mas essa área também permaneceu culturalmente estagnada, ocupada por caçadores-coletores durante grande parte de sua história. Não é possível identificar um só item que tenha chegado à Nova Guiné pela Indonésia, depois do início de sua colonização, há mais de 40 mil anos, até a época da expansão austronésia, por volta de 1.600 a.C.

Com essa expansão, a Indonésia foi ocupada por produtores de alimentos originários da Ásia, com animais domésticos, com agricultura e tecnologia tão complexas quanto as da Nova Guiné, e com técnicas de navegação que serviram como um conduto muito mais eficiente da Ásia para a Nova Guiné. Os austronésios estabeleceram-se nas ilhas a oeste, ao norte e a leste da Nova Guiné, no extremo oeste e nas costas setentrional e sudeste da própria Nova Guiné. Eles introduziram a cerâmica, as galinhas e, provavelmente, cães e porcos na Nova Guiné. (Pesquisas arqueológicas antigas afirmaram que havia ossos de suíno nas regiões montanhosas da Nova Guiné em 4000 a.C., mas isso não foi confirmado.) Pelo menos nos últimos mil anos, o comércio ligou a Nova Guiné às sociedades tecnologicamente muito mais avançadas de Java e da China. Em troca da exportação de plumas da ave-do-paraíso e especiarias, a Nova Guiné recebeu mercadorias do sudeste da Ásia que incluíam até artigos de luxo como os tambores de bronze de Dong Son e porcelana chinesa.

Com o tempo, a expansão dos austronésios certamente teria causado mais impacto na Nova Guiné. A região ocidental teria sido politicamente incorporada aos sultanatos da Indonésia oriental, e utensílios de metal poderiam ter se difundido através da Indonésia oriental para a Nova Guiné. Mas isso ainda não havia ocorrido em 1511, ano em que os portugueses chegaram às ilhas Molucas e interceptaram os avanços da Indonésia. Quando os europeus chegaram à Nova Guiné pouco depois, seus habitantes ainda estavam vivendo em bandos ou em pequenas aldeias independentes, e ainda utilizando ferramentas de pedra.

EMBORA O NOVO HEMICONTINENTE da Nova Guiné depois tenha desenvolvido a criação animal e a agricultura, o hemicontinente australiano não desenvolveu nada. Durante a Era Glacial, a Austrália abrigava uma quantidade ainda maior de grandes marsupiais do que a Nova Guiné, entre eles o diprotodonte (o equivalente marsupial das vacas e dos rinocerontes), os cangurus gigantes e os vombates gigantes. Mas todos esses marsupiais candidatos à criação desapareceram na onda de extinções (ou extermínio) que acompanhou a colonização da Austrália. Isso deixou a Austrália, como a Nova Guiné, desprovida de mamíferos nativos domesticáveis. O único mamífero domesticado de fora adotado na Austrália era o cachorro, que chegou da Ásia (presumivelmente nas canoas dos austronésios) por volta de 1500 a.C. e se fixou na selva australiana para se tornar o dingo. Os nativos australianos mantinham os dingos cativos como companheiros, cães de guarda e até como mantas vivas, dando origem à expressão "five-dog night" (uma noite para cinco cachorros) para significar uma noite muito fria. Mas eles não usavam os dingos ou cães como alimentos, como fizeram os polinésios, ou para a caça cooperativa de animais selvagens, como os papuas.

A agricultura foi outro fracasso na Austrália, que não só é o continente mais seco mas também o que tem as terras mais estéreis. Além disso, só na Austrália a influência opressiva do clima sobre grande parte do continente é um ciclo irregular não-anual, a Enso (acrônimo de El Niño Southern Oscillation), em vez do ciclo anual regular das estações, tão conhecido em quase todas as outras partes do mundo. Secas implacáveis e imprevisíveis duram anos, interrompidas por chuvas torrenciais e inundações igualmente imprevisíveis. Até mesmo hoje, com as culturas eurasianas e com caminhões e ferrovias para transportar os produtos agrícolas, a produção de alimentos na Austrália continua sendo um negócio arriscado. Rebanhos criados nos anos bons são exterminados pela seca. Qualquer agricultor principiante na Austrália aborígine teria enfrentado ciclos semelhantes em suas próprias populações. Se nos anos bons eles se estabeleciam nas aldeias, cuidavam das lavouras, e geravam bebês, essas grandes populações passavam fome e se extinguiam nos períodos de seca, quando a terra podia sustentar muito menos gente.

O outro grande obstáculo ao desenvolvimento da produção de alimentos na Austrália era a escassez de plantas silvestres domesticáveis. Nem mesmo os atuais geneticistas de plantas europeus conseguiram desenvolver qualquer cultura, exceto a noz macadâmia, a partir da flora selvagem nativa da Austrália. A lista dos cereais mais apreciados do mundo — 56 espécies de vegetais selvagens com os grãos mais pesados — inclui apenas duas espécies australianas, ambas quase no final da lista (o grão pesa apenas 13 miligramas, comparado com as colossais 40 miligramas dos grãos mais pesados de outros lugares do mundo). Isso não quer dizer que a Austrália não tenha culturas potenciais, ou que os aborígines australianos nunca desenvolveram uma produção de alimentos nativa. Algumas plantas, como certas espécies de inhame, inhame-branco e araruta, são cultivadas no sul da Nova Guiné mas também crescem na natureza no norte da Austrália e lá são coletadas por aborígines. Como veremos, os aborígines das áreas climaticamente mais favoráveis da Austrália estavam evoluindo numa direção que poderia ter culminado na produção de alimentos. Mas qualquer produção nativa de alimentos que realmente tenha surgido na Austrália deve ter sido limitada pela falta de animais e plantas domesticáveis e pelos problemas do solo e do clima.

O nomadismo, estilo de vida do caçador-coletor, e um investimento mínimo em abrigo e posses eram adaptações sensatas à imprevisibilidade de recursos determinada pela Enso na Austrália. Quando as condições locais pioravam, os aborígines simplesmente mudavam-se para uma área onde as condições eram melhores durante algum tempo. Em vez de depender apenas de algumas culturas que podiam não vingar, eles minimizavam o risco desenvolvendo uma economia baseada em uma grande variedade de alimentos selvagens, que dificilmente escasseariam ao mesmo tempo. Em vez de ter populações flutuantes, que periodicamente esgotavam seus recursos e passavam fome, eles mantinham populações menores que dispunham de alimentos abundantes nos anos bons e suficientes nos anos ruins.

A substituta da produção de alimentos foi a chamada "agricultura *firestick*". Os aborígines modificavam e manejavam a paisagem circunvizinha de tal modo que aumentavam sua produção de plantas e animais comestíveis, sem recorrerem ao cultivo. Em particular, eles queimavam periodicamente boa parte da vegetação. Isso tinha vários objetivos: o fogo expulsava os animais que podiam ser mortos e comidos imediatamente; o fogo convertia densas moitas em clareiras com grama nas quais as pessoas podiam caminhar mais facilmente; essa pastagem também era um habitat ideal para os cangurus, o principal animal de caça da Austrália; e o fogo estimulava o crescimento de uma grama nova, da qual os cangurus se alimentavam, e de raízes de samambaia, que os aborígines comiam.

Pensamos nos aborígines australianos como povos do deserto, mas a maioria não era. Ao contrário, sua densidade demográfica variava com a chuva (porque ela controla a produção de plantas silvestres terrestres e comida animal) e com a abundância de alimentos do mar, dos rios e lagos. A maior concentração de aborígines estava nas regiões mais úmidas e mais produtivas da Austrália: a rede fluvial de Murray-Darling, no sudeste, as costas leste e setentrional, e o sudoeste. Essas áreas também abrigaram as populações mais densas de colonos europeus na Austrália moderna. Consideramos os aborígines gente do deserto porque os europeus os mataram ou os expulsaram das áreas mais cobiçadas, deixando as últimas populações aborígines intactas apenas nas áreas que os europeus desprezaram.

Nos últimos cinco mil anos, algumas dessas regiões produtivas testemunharam uma intensificação dos métodos de coleta de alimentos dos aborígines e uma concentração populacional aborígine. Na Austrália oriental, foram desenvolvidas técnicas para tornar comestíveis as sementes abundantes e gomosas, mas extremamente venenosas, de cicadáceas, por meio da extração ou da fermentação do veneno. As regiões montanhosas inexploradas do sudeste australiano começaram a ser visitadas regularmente, durante o verão, por aborígines que se deleitavam não apenas com as nozes de cicadáceas e inhame, mas também com imensos aglomerados hibernantes de uma mariposa migratória chamada bogong, que tem gosto de castanha assada quando grelhada. Outro tipo de coleta intensificada que se desenvolveu foi a pesca de enguia de água doce na bacia hidrográfica de Murray-

Darling, onde o nível da água nos pântanos varia de acordo com as chuvas sazonais. Os nativos australianos construíram sofisticadas redes de canais de cerca de 2,5 quilômetros de extensão para permitir que as enguias pudessem passar de um pântano para outro. As enguias eram capturadas por meio de represas igualmente sofisticadas, com armadilhas colocadas nas laterais do canal e paredes de pedra de um lado ao outro, com uma rede instalada em uma abertura. Armadilhas em níveis diferentes do pântano entravam em operação à medida que o nível da água subia e baixava. Embora a construção inicial dessas "fazendas de peixes" talvez exigisse muito trabalho, elas depois serviam para alimentar muita gente. Observadores europeus do século XIX encontraram aldeias aborígines nas fazendas de enguias, e há vestígios arqueológicos de aldeias de até 146 casas de pedra, indicando que havia populações residentes, pelo menos sazonalmente, de centenas de pessoas.

Outro progresso no leste e no norte da Austrália era a colheita de sementes de milhete silvestre, pertencente ao mesmo gênero do sorgo, que era a base da agricultura chinesa antiga. O milhete era colhido com facas de pedra, empilhado em montes e debulhado para se obter as sementes que eram armazenadas em bolsas de pele ou pratos de madeira e por fim socadas com rebolos. Algumas das ferramentas usadas neste processo, como a faca de pedra e o rebolo, eram semelhantes às ferramentas inventadas de modo independente no Crescente Fértil para processar sementes de outras plantas silvestres. De todos os métodos de obtenção de alimentos dos aborígines australianos, a colheita do milhete é o que mais provavelmente evoluiu para um cultivo.

Junto com a coleta intensificada de alimentos nos últimos cinco mil anos vieram novos tipos de ferramentas. Pequenas lâminas e pontas de pedra proporcionaram uma extremidade afiada mais comprida por quilo de ferramenta do que as grandes ferramentas de pedra que elas substituíram. Machadinhas com gume de pedra, antes presentes apenas na Austrália, difundiram-se. Anzóis de concha surgiram nos últimos mil anos.

Por que a Austrália não fabricou ferramentas de metal e não inventou a escrita, nem as sociedades politicamente complexas? Um dos principais motivos é que os aborígines permaneceram como caçadores-coletores, enquanto, como vimos nos Capítulos 12 e 14, esses avanços surgiram somente em sociedades populosas e economicamente especializadas de produtores de alimentos. Além disso, a aridez, a esterilidade e a imprevisibilidade do clima da Austrália limitaram sua população de caçadores-coletores a apenas cerca de cem mil pessoas. Comparada com os milhões de pessoas na China ou na Mesoamérica antigas, isso significava que a Austrália possuía bem menos inventores potenciais e bem menos sociedades para experimentar as inovações. Suas cem mil pessoas não eram organizadas em sociedades que interagissem de perto. A Austrália aborígine era, em vez disso, um mar de desertos escassamente ocupados, que separavam algumas "ilhas" ecológicas "mais produtivas", cada uma delas mantendo apenas uma fração da população do continente, cujas interações eram diminuídas pela distância entre elas. Até mesmo no lado oriental do continente, relativamente úmido e produtivo, as trocas entre as sociedades eram limitadas pelos três mil quilômetros que separavam as florestas tropicais de Queensland no nordeste e as florestas tropicais temperadas de Victoria no sudeste, uma distância geográfica e ecológica tão grande quanto a que existe entre Los Angeles e o Alasca.

Alguns aparentes retrocessos regionais ou continentais da tecnologia na Austrália podem ter origem no isolamento e no número relativamente baixo de habitantes em seus centros populacionais. O bumerangue, aquela requintada arma australiana, foi abandonada na península do Cabo York, no nordeste da Austrália. Quando foram encontrados pelos europeus, os aborígines do sudoeste da Austrália não comiam moluscos. A função das pequenas pontas de pedra que surgiram em sítios arqueológicos australianos de cinco mil anos atrás ainda é duvidosa: embora uma explicação fácil seja a de que elas tenham sido usadas como pontas de lança e barbas de flecha, elas são muito parecidas com as pontas e barbas usadas em flechas em outros lugares do mundo. Se elas realmente fossem tão usadas, o mistério da existência de arcos e flechas na Nova Guiné moderna mas não na Austrália poderia ser solucionado: talvez os arcos e flechas tenham sido realmente adotados, durante algum tempo, no continente australiano e depois abandonados. Todos esses exemplos nos fazem lembrar o abandono das armas no Japão, do arco e flecha e da cerâmica na maior parte da Polinésia, e de outras tecnologias em outras sociedades isoladas (Capítulo 13).

As maiores perdas tecnológicas na região australiana ocorreram na Tasmânia, a cerca de 200 quilômetros da costa sudeste da Austrália. Nas épocas do Pleistoceno em que o nível do mar estava baixo, o raso estreito de Bass, que hoje separa a Tasmânia da Austrália, era terra seca, e os povos que habitavam a Tasmânia eram parte da população humana distribuída regularmente pelo continente australiano ampliado. Quando o estreito foi finalmente inundado, cerca de 10 mil anos atrás, os tasmanianos e os australianos do continente foram separados, porque nenhum dos dois grupos dispunha de embarcações capazes de transpor o estreito de Bass.

Depois disso, a população da Tasmânia, de quatro mil caçadores-coletores, ficou sem qualquer contato com os demais humanos, vivendo num isolamento só comparável aos descritos em romances de ficção científica.

Quando finalmente foram encontrados por europeus em 1642, os tasmanianos tinham uma cultura material mais simples do que qualquer outro povo no mundo moderno. Como os aborígines do continente, eles eram caçadores-coletores que não conheciam ferramentas de metal. Também não conheciam muitas técnicas e muitos artefatos difundidos no continente, entre eles o arpão, ferramentas de osso de qualquer tipo, bumerangues, instrumentos de pedra polida ou encabados, ganchos, redes, lanças providas de dentes, armadilhas e as técnicas para pescar e comer peixe, costurar e atear fogo. Algumas dessas tecnologias talvez só tenham chegado ou tenham sido inventadas na Austrália depois que a Tasmânia foi isolada, e nesse caso podemos concluir que a minúscula população tasmaniana não as inventou por conta própria. Outras dessas tecnologias foram levadas para a Tasmânia quando ela ainda fazia parte do continente australiano, e depois se perderam no isolamento cultural da Tasmânia. Por exemplo, o registro arqueológico tasmaniano documenta o desaparecimento da pesca, da sovela, das agulhas e de outras ferramentas de osso, por volta de 1500 a.C. Em pelo menos três ilhotas (Flinders, Kangaroo e King), que ficaram isoladas da Austrália ou da Tasmânia pela subida do nível do mar cerca de dez mil anos atrás, as populações humanas, que teriam inicialmente cerca de 200 a 400 pessoas, desapareceram por completo.

A Tasmânia e essas três ilhas menores ilustram assim, de forma extrema, uma conclusão de amplo significado potencial para a história mundial. As populações humanas de poucas centenas de pessoas não eram capazes de sobreviver indefinidamente em completo isolamento. Uma população de quatro mil pessoas conseguia sobreviver durante dez mil anos, mas com expressivas perdas culturais e fracassos inventivos, deixando-a com uma cultura material incomparavelmente simplificada. Os trezentos mil caçadores-coletores do continente australiano eram mais numerosos e menos isolados que os tasmanianos, mas ainda assim constituíam a menor população e a mais isolada de todos os continentes. Os casos de retrocesso tecnológico documentados no continente australiano e o exemplo da Tasmânia levam a crer que o repertório cultural limitado dos nativos australianos, se comparado com os de povos de outros continentes, pode decorrer, em parte, dos efeitos do isolamento e do tamanho da população no desenvolvimento e na preservação da tecnologia — como esses efeitos na Tasmânia, embora menos extremos. Os mesmos efeitos podem ter influído nas diferenças tecnológicas entre o maior continente (Eurásia) e os que vêm depois dele em tamanho decrescente (África, América do Norte e América do Sul).

Por que a tecnologia mais avançada não chegou à Austrália trazida por intermédio de seus vizinhos, a Indonésia e a Nova Guiné? Em relação à Indonésia, ela estava separada da Austrália pelo mar e era muito diferente dela em termos ecológicos. Além do mais, a própria Indonésia era estagnada cultural e tecnologicamente até alguns milhares de anos atrás. Não há prova de que qualquer tecnologia nova tenha chegado à Austrália, vinda da Indonésia, depois da colonização inicial da Austrália há 40 mil anos, até o aparecimento do dingo, por volta de 1500 a.C.

O dingo chegou à Austrália no auge da expansão austronésia, a partir do sul da China, através da Indonésia. Os austronésios conseguiram povoar todas as ilhas da Indonésia, incluindo as duas mais próximas da Austrália, Timor e Tanimbar (a apenas 440 e 330 quilômetros da Austrália moderna, respectivamente). Se considerarmos que os austronésios cobriram distâncias bem maiores no curso de sua expansão através do Pacífico, supomos que eles chegaram à Austrália várias vezes, mesmo se não tivéssemos a evidência do dingo para provar isso. Nos tempos históricos, o noroeste da Austrália era visitado todos os anos por canoas vindas do distrito de Macassar, na ilha indonésia de Sulawesi (Célebes), até que o governo australiano interrompeu as visitas em 1907. Vestígios arqueológicos remontam ao ano 1000, e eles podem muito bem ter ocorrido antes. O objetivo principal das visitas era obter pepinos-do-mar (também conhecidos como holutúrias), parentes da estrela-do-mar, exportados de Macassar para a China como um conhecido afrodisíaco e apreciado ingrediente de sopas.

Naturalmente, o comércio que se desenvolveu durante as visitas anuais dos macassares deixou legados no noroeste da Austrália. Os macassares plantaram tamarineiros em seus acampamentos no litoral e tiveram filhos com mulheres aborígines. Eles levaram tecidos, ferramentas de metal, cerâmica e vidro como mercadorias para comércio, mas os aborígines nunca aprenderam a fabricar esses artigos. Os aborígines tomaram de empréstimo dos macassares algumas palavras, cerimônias e o hábito de usar canoas feitas de troncos de árvores e de fumar tabaco em cachimbos.

Mas nenhuma dessas influências alterou o caráter básico da sociedade australiana. Mais importante do que o que ocorreu em conseqüência das visitas dos macassares foi o que não ocorreu. Os macassares *não* se fixaram na Austrália — sem dúvida, porque a região noroeste da Austrália que está voltada para a Indonésia é seca demais para a agricultura macassar. Se a Indonésia estivesse de frente para as florestas tropicais e as savanas do nordeste da Austrália, os macassares poderiam ter se instalado no local, mas não há nenhum indício de que eles tenham ido tão longe. Como iam poucos macassares de cada vez e para visitas temporárias, e nunca penetraram até o interior, só alguns grupos de australianos em um pequeno trecho da costa ficaram expostos a eles. Mesmo esses poucos australianos só conseguiram ver uma parcela da cultura e da tecnologia macassar, e não sua sociedade completa, com campos de arroz, porcos, aldeias e oficinas. Como os australianos permaneceram caçadores-coletores nômades, eles absorveram apenas os produtos e as técnicas compatíveis com seu estilo de vida. Canoas e cachimbos, sim; forjas e porcos, não.

Aparentemente, muito mais surpreendente do que a resistência dos australianos à influência da Indonésia é a resistência deles à influência da Nova Guiné. Do outro lado da estreita faixa de água conhecida como o estreito de Torres, agricultores da Nova Guiné, que falavam línguas papuas e tinham porcos, cerâmica, arcos e flechas, encontraram caçadores-coletores australianos que falavam línguas australianas e não tinham porcos, cerâmica, arcos e flechas. Além disso, o estreito não é uma barreira só de água, mas é pontilhado por uma cadeia de ilhas das quais a maior (ilha de Muralug) fica a apenas 16 quilômetros da costa australiana. Havia visitas comerciais regulares entre a Austrália e as ilhas, e entre as ilhas e a Nova Guiné. Muitas mulheres aborígines casaram-se com habitantes da ilha de Muralug, onde viram hortas e o arco-e-flecha. Por que essas características dos papuas não se transmitiram à Austrália?

Essa barreira cultural no estreito de Torres é surpreendente porque podemos nos enganar ao retratar uma sociedade papuásia em pleno desenvolvimento, com agricultura intensiva e porcos, a 16 quilômetros da costa australiana. Na realidade, os aborígines de Cabo York nunca viram um papua do continente. O que havia era um comércio entre a Nova Guiné e as ilhas mais próximas, entre essas ilhas e a ilha de Mabuiag a meio caminho do estreito, entre esta e a ilha de Badu, mais adiante no canal, entre as ilhas Badu e Muralug, e, finalmente, entre Muralug e Cabo York.

A sociedade da Nova Guiné foi se enfraquecendo ao longo dessa cadeia de ilhas. Porcos eram raros ou inexistentes nas ilhas. Papuas das planícies do sul ao longo do estreito de Torres não se dedicavam à agricultura intensiva das regiões montanhosas da Nova Guiné, mas a uma agricultura primitiva, com a queimada e a derrubada das matas, e dependia muito de frutos do mar, da caça e da coleta. A importância desse método de queimadas e derrubadas das florestas do sul da

Nova Guiné diminuía à medida que ia chegando mais perto da Austrália, ao longo da cadeia de ilhas. A ilha de Muralug, a mais próxima da Austrália, era seca, secundária para a agricultura e só abrigava uma população humana pequena, que sobrevivia principalmente de frutos do mar, inhames silvestres e frutas dos manguezais.

A interface entre a Nova Guiné e a Austrália pelo estreito de Torres lembrava, assim, a brincadeira infantil do telefone-sem-fio, no qual as crianças sentam-se em círculo, uma criança sussurra uma palavra para uma segunda criança, que sussurra o que ela pensa ter ouvido para a terceira, e por fim a palavra sussurrada pela última criança para a primeira não tem nenhuma semelhança com a primeira palavra. Da mesma maneira, o comércio nas ilhas ao longo do estreito de Torres era uma espécie de telefone-sem-fio acabou apresentando aos aborígines de Cabo York algo muito diferente da sociedade da Nova Guiné. Além disso, não deveríamos imaginar que as relações entre os ilhéus de Muralug e os aborígines de Cabo York fosse um banquete de confraternização ininterrupto, em que os aborígines absorviam ansiosamente a cultura dos mestres da ilha. Ao contrário, o comércio era alternado com a guerra, cuja finalidade era caçar e capturar mulheres para servirem de esposas.

Apesar da diluição da cultura da Nova Guiné pela distância e pelas guerras, um pouco de sua influência conseguiu chegar à Austrália. Os casamentos transmitiram características físicas papuásias, como o cabelo crespo, para a península de Cabo York. Quatro línguas de Cabo York tinham fonemas estranhos à Austrália, possivelmente por causa da influência das línguas papuas. Seus principais legados foram os anzóis de concha, que se difundiram na Austrália, e as canoas, difundidas na península de Cabo York. Tambores, máscaras dos rituais, monumentos funerários e cachimbos da Nova Guiné também foram adotados em Cabo York. Mas os aborígines deste local não adotaram a agricultura, em parte porque o que eles viram na ilha de Muralug estivesse totalmente diluído. Não adotaram os porcos, que eram raros ou inexistentes nas ilhas, e que, em todo caso, não poderiam alimentar sem a agricultura. Tampouco adotaram o arco e flecha, conservando suas lanças e seus lançadores.

A Austrália é grande, assim como a Nova Guiné. Mas os contatos entre essas duas grandes massas de terra ficaram restritos aos pequenos grupos de ilhéus do estreito de Torres com uma cultura papuásia muito atenuada, interagindo com esses grupos pequenos de aborígines de Cabo York. As decisões destes últimos, por qualquer razão, de usar lanças no lugar de arcos e flechas, e de não adotar outras características da cultura papuásia diluída que eles viram, bloqueou a transmissão desses traços culturais da Nova Guiné para todo o restante da Austrália.

Em conseqüência, nenhuma característica da Nova Guiné, exceto os anzóis de concha, difundiram-se na Austrália. Se os milhares de agricultores das regiões montanhosas da Nova Guiné tivessem tido contato com os aborígines das regiões montanhosas do sudeste da Austrália, poderia ter ocorrido uma transferência de produção intensiva de alimentos e de cultura papuásia para a Austrália. Mas as regiões montanhosas da Nova Guiné são separadas das regiões montanhosas da Austrália por mais de três mil quilômetros de uma paisagem muito diferente em termos ecológicos. As regiões montanhosas da Nova Guiné poderiam muito bem ter sido as montanhas da lua, no que se refere às chances de os australianos observarem e adotarem as práticas das regiões montanhosas da Nova Guiné.

Em suma, a persistência dos caçadores-coletores nômades da idade da pedra na Austrália, que negociavam com os agricultores papuas da Idade da Pedra da Nova Guiné e com agricultores indonésios da Idade do Ferro, a princípio sugere uma obstinação singular por parte dos nativos australianos. Num exame mais acurado, ela simplesmente reflete o papel onipotente da geografia na transmissão da cultura e tecnologia humanas.

Resta-nos analisar os encontros das sociedades papuásias e australianas da Idade da Pedra com os europeus da Idade do Ferro. Um navegante português "descobriu" a Nova Guiné em 1526, a Holanda ocupou a metade ocidental em 1828, e a Inglaterra e a Alemanha dividiram a metade oriental em 1884. Os primeiros europeus estabeleceram-se na costa, e levou muito tempo até que chegassem ao interior, mas em 1960 os governos europeus haviam estabelecido o controle político na maior parte da Nova Guiné.

As razões pelas quais os europeus colonizaram a Nova Guiné, e não o contrário, são óbvias. Eram os europeus que tinham embarcações para atravessar o oceano e bússolas para viajar até a Nova Guiné; os sistemas de escrita e as impressoras para produzir mapas, relatos e a papelada administrativa necessária para estabelecer o controle sobre a Nova Guiné; as instituições políticas para organizar navios, soldados e administração; e as armas para atirar nos papuas que resistissem com arcos e flechas e paus. Mas a quantidade de colonos europeus sempre foi muito pequena, e ainda hoje a Nova Guiné é em grande parte ocupada por papuas. Isso contrasta nitidamente com a situação da Austrália, das Américas e da África do Sul, onde a povoação européia foi numerosa e duradoura, e substituiu a população nativa original em grandes áreas. Por que a Nova Guiné era diferente?

Um fator importante foi o que derrotou todas as tentativas européias de se estabelecer nas planícies da Nova Guiné até a década de 1880: a malária e outras doenças tropicais, nenhuma delas uma infecção de multidão epidêmica aguda como as analisadas no Capítulo 11. O mais ambicioso dos planos fracassados de ocupação das planícies, organizado pelo marquês francês de Rays por volta de 1880 na ilha próxima de Nova Irlanda, acabou com 930 dos mil colonos mortos em três anos. Mesmo com os tratamentos médicos modernos disponíveis hoje, muitos de meus amigos americanos e europeus instalados na Nova Guiné foram obrigados a ir embora por causa de doenças como a malária, a hepatite ou outras doenças, enquanto meu próprio quinhão de saúde da Nova Guiné foi de um ano de malária e um ano de disenteria.

Enquanto os europeus estavam sendo abatidos pelos germes das planícies da Nova Guiné, por que os germes eurasianos não abatiam simultaneamente os papuas? Alguns deles chegaram a ser infectados, mas não na mesma escala maciça que dizimou grande parte dos nativos da Austrália e das Américas. A sorte dos papuas foi que não havia nenhuma povoação européia permanente na Nova Guiné até 1880, época em que as descobertas no campo da saúde pública já haviam progredido no sentido de deixar a varíola e outras doenças infecciosas das populações européias sob controle. Além disso, a expansão dos austronésios já andara levando um fluxo de colonos indonésios e comerciantes para a Nova Guiné durante 3.500 anos. Como as doenças infecciosas do continente asiático estavam instaladas na Indonésia, os papuas ficaram expostos durante muito tempo e criaram mais resistência aos germes eurasianos do que os aborígines australianos.

A única parte da Nova Guiné onde os europeus não sofreram graves problemas de saúde foi nas regiões montanhosas, acima do limite de altitude para malária. Mas as regiões montanhosas, já ocupadas por densas populações papuásias, não foram alcançadas pelos europeus até a década de 1930. Nessa época, os governos coloniais australiano e holandês já não estavam mais dispostos a desbravar terras para a colonização branca, matando nativos em grandes quantidades ou expulsando-os de suas terras, como ocorrera nos séculos anteriores, durante a colonização européia.

Para os futuros colonos europeus, o obstáculo persistente era que as culturas agrícolas européias, a criação de gado e os métodos de subsistência não se desenvolviam bem no ambiente e no clima da Nova Guiné. Embora as culturas americanas tropicais levadas para lá, como abóbora, milho e tomate, sejam agora cultivadas em pequenas quantidades, e as plantações de chá e café estejam estabelecidas nas regiões montanhosas de Papua-Nova Guiné, as principais culturas européias, como trigo, cevada e ervilhas, nunca deram certo. O gado bovino e as cabras levadas para lá permaneceram em pequenas quantidades e sofrem de doenças tropicais, da mesma maneira que os europeus. A produção de alimentos na Nova Guiné ainda é dominada por culturas e métodos agrícolas que os papuas aperfeiçoaram durante milhares de anos.

Todos esses problemas de doenças, terreno acidentado e subsistência fizeram com que os europeus deixassem a Nova Guiné oriental (hoje o Estado independente de Papua-Nova Guiné) ocupada e governada por papuas, que, mesmo assim, usam o inglês como idioma oficial, escrevem com o alfabeto, têm instituições governamentais democráticas inspiradas nas da Inglaterra e usam armas fabricadas no exterior. O resultado foi diferente na Nova Guiné ocidental, que a Indonésia tomou da Holanda em 1963 e rebatizou de Irian. A província é governada agora por indonésios, para indonésios. Sua população rural ainda é esmagadoramente papuásia, mas a urbana é indonésia, em conseqüência de uma política governamental que visa incentivar a imigração indonésia. Os indonésios, com sua longa história de exposição à malária e a outras doenças tropicais compartilhadas com os papuas, não se defrontaram com uma barreira de germes tão potente como os europeus. E estavam também mais preparados que os europeus para sobreviver na Nova Guiné, porque a agricultura indonésia já incluía bananas, batatas-doces e algumas outras culturas importantes da Nova Guiné. As mudanças que estão ocorrendo em Irian representam a continuação, apoiada por todos os recursos de um governo centralizado, da expansão austronésia que começou a chegar à Nova Guiné 3.500 anos atrás. Os indonésios *são* os austronésios modernos.

Os EUROPEUS COLONIZARAM A AUSTRÁLIA, em vez de os nativos australianos colonizarem a Europa, pelas mesmas razões que acabamos de ver no caso da Nova Guiné. Mas os destinos dos papuas e dos aborígines australianos foram muito diferentes. Hoje, a Austrália é povoada e governada por 20 milhões de não-aborígines, a maioria de ascendência européia, além de quantidades cada vez maiores de asiáticos que lá chegam desde que a Austrália Branca abandonou sua política de imigração seletiva em 1973. A população aborígine diminuiu 80 por cento, de cerca de 300 mil na época da ocupação dos europeus para um mínimo de 60 mil em 1921. Os aborígines hoje formam uma subclasse da sociedade australiana. Muitos vivem em postos de missionários ou em reservas do governo, ou trabalham para os brancos como pastores em fazendas de gado. Por que os aborígines tiveram menos sorte que os papuas?

A razão básica é o fato de a Austrália (em algumas áreas) ser adequada à produção de alimentos e ao estabelecimento dos europeus, aliado ao papel das armas, dos germes e do aço europeus na expulsão dos aborígines de seu caminho. Embora eu já tenha salientado as dificuldades impostas pelo clima e pelo solo australianos, suas áreas mais produtivas ou férteis podem sustentar agricultura européia. A agricultura na zona temperada australiana é dominada agora pelos principais produtos agrícolas da Eurásia, como trigo (principal cultura da Austrália), cevada, aveia, maçãs e uvas, junto com sorgo e algodão, de origem saeliana, e batata, de origem andina. Nas áreas tropicais do nordeste da Austrália (Queensland), além da área favorável de ocorrência das culturas do Crescente Fértil, os agricultores europeus introduziram a cana-de-açúcar originária da Nova Guiné, banana e frutas cítricas do sudeste da Ásia, e amendoim da América do Sul tropical. Quanto à criação de gado, as ovelhas eurasianas possibilitaram a expansão da produção de alimentos para regiões áridas da Austrália, impróprias para agricultura, e o gado bovino eurasiano juntou-se às culturas agrícolas nas áreas mais úmidas.

Assim, o desenvolvimento da produção de alimentos na Austrália teve que esperar a chegada de culturas não-nativas e animais domesticados em áreas climaticamente parecidas; mas tão distantes que só chegaram à Austrália trazidos por embarcações transoceânicas. Ao contrário da Nova Guiné, em grande parte da Austrália não havia doenças suficientemente graves para manter os europeus afastados. Só no norte tropical a malária e outras doenças tropicais obrigaram os europeus, no século XIX, a desistir de suas tentativas de colonização, que só vieram a ter êxito no século XX, com a evolução da medicina.

Os aborígines australianos, naturalmente, ficaram no caminho da produção de alimentos dos europeus, sobretudo porque a região que era a mais produtiva para a agricultura e a pecuária abrigara, inicialmente, as populações mais densas de caçadores-coletores. A colonização européia reduziu o número de aborígines de duas maneiras. Uma era atirar neles, opção mais usada pelos europeus no final do século XVIII e no século XIX do que quando eles entraram nas regiões montanhosas da Nova Guiné, na década de 1930. O último grande massacre, que causou a morte de 31 aborígines, ocorreu em Alice Springs, em 1928. A outra maneira era introduzir os germes contra os quais os aborígines ainda não tinham adquirido imunidade ou desenvolvido resistência genética. Um ano depois da chegada dos primeiros colonos europeus a Sydney, em 1788, cadáveres de aborígines que haviam morrido em epidemias eram uma visão comum. Os maiores assassinos registrados eram varíola, gripe, sarampo, febre tifóide, tifo, catapora, coqueluche, tuberculose e sífilis.

Dessas duas maneiras, sociedades aborígines independentes foram dizimadas em todas as áreas adequadas para a produção de alimentos europeus. As únicas sociedades que sobreviveram mais ou menos intactas foram aquelas que ocupavam as áreas setentrional e ocidental, cujo terreno era inútil para os europeus. Em um século de colonização européia, 40 mil anos de tradição aborígine foram quase totalmente varridos.

PODEMOS AGORA VOLTAR ao problema exposto no começo deste capítulo. Como, a não ser postulando deficiências nos próprios aborígines, é possível explicar o fato de os colonos ingleses brancos aparentemente criarem uma democracia letrada, produtora de alimentos e industrial em poucas décadas de colonização de um continente cujos habitantes, depois de mais de 40 mil anos, ainda eram caçadores-coletores nômades analfabetos? Isso não constitui um experimento perfeitamente controlado da evolução das sociedades humanas, forçando-nos a uma conclusão racista simples?

A solução deste problema é simples. Os colonos ingleses brancos não criaram essa democracia letrada, produtora de alimentos e industrial na Austrália. Eles, na verdade, importaram todos esses elementos para a Austrália: o gado, as culturas agrícolas (menos a macadâmia), o conhecimento da metalurgia, as máquinas a vapor, as armas, o alfabeto, as instituições políticas e até mesmo os germes. Todos esses eram produtos finais de 10 mil anos de desenvolvimento em ambientes eurasianos. Por um acaso geográfico, os colonos que desembarcaram em Sydney em 1788 herdaram esses elementos. Os europeus nunca aprenderam a sobreviver na Austrália ou na Nova Guiné sem sua tecnologia eurasiana herdada. Robert Burke e William Wills eram bastante inteligentes para escrever, mas não bastante inteligentes para sobreviver nas regiões desérticas da Austrália, onde os aborígines estavam vivendo.

Os povos que criaram uma sociedade na Austrália eram os aborígines australianos. Naturalmente, a sociedade que eles criaram não era uma democracia letrada, produtora de alimentos e industrial. Os motivos derivam diretamente das características do ambiente australiano.

CAPÍTULO 16

Como a China tornou-se chinesa

IMIGRAÇÃO, DISCRIMINAÇÃO POSITIVA, MULTILINGÜISMO, DIVERSIDADE ÉTNICA — o estado da Califórnia estava entre os pioneiros dessas políticas controvertidas e agora é o precursor de uma forte reação contra elas. Uma espiada nas salas de aula do sistema de ensino público de Los Angeles, onde meus filhos estão sendo educados, dá realidade concreta, com os rostos das crianças, aos debates abstratos. Essas crianças representam mais de 80 línguas faladas no país, sendo que os brancos que falam a língua inglesa constituem a minoria. Todos os colegas dos meus filhos têm pelo menos um dos pais ou avós nascido fora dos Estados Unidos; este é o caso de três dos quatro avós de meus próprios filhos. Mas a imigração está somente restabelecendo a diversidade que a América abrigou durante milhares de anos. Antes da colonização européia, o continente americano abrigava centenas de tribos e línguas americanas nativas e que só se submeteram ao controle de um governo único nos últimos cem anos.

Nesse aspecto, os Estados Unidos são um país completamente "normal". Com exceção de uma, as seis nações mais populosas do mundo são caldeirões de raças (*melting pots*) que conquistaram recentemente a unificação política, e que ainda mantêm centenas de línguas e grupos étnicos. A Rússia, por exemplo, outrora um pequeno Estado eslavo centrado em Moscou, nem mesmo havia começado sua expansão além dos Montes Urais até 1582. De lá até o século XIX, a Rússia passou a absorver vários povos não-eslavos, muitos dos quais conservam a língua original e a identidade cultural. Assim como a história americana é a história de como a expansão de nosso continente tornou-se americana, a história da Rússia é a história de como a Rússia tornou-se russa. Índia, Indonésia e Brasil também são criações políticas recentes (ou recriações, no caso da Índia), abrigando cerca de 850, 670 e 210 línguas, respectivamente.

A grande exceção a essa regra do recente caldeirão de raças é a nação mais populosa do mundo, a China. Hoje, a China revela-se política, cultural e lingüisticamente monolítica, pelo menos para os leigos. Foi unificada politicamente em 221 a.C. e assim permaneceu a maior parte do tempo. Desde o início de sua alfabetização, a China só teve um sistema de escrita, ao passo que a Europa moderna utiliza vários alfabetos modificados. Do total de 1,2 bilhão de pessoas da China, mais de 800 milhões falam o mandarim, o dialeto sem dúvida com maior número de falantes nativos no mundo. Cerca de outros 300 milhões falam sete outros dialetos tão parecidos com o mandarim, e um com o outro, como o espanhol e o italiano. Portanto, não só a China não é um caldeirão de raças, como parece absurdo perguntar como a China tornou-se chinesa. Pois ela *foi* chinesa quase desde os primórdios de sua história registrada.

Já estamos tão acostumados a essa aparente unidade da China que chegamos a esquecer como isso é surpreendente. Uma razão pela qual não deveríamos esperar essa unidade é genética. Embora uma grosseira classificação racial dos povos do mundo junte todos os chineses na categoria dos chamados mongolóides, essa categoria esconde muito mais variações do que as diferenças entre suecos, italianos e irlandeses na Europa. Em particular, os chineses do norte e do sul são geneticamente e fisicamente bem diferentes: o chinês do norte é muito parecido com os tibetanos e os nepaleses, enquanto o chinês do sul é semelhante aos vietnamitas e aos filipinos. Meus amigos chineses do norte e do sul conseguem distinguir um do outro num relance, pela aparência física: o chinês do norte costuma ser mais alto, mais pesado, mais pálido, com nariz mais afilado e olhos menores que parecem mais "puxados" (por causa da chamada dobra epicântica).

A China setentrional e a China meridional também têm clima e meio ambiente diferentes: o norte é mais seco e mais frio; o sul, mais úmido e mais quente. As diferenças genéticas que surgem nesses ambientes envolvem uma longa história de isolamento moderado dos povos do norte e do sul. Como foi que esses povos, apesar de tudo, acabaram com as mesmas — ou muito parecidas — línguas e culturas?

A aparente quase-unidade lingüística da China também é intrigante diante da desunião lingüística de outras regiões do mundo povoadas há muito tempo.

Por exemplo, vimos no último capítulo que a Nova Guiné, com menos de um décimo da área da China e apenas cerca de 40 mil anos de história humana, tem mil idiomas, incluindo vários grupos lingüísticos cujas diferenças são bem maiores do que as existentes entre as oito principais línguas chinesas. A Europa ocidental desenvolveu ou absorveu cerca de 40 idiomas só no período de seis mil a oito mil anos desde a chegada das línguas indo-européias, entre elas línguas tão distintas como o inglês, o finlandês e o russo. Mas fósseis atestam a presença humana na China durante mais de meio milhão de anos. O que aconteceu às milhares de línguas distintas que devem ter surgido na China durante esse longo período?

Esses paradoxos indicam que a China já foi diversificada um dia, como todas as outras nações populosas ainda são. E só se difere pelo fato de ter sido unificada muito mais cedo. Sua "significação" envolveu a drástica homogeneização de uma imensa região em um antigo caldeirão de raças, o repovoamento do sudeste da Ásia e uma grande influência no Japão, na Coréia e, possivelmente, até na Índia. Por isso, a história da China representa a chave para a história de toda a Ásia oriental. Este capítulo conta a história de como a China tornou-se chinesa.

O PONTO DE PARTIDA IDEAL é um mapa lingüístico detalhado da China (veja a Figura 16.1). Um rápido exame desse mapa é muito esclarecedor para todos nós, que estamos habituados a pensar na China como um todo monolítico. Ocorre que, além das oito "grandes" línguas — o mandarim e seus sete parentes próximos (quase sempre citados coletivamente como "chinês"), com grupos de 11 milhões a 800 de milhões de falantes cada — a China tem também mais de 130 "pequenas" línguas, muitas delas faladas apenas por alguns milhares. Todas essas línguas, "grandes" e "pequenas", enquadram-se em quatro famílias lingüísticas que diferem muito na densidade de sua distribuição.

Em um extremo, o mandarim e seus parentes, que constituem a subfamília das línguas sino-tibetanas, são distribuídos ininterruptamente do norte ao sul da China. Pode-se atravessar a China, da Manchúria, no norte, ao Golfo de Tonkin, no sul, e continuar-se dentro da terra ocupada por nativos que falam mandarim e seus parentes. As outras três famílias têm distribuições fragmentadas, sendo faladas por "ilhas" de pessoas cercadas por um "mar" de falantes do chinês e outras famílias de línguas.

Mais fragmentada é a distribuição da família miao-iao (também conhecida como Hmong-Mien), constituída por seis milhões de falantes divididos entre cerca de cinco línguas, que levam os nomes de miao vermelho, miao branco (também miao listrado), miao preto, miao verde (também miao azul) e iao. Os que falam o miao-iao vivem em pequenos enclaves, cercados por falantes de outras famílias de línguas e espalhados por uma área de mais de 800 milhões de quilômetros quadrados que se estende do sul da China até a Tailândia. Mais de cem mil falantes de miao refugiados do Vietnã levaram essa família de línguas para os Estados Unidos, onde são mais conhecidas pelo nome alternativo de hmong.

Outro grupo fragmentado de línguas é a família austro-asiática, cujas línguas mais faladas são o vietnamita e o cambojano. Os 60 milhões que falam o austro-asiático estão espalhados do leste do Vietnã à península malaia no sul e à Índia setentrional a oeste. A quarta e última das famílias de línguas chinesas é o tai-kadai (incluindo o tai e o lao), cujos 50 milhões de falantes estão distribuídos do sul da China à Tailândia peninsular, ao sul, e a oeste para Mianmar (Figura 16.1).

Naturalmente, os que falam as línguas da família miao-iao não chegaram a essa distribuição fragmentada porque foram jogados aqui e ali por antigos helicópteros que sobrevoaram a paisagem asiática. Em vez disso, pode-se imaginar que eles antes chegaram a ter uma distribuição quase ininterrupta, que se fragmentou à medida que falantes de outras famílias de línguas se expandiram ou os induziram a abandonar suas línguas. De fato, boa parte desse processo de fragmentação lingüística ocorreu nos últimos 2.500 anos e está bem documentado historicamente. Os antepassados dos modernos falantes do tai, lao e birmane mudaram-se do sul da China e áreas adjacentes para os locais atuais em tempos históricos, invadindo sucessivamente os locais dos descendentes de migrações anteriores. Os que usavam as línguas chinesas eram muito enérgicos ao substituírem e converterem lingüisticamente outros grupos étnicos, que os falantes dos chinês menosprezavam por considerá-los primitivos e inferiores. A história registrada da dinastia Zhou, de 1100 a 221 a.C., descreve a conquista e a absorção da maioria da população de línguas não-chinesas pelos Estados de falantes do chinês.

Podemos usar vários tipos de raciocínio para tentar reconstruir o mapa lingüístico da Ásia oriental a partir de milhares de anos atrás. Primeiro, podemos inverter as expansões lingüísticas historicamente conhecidas dos últimos milênios. Segundo, podemos alegar que as modernas regiões com apenas uma língua ou grupo de línguas, que ocupa uma área grande e contínua, atestam uma recente expansão geográfica desse grupo, de tal ordem que ainda não decorreu um tempo histórico suficiente para que se diferenciem em muitas línguas. Por último, podemos alegar que, inversamente, as modernas regiões que apresentam uma grande diversidade de línguas dentro de uma determinada família de línguas estão mais próximas do antigo centro de distribuição dessa família.

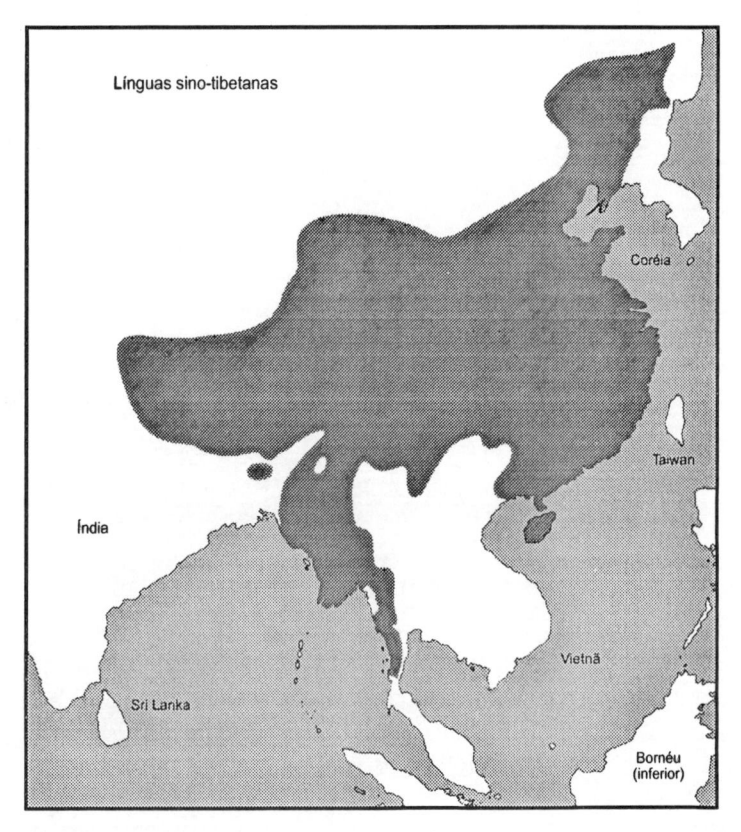

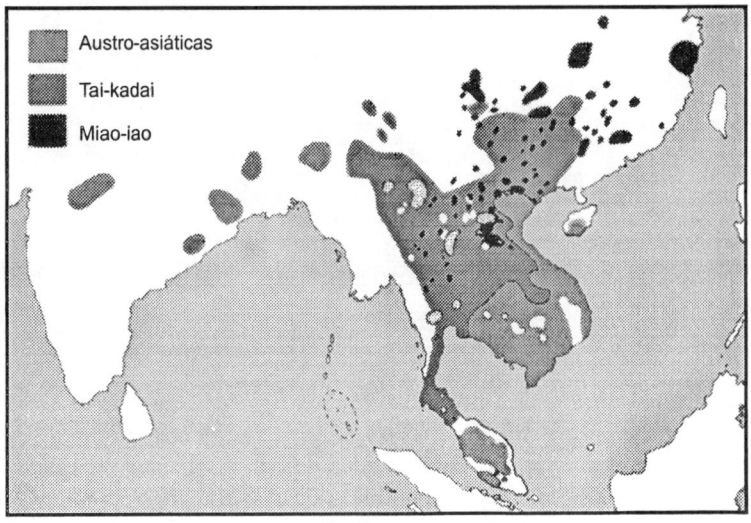

FIGURA 16.1. *As quatro famílias de línguas da China e do sudeste da Ásia.*

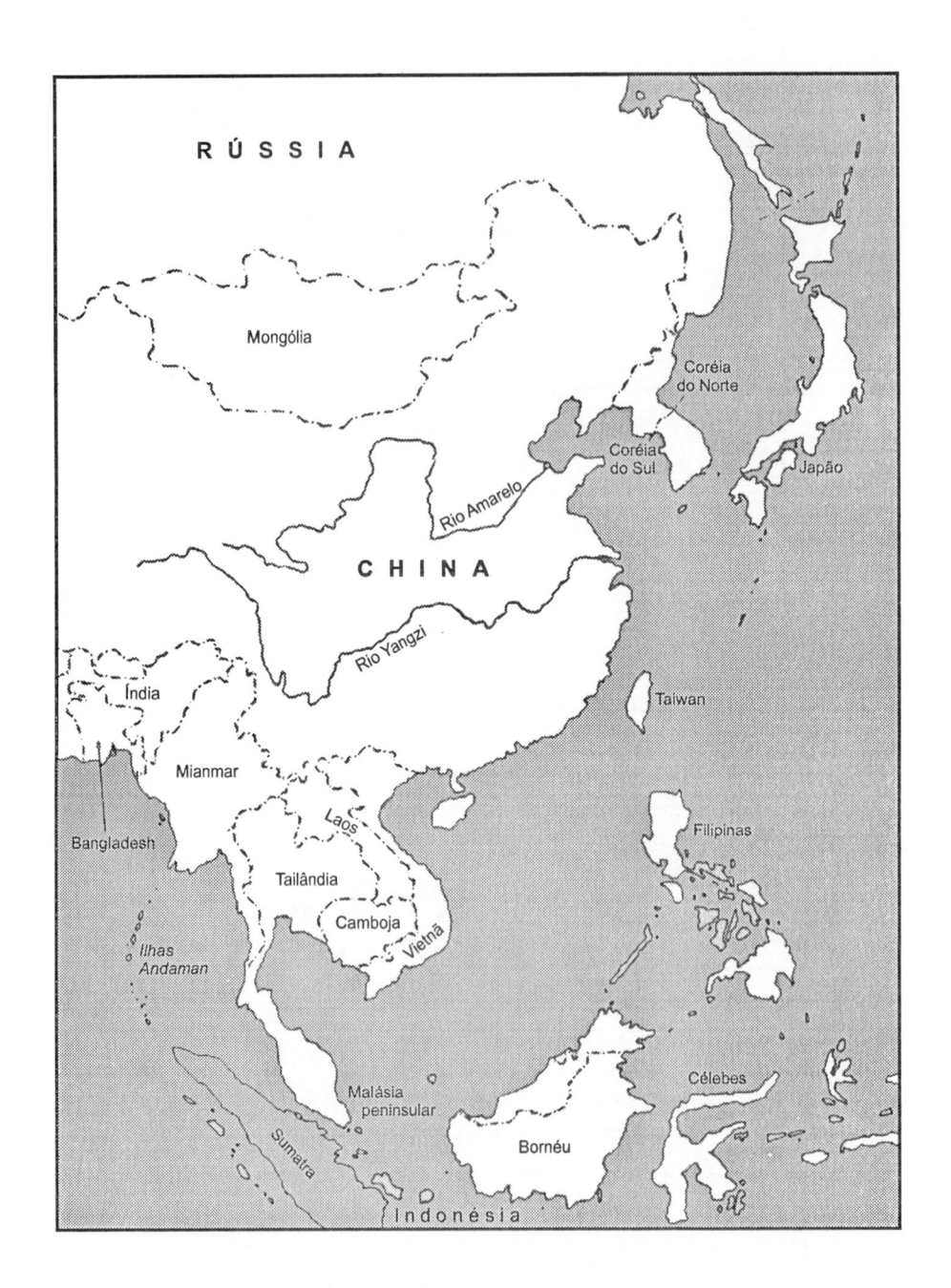

FIGURA 16.2. *Fronteiras políticas modernas no leste e sudeste da Ásia, para uso nas interpretações das distribuições das famílias de línguas da Figura 16.1.*

Usando esses três tipos de raciocínio para voltar o relógio lingüístico, concluímos que a China setentrional era originalmente ocupada por falantes do chinês e de outras línguas sino-tibetanas; que diferentes partes do sul da China eram ocupadas por falantes das famílias miao-iao, austro-asiática e tai-kadai; e que falantes de línguas sino-tibetanas substituíram a maioria dos falantes dessas outras famílias no sul da China. Um motim lingüístico ainda mais drástico deve ter passado impetuosamente sobre o sudeste da Ásia para o sul da China — Tailândia, Mianmar, Laos, Camboja, Vietnã e Malásia peninsular. Quaisquer que fossem as línguas originalmente faladas ali devem ter sido completamente extintas, porque todas as línguas modernas desses países parecem ser invasoras recentes, principalmente vindas do sul da China ou, em alguns casos, da Indonésia. Como as línguas miao-iao mal sobreviveram até o presente, também poderíamos supor que o sul da China já tenha abrigado outras famílias de línguas além de miao-iao, austro-asiática e tai-kadai, mas que não deixaram sobreviventes. Como veremos, a família de línguas austro-asiática (à qual pertencem todas as línguas filipinas e polinésias) pode ter sido uma dessas outras famílias que desapareceram do continente chinês, e que só conhecemos porque se propagou para as ilhas do Pacífico e lá sobreviveram.

Essas substituições lingüísticas na Ásia oriental nos recordam a expansão das línguas européias, principalmente o inglês e o espanhol, no Novo Mundo, antes a pátria de milhares de línguas americanas nativas. Sabemos pela nossa história recente que o inglês não substituiu as línguas dos índios americanos só porque soava musical aos ouvidos deles. Ao contrário, a substituição exigiu que os imigrantes que falavam inglês matassem a maioria dos índios por meio de guerra, homicídios e introduzindo doenças, sendo os sobreviventes pressionados a adotar o inglês, a língua da nova maioria. As causas imediatas dessa substituição lingüística eram a superioridade tecnológica e política, resultante da vantagem de uma produção de alimentos já desenvolvida, que os europeus tinham sobre os ameríndios. Essencialmente os mesmos processos explicam a substituição das línguas dos aborígines australianos pelo inglês, e das línguas originais dos pigmeus e coissãs da África subequatorial pelas línguas pertencentes ao grupo banto.

Conseqüentemente, os motins lingüísticos da Ásia oriental levantam uma questão correspondente: o que permitiu que os falantes das línguas sino-tibetanas se espalhassem do norte ao sul da China, e os falantes das línguas austro-asiáticas e de outras famílias originárias do sul da China se expandissem para o sudeste da Ásia? Aqui, precisamos nos voltar para a arqueologia em busca de provas das vantagens tecnológicas, políticas e agrícolas que alguns asiáticos conquistaram sobre outros asiáticos.

COMO EM QUALQUER LUGAR DO MUNDO, o registro arqueológico na Ásia oriental de grande parte da história humana revela apenas os restos de caçadores-coletores que utilizavam ferramentas de pedra não polida e que não tinham a cerâmica. A primeira prova de algo diferente na Ásia oriental vem da China, onde restos de plantações, ossos de animais domésticos, cerâmica e ferramentas de pedra polida (neolítico) surgem por volta de 7500 a.C. Essa data está dentro dos mil anos do início do período neolítico e da produção de alimentos no Crescente Fértil. Mas, como o milênio anterior na China é quase desconhecido em termos arqueológicos, não se pode afirmar, por enquanto, que a origem da produção de alimentos chinesa seja contemporânea à do Crescente Fértil, um pouco anterior ou um pouco posterior. Pelo menos podemos dizer que a China foi um dos primeiros centros mundiais de domesticação de plantas e animais.

Na realidade, a China pode ter englobado dois ou mais centros independentes de origens da produção de alimentos. Já mencionei as diferenças ecológicas entre a China setentrional, fria e seca, e a meridional, úmida e quente. A uma determinada latitude, há também distinções ecológicas entre as planícies litorâneas e os planaltos do interior do país. Plantas silvestres diferentes nascem nesses ambientes desiguais e assim haveria uma variedade disponível para agricultores principiantes em várias partes da China. De fato, as mais antigas culturas identificadas eram duas espécies de milhete, resistentes à seca, no norte, mas o arroz era do sul, sugerindo a possibilidade de existirem centros separados de domesticação de plantas.

Os sítios chineses que apresentam os primeiros indícios de plantações também continham ossos de porcos, cachorros e galinhas domésticos. Esses animais e plantas domesticados foram juntando-se gradualmente a outros. Entre os animais, o búfalo-da-índia era muito importante (para puxar arado), além do bicho-da-seda, dos patos e gansos. Os produtos agrícolas chineses posteriores incluem feijão-soja, cânhamo, frutas cítricas, chá, damascos, pêssegos e peras. Assim como o eixo leste-oeste da Eurásia permitiu que muitos desses animais e plantas chineses se difundissem para oeste nos tempos antigos, espécies domesticadas da Ásia ocidental também seguiram para leste em direção à China e lá tornaram-se importantes. As contribuições ocidentais mais significativas para a antiga economia da China foram trigo e cevada, vacas e cavalos e (menos) ovelhas e cabras.

Como em outros lugares do mundo, a produção de alimentos na China aos poucos ensejou as outras marcas da "civilização" discutidas nos Capítulos 11 a 14. A extraordinária tradição chinesa da metalurgia do bronze teve suas origens no terceiro milênio a.C. e acabou resultando na mais antiga produção de ferro no mundo, por volta de 500 a.C. Os 1.500 anos seguintes assistiram à proliferação de invenções tecnológicas chinesas, citadas no Capítulo 13, entre elas o papel, a bússola, o carrinho de mão e a pólvora. Cidades fortificadas surgiram no terceiro milênio a.C., com cemitérios onde a presença de túmulos muito simples e muito suntuosos anunciam as diferenças de classe. A existência de sociedades estratificadas, cujos governantes conseguiam mobilizar grandes forças de trabalho populares, também é comprovada pelas imensas muralhas urbanas de defesa, os grandes palácios e o Grande Canal (o mais extenso do mundo, mais de 1.600 quilômetros de comprimento), unindo o norte e o sul da China. A escrita está preservada a partir do segundo milênio a.C., mas provavelmente surgiu antes. Nosso conhecimento arqueológico sobre o surgimento de cidades e estados na China é complementado por relatos escritos das primeiras dinastias chinesas, remontando à dinastia Xia, que surgiu por volta de 2000 a.C.

Quanto ao subproduto mais sinistro da produção de alimentos, as doenças infecciosas, não podemos especificar em que lugar do Velho Mundo surgiram as principais doenças. Entretanto, textos europeus dos tempos romanos e medievais descrevem claramente a chegada da peste bubônica, e possivelmente da varíola, do leste, de modo que esses germes podiam ser de origem chinesa ou asiática oriental. A gripe (derivada dos porcos) deve ter surgido mais provavelmente na China, já que os porcos foram domesticados e ganharam importância lá.

O tamanho e a diversidade ecológica da China geraram muitas culturas locais isoladas, distinguíveis arqueologicamente por seus estilos diferentes de cerâmica e artefatos. No quarto milênio a.C., essas culturas locais se expandiram geograficamente e começaram a interagir, a competir entre si e a se juntar. Assim como as trocas de espécies domesticadas entre regiões ecologicamente diversas enriqueceram a produção chinesa de alimentos, as trocas entre regiões culturalmente diversas enriqueceram a cultura e a tecnologia chinesas, e a acirrada competição entre tribos centralizadas adversárias determinou a formação de Estados cada vez maiores e mais centralizados (Capítulo 14).

Embora o gradiente norte-sul da China tenha retardado a difusão das culturas agrícolas, o gradiente era uma barreira menor na China do que nas Américas ou na África, porque as distâncias entre o norte e o sul da China eram menores; e porque a China não é cortada por desertos, como a África e o norte do México, nem por um istmo, como a América Central. Ao contrário, os extensos rios que atravessam a China de leste a oeste (o rio Amarelo no norte, o Yang-tsé no sul) facilitaram a difusão de culturas agrícolas e de tecnologia entre a costa e o interior, enquanto sua vasta extensão leste-oeste e um terreno relativamente favorável, que acabou permitindo a junção dessas duas redes fluviais por meio de canais, facilitaram as trocas entre o norte e o sul. Todos esses fatores geográficos contribuíram para a unificação cultural e política precoce na China, ao passo que a Europa ocidental, com uma área semelhante mas um terreno mais acidentado e nenhum rio para unificar, resistiu à unificação cultural e política até hoje.

Alguns progressos difundiram-se do sul para o norte da China, principalmente a fundição do ferro e o cultivo de arroz. Mas a direção predominante da expansão foi do norte para o sul. Essa tendência é mais clara na escrita: em contraste com a Eurásia ocidental, que produziu uma variedade de sistemas, como a escrita cuneiforme suméria, a hieroglífica egípcia, hitita e minóica, e o alfabeto semítico, a China desenvolveu apenas um único sistema de escrita bem comprovado. Foi aperfeiçoado no norte, difundiu-se e evitou ou substituiu qualquer outro sistema, e ainda evoluiu para a escrita ainda usada hoje na China. Outras características importantes das sociedades chinesas do norte transmitidas para o sul foram a tecnologia do bronze, as línguas sino-tibetanas e a formação do Estado. As três primeiras dinastias da China, Xia, Shang e Zhou, surgiram na China setentrional no segundo milênio a.C.

Escritas preservadas do primeiro milênio a.C. mostram que o chinês étnico já se sentia (como muitos ainda hoje se sentem) culturalmente superior aos "bárbaros" não-chineses, enquanto o chinês do norte costumava considerar bárbaros até mesmo os chineses do sul. Por exemplo, um escritor da última dinastia Zhou do primeiro milênio a.C. descreveu outros povos da China da seguinte maneira: "Os povos dessas cinco regiões — os Estados do centro e Rong, Yi e outras tribos selvagens em torno deles — tinham todos suas várias naturezas, que eles não podiam alterar. As tribos do leste chamavam-se Yi. Usavam os cabelos soltos e tatuavam o corpo. Alguns comiam os alimentos crus, sem cozinhá-los no fogo." O escritor Zhou continuou descrevendo as tribos selvagens do sul, oeste e norte, como se elas se entregassem a práticas igualmente bárbaras, como virar os pés para dentro, tatuar a testa, vestir peles, morar em cavernas, não comer cereais e, naturalmente, comer os alimentos crus.

Os Estados organizados por essa dinastia Zhou do norte da China, ou inspirados nela, espalharam-se para o sul durante o primeiro milênio a.C., culminando na unificação política da China sob a dinastia Qin, em 221 a.C. Sua unificação cultural se acelerou durante esse mesmo período, à medida que Estados chineses letrados "civilizados" absorveram os bárbaros "analfabetos" ou foram copiados por eles. Parte dessa unificação cultural foi feroz: por exemplo, o primeiro imperador Qin condenou todos os livros históricos por considerá-los inúteis e ordenou que fossem queimados, prejudicando bastante nossa compreensão da história e da escrita chinesas antigas. Essas e outras medidas draconianas devem ter contribuído para a expansão das línguas sino-tibetanas do norte para a maior parte da China, e para a redução da família lingüística miao-iao e outras a suas atuais distribuições fragmentadas.

Na Ásia oriental, a superioridade da China na produção de alimentos, na tecnologia, na escrita e na formação do Estado fez com que as inovações chinesas também contribuíssem bastante para o progresso das regiões vizinhas. Por exemplo, até o quarto milênio a.C., a maior parte do sudeste tropical da Ásia ainda era ocupada por caçadores-coletores que faziam ferramentas com lascas e seixos de pedra, que pertencem ao que se denomina tradição hoabinhiana, cujo nome vem de Hoa Binh, no Vietnã. Depois disso, as culturas agrícolas chinesas, a tecnologia neolítica, a vida em aldeias e a cerâmica semelhante à do sul da China difundiram-se no sudeste tropical da Ásia, provavelmente acompanhadas pelas famílias de línguas do sul. As históricas expansões para o sul de birmaneses, laosianos e tais completaram a sinificação do sudeste tropical da Ásia. Todos esses povos modernos são ramificações recentes dos seus primos chineses do sul.

Esse rolo compressor chinês era tão esmagador que os antigos povos do sudeste tropical da Ásia deixaram poucos traços nas populações modernas da região. Apenas três grupos de caçadores-coletores — os negritos semangs da península malaia, os ilhéus de Andaman e os negritos veddoids do Sri Lanka — sobraram para sugerir que os habitantes anteriores dessa região podem ter tido pele escura e cabelos encarapinhados, como os modernos papuas, e diferentes dos chineses do sul, claros e de cabelos lisos, e dos modernos asiáticos do sudeste que deles descendem. Esses negritos remanescentes do sudeste da Ásia talvez sejam os últimos sobreviventes da população original que colonizou a Nova Guiné. Os negritos semangs continuaram como caçadores-coletores, comerciando com agricultores vizinhos, mas adotaram uma língua austro-asiática deles, assim como — veremos adiante — os caçadores-coletores negritos filipinos e os pigmeus africanos adotaram as línguas dos agricultores que eram seus parceiros de comércio. Somente nas longínquas ilhas Andaman as línguas não relacionadas com as famílias de línguas do sul da China persistiram — as últimas sobreviventes lingüísticas do que deveriam ter sido as centenas de línguas aborígines do sudeste da Ásia hoje extintas.

Até mesmo a Coréia e o Japão foram bastante influenciados pela China, embora o isolamento geográfico fosse uma garantia de que não perderiam seu idioma ou a distinção física e genética, como ocorreu ao sudeste tropical da Ásia. A Coréia e o Japão adotaram o arroz da China no segundo milênio a.C., a metalurgia do bronze no primeiro milênio a.C., e a escrita no primeiro milênio. A China também difundiu o trigo e a cevada da Ásia ocidental para a Coréia e o Japão.

Ao descrever o papel seminal da China na civilização asiática oriental, devemos tomar cuidado para não exagerar. Não é fato que todos os progressos culturais na Ásia oriental partiram da China e que os coreanos, japoneses e asiáticos do sudeste fossem bárbaros tacanhos que não deram nenhuma contribuição. O japonês antigo desenvolveu uma das cerâmicas mais antigas do mundo e estabeleceu-se como caçador-coletor em aldeias, sobrevivendo dos ricos recursos do mar do Japão, muito antes da chegada da produção de alimentos. Certas plantas provavelmente foram domesticadas primeiramente ou de modo independente no Japão, na Coréia e no sudeste da Ásia tropical.

Mas o papel da China mesmo assim foi desproporcional. Por exemplo, o prestígio da cultura chinesa ainda é tão grande no Japão e na Coréia que o Japão nem pensa em descartar seu sistema de escrita derivado do chinês, apesar de suas desvantagens para representar a fala japonesa, enquanto a Coréia só agora está substituindo seu desajeitado sistema de escrita também derivado do chinês pelo seu maravilhoso alfabeto han'gul. Essa persistência da escrita chinesa no Japão e na Coréia é um vívido legado, nos dias de hoje, da domesticação de plantas e animais quase dez mil anos atrás na China. Graças às conquistas dos primeiros agricultores da Ásia oriental, a China tornou-se chinesa, e os povos da Tailândia (como veremos no próximo capítulo) até à ilha de Páscoa tornaram-se seus primos.

CAPÍTULO 17

UMA LANCHA PARA A POLINÉSIA

A HISTÓRIA DAS ILHAS DO PACÍFICO, PARA MIM, ESTÁ RESUMIDA EM UM INCIDENTE que ocorreu quando três amigos indonésios e eu entramos em uma loja em Jayapura, o capital da Nova Guiné indonésia. Meus amigos se chamavam Achmad, Wiwor e Sauakari, e a loja era dirigida por um comerciante chamado Ping Wah. Achmad, um funcionário do governo indonésio, agia como chefe, porque ele e eu estávamos organizando uma pesquisa ecológica para o governo e havíamos contratado Wiwor e Sauakari como assistentes locais. Mas Achmad nunca estivera em uma floresta nas montanhas da Nova Guiné e não fazia a mínima idéia das provisões que precisava comprar para levar. Os resultados foram cômicos.

Na hora em que meus amigos entraram na loja, Ping Wah estava lendo um jornal chinês. Quando ele viu Wiwor e Sauakari, continuou a leitura mas, assim que notou Achmad, escondeu o jornal sob o balcão. Achmad pegou um machado, provocando risos em Wiwor e Sauakari, por estar segurando a ferramenta de cabeça para baixo. Wiwor e Sauakari mostraram a ele como segurá-la corretamente e testá-la. Depois, Achmad e Sauakari olharam então para os pés descalços de Wiwor, com os dedos espalhados por causa de uma vida inteira sem calçar sapatos. Sauakari escolheu os sapatos mais largos e colocou-os perto dos pés de Wiwor, mas eles ainda eram muito estreitos, o que provocou ataques de riso em Achmad, Sauakari e Ping Wah. Achmad apanhou um pente de plástico para pentear seus cabelos lisos e grossos. Olhando para o cabelo encarapinhado de Wiwor, entregou-lhe o pente, que logo ficou preso no cabelo de Wiwor e quebrou-se quando ele o puxou. Todos riram, inclusive Wiwor. Wiwor reagiu lembrando a Achmad que ele deveria comprar muito arroz, porque não havia comida para comprar nas aldeias das montanhas da Nova Guiné, a não ser batatas-doces, o que reviraria o estômago de Achmad — mais risos.

Apesar dos risos, pude perceber a tensão latente. Achmad era javanês, Ping Wah, chinês, Wiwor, um montanhês da Nova Guiné, e Sauakari, um habitante das planícies da costa setentrional da Nova Guiné. Os javaneses dominam o governo indonésio, que anexou a Nova Guiné ocidental na década de 1960, usando bombas e metralhadoras para aniquilar a oposição papuásia. Mais tarde, Achmad decidiu ficar na cidade e me deixar fazer a pesquisa sozinho, com Wiwor e Sauakari. Ele me explicou a sua decisão, apontando para seu cabelo liso e grosso, tão diferente do cabelo dos papuásios, e dizendo que os papuásios matariam qualquer um com cabelo igual ao dele assim que o vissem longe da proteção do exército.

Ping Wah guardara o jornal porque a importação de publicações chinesas é nominalmente ilegal na Nova Guiné indonésia. Em grande parte da Indonésia os comerciantes são imigrantes chineses. O medo latente recíproco dos chineses economicamente dominantes e dos javaneses politicamente dominantes irrompeu numa revolução sangrenta em 1966 quando os javaneses massacraram milhares de chineses. Como papuas, Wiwor e Sauakari compartilhavam com a maioria dos papuas o ressentimento com a ditadura javanesa, mas também zombavam um do outro. Os montanheses desprezam os habitantes das planícies chamando-os de comedores de sagu e fracotes, enquanto estes chamam os primeiros de "cabeções" primitivos, referindo-se, ao mesmo tempo, ao cabelo encarapinhado e volumoso e à fama de arrogantes. Poucos dias depois de me instalar em um acampamento isolado na floresta com Wiwor e Sauakari, eles quase brigaram um com o outro usando os machados.

As tensões entre os grupos representados por Achmad, Wiwor, Sauakari e Ping Wah dominam a política da Indonésia, a quarta nação mais populosa do mundo. Essas tensões recentes têm raízes que remontam a milhares de anos. Quando pensamos nas principais movimentações ultramarinas de povos, tendemos a nos concentrar naquelas que ocorreram a partir da descoberta da América por Colombo, e nas conseqüentes substituições de povos não-europeus por europeus em tempos históricos. Mas também houve grandes movimentações ultramarinas muito antes de Colombo, e trocas pré-históricas de povos não-europeus por outros povos também não-europeus. Wiwor, Achmad e Sauakari representam três ondas pré-históricas de povos que se deslocaram além-mar, do continente asiático para o Pacífico. Os montanheses de Wiwor provavelmente são descendentes de uma onda antiga da Ásia, que colonizou a Nova Guiné há 40 mil anos. Os antepassados de Achmad chegaram finalmente a Java vindos da costa do sul da China há cerca de quatro mil anos, completando a substituição, ali, de povos ligados aos antepassados de Wiwor. Os antepassados de Sauakari chegaram há cerca de 3,6 mil anos à Nova Guiné, como parte dessa mesma onda que se originou na costa meridional da China, enquanto os antepassados de Ping Wah ainda ocupam a China.

O movimento de povos que trouxe os antepassados de Achmad e de Sauakari para Java e Nova Guiné, respectivamente, foi chamado de expansão austronésia e está entre os maiores deslocamentos populacionais dos últimos seis mil anos. Uma ponta dela resultou nos polinésios, que povoaram as ilhas mais distantes do Pacífico e eram os maiores navegadores entre os povos do neolítico. As línguas austronésias são faladas hoje como línguas nativas em mais da metade do globo, de Madagascar à ilha de Páscoa. Neste livro sobre os deslocamentos de populações humanas desde o fim da Era Glacial, a expansão austronésia ocupa um lugar central, como um dos fenômenos mais importantes a serem explicados. Por que os povos austronésios, provenientes, afinal, do continente chinês, colonizaram Java e o restante da Indonésia, tomando o lugar dos habitantes originais, em vez de os indonésios colonizarem a China, tomando o lugar dos chineses? Tendo ocupado toda a Indonésia, por que os austronésios não foram capazes de ocupar mais do que uma estreita faixa costeira das planícies da Nova Guiné? E por que eles não foram capazes de tirar o povo de Wiwor das regiões montanhosas da Nova Guiné? Como os descendentes dos emigrantes chineses se transformaram em polinésios?

Hoje, a população de Java, da maioria das ilhas indonésias (exceto as do extremo leste) e das Filipinas é muito homogênea. Na aparência física e nos genes, os habitantes dessas ilhas são parecidos com os chineses do sul, e mais parecidos ainda com os asiáticos do sudeste asiático tropical, sobretudo os da península malaia. Suas línguas também são homogêneas: embora 374 línguas sejam faladas nas Filipinas e na Indonésia ocidental e central, todas são parentes próximos e se enquadram na mesma subfamília (malaio-polinésia ocidental) da família de línguas austronésias. Estas chegaram ao continente asiático, na península malaia e em pequenos focos no Vietnã e no Camboja, perto das ilhas indonésias de Sumatra e Bornéu, mas não apareceu em outras partes do continente (Figura 17.1). Entre algumas palavras austronésias que o inglês tomou de empréstimo estão: *taboo* (tabu) e *tatoo* (tatuagem, de uma língua polinésia), *boondocks* (mato, do tagalog das Filipinas), e *amok* (amouco), *batik* (batique) e *orangutan* (orangotango, do malaio).

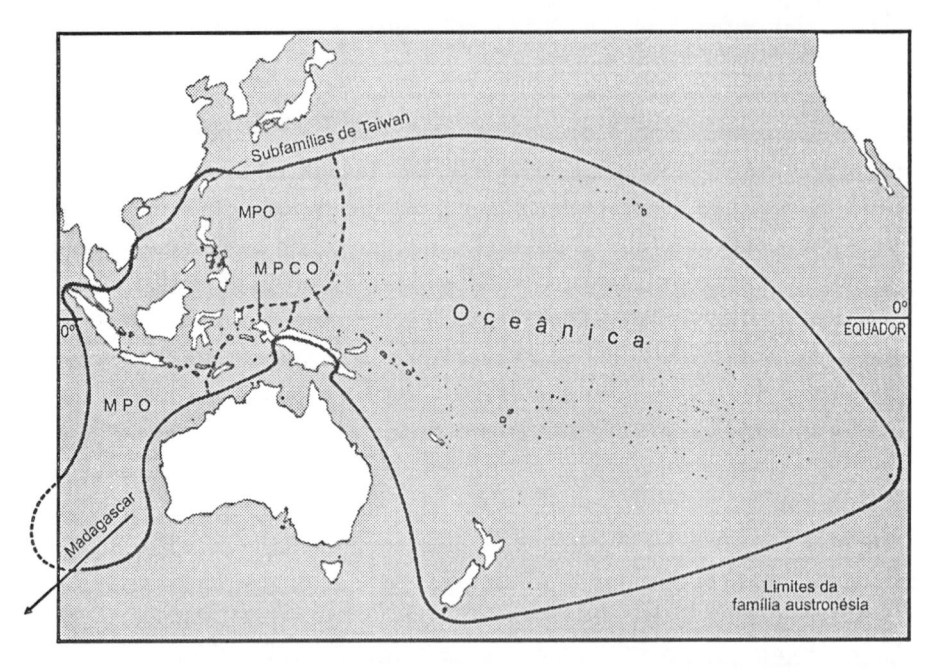

FIGURA 17.1. *A família de línguas austronésias é constituída de quatro subfamílias, três delas restritas a Taiwan e uma (malaio-polinésia) difundida. Esta última, por sua vez, é formada de duas subfamílias, a malaio-polinésia ocidental (= MPO) e a malaio-polinésia centro-oriental (= MPCO). A subfamília MPCO, por sua vez, constitui-se de quatro subsubfamílias, a difundidíssima oceânica a leste e três outras a oeste, em uma área bem menor que inclui Halmahera, as ilhas próximas da Indonésia oriental e o extremo oeste da Nova Guiné.*

Essa uniformidade genética e lingüística da Indonésia e das Filipinas é, a princípio, tão surpreendente quanto a uniformidade lingüística predominante na China. Os famosos fósseis do *Homo erectus* de Java provam que os humanos ocuparam a Indonésia ocidental pelo menos durante um milhão de anos. Isso deve ter dado bastante tempo aos humanos para desenvolverem uma diversidade genética e lingüística e as adaptações tropicais, como as peles escuras de muitos outros povos tropicais — mas os indonésios e filipinos, ao contrário, têm pele clara.

Também é surpreendente que os indonésios e filipinos sejam tão semelhantes aos povos do sudeste asiático tropical e aos chineses do sul em outras características físicas além da pele clara e de seus genes. Pela análise do mapa, fica claro que a Indonésia proporcionava a única rota possível pela qual os humanos poderiam ter chegado à Nova Guiné e à Austrália 40 mil anos atrás, de modo que se pode achar, ingenuamente, que os indonésios modernos sejam iguais aos modernos papuas e australianos. Na realidade, há apenas alguns povos semelhantes aos papuas na região Filipinas/Indonésia ocidental — os negritos que vivem em regiões montanhosas das Filipinas. Assim como as três populações remanescentes semelhantes aos papuas que mencionei ao falar do sudeste asiático tropical (Capítulo 16), os negritos filipinos poderiam ser remanescentes dos ancestrais do povo de Wiwor antes de eles chegarem à Nova Guiné. Mesmo os negritos falam línguas austronésias semelhantes às de seus vizinhos filipinos, o que leva a crer que eles também (como os negritos semangs da Malásia e os pigmeus da África) perderam a língua original.

Todos esses fatos sugerem firmemente que asiáticos do sudeste tropical da Ásia ou chineses do sul que falam línguas austronésias espalharam-se recentemente pelas Filipinas e pela Indonésia, tomando o lugar de todos os habitantes anteriores dessas ilhas, menos dos negritos filipinos, e substituindo todas as línguas originais da ilha. Esse fato, evidentemente, foi recente demais para que os colonos desenvolvessem peles escuras, famílias de línguas distintas, distinção ou diversidade genética. Suas línguas são, obviamente, muito mais *numerosas* que as oito línguas dominantes no continente chinês, mas não mais *diversas*. A proliferação de muitas línguas semelhantes nas Filipinas e na Indonésia apenas reflete o fato de que as ilhas nunca passaram por uma unificação política e cultural, como fez a China.

Os detalhes das distribuições lingüísticas oferecem pistas valiosas sobre a rota dessa expansão austronésia hipotética. A família austronésia inteira é constituída de 959 línguas, divididas em quatro subfamílias. Mas uma dessas subfamílias, denominada malaio-polinésia, abrange 945 das 959 línguas e cobre quase toda a extensão geográfica da família austronésia. Antes da recente expansão ultramarina dos europeus que falavam línguas indo-européias, a austronésia era a família de línguas mais difundida no mundo. Isso sugere que a subfamília malaio-polinésia diferenciou-se da família austronésia recentemente e difundiu-se longe da pátria austronésia, originando muitas línguas locais, todas ainda estreitamente relacionadas porque não houve tempo suficiente para que se desenvolvessem grandes diferenças lingüísticas. Para a localização dessa pátria austronésia, não devemos olhar para a subfamília malaio-polinésia, mas para as outras três subfamílias austronésias, que diferem muito mais umas das outras e da malaio-polinésia do que as subfamílias malaio-polinésias diferem entre si.

Ocorre que essas três outras subfamílias têm distribuições coincidentes, todas mínimas se comparadas com a distribuição da malaio-polinésia. Elas se restringem aos aborígines da ilha de Taiwan, situada a pouco menos de 60 quilômetros da costa meridional da China. Os aborígines de Taiwan ocupavam grande parte da ilha até os chineses do continente começarem a se estabelecer em grande quantidade nos últimos mil anos. Mais habitantes do continente chegaram após 1945, sobretudo depois que os comunistas derrotaram os nacionalistas na China, em 1949, de modo que os aborígines agora constituem apenas dois por cento da população de Taiwan. A concentração de três das quatro subfamílias austronésias em Taiwan leva a crer que, dentro do atual reino austronésio, Taiwan é a pátria onde as línguas austronésias foram faladas por mais tempo e, portanto, tiveram mais tempo para se desenvolver diferenças. Todas as outras línguas austronésias, das de Madagascar às da ilha de Páscoa, teriam origem numa expansão populacional fora de Taiwan.

Podemos nos voltar agora para a prova arqueológica. Embora as ruínas de antigas aldeias não incluam palavras fossilizadas juntamente com os ossos e a cerâmica, elas revelam movimentações de povos e artefatos culturais que poderiam estar associados às línguas. Como o resto do mundo, grande parte do reino austronésio atual — Taiwan, Filipinas, Indonésia e muitas ilhas do Pacífico — era originalmente ocupada por caçadores-coletores desprovidos de cerâmica, ferramentas de pedra polida, animais domésticos e culturas agrícolas. (As únicas exceções a esta generalização são as ilhas distantes de Madagascar, Melanésia oriental, Polinésia e Micronésia, às quais os caçadores-coletores nunca chegaram e que permaneceram desocupadas até a expansão austronésia.) Os primeiros sinais arqueológicos de algo diferente no reino austronésio provêm de Taiwan. A partir do quarto milênio a.C., as ferramentas de pedra polida e um estilo de cerâmica decorativo característico (chamado cerâmica ta-pen-keng), derivado da cerâmica da China meridional, surgiram em Taiwan e na costa oposta da China meridional. Restos de arroz e milhete em sítios de Taiwan mais recentes fornecem provas da existência da agricultura.

Os sítios de ta-pen-keng em Taiwan e na costa meridional da China estão repletos de ossos de peixes e conchas de moluscos, como também de chumbadas e enxós próprios para fazer canoas. Evidentemente, esses primeiros ocupantes de Taiwan, do período neolítico, tinham embarcações adequadas para pesca em mar aberto e para navegação pelo estreito de Taiwan, que separa essa ilha da costa da China. Assim, o estreito de Taiwan pode ter sido a base de treinamento onde os chineses do continente desenvolveram suas habilidades de navegação em alto-mar, o que permitiu sua expansão através do Pacífico.

Um tipo específico de artefato que liga a cultura ta-pen-keng taiwanesa às culturas mais recentes das ilhas do Pacífico é um batedor de casca, um utensílio de pedra usado para triturar a casca fibrosa de certa espécie de árvore e fabricar cordas, redes e vestimentas. Depois de terem se expandido além dos limites dos rebanhos de animais produtores de lã e das lavouras de plantas fibrosas e, conseqüentemente, da tecelagem das roupas, os povos do Pacífico passaram a depender de um "tecido" de casca batida para fabricar suas roupas. Os habitantes da ilha de Rennell, uma ilha polinésia tradicional que só foi ocidentalizada na década de 1930, contaram-me que a ocidentalização teve como maravilhoso benefício secundário o fato de a ilha ter ficado silenciosa. Não se ouvia mais o som dos batedores de casca por todos os lugares, batendo todos os dias, do amanhecer até depois de anoitecer!

Em um período aproximado de mais ou menos um milênio depois que a cultura ta-pen-keng chegou a Taiwan, provas arqueológicas mostram que a cultura obviamente derivada dela expandiu-se para bem longe de Taiwan, difundindo-se em todo o reino austronésio moderno (Figura 17.2). As provas incluem ferramentas de pedras do solo, cerâmica, ossos de porcos domésticos e restos de plantações. Por exemplo, em Taiwan a cerâmica ta-pen-keng decorada abriu caminho para a cerâmica vermelha ou simples, que também foi encontrada em sítios nas Filipinas e nas ilhas indonésias Célebes e Timor. Esse "pacote" cultural de cerâmica, ferramentas de pedra e plantas e animais domesticados surgiu por volta de 3000 a.C. nas Filipinas, de 2500 a.C. nas ilhas indonésias Célebes e Bornéu (Norte) e Timor, de 2000 a.C. em Java e Sumatra e de 1600 a.C. na região da Nova Guiné. Lá, como veremos, a expansão adquiriu um ritmo acelerado, à medida que os portadores do pacote cultural corriam na direção leste, para as ilhas Salomão, até então desabitadas, no oceano Pacífico. As últimas fases da expansão, durante o milênio depois do ano 1, resultaram na colonização de todas as ilhas polinésias e micronésias capazes de abrigar os humanos. De modo surpreendente, ela também avançou para oeste, através do oceano Índico, chegando à costa oriental da África e resultando na colonização da ilha de Madagascar.

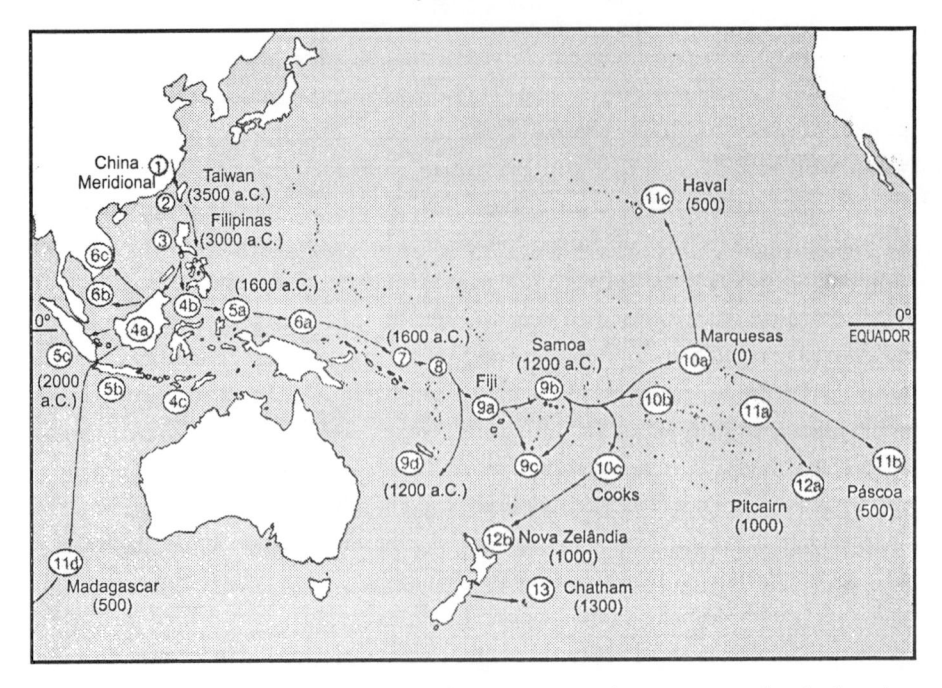

FIGURA 17.2. *Os caminhos da expansão austronésia, com datas aproximadas de chegada a cada região. 4a = Bornéu, 4b = Célebes, 4c = Timor (por volta de 2500 a.C.). 5a = Halmahera (1600 a.C.). 5b = Java, 5c = Sumatra (2000 a.C.). 6a = Arquipélago Bismarck (1600 a.C.). 6b = península malaia, 6c = Vietnã (1000 a.C.). 7 = Ilhas Salomão (1600 a.C.). 8 = Santa Cruz, 9c = Tonga, 9d = Nova Caledônia (1200 a.C.). 10b = Ilhas Societies, 10c = Ilhas Cook, 11 a = Arquipélago de Tuamotu (1).*

Pelo menos até a expansão chegar ao litoral da Nova Guiné, a navegação entre as ilhas provavelmente era feita por canoas com dois flutuadores laterais, até hoje muito usadas na Indonésia. Esse projeto de embarcação representou um importante avanço em relação às canoas monóxilas, as mais usadas pelos povos tradicionais que vivem em canais por todo o mundo. Uma canoa monóxila é justamente o que seu nome indica: um tronco de árvore "escavado", e as extremidades moldadas por um enxó. Como a canoa tem o fundo arredondado como o tronco no qual foi escavada, o menor desequilíbrio na distribuição do peso faz a canoa virar para o lado mais pesado.

Sempre que eu subia os rios da Nova Guiné em canoas conduzidas por papuas, a maior parte da viagem era um terror: parecia que ao menor movimento meu a canoa emborcaria e me jogaria na água, eu e meus binóculos, para uma conversa particular com os crocodilos. Os papuas parecem seguros quando remam em lagos e rios tranqüilos, mas nem mesmo eles podem usar canoas num mar de ondas modestas. Por isso, algum dispositivo de estabilização era essencial não só para a expansão austronésia pela Indonésia, mas também para o início da colonização de Taiwan.

A solução era fixar dois troncos menores ("flutuadores") paralelos ao casco e distantes alguns centímetros, um de cada lado, presos ao casco e afastados por varas perpendiculares a ele e aos flutuadores. Quando o casco começa a se inclinar para um lado, a capacidade de flutuação do estabilizador daquele lado evita que este seja empurrado para dentro da água e, conseqüentemente, é quase impossível que a embarcação vire. A invenção da canoa com duplos flutuadores pode ter sido a inovação tecnológica que deu início à expansão austronésia a partir do continente chinês.

Duas coincidências surpreendentes entre as evidências arqueológicas e lingüísticas levam a crer que o povo que levou a cultura neolítica para Taiwan, Filipinas e Indonésia há milhares de anos falava uma língua austronésia e era o ancestral dos atuais habitantes das ilhas que falam a mesma língua. Primeiro, ambos os tipos de evidência indicam inequivocamente a colonização de Taiwan como a primeira fase da expansão a partir da costa meridional da China, e a colonização das Filipinas e da Indonésia a partir de Taiwan como a fase seguinte. Se a expansão tivesse partido da península malaia, no sudeste asiático tropical, para a ilha indonésia mais próxima, Sumatra, e depois para as outras ilhas indonésias, e finalmente para as Filipinas e Taiwan, encontraríamos divisões mais profundas (refletindo a maior extensão de tempo) da família de línguas austronésias entre as línguas modernas da península malaia de Sumatra. As línguas de Taiwan e das Filipinas só teriam se diferenciado recentemente, dentro de uma única subfamília. Em vez disso, as divisões mais profundas estão em Taiwan, e as línguas da península malaia e de Sumatra enquadram-se na mesma subsubsubfamília: uma recente ramificação da subfamília malaio-polinésia ocidental que, por sua vez, é uma ramificação razoavelmente recente da subfamília malaio-polinésia. Esses detalhes das relações lingüísticas estão em perfeito acordo com o indício arqueológico de que a colonização da península malaia era recente, e foi posterior, e não anterior, à colonização de Taiwan, Filipinas e Indonésia.

A outra coincidência entre as evidências arqueológica e lingüística refere-se à bagagem cultural dos antigos austronésios. A arqueologia nos fornece uma prova direta da cultura na forma de cerâmica, ossos de suínos e peixes etc. Mas alguém pode, a princípio, se perguntar como um lingüista, estudando apenas as línguas modernas cujas formas ancestrais não-escritas permanecem desconhecidas, poderia saber se os austronésios que viviam em Taiwan há seis mil anos criavam porcos. A solução é reconstruir os vocabulários das antigas línguas desaparecidas (chamadas protolínguas) comparando os vocabulários das línguas modernas derivadas delas.

Por exemplo, as palavras que significam "ovelha" em muitas línguas da família indo-européia, distribuídas da Irlanda à Índia, são muito semelhantes: "avis", "avis", "ovis", "oveja", "ovtsa", "owis", e "oi" em lituano, sânscrito, latim, espanhol, russo, grego e irlandês, respectivamente. (A inglesa "sheep" tem, obviamente, uma raiz diferente, mas o inglês mantém a raiz original na palavra "ewe".) A comparação das mudanças de som pelas quais passaram as várias línguas indo-européias modernas durante suas histórias sugere que a forma original era "owis", na língua indo-européia ancestral falada há seis mil anos. Essa língua ancestral não-escrita denomina-se proto-indo-europeu.

Evidentemente, os proto-indo-europeus tinham ovelhas, seis mil anos atrás, de acordo com a prova arqueológica. Quase duas mil outras palavras do vocabulário deles podem ser reconstruídas, entre elas as palavras "cabra", "cavalo", "roda", "irmão" e "olho". Mas nenhuma palavra proto-indo-européia pode ser reconstruída para "arma", que usa raízes diferentes em diferentes línguas indo-européias modernas: "gun" em inglês, "fusil" em francês, "ruzhyo" em russo etc. Isso não deveria nos surpreender: há seis mil anos, os povos não poderiam ter uma palavra para armas de fogo, que só foram inventadas nos últimos mil anos. Como não havia uma raiz comum herdada que significasse "arma de fogo", cada língua indo-européia teve que criar ou tomar emprestado sua própria palavra quando as armas foram inventadas.

Continuando da mesma maneira, podemos comparar as modernas línguas taiwanesas, filipinas, indonésias e polinésias para reconstruir uma língua proto-austronésia falada num passado distante. Como se esperava, essa língua proto-austronésia reconstituída tinha palavras com significados como "dois", "pássaro", "orelha" e "piolho": naturalmente, os proto-austronésios sabiam contar até dois, conheciam os pássaros e tinham orelhas e piolhos. Mais interessante, as línguas reconstituídas tinham palavras para "porco", "cão" e "arroz", que deveriam ter sido então parte da cultura proto-austronésia. As línguas reconstituídas estão cheias de palavras que indicam uma economia marítima, como "canoa com flutuadores", "molusco gigante", "polvo", "armadilha de peixe", "tartaruga marinha". Essa evidência lingüística relativa à cultura dos proto-austronésios, onde quer que eles tenham vivido, está em perfeita consonância com a evidência arqueológica relativa ao povo que vivia em Taiwan há seis mil anos e fabricava cerâmica, sabia orientar-se no mar e produzia seus alimentos.

O mesmo procedimento pode ser aplicado para reconstituir o proto-malaio-polinésio, a língua ancestral falada pelos austronésios *depois* de emigrarem de Taiwan. O vocabulário proto-malaio-polinésio contém palavras para muitos produtos agrícolas, como inhame-branco, fruta-pão, inhame, banana e coco, para os quais não se pode reconstituir nenhuma palavra na língua proto-austronésia. Assim, a evidência lingüística sugere que foram acrescentadas muitas culturas tropicais ao repertório austronésio, depois da emigração de Taiwan. Essa conclusão bate com a evidência arqueológica: à medida que os agricultores colonizadores expandiam-se de Taiwan (localizado a cerca de 23 de graus a norte do equador) para o sul, em direção aos trópicos, passavam a depender cada vez mais do cultivo de raízes e árvores tropicais, que eles levaram para o Pacífico tropical.

Como esses agricultores austronésios, saindo do sul da China via Taiwan, puderam substituir tão completamente a população original de caçadores-coletores das Filipinas e da Indonésia ocidental, a ponto de pouca evidência genética e nenhuma evidência lingüística dessa população original terem sobrevivido? As razões se assemelham àquelas pelas quais os europeus substituíram ou exterminaram os australianos nativos nos dois últimos séculos e pelas quais, antes, o chinês do sul tomou o lugar dos asiáticos originários do sudeste da Ásia: populações mais densas de agricultores, ferramentas e armas superiores, embarcações e habilidades de navegação mais sofisticadas e doenças epidêmicas, às quais os agricultores, mas não os caçadores-coletores, tinham pouca resistência. No continente asiático, agricultores que falavam austronésio também conseguiram tomar o lugar dos antigos caçadores-coletores da península malaia, porque os austronésios colonizaram a península a partir do sul e do leste (das ilhas indonésias de Sumatra e Bornéu) quase ao mesmo tempo em que agricultores falantes do austro-asiático estavam colonizando a península a partir do norte (da Tailândia). Outros austronésios conseguiram se estabelecer em regiões do sul do Vietnã e do Camboja e são os antepassados da moderna minoria *cham* desses países.

No entanto, os agricultores austronésios não conseguiram expandir-se mais além no sudeste da Ásia continental, porque os agricultores austro-asiáticos e tai-kadais já haviam tomado o lugar dos antigos caçadores-coletores, ali, e porque os agricultores austronésios não eram em nada superiores aos austro-asiáticos e tai-kadai. Embora possamos deduzir que os falantes do austronésio eram originários do litoral meridional da China, as línguas austronésias não são faladas hoje em parte alguma do continente chinês, possivelmente porque estavam entre as centenas de línguas chinesas antigas banidas pela expansão para o sul dos que falavam o sino-tibetano. Mas presume-se que as famílias de línguas mais próximas da austronésia sejam a tai-kadai, as austro-asiáticas e a miao-iao. Assim, embora as línguas austronésias na China possam não ter sobrevivido ao violento ataque das dinastias chinesas, algumas de suas irmãs e primas conseguiram sobreviver.

Seguimos as fases iniciais da expansão austronésia por quatro mil quilômetros, da costa meridional da China, passando por Taiwan e Filipinas, até a Indonésia ocidental e central. No curso dessa expansão, os austronésios ocuparam todas as áreas habitáveis dessas ilhas, da costa ao interior, e das planícies às montanhas. Em 1500 a.C., seus traços arqueológicos conhecidos, entre eles os ossos de suínos e a cerâmica vermelha simples, mostravam que eles haviam chegado à ilha indonésia oriental de Halmahera, a pouco mais de 300 quilômetros do extremo oeste da grande e montanhosa ilha da Nova Guiné. Será que eles conseguiram devastar a ilha, assim como devastaram as grandes e montanhosas ilhas Célebes, Bornéu, Java e Sumatra?

Não conseguiram, como deixa claro um rápido exame dos rostos dos modernos papuas, e como confirmam os detalhados estudos genéticos dos papuas.

Meu amigo Wiwor e todos os outros montanheses da Nova Guiné são nitidamente diferentes dos indonésios, filipinos e chineses do sul, em suas peles escuras, no cabelo encarapinhado e no formato do rosto. A maioria dos habitantes das planícies do interior e da costa meridional da Nova Guiné se parece com os habitantes das montanhas, exceto por serem mais altos. Os geneticistas não encontraram genes marcadores característicos dos austronésios nas amostras de sangue dos montanheses da Nova Guiné.

Mas os povos das costas norte e leste da Nova Guiné, e do arquipélago Bismarck e das ilhas Salomão, ao norte e a leste da Nova Guiné, apresentam um quadro mais complexo. Na aparência, eles ocupam uma posição mais ou menos intermediária entre os montanheses, como Wiwor, e os indonésios, como Achmad, embora, na média, bem mais próximos de Wiwor. Por exemplo, meu amigo Sauakari, da costa norte, tem cabelos ondulados, entre o cabelo liso de Achmad e o cabelo crespo de Wiwor, e a pele um pouco mais pálida que a de Wiwor, embora bem mais escura que a de Achmad. Geneticamente, os habitantes de Bismarck e Salomão e os papuas do litoral norte são cerca de 15 por cento austronésios e 85 por cento como os montanheses da Nova Guiné. Por isso, é evidente que os austronésios chegaram a essa região da Nova Guiné, mas não conseguiram alcançar completamente o interior da ilha e foram geneticamente diluídos pelos habitantes anteriores da costa norte e das ilhas ao norte da Nova Guiné.

As línguas modernas contam basicamente a mesma história, mas acrescentam alguns detalhes. No Capítulo 15, expliquei que as línguas da Nova Guiné, denominadas línguas papuanas, não têm relação com qualquer outra família de línguas no mundo. Sem exceção, as línguas faladas nas montanhas, em toda a planície centro-meridional e sudoeste, incluindo a costa, e no interior norte da Nova Guiné, são línguas papuanas. As línguas austronésias são faladas em uma estreita faixa nas costas norte e sudeste. A maioria das línguas do arquipélago Bismarck e das ilhas Salomão é austronésia: as línguas papuanas só são faladas em bolsões isolados em algumas ilhas.

As línguas austronésias faladas no arquipélago Bismarck, nas ilhas Salomão e no litoral norte da Nova Guiné têm ligação, como uma subsubsubfamília separada denominada oceânico, com a subsubsubfamília de línguas faladas em Halmahera e no extremo oeste da Nova Guiné. Essa relação lingüística confirma, como se pode observar no mapa, que os falantes do austronésio da região da Nova Guiné chegaram por Halmahera. Detalhes das línguas austronésias e papuanas e sua distribuição no norte da Nova Guiné confirmam o longo contato entre os invasores austronésios e os papuas. Ambas as línguas mostram grande influência nos vocabulários e nas gramáticas uma da outra, fazendo com que seja difícil decidir se determinadas línguas são basicamente austronésias influenciadas por papuanas ou o contrário. Quando viajamos de aldeia em aldeia ao longo da costa norte ou das ilhas próximas, passamos de uma aldeia onde se fala austronésio para uma onde se fala papuano, depois para outra onde se fala austronésio, sem qualquer descontinuidade genética nas fronteiras lingüísticas.

Tudo isso leva a crer que os descendentes dos invasores austronésios e dos papuas originais comerciaram, casaram-se entre eles e adquiriram genes e línguas uns dos outros durante milhares de anos na costa setentrional da Nova Guiné e suas ilhas. Esse contato prolongado transferiu de modo mais efetivo as línguas do que os genes austronésios. Em conseqüência, a maioria dos ilhéus de Bismarck e Salomão falam línguas austronésias hoje, embora sua aparência e a maioria dos seus genes ainda sejam papuanas. Mas nem os genes nem as línguas dos austronésios penetraram o interior da Nova Guiné. O resultado da invasão da Nova Guiné foi, portanto, muito diferente do resultado da invasão de Bornéu, Célebes e outras grandes ilhas indonésias, onde o rolo compressor deles eliminou quase todos os rastros dos genes e das línguas dos habitantes anteriores. Para entender o que aconteceu na Nova Guiné, vamos agora analisar a evidência da arqueologia.

Por volta de 1600 a.C., quase simultaneamente ao seu aparecimento em Halmahera, os conhecidos traços arqueológicos da expansão austronésia — porcos, galinhas, cães, cerâmica vermelha, enxós de pedra e de conchas gigantes — aparecem na região da Nova Guiné. Mas duas características distinguem a chegada dos austronésios à Nova Guiné de sua chegada anterior às Filipinas e à Indonésia.

A primeira característica consiste nos desenhos em cerâmica, que são aspectos estéticos sem importância econômica mas que permitem aos arqueólogos reconhecer imediatamente um sítio austronésio antigo. Enquanto grande parte da cerâmica austronésia antiga fabricada nas Filipinas e na Indonésia não era decorada, na região da Nova Guiné ela era finamente decorada com desenhos geométricos arrumados em faixas horizontais. Em outros aspectos, a cerâmica preservou o acabamento vermelho e as formas características da cerâmica austronésia antiga na Indonésia. Evidentemente, na região de Nova Guiné os colonos austronésios tiveram a idéia de "tatuar" seus vasos, talvez inspirados pelos desenhos geométricos já usados nos tecidos de fibra e nas tatuagens do corpo. Esse estilo denomina-se cerâmica de Lapita, mesmo nome do sítio arqueológico onde ela foi descrita.

O aspecto mais marcante dos primeiros sítios austronésios na região da Nova Guiné é a sua distribuição. Em contraste com aqueles das Filipinas e da Indonésia, onde até mesmo os sítios austronésios mais antigos estão em ilhas grandes como Luzon, Bornéu e Célebes, os sítios com cerâmica Lapita na região da Nova Guiné estão praticamente restritos às ilhotas próximas das ilhas maiores afastadas. Até hoje, a cerâmica Lapita só foi encontrada em um sítio (Aitape) na costa norte da Nova Guiné, e em dois sítios nas ilhas Salomão. A maioria dos sítios de Lapita da região da Nova Guiné está em ilhotas do arquipélago Bismarck e, ocasionalmente, nas costas de suas ilhas maiores. Desde que (como veremos) os fabricantes da cerâmica Lapita eram capazes de navegar milhares de quilômetros, o fato de não conseguirem transferir suas aldeias para as grandes ilhas de Bismarck, poucos quilômetros depois, ou para a Nova Guiné, certamente não foi por incapacidade de chegar até lá.

A base de subsistência da Lapita pode ser reconstruída a partir do lixo encontrado nas escavações por arqueólogos em sítios de Lapita. Seu povo dependia basicamente de frutos do mar, incluindo peixes, botos, tartarugas marinhas, tubarões e moluscos. Criavam porcos, galinhas e cães, e se alimentavam das nozes de muitas árvores e de cocos. Embora eles provavelmente também comessem habitualmente raízes, como o inhame e o inhame-branco, é difícil obter vestígios desses cultivos, porque as cascas duras das nozes têm mais probabilidade de se conservar por milhares de anos em montes de lixo do que as raízes macias.

Naturalmente, é impossível provar diretamente que o povo que fez os vasos de Lapita falava uma língua austronésia. Entretanto, dois fatos tornam esta dedução quase certa. Primeiro, com exceção das decorações nos vasos, os próprios vasos e a parafernália cultural a eles associada são semelhantes aos vestígios culturais achados nos sítios indonésios e filipinos que antecederam as modernas sociedades de língua austronésia. Segundo, a cerâmica Lapita também aparece em ilhas remotas do Pacífico, sem indícios de habitantes humanos anteriores, sem evidência de uma segunda onda importante de colonização subseqüente à dessa da cerâmica Lapita, e onde os atuais habitantes falam línguas austronésias (falaremos mais sobre isto adiante). Por isso, pode-se presumir com segurança que a cerâmica Lapita marca a chegada dos austronésios à região da Nova Guiné.

O que estavam fazendo esses fabricantes de vasos nas ilhotas adjacentes às grandes ilhas? Provavelmente estavam vivendo da mesma maneira que os modernos fabricantes de vasos viveram até recentemente nas ilhotas da região da Nova Guiné. Em 1972, visitei uma dessas aldeias na ilhota Malai, no grupo de ilhas Siassi, perto da ilha de Umboi, de tamanho médio, perto da ilha maior do Bismarck, Nova Bretanha. Quando desembarquei em Malai à procura de pássaros, sem nada saber sobre a gente de lá, fiquei espantado com a visão que tive. Em vez da habitual aldeota de cabanas baixas, cercadas por hortas suficientemente grandes para alimentar a aldeia, e com algumas canoas na praia, a maior parte da área de Malai era ocupada por casas de madeira de dois andares, uma ao lado da outra, sem deixar espaço para hortas — o equivalente papuásio do centro de Manhattan. Na praia havia filas de canoas grandes. Ocorre que os ilhéus de Malai, além de pescadores, também eram oleiros, escultores e comerciantes especializados, que viviam da fabricação de vasos e tigelas de madeira primorosamente decorados, e os transportavam em suas canoas para as ilhas maiores, trocando suas mercadorias por porcos, cães, legumes e outros artigos necessários. Até mesmo a madeira para as canoas de Malai era obtida dos aldeãos na ilha de Umboi por meio de comércio, já que Malai não tem árvores com troncos grandes que possam ser transformados em canoas.

Na época anterior à navegação européia, o comércio entre as ilhas na região da Nova Guiné era monopolizado por esses grupos especializados de oleiros construtores de canoas, peritos em navegação sem instrumentos, que viviam em ilhotas próximas à costa ou, às vezes, em aldeias litorâneas do continente. Quando cheguei a Malai em 1 972, essas redes de comércio nativo já haviam acabado ou diminuído, em parte por causa da competição dos barcos a motor e dos vasos de alumínio europeus, em parte porque o governo colonial australiano proibiu longas travessias de canoa depois de alguns acidentes em que os comerciantes naufragaram. Eu diria que os oleiros de Lapita foram os comerciantes interinsulares da região da Nova Guiné nos séculos posteriores a 1600 a.C.

A difusão das línguas austronésias para a costa norte da Nova Guiné, e até para as maiores ilhas do arquipélago Bismarck e ilhas Salomão, deve ter ocorrido principalmente depois da era Lapita, já que os próprios sítios de Lapita se concentravam em ilhotas do Bismarck. Só por volta do ano 1 a cerâmica derivada do estilo Lapita surge no lado sul da península a sudeste da Nova Guiné. Quando os europeus começaram a explorar a Nova Guiné no fim do século XIX, todo o resto da costa sul da Nova Guiné ainda abrigava populações que só falavam as línguas papuanas, embora as populações que falavam austronésio não estivessem estabelecidas apenas na península a sudeste, mas também nas ilhas Aru e Kei (localizadas 11,4 mil quilômetros a oeste da costa sul da Nova Guiné). Os austronésios, portanto, tiveram milhares de anos para colonizar o interior da Nova Guiné e sua costa meridional a partir de bases próximas, mas nunca o fizeram. Até mesmo a colonização da área litorânea norte foi mais lingüística do que genética: os povos do litoral norte permaneceram predominantemente papuas em seus genes. No máximo, alguns adotaram línguas austronésias, possivelmente só para se comunicarem com os comerciantes distantes que uniam as sociedades.

Desse modo, o resultado da expansão austronésia na região da Nova Guiné foi o oposto do que ocorreu na região da Indonésia e das Filipinas. Na última, a população nativa desapareceu — presumivelmente expulsa, morta, contaminada ou assimilada pelos invasores. Na primeira, a população nativa manteve a maioria dos invasores do lado de fora. Os invasores (os austronésios) eram os mesmos nos dois casos, e as populações nativas também podem ter sido geneticamente semelhantes, se a população indonésia original, suplantada pelos austronésios, tivesse realmente um parentesco com os papuas, como sugeri antes. Por que os resultados foram opostos?

A resposta é óbvia quando consideramos as diferentes condições culturais das populações nativas da Indonésia e da Nova Guiné. Antes da chegada dos austronésios, grande parte da Indonésia estava escassamente ocupada por caçadores-coletores ainda sem ferramentas de pedra polida. Por outro lado, a produção de alimentos já estava estabelecida havia milhares de anos nas montanhas da Nova Guiné, e provavelmente em suas planícies, e também no arquipélago de Bismarck e nas ilhas Salomão. As regiões montanhosas da Nova Guiné abrigavam algumas das populações mais densas de povos da Idade da Pedra do mundo moderno.

Os austronésios levavam pouca vantagem competindo com essas populações papuásias estabelecidas. Algumas culturas das quais os austronésios viviam, como inhame-branco, inhame e banana, provavelmente já tinham sido domesticadas de modo independente na Nova Guiné antes da chegada dos austronésios. Os papuas prontamente incorporaram as galinhas, os cães e especialmente os porcos dos austronésios a sua economia baseada na produção de alimentos. Eles já usavam ferramentas de pedra polida. Eram pelo menos tão resistentes às doenças tropicais quanto os austronésios, porque carregavam os mesmos cinco tipos de proteção genética contra malária que eles, e alguns, ou todos esses genes evoluíram independentemente na Nova Guiné. Eles já eram navegadores excelentes, embora não tão habilidosos quanto os fabricantes da cerâmica Lapita. Milhares de anos antes da chegada dos austronésios, os papuas haviam colonizado o arquipélago Bismarck e as ilhas Salomão, e um comércio de obsidiana (lava vulcânica ideal para fabricar ferramentas afiadas) já se desenvolvia no arquipélago pelo menos 18 mil anos antes. Parece que eles se expandiram recentemente para oeste contra a onda austronésia, na Indonésia oriental, onde as línguas faladas nas ilhas Halmahera Norte e Timor são papuanas típicas, assemelhadas a algumas línguas da Nova Guiné ocidental.

Em resumo, os resultados variáveis da expansão austronésia ilustram de modo surpreendente o papel da produção de alimentos principalmente nos deslocamentos das populações humanas. Os produtores de alimentos austronésios migraram para duas regiões (Nova Guiné e Indonésia) ocupadas por povos que provavelmente apresentavam afinidade. Os habitantes da Indonésia ainda eram caçadores-coletores, enquanto os habitantes da Nova Guiné já eram produtores de alimentos e tinham desenvolvido muitos dos aspectos que acompanham a produção de alimentos (populações densas, resistência a doenças, tecnologia mais avançada etc.). Em conseqüência, enquanto a expansão austronésia varreu os indonésios originais, não fez grandes progressos na região da Nova Guiné, nem contra os produtores de alimentos austro-asiáticos e tai-kadais no sudeste da Ásia tropical.

Acabamos de rastrear a expansão austronésia pela Indonésia e no litoral da Nova Guiné e do sudeste tropical da Ásia. No Capítulo 19, nós a rastrearemos através do oceano Índico, até Madagascar, apesar das dificuldades ecológicas que impediram os austronésios de se fixar na Austrália setentrional e ocidental, mencionadas no Capítulo 15. O ímpeto expansionista que restava começou quando os oleiros da Lapita navegaram bem para leste pelo Pacífico, além das ilhas Salomão, para um reino insular onde nenhum outro humano havia chegado antes. Fragmentos de Lapita de cerca de 1200 a.C., o conhecido trio de porcos, galinhas e cães, e outros traços arqueológicos habituais dos austronésios apareceram nos arquipélagos Fiji, Samoa e Tonga, mais de 1.500 quilômetros a leste das ilhas Salomão. No início da Era Cristã, a maioria desses mesmos traços (com a notável exceção da cerâmica) apareceu nas ilhas da Polinésia oriental, entre elas Societies e Marquesas. Outras longas viagens de canoa levaram colonos na direção norte, para o Havaí, na direção leste, para Pitcairn e Páscoa, e na direção sudoeste, para a Nova Zelândia. Hoje, os habitantes nativos da maioria dessas ilhas são polinésios que, portanto, são descendentes diretos dos oleiros de Lapita. Eles falam línguas austronésias muito próximas daquelas da região da Nova Guiné, e suas principais culturas agrícolas são o pacote austronésio, que incluía inhame-branco, inhame, banana, coco e fruta-pão.

Com a ocupação das ilhas Chatham, próximas à Nova Zelândia, por volta de 1400, quase um século antes de os "exploradores" europeus entrarem no Pacífico, a tarefa de explorar este oceano foi finalmente completada pelos asiáticos. Sua longa tradição em explorações começara quando os antepassados de Wiwor espalharam-se, através da Indonésia, para a Nova Guiné e a Austrália. Só terminou quando esgotaram-se os objetivos e quase todas as ilhas habitáveis do Pacífico estavam ocupadas.

PARA QUEM SE INTERESSA pela história do mundo, as sociedades humanas da Ásia oriental e do Pacífico são instrutivas por oferecerem tantos exemplos de como o ambiente molda a história. Dependendo de sua pátria geográfica, os povos da Ásia oriental e do Pacífico diferiram no acesso às espécies selvagens de plantas e animais domesticáveis e na ligação com os outros povos. Muitas e muitas vezes, os povos com acesso aos pré-requisitos para a produção de alimentos, e com uma localização que favorecia a difusão de tecnologia vinda de outros lugares, tomaram o lugar dos povos que não tinham essas vantagens. Muitas e muitas vezes, quando uma única onda de colonos espalhava-se por ambientes distintos, seus descendentes se desenvolveram de modo diverso, dependendo dessas diferenças ambientais.

Por exemplo, vimos que o chinês do sul desenvolveu uma produção de alimentos e uma tecnologia nativas, recebeu a escrita e ainda mais tecnologia e estruturas políticas da China setentrional, e prosseguiu colonizando o sudeste asiático tropical e Taiwan, substituindo os nativos em grande parte dessas áreas. No sudeste da Ásia, entre os descendentes ou parentes desses colonos chineses do sul, os iumbris nas florestas tropicais do nordeste da Tailândia e do Laos voltaram a viver como caçadores-coletores, enquanto parentes próximos dos iumbris, os vietnamitas (que falavam uma língua da mesma subsubfamília austro-asiática que a dos iumbris), continuaram produzindo alimentos no rico Delta Vermelho e estabeleceram um vasto império baseado no metal. Do mesmo modo, entre os agricultores austronésios emigrantes de Taiwan e da Indonésia, os punans, nas florestas tropicais de Bornéu, foram obrigados a voltar ao estilo de vida caçador-coletor, enquanto seus parentes que viviam nas ricas terras vulcânicas de Java continuaram como produtores de alimentos, fundaram um reino sob a influência da Índia, adotaram a escrita e construíram o grande monumento budista em Borobudur. Os austronésios que colonizaram a Polinésia ficaram afastados da metalurgia e da escrita da Ásia oriental e, por isso, permaneceram sem a escrita e sem o metal. Como vimos no Capítulo 2, a economia e a organização política e social polinésias tiveram uma grande diversificação em ambientes diferentes. Em um milênio, os colonos polinésios orientais voltaram ao estilo caçador-coletor nas ilhas Chathams enquanto construíam um proto-estado com produção intensiva de alimentos no Havaí.

Quando os europeus chegaram, a superioridade tecnológica, entre outras, permitiu que eles tivessem uma dominação colonial temporária na maior parte do sudeste tropical da Ásia e nas ilhas do Pacífico. Contudo, os germes nativos e os produtores de alimentos impediram os europeus de povoar a maior parte dessa região em quantidade significativa. Nessa área, só a Nova Zelândia, a Nova Caledônia e o Havaí — as ilhas maiores e mais remotas, as mais distantes do equador e, por isso, de clima quase temperado (parecido com o europeu), agora abrigam grandes populações européias. Assim, ao contrário da Austrália e das Américas, a Ásia oriental e a maioria das ilhas do Pacífico continuaram ocupadas pelos povos da Ásia oriental e do Pacífico.

CAPÍTULO 18

A COLISÃO DOS HEMISFÉRIOS

A MAIOR SUBSTITUIÇÃO POPULACIONAL DOS ÚLTIMOS 13 MIL ANOS FOI A RESULTANTE do recente confronto entre as sociedades do Velho e do Novo Mundo. Seu momento mais dramático e decisivo, como vimos no Capítulo 3, ocorreu quando o minúsculo exército espanhol de Pizarro capturou o imperador inca Ataualpa, governante absoluto do maior, mais rico, mais populoso e mais avançado, administrativa e tecnologicamente, Estado americano nativo. A captura de Ataualpa simboliza a conquista européia das Américas, porque a mesma mistura de fatores imediatos que a causaram também foram responsáveis pelas conquistas européias de outras sociedades ameríndias. Vamos voltar agora a esse confronto dos hemisférios, aplicando o que aprendemos desde o Capítulo 3. A pergunta básica a ser respondida é: por que os europeus alcançaram e conquistaram as terras dos ameríndios, e não o contrário? Nosso ponto de partida será uma comparação entre as sociedades eurasianas e ameríndias a partir de 1492, ano em que Colombo "descobriu" a América.

NOSSA COMPARAÇÃO COMEÇA pela produção de alimentos, principal determinante do tamanho da população local e da complexidade social — conseqüentemente, um fator decisivo para a conquista. A diferença mais marcante entre a produção de alimentos americana e a eurasiana eram as espécies de grandes mamíferos domésticos. No Capítulo 9 encontramos as 13 espécies eurasianas que se tornaram sua principal fonte de proteína animal (carne e leite), lã e couro, seu principal meio de transporte terrestre de pessoas e mercadorias, seus veículos indispensáveis para guerra e (puxando arados e fornecendo adubo) um grande impulsionador da produção agrícola. Até que as rodas hidráulicas e os cataventos começassem a substituir os mamíferos da Eurásia na época medieval, os grandes mamíferos também eram, por exemplo, a fonte principal da "força industrial", além da força muscular humana, movendo os moinhos e puxando água. Por outro lado, as Américas só tinham uma espécie de mamífero doméstico grande, a lhama/alpaca, restrita a uma pequena área dos Andes e à costa peruana adjacente. Embora sua carne, sua lã e seu couro fossem aproveitados, e ela fosse utilizada para o transporte de mercadorias, nunca produziu leite para consumo humano, não carregava um cavaleiro, não puxava um carro ou um arado e não servia como fonte de energia ou veículo para guerra.

Trata-se de uma série imensa de diferenças entre as sociedades eurasianas e ameríndias — em grande parte causada pela extinção (extermínio?), no fim do Pleistoceno, da maioria das espécies de grandes mamíferos da América do Norte e do Sul. Se não fossem essas extinções, a história moderna poderia ter tomado um rumo diferente. Quando Cortés e seus aventureiros imundos desembarcaram na costa mexicana em 1519, eles poderiam ter sido mandados de volta ao mar por milhares de cavaleiros astecas montados em cavalos americanos nativos domesticados. Em vez de os astecas morrerem de varíola, os espanhóis poderiam ter sido expulsos por germes americanos transmitidos por astecas resistentes à doença. As civilizações americanas baseadas na força animal poderiam ter enviado seus próprios conquistadores para saquear a Europa. Mas essas hipóteses foram afastadas pela extinção dos mamíferos milhares de anos antes.

Essas extinções acabaram deixando a Eurásia com muito mais candidatos selvagens à domesticação do que as Américas. A maioria dos candidatos não se qualifica como animais domésticos potenciais por várias razões. Por isso, a Eurásia acabou ficando com 13 espécies de mamíferos domésticos grandes e as Américas com sua única espécie local. Os dois hemisférios também haviam domesticado espécies de pássaros e pequenos mamíferos — peru, porquinho-da-índia e pato-do-mato mais regionalmente, e o cão, de modo mais generalizado nas Américas; galinhas, gansos, patos, gatos, cães, coelhos, abelhas, bichos-da-seda e outros na Eurásia. Mas a importância dessas espécies de pequenos animais domésticos era insignificante quando comparada aos grandes.

A Eurásia e as Américas também diferiram em relação à produção de alimentos vegetais, mas, neste caso, a desigualdade foi menos acentuada do que na produção de alimentos de origem animal. Em 1492, a agricultura estava difundida na Eurásia. Entre os raros caçadores-coletores eurasianos desprovidos de culturas agrícolas e animais domésticos estavam os ainos do norte do Japão, as sociedades siberianas sem renas e os pequenos grupos de caçadores-coletores espalhados pelas florestas da Índia e do sudeste da Ásia, comerciando com os agricultores vizinhos. Outras sociedades eurasianas, notadamente as pastoris da Ásia central e os pastores lapões e samoiedos do Ártico, tinham pequenos animais domésticos mas pouca ou nenhuma de agricultura. Quase todas as outras sociedades eurasianas se ocupavam das atividades agrícolas e pastoris.

A agricultura também estava difundida nas Américas, mas os caçadores-coletores ocupavam um espaço maior nas Américas do que na Eurásia. Entre essas regiões das Américas sem produção de alimentos estavam a América do Sul, as grandes planícies canadenses, toda a parte setentrional e ocidental da América do Norte, com exceção de pequenas áreas no sudoeste dos Estados Unidos que mantinham uma agricultura irrigada. É surpreendente que essas áreas ameríndias sem produção de alimentos incluíssem o que hoje, depois da chegada dos europeus, são algumas das terras e pastagens mais produtivas das Américas do Norte e do Sul: os estados do lado do Pacífico nos Estados Unidos, o cinturão do trigo no Canadá, os pampas da Argentina e a zona de clima mediterrâneo do Chile. A inexistência da produção de alimentos nessas terras era devida inteiramente à escassez de animais e plantas domesticáveis locais e às barreiras geográficas e ecológicas que impediram a chegada de culturas agrícolas e animais domésticos de outras partes das Américas. Essas terras tornaram-se produtivas para colonos europeus e, em alguns casos, também para ameríndios, assim que os europeus introduziram culturas agrícolas e animais domésticos apropriados. As sociedades ameríndias, por exemplo, ficaram famosas por seu domínio dos cavalos e, em alguns casos, do pastoreio e da criação de gado, nas Grandes Planícies, no oeste dos Estados Unidos e nos pampas argentinos. Esses guerreiros montados das planícies e os pastores e tecelões navajos hoje figuram com destaque na imagem que os brancos americanos têm dos índios americanos, mas a base dessa imagem só foi criada depois de 1492. Esses exemplos demonstram que os únicos ingredientes ausentes mas necessários para sustentar a produção de alimentos em grandes áreas das Américas eram os animais domésticos e a própria agricultura.

Naquelas áreas das Américas que abrigavam a agricultura ameríndia, ela era refreada por cinco grandes desvantagens em face da agricultura eurasiana: a grande dependência do milho de baixo teor protéico, em vez dos cereais eurasianos variados e ricos em proteína; a plantação manual de sementes individuais, em vez da ampla semeadura; o cultivo manual em lugar do arado puxado por animais, que permite a uma pessoa cultivar uma área muito maior, e que também permite arar solos férteis mas duros e cobertos de grama, difíceis de lavrar manualmente (como os das Grandes Planícies na América do Norte); a falta de adubo animal para aumentar a fertilidade da terra; e força muscular somente humana, em vez da força animal, para executar tarefas agrícolas como debulhar, moer e irrigar. Essas diferenças sugerem que a agricultura eurasiana, a partir de 1492, deve ter produzido, na média, mais calorias e proteínas por homem/hora trabalhada do que a agricultura ameríndia.

Essas diferenças na produção de alimentos representaram uma causa importante e decisiva das desigualdades entre as sociedades eurasianas e ameríndias. Entre os fatores imediatos por trás da conquista, o mais importante incluía diferenças nos germes, na tecnologia, na organização política e na escrita. Destes, o fator mais diretamente ligado às diferenças na produção de alimentos eram os germes. As doenças infecciosas que regularmente visitavam as populosas sociedades eurasianas, e contra as quais, por conseguinte, muitos eurasianos desenvolveram uma resistência imunológica ou genética, incluíam a maioria dos assassinos da história: varíola, sarampo, gripe, peste bubônica, tuberculose, tifo, cólera e malária, entre outras. Em oposição a essa lista horrenda, as únicas doenças infecciosas de multidões que podem ser atribuídas com certeza às sociedades ameríndias précolombianas eram as treponematoses não-sifilíticas. (Como expliquei no Capítulo 11, não se sabe ao certo se a sífilis surgiu na Eurásia ou nas Américas, e a afirmação de que a tuberculose humana existia nas Américas antes de Colombo é uma opinião minha não comprovada.)

Essa diferença continental em relação aos germes malignos resultava, paradoxalmente, da diferença nos rebanhos úteis. A maioria dos micróbios responsáveis pelas doenças infecciosas das sociedades humanas com grande densidade populacional evoluiu de micróbios ancestrais muito parecidos que causavam doenças infecciosas nos animais domésticos, com os quais os produtores de alimentos começaram a entrar em contato diário dez mil anos atrás. A Eurásia abrigava muitas espécies de animais domésticos e por isso desenvolveu muitos desses micróbios, enquanto as Américas quase não tinham. Outras razões para as sociedades ameríndias terem desenvolvido tão poucos micróbios letais eram que as aldeias, que são um terreno ideal para a proliferação de doenças epidêmicas, surgiram nas Américas milhares de anos depois de seu aparecimento na Eurásia; e que as três regiões do Novo Mundo que abrigavam sociedades urbanas (Andes, Mesoamérica, e sudeste dos Estados Unidos) nunca estiveram ligadas entre si por meio de um comércio intenso e volumoso como o que levou a peste, a gripe e possivelmente a varíola da Ásia para a Europa. Em conseqüência, nem mesmo a malária e a febre amarela, doenças infecciosas que acabaram se tornando os principais obstáculos à colonização européia dos trópicos americanos, e que representaram a maior barreira para a construção do canal do Panamá, são doenças americanas, mas são causadas por micróbios originários do Velho Mundo tropical, introduzidos nas Américas pelos europeus.

Competindo com os germes como fatores imediatos por trás da conquista européia das Américas estavam as diferenças em todos os aspectos da tecnologia. Essas diferenças originavam-se, em última instância, da história mais longa da Eurásia com sociedades populosas, economicamente especializadas, politicamente centralizadas, baseadas na produção de alimentos, interagindo e competindo entre si. Cinco áreas da tecnologia podem ser destacadas:

Primeiro, os metais — inicialmente o cobre, depois o bronze e, por último, o ferro — eram usados para fabricar ferramentas em todas as sociedades eurasianas complexas a partir de 1492. Por outro lado, embora o cobre, a prata, o ouro e as ligas fossem usadas para a confecção de adornos nos Andes e em algumas outras partes das Américas, a pedra, a madeira e o osso ainda eram os principais materiais usados na fabricação de ferramentas em todas as sociedades ameríndias que faziam uso apenas local e limitado das ferramentas de cobre.

Segundo, a tecnologia militar era mais potente na Eurásia do que nas Américas. As armas européias eram espadas de aço, lanças e punhais, complementadas por pequenas armas de fogo e artilharia, enquanto armaduras e elmos também eram feitos de aço ou de cota de malha. Em vez do aço, os ameríndios usavam bastões e machados de pedra ou madeira (às vezes de cobre, nos Andes), fundas, arcos e flechas e armaduras acolchoadas, que eram, portanto, armas e proteção muito menos eficazes. Além disso, os exércitos ameríndios não tinham animais para enfrentar os cavalos, cuja utilidade nos ataques e no transporte veloz deu aos europeus uma vantagem esmagadora até que algumas sociedades ameríndias passaram a adotá-los.

Terceiro, as sociedades eurasianas tinham uma vantagem imensa nas suas fontes de energia para operar as máquinas. O primeiro avanço sobre a força muscular humana era o uso de animais, como cavalos e burros, para puxar arados e girar as rodas para moer grãos, puxar água dos poços e irrigar ou drenar campos. As rodas hidráulicas surgiram nos tempos romanos e proliferaram, assim como os moinhos e os cataventos, na Idade Média. Combinados com sistemas de rodas de transmissão, essas máquinas que captavam a força da água e do vento eram usadas não só para moer grãos e mover água, mas também serviam a inúmeros propósitos industriais, entre eles moer açúcar, mover os foles dos altos-fornos, triturar minerais, fabricar papel, polir pedras, produzir sal e tecidos e serrar madeira. Costuma-se marcar o início da Revolução Industrial arbitrariamente a partir da utilização do vapor como energia no século XVIII, na Inglaterra, mas, na verdade, uma revolução industrial baseada na força da água e do vento já havia começado na era medieval em muitas partes da Europa. A partir de 1492, todas essas atividades nas quais a energia dos animais, da água e do vento estava sendo utilizada na Eurásia ainda eram executadas pela força muscular humana nas Américas.

Muito antes de a roda começar a ser usada na conversão de energia na Eurásia, ela já havia se tornado a base de grande parte do transporte terrestre — não apenas para os veículos puxados por animais, mas também para os carrinhos de mão, que permitiam que uma ou mais pessoas, mesmo utilizando apenas a força muscular humana, transportassem muitos mais peso do que poderiam sem eles. A roda também foi adotada na fabricação da cerâmica eurasiana e nos relógios. Nenhum desses usos da roda foi adotado nas Américas, onde ela só é comprovada em brinquedos mexicanos feitos de cerâmica.

A área da tecnologia que falta ser mencionada é o transporte marítimo. Muitas sociedades eurasianas desenvolveram grandes embarcações, algumas capazes de navegar contra o vento e cruzar o oceano, equipadas com sextantes, bússolas magnéticas, leme de popa e canhões. Em capacidade, velocidade, manobrabilidade e robustez, essas embarcações eurasianas eram muito superiores às balsas que faziam o comércio entre as sociedades avançadas do Novo Mundo, que eram os Andes e a Mesoamérica. As balsas velejavam com a força do vento ao longo da costa do Pacífico. O barco de Pizarro perseguiu e capturou facilmente uma delas em sua primeira viagem ao Peru.

ALÉM DOS GERMES E DA TECNOLOGIA, as sociedades eurasianas e ameríndias diferiam na organização política. No final da Idade Média ou no Renascimento, a maior parte da Eurásia já era governada por Estados organizados. Entre estes, os Estados dos Habsburgo, otomanos e chineses, o mogol na Índia e o mongol em seu auge no século XIII, começaram como uma grande fusão poliglota formada pela conquista de outros Estados. Por isso, eles geralmente são chamados de impérios. Muitos Estados e impérios eurasianos tinham religiões oficiais que reforçavam a coesão do Estado, sendo invocadas para legitimar a liderança política e sancionar guerras contra outros povos. As sociedades tribais e os bandos na Eurásia estavam limitados aos caçadores-coletores árticos e siberianos, e aos enclaves caçadores-coletores no subcontinente índico e sudeste da Ásia.

As Américas tinham dois impérios, o dos astecas e o dos incas, semelhantes aos seus correspondentes eurasianos em tamanho, população, composição poliglota, religiões oficiais e origens pela conquista de Estados menores. Essas eram as duas únicas unidades políticas das Américas capazes de mobilizar recursos para obras públicas ou para a guerra na mesma escala que os Estados eurasianos, ao passo que sete Estados europeus (Espanha, Portugal, Inglaterra, França, Holanda, Suécia e Dinamarca) dispuseram de recursos para conquistar colônias americanas entre 1492 e 1666. As Américas também abrigavam muitas tribos centralizadas (algumas eram quase pequenos Estados) na América do Sul tropical, na Mesoamérica fora do domínio asteca e no sudeste dos Estados Unidos. O restante das Américas era organizado em tribos e bandos apenas.

O último fator imediato a ser analisado é a escrita. A maioria dos Estados eurasianos tinha burocracias alfabetizadas, e em alguns casos uma parcela significativa da plebe também alfabetizada. A escrita conferiu poder às sociedades eurasianas facilitando a administração política e o intercâmbio econômico, motivando e orientando as explorações e as conquistas, e tornando disponível uma série de informações e experiências humanas que abrangiam lugares e tempos remotos. Em contrapartida, o uso da escrita nas Américas era restrito à elite em uma pequena região da Mesoamérica. O império inca empregava um sistema de contabilidade e um dispositivo mnemônico baseado em nós (chamados quipos), mas que não chegava perto da escrita como um veículo para transmitir informações detalhadas.

POR ISSO, AS SOCIEDADES EURASIANAS no tempo de Colombo eram muito superiores às sociedades ameríndias na produção de alimentos, germes, tecnologia (inclusive armas), organização política e escrita. Esses eram os principais fatores que influíam no resultado dos confrontos pós-colombianos. Mas essas diferenças, a partir de 1492, representam apenas um instantâneo das trajetórias históricas que se estenderam por pelo menos 13 mil anos nas Américas, e por muito mais tempo na Eurásia. Nas Américas, em particular, o instantâneo de 1492 capta os momentos finais da trajetória independente dos ameríndios. Vamos agora reconstituir as fases iniciais dessas trajetórias.

A Tabela 18.1 resume as datas aproximadas do surgimento de avanços fundamentais nas principais "pátrias" (lugares de origem) de cada hemisfério (o Crescente Fértil e a China na Eurásia, os Andes, a Amazônia e a Mesoamérica nas Américas). Ela também inclui a trajetória de uma pátria menor do Novo Mundo no leste dos Estados Unidos, e a da Inglaterra, que não é absolutamente uma pátria, mas foi incluída para mostrar como os avanços se propagaram rapidamente a partir do Crescente Fértil.

Esta tabela deve causar horror a qualquer erudito, pois reduz histórias extremamente complexas a umas poucas datas aparentemente precisas. Na realidade, todas essas datas são meras tentativas de marcar pontos arbitrários ao longo de um *continuum*. Por exemplo, mais importante do que a data da primeira ferramenta de metal achada por algum arqueólogo é a época em que uma parcela significativa de todas as ferramentas era feita de metal, mas em que medida as ferramentas de metal devem ser comuns para serem classificadas como "difundidas"? As datas para o surgimento dos mesmos avanços podem diferir em partes diferentes da mesma pátria. Por exemplo, na região andina, a cerâmica aparece cerca de 1.300 anos antes no litoral do Equador (3100 a.C.) do que no Peru (1800 a.C.). Algumas datas, como as da formação das tribos centralizadas, são mais difíceis de deduzir a partir do registro arqueológico do que as datas de artefatos como cerâmica ou ferramentas de metal. Algumas datas da Tabela 18.1 são muito incertas, sobretudo aquelas referentes ao início da produção americana de alimentos. Mas a tabela é útil para se comparar as histórias dos continentes, desde que se entenda que é uma simplificação.

A tabela sugere que a produção de alimentos começou a suprir uma grande parcela das dietas humanas nas pátrias eurasianas cerca de cinco mil anos mais cedo do que nas pátrias das Américas. Cabe uma observação imediata: embora não haja dúvidas sobre a antigüidade da produção de alimentos na Eurásia, há controvérsias sobre seu início nas Américas. Os arqueólogos quase sempre citam datas bem mais antigas para plantas domesticadas na caverna de Coxcatlán, no México, na caverna de Guitarrero, no Peru, e em alguns outros sítios americanos do que as apresentadas na tabela. Essas afirmações estão sendo agora reavaliadas por diversas razões: datações radiocarbônicas recentes de restos de plantas cultivadas em alguns casos revelaram datas mais recentes; as mais antigas já relatadas baseavam-se no carvão, que se julgava ser da mesma época dos restos de plantas, mas talvez não seja; e a condição de alguns dos restos de plantas mais antigos, como plantas cultivadas ou apenas como plantas silvestres coletadas, é incerta. Contudo, mesmo que a domesticação das plantas tivesse começado nas Américas antes das datas apresentadas na Tabela 18.1, a agricultura certamente não forneceu a base para a ingestão de calorias e para a vida sedentária nas pátrias americanas até muito depois de isso ter ocorrido nas pátrias eurasianas.

TABELA 18.1 Trajetórias históricas da Eurásia e das Américas

Data Aproximada da Adoção	Eurásia		
	Crescente Fértil	China	Inglaterra
Domesticação de plantas	8500 a.C.	Perto de 7500 a.C.	3500 a.C.
Domesticação de animais	8000 a.C.	Perto de 7500 a.C.	3500 a.C.
Cerâmica	7000 a.C.	Perto de 7500 a.C.	3500 a.C.
Aldeias	9000 a.C.	Perto de 7500 a.C.	3000 a.C.
Tribos centralizadas	5500 a.C.	4000 a.C.	2500 a.C.
Ferramentas ou artefatos de metal difundidos (cobre e/ou bronze)	4000 a.C.	2000 a.C.	2000 a.C.
Estados	3700 a.C.	2000 a.C.	500
Escrita	3200 a.C.	Perto de 1300 a.C.	43
Ferramentas de ferro difundidas	900 a.C.	500 a.C.	650 a.C.

América Nativa			
Andes	Amazônia	Mesoamérica	Leste dos Estados Unidos
Perto de 3000 a.C.	3000 a.C.	Perto de 3000 a.C.	2500 a.C.
3500 a.C.	?	500 a.C.	–
3100–1800 a.C.	6000 a.C.	1500 a.C.	2500 a.C.
3100–1800 a.C.	6000 a.C.	1500 a.C.	500 a.C.
Perto de 1500 a.C.	1	1500 a.C.	200 a.C.
1000	–	–	–
1	–	300 a.C.	–
–	–	600 a.C.	–
–	–	–	–

Esta tabela apresenta datas aproximadas da adoção generalizada de avanços importantes em três áreas eurasianas e quatro áreas americanas nativas. As datas de domesticação de animais não levam em conta os cães, domesticados antes dos animais ligados à produção de alimentos tanto na Eurásia quanto nas Américas. As datas das tribos centralizadas foram deduzidas a partir de evidências arqueológicas, como sepulturas hierarquizadas de acordo com a condição social, arquitetura e padrões de povoamento. A tabela simplifica muito uma complexa massa de fatos históricos: as advertências mais importantes sobre isso estão contidas no texto.

Como vimos nos Capítulos 5 e 10, só algumas áreas relativamente pequenas de cada hemisfério representaram uma "pátria", o lugar onde a produção de alimentos surgiu pela primeira vez e a partir do qual se expandiu. Essas pátrias eram o Crescente Fértil e a China, na Eurásia, os Andes, a Amazônia, a Mesoamérica e o leste dos Estados Unidos, nas Américas. A taxa de expansão dos grandes avanços é especialmente bem compreendida no caso da Europa, graças aos muitos arqueólogos que estão trabalhando lá. Como a Tabela 18.1 resume para a Inglaterra, depois que a produção de alimentos e a vida em aldeias chegaram do Crescente Fértil depois de um longo atraso (cinco mil anos), os atrasos subseqüentes para a adoção, na Inglaterra, de tribos centralizadas, Estados, escrita e, principalmente, ferramentas de metal, foram muito menores: dois mil anos para as primeiras ferramentas de cobre e bronze, de uso generalizado, e apenas 250 anos para ferramentas de ferro. Evidentemente, era muito mais fácil para uma sociedade de agricultores sedentários "tomar de empréstimo" a metalurgia de outra sociedade igual do que para caçadores-coletores nômades "tomarem de empréstimo" a produção de alimentos dos agricultores sedentários (ou serem substituídos por eles).

POR QUE AS TRAJETÓRIAS de todos os grandes avanços foram transferidas para datas mais recentes nas Américas? Há quatro grupos de motivos: o início posterior, um conjunto mais limitado de animais e plantas selvagens disponíveis para domesticação, maiores barreiras à difusão e áreas possivelmente menores ou mais isoladas de populações humanas densas nas Américas do que na Eurásia.

Quanto à vantagem eurasiana, os humanos já habitavam a Eurásia por cerca de um milhão de anos, muito mais tempo do que eles viviam nas Américas. De acordo com o indício arqueológico analisado no Capítulo 1, os humanos só entraram nas Américas, pelo Alasca, por volta de 12000 a.C., espalharam-se para o sul do Canadá como caçadores Clóvis alguns séculos antes de 11000 a.C., e chegaram ao extremo meridional da América do Sul em 10000 a.C. Ainda que as controvertidas afirmações sobre a existência de locais mais antigos de ocupação humana nas Américas sejam válidas, esses supostos pré-Clóvis permaneceram, por razões desconhecidas, muito escassamente distribuídos e não iniciaram uma proliferação pleistocena de sociedades de caçadores-coletores com populações, tecnologia e arte em expansão como no Velho Mundo. A produção de alimentos já estava surgindo no Crescente Fértil apenas 1.500 anos depois da época em que os caçadores-coletores derivados dos Clóvis chegavam ao sul da América do Sul.

Várias possíveis conseqüências dessa vantagem eurasiana merecem consideração. Primeiro, teria demorado muito tempo depois de 11000 a.C. para as Américas se encherem de gente? Quando examinamos os números prováveis envolvidos, descobrimos que este efeito teria apenas uma influência insignificante nos cinco mil anos de atraso das aldeias produtoras de alimentos das Américas. Os cálculos apresentados no Capítulo 1 nos dizem que mesmo que apenas uns 100 ameríndios pioneiros tivessem cruzado a fronteira canadense para os Estados Unidos e aumentado a uma taxa de apenas um por cento ao ano, em mil anos eles teriam saturado as Américas de caçadores-coletores. Expandindo-se para o sul a uma média de 1.600 quilômetros por mês, esses pioneiros teriam chegado ao extremo sul da América do Sul apenas 700 anos depois de cruzar a fronteira canadense. Essas supostas taxas de expansão e de aumento populacional são muito baixas em comparação com as conhecidas taxas efetivas de povos que ocuparam as terras desabitadas ou escassamente habitadas. Por isso as Américas talvez tenham sido totalmente ocupadas por caçadores-coletores num período de poucos séculos depois da chegada dos primeiros colonos.

Segundo, será que uma grande parte dos cinco mil anos de atraso poderia corresponder ao tempo que os primeiros americanos precisaram para se familiarizar com as novas espécies de plantas, animais e fontes de rocha que encontraram? Se, novamente, podemos concluir por analogia com os caçadores-coletores e agricultores papuásios e polinésios que ocuparam ambientes antes desconhecidos — como os maoris da Nova Zelândia ou os tudawhes da bacia de Karimui, na Nova Guiné — os colonos provavelmente descobriram as melhores fontes de rochas e aprenderam a distinguir as plantas selvagens úteis das venenosas e os animais em muito menos de um século.

Terceiro, e quanto à vantagem dos eurasianos no desenvolvimento de tecnologia apropriada ao local? Os antigos agricultores do Crescente Fértil e da China herdaram as técnicas que o *Homo sapiens* comportamentalmente moderno desenvolvera para explorar os recursos locais nessas áreas durante milhares de anos. Por exemplo, as foices de pedra, as covas para armazenamento subterrâneo e outras técnicas que os caçadores-coletores do Crescente Fértil desenvolveram para utilizar cereais silvestres estavam disponíveis para os primeiros plantadores de cereais do Crescente Fértil. Por outro lado, os primeiros colonos das Américas chegaram ao Alasca com equipamentos apropriados à tundra do Ártico siberiano. Eles tiveram de inventar por conta própria equipamentos adequados a cada novo habitat encontrado. Esse atraso tecnológico pode ter contribuído de modo significativo para a demora no progresso dos ameríndios.

Um fator ainda mais óbvio do atraso foram os animais selvagens e as plantas disponíveis para domesticação. Como analisei no Capítulo 6, quando os caçadores-coletores adotam a produção de alimentos, não é porque eles prevêem os possíveis benefícios para seus descendentes distantes, mas porque a produção inicial de alimentos começa a oferecer vantagens em relação ao seu estilo de vida anterior. A produção inicial de alimentos competia menos com o estilo caçador-coletor nas Américas do que no Crescente Fértil ou na China, em parte porque quase não havia mamíferos selvagens domesticáveis nas Américas. Conseqüentemente, os primeiros agricultores americanos continuaram dependendo dos animais selvagens para obter a proteína animal e continuaram, necessariamente, caçadores-coletores na metade do tempo. Já no Crescente Fértil e na China, a domesticação animal veio logo depois da domesticação de plantas, criando um pacote de alimentos que logo prevaleceu sobre o estilo caçador-coletor. Além disso, os animais domésticos tornaram a agricultura eurasiana mais competitiva por fornecerem fertilizantes e, finalmente, por puxarem os arados.

As características das plantas silvestres americanas também contribuíram para a menor competitividade da produção de alimentos ameríndia. Essa conclusão é mais clara no caso do leste dos Estados Unidos, onde menos de uma dúzia de plantas foram domesticadas, incluindo grãos pequenos (nenhum grão grande), legumes, fibras, frutas ou nozes cultivadas. Ela também é clara no caso do importante grão de milho da Mesoamérica, que difundiu-se e tornou-se uma cultura predominante nas Américas. Enquanto o trigo e a cevada silvestres do Crescente Fértil evoluíram para culturas com modificações mínimas e em poucos séculos, o teosinto silvestre pode ter exigido milhares de anos para evoluir para o milho, e talvez tenha passado por modificações drásticas em sua biologia reprodutiva e emprego de energia para produzir sementes, na perda do tegumento endurecido da semente e no aumento enorme no tamanho da espiga de milho.

Em conseqüência, mesmo que aceitemos as datas posteriores recentemente apontadas como o início da domesticação de plantas nativas americanas, cerca de 1.500 ou 2.000 anos teriam decorrido entre esse início (por volta de 3000-2500 a.C.) e a generalização das aldeias permanentes (1800-500 a.C.) na Mesoamérica, no interior dos Andes e no leste dos Estados Unidos. Durante muito tempo, a agricultura ameríndia foi apenas um pequeno complemento da obtenção de alimentos pela caça-e-coleta, e sustentava apenas uma população escassa. Se aceitamos as datas tradicionais anteriores do início da domesticação de plantas na América, então teriam decorrido cinco mil anos em vez de 1.500 ou dois mil anos antes que a produção de alimentos sustentasse as aldeias. Por outro lado, na maior parte da Eurásia, as aldeias estão bastante associadas, em termos de tempo, ao surgimento da produção de alimentos. (O próprio estilo de vida caçador-coletor era suficientemente produtivo para sustentar as aldeias mesmo antes da adoção da agricultura em partes dos dois hemisférios, como o Japão e o Crescente Fértil no Velho Mundo, e o litoral do Equador e a Amazônia no Novo Mundo.) As limitações impostas pela quantidade de plantas e animais domésticos disponíveis no Novo Mundo são bem exemplificadas pelas transformações das próprias sociedades ameríndias após a chegada de outras culturas ou animais, fosse de outro lugar das Américas ou da Eurásia. Entre os exemplos estão os efeitos da chegada do milho no leste dos Estados Unidos e na Amazônia, a adoção da lhama no norte dos Andes depois de sua domesticação no sul, e o aparecimento do cavalo em muitas regiões das Américas do Norte e do Sul.

Além da vantagem da Eurásia e das espécies de animais e plantas selvagens, os progressos na Eurásia foram acelerados também pela difusão mais fácil nesse continente de animais, plantas, idéias, tecnologia e povos, por causa de vários fatores geográficos e ecológicos. O eixo principal leste-oeste da Eurásia, ao contrário do eixo norte-sul das Américas, permitia a difusão sem mudança de latitude e de suas variáveis ambientais associadas. Em contraste com esse eixo leste-oeste, o Novo Mundo era espremido em toda a extensão da América Central, principalmente no Panamá. Não menos importante, as Américas eram mais fragmentadas por áreas impróprias para a produção de alimentos ou para populações humanas densas. Essas barreiras ecológicas incluíam as florestas tropicais do istmo panamenho, que separa as sociedades mesoamericanas das andinas e amazônicas; os desertos do norte do México, que separam a Mesoamérica das sociedades do sudoeste e do sudeste dos Estados Unidos; as regiões secas do Texas, que separam o sudoeste do sudeste dos Estados Unidos; e os desertos e as altas montanhas que cercam a costa do Pacífico dos Estados Unidos, áreas que, em outras circunstâncias, seriam para a produção de alimentos. Em conseqüência, não houve difusão de animais domésticos, da escrita ou de entidades políticas, e houve uma difusão limitada ou lenta da agricultura e da tecnologia, entre os centros da Mesoamérica, o leste dos Estados Unidos, os Andes e a Amazônia.

Algumas conseqüências específicas dessas barreiras nas Américas merecem ser mencionadas. A produção de alimentos nunca se expandiu do sudoeste dos Estados Unidos e do vale do Mississippi para os modernos centros abastecedores de grãos da Califórnia e do Oregon, onde as sociedades ameríndias permaneceram como caçadoras-coletoras somente porque lhes faltavam plantas e animais domesticados apropriados. A lhama, o porquinho-da-índia e a batata das regiões andinas jamais chegaram às montanhas mexicanas, por isso a Mesoamérica e a América do Norte continuaram sem mamíferos domésticos, com exceção dos cães. Em contrapartida, o girassol domesticado do leste dos Estados Unidos nunca chegou à Mesoamérica, e o peru doméstico da Mesoamérica nunca chegou à América do Sul ou ao leste dos Estados Unidos. O milho e o feijão mesoamericanos levaram três mil e quatro mil anos, respectivamente, para percorrer os mil e cem quilômetros de terra cultivada do México ao leste dos Estados Unidos. Depois da chegada do milho ao leste dos Estados Unidos, mais sete séculos se passaram até que o desenvolvimento de uma variedade de milho produtiva nos climas norte-americanos ativasse o desenvolvimento do Mississipi. Milho, feijão e abóbora podem ter demorado milhares de anos para se difundirem da Mesoamérica para o sudoeste dos Estados Unidos. Enquanto as culturas do Crescente Fértil espalharam-se para leste e para oeste com rapidez suficiente para evitar a domesticação independente da mesma espécie ou a domesticação de espécies relacionadas, as barreiras dentro das Américas propiciaram o surgimento de muitas dessas domesticações paralelas de culturas.

Tão surpreendentes quanto esses efeitos das barreiras na difusão das culturas agrícolas e da criação de animais são os efeitos sobre outras características das sociedades humanas. Alfabetos de origem mediterrânea oriental difundiram-se por todas as sociedades complexas da Eurásia, da Inglaterra à Indonésia, com exceção das áreas da Ásia oriental onde prevaleceram formas derivadas do sistema de escrita chinês. Por outro lado, os sistemas de escrita exclusivos do Novo Mundo, aqueles da Mesoamérica, nunca se difundiram para as complexas sociedades dos Andes e leste dos Estados Unidos, que poderiam tê-los adotado. A roda inventada na Mesoamérica como peça de brinquedos nunca encontrou as lhamas domesticadas nos Andes, para gerar um transporte sobre rodas no Novo Mundo. De leste a oeste no Velho Mundo, o império macedônio e o império romano abrangiam, ambos, cerca de 4.900 quilômetros, o império mongol, quase dez mil quilômetros. Mas os impérios e os Estados mesoamericanos não tinham nenhuma relação política com as tribos centralizadas do leste dos Estados Unidos, cerca de 1.200 quilômetros ao norte, ou com os impérios e Estados dos Andes, quase dois mil quilômetros ao sul, e, aparentemente, nunca ouviram falar deles.

A maior fragmentação geográfica das Américas, comparada com a Eurásia, também se reflete na distribuição das línguas. Os lingüistas concordam em agrupar quase todas as línguas eurasianas em mais ou menos uma dúzia de famílias, cada uma constituída de até algumas centenas de línguas afins. Por exemplo, a família indo-européia, que abrange inglês, francês, russo, grego e hindi, inclui 144 idiomas. Várias dessas famílias ocupam grandes áreas contíguas — no caso da indo-européia, a área que abrange a maior parte do leste da Europa até grande parte da Ásia ocidental e a Índia. As evidências lingüísticas, históricas e arqueológicas unem-se para deixar claro que cada uma dessas distribuições amplas e contíguas origina-se da expansão histórica de uma língua ancestral, seguida por uma diferenciação lingüística local para formar uma família de línguas relacionadas (Tabela 18.2). Parece que a maioria dessas expansões pode ser atribuída à superioridade dos que falavam a língua ancestral, pertencentes a sociedades produtoras de alimentos, em relação aos caçadores-coletores. Já analisamos essas expansões históricas, nos Capítulos 16 e 17, das famílias sino-tibetanas, austronésias e outras famílias de línguas da Ásia oriental. Entre as principais expansões do último milênio estão aquelas que levaram as línguas indo-européias da Europa para as Américas e a Austrália, o russo da Europa oriental para a Sibéria, e o turco (língua da família altaica) da Ásia central para a Turquia.

Com exceção da família de línguas esquimó-aleúte do Ártico americano e da família na-dene do Alasca, noroeste do Canadá e sudoeste dos Estados Unidos, as Américas carecem de exemplos de grandes expansões de línguas que sejam amplamente aceitas pelos lingüistas. A maioria dos lingüistas especializados em línguas ameríndias não discerne grandes grupos claramente definidos além do esquimó-aleúte e do na-dene. No máximo, eles consideram a evidência suficiente apenas para agrupar outras línguas ameríndias (numa quantidade que varia de 600 a 2.000) em cem ou mais grupos de línguas ou línguas isoladas. Uma opinião minoritária divergente é a do lingüista Joseph Greenberg, que agrupa todas as línguas ameríndias diferentes do grupo esquimó-aleúte e na-dene em uma única e grande família denominada ameríndia, com algumas subfamílias.

TABELA 18.2 Expansões lingüísticas no velho mundo

Data estimada	Língua ou Família de Línguas	Expansão	Fator determinante
6000 ou 4000 a.C.	Indo-européia	Ucrânia ou Anatólia → Europa, Ásia Central, Índia	Produção de alimentos ou atividade pastoril baseada no cavalo
6000 a.C.–2000 a.C.	elamita-dravidiana	Irã → Índia	Produção de alimentos
4000 a.C.–presente	sino-tibetana	Planalto tibetano, China setent. → China merid., Sud. Asiático	
3000 a.C.–1000 a.C.	austronésia	China merid. → Indonésia, ilhas do Pacífico	Produção de alimentos
3000 a.C.–1000	banto	Nigéria e Camarões → África do Sul	Produção de alimentos
3000 a.C.–1	austro-asiática	China merid. → Sud. Asiático, Índia	Produção de alimentos
1000 a.C.–1500	tai-kadai, miao-iao	China merid. → Sud. Asiático	Produção de alimentos
892	húngara	Montes Urais → Hungria	Atividade pastoril baseada no cavalo
1000–1300	altaica (mongol, turco)	Estepes asiáticas → Europa, Turquia, China, Índia	Atividade pastoril baseada no cavalo
1480–1638	russa	Rússia européia → Sibéria asiática	Produção de alimentos

Algumas subfamílias de Greenberg, e alguns agrupamentos reconhecidos por lingüistas mais tradicionais, podem ser heranças de expansões populacionais do

Novo Mundo determinadas, em parte, pela produção de alimentos. Esses legados podem abranger as línguas uto-astecas da Mesoamérica e do oeste dos Estados Unidos, as oto-mangueanas da Mesoamérica, as natchez-muscoguianas do sudeste dos Estados Unidos, e a aruaque das Antilhas. Mas as dificuldades dos lingüistas para chegarem a um acordo sobre os grupos de línguas ameríndias refletem as dificuldades que as sociedades nativas complexas enfrentaram para se expandir no Novo Mundo. Se qualquer povo ameríndio produtor de alimentos tivesse conseguido difundir suas culturas agrícolas e seus rebanhos para longe, substituindo rapidamente os caçadores-coletores em uma área grande, ele teria deixado legados de famílias lingüísticas facilmente reconhecidas, como na Eurásia, e as relações entre as línguas ameríndias não seriam tão controvertidas.

Assim, identificamos três conjuntos de fatores determinantes que deram vantagem aos invasores europeus das Américas: a vantagem da Eurásia em começar o povoamento primeiro; sua produção de alimentos mais eficaz, como resultado da maior disponibilidade de plantas e, sobretudo, de animais selvagens domesticáveis; e suas barreiras geográficas e ecológicas menos prejudiciais à difusão intracontinental. Um quarto fator determinante, mais especulativo, é sugerido por algumas intrigantes não-invenções nas Américas: as não-invenções da escrita e da roda nas sociedades andinas complexas, apesar do período de tempo dessas sociedades quase igual ao das sociedades mesoamericanas complexas, que conceberam esses inventos; a limitação da roda aos brinquedos e seu desaparecimento na Mesoamérica, onde poderiam ter sido usadas nos carrinhos de mão puxados pelo homem, como na China. Esses enigmas nos lembram não-invenções igualmente enigmáticas, ou desaparecimentos de invenções, em pequenas sociedades isoladas, como a Tasmânia aborígine, a Austrália aborígine, o Japão, as ilhas polinésias e o Ártico americano. Naturalmente, o continente americano em conjunto é tudo menos pequeno: a área total dele é 76 por cento da área da Eurásia, e sua população humana, a partir de 1492, também correspondia, provavelmente, a uma parcela grande da população da Eurásia. Mas as Américas, como vimos, são fragmentadas em "ilhas" de sociedades com tênues ligações entre elas. Talvez as histórias ameríndias da roda e da escrita exemplifiquem os princípios representados, numa forma mais extrema, pelas verdadeiras sociedades isoladas.

D<small>EPOIS DE PELO MENOS</small> 13 mil anos de progressos isolados, as sociedades americanas e eurasianas adiantadas encontraram-se finalmente nos últimos mil anos. Até então, os únicos contatos entre as sociedades humanas do Velho Mundo e do Novo Mundo envolviam caçadores-coletores nos dois lados do estreito de Bering.

Não houve nenhuma tentativa ameríndia de colonizar a Eurásia, a não ser no estreito de Bering, onde uma população pequena de inuits (esquimós) oriundos do Alasca se fixou na costa siberiana oposta, do outro lado do estreito de Bering. A primeira tentativa eurasiana documentada de colonizar as Américas foi feita pelos escandinavos nas latitudes árticas e subárticas (Figura 18.1). Os escandinavos da Noruega colonizaram a Islândia em 874, depois os escandinavos da Islândia colonizaram a Groenlândia em 986, e, finalmente, os escandinavos da Groenlândia visitaram várias vezes a costa nordeste da América do Norte entre 1000 e 1350. O único sítio arqueológico escandinavo encontrado nas Américas fica na Terra Nova, possivelmente a região descrita como a Vinland nas sagas escandinavas, mas estas também mencionam desembarques mais ao norte, nas costas do Labrador e na ilha de Baffin.

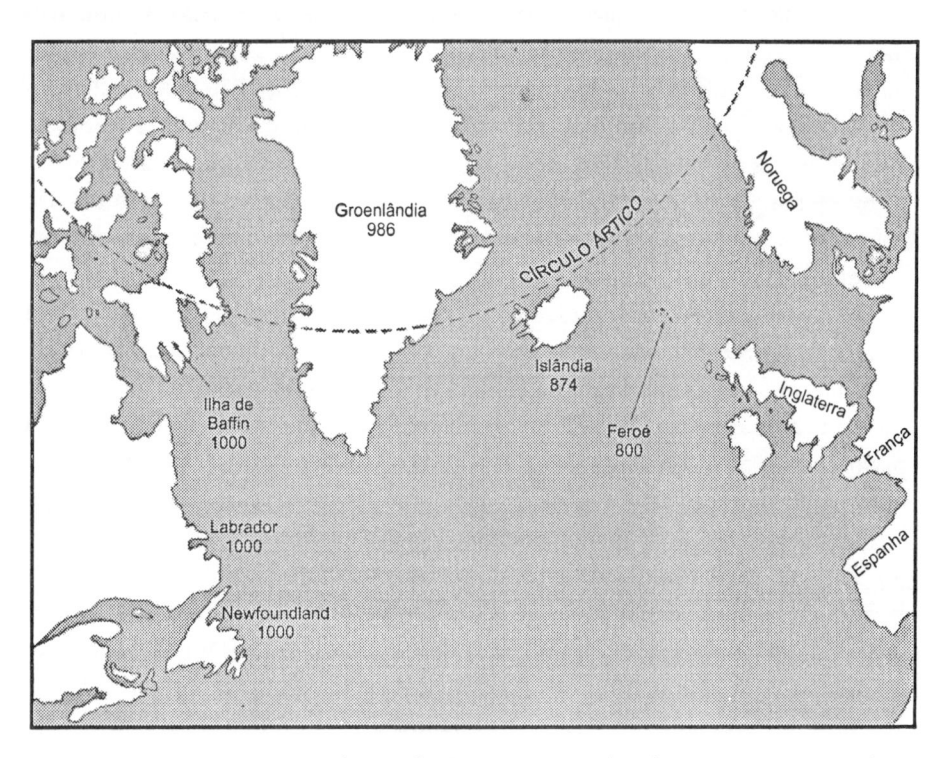

FIGURA 18.1. *A expansão escandinava da Noruega através do Atlântico Norte, com as datas, ou as datas aproximadas, em que cada área foi alcançada.*

O clima da Islândia permitia a atividade pastoril e uma agricultura muito limitada, e sua área era suficiente para abrigar uma população oriunda dos escandinavos que persistiu até hoje. Mas grande parte da Groenlândia é coberta por uma calota de gelo, e mesmo os dois fiordes costeiros mais favoráveis eram secundários para a produção de alimentos escandinava. A população nórdica da Groenlândia nunca passou de alguns milhares. Continuou dependendo das importações de alimentos e ferro da Noruega, e da madeira da costa do Labrador. Ao contrário da ilha de Páscoa e de outras ilhas polinésias remotas, a Groenlândia não conseguiu sustentar uma sociedade auto-suficiente na produção de alimentos, mas sustentara inuits caçadores-coletores auto-suficientes antes, durante e depois do período de ocupação nórdica. As populações da Islândia e da Noruega eram muito pequenas e muito pobres para continuarem sustentando a população nórdica da Groenlândia.

O resfriamento do Atlântico norte no século XIII e as viagens dos escandinavos da Groenlândia para a Noruega ou a Islândia tornaram a produção de alimentos na Groenlândia ainda mais marginal. O último contato conhecido dos groenlandeses com os europeus ocorreu em 1410, quando um navio islandês ali chegou depois de ter sido afastado de seu curso pelo vento. Quando os europeus recomeçaram as viagens para a Groenlândia em 1577, sua colônia nórdica não existia, tendo, evidentemente, desaparecido sem deixar qualquer registro durante o século XV.

Mas a costa da América do Norte fica muito além do alcance direto de navios da própria Noruega, por causa da tecnologia naval nórdica do período 986-1410. As visitas nórdicas começavam na colônia da Groenlândia, separada da América do Norte apenas pelos 320 quilômetros de largura no estreito de Davis. Porém, a perspectiva dessa colônia marginal tão pequena de sustentar uma exploração, conquista e a colonização das Américas era nenhuma. Mesmo o único sítio escandinavo localizado na Terra Nova aparentemente não passa de um acampamento de inverno ocupado por algumas dezenas de pessoas durante alguns anos. As sagas escandinavas descrevem ataques ao seu acampamento de Vinland por pessoas chamadas *skraelings*, que eram indígenas de Terra Nova ou esquimós de Dorset.

O destino da colônia da Groenlândia, posto avançado mais remoto da Europa, continua sendo um dos mistérios românticos da arqueologia. Será que o último groenlandês morreu de fome, tentou partir de barco, casou-se com esquimós, ou sucumbiu a uma doença ou às flechas dos esquimós? Enquanto essas perguntas sobre a causa imediata permanecem sem resposta, as razões fundamentais pelas quais a colonização escandinava da Groenlândia e da América fracassaram são muito claras. Fracassaram porque a origem (Noruega), os destinos (Groenlândia e Terra Nova), e a época (984-1 410) impediram que fossem aproveitadas efetivamente as vantagens potenciais da Europa na produção de alimentos, tecnologia e organização política. Em latitudes altas demais para produzir muitos alimentos, os utensílios de ferro de alguns escandinavos, mal sustentados por um dos Estados mais pobres da Europa, não eram páreo para as ferramentas de pedra, ossos e madeira dos esquimós e indígenas caçadores-coletores, os maiores especialistas do mundo em sobrevivência no Ártico.

A SEGUNDA TENTATIVA EURASIANA de colonizar as Américas teve êxito porque envolveu uma origem, um destino, uma latitude e um momento que permitiram que as vantagens da Europa fossem efetivamente exercidas. A Espanha, ao contrário da Noruega, era suficientemente rica e populosa para apoiar a exploração e subsidiar as colônias. Os portos de destino espanhol nas Américas ficavam nas latitudes subtropicais bastante apropriadas para a produção de alimentos, baseada, a princípio, nas culturas ameríndias, mas também nos animais domésticos eurasianos, sobretudo gado bovino e cavalos. O empreendimento colonial transatlântico espanhol começou em 1492, ao fim de um século de rápidos avanços na tecnologia naval ultramarina, cujos barcos, na época, já incorporavam progressos em navegação, velas e projetos dos navios desenvolvidos pelas sociedades do Velho Mundo (Islã, Índia, China e Indonésia) no Oceano Índico. Como resultado, os navios construídos na Espanha por ela tripulados conseguiram chegar às Índias Ocidentais; não havia nada equivalente ao gargalo da Groenlândia que estrangulara a colonização escandinava. As colônias espanholas no Novo Mundo em pouco tempo ganharam a companhia das colônias de outros Estados europeus.

As primeiras povoações européias nas Américas, começando por aquela fundada por Colombo em 1492, eram nas Antilhas. Os indígenas da ilha, cuja população estimada à época do seu "descobrimento" era superior a um milhão, foram exterminados rapidamente na maioria das ilhas por doenças, privações, escravização, guerras e assassinatos. Por volta de 1508, a primeira colônia foi fundada no continente americano, no istmo do Panamá. A conquista dos dois grandes impérios do continente, o dos astecas e o dos incas, ocorreu em 1519-1520 e 1532-1533, respectivamente. Nos dois casos, as doenças epidêmicas transmitidas pelos europeus (provavelmente varíola) deram grandes contribuições, matando seus imperadores assim como uma grande parcela da população. A esmagadora superioridade militar mesmo de quantidades mínimas de espanhóis montados, aliada a suas habilidades políticas para explorar divisões dentro da população nativa, fez o resto. A conquista européia dos Estados nativos restantes da América Central e do norte da América do Sul prosseguiu durante os séculos XVI e XVII.

No caso das sociedades nativas mais adiantadas da América do Norte, as do sudeste dos Estados Unidos e do sistema fluvial do Mississippi, sua destruição foi feita em grande parte só pelos germes, introduzidos pelos primeiros exploradores europeus e chegando antes deles aos indígenas. À medida que os europeus se espalhavam pelas Américas, muitas outras sociedades nativas, como os mandans das Grandes Planícies e os esquimós sadlermiuts do Ártico, também foram exterminadas pelas doenças, sem necessidade de ação militar. As mais populosas, e por isso não exterminadas pelas doenças, eram dizimadas do mesmo modo que os astecas e os incas foram dizimados — por grandes guerras, cada vez mais empreendidas por soldados europeus profissionais e por seus aliados nativos. Esses soldados eram apoiados inicialmente pelas organizações políticas dos países europeus de origem, depois pelos governos coloniais europeus no Novo Mundo e, finalmente, pelos Estados neo-europeus que sucederam os governos coloniais.

Já as sociedades nativas menores foram dizimadas mais casualmente, por ataques e assassinatos em pequena escala executados por cidadãos de modo particular. Por exemplo, os caçadores-coletores nativos da Califórnia inicialmente somavam cerca de 200 mil no conjunto, mas eles foram divididos em uma centena de tribos muito pequenas, que não precisavam de uma guerra para serem derrotadas. A maioria delas foi dizimada ou desalojada durante a corrida do ouro de 1848-52, ou logo depois dela, na Califórnia, quando muitos imigrantes tomaram conta do estado. Como um exemplo, a pequena tribo dos yahis, do norte Califórnia, com cerca de dois mil integrantes e sem armas de fogo, foi destruída em quatro ataques comandados por colonos brancos armados: um ataque ao amanhecer em uma aldeia yahi empreendido por 17 colonos em 6 de agosto de 1865; um massacre dos yahis surpreendidos em um desfiladeiro em 1866; um massacre de 33 yahis que ocorreu perto de uma caverna 1867; e um último massacre de 30 yahis apanhados dentro de outra caverna por quatro vaqueiros em 1868. Muitos grupos de índios da Amazônia foram eliminados do mesmo modo por colonos particulares durante o próspero ciclo da borracha no final do século XIX e início do século XX. As fases finais da conquista estão sendo concluídas na presente década, com os ianomâmis e outras sociedades indígenas da Amazônia, que continuaram independentes, sucumbindo por doenças, sendo assassinados por mineiros ou passando a ser controlados por missionários ou órgãos de governo.

A conclusão final foi a eliminação das populosas sociedades ameríndias da maioria das áreas temperadas próprias para a produção de alimentos e para a fisiologia européias. Na América do Norte, aqueles que sobreviveram como comunidades grandes intactas agora vivem em reservas ou em outras terras consideradas impróprias para a produção de alimentos européia e para a mineração, como o Ártico e as regiões áridas do oeste dos Estados Unidos. Em muitas áreas tropicais das Américas, imigrantes das regiões tropicais do Velho Mundo (especialmente negros africanos, além de indígenas asiáticos e javaneses no Suriname) tomaram o lugar dos ameríndios.

Em algumas regiões da América Central e dos Andes, os ameríndios eram originalmente tão numerosos que, mesmo depois de epidemias e guerras, boa parte da população permanece nativa ou mestiça. Isso ocorre principalmente nos pontos mais altos dos Andes, onde mulheres geneticamente européias têm dificuldades fisiológicas até para reproduzir, e onde as culturas agrícolas andinas nativas ainda representam a base mais adequada para a produção de alimentos. Entretanto, mesmo nos lugares onde os ameríndios sobrevivem, houve uma extensa substituição de sua cultura e suas línguas pelas do Velho Mundo. Das centenas de línguas ameríndias originalmente faladas na América do Norte restaram 187, das quais 149 estão agonizando, já que só estão sendo faladas por idosos e não são mais aprendidas pelas crianças. Das 40 nações do Novo Mundo, todas agora têm uma língua indo-européia ou crioula como língua oficial. Até nos países com as maiores populações ameríndias sobreviventes, como Peru, Bolívia, México e Guatemala, um exame das fotografias de líderes políticos e empresariais mostram que eles são desproporcionalmente europeus, enquanto as várias nações caribenhas têm líderes africanos negros e a Guiana teve líderes indígenas asiáticos.

A população ameríndia original foi reduzida em uma porcentagem grande muito discutida: estimativas para a América do Norte chegam a até 95 por cento. Mas a população humana total das Américas, atualmente, é cerca de dez vezes maior que a de 1492, por causa da chegada dos povos do Velho Mundo (europeus, africanos e asiáticos). A população das Américas consiste atualmente em uma mistura de povos oriundos de todos os continentes, menos da Austrália. Essa mudança demográfica dos últimos 500 anos — a mais intensa de todos os continentes, exceto a Austrália — tem suas raízes originais em acontecimentos ocorridos no período entre 11000 a.C. e 1.

CAPÍTULO 19

COMO A ÁFRICA TORNOU-SE NEGRA

POR MAIS QUE JÁ SE TENHA LIDO A RESPEITO DA ÁFRICA, AS PRIMEIRAS IMPRESSÕES ao se chegar lá são realmente surpreendentes. Nas ruas de Windhoek, capital da Namíbia recém-libertada, vi negros hereros e ovambos, brancos e namas, diferentes dos negros e dos brancos. Eles não eram mais apenas retratos em um livro didático, mas seres humanos vivos diante de mim. Fora de Windhoek, os últimos bosquímanos, antes bastante disseminados, estavam lutando pela sobrevivência. Mas o que mais me surpreendeu na Namíbia foi uma placa de rua: uma das principais avenidas do centro de Windhoek chamava-se rua Goering!

Certamente, pensei, nenhum país pode ser tão dominado por nazistas impenitentes a ponto de dar a uma rua o nome do famigerado *Reichskommissar* fundador da Luftwaffe, Hermann Goering! Não, o nome da rua era uma homenagem ao pai de Hermann, Heinrich Goering, *Reichskommissar* e fundador da ex-colônia alemã do sudoeste da África que se tornou a Namíbia. Mas Heinrich também era uma figura problemática, porque seu legado incluía um dos ataques mais cruéis dos colonos europeus aos africanos, a guerra alemã de 1904 para extermínio dos hereros. Hoje, embora os acontecimentos na vizinha África do Sul exijam mais a atenção do mundo, a Namíbia também está lutando para lidar com seu passado colonial e estabelecer uma sociedade multirracial. O caso da Namíbia, para mim, é um exemplo de que o passado da África é inseparável de seu presente.

A maioria dos americanos e muitos europeus comparam os africanos nativos aos negros, africanos brancos aos recentes intrusos, e a história racial africana à história da colonização européia e ao comércio de escravos. Há uma razão óbvia para enfocarmos esses fatos específicos: os negros são os únicos africanos nativos que a maioria dos americanos conhece, porque eles foram levados em grandes quantidades como escravos para os Estados Unidos. Mas povos muito diferentes podem ter ocupado há alguns milhares de anos grande parte da África negra moderna, e os chamados negros africanos são, eles próprios, heterogêneos. Mesmo antes da chegada dos colonizadores brancos, a África já não abrigava só negros mas (como veremos) cinco das seis principais divisões da humanidade, e três delas restringem-se aos nativos na África. Um quarto das línguas do mundo é falado apenas na África. Nenhum outro continente abrange esta diversidade humana.

A diversidade dos povos da África resultou de sua geografia variada e de sua longa pré-história. A África é o único continente que se estende da zona temperada do norte à do sul, também abrange alguns dos desertos mais secos do mundo, as maiores florestas tropicais e as montanhas equatoriais mais altas. A África era habitada por humanos muito antes do que qualquer outro lugar: nossos ancestrais remotos originaram-se de lá há sete milhões de anos, e o *Homo sapiens* anatomicamente moderno pode ter surgido lá desde então. As longas interações entre os muitos povos da África geraram sua fascinante pré-história, entre elas dois dos movimentos populacionais mais surpreendentes dos últimos cinco mil anos: a expansão dos bantos e a colonização indonésia de Madagascar. Todas essas interações passadas continuam a ter sérias conseqüências, porque os detalhes de quem chegou onde antes de quem estão moldando a África hoje.

Como essas cinco divisões da humanidade *conseguiram* estar onde elas estão agora na África? Por que foram os negros os que se espalharam tanto, em vez dos outros quatro grupos, cuja existência os americanos costumam esquecer? Como podemos ao menos esperar arrancar respostas para essas perguntas do passado da África anterior à alfabetização, sem a evidência escrita que nos explique a expansão do império romano? A pré-história africana é um grande enigma, apenas parcialmente resolvido. Como veremos, a história tem paralelos pouco valorizados mas surpreendentes com a pré-história americana comentada no capítulo anterior.

Os CINCO PRINCIPAIS GRUPOS humanos que a África já abrigava por volta do ano 1000 são esses aos quais os leigos se referem vagamente como negros, brancos, pigmeus africanos, coissãs e asiáticos. A Figura 19.1 descreve sua distribuição, enquanto os retratos mostrados no encarte nos recordam as diferenças espantosas na cor da pele, no tipo e cor do cabelo e nos traços faciais. Antigamente, os negros estavam restritos à África, pigmeus e coissãs ainda vivem somente ali, enquanto uma quantidade muito maior de brancos e asiáticos vive fora da África do que nela. Estes cinco grupos constituem ou representam todas as grandes divisões da humanidade, com exceção dos aborígines australianos e seus parentes.

Muitos leitores podem estar protestando: não estereotipe as pessoas classificando-as em "raças" arbitrárias! Sim, reconheço que cada um destes chamados grupos principais é muito diverso. Juntar pessoas tão diferentes como os zulus, somalis e ibos sob a classificação única de "negros" é ignorar as diferenças entre eles. Ignoramos também diferenças grandes quando juntamos os egípcios com os berberes da África e antes com os suecos da Europa na mesma classificação de "brancos". Além do mais, as divisões entre negros, brancos e os outros grupos principais são arbitrárias, pois cada um desses grupos se mescla com os outros: todos os grupos humanos na Terra uniram-se com humanos de todos os outros grupos que eles encontraram. Mesmo assim, como veremos, reconhecer estes grupos principais ainda é tão útil para compreender a história que usarei os nomes dos grupos como uma forma abreviada, sem repetir as advertências acima em cada frase.

Dos cinco grupos africanos, representantes de muitas populações de negros e brancos são conhecidos dos americanos e dos europeus e dispensam uma descrição física. Os negros ocuparam a maior área da África a partir de 1400: o Saara meridional e a maior parte da África subsaariana (veja Figura 19.1). Enquanto os negros americanos de ascendência africana originaram-se principalmente da zona litorânea ocidental da África, povos semelhantes tradicionalmente ocupavam a África oriental, ao norte para o Sudão e ao sul para a costa sudeste da própria África do Sul. Os brancos, variando dos egípcios e líbios aos marroquinos, ocupavam a zona litorânea norte da África e o norte do Saara. Esses norte-africanos dificilmente seriam confundidos com os suecos louros de olhos azuis, mas os leigos ainda os chamariam de "brancos" porque eles têm a pele mais clara e o cabelo mais liso de que os povos do sul chamados "negros". A maioria dos negros e brancos da África dependia das atividades agrícolas e pastoris para sobreviver.

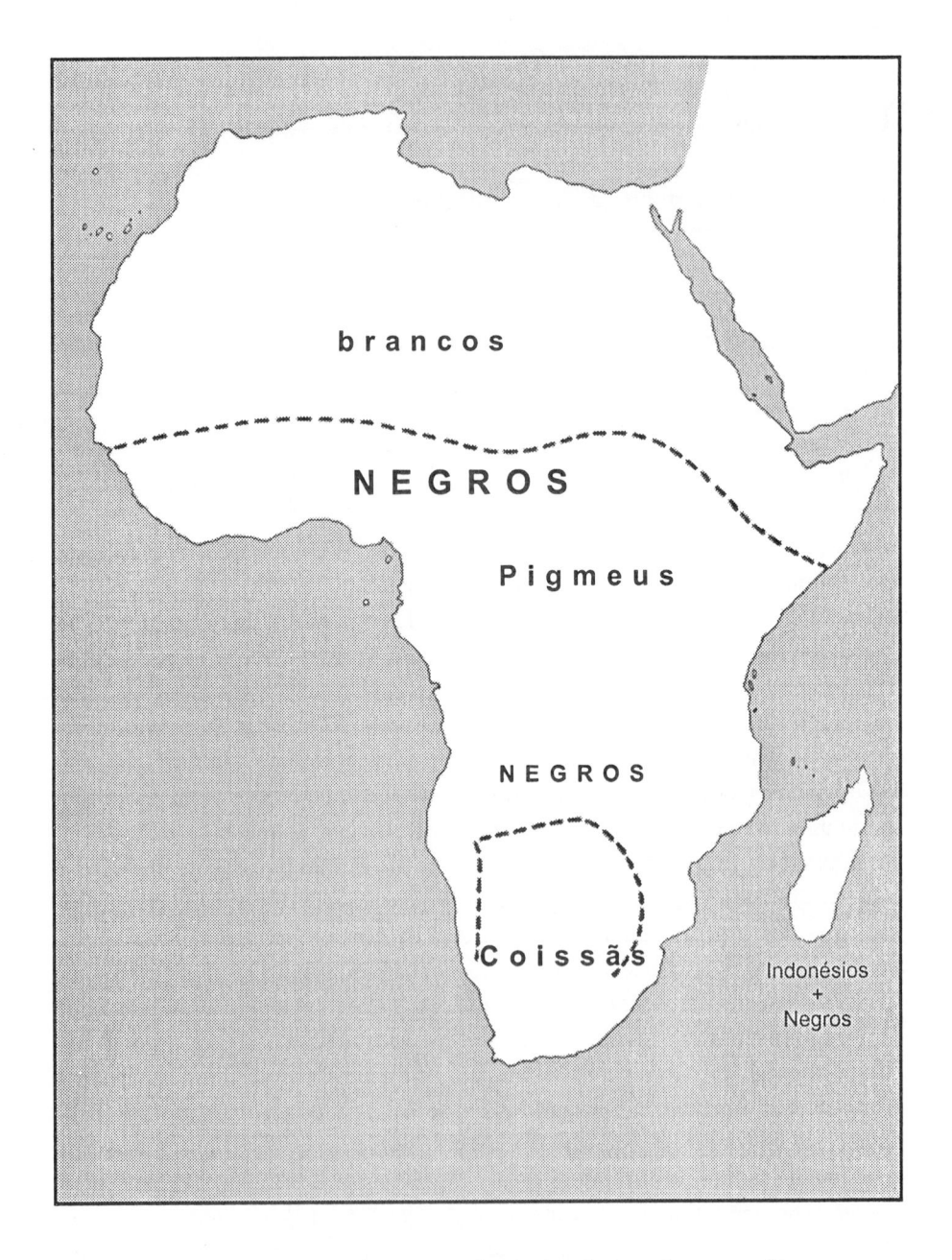

FIGURA 19.1. *No texto estão as observações sobre as distribuições dos povos africanos em termos desses agrupamentos familiares mas problemáticos.*

Por outro lado, os dois grupos seguintes, os pigmeus e os coissãs, eram caçadores-coletores sem plantios ou rebanhos. Como os negros, os pigmeus têm a pele escura e o cabelo crespo, mas diferem daqueles por serem mais baixos, por terem a pele mais avermelhada e menos negra, mais pêlos no corpo e na face, e testa, olhos e dentes mais proeminentes. Os pigmeus são principalmente caçadores-coletores que vivem em grupos espalhados pela floresta tropical da África central, comerciando com agricultores negros vizinhos ou trabalhando para eles.

Os coissãs compõem o grupo menos conhecido pelos americanos, que provavelmente nem ouviram falar deles. Antigamente distribuídos por grande parte da África meridional, eles eram formados não só por caçadores-coletores de pequena estatura, conhecidos como *san*, mas também por pastores maiores, os *khoi*. (Estes nomes são hoje preferíveis aos termos mais conhecidos "hotentotes" e "bosquímanos".) Os *khoi* e os *san* são (ou eram) bem diferentes, na aparência, dos negros africanos: suas peles são amareladas, o cabelo é bem encarapinhado e as mulheres tendem a acumular muita gordura nas nádegas (característica denominada "esteatopigia"). Como um grupo distinto, os *khoi* ficaram muito reduzidos em número: os colonos europeus mataram a tiros, expulsaram ou infectaram muitos deles, e a maioria dos sobreviventes misturou-se com os europeus, gerando as várias populações conhecidas na África do Sul como "de cor" ou "mestiços". Os *san* também foram mortos, expulsos e infectados, mas uma pequena quantidade preservou suas características em áreas desertas da Namíbia, impróprias para a agricultura, como foi mostrado alguns anos atrás no filme *Os deuses devem estar loucos*.

A distribuição dos brancos no norte da África não surpreende, porque povos fisicamente semelhantes vivem em áreas adjacentes do Oriente Próximo e da Europa. Ao longo da história registrada, as pessoas se deslocaram de um lado para o outro entre a Europa, o Oriente Próximo e o norte da África. Portanto, falarei pouco mais do que isso sobre os brancos da África neste capítulo, já que suas origens não são misteriosas. Por outro lado, um mistério envolve negros, pigmeus e coissãs, cujas distribuições indicam convulsões populacionais no passado. Por exemplo, a atual distribuição fragmentada dos 200 mil pigmeus, espalhados entre 120 milhões de negros, sugere que os caçadores pigmeus viveram espalhados pelas florestas equatoriais até serem expulsos e isolados com a chegada dos agricultores negros. A área dos coissãs na África meridional é surpreendentemente pequena para um povo tão distinto em anatomia e língua. Será que os coissãs também estavam originalmente mais espalhados até que suas populações mais ao norte foram eliminadas de algum modo?

Deixei a anomalia maior para o fim. A grande ilha de Madagascar fica a pouco mais de 400 quilômetros da costa africana oriental, muito mais perto da África do que de qualquer outro continente, e separada da Ásia e da Austrália por toda a extensão do oceano Índico. O povo de Madagascar é uma mistura de dois elementos. Naturalmente, um elemento é o negro africano, mas o outro consiste em um povo imediatamente reconhecível, por sua aparência: os asiáticos do sudeste tropical da Ásia. Especificamente, a língua falada por toda a gente de Madagascar — asiáticos, negros e mestiços — é austronésia, e muito parecida com a língua ma'aniana falada na ilha indonésia de Bornéu, a quase sete mil quilômetros de distância de Madagascar pelo oceano Índico. Nenhum outro povo que lembre de longe os habitantes de Bornéu vive numa distância inferior a milhares de quilômetros de Madagascar.

Estes austronésios, com sua língua e sua cultura modificada, já estavam estabelecidos em Madagascar quando os europeus chegaram ali, em 1500. Este é para mim o fato isolado mais surpreendente da geografia humana no mundo inteiro. É como se Colombo, ao chegar a Cuba, descobrisse que ela estava ocupada por escandinavos, louros de olhos azuis, que falavam uma língua parecida com o sueco, embora o continente norte-americano próximo estivesse habitado por ameríndios que falavam línguas ameríndias. Como os povos pré-históricos de Bornéu, presumivelmente navegando sem mapas ou bússolas, foram acabar em Madagascar?

O CASO DE MADAGASCAR nos mostra que as línguas desses povos, assim como sua aparência física, podem oferecer pistas importantes sobre suas origens. Apenas olhando a gente de Madagascar, saberíamos que alguns vieram do sudeste da Ásia, mas não saberíamos de que região, e nunca pensaríamos em Bornéu. O que mais podemos descobrir a partir das línguas africanas que já não saibamos por seus rostos?

A complexidade intrigante das 1.500 línguas da África foi esclarecida pelo grande lingüista Joseph Greenberg, da Universidade de Stanford, que reconheceu que todas essas línguas encaixam-se em apenas cinco famílias (na Figura 19.2 está sua distribuição). Os leitores acostumados a pensar na lingüística como algo maçante e técnico pode se surpreender ao saber das fascinantes contribuições que a Figura 19.2 pode dar para a nossa compreensão da história africana.

Se começarmos comparando a Figura 19.2 com a 19.1, veremos uma correspondência grosseira entre as famílias de línguas e grupos humanos anatomicamente definidos: as línguas de uma determinada família costumam ser faladas por povos distintos. Em particular, os que falam línguas afro-asiáticas na maioria são aqueles que estariam classificados como brancos ou negros, os falantes dos grupos nilo-saariano e nigero-congolês são negros, falantes do coissã, são coissãs, e os falantes do austronésio, indonésios. Isso leva a crer que as línguas tendiam a evoluir juntamente com as pessoas que as falam.

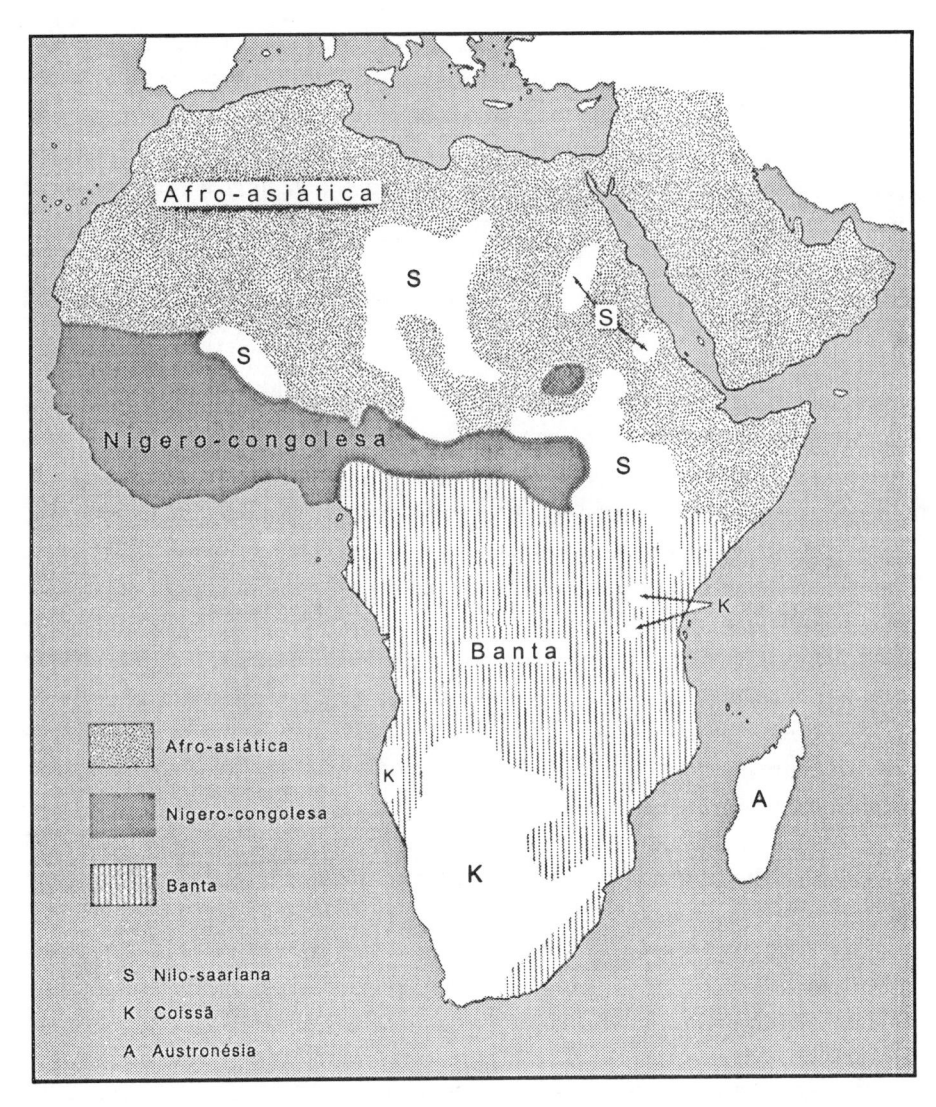

FIGURA 19.2. *Famílias de línguas da África.*

Escondida no alto da Figura 19.2 está nossa primeira surpresa, um grande choque para os eurocêntricos que acreditam na superioridade da chamada civilização ocidental. Aprendemos que a civilização ocidental originou-se no Oriente Próximo, foi levada ao apogeu na Europa pelos gregos e romanos, e gerou três das grandes religiões do mundo: cristianismo, judaísmo e islamismo. Essas religiões surgiram entre povos que falavam três línguas afins, chamadas semíticas: o aramaico (a língua de Cristo e dos apóstolos), o hebraico e o árabe, respectivamente. Associamos instintivamente os povos semitas ao Oriente Próximo.

Greenberg, entretanto, determinou que essas línguas semíticas formam apenas uma das seis ou mais ramificações de uma família de línguas muito maior, a afro-asiática, cujas demais ramificações (e outras 222 línguas sobreviventes) restringem-se à África. Até mesmo a própria subfamília semítica é principalmente africana, 12 de suas 19 línguas sobreviventes estão restritas à Etiópia. Isso sugere que as línguas afro-asiáticas surgiram na África, e que só uma ramificação difundiu-se para o Oriente Próximo. Conseqüentemente, talvez tenham surgido na África as línguas faladas pelos autores do Velho e do Novo Testamentos e do Alcorão, os pilares morais da civilização ocidental.

A surpresa seguinte na Figura 19.2 é aparentemente um detalhe sobre o qual não fiz comentários quando lhes falei que povos distintos tendem a ter línguas distintas. Entre os cinco grupos de povos africanos — negros, brancos, pigmeus, coissãs e indonésios — apenas os pigmeus não têm línguas distintas: cada bando de pigmeus fala a mesma língua que o grupo vizinho de agricultores negros. No entanto, se compararmos uma determinada língua falada por pigmeus com a mesma língua falada por negros, a versão pigméia parece conter algumas palavras exclusivas com sons distintos.

No princípio, naturalmente, povos tão característicos como os pigmeus, vivendo em um lugar tão característico como a floresta tropical da África equatorial, estavam com certeza suficientemente isolados para desenvolver sua própria família de línguas. Mas hoje essas línguas desapareceram, e já vimos na Figura 19.1 que a atual distribuição dos pigmeus é bastante fragmentada. Assim, pistas distribucionais e lingüísticas combinam-se para sugerir que o local de origem dos pigmeus foi tomado por agricultores negros invasores, cujas línguas foram adotadas pelos pigmeus restantes, deixando apenas vestígios em algumas palavras e sons. Vimos anteriormente que o mesmo ocorre no caso dos negritos malásios (semangs) e dos negritos filipinos, que adotaram línguas austro-asiáticas e austronésias, respectivamente, dos agricultores que os cercavam.

A distribuição fragmentada das línguas nilo-saarianas na Figura 19.2 indica, de modo semelhante, que muitos falantes dessas línguas foram subjugados por falantes de línguas afro-asiáticas ou nigero-congolesas. Mas a distribuição das línguas coissãs mostra que houve uma absorção ainda mais drástica. Essas línguas são únicas no mundo inteiro pelo uso de cliques como consoantes. (Se você ficou intrigado com o nome bosquímano !Kung, o ponto de exclamação não exprime antecipadamente uma admiração; é apenas o modo como os lingüistas indicam um clique.) As línguas coissãs estão restritas à África meridional, com duas exceções muito claras: os dialetos hadza e sandawe marcados por cliques, encalhados na Tanzânia, a mais de 1.600 quilômetros de distância das línguas coissãs mais próximas, da África meridional.

Além disso, o xosa e algumas outras línguas da família nigero-congolesa da África meridional estão cheias de cliques. De modo ainda mais inesperado, cliques e palavras coissãs também aparecem em duas línguas afro-asiáticas faladas por negros no Quênia, encalhadas ainda mais longe dos atuais coissãs do que os povos hadza e o sandawe da Tanzânia. Tudo isso leva a crer que os coissãs e suas línguas, antes espalhados no extremo norte de sua atual distribuição na África meridional, assim como os pigmeus, foram também subjugados pelos negros e deixaram legados apenas lingüísticos de sua presença. Essa é uma contribuição ímpar da evidência lingüística, algo que nós dificilmente poderíamos imaginar a partir de análises apenas físicas dos povos vivos.

Deixei por último a contribuição mais notável da lingüística. Olhando novamente a Figura 19.2, você verá que a família lingüística nigero-congolesa está distribuída por toda a África ocidental e pela maior parte da África subequatorial, não oferecendo aparentemente nenhum indício do lugar onde, dentro dessa enorme extensão, a família se originou. Entretanto Greenberg reconheceu que todas as línguas nigero-congolesas da África subequatorial pertencem a um único subgrupo denominado banto. Este subgrupo abrange quase a metade das 1.032 línguas nigero-congolesas e mais da metade (quase 200 milhões) de seus falantes. Mas essas quinhentas línguas bantas são tão parecidas que foram descritas, em tempo de gracejo, como quinhentos dialetos de uma mesma língua.

Coletivamente, essas línguas bantas constituem uma única subfamília de classe inferior na família nigero-congolesa. A maioria das outras 176 subfamílias está aglomerada na África ocidental, uma pequena fração da área de ocorrência da nigero-congolesa. Em particular, as línguas bantas mais características e as não-bantas mais intimamente ligadas às bantas acumulam-se em uma minúscula área de Camarões e da Nigéria oriental adjacente.

Evidentemente, a família nigero-congolesa surgiu na África ocidental; o ramo banto nasceu dela, no extremo oriental dessa área de ocorrência, Camarões e Nigéria; e depois o ramo banto saiu desse local de origem, espalhando-se por grande parte da África subequatorial. Essa difusão deve ter começado há muito tempo, período suficiente para que a língua banta ancestral se dividisse em 500 línguas descendentes, mas não remoto demais, porque essas línguas descendentes ainda são bem parecidas umas com as outras. Como todos os falantes das nigero-congolesas, assim como do banto, são negros, não poderíamos deduzir quem migrou em que direção apenas pela evidência da antropologia física.

Para tornar claro esse tipo de raciocínio lingüístico, vou dar um exemplo conhecido: as origens geográficas da língua inglesa. Hoje, o maior número de pessoas cuja primeira língua é o inglês vive na América do Norte, outras estão espalhadas pelo globo na Inglaterra, Austrália e outros países. Cada um desses países tem seus próprios dialetos do inglês. Se não soubéssemos mais nada sobre as distribuições e a história da língua, poderíamos supor que o inglês surgiu na América do Norte e foi levado para a Inglaterra e para a Austrália por colonizadores.

Mas todos esses dialetos ingleses formam apenas um subgrupo de ordem inferior da família de línguas germânicas. Os demais subgrupos — as várias línguas escandinavas, alemãs e holandesas — aglomeram-se no noroeste da Europa. O frisão, outra língua germânica muito próxima do inglês, limita-se a uma área litorânea minúscula da Holanda e da Alemanha ocidental. Conseqüentemente, um lingüista logo deduziria corretamente que o inglês surgiu no litoral noroeste da Europa e de lá espalhou-se pelo mundo. De fato, os registros históricos nos contam que o inglês foi realmente levado de lá para a Inglaterra por invasores anglo-saxões nos séculos V e VI.

Essencialmente a mesma linha de raciocínio nos leva a crer que os quase 200 milhões de bantos, hoje praticamente expulsos do mapa da África, surgiram em Camarões e na Nigéria. Assim como as origens norte-africanas dos semitas e as origens dos asiáticos de Madagascar, essa é uma outra conclusão à qual não poderíamos ter chegado sem a evidência lingüística.

Já tínhamos deduzido, a partir da distribuição das línguas coissãs e da inexistência de línguas pigméias distintas, que a área ocupada por pigmeus e coissãs no passado era mais ampla, até serem subjugados pelos negros. (Estou usando "subjugar" como uma palavra neutra abrangente, independentemente de o processo envolver conquista, expulsão, cruzamento, matança ou epidemias.) Acabamos de ver, a partir da distribuição da família nigero-congolesa, que os negros que subjugavam eram bantos. A evidência física e lingüística considerada até agora nos leva a deduzir essas subjugações pré-históricas, mas ainda não esclareceu seus mistérios para nós. Só a evidência que apresentarei agora pode nos ajudar a responder a mais duas perguntas: que vantagens permitiram que os bantos expulsassem os pigmeus e os coissãs? Quando os bantos chegaram aos locais de origem anteriores dos pigmeus e coissãs?

P<small>ARA ABORDAR A QUESTÃO RELATIVA</small> à superioridade dos bantos, vamos examinar a evidência restante do presente — a evidência derivada das plantas e dos animais domesticados. Como vimos nos capítulos anteriores, essa evidência é importante porque a produção de alimentos resultou em altas densidades demográficas, germes, tecnologia, organização política e em outros ingredientes do poder. Os povos que, por sua localização geográfica, herdaram ou desenvolveram a produção de alimentos tornaram-se capazes de subjugar os povos geograficamente menos dotados.

Quando os europeus chegaram à África subsaariana no anos 1400, os africanos estavam desenvolvendo cinco grupos de culturas agrícolas (Figura 19.3), cada qual cheia de significado para a história africana. O primeiro grupo só era cultivado no norte da África e se estendia até as regiões montanhosas da Etiópia. O norte da África tem um clima mediterrâneo, caracterizado por uma concentração de chuvas nos meses de inverno. (O clima no sul da Califórnia também é mediterrâneo, o que explica por que o porão da minha casa e os de milhões de outros californianos são quase sempre inundados no inverno, mas secam infalivelmente no verão.) O Crescente Fértil, onde a agricultura surgiu, tem esse mesmo padrão mediterrâneo de chuvas de inverno.

Conseqüentemente, as culturas agrícolas originais do norte da África mostraram que estavam adaptadas para germinar e crescer com as chuvas de inverno. A partir da prova arqueológica, sabe-se que elas foram domesticadas pela primeira vez no Crescente Fértil há cerca de dez mil anos. Essas culturas do Crescente Fértil espalharam-se por áreas adjacentes do norte da África, de clima semelhante, e fincaram os alicerces para a ascensão da antiga civilização egípcia. Entre elas havia culturas tão conhecidas como o trigo, a cevada, a ervilha, o feijão e as uvas. Elas são familiares para nós porque também se difundiram em áreas adjacentes de clima semelhante na Europa, dali para a América e a Austrália, e se tornaram alguns dos principais produtos da agricultura de zona temperada em todo o mundo.

À medida que se caminha para o sul, na África, através do deserto do Saara, e se reencontra a chuva na zona do Sael logo ao sul do deserto, nota-se que ali a chuva cai no verão, e não no inverno. Ainda que as culturas do Crescente Fértil adaptadas à chuva de inverno pudessem ter cruzado o Saara, seria pouco provável que florescessem nas chuvas de verão da zona saeliana. Ao contrário, encontramos dois grupos de culturas africanas cujos ancestrais silvestres existiam apenas no sul do Saara, e que estão adaptados às chuvas de verão e a uma variação sazonal menor na duração do dia. Um dos grupos é formado de plantas cujos ancestrais estão espalhados de oeste a leste através da zona do Sael e provavelmente foram domesticados ali. Entre eles estão o sorgo e o milhete, que se tornaram os principais cereais da maior parte da África subsaariana. O sorgo revelou-se tão precioso que agora é cultivado em áreas de clima quente e seco, em todos os continentes, incluindo os Estados Unidos.

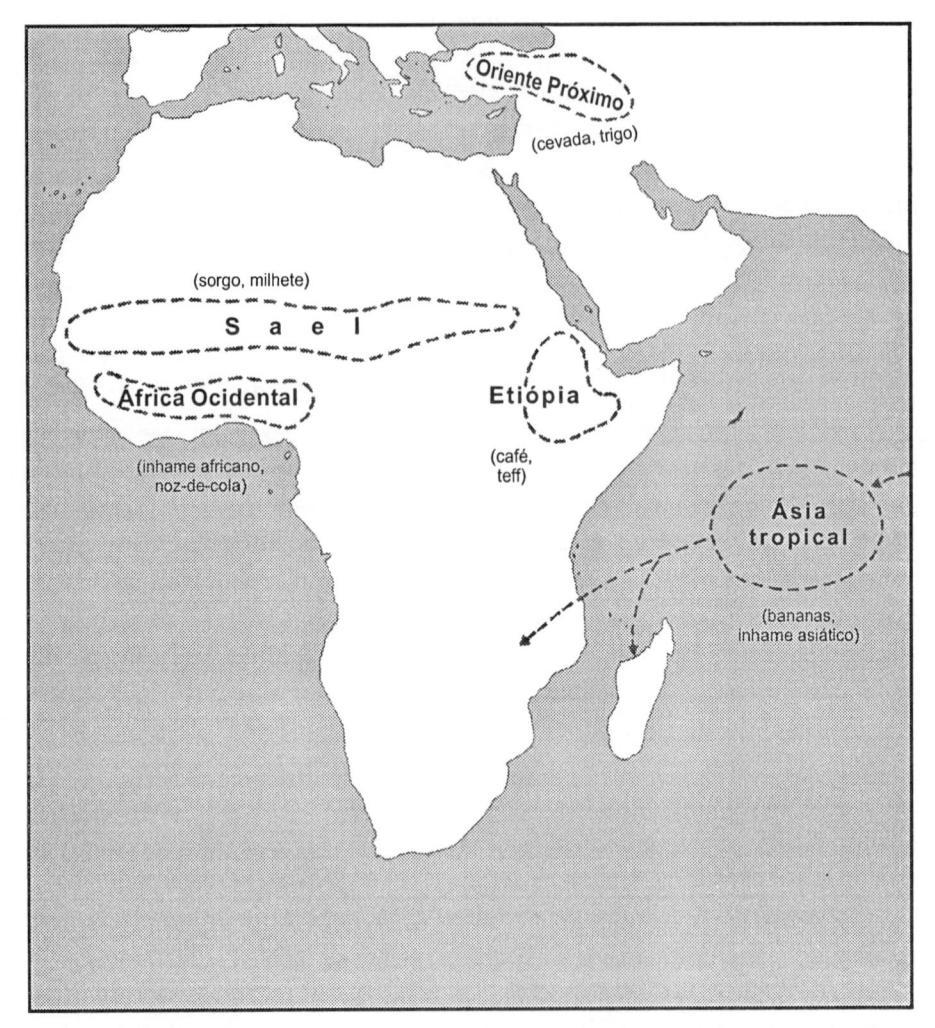

FIGURA 19.3. *Áreas de origem dos produtos agrícolas tradicionalmente cultivados na África (isto é, antes da chegada das culturas levadas pelos colonizadores europeus), com exemplos de dois produtos de cada área.*

O outro grupo é constituído de plantas cujos ancestrais silvestres existem na Etiópia e provavelmente foram domesticados ali, nas regiões montanhosas. A maioria ainda é cultivada principalmente na Etiópia e continua desconhecida dos americanos — incluindo as plantas consideradas narcóticas na Etiópia, o ensete parecido com a banana, seu noog oleoso, seu ragi, usado para fermentar a cerveja nacional, e o cereal de minúsculas sementes chamado teff, usado para fazer o pão nacional. Mas o leitor viciado em café pode agradecer aos antigos agricultores etíopes por terem domesticado a planta do café. Ela permaneceu restrita à Etiópia até que teve êxito na Arábia e depois no mundo inteiro, sustentando hoje as economias de países tão distantes como Brasil e Papua-Nova Guiné.

O penúltimo grupo de culturas africanas surgiu de ancestrais selvagens no clima úmido da África ocidental. Algumas, entre elas o arroz africano, permaneceram praticamente restritas ao local; outras, como o inhame africano, espalharam-se por outras áreas da África subsaariana; e duas, óleo de palma e noz-de-cola, chegaram a outros continentes. Os africanos ocidentais mascavam as sementes nuciformes ricas em cafeína da noz-de-cola como um narcótico, muito antes de a Coca-Cola Company seduzir os americanos e depois o mundo a tomar uma bebida originalmente temperada com uma pitada de seus extratos.

O último grupo de culturas africanas também é adaptado aos climas úmidos mas representa a maior surpresa da Figura 19.3. A banana, o inhame asiático e o inhame-branco já estavam disseminados na África subsaariana nos anos 1400, e o arroz asiático estava fixado na costa da África oriental. Mas essas culturas originaram-se no sudeste tropical da Ásia. A presença delas na África nos espantaria, se a presença de indonésios em Madagascar já não nos tivesse alertado sobre a conexão pré-histórica da Ásia com a África. Teriam os austronésios, partindo de Bornéu, desembarcado na costa oriental da África, oferecido suas culturas para agricultores africanos agradecidos, apanhado pescadores africanos e partido ao amanhecer para colonizar Madagascar, sem deixar nenhum outro vestígio austronésio na África?

A última surpresa é que todas as culturas nativas da África — as do Sael, da Etiópia e da África Ocidental — têm origem ao norte do equador. Nem um só produto agrícola africano teve origem no sul. Isso já nos dá uma pista do motivo pelo qual os falantes das línguas nigero-congolesas, partindo do norte do equador, conseguiram expulsar os pigmeus da África equatorial e os coissãs subequatoriais. Os coissãs e os pigmeus não conseguiram desenvolver a agricultura não por causa de alguma deficiência deles como agricultores, mas pelo simples fato de que a maioria das plantas silvestres da África meridional era imprópria para a domesticação. Nem agricultores bantos nem brancos, herdeiros de milhares de anos de experiência agrícola, foram capazes de converter plantas nativas do sul da África em cultivos.

As espécies animais domesticadas da África podem ser resumidas muito mais depressa do que suas plantas, porque há muito poucas. O único animal que sabemos com certeza que foi domesticado na África, porque seu ancestral selvagem está confinado nesse continente, é um pássaro parecido com o peru, chamado galinhada-guiné, ou galinha-d'angola. Os ancestrais selvagens dos bois, burros, porcos, cachorros e gatos domésticos eram nativos do norte da África, mas também do sudoeste da Ásia, de modo que ainda não podemos afirmar onde eles foram domesticados primeiro, embora as datas mais antigas atualmente aceitas em relação a burros e gatos domésticos favoreçam o Egito. Indícios recentes sugerem que a vaca pode ter sido domesticada de modo independente no norte da África, no sudoeste da Ásia e na Índia, e que os animais desses três locais contribuíram para as raças do gado africano moderno. Quanto ao demais, os outros mamíferos domésticos da África devem ter sido domesticados em outro lugar e introduzidos já domesticados na África, porque seus ancestrais selvagens só existiam na Eurásia. As ovelhas e as cabras africanas foram domesticadas no sudoeste da Ásia, as galinhas, no sudeste da Ásia, os cavalos, na Rússia meridional, e os camelos, provavelmente na Arábia.

A característica mais inesperada dessa lista de animais domésticos africanos é de novo negativa. Ela não inclui uma única espécie de grandes mamíferos selvagens, pelos quais a África é famosa e que tem em grande quantidade, zebras e gnus, rinocerontes e hipopótamos, girafas e búfalos. Como veremos, essa realidade teve tantas conseqüências para a história africana como a ausência de plantas domésticas nativas na África subequatorial.

Essa rápida excursão pelos principais produtos agrícolas da África basta para mostrar que alguns deles estavam longe de seus pontos de origem, tanto dentro como fora da África. Na África, como em qualquer outro lugar, alguns povos tiveram mais "sorte" que outros nos conjuntos de plantas e animais domesticáveis herdados de seus ambientes. Por analogia com a subjugação dos aborígines australianos caçadores-coletores por colonos britânicos alimentados com trigo e carne de vaca, temos de suspeitar que alguns africanos "sortudos" negociaram sua vantagem subjugando seus vizinhos africanos. Agora, por fim, vamos examinar o registro arqueológico para descobrir quem subjugou quem, e quando.

O QUE A ARQUEOLOGIA PODE nos contar acerca das datas e dos lugares verdadeiros do surgimento das atividades agrícola e pastoril na África? Qualquer leitor muito interessado na história da civilização ocidental seria perdoado por presumir que a produção de alimentos africana começou no antigo Vale do Nilo, terra dos faraós e das pirâmides. Afinal, o Egito por volta de 3000 a.C. era, sem dúvida, o local da África que abrigava a sociedade mais complexa, e um dos centros de escrita mais antigos do mundo. Mas, na verdade, a prova arqueológica mais antiga da produção de alimentos na África vem do Saara.

Hoje, naturalmente, a maior parte do Saara é tão seca que nem grama nasce. Mas entre 9000 e 4000 a.C. aproximadamente, o Saara era mais úmido, tinha muitos lagos e a caça fervilhava. Nesse período, os saarianos começaram a criar gado e a fabricar cerâmica, depois a criar ovelhas e cabras, e também podem ter começado a domesticar sorgo e milhete. A atividade pastoril no Saara é anterior à mais antiga data conhecida (5200 a.C.) da chegada da produção de alimentos no Egito, na forma de um pacote completo de culturas de inverno e gado bovino do sudoeste da Ásia. A produção de alimentos também surgiu na África ocidental e na Etiópia, e por volta de 2500 a.C. os pastores já haviam cruzado a moderna fronteira da Etiópia para o norte do Quênia.

Embora essas conclusões estejam baseadas na prova arqueológica, também existe um método independente para datar a chegada de plantas e animais domésticos: pela comparação das palavras que os designam nas línguas modernas. As comparações de nomes de plantas nas línguas da família nigero-congolesa, da Nigéria meridional, mostram que as palavras enquadram-se em três grupos. Em primeiro lugar estão os casos em que o nome de determinada cultura é muito semelhante em todas essas línguas da Nigéria meridional. Essas culturas eram como o inhame africano ocidental, o óleo de palma e a noz-de-cola — plantas que, pela evidência botânica e outras, já se acreditava serem nativas da África ocidental e que ali teriam sido domesticadas pela primeira vez. Como essas são as culturas mais antigas da África ocidental, todas as línguas modernas da Nigéria meridional herdaram o mesmo conjunto original de nomes para elas.

Depois vêm as culturas cujos nomes só persistem nas línguas que se enquadram dentro de um pequeno subgrupo dessas línguas da Nigéria meridional. Essas culturas são as que acreditamos ter origem indonésia, como a banana e o inhame asiático. Evidentemente, essas culturas só chegaram à Nigéria meridional depois que as línguas começaram a se dividir em subgrupos. Assim, cada subgrupo cunhou ou recebeu nomes diferentes para as plantas novas, que somente as línguas modernas daquele subgrupo herdaram. Por último vêm os nomes de culturas que não permaneceram dentro dos grupos lingüísticos, mas que, ao contrário, seguiram as rotas de comércio. Essas vêm a ser as culturas do Novo Mundo, como o milho e o amendoim, que nós sabemos que foram introduzidas na África depois do começo do tráfego transatlântico de embarcações (1492) e difundidas desde então ao longo das rotas de comércio, quase sempre carregando seu nome em português ou outros nomes estrangeiros.

Por conseguinte, mesmo que não dispuséssemos de nenhuma evidência botânica ou arqueológica, poderíamos deduzir, baseados na evidência lingüística, que as culturas nativas da África ocidental foram domesticadas primeiro, que as culturas indonésias chegaram depois, e que, por último, vieram as culturas introduzidas pelos europeus. O historiador Christopher Ehret, da UCLA (Universidade da Califórnia, em Los Angeles), empregou esta abordagem lingüística para determinar a seqüência em que plantas e animais domésticos foram utilizados pelos povos de cada família lingüística africana. Por meio de um método denominado glotocronologia, baseado em estimativas da rapidez com que as palavras tendem a mudar durante um tempo histórico, a lingüística comparativa pode encontrar datas estimadas para a domesticação ou a chegada de culturas.

Reunindo a evidência arqueológica direta das culturas com a evidência lingüística mais indireta, deduzimos que os povos que estavam domesticando sorgo e milhete no Saara milhares de anos atrás falavam as línguas ancestrais das línguas nilo-saarianas modernas. Do mesmo modo, os povos que primeiro domesticaram culturas de países úmidos da África Ocidental falavam as línguas antecessoras das modernas nigero-congolesas. Finalmente, os falantes das línguas ancestrais das afro-asiáticas podem ter se envolvido com a domesticação de plantas nativas da Etiópia, e eles certamente introduziram culturas do Crescente Fértil no norte da África.

Assim, a evidência derivada dos nomes de plantas nas línguas africanas modernas nos permite ter uma idéia da existência de três línguas faladas na África há milhares de anos: os ancestrais dos grupos nilo-saariano, nigero-congolês e afro-asiático. Podemos, também, ter uma idéia da existência da língua coissã ancestral a partir de outra evidência lingüística, que não é a dos nomes de plantas (porque os ancestrais dos coissãs não domesticaram nenhuma planta). Ora, se a África abriga hoje 1.500 línguas, é suficientemente grande para ter abrigado mais de quatro línguas ancestrais milhares de anos atrás. Mas todas essas outras línguas devem ter desaparecido — ou porque os povos que as usavam sobreviveram mas perderam sua língua original, como os pigmeus, ou porque os próprios povos desapareceram.

A sobrevivência das quatro famílias lingüísticas nativas da África moderna (isto é, as quatro outras além da recém-chegada língua austronésia de Madagascar) não se deve à superioridade intrínseca dessas línguas como veículos de comunicação. Na verdade, ela deve ser atribuída a um acaso histórico: os falantes ancestrais do nilo-saariano, nigero-congolês e afro-asiático estavam vivendo no lugar certo e no momento certo para adquirir as plantas e os animais domésticos que lhes permitiram multiplicar-se e tomar o lugar de outros povos, ou impor sua língua a eles. Os poucos falantes modernos das línguas coissãs sobreviveram principalmente por causa de seu isolamento em áreas da África meridional impróprias para a agricultura banta.

Antes de reconstituirmos a sobrevivência dos coissãs depois da onda banta, vejamos o que a arqueologia nos conta sobre o outro grande movimento populacional pré-histórico da África: a colonização austronésia de Madagascar. Os arqueólogos que fazem a exploração de Madagascar demonstraram agora que os austronésios chegaram, pelo menos, por volta do ano 800, possivelmente já em 300. Lá eles encontraram (e trataram de exterminar) um mundo estranho de animais tão peculiares quanto se tivessem vindo de outro planeta, porque esses animais haviam se desenvolvido em Madagascar durante seu longo período de isolamento. Entre eles estavam pássaros gigantes, símios primitivos chamados lêmures, tão grandes quanto os gorilas, e hipopótamos pigmeus. Escavações arqueológicas das mais antigas habitações humanas em Madagascar encontraram restos de utensílios de ferro, animais e plantações, revelando, portanto, que os colonos não eram apenas um pequeno grupo de pescadores que estavam numa canoa que se perdeu; eles formavam uma expedição organizada. O que ocorreu com essa expedição pré-histórica de 6.500 quilômetros?

Uma pista pode ser encontrada em um antigo livro de instruções para marinheiros, *Periplus of the Erythrean Sea* (Périplos do mar da Eritréia), escrito por um comerciante anônimo que vivia no Egito por volta do ano 100. O comerciante descreve um próspero comércio marítimo que ligava a Índia e o Egito à costa da África oriental. Com a expansão do Islã depois de 800, o comércio no oceano Índico passa a ser arqueologicamente bem documentado por grandes quantidades de produtos como cerâmica, vidro e porcelana do Oriente Médio (e ocasionalmente até da China!) encontradas em povoações no litoral da África oriental. Os comerciantes esperavam ventos favoráveis para cruzar o oceano Índico diretamente da Índia para a África oriental. Quando o navegante português Vasco da Gama tornou-se o primeiro europeu a contornar o cabo sul da África, alcançando a costa do Quênia em 1498, encontrou povoações swahilis dedicadas ao comércio e levou um timoneiro para guiá-lo naquela rota direta para a Índia.

Mas havia um comércio marítimo igualmente intenso no leste da Índia, entre a Índia e a Indonésia. Talvez os colonizadores austronésios de Madagascar tenham chegado à Índia, vindos da Indonésia por essa rota de comércio oriental, e depois aderiram à rota de comércio para a África oriental, onde se uniram aos africanos e descobriram Madagascar. Essa união de austronésios e africanos do leste existe em Madagascar até hoje, basicamente na língua austronésia, que contém palavras emprestadas das línguas bantas do litoral queniano. Mas não há palavras correspondentes emprestadas dos austronésios nas línguas do Quênia, e outros vestígios dos austronésios são muito escassos no solo da África oriental: apenas, o possível legado da África de instrumentos musicais indonésios (xilofones e cítaras) e, é claro, as plantas austronésias que se tornaram tão importantes na agricultura africana. Conseqüentemente, nos perguntamos se os austronésios, em vez de seguirem a rota mais fácil para Madagascar, pela Índia e o leste da África, de algum modo (inacreditavelmente) atravessaram diretamente o oceano Índico, descobriram Madagascar, e só depois ligaram-se às rotas comerciais do leste africano. Assim, ainda permanece algum mistério em relação ao fato mais surpreendente da geografia humana da África.

O QUE A ARQUEOLOGIA PODE nos contar sobre o outro grande deslocamento populacional na pré-história africana recente — a expansão dos bantos? Vimos, a partir do duplo indício dos povos modernos e suas línguas, que a África subsaariana nem sempre foi um continente negro, como pensamos hoje. Ao contrário, este indício sugeria que os pigmeus antigamente espalhavam-se pela floresta tropical da África central, enquanto os coissãs estavam espalhados pelas áreas secas da África subequatorial. Será que a arqueologia pode testar essas suposições?

No caso dos pigmeus, a resposta é "ainda não", simplesmente porque os arqueólogos ainda precisam descobrir esqueletos humanos antigos das florestas da África central. No caso dos coissãs, a resposta é "sim". Em Zâmbia, no norte da zona ocupada pelos modernos coissãs, os arqueólogos acharam crânios de humanos possivelmente semelhantes aos coissãs modernos, assim como ferramentas de pedra parecidas com aquelas que os coissãs ainda estavam fazendo na época em que os europeus chegaram à África meridional.

Quanto à maneira como os bantos tomaram o lugar dos coissãs do norte, indícios arqueológicos e lingüísticos sugerem que a expansão dos ancestrais dos agricultores bantos das savanas no interior da África ocidental para o sul, em sua floresta litorânea mais úmida, pode ter começado já em 3000 a.C. (Figura 19.4). Palavras ainda correntes em todas as línguas bantas mostram que, já nessa época, os bantos criavam gado e mantinham culturas de clima úmido, como o inhame, mas não conheciam o metal e ainda se dedicavam muito à caça, à pesca e à coleta. Até perderam o gado bovino por causa de uma doença transmitida por moscas africanas tsé-tsé na floresta. À medida que os bantos se espalharam pela zona da floresta equatorial da bacia do Congo, faziam hortas e aumentavam em quantidade, começaram a subjugar os pigmeus caçadores-coletores concentrando-os na própria floresta.

H= lugar de origem dos bantos, 3000 a.C

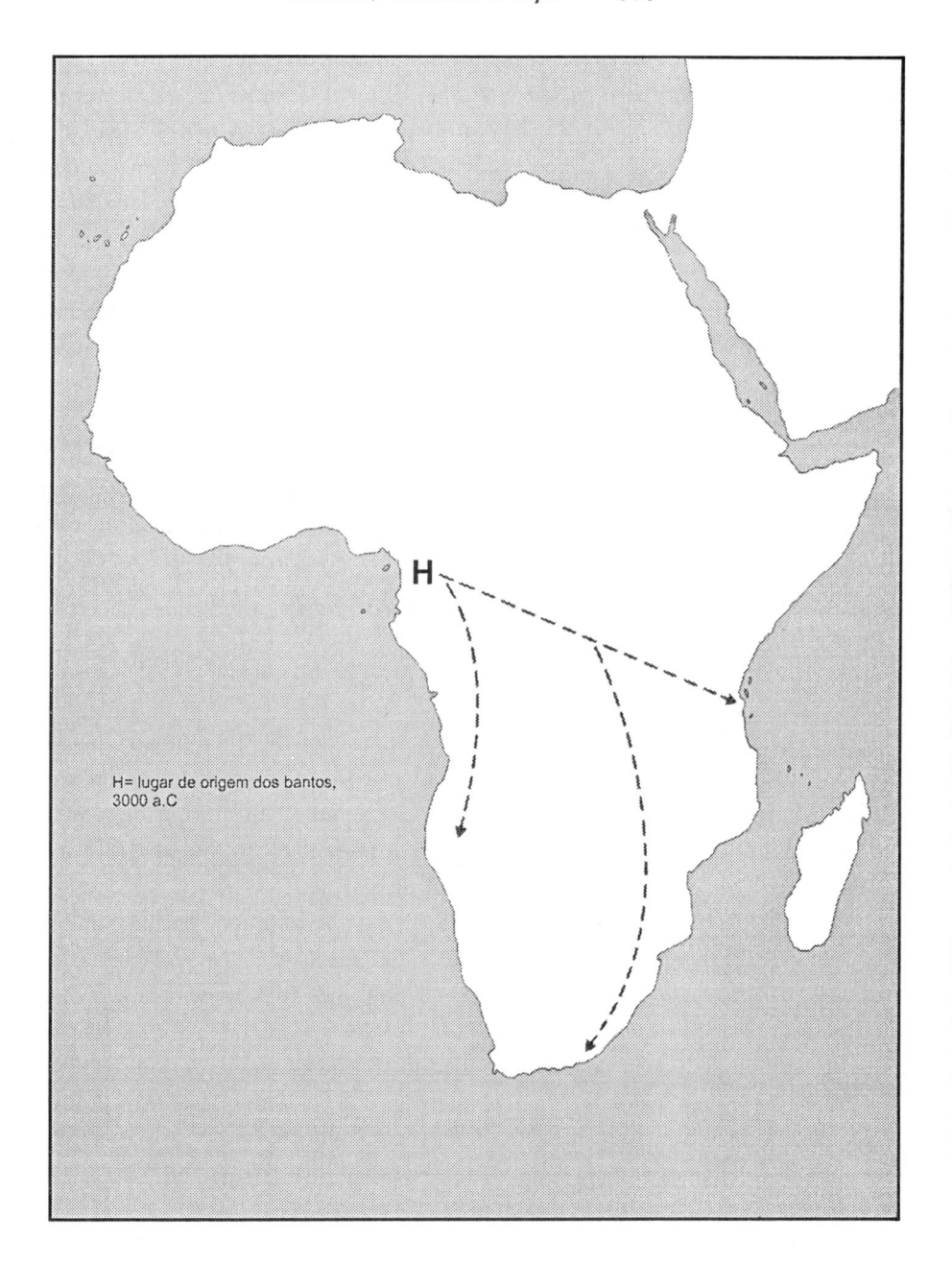

FIGURA 19.4. *Caminhos aproximados da expansão percorridos pelos povos de línguas bantas, cujo local de origem (assinalado com H) fica no canto noroeste da área atual dos bantos, acima da África oriental e meridional entre 3000 a.C. e 500.*

Pouco depois de 1000 a.C., os bantos saíram do lado oriental da floresta para uma região mais aberta do Quênia, o Vale do Rift e os Grandes Lagos. Ali eles encontraram um caldeirão racial de agricultores e pastores afro-asiáticos e nilo-saarianos cultivando milhete e sorgo, criando gado em áreas mais secas, juntamente com os coissãs caçadores-coletores. Graças a sua agricultura de clima úmido herdada de seu local de origem, a África ocidental, os bantos conseguiram plantar nas áreas úmidas da África oriental, imprópria para todos os ocupantes anteriores. Nos últimos séculos antes de Cristo, os adiantados bantos haviam chegado à costa da África oriental.

Na África oriental, os bantos começaram a obter o milhete e o sorgo (assim como os nomes nilo-saarianos dessas plantas), e a obter novamente o gado bovino de seus vizinhos nilo-saarianos e afro-asiáticos. Eles também obtiveram o ferro, que começava a ser fundido na zona do Sael. As origens da metalurgia na África subsaariana pouco depois de 1000 a.C. ainda são obscuras. Essa data mais antiga é estranhamente próxima das datas da chegada das técnicas de metalurgia do Oriente Próximo a Cartago, na costa norte-africana. Por isso, os historiadores quase sempre supõem que o conhecimento da metalurgia chegou à África subsaariana a partir do norte. Por outro lado, a fundição do cobre já era feita no Saara e no Sael desde pelo menos 2000 a.C. Isso pode ter precedido uma descoberta africana independente da metalurgia do ferro. Reforçando essa hipótese, as técnicas de fundição de minério dos ferreiros da África subsaariana eram tão diferentes das usadas no Mediterrâneo que sugerem um desenvolvimento independente: os ferreiros africanos descobriram como conseguir altas temperaturas nos fornos de suas aldeias e fabricar aço mais de dois mil anos antes dos fornos do inventor inglês Henry Bessemer, no século XIX, na Europa e na América.

Quando passaram a usar ferramentas de metal em suas culturas de clima úmido, os bantos acabaram por formar um pacote militar-industrial insuperável na África subequatorial da época. Na África oriental, eles ainda tiveram de competir com numerosos agricultores nilo-saarianos e afro-asiáticos da Idade do Ferro. Mas ao sul ficavam cerca de 3.300 quilômetros de uma região escassamente ocupada por caçadores-coletores coissãs, que não tinham agricultura nem o ferro. Em poucos séculos, em um dos avanços colonizadores mais rápidos da pré-história recente, os agricultores bantos tinham limpado todo o caminho até Natal, na costa oriental do que é agora a África do Sul.

É fácil simplificar demais o que foi, sem dúvida, uma expansão rápida e decisiva, e imaginar todos os coissãs do caminho sendo pisoteados por hordas de bantos violentos. Na realidade, as coisas foram mais complicadas. Os coissãs da África meridional já haviam obtido a ovelha e o boi alguns séculos antes do avanço dos bantos. Os pioneiros bantos eram provavelmente poucos, escolheram áreas úmidas da floresta próprias para sua plantação de inhame e saltaram as áreas mais secas, que eles deixaram para os pastores e caçadores-coletores coissãs. Certamente foram estabelecidas relações de comércio e casamento entre esses coissãs e os agricultores bantos, cada qual ocupando habitats adjacentes diferentes, exatamente como os caçadores-coletores pigmeus e os agricultores bantos ainda fazem hoje na África equatorial. Só aos poucos, à medida que os bantos se multiplicavam e o gado e os cereais de clima seco eram incorporados a sua economia, eles foram preenchendo as áreas secas que haviam saltado. Mas o resultado final foi o mesmo: os agricultores bantos ocupando a maior parte do espaço anterior dos coissãs; o legado desses habitantes coissãs anteriores reduzido aos cliques em línguas não-coissãs dispersas, assim como crânios e ferramentas de pedra enterrados à espera dos arqueólogos; e traços coissãs na aparência física de alguns povos bantos da África meridional.

O que realmente aconteceu a todas essas populações de coissãs desaparecidas? Não sabemos. Tudo o que podemos dizer com certeza é que, nos lugares onde os coissãs viveram durante talvez dezenas de milhares de anos, há bantos agora. Podemos apenas arriscar uma suposição, por analogia com os acontecimentos presenciados em tempos modernos, quando agricultores brancos que já conheciam o aço encontraram os caçadores-coletores com ferramentas de pedra da Austrália aborígine e da Califórnia indígena. Ali, sabemos que os caçadores-coletores foram eliminados rapidamente de várias maneiras: foram expulsos, os homens foram mortos ou escravizados, as mulheres foram destinadas ao casamento, e os dois sexos foram contaminados por doenças epidêmicas dos agricultores. Um exemplo dessas doenças na África é a malária, que é transmitida por mosquitos que nascem ao redor das aldeias dos agricultores, e contra a qual os invasores bantos já tinham desenvolvido resistência genética, mas os caçadores-coletores coissãs provavelmente não.

No entanto, a Figura 19.1, com as recentes distribuições humanas na África, nos lembra que os bantos não eliminaram todos os coissãs, que sobreviveram em áreas do sul da África meridional impróprias para a agricultura banta. Os povos bantos do extremo sul, os xosas, foram até o rio do Peixe, na costa sul da África do Sul, 800 quilômetros a leste da Cidade do Cabo. Não que o Cabo da Boa Esperança fosse seco demais para a agricultura: afinal, é esta a região que abastece a moderna África do Sul. O caso é que o clima mediterrâneo de chuvas de inverno não favorecia as culturas agrícolas dos bantos, adaptadas às chuvas de verão. Em 1652, ano em que os holandeses chegaram à Cidade do Cabo trazendo suas culturas adequadas às chuvas de inverno originárias do Oriente Próximo, os xosas ainda não haviam ultrapassado o rio do Peixe.

Esse aparente detalhe da fitogeografia teve grandes implicações na política atual. Uma conseqüência foi que, depois que os brancos sul-africanos rapidamente mataram, contaminaram ou expulsaram a população coissã do Cabo, eles podiam alegar corretamente que haviam ocupado o Cabo antes dos bantos, e assim reivindicar direitos anteriores. Essa reivindicação não precisava ser levada a sério, já que os direitos anteriores dos coissãs não impediram que os brancos os desalojassem. A conseqüência mais grave foi que os colonizadores holandeses, em 1652, tiveram de combater apenas uma população escassa de pastores coissãs e não uma população densa de agricultores bantos munidos de aço. Quando os brancos finalmente se espalharam para leste, encontrando os xosas no rio do Peixe em 1702, teve início um período de lutas desesperadas. Embora os europeus pudessem então abastecer suas tropas a partir de sua base segura no Cabo, foram necessários nove guerras e 175 anos para que seus exércitos, avançando a uma velocidade média inferior a 1,5 quilômetro por ano, subjugassem os xosas. Como os brancos conseguiriam se estabelecer no Cabo, se os primeiros navios holandeses que chegaram tivessem de enfrentar uma resistência tão feroz?

Assim, os problemas da moderna África do Sul decorrem, pelo menos em parte, de um acaso geográfico. O lugar de origem dos coissãs no Cabo continha algumas plantas selvagens apropriadas para a domesticação; os bantos herdaram as culturas adaptadas às chuvas de verão cinco mil anos antes de seus ancestrais; e os europeus herdaram as culturas adaptadas às chuvas de inverno de seus antepassados quase dez mil anos atrás. Assim como as lembranças trazidas pela placa "rua Goering" na capital da Namíbia recém-libertada, o passado está profundamente marcado no presente da África.

Foi assim que os bantos conseguiram subjugar os coissãs. Agora vamos voltar à pergunta que ficou faltando em nosso enigma da pré-história africana: por que foram os europeus que colonizaram a África subsaariana? Que não tenha sido o contrário é bastante surpreendente, porque a África foi o único berço da evolução humana durante milhões de anos, como talvez tenha sido a pátria do *Homo sapiens* anatomicamente moderno. Além das vantagens de ter saído na frente na história da humanidade, a África teve também as vantagens decorrentes de climas e habitats bastante variados e a maior diversidade humana do mundo. Um extraterrestre que visitasse a Terra dez mil anos atrás seria perdoado por prever que a Europa acabaria como uma série de Estados vassalos de um império africano subsaariano.

As razões imediatas por trás do resultado do confronto da África com a Europa são claras. Da mesma maneira que em seu encontro com os ameríndios, os europeus que chegaram à África levavam a tripla vantagem das armas e de outras tecnologias, da alfabetização generalizada e da organização política necessária para sustentar dispendiosos programas de exploração e conquista. Essas vantagens se manifestaram assim que começaram os confrontos entre os povos dos dois continentes: apenas quatro anos depois de Vasco da Gama chegar à costa oriental da África, em 1498, ele voltou com uma frota cheia de canhões para forçar a rendição do porto mais importante da África oriental, Kilwa, que controlava o comércio de ouro do Zimbábue. Mas por que os europeus desenvolveram essas três vantagens antes dos africanos subsaarianos?

Como verificamos, todos os três surgiram historicamente a partir do desenvolvimento da produção de alimentos. Mas ela foi retardada na África subsaariana (em comparação com a Eurásia) pela escassez de plantas e animais nativos domesticáveis, por ter uma área muito menor que fosse adequada à produção de alimentos, e por causa de seu eixo norte-sul, que retardou a difusão da produção de alimentos e das invenções. Vamos examinar como esses fatores atuaram.

Primeiro, em relação aos animais domésticos, já vimos que os animais existentes na África subsaariana vieram da Eurásia, com a possível exceção de alguns vindos do norte da África. Em conseqüência, os animais domésticos só chegaram a essa região milhares de anos depois de começarem a ser utilizados pelas civilizações eurasianas emergentes. Isso, a princípio, é surpreendente, porque nós pensamos na África como sendo *o* continente dos grandes mamíferos selvagens. Mas vimos no Capítulo 9 que um animal selvagem, para ser domesticado, precisa ser suficientemente dócil, submisso aos humanos, imune a doenças, de crescimento rápido, além de custar pouco para alimentar e reproduzir-se bem em cativeiro. As vacas, as ovelhas, as cabras, os cavalos e os porcos nativos da Eurásia estavam entre as poucas espécies de grandes animais selvagens que passaram em todos esses testes. Seus equivalentes africanos — como o búfalo africano, a zebra, o javali, o rinoceronte e o hipopótamo — nunca foram domesticados, nem mesmo nos tempos modernos.

Naturalmente, é verdade que alguns grandes animais africanos foram vez por outra *amansados*. Aníbal "recrutou" elefantes africanos amansados em sua fracassada guerra contra Roma, e os antigos egípcios podem ter amansado girafas e outras espécies. Mas nenhum desses animais amansados foi realmente domesticado, ou seja, seletivamente criado em cativeiro e geneticamente modificado para se tornar mais útil aos humanos. Se os rinocerontes e os hipopótamos da África tivessem sido domesticados e montados, não só teriam alimentado exércitos, mas também constituído uma cavalaria imbatível para atravessar as fileiras de cavaleiros europeus. Tropas de choque de bantos montados em rinocerontes poderiam ter arruinado o império romano. Isso jamais ocorreu.

Um segundo fator é uma disparidade correspondente, embora menos extrema, entre a África subsaariana e Eurásia em relação às plantas domesticáveis. O Sael, a Etiópia e a África ocidental produziram culturas nativas, mas com muito menos variedades do que as cultivadas na Eurásia. Por causa da menor variedade de material silvestre inicial, próprio para a domesticação de plantas, até a agricultura mais antiga da África pode ter começado milhares de anos depois daquela do Crescente Fértil.

Assim, no que diz respeito à domesticação de plantas e animais, a vantagem inicial e a grande diversidade ficam com a Eurásia, não com a África. Um terceiro fator é que a área da África é quase a metade da área da Eurásia. Além disso, só cerca de um terço de sua área fica dentro da zona subsaariana ao norte do equador que estava ocupada por agricultores e pastores antes de 1000 a.C. Hoje, a população total da África é inferior a 700 milhões, comparados aos quatro bilhões da Eurásia. Mas, mesmo se todas as outras coisas forem iguais, mais terra e mais gente significam mais sociedades e invenções em competição e, portanto, um ritmo mais rápido de progresso.

O último fator por trás do ritmo mais lento de desenvolvimento da África pós-pleistocena em comparação com a Eurásia é a direção diferente dos eixos principais desses continentes. Assim como ocorre nas Américas, o eixo principal da África é norte-sul, ao passo que o da Eurásia é leste-oeste (Figura 10.1). À medida que nos deslocamos ao longo de um eixo norte-sul, atravessamos zonas muito diferentes em termos de clima, habitat, chuvas, duração do dia e doenças de plantas e de animais. Conseqüentemente, as plantas e os animais domesticados ou adquiridos em uma parte da África tiveram grande dificuldade em se deslocar para outras partes. Por outro lado, eles percorreram facilmente milhares de quilômetros entre as sociedades eurasianas, mas na mesma latitude e com climas e **durações do dia semelhantes.**

A lenta passagem ou a interrupção total de culturas agrícolas e criações de animais ao longo do eixo norte-sul da África tiveram conseqüências importantes. Por exemplo, as culturas mediterrâneas que se tornaram a base da agricultura do Egito precisam de chuvas de inverno e variação sazonal na duração do dia para sua germinação. Essas culturas não conseguiram se difundir para o sul do Sudão, além do qual elas encontraram chuvas de verão e pequena ou nenhuma variação sazonal na luz do dia. O trigo e a cevada do Egito só chegaram ao clima mediterrâneo no Cabo da Boa Esperança quando os colonos europeus os levaram em 1652, e os coissãs nunca desenvolveram a agricultura. Do mesmo modo, as culturas do Sael, adaptadas à chuva de verão e a pequena ou nenhuma variação sazonal na duração do dia, foram levadas pelos bantos para a África meridional, mas não puderam florescer no próprio Cabo, detendo assim o avanço da agricultura banta. Bananas e outras culturas tropicais asiáticas, para as quais o clima da África é bastante satisfatório, e que hoje estão entre os principais produtos mais rendosos da agricultura africana tropical, não puderam chegar à África por terra. Eles só chegaram depois do primeiro milênio, muito depois de sua domesticação na Ásia, porque tiveram de esperar o transporte marítimo em grande escala pelo oceano Índico.

O eixo norte-sul da África também foi um grande empecilho para a expansão da criação de gado. As moscas africanas tsé-tsé da África equatorial, carregando tripanossomas aos quais os mamíferos selvagens africanos nativos são resistentes, foram devastadoras para as espécies de gado eurasianas e norte-africanas introduzidas ali. As vacas que os bantos adquiriram da zona do Sael, que não tem a mosca tsé-tsé, não sobreviveram à expansão dos bantos pela floresta equatorial. Embora os cavalos já tivessem chegado ao Egito por volta de 1800 a.C. e provocado a modificação da guerra norte-africana logo depois disso, eles só cruzaram o Saara para impelir a ascensão de reinos africanos ocidentais com cavalaria montada no primeiro milênio, e nunca seguiram para o sul através da mosca africana tsé-tsé. Enquanto bois, ovelhas e cabras já haviam chegado ao extremo norte do Serengeti no terceiro milênio antes de Cristo, foram necessários mais de dois mil anos para o gado atravessar as planícies do Serengeti e chegar à África meridional.

A tecnologia humana foi igualmente lenta para se expandir pelo eixo norte-sul da África. A cerâmica, registrada no Sudão e no Saara por volta de 8000 a.C., só chegou ao cabo por volta do ano 1. Apesar de a escrita ter sido desenvolvida no Egito perto de 3000 a.C. e difundida em uma forma alfabetizada para o reino núbio de Meroë, e apesar de a escrita alfabética ter chegado à Etiópia (possivelmente a partir da Arábia), ela não surgiu de modo independente no restante da África, para onde foi levada por árabes e europeus.

Em resumo, a colonização européia da África nada teve a ver com as diferenças entre os povos africanos e europeus, como presumem os racistas brancos. Na verdade, ela ocorreu em virtude de acidentes geográficos e biogeográficos — particularmente, as diferenças entre as áreas dos continentes, os eixos e os conjuntos de espécies de plantas e animais selvagens. Ou seja, as diferentes trajetórias históricas da África e da Europa originam-se, enfim, de diferenças em bens de raiz.

EPÍLOGO

O FUTURO DA HISTÓRIA HUMANA COMO UMA CIÊNCIA

A PERGUNTA DE YALI TOCOU NO CERNE DA VERDADEIRA CONDIÇÃO HUMANA, E DA história humana pós-pleistocena. Agora que terminamos essa rápida excursão pelos continentes, como vamos responder a Yali?

Eu diria a Yali: as diferenças gritantes entre as longas histórias dos povos dos vários continentes não podem ser atribuídas a diferenças inatas dos próprios povos, mas a diferenças em seus ambientes. Creio que, se as populações da Austrália aborígine e da Eurásia tivessem sido trocadas durante o fim da era pleistocena, os aborígines australianos originais seriam hoje os ocupantes da maior parte das Américas e da Austrália, assim como da Eurásia, enquanto os aborígines eurasianos originais seriam agora uma reduzida população fragmentada e oprimida na Austrália. A princípio qualquer pessoa pode querer desprezar esta afirmação por considerá-la insensata, porque a experiência é imaginária e minha afirmação sobre seu resultado não pode ser verificada. Mas os historiadores podem, mesmo assim, avaliar as hipóteses relacionadas por meio de testes retrospectivos. Por exemplo, pode-se examinar o que aconteceu quando os agricultores europeus foram transferidos para a Groenlândia ou para as Grandes Planícies dos Estados Unidos, e quando agricultores originários da China emigraram para as ilhas Chatham, as florestas tropicais de Bornéu ou os solos vulcânicos de Java ou do Havaí. Esses testes confirmam que os mesmos povos ancestrais terminaram extintos, ou voltaram a viver como caçadores-coletores, ou saíram construindo Estados complexos, dependendo de seus ambientes. Do mesmo modo, caçadores-coletores aborígines na Austrália, transferidos para a ilha Flinders, a Tasmânia ou o sudeste da Austrália, acabaram extintos, ou como caçadores-coletores que utilizaram a tecnologia mais simples do mundo moderno, ou como construtores de canais dedicados a uma intensiva pesca produtiva, dependendo de seus ambientes.

Naturalmente, os continentes diferem em inúmeras características ambientais que afetam as trajetórias das sociedades humanas. Mas uma simples relação de todas as diferenças possíveis não constitui uma resposta à pergunta de Yali. Apenas quatro conjuntos de diferenças me parecem ser os mais importantes.

O primeiro conjunto consiste nas diferenças continentais entre as espécies selvagens de plantas e animais disponíveis como material inicial para a domesticação. Isso porque a produção de alimentos era decisiva para acumular excedentes de alimentos que poderiam alimentar os especialistas não-produtores de alimentos, e para a formação de grandes populações que desfrutam de uma vantagem militar apenas pela quantidade, antes mesmo de elas terem desenvolvido qualquer vantagem tecnológica ou política. Por essas duas razões, todos os avanços de sociedades politicamente centralizadas, economicamente complexas, socialmente estratificadas, além do nível de pequenas tribos centralizadas emergentes, estavam baseados na produção de alimentos.

Mas a maioria das espécies de plantas e animais selvagens mostrou ser inadequadas para a domesticação: a produção de alimentos estava baseada em uma quantidade relativamente pequena de espécies de animais domésticos e culturas agrícolas. Ocorre que o número de espécies selvagens candidatas à domesticação variava muito entre os continentes, por causa das diferenças nas áreas continentais e também (no caso dos grandes mamíferos) nas extinções do fim do Pleistoceno. Essas extinções foram muito mais graves na Austrália e nas Américas do que na Eurásia ou na África. Em conseqüência, a África acabou biologicamente um pouco menos bem-dotada do que a Eurásia muito maior, as Américas, ainda menos, e a Austrália muito menos, tal qual a Nova Guiné de Yali (com um sétimo da área da Eurásia e com todos os seus grandes mamíferos originais extintos no final da época pleistocena).

Em cada continente, a domesticação de animais e plantas concentrou-se em alguns locais especialmente favoráveis, que correspondem a uma pequena fração da área total do continente. Também, no caso das inovações tecnológicas e das instituições políticas, a maioria das sociedades adquire muito mais de outras sociedades do que as inventa. Assim, a difusão e a migração dentro de um continente contribuem de modo essencial para o desenvolvimento de suas sociedades, que, a longo prazo, tendem a compartilhar seus avanços (até onde os ambientes permitem) por causa dos processos exemplificados de modo simples pelas Guerras do Mosquete dos maoris na Nova Zelândia. Ou seja, as sociedades que no início não têm uma vantagem, ou a adquirem das sociedades que a têm ou (se não conseguirem adquiri-la) são substituídas por essas outras sociedades.

Por isso, o segundo conjunto de fatores é formado por aqueles que influem no ritmo de difusão e migração que variava muito entre os continentes. Ele foi muito rápido na Eurásia, em virtude de seu eixo principal leste-oeste e de suas barreiras ecológicas e geográficas relativamente modestas. O raciocínio é direto para os deslocamentos das culturas agrícolas e das criações de animais, que dependem muito do clima e, conseqüentemente, da latitude. Mas um raciocínio semelhante também pode ser aplicado à difusão de inovações tecnológicas, na medida em que elas estejam bem adaptadas sem modificação de ambientes específicos. A difusão foi mais lenta na África e principalmente nas Américas, por causa dos eixos principais norte-sul desses continentes e de suas barreiras geográficas e ecológicas. Ela também foi difícil na Nova Guiné tradicional, onde o terreno acidentado e uma extensa cadeia de altas montanhas impediram um progresso significativo que levasse à unificação política e lingüística.

Relacionado com esses fatores que influem na difusão *dentro* dos continentes há um terceiro conjunto de fatores que influem na difusão *entre* os continentes, que também podem ajudar a formar um consórcio local de plantas e animais domesticados e de tecnologia. A facilidade de difusão intercontinental era variável, porque alguns continentes são mais isolados do que outros. Nos últimos seis mil anos ela foi mais fácil da Eurásia para a África subsaariana, fornecendo a maioria das espécies de animais para criação na África. Mas a difusão entre hemisférios não deu nenhuma contribuição às sociedades ameríndias complexas, isoladas da Eurásia a baixas latitudes por extensos oceanos, e a altas latitudes pela geografia e por um clima apropriado apenas para a caça e a coleta. Quanto à Austrália aborígine, isolada da Eurásia pelas barreiras aquáticas do arquipélago indonésio, a única contribuição comprovada da Eurásia foi o dingo.

O quarto e último conjunto de fatores é formado pelas diferenças continentais em área ou tamanho da população total. Uma área maior ou uma população maior significam mais inventores potenciais, mais sociedades competindo entre si, mais inovações disponíveis e mais pressão para adotar e reter inovações, pois aquelas que não adotarem essas inovações tenderão a ser eliminadas pelas rivais. Foi isso que ocorreu com os pigmeus africanos e com muitas outras populações de caçadores-coletores expulsas por agricultores. Em contrapartida, o mesmo ocorreu com os conservadores e teimosos agricultores escandinavos na Groenlândia, substituídos por caçadores-coletores esquimós cujos métodos de subsistência e tecnologia eram muito superiores aos dos escandinavos nas condições existentes na Groenlândia. Entre as massas de terra do mundo, a área e a quantidade de sociedades concorrentes eram maiores na Eurásia, muito menores na Austrália e na Nova Guiné e, sobretudo, na Tasmânia. As Américas, apesar de sua grande área total, eram fragmentadas pela geografia e pela ecologia e funcionavam efetivamente como vários continentes menores com poucas ligações entre eles.

Esses quatro conjuntos de fatores constituem grandes diferenças ambientais que podem ser quantificadas objetivamente e que não estão sujeitos a discussão. Embora minha impressão subjetiva de que os papuas são, na média, mais inteligentes que os eurasianos possa ser contestada, não se pode negar que a Nova Guiné tenha uma área muito menor e bem menos espécies de grandes animais do que a Eurásia. Mas a simples menção dessas diferenças ambientais induz os historiadoras ao rótulo de "determinismo geográfico", que atiça os ânimos. O rótulo parece ter conotações desagradáveis, como se a criatividade humana não contasse para nada, ou que nós, humanos, fôssemos robôs passivos e impotentes, programados pelo clima, pela fauna e pela flora. Naturalmente, esses temores são descabidos Sem a inventividade humana, todos nós estaríamos hoje cortando carne com ferramentas de pedra e a comendo crua, como nossos antepassados de um milhão de anos atrás. Todas as sociedades humanas têm pessoas criativas. O que acontece é que alguns ambientes oferecem mais materiais para começar e condições mais favoráveis para a utilização dos inventos, do que outros.

Essas respostas à pergunta de Yali são mais longas e mais complicadas do que o próprio Yali esperaria. Entretanto, os historiadores podem achá-las muito curtas e simplificadas demais. Resumir 13 mil anos de história de todos os continentes em um livro de cerca de 400 páginas resulta em uma média aproximada de uma página por continente por 150 anos, tornando inevitáveis a concisão e a simplificação. Mas a exposição resumida traz um benefício: comparações de longo prazo das regiões levam a percepções que não podem ser obtidas em estudos de um período curto de uma só sociedade.

Naturalmente, muitas questões levantadas a partir da pergunta de Yali continuam sem resposta. No momento, podemos adiantar algumas respostas parciais e uma agenda de pesquisa para o futuro, em vez de uma teoria completamente desenvolvida. O desafio agora é desenvolver a história humana como uma ciência, no mesmo nível que as ciências históricas reconhecidas, como a astronomia, a geologia e a biologia da evolução. Por isso, parece apropriado concluir este livro da evolução, olhando para o futuro da disciplina de história e delineando algumas questões não resolvidas.

A extensão mais direta deste livro será quantificar mais e, assim, determinar de modo mais convincente o papel das diferenças intercontinentais nos quatro conjuntos de fatores que parecem ser os mais importantes. Para ilustrar as diferenças nos materiais iniciais para a domesticação, apresentei números de cada continente relativos ao total de grandes mamíferos terrestres selvagens herbívoros e onívoros (Tabela 9.2) e de cereais de sementes grandes (Tabela 8.1). Uma continuação disso seria reunir os números correspondentes de leguminosas de sementes grandes, como feijão, ervilha e ervilhaca. Além disso, mencionei os fatores que desqualificam os grandes mamíferos candidatos à domesticação, mas não tabulei quantos candidatos foram desqualificados por cada fator em cada continente. Seria interessante fazê-lo, sobretudo em relação a África, que tem uma porcentagem maior de candidatos desqualificados, do que a Eurásia: que fatores são mais importantes na África, e qual o motivo de sua alta incidência nos mamíferos africanos? Também deveriam ser reunidos dados quantitativos para testar meus cálculos preliminares, que sugerem taxas de difusão diferentes ao longo dos eixos principais da Eurásia, das Américas e da África.

U<small>MA SEGUNDA EXTENSÃO</small> será para as escalas geográficas e de tempo menores que as deste livro. Por exemplo, a seguinte pergunta já deve ter ocorrido aos leitores: por que havia sociedades européias dentro da Eurásia, em vez das sociedades do Crescente Fértil, da China ou da Índia, aquelas que colonizaram a América e a Austrália, eram líderes em tecnologia e passaram a ter um predomínio político e econômico no mundo moderno? Um historiador que tivesse vivido em qualquer período entre 8500 a.C. e 1450, e que tivesse tentado prever as futuras trajetórias históricas, teria seguramente considerado o predomínio europeu como o resultado menos provável, pois a Europa era a mais atrasada dessas três regiões do Velho

Mundo durante grande parte desses dez mil anos. De 8500 a.C. até a ascensão da Grécia, e em seguida a da Itália depois de 500 a.C., quase todas as principais inovações na Eurásia ocidental — a domesticação de animais, a domesticação de plantas, a escrita, a metalurgia, a roda, a formação do Estado etc. — surgiram no Crescente Fértil ou perto dele. Até a proliferação dos moinhos movidos a água depois do ano 900, a Europa, a oeste ou ao norte dos Alpes, não deu nenhuma contribuição importante para a tecnologia ou a civilização do Velho Mundo. A Europa era, em vez disso, uma receptora dos progressos do mediterrâneo oriental, do Crescente Fértil e da China. Mesmo no período de 1000 a 1450, o fluxo predominante de ciência e tecnologia era para a Europa, a partir das sociedades islâmicas que se estendiam da Índia ao norte da África, e não o contrário. Durante esses mesmos séculos, a China liderou o mundo em termos de tecnologia, depois de ter iniciado a produção de alimentos quase ao mesmo tempo que o Crescente Fértil.

Por que, então, o Crescente Fértil e a China acabaram perdendo a grande liderança de milhares de anos para a Europa retardatária? Naturalmente, é possível apontar fatores imediatos por trás da ascensão da Europa: o desenvolvimento de uma classe mercantil, o capitalismo e a patente para proteger as invenções, o fracasso em impor déspotas absolutos e uma taxação esmagadora, e sua tradição greco-judaica-cristã de investigação empírica crítica. Mas para todas essas causas imediatas deve-se levantar a questão da causa final: por que esses fatores imediatos surgiram na Europa, e não na China ou no Crescente Fértil?

Para o Crescente Fértil, a resposta é clara. Depois que perdeu a vantagem que obtivera graças à concentração disponível na região de plantas e animais selvagens domesticáveis, o Crescente Fértil não tinha nenhuma outra instigante vantagem geográfica. O desaparecimento dessa vantagem inicial pode ser rastreado em detalhes, como a mudança de impérios poderosos para o oeste. Depois da ascensão dos estados do Crescente Fértil no quarto milênio antes de Cristo, o centro do poder permaneceu inicialmente no Crescente Fértil, alternando-se entre impérios como os da Babilônia, os hititas, a Assíria e a Pérsia. Com a conquista pela Grécia de todas as sociedades avançadas, do leste da Grécia à Índia, sob o comando de Alexandre o Grande, no fim do século IV a.C., o poder fez finalmente sua primeira mudança irrevogável para o oeste. Depois ele seguiu mais para o oeste com a conquista romana da Grécia no século II a.C., e depois da queda do império romano, o poder deslocou-se de novo, para a Europa ocidental e setentrional.

O principal fator por trás dessas mudanças fica óbvio quando se compara o Crescente Fértil moderno com suas descrições antigas. Hoje, as expressões "Crescente Fértil" e "líder mundial em produção de alimentos" são absurdas. Grandes áreas do antigo Crescente Fértil são agora desérticas, semidesérticas, estepes, solos muito erodidos ou salinizados, impróprios para a agricultura. A atual riqueza efêmera de alguns países da região, baseada num único recurso não-renovável — o petróleo —, oculta a pobreza fundamental que vem de longa data.

Em tempos antigos, no entanto, grande parte do Crescente Fértil e da região mediterrânea oriental, incluindo a Grécia, era coberta por florestas. A transformação da região, de um bosque fértil em arbustos carcomidos ou desertos foi esclarecida por paleobotânicos e arqueólogos. Suas florestas foram derrubadas para a agricultura, ou cortadas para a obtenção de madeira para construção, ou queimadas como lenha. Por causa de baixa pluviosidade e, conseqüentemente, baixa produtividade primária (proporcional à chuva), a recuperação da vegetação não conseguia acompanhar o ritmo de sua destruição, principalmente pela presença de muitas cabras pastando. Sem as árvores e a cobertura de grama, sobreveio a erosão e os vales encheram-se de lodo, enquanto a agricultura de irrigação no ambiente de baixa pluviosidade favorecia a salinização. Esses processos, que começaram na era neolítica, continuaram nos tempos modernos. Por exemplo, as últimas florestas perto da antiga capital nabatéia de Petra, na moderna Jordânia, foram derrubadas pelos turcos otomanos durante a construção da ferrovia de Hejaz, pouco antes da Primeira Guerra Mundial.

O Crescente Fértil e as sociedades mediterrâneas orientais tiveram, portanto, o azar de nascer em um ambiente ecologicamente frágil. Cometeram um suicídio ecológico destruindo sua própria base de recursos. O poder deslocava-se para o oeste à medida que cada sociedade mediterrânea oriental, por sua vez, enfraquecia, a começar pelas mais antigas, no leste (o Crescente Fértil). A Europa setentrional e ocidental foi poupada deste destino, não porque seus habitantes foram mais sábios, mas porque eles tiveram a sorte de viver em um ambiente mais resistente, com mais chuvas, em que a vegetação volta a crescer depressa. Grande parte da Europa setentrional e ocidental ainda pode sustentar uma agricultura intensiva hoje, sete mil anos depois da chegada da produção de alimentos. De fato, a Europa recebeu as culturas agrícolas, as criações de gado, a tecnologia e os sistemas de escrita do Crescente Fértil, que aos poucos foi deixando de ser um centro importante de poder e inovação.

Foi assim que o Crescente Fértil perdeu sua grande liderança inicial em relação à Europa. Por que a China também perdeu a liderança? Seu atraso, a princípio, é surpreendente, porque este país desfrutava de vantagens inegáveis: o surgimento da produção de alimentos quase ao mesmo tempo que no Crescente Fértil; uma diversidade ecológica de norte a sul e da costa às altas montanhas do planalto tibetano, dando origem a um conjunto variado de culturas agrícolas, animais e tecnologia; uma extensão grande e produtiva, alimentando a maior população humana regional do mundo; e um ambiente menos seco ou ecologicamente menos frágil que o do Crescente Fértil, permitindo que a China ainda sustente uma produtiva agricultura intensiva depois de quase dez mil anos. Mas seus problemas ambientais estão aumentando hoje e são mais graves que os da Europa ocidental.

Todas essas vantagens tornaram a China medieval capaz de liderar o mundo em tecnologia. A longa lista de seus primeiros inventos tecnológicos importantes inclui o ferro fundido, a bússola, a pólvora, o papel e a imprensa, e muitos outros já citados. Ela também liderou o mundo em poder político, navegação e controle dos mares. No início do século XV, enviou frotas valiosas, formadas de centenas de embarcações de até 400 pés (cerca de 120 metros) com até 28 mil tripulantes no total, pelo oceano Índico até a costa oriental da África, décadas antes de três frágeis caravelas de Colombo cruzarem o estreito oceano Atlântico para a costa leste das Américas. Por que os barcos chineses não seguiram para o oeste, dando a volta no cabo ao sul da África e colonizando a Europa, antes de Vasco da Gama e suas três frágeis caravelas contornarem o Cabo da Boa Esperança para o leste e iniciarem a colonização européia da Ásia oriental? Por que os barcos chineses não cruzaram o Pacífico para colonizar a costa ocidental das Américas? Em resumo, por que a China perdeu sua liderança tecnológica para a tão atrasada Europa?

O fim das frotas valiosas da China nos dá uma pista. Sete dessas frotas saíram da China entre 1405 e 1433. Elas foram depois paralisadas por causa de uma típica aberração da política local, que poderia ocorrer em qualquer lugar do mundo: uma luta pelo poder entre duas facções na corte chinesa (os eunucos e seus adversários). Enviar e capitanear as frotas era a marca da primeira facção. Por isso, quando a segunda facção venceu a luta pelo poder, deixou de enviar as frotas, acabou por desmantelar os estaleiros e proibiu o tráfego de embarcações transoceânicas. O episódio lembra a legislação que sufocou o desenvolvimento da iluminação elétrica pública em Londres na década de 1880, o isolacionismo dos Estados Unidos entre a Primeira e a Segunda Guerras, e muitos retrocessos em muitos países, todos motivados por questões políticas locais. Mas na China havia uma diferença, porque a região inteira estava politicamente unificada. Uma decisão parou as frotas em toda a China. Essa decisão temporária tornou-se irreversível, porque não sobrou um estaleiro para construir barcos que provassem a loucura daquela decisão temporária, e para servir como argumento para a construção de outros estaleiros.

Agora, compare esses acontecimentos na China com o que ocorreu quando as frotas de exploração começaram a sair da Europa politicamente fragmentada. Cristóvão Colombo, um italiano de nascimento, transferiu sua lealdade para o duque de Anjou, na França, depois para o rei de Portugal. Quando este recusou seu pedido de embarcações para explorar o oeste, Colombo voltou-se para o duque de Medina-Sedonia, que também recusou, depois para o conde de Medina-Celi, que fez o mesmo, e, finalmente, para o rei e a rainha de Espanha, que negaram seu primeiro pedido mas acabaram cedendo a seu novo apelo. Se a Europa estivesse unificada sob qualquer um dos três primeiros governantes, sua colonização das Américas poderia ter sido natimorta.

De fato, justamente porque a Europa era fragmentada, Colombo teve êxito em sua quinta tentativa de persuadir um das centenas de príncipes europeus a patrociná-lo. Depois que a Espanha iniciou assim a colonização européia da América, outros Estados europeus viram a riqueza fluindo para a Espanha, e outros seis passaram a participar da colonização da América. A história se repetiu com o canhão da Europa, a iluminação elétrica, a imprensa, as armas de fogo pequenas e outras incontáveis inovações: cada uma, no início, era rejeitada ou combatida em algumas partes da Europa por razões idiossincráticas, mas depois que era adotada em uma área, acabava se difundindo pelo resto da Europa.

Essas conseqüências da desunião da Europa formam um acentuado contraste com as conseqüências da unidade da China. De vez em quando a corte chinesa decidia interromper outras atividades além da navegação ultramarina: ela abandonou o desenvolvimento de uma sofisticada máquina de fiar movida a água, retrocedeu à beira de uma revolução industrial no século XIV, destruiu ou praticamente aboliu os relógios mecânicos depois de ser líder mundial na fabricação de relógios e retirou-se da indústria de dispositivos mecânicos e da tecnologia em geral depois do fim do século XV. Esses efeitos potencialmente prejudiciais da unidade foram desencadedos novamente na China moderna, durante a loucura da Revolução Cultural nas décadas de 1960 e 1970, quando uma decisão de um ou de alguns líderes fechou todas as escolas no país inteiro durante cinco anos.

A freqüente unidade da China e a eterna desunião da Europa têm uma longa história. As regiões mais produtivas da China moderna uniram-se politicamente pela primeira vez em 221 a.C. e assim permaneceram a maior parte do tempo desde então. A China só teve um sistema de escrita desde os primórdios da alfabetização no mundo, uma única língua dominante por muito tempo e uma unidade cultural significativa durante dois mil anos. Por outro lado, a Europa nunca chegou nem perto de uma unificação política: ela ainda estava dividida em mil pequenos Estados independentes no século XIV, 500 em 1500, caiu para um mínimo de 25 Estados na década de 1980, e está agora com quase 40 no momento em que escrevo esta frase. A Europa ainda tem 45 línguas, cada uma com seu próprio alfabeto modificado, e uma diversidade cultural ainda maior. As divergências que continuam a frustrar até tentativas modestas de unificação européia pela Comunidade Econômica Européia (CEE) são sintomas do arraigado compromisso da Europa com a desunião.

Conseqüentemente, a verdadeira dificuldade para se compreender por que a China perdeu a primazia política e tecnológica para a Europa é entender a unidade crônica da China e a desunião crônica de Europa. A resposta é sugerida novamente pelos mapas (veja p. 415). A Europa tem um litoral muito recortado, com cinco grandes penínsulas que são quase ilhas em seu isolamento, todas as quais desenvolveram línguas, grupos étnicos e governos independentes: Grécia, Itália, Ibéria, Dinamarca e Noruega/Suécia. O litoral da China é muito mais homogêneo, e só a península coreana próxima atingiu importância isolada. A Europa tem duas ilhas (a Inglaterra e a Irlanda) suficientemente grandes para afirmarem sua independência política e manter suas próprias línguas e etnicidades, e uma delas (a Inglaterra) bastante grande e fechada para se tornar uma importante potência européia independente. As duas ilhas maiores da China, Taiwan e Hainan, têm cada uma menos da metade da área da Irlanda; nenhuma das duas era independente e importante até Taiwan se destacar nas últimas décadas; e o isolamento geográfico do Japão o manteve, até recentemente, muito mais isolado politicamente do continente asiático do que a Inglaterra do continente europeu. A Europa é dividida em unidades lingüísticas, étnicas e políticas independentes por altas montanhas (Alpes, Pireneus, Cárpatos e as montanhas da fronteira norueguesa),

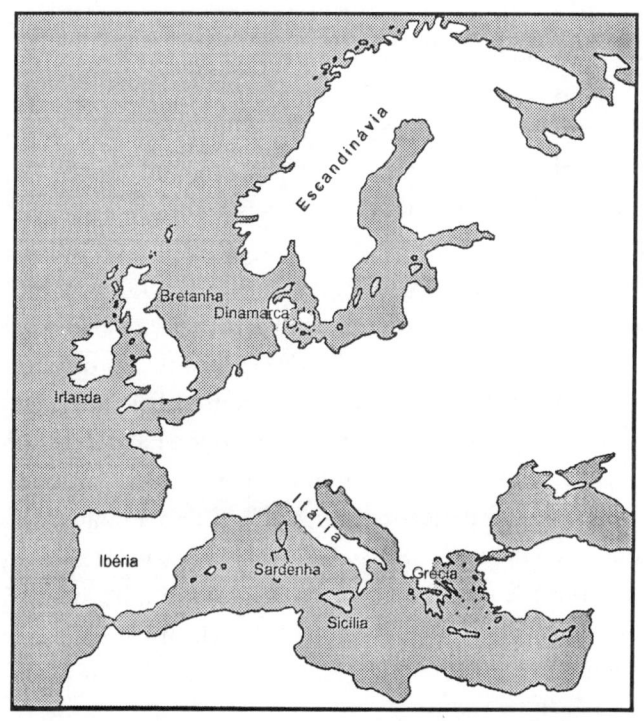

Comparação dos litorais da China e da Europa, desenhados na mesma escala. Note que o da Europa é bem mais recortado e tem mais penínsulas grandes e duas ilhas grandes.

ao passo que as montanhas da China a leste do planalto tibetano são barreiras muito menos assustadoras. A área central da China é limitada de leste a oeste por dois extensos sistemas fluviais navegáveis em vales aluviais ricos (os rios Yang-Tsé e Amarelo), e é unida de norte a sul por conexões relativamente fáceis entre essas duas redes fluviais (finalmente ligadas por canais). Em conseqüência, a China foi dominada muito cedo por duas imensas áreas geográficas centrais de alta produtividade, apenas vagamente separadas uma da outra e que acabaram fundidas em um único núcleo. Os dois maiores rios da Europa, o Reno e o Danúbio, são menores e ligam uma pequena parte da Europa. Ao contrário da China, a Europa tem muitos núcleos pequenos espalhados, nenhum suficientemente grande para dominar os demais, e cada um é o centro de Estados cronicamente independentes.

Quando a China foi finalmente unificada, em 221 a.C., nenhum outro Estado independente teve oportunidade de surgir e persistir por muito tempo na China. Embora períodos de desunião tenham ocorrido várias vezes após essa data, eles sempre acabavam em reunificação. Mas a unificação da Europa resistiu aos esforços de conquistadores determinados como Carlos Magno, Napoleão e Hitler; nem mesmo o império romano em seu auge conseguiu controlar mais que metade da área da Europa.

Assim, a ligação geográfica e a existência de barreiras internas apenas modestas deram à China uma vantagem inicial. China setentrional, China meridional, o litoral e o interior contribuíram com culturas agrícolas, criações de gado, tecnologias e características culturais diferentes para a China unificada. Por exemplo, o cultivo do milhete, a tecnologia do bronze e a escrita surgiram na China setentrional, enquanto o plantio de arroz e a tecnologia do ferro fundido apareceram na China meridional. Em grande parte deste livro, enfatizei a difusão da tecnologia que ocorre na ausência de grandes barreiras. Mas a conectividade da China acabou se tornando uma desvantagem, porque uma decisão tomada por um déspota podia, e repetidamente conseguiu, deter a inovação. Já a balcanização geográfica da Europa resultou em muitos pequenos Estados independentes e rivais, e centros de inovação. Se um Estado não tratasse de descobrir uma determinada inovação, outro o faria, obrigando os Estados vizinhos a fazer o mesmo, do contrário seriam conquistados ou deixados para trás no aspecto econômico. As barreiras da Europa eram suficientes para evitar a unificação política, mas insuficientes para deter a expansão de tecnologia e idéias. Nunca houve um déspota que pudesse fechar a torneira para toda a Europa, como aconteceu na China.

Essas comparações sugerem que a conexão geográfica provocou efeitos positivos e negativos na evolução da tecnologia. Depois de um longo período, a tecnologia pode ter evoluído mais rapidamente em regiões com conectividade moderada, nem muito alta nem muito baixa. O curso da tecnologia durante os últimos mil anos na China, na Europa e possivelmente no subcontinente indiano exemplifica esses efeitos da conectividade alta, moderada e baixa, respectivamente.

Naturalmente, outros fatores contribuíram para que a história tivesse rumos diversos em partes diferentes da Eurásia. Por exemplo, o Crescente Fértil, a China e a Europa estavam expostos em graus diferentes à ameaça permanente de invasões bárbaras por parte de pastores nômades montados da Ásia Central. Um desses grupos de nômades (os mongóis) destruiu os antigos sistemas de irrigação do Irã e Iraque, mas nenhum dos nômades asiáticos conseguiu se estabelecer nas florestas da Europa ocidental além das planícies húngaras. Fatores ambientais incluem também a localização geográfica intermediária do Crescente Fértil, controlando as rotas de comércio que uniam a China e a Índia à Europa, e a localização mais distante da China em relação a outras civilizações avançadas da Eurásia, fazendo da China praticamente uma ilha gigantesca dentro de um continente. O isolamento relativo da China é especialmente importante para sua adoção das tecnologias, e depois para a rejeição delas, que tanto lembram a rejeição na Tasmânia e em outras ilhas (Capítulos 13 e 15). Mas essa breve discussão pode, pelo menos, mostrar a importância dos fatores ambientais para os padrões da história de menor escala e de prazo mais curto, assim como para seu padrão mais geral.

As histórias do Crescente Fértil e da China também oferecem uma lição saudável para o mundo moderno: as circunstâncias mudam, e a primazia passada não é garantia de primazia futura. Alguém pode se perguntar se o raciocínio geográfico usado ao longo deste livro acabou se tornando totalmente irrelevante no mundo moderno, agora que as idéias se difundem imediatamente para todos os lugares pela Internet e as cargas são habitualmente despachadas de avião da noite para o dia entre os continentes. Pode parecer que regras completamente novas se apliquem à competição entre os povos do mundo, e que, por isso, novas potências estão emergindo, como Taiwan, Coréia, Malásia e, especialmente, o Japão.

Refletindo, nós vemos, entretanto, que as regras supostamente novas são apenas variações das antigas. Sim, o transistor, inventado na Bell Labs, no leste dos Estados Unidos, em 1947, saltou quase 12 mil quilômetros para iniciar a indústria eletrônica no Japão, mas não deu um salto menor para fundar novas indústrias no Zaire ou no Paraguai. As nações que surgem como novas potências ainda são aquelas que estavam incorporadas, milhares de anos atrás, aos velhos centros de domínio baseados na produção de alimentos, ou que foram repovoadas por povos desses centros. Ao contrário do Zaire ou do Paraguai, o Japão e outras novas potências conseguiram explorar o transistor rapidamente porque suas populações já tinham uma longa história de alfabetização, maquinaria de metal e governo centralizado. Os dois centros de produção de alimentos mais antigos do mundo, o Crescente Fértil e a China, ainda dominam o mundo moderno, ou por meio de seus Estados sucessores imediatos (a China moderna), ou por meio de Estados situados em regiões vizinhas influenciados por esses dois centros (Japão, Coréia, Malásia e Europa), ou por Estados repovoados ou governados por emigrantes deles (Estados Unidos, Austrália, Brasil). As perspectivas de domínio mundial dos africanos subsaarianos, aborígines australianos e ameríndios permanecem obscuras. A mão do curso da história em 8000 a.C. recai pesadamente sobre nós.

ENTRE OUTROS FATORES RELEVANTES para responder à pergunta de Yali, aparecem os fatores culturais e as influências de determinadas pessoas. Quanto aos primeiros, as características culturais humanas variam bastante no mundo inteiro. Uma parte dessa variação cultural é sem dúvida um produto da variação ambiental, e já apresentei muitos exemplos disso neste livro. Mas uma questão importante diz respeito à possível influência dos fatores culturais locais sem ligação com o ambiente. Uma característica cultural secundária pode surgir por razões locais insignificantes, temporárias, fixar-se e predispor uma sociedade a escolhas culturais mais importantes, como sugerem as aplicações da teoria do caos a outros campos da ciência. Esses processos culturais estão entre os curingas da história que tenderiam a torná-la imprevisível.

Como exemplo, mencionei no Capítulo 13 o teclado Qwerty das máquinas de datilografia. Ele foi adotado inicialmente, entre muitos projetos concorrentes, por razões específicas banais que envolviam a fabricação anterior da máquina de datilografia na América, na década de 1860, a arte de vender máquinas de datilografia, uma decisão tomada em 1882 por uma certa Sra. Longley, que fundou o Instituto de Taquigrafia e Datilografia em Cincinnati, e o sucesso do brilhante aluno de datilografia da Sra. Longley, Frank McGurrin, que arrasou seu rival não-Qwerty, Louis Taub, em um famoso concurso de datilografia em 1888. A decisão poderia ter pendido para outro teclado em qualquer um dos numerosos estágios entre as décadas de 1860 e 1880; nada no ambiente americano favorecia o teclado Qwerty em relação a seus rivais. Depois que foi tomada a decisão, no entanto, o teclado Qwerty foi incorporado de tal maneira que foi adotado também no projeto do teclado do computador um século depois. Razões específicas igualmente insignificantes, agora perdidas no passado distante, podem ter explicado a adoção, pelos sumérios, de um sistema de contagem baseado em 12 em vez de 10 (originando a nossa hora moderna de 60 minutos, o dia de 24 horas, o ano de 12 meses e os 360 graus do círculo), em contraste com o difundido sistema numérico mesoamericano baseado em 20 (que gerou seu calendário baseado em dois ciclos, um de 260 dias e outro de 365 dias).

Esses detalhes da máquina de escrever, do relógio e dos calendários não afetaram o sucesso competitivo das sociedades que os adotaram. Mas é fácil imaginar como poderiam ter afetado. Por exemplo, se o teclado Qwerty dos Estados Unidos não tivesse sido adotado também em outros lugares do mundo — digamos, se o Japão ou a Europa tivessem adotado o teclado Dvorak, muito mais eficiente — essa decisão banal tomada no século XIX poderia ter tido um grande efeito na posição competitiva da tecnologia americana do século XX.

Do mesmo modo, um estudo realizado com crianças chinesas revelou que elas aprendem a escrever mais depressa quando lhes ensinam uma transcrição alfabética de sons chineses (denominada *pinyin*) do que quando lhes ensinam a escrita chinesa tradicional, com seus milhares de sinais. Sugeriu-se que esta última surgiu por causa de sua conveniência para distinguir o grande número de palavras chinesas que têm significados diferentes mas os mesmos sons (homófonas). Neste caso, a abundância de palavras homófonas no idioma chinês pode ter tido um grande impacto no papel da alfabetização na sociedade chinesa, embora pareça improvável que houvesse qualquer coisa no ambiente chinês que levasse à escolha de uma língua cheia de palavras homófonas. Seria um fator lingüístico ou cultural o responsável pelo intrigante fracasso das civilizações andinas complexas em desenvolver a escrita? Será que havia qualquer coisa no ambiente da Índia que a predispôs a castas socioeconômicas rígidas, com graves conseqüências para o desenvolvimento da tecnologia no país? Será que havia qualquer coisa no ambiente chinês que predispôs os chineses à filosofia de Confúcio e ao conservadorismo cultural, e que também possa ter tido uma profunda influência na história? Por que o proselitismo religioso (cristianismo e islamismo) era uma força motriz da colonização e da conquista entre os europeus e os asiáticos ocidentais mas não entre os chineses?

Estes exemplos ilustram a grande gama de questões relativas às idiossincrasias culturais, sem ligação com o ambiente e inicialmente de pouca importância, que poderiam evoluir para características culturais influentes e duradouras. O significado delas constitui uma importante pergunta não respondida. Ela pode ser mais bem abordada se concentrarmos a atenção em padrões históricos que permanecem enigmáticos depois que foram levados em conta os efeitos dos principais fatores ambientais.

E OS EFEITOS DE INDIVÍDUOS idiossincráticos? Um exemplo recente e conhecido foi a fracassada tentativa, em 20 de julho de 1944, de assassinato de Hitler e de uma revolta simultânea em Berlim. Ambos tinham sido planejados por alemães convencidos de que a guerra não podia ser ganha e que, por isso, queriam buscar a paz, numa época em que a frente oriental, entre os exércitos alemães e russos, ainda estava localizada principalmente dentro das fronteiras da Rússia. Hitler foi ferido por uma bomba-relógio que estava em uma pasta sob uma mesa de reuniões; ele poderia ter sido morto se a pasta tivesse sido colocada um pouco mais perto da cadeira onde ele estava sentado. É provável que o mapa moderno da Europa oriental e o rumo da Guerra Fria fossem bem diferentes se Hitler tivesse sido assassinado e a Segunda Guerra Mundial tivesse terminado nessa ocasião.

Menos conhecido mas até mais fatal foi um acidente de trânsito no verão de 1930, mais de dois anos antes de Hitler tomar o poder na Alemanha, quando o carro em que ele estava sentado no "assento da morte" (banco do carona) bateu em um pesado caminhão-reboque. O caminhão freou a tempo de evitar passar por cima do carro de Hitler e esmagá-lo. Por causa do grau em que a psicopatologia de Hitler determinava a política e o sucesso nazista, a forma de uma eventual Segunda Guerra Mundial poderia ter sido bem diferente se o motorista do caminhão tivesse freado um segundo mais tarde.

Podemos nos lembrar de outras pessoas cujas idiossincrasias aparentemente influenciaram a história como fez a de Hitler: Alexandre o Grande, Augusto, Buda,

Cristo, Lenin, Martin Luther King, o imperador inca Pachacuti, Maomé, Guilherme o Conquistador e o rei zulu Shaka, para citar alguns. Até que ponto cada um deles realmente mudou os acontecimentos, e não "apenas" era a pessoa certa no lugar certo no momento certo? Num extremo está a opinião do historiador Thomas Carlyle: "A história universal, a história das realizações do homem (*sic*) neste mundo, é, no fundo, a História dos Grandes Homens que aqui trabalharam." No extremo oposto está a opinião do estadista prussiano Otto von Bismarck, que, ao contrário de Carlyle, viu de perto e durante muito tempo o funcionamento interno da política: "A tarefa do estadista é ouvir os passos de Deus marchando através da história, e tentar compreender seguindo-O à medida que Ele marcha para a frente."

Do mesmo modo que as culturais, as idiossincrasias individuais lançam curingas no curso de história. Elas podem tornar a história inexplicável em termos de forças ambientais ou, na verdade, de qualquer causa generalizável. Mas para o objetivo deste livro, elas raramente são relevantes, porque até mesmo o defensor mais ardente da teoria do Grande Homem acharia difícil interpretar o padrão mais geral da história em termos de alguns Grandes Homens. Talvez Alexandre o Grande tenha cutucado o curso dos Estados da Eurásia ocidental já alfabetizados, que produziam alimentos e conheciam o ferro, mas ele não teve nada a ver com o fato de esses mesmos Estados já terem tudo isso numa época em que a Austrália ainda abrigava apenas tribos de caçadores-coletores analfabetos desprovidas de ferramentas de metal. Ainda assim, a verdadeira extensão e a duração dos efeitos de indivíduos idiossincráticos na história continua a ser uma pergunta sem resposta.

A DISCIPLINA DE HISTÓRIA geralmente não é considerada uma ciência, mas algo mais próximo de humanidades. Na melhor das hipóteses, a história é classificada entre as ciências sociais, e é considerada a menos científica. Enquanto o campo do governo é freqüentemente denominado "ciência política" e o prêmio Nobel de economia se refere à ciência econômica, os departamentos de história raramente se intitulam "Departamento de Ciência Histórica". A maioria dos historiadores não se vê como cientistas e recebe pouco treinamento nas ciências reconhecidas e suas metodologias. A idéia de que a história não passa de uma massa de detalhes é captada em muitos aforismos: "A história é apenas um maldito fato atrás de outro", "A história é mais ou menos um palavrório", "A história não tem mais leis do que história um caleidoscópio", e assim por diante.

Não se pode negar que seja mais difícil extrair princípios gerais estudando história do que estudando as órbitas planetárias. Mas as dificuldades não me parecem fatais. Existem dificuldades semelhantes em outros assuntos históricos cujo lugar entre as ciências naturais, apesar de tudo, é garantido, incluindo astronomia, climatologia, ecologia, biologia da evolução, geologia e paleontologia. Infelizmente, a imagem que se tem da ciência é quase sempre baseada na física e em outros campos com metodologias semelhantes. Os cientistas dessas áreas costumam desprezar, por ignorância, campos nos quais essas metodologias são impróprias e que precisam buscar outras metodologias — como minhas próprias áreas de pesquisa em ecologia e biologia da evolução. Lembre-se de que a palavra "ciência" significa "conhecimento" (do latim *scire*, "saber", e *scientia*, "conhecimento"), a ser obtido pelos métodos que forem mais apropriados ao campo específico. Por isso, tenho muita empatia com os estudantes da história humana pelas dificuldades que enfrentam.

As ciências históricas no sentido amplo (incluindo astronomia e similares) têm muitas características comuns que as separaram das ciências não-históricas, como física, química e biologia molecular. Eu destacaria quatro: metodologia, causação, predição e complexidade.

Na física, o método principal para obter conhecimento é a experiência de laboratório, na qual se manipula o parâmetro cujo efeito está em questão, fazem-se experimentos paralelos de controle com o parâmetro mantido constante, introduzem-se outros parâmetros constantes ao longo dos experimentos, repete-se a manipulação experimental e os experimentos de controle, e obtêm-se dados quantitativos. Muita gente identifica essa estratégia, que também funciona bem em química e na biologia molecular, com a ciência, de modo que a experimentação é quase sempre considerada a essência do método científico. Mas a experimentação em laboratório pode desempenhar um papel pequeno, ou nenhum papel, em muitas ciências históricas. Não se pode interromper a formação de uma galáxia, iniciar e parar furacões e eras glaciais, exterminar experimentalmente ursos cinzentos em alguns parques nacionais, ou reprisar o curso da evolução dos dinossauros. Em vez disso, o conhecimento nessas ciências históricas é obtido por outros meios, como a observação, a comparação e as chamadas experiências naturais (às quais voltarei daqui a pouco).

As ciências históricas se preocupam com cadeias de causas imediatas e finais. Em grande parte da física e da química, os conceitos de "causa final", "propósito" e "função" não têm sentido, mas eles são essenciais à compreensão dos sistemas vivos em geral e das atividades humanas em particular. Por exemplo, um biólogo da evolução que estude as lebres de Ártico cuja pelagem marrom no verão muda para branco no inverno não fica satisfeito em identificar apenas as causas imediatas da cor do pêlo em termos das estruturas moleculares dos pigmentos e dos caminhos biossintéticos. As perguntas mais importantes envolvem a função (será uma camuflagem contra predadores?) e a causa final (a seleção natural a partir de uma população ancestral de lebres com cor da pelagem sazonalmente imutável?). Do mesmo modo, um historiador europeu não fica satisfeito em descrever a situação da Europa em 1815 e 1918 como tendo acabado de obter a paz após uma custosa guerra pan-européia. Compreender as cadeias contrastantes de acontecimentos que resultaram nos dois tratados de paz é essencial para se entender por que uma guerra pan-européia ainda mais dispendiosa recomeçou poucas décadas depois de 1918 mas não depois de 1815. Mas os químicos não atribuem um propósito ou uma função à colisão de duas moléculas de gás, nem buscam uma causa final para a colisão.

Outra diferença entre as ciências históricas e as não-históricas envolve a precisão. Na química e na física, a prova decisiva para se entender um sistema é saber se é possível prever corretamente seu comportamento futuro. Repito, os físicos costumam tratar com superioridade a biologia da evolução e a história porque estas áreas parecem não passar nesse teste. Nas ciências históricas, podemos fornecer explicações *a posteriori* (por exemplo, por que o impacto de um asteróide na Terra pode ter provocado a extinção dos dinossauros 66 milhões de anos atrás mas não de muitas outras espécies), mas precisões são mais difíceis (não saberíamos com certeza que espécie seria extinta se não tivéssemos o verdadeiro acontecimento passado para nos orientar). No entanto, historiadores e cientistas históricos fazem e testam previsões sobre que futuras descobertas de dados nos esclarecerão sobre acontecimentos passados.

As propriedades de sistemas históricos que complicam as tentativas de previsão podem ser descritas de várias maneiras alternativas. Pode-se mostrar que as sociedades humanas e os dinossauros são extremamente complexos, sendo caracterizados por uma quantidade enorme de variáveis independentes que se retroalimentam. Em conseqüência, pequenas mudanças em um nível mais baixo de organização podem ocasionar mudanças em um nível mais elevado. Um exemplo típico é o efeito da reação de frear daquele motorista de caminhão, no acidente de trânsito que quase matou Hitler em 1930, nas vidas de cem milhões de pessoas que foram mortas ou feridas na Segunda Guerra Mundial. Embora a maioria dos biólogos concorde que os sistemas biológicos são, afinal, inteiramente determinados por suas propriedades físicas e obedecem às leis da mecânica quântica, a complexidade dos sistemas significa, para fins práticos, que essa causação determinista não se traduz em previsibilidade. O conhecimento da mecânica quântica não ajuda ninguém a entender por que os predadores placentários introduzidos exterminaram tantas espécies de marsupiais australianas, ou por que as forças aliadas venceram a Primeira Guerra Mundial.

Cada geleira, nebulosa, furacão, sociedade humana e espécie biológica, e até cada indivíduo e cada célula de uma espécie sexualmente reprodutora, é único, porque é influenciado por muitas variáveis e composto de muitas partes variáveis. Por outro lado, para quaisquer partículas elementares e isótopos do físico e das moléculas do químico, todos os indivíduos da entidade são idênticos. Físicos e químicos, portanto, podem formular leis deterministas universais em nível macroscópico, mas biólogos e historiadores podem formular apenas tendências estatísticas. Com grande probabilidade de acertar, posso prever que, dos próximos mil bebês nascidos no Centro Médico da Universidade da Califórnia, onde trabalho, não menos de 480 ou mais de 520 serão meninos. Mas não tive meios de saber com antecedência que meus próprios filhos seriam meninos. Do mesmo modo, os historiadores notam que as tribos acéfalas teriam mais probabilidade de evoluir para tribos centralizadas se a população local fosse suficientemente grande e densa e se houvesse potencial para a produção de alimentos excedentes. Mas cada uma dessas populações locais tem suas próprias características únicas, e, portanto, tribos centralizadas surgiram nas regiões montanhosas do México, da Guatemala, do Peru e de Madagascar, mas não nas regiões montanhosas da Nova Guiné ou de Guadalcanal.

Outro modo de descrever a complexidade e a imprevisibilidade dos sistemas históricos, apesar de sua determinação, é notar que as extensas cadeias de causação podem separar os efeitos definitivos das causas finais que residem fora do domínio desse campo da ciência. Por exemplo, os dinossauros podem ter sido exterminados pelo impacto de um asteróide cuja órbita era completamente determinada pelas leis da mecânica clássica. Mas se um paleontólogo tivesse vivido há 67 milhões de anos, ele não poderia ter previsto a morte iminente dos dinossauros, porque os asteróides pertencem a um campo da ciência distante da biologia do dinossauro. Do mesmo modo, a curta era glacial de 1300 a 1500 contribuiu para a extinção dos escandinavos na Groenlândia, mas nenhum historiador, e talvez nem mesmo um climatologista moderno, poderia ter previsto essa era glacial.

Assim, AS DIFICULDADES enfrentadas pelos historiadores para estabelecer relações de causa e efeito na história das sociedades humanas são muito semelhantes às dificuldades com que se deparam astrônomos, climatologistas, ecólogos, biólogos da evolução, geólogos e paleontólogos. Em graus variados, cada um desses campos é atormentado pela impossibilidade de realizar intervenções experimentais controladas e repetidas, pela complexidade que surge de inúmeras variáveis, pela conseqüente singularidade de cada sistema, pela impossibilidade de formular leis universais e pelas dificuldades de prever propriedades emergentes e o comportamento futuro. A previsão em história, como em outras ciências históricas, é mais viável em escalas espaciais maiores e durante períodos de tempo mais longos, quando as características únicas de milhões de pequenos acontecimentos são calculadas por média. Da mesma maneira que eu pude prever a proporção dos sexos dos próximos mil recém-nascidos, mas não os sexos de meus próprios filhos, o historiador pode reconhecer os fatores que tornaram inevitável o resultado do encontro entre as sociedades americanas e eurasianas depois de 13 mil anos de progressos isolados, mas não o resultado da eleição presidencial de 1960 nos Estados Unidos. Os detalhes sobre o que cada candidato disse durante um único debate televisionado em outubro de 1960 poderiam ter dado a vitória eleitoral a Nixon e não a Kennedy, mas nenhum detalhe sobre quem disse o quê poderia ter impedido os europeus de conquistar os ameríndios.

Como os estudantes de história humana podem tirar proveito da experiência dos cientistas em outras ciências históricas? Uma metodologia que se mostrou útil envolve o método comparativo e as chamadas experiências naturais. Embora nenhum astrônomo que estude a formação das galáxias nem historiadores da humanidade possam manipular seus sistemas em experiências controladas de laboratório, eles podem tirar proveito das experiências naturais, comparando sistemas que diferem na presença ou na ausência (ou no efeito forte ou fraco) de algum fator causativo putativo. Por exemplo, os epidemiologistas, mesmo proibidos de dar grandes quantidades de sal para as pessoas de modo experimental, conseguiram identificar os efeitos da ingestão de muito sal comparando grupos humanos que diferem muito na quantidade de sal ingerido; e os antropólogos culturais, impossibilitados de prover grupos humanos experimentalmente com recursos abundantes e variados por muitos séculos, estudam os efeitos a longo prazo da abundância de recursos nas sociedades humanas comparando populações polinésias recentes que vivem em ilhas que têm diferenças naturais na quantidade dos recursos. O estudante de história humana pode recorrer a muitas experiências naturais, além das comparações entre os cinco continentes habitados. As comparações também podem se basear nas grandes ilhas que desenvolveram sociedades complexas em grau considerável de isolamento (como o Japão, Madagascar, Hispaniola, Nova Guiné, Havaí e muitas outras), assim como em sociedades existentes em centenas de ilhas menores e em sociedades regionais existentes dentro de cada um dos continentes.

As experiências naturais em qualquer campo, seja na ecologia ou na história humana, são inerentemente abertas a possíveis críticas metodológicas. Estas incluem efeitos pouco claros da variação natural em outras variáveis além daquela de interesse, como também dificuldades na dedução das cadeias de causação a partir das correlações observadas entre variáveis. Esses problemas metodológicos foram minuciosamente discutidos em relação a algumas ciências históricas. Em particular, a epidemiologia, a ciência que tira conclusões sobre as doenças humanas pela comparação de grupos de pessoas (geralmente por meio de estudos históricos retrospectivos), empregou por muito tempo e com sucesso procedimentos formais para lidar com problemas semelhantes a esses enfrentados pelos historiadores das sociedades humanas. Os ecólogos também dedicaram muita atenção aos problemas das experiências naturais, uma metodologia à qual precisam recorrer em muitos casos em que conduzir intervenções experimentais para manipular variáveis ecológicas relevantes seria imoral, ilegal ou impossível. Os biólogos da evolução desenvolveram recentemente métodos mais sofisticados para tirar conclusões a partir de comparações de diferentes plantas e animais com histórias evolutivas conhecidas.

Em resumo, reconheço que é muito mais difícil entender a história humana do que entender problemas nos campos da ciência em que a história é irrelevante e em que atuam menos variáveis individuais. Mesmo assim, metodologias bem-sucedidas para analisar problemas históricos foram experimentadas em várias áreas. Em conseqüência, as histórias dos dinossauros, das nebulosas e das geleiras são geralmente vistas como pertencentes a áreas da ciência e não à de humanidades. Mas a introspecção nos dá muito mais percepção sobre os costumes de outros seres humanos do que os dos dinossauros. Por isso, acredito que os estudos históricos das sociedades humanas podem prosseguir de modo tão científico quanto os estudos dos dinossauros — e com proveito para a nossa própria sociedade, mostrando-nos o que moldou o mundo moderno, e o que pode moldar o nosso futuro.

Agradecimentos

Para mim é um prazer agradecer a contribuição de tantas pessoas para este livro. Meus professores da Roxbury Latin School que me apresentaram ao fascínio da história. Minha imensa gratidão aos meus muitos amigos da Nova Guiné é óbvia pela freqüência com que eu cito suas experiências. Sou igualmente grato (isentando-os da responsabilidade pelos meus erros) a muitos amigos cientistas e colegas de trabalho, que pacientemente explicaram as sutilezas de seus temas de estudo e leram meus manuscritos. Em particular, Peter Bellwood, Kent Flannery, Patrick Kirch, e minha esposa, Marie Cohen, que leram o manuscrito inteiro, e Charles Heiser Jr., David Keightley, Bruce Smith, Richard Yarnell e Daniel Zohary, que leram vários capítulos. Versões anteriores de alguns capítulos foram publicadas como artigos na revista *Discover* e na revista *Natural History*. A National Geographic Society, o World Wildlife Fund e a Universidade da Califórnia em Los Angeles apoiaram meu trabalho de campo nas ilhas do Pacífico. Tive a sorte de ter John Brockman e Katinka Matson como meus agentes, Lori Iversen e Lori Rosen como minhas assistentes de pesquisa e secretárias, Ellen Modecki, como minha ilustradora, e como meus editores, Donald Lamm na W. W. Norton, Neil Belton e Will Sulkin na Jonathan Cape, Willi Köhler na Fischer, Marc Zabludoff, Mark Wheeler e Polly Shulman na *Discover*, e Ellen Goldensohn e Alan Ternes na *Natural History*.

LEITURAS COMPLEMENTARES

Estas sugestões são para todos os interessados em complementar a leitura sobre o assunto. Por isso, além de livros e documentos fundamentais, incluí referências recentes que fornecem listagens abrangentes da literatura anterior. Uma lista mais extensa de leituras complementares pode ser encontrada nas edições americana e britânica do meu livro, publicadas por W. W. Norton e Jonathan Cape respectivamente, com o título *Guns, Germs, and Steel*.

Prólogo

Alfred Crosby *Ecological Imperialism: the Biological Expansion of Europe, 900-1900* (Cambridge University Press, Cambridge, 1986).

Arnold Toynbee *A Study of History* (Oxford University Press, Londres, 1934-1954).

Barbara F. Grimes *Ethnologue: Languages of the World* (Summer Institute of Linguistics, Dallas, 1996).

C. F. Voegelin e F. N. Voegelin *Classification and Index of the World's Languages* (Elsevier North Holland, Nova York, 1977).

Göran Burenhult (org.) *The Illustrated History of Humankind* (HarperCollins, San Francisco, 1993-1994).

Jared Diamond *Der Dritte Schimpanse* (S. Fischer, Frankfurt, 1994).

L. Luca Cavalli-Sforza, Paolo Menozzi e Alberto Piazza *The History and Geography of Human Genes* (Princeton University Press, Princeton, 1994).

Merritt Ruhlen *A Guide to the World's Languages*, volume 1 (Stanford University Press, Stanford, 1987).

V. Gordon Childe *What Happened in History*, edição revisada (Penguin Books, Baltimore, 1954).

William McNeill *The Rise of the West* (University of Chicago Press, Chicago, 1991).

Capítulo 1

Chris Stringer e Robin McKie *African Exodus* (Jonathan Cape, Londres, 1996).

Christopher Stringer e Clive Gamble *In Search of the Neanderthals* (Thames and Hudson, Nova York, 1993).

Paul Martin e Richard Klein (orgs.) *Quaternary Extinctions* (University of Arizona Press, Tucson, 1984).

Richard Klein *The Human Career* (University of Chicago Press, Chicago, 1989).

Richard Leakey e Roger Lewin *Origins Reconsidered* (Doubleday, Nova York, 1992).

Tim Flannery *The Future Eaters* (Braziller, Nova York, 1995).

Capítulo 2

Jo Anne Van Tilburg *Easter Island* (Washington, D.C.: Smithsonian Institution Press, 1994).

Michael King *Morioni* (Auckland: Penguin, 1989).

Patrick Kirch *The Evolution of the Polynesian Chiefdoms* (Cambridge University Press, Cambridge, 1984).

Patrick Kirch *Feathered Gods and Fishhooks* (University of Hawaii Press, Honolulu, 1985).

Patrick Kirch *The Wet and the Dry* (University of Chicago Press, Chicago, 1994).

Patrick Kirch e Marshall Sahlins *Anahulu* (University of Chicago Press, Chicago, 1992).

Paul Bahn e John Flenley *Easter Island, Earth Island* (Thames and Hudson, Londres, 1992)

Peter Bellwood *The Polynesians*, ed. rev. (Thames and Hudson, Londres, 1987).

Capítulo 3

Meu relato sobre a captura de Ataualpa por Pizarro mistura os testemunhos dos irmãos de Francisco Pizarro, Hernando Pizarro e Pedro Pizarro, e dos companheiros Miguel de Estete, Cristóbal de Mena, Ruiz de Arce e Francisco de Xerez. Estes relatos foram traduzidos nos seguintes livros:

Clements Markham *Reports on the Discovery of Peru* (Hakluyt Society, First Series, volume 47, Nova York, 1872).

Joseph Sinclair *The Conquest of Peru, as Recorded by a Member of the Pizarro Expedition* (Nova York, 1929).

Philip Means *Relation of the Discovery and Conquest of the Kingdoms of Peru* (Cortés Society, Nova York, 1921).

Outras leituras para este capítulo incluem:

Hernando Cortés *Five Letters of Cortés to the Emperor* (Norton, Nova York, 1969).

Hugh Thomas *Conquest: Montezuma, Cortés, and the Fall of Old Mexico* (Simon and Schuster, Nova York, 1993).

John Hemming *The Conquest of the Incas* (Harcourt Brace Jovanovich, San Diego, 1970).

William H. Prescott *History of the Conquest of Mexico* (Nova York, 1843).

William H. Prescott *History of the Conquest of Peru* (Nova York, 1847).

Capítulos 4 a 10

As referências para estes sete capítulos sobre a produção de alimentos foram reunidas aqui, visto que muitas delas se aplicam a mais de um capítulo.

Alasdair Whittle *Neolithic Europe: a Survey* (Cambridge University Press, Cambridge, 1985).

Albert Ammerman e L.L. Cavalli-Sforza *The Neolithic Transition and the Genetics of Populations in Europe* (Princeton University Press, Princeton, 1984).

Bruce Smith *The Emergence of Agriculture* (Scientific American Library, Nova York, 1995).

C. Wesley Cowan e Patty Jo Watson (orgs.) *The Origins of Agriculture* (Smithsonian Institution Press, Washington, 1992).

Carl Sauer *Agricultural Origins and Dispersals* (American Geographical Society, Nova York, 1952).

Charles Heiser, Jr. *Seed to Civilization: the Story of Food*, 2ª ed. (Harvard University Press, Cambridge, MA, 1990).

Daniel Zohary e Maria Hopf *Domestication of Plants in the Old World*, 2ª ed. (Oxford University Press, Oxford, 1993).

David Harris e Gordon Hillman (orgs.) *Foraging and Farming: the Evolution of Plant Exploitation* (Unwin Hyman, Londres, 1989).

David Rindos *The Origins of Agriculture: an Evolutionary Perspective* (Academic Press, San Diego, 1984).

Graeme Barker *Prehistoric Farming in Europe* (Cambridge University Press, Cambridge, 1985).

I. L. Mason (org.) *Evolution of Domesticated Animals* (Longman, Londres, 1984).

Jack Harlan *Crops and Man*, 2ª ed. (American Society of Agronomy, Madison, 1992).

Juliet Clutton-Brock *Domesticated Animals from Early Times* (British Museum [Natural History], Londres, 1981).

Juliet Clutton-Brock *Horse Power* (Harvard University Press, Cambridge, MA, 1992).

N.W. Simmonds (org.) *Evolution of Crop Plants* (Longman, Londres, 1976).

Peter Ucko e G.W. Dimbleby (orgs.) *The Domestication and Exploitation of Plants and Animals* (Aldine, Chicago, 1969).

Richard MacNeish *The Origins of Agriculture and Settled Life* (University of Oklahoma, Norman, 1992).

Richard Meadow e Hans-Peter Uerpmann (orgs.) *Equids in the Ancient World* (Reichert, Wiesbaden, 1986).

Ronald Nowak (org.) *Walker's Mammals of the World*, 5ª ed. (Johns Hopkins University Press, Baltimore, 1991).

S. Bökönyi *History of Domestic Mammals in Central and Eastern Europe* (Akadémiai Kiadó, Budapeste, 1974).

Stanley Olsen *Origins of the Domestic Dog* (University of Arizona Press, Tucson, 1985).

Thomas Sodestrom *et al.* (orgs.) *Grass Systematics and Evolution* (Smithsonian Institution Press, Washington, 1987).

Willem van Zeist, Krystyna Wasylikowa e Karl-Ernst Behre (orgs.) *Progress in Old World Palæoethnobotany* (Balkema, Rotterdam, 1991).

Wolf Herre und Manfred Röhrs *Haustiere Zoologisch Gesehen* (Fischer, Stuttgart, 1990).

Capítulo 11

Aidan Cockburn *Infectious Diseases: Their Evolution and Eradication* (Thomas, Springfield, 1967).

Ann Ramenofsky *Vectors of Death* (University of New Mexico Press, Albuquerque, 1987).

Claude Quétel *History of Syphilis* (Johns Hopkins University Press, Baltimore, 1990).

Donald Hopkins *Princes and Peasants: Smallpox in History* (University of Chicago Press, Chicago, 1983).

Friedrich Vogel e Arno Motulsky *Human Genetics*, 2ª ed. (Springer, Berlim, 1986).

Hans Zinsser *Rats, Lice, and History* (Little Brown, Boston, 1935).

Henry Dobyns *Their Number Became Thinned* (University of Tennessee Press, Knoxville, 1983).

O. A. Bushnell *The Gifts of Civilization: Germs and Genocide in Hawaii* (University of Hawaii Press, Honolulu, 1993).

Paul Ewald *Evolution of Infectious Disease* (Oxford University Press, Nova York, 1994).

Roy Anderson e Robert May *Infectious Diseases of Humans* (Oxford University Press, Oxford, 1992).

William McNeill *Plagues and Peoples* (Doubleday, Garden City, 1976).

Capítulo 12

David Diringer *The Alphabet* (Hutchinson, Londres, 3ª ed., 1968).
David Diringer *Writing* (Thames and Hudson, Londres, 1982).
Geoffrey Sampson *Writing Systems* (Stanford University Press, Stanford, 1985).
I. J. Gelb *A Study of Writing* (University of Chicago Press, Chicago, 2ª ed., 1963).
Janet Klausner *Sequoyah's Gift* (HarperCollins, Nova York, 1993).
John Chadwick *The Decipherment of Linear B* (Cambridge University Press, Cambridge, 1992).
John DeFrancis *Visible Speech* (University of Hawaii Press, Honolulu, 1989).
Joseph Naveh *Early History of the Alphabet* (Brill, Leiden, 1982).
Maurice Pope *The Story of Decipherment* (Thames and Hudson, Londres, 1975).
Michael Coe *Breaking the Maya Code* (Thames and Hudson, Nova York, 1992).

Wayne Senner (org.) *The Origins of Writing* (University of Nebraska Press, Lincoln, 1991).

Capítulo 13

Ahmad al-Hassan e Donald Hill *Islamic Technology* (Cambridge University Press, Cambridge, 1992).
Arnold Pacey *Technology in World Civilization* (Massachusetts Institute of Technology Press, Cambridge, MA, 1990).
Charles Singer, E. J. Holmyard, A. R. Hall e Trevor Williams *A History of Technology* (Clarendon Press, Oxford, 1954-84).
Donald Cardwell *The Fontana History of Technology* (Fontana Press, Londres, 1994)
Everett Rogers *Diffusion of Innovations*, 3ª ed. (Free Press, Nova York, 1983).
George Basalla *The Evolution of Technology* (Cambridge University Press, Cambridge, 1988).
Joel Mokyr *The Lever of Riches* (Oxford University Press, Nova York, 1990).
Joseph Needham *Science and Civilization in China* (Cambridge University Press, Cambridge, 1994-1996).
K. D. White *Greek and Roman Technology* (Thames and Hudson, Londres, 1984).
Louise Levathes *When China Ruled the Seas* (Simon and Schuster, Nova York, 1994).
Noel Perrin *Giving Up the Gun* (Hall and Company, Boston, 1979).
R. A. Buchanan *The Power of the Machine* (Penguin Books, Londres, 1994).
Trevor Williams *The History of Invention* (Facts on File Publications, Nova York, 1987).

Capítulo 14

Donald Morris *The Washing of the Spears* (Jonathan Cape, Londres, 1966).
Elman Service *Origins of the State and Civilization* (W.W. Norton, Nova York, 1975).
Elman Service *Primitive Social Organization* (Random House, Nova York, 1962).
Karl Wittfogel *Oriental Despotism* (Yale University Press, New Haven, 1957).
Morton Fried *The Evolution of Political Society* (Random House, Nova York, 1967).

Patrick Kirch *The Evolution of the Polynesian Chiefdoms* (Cambridge University Press, Cambridge, 1984).
Peter Bellwood *The Polynesians*, ed. rev. (Thames and Hudson, Londres, 1987).
Richard Burger *Chavin and the Origins of Andean Civilization* (Thames and Hudson, Londres, 1992).
Robert Adams *Heartland of Cities* (University of Chicago Press, Chicago, 1981).
Robert Adams *The Evolution of Urban Society* (Aldine, Chicago, 1966)

Capítulo 15

Alan Thorne e Robert Raymond *Man on the Rim: the Peopling of the Pacific* (Angus and Robertson, North Ryde, 1989).
Arthur Wichmann *Entdeckungsgeschichte von Neu-Guinea* (Brill, Leiden, 1909-1912).
Bob Connolly e Robin Anderson *First Contact* (Viking, Nova York, 1987).
J. Peter White e James O'Connell *A Prehistory of Australia, New Guinea, and Sahul* (Academic Press, Sydney, 1982).
Josephine Flood *Archaeology of the Dreamtime*, ed. rev. (Collins, Sydney, 1989).
Robert Hughes *The Fatal Shore* (Knopf, Nova York, 1987).
Stephen Wurm *Languages of Australia and Tasmania* (Mouton, Haia, 1972).
Stephen Wurm *Papuan Languages of Oceania* (Gunter Narr, Tübingen, 1982)
Tim Flannery *The Future Eaters* (Braziller, Nova York, 1995).

Capítulos 16 e 17

Leituras importantes citadas nos capítulos anteriores incluem aquelas sobre a produção de alimentos no leste da Ásia (capítulos 3-9), escrita chinesa (Capítulo 11), tecnologia chinesa (Capítulo 12) e Nova Guiné, arquipélago Bismarck e ilhas Salomão em geral (Capítulo 14). Outras fontes:
Adrian Hill e Susan Serjeantson (orgs.) *The Colonization of the Pacific: a Genetic Trail* (Clarendon Press, Oxford, 1989).
Charles Higham *The Archaeology of Mainland Southeast Asia* (Cambridge University Press, Cambridge, 1989).
David Keightley (org.) *The Origins of Chinese Civilization* (University of California Press, Berkeley, 1983).

Geoffrey Irwin *The Prehistoric Exploration and Colonization of the Pacific* (Cambridge University Press, Cambridge 1992).

Kwang-chih Chang *The Archaeology of Ancient China*, 4ª ed., (Yale University Press, New Haven, 1987).

Patrick Kirch *The Lapita Peoples: Ancestors of the Oceanic World* (Basil Blackwell, Londres, 1996).

Peter Bellwood *Prehistory of the Indo-Malaysian Archipelago* (Academic Press, Sydney, 1985).

Sarah Nelson *The Archaeology of Korea* (Cambridge University Press, Cambridge, 1993).

Takeru Asazawa e Emoke Szathmáry (orgs.) *Prehistoric Mongoloid Dispersals* (Oxford University Press, Oxford, 1996).

Capítulo 18

Muitos livros importantes para este capítulo podem ser encontrados nas relações dos outros capítulos: no Capítulo 3, para as conquistas dos incas e astecas; capítulos 4 a 10, sobre domesticação de animais e plantas; Capítulo 11, sobre doenças infecciosas; Capítulo 12, sobre a escrita; Capítulo 13, sobre tecnologia; Capítulo 14, sobre instituições políticas e Capítulo 16, sobre a China. Outras sugestões são:

Albert Ammerman e L.L. Cavalli-Sforza *The Neolithic Transition and the Genetics of Populations in Europe* (Princeton University, Princeton, 1984).

Bruce Smith *The Emergence of Agriculture* (Scientific American Library, Nova York, 1995).

Colin Renfrew *Archaeology and Language: the Puzzle of Indo-European Origins* (Cambridge University, Cambridge, 1987).

G. J. Marcus *The Conquest of the North Atlantic* (Oxford Univeristy Press, Nova York, 1981).

Gwyn Jones *The Norse Atlantic Saga*, 2ª ed. (Oxford University Press, Nova York, 1986).

J. P. Mallory *In Search of the Indo-Europeans* (Thames and Hudson, Londres, 1989).

M. A. Littauer e J. H. Crouwel *Wheeled Vehicles and Ridden Animals in the Ancient Near East* (Brill, Leiden, 1979).

Michael Coe *The Maya*, 3ª ed. (Thames and Hudson, Nova York, 1984).

Michael Coe *Mexico*, 3.ª ed. (Thamas and Hudson, Nova York, 1984).

Michael Moseley *The Incas and Their Ancestors* (Thames and Hudson, Nova York, 1992).

Richard Burger *Chavin and the Origins of Andean Civilization* (Thames and Hudson, Nova York, 1992).

Samuel Eliot Morison *The European Discovery of America: the Northern Voyages A.D. 500-1600* (Oxford University Press, Nova York, 1971).

Samuel Eliot Morison *The European Discovery of America: the Southern Voyages A.D. 1492-1616* (Oxford University Press, Nova York, 1974).

Stuart Piggott *The Earliest Wheeled Transport* (Thames and Hudson, Londres, 1983).

Timothy Darvill *Prehistoric Britain* (Batsford, Londres, 1987).

W. Bruce Lincoln *The Conquest of a Continent* (Random House, Nova York, 1994).

Capítulo 19

A. M. Jones *Africa and Indonesia: the Evidence of the Xylophone and other Musical and Cultural Factors* (Leiden, Brill, 1971).

Christopher Ehret e Merrick Posnansky (orgs.) *The Archaeological and Linguistic Reconstruction of African History* (University of California Press, Berkeley, 1982).

David Phillipson *African Archaeology*, 2ª ed. (Cambridge University Press, Cambridge, 1993).

J. D. Fage *A History of Africa* (Hutchinson, Londres, 1978).

J. Desmond Clark e Steven Brandt (orgs.) *From Hunters to Farmers: the Causes and Consequences of Food Production in Africa* (University of California Press, Berkeley, 1984).

Otto Dahl *Migration from Kalimantan to Madagascar* (Norwegian University Press, Oslo, 1991).

Pierre Verin *The History of Civilization in North Madagascar* (Balkema, Rotterdam, 1986).

Roland Oliver *The African Experience* (Weidenfeld and Nicolson, Londres, 1991).

Thurstan Shaw *et al.* (orgs.) *The Archaeology of Africa: Food, Metals, and Towns* (Routledge, Nova York, 1993).

Epílogo

A. M. Lilienfeld e D. E. Lilienfeld *Foundations of Epidemiology*, 3ª ed. (Oxford University Press, Nova York, 1994).

David Wetzel (org.) *German History: Ideas, Institutions, and Individuals* (Praeger, Nova York, 1996).

E. L. Jones *The European Miracle*, 2ª ed. (Cambridge University Press, Cambridge, 1987).

Ernst Mayr *Towards a New Philosophy of Biology* (Harvard University Press, Cambridge, MA, 1988).

Fernand Braudel *Civilization and Capitalism* (Harper and Row, Nova York, 1979).

Fernand Braudel *On History* (University of Chicago Press, Chicago, 1980).

Henry Hobhouse *Forces of Change* (Sedgewick and Jackson, Londres, 1989).

Henry Turner, Jr. (org.) *Hitler aus nächster Nähe: Aufzeichnungen eines Vertrauten, 1929-1932* (Berlim, 1978).

Louise Levathes *When China Ruled the Seas* (Simon and Schuster, Nova York, 1994).

Norman Yoffee e George Cowgill (orgs.) *The Collapse of Ancient States and Civilizations* (University of Arizona Press, Tucson, 1988).

Paul Harvey e Mark Pagel *The Comparative Method in Evolutionary Biology* (Oxford University Press, Oxford, 1991).

Peter Novick *That Noble Dream* (Cambridge University Press, Cambridge, 1988).

Tjeerd van Andel e Curtis Runnels *Beyond the Acropolis: a Rural Greek Past* (Stanford University Press, Stanford, 1987).

ÍNDICE

Os números de páginas grifados referem-se a ilustrações, mapas e tabelas.

A origem das espécies (Darwin), 129
abacaxi, 121
abelhas, 158
abóbora:
    como recipiente, 150
    difusão da, 151, 181, 189, 367
    domesticação da, 108, 118, 122, *126*, 150, 180, 181
aborígines australianos:
    aldeias construídas por, 155, 311-12
    alimentos silvestres dos, 298, 310-12
    armas usadas por, 313-14, 317
    bandos de, 267, 298-99
    barreiras à difusão cultural, 313, 314-18, 407
    como caçadores-coletores, 100, 112, 155, 299, 308, 310-12, 316
    conquista européia dos, 100, 311, 320, 321-22, 390
    doenças eurasianas e, 213-14, 319, 321-22
    embarcações desenvolvidas por, 299
    genealogia, 301-03, 317-18
    inovação tecnológica e, 251-52, 253, 259, 312-18
    línguas dos, 303, 317, 329
    métodos de controle das plantas, 105-6, 155, 310, 312
    nas áreas dos rios e litorâneas, 155, 311-12
    no ambiente desértico, 298, 311
    pinturas rupestres, 297-98, 299
    status atual de subclasse, 320
    tamanho da população de, 298, 299, 311, 312-13, 314, 320
    teorias racistas sobre, 301-02, 322
abricós, 121, 186
aço:
    ameríndios conquistados com, 74, 75-76
    desenvolvimento eurasiano do, 241
    manufatura africana do, 396

África do Sul, expansão da produção de alimentos inibida na, 179
África, 377-401
    animais domesticados na, 95-96, 162, 162, 163-64, 175, 187, 389-90, 406
    bandos nômades na, 267
    barreiras à difusão na, 237, 238, 262-63, 400-01
    cinco grupos de populações na, 378-82, 398-99
    conquista européia da, 188, 397-401
    culturas agrícolas antigas da, 125-27, 126, 133-34, 386-92, 388
    do norte, cultura eurasiana relacionada a, 161
    doenças na, 197, 204, 208, 213-14, 397
    eixo norte-sul da, 187-88, 189, 263, 400-01
    evolução humana na, 36, 37-39, 40, 50, 378, 398
    expansão da produção de alimentos na, 96, 133, 181, 187-88, 189
    expansão dos bantos na, 100, 133, 163, 386, 394-98, *395*
    fontes de proteína não-animal na, 125
    formação de Estados na, 290-91, 292-93
    línguas da, 329, 378, 382-86, *383*, 391-92
    níveis de população na, 264, 400
    opressão racial na, 188
    receptividade tecnológica das sociedades na, 252-53
    vínculos com os asiáticos, 378, 379, 381-82
agave, 125, *126*
agricultura *firestick*, 311
agricultura, *ver* culturas agrícolas; plantas
águias, 165
Aids, 197, 199, 201, 205, 208
aino, 171, 357
aipim (mandioca), *126*, 127, 132, 179
alce (cervo vermelho), 167, 168, 172
alce americano, 167, 168
Alemanha, unificação da, 290
Alexandre da Macedônia, 281, 291, 410, 420-21
alfabetização, *ver* sistemas de escrita
alfabeto grego, 217, 226, 227, 235
alfabeto han'gul, 230, *231*, 334
alfabeto ogâmico, 226, 230
alfabeto romano, 225, 226, 227, 228, 236
alfabetos cirílicos, 225
alfabetos, 191, 217, 225-28, 230, 235, 236, 255, 260, 324, 334, 368, 401
alface, 122, 123, 125
algodão, 88, 118, 125, *126*, 181, 189
alho-poró, 125
alimentos silvestres, redução da disponibilidade de, 109
alpacas, 159, *160*, 161, *167*, 179, 213
amarantos, 181, 189
ambiente desértico, 297-98
ambrosia-americana, 151
ameixa, 121, 124, 152
amêndoas, 113, 117, 128
amendoins, *126*, 179, 391

América do Sul:
    animais domésticos da, 213
    Culturas agrícolas da, 125
    local de origem da produção de alimentos, 96, *98*
Américas, conquista européia das, 67-71
    alfabetização como fator, 78-80
    armamento na, 74-75, 76, 374
    captura de Ataualpa e, 68-74, 76, 355
    cavalos usados na, 75-76
    doenças infecciosas e, 76-77, 197, 210-11, 356, 373-75
    estrutura política centralizada e, 78, 374
    progresso, 373-75
    tecnologia naval da, 77, 373
Américas:
    animais domésticos nas, 76, 143, 158, 179, 213, 263, 355-56, 365
    barreiras à difusão cultural nas, 179-81, 263, 367-68, 370, 407
    densidade demográfica, 264
    difusão da tecnologia na, 256, 263
    doenças trazidas para, 204, 210-13, 358-59
    eixo norte-sul, 177, 188-89, 191, 256, 263, 366-67
    expansão da produção de alimentos inibida nas, 178-81, 366-68
    extinção de animais nas, 46-47, 162, 175, 213, 356, 406
    início da produção de alimentos nas, 94, 96, 97, *98*, 362-63, *363*, 365-66
    nível da população atual, 375
    povos nativos da, *ver* Ameríndios
    presença humana nas, 35, 38, 44-50, 67
    sociedades de bandos modernas, 267
    substituição da população, 355, 373-75
    trajetória histórica de avanços fundamentais, 361-70, *363*
    viagens dos escandinavos para, 371-73, *371*
ameríndios:
    animais domésticos dos, 164, 213, 356, 357
    como caçadores-coletores, 83, 100, 112, 274, 357, 364-65, 367
    conquista européia dos, 67-80, 83-84, 197, 210-12, 329, 355-75
    culturas agrícolas dos, 108, 357-58
    das Antilhas, 214, 373
    desvantagens tecnológicas, 359-60
    diversidade cultural dos, 323
    do leste dos Estados Unidos, 96, *98*, 125, *126*, 147, 150-53, 155, 180
    do vale do Mississippi, 211, 237
    epidemia de doenças entre os, 76-78, 196-97, 199, 202, 203-04, 210-13, 358, 373-74
    inovação *versus* tradição entre, 252-53
    invenções independentes dos, 248, 255, 368, 369
    isolamento geográfico/ecológico dos, 179-81, 237, 238, 358-59, 367-68, 407
    línguas dos, 329, 368-70, 375
    níveis populacionais dos, 211-12, 213-14, 374-75

produção eurasiana de alimentos *versus*, 355-58
sistemas de escrita dos, 217, 218, 222-24, 228-30, *229*, 235, 238, 361
ver também os grupos ameríndios específicos
amigdalina, 113, 117
ancilóstomos, 199, 202, 204
Andes:
　culturas agrícolas dos, 96, *98*, *126*, 179, 186, 188-89, 213, 367-68, 375
　sobrevivência da população ameríndia nos, 375
Aníbal, 159, 399
animais de estimação, 163, 164-65, 166, *167*, 196, 206, 207
animais de pêlo, 158
animais de rebanho, características sociais dos, 172-74
animais para puxar arado, 86-87, 127, 330, 358
animais domésticos, 157-75
　adequação de mamíferos selvagens para, 131-32
　alterações evolutivas nos, 159-61
　como animais de estimação, 163, 164-65, 166, 167, 196, 206, 207
　como fonte de energia, 355-56, 359
　como fonte de fibras, 88, 125, 159, 164, 170
　como vantagem militar, 75-76, 89, 359

　diferenças regionais nos, 157-75, 356
　doenças humanas e, *85*, 90, 164, 195-97, 206-10, *207*, 213-14, 331, 356, 358
　extinções de animais e, 44, 46-47, 406
　locais iniciais da domesticação de, 96-100, *98*, 141, 142-43, 330-31, 389-90
　mais antigos, 35, 142, *363*
　morfologia de espécies selvagens *versus*, 92-93, 159-61
　número de candidatos potenciais para, 44, 132
　para transporte terrestre, 89, 248
　produção agrícola intensificada por, 86-87, 96, 127, 331, 358
　redução da quantidade de animais selvagens como motivo para, 109
　ver também mamíferos
animais:
　adaptações climáticas ligadas à latitude, 185-86
　amansar *versus* domesticar, 159, 165
　comportamento territorial dos, 173-74
anisaquíase, 198
Anna Karenina (Tolstói), 157, 169, 174
Antártica, 44, 266
antílope, 167, 172, 174
araruta, 310
arcabuz, 75
arco e flecha, 259, 299, 301, 313, 317, 359
Aristóteles, 282-83

armamento:
    arcos e flechas, 259, 299, 301, 313, 317, 359
    armas, 75, 241, 249, 256-58, 313-14, 344
    atitudes culturais em relação a, 258
    bumerangue, 313-14
    de aço, 76, 359
    difusão tecnológica de, 249, 256, 257-59
    dos aborígines australianos, 313-14, 317
    dos ameríndios, 74, 75-76
    espadas, 75, 258, 359
    fabricação de armas muiltipeças, 39
    incendiário, 247
    monopólio da elite sobre, 276
    mosquetes, 256
    vantagem européia em, 359
armas, 75, 241, 249, 256-58, 313-14, 344
armas de fogo, *ver* armas de fogo em geral
arquitetura, pública, *268*, 272, 274, 279
artífices especializados, 272, 274
árvores:
    anéis de crescimento anual, 94
    carvalho, 114, 117, 127-28, 152
    frutíferas, 118, 124, 156, 183
    sagüeiro, 147, 269, 306
Ásia:
    expansão para Austrália/Nova Guiné a partir da, 41-42, 51-52, 302-03
    famílias de línguas da China na, 324-30, *327*, *328*
    litoral pré-histórico da, *300*, 302-03
    presença humana inicial na, 36-37, 40

asnos, norte-africanos, 171
assassinato, entre bandos e sociedades tribais, 265-66, 277
Ataualpa, 67-74, 75, 76, 77, 78, 79, 80 84, 211, 355
auroques, *160*, 163, 166
Austrália:
    aborígines da, *ver* Aborígines australianos
    ambiente desértico na, 297-98, 311
    Animais e plantas domésticos importados, 190, 263, 309, 321, 407
    condições geológicas/climáticas na, 304, 310, 312-13, 352
    conquista européia da, 299, 320-22, 375
    limitações ambientais na produção de alimentos na, 179, 309-10
    ovelha criada na, 196
    recursos minerais da, 301
    separação da Nova Guiné da, 299, *300*, 301, 303, 317-18
    sistema fluvial Murray-Darling, 304, 311
    tamanho da população da, *264*, 320
    tentativas de erradicação de coelhos na, 209
Austrália/Nova Guiné:
    extinções de grandes animais na, 42-44, 46, 162, 175, 306, 309, 406
    ferramentas de pedra utilizadas na, 241
    isolamento geográfico da, 257, 263
    presença humana na, 38, 41-44, 49, 50-52, 298-99, 301-03, 308-09

recursos minerais da, 241, 301
separação da, 299, *300*, 303
Australopithecus africanus, 36
automóveis, invenção dos, 243
avanços tecnológicos, 239-64
    desenvolvimento cumulativo de, 245
    diferenças intercontinentais em, 262-64, 359-60
    exemplos de tentativa e erro, 247-48
    fatores geográficos/ecológicos e, 191, 256-59, 262-63, 416-17
    invenção local *versus* difusão de, 254-55, 259-60, 365
    ligação política moderada como condição ideal para, 416-17
    motivações comerciais para, 244-45
    necessidade como impulso para, 242-44
    produção de alimentos ligada a, 262, 263, 312, 359-60, 364-66
    tamanho da população e, 258, 262, 263-64, 314-15, 370, 407-08
    tendências autocatalíticas, 259-60
    utilizações encontradas depois das descobertas de, 242-43, 245
    visão heróica de, 241, 244-46
avanços tecnológicos, receptividade social a, 154, 246-50
    atmosfera ideológica para, 250-51
    capital investido na oposição a, 248-49
    condições de difusão dos, 255-59, 262, 413
    considerações de prestígio em, 248
    em sociedades ou continentes únicos, 154, 251-55
    explicações clássicas para, 249-52
    necessidade percebida como motivo para, 242-44
    razões econômicas para, 247-49, 250-51, 261
    regressões históricas em, 258-59, 312-15, 413-14, 416-17
    vantagem percebida e, 249-50
aveia, 125, 186
aviões, 206, 243, 245
azeitonas, 114, 118, 124, 133-34

bagas, 115, 116, 127, 128-29
Bálcãs, expansão da produção de alimentos do Crescente Fértil para, 188
Bali, como parte da Ásia pré-histórica, 302
balsas de bambu, 302
banana, 118, 121-22, *126*, 127, 132, 148, 187, 305, 306, 320, 345, 388-89, 391, 401
bandos de fayus, 265-66, 269, 289
banteng, 159, *161*, 163, *167*
bantos:
    expansão africana subequatorial dos, 100, 163, 386-87, 394-98, *395*
    expansão da produção de alimentos pelos, 133, 188, 191, 394, 397-98, 401
    línguas bantas, 329, *369*, 385-86, 394
    metalurgia do ferro, 396
    origens geográficas dos, 385-86
Bar-Yosef, Ofer, 146

batata-doce, *126*, 127, 132, 149, 150, 153, 179, 305, 306, 320
batatas, 118, *126*, 127, 132, 186, 188, doces, *126*, 127, 132, 149, 150, 153, 179, 305, 306, 320
batedores de casca, 341
bens de luxo, *268*, 274
berinjela, 118
beterrabas, 122
bisão, 163, 164, 167, 168
Bismarck, Otto von, 421
bispo Ulfilas, 225-26
amoras pretas, 152
Blumler, Mark, 139, *140*, 153
boi almiscareiro, 167
bomba atômica, 225, 242
bonobos, 269
Bornéu:
    como parte da Ásia pré-histórica, *300*, 302
    influência austronésia em, 337-38, 341, *342*, 345, 348, 382
    volta à caça-e-coleta, 353
borreliose, 208
Böttger, Johann, 257
Brahms, Johannes, 267
Bretanha, autoridade romana retira-se da, 279
bronze, 259-60, 331, 332, 334
búfalo:
    africano, 163, 171, 390, 399 *ver também* búfalo-da-índia
búfalo-da-índia, 159, *160*, 163, *167*, 330
bumerangues, 313-14
Burke, Robert, 298, 322

burocratas, 87, *268*, 273-74, 280
burros, 159, *161*, *167*, 171, 390
cabaça, 126
cabras, 141, 159, *160*, 166, *167*, 172, 173, 187, 390, 391, 401
caçadores Clóvis, 45-49, 364
caçadores-coletores:
    agricultores voltam a, 56, 108
    conhecimento etnobiológico dos, 143-46
    conquista e substituição pelos produtores de alimentos, 99-101, 111, 112, 344-45, 351, 353
    densidades demográficas dos, 45, 56, 86, 87, 205
    do sudeste da Ásia, 333-34
    em 1492 na Eurásia *versus* Américas, 357, 361
    em bandos, 267, 269-70
    em tribos centralizadas, 273-74, 284
    fim dos, 84, 112
    manipulação da paisagem pelos, 105-06
    na moderna Nova Guiné, 147-48, 306
    pastores africanos *versus*, 100, 112, 163-64
    produção de alimentos em competição com, 111-12, 147-48, 153-54, 365-66
    situação nutricional dos, 111
    sociedades sedentárias de, 88, 136-37, 142, 144-45
    vulnerabilidade às doenças, 203-04

cães, 141, 152, 158, 160, 164, 166, *167*, 169, 170, 173, 213, 309-10, 390
    doenças infecciosas e, 199, 207, *207*
Cajamarca, Ataualpa capturado em, 67-74, 76-77
cajus, 127
Califórnia, Universidade da, em Davis, 114
camelos, 159, *160*, 162, 166, *167*, 390
campos de monocultura, 127
cana-de-açúcar, *126*, 132, 148, 305
Canal da Mancha, 41
Candia, Pedro de, 70
cangurus, 147, 162, 309, 311
cânhamo, 88, 118, 125, *126*
canibalismo:
    deficiência protéica relacionada com, 149
    doença transmitida por, 198, 208
canoas, 259, 315, 342-43, 352
canoas feitas de tronco, 315, 342-43
capim, *126*, 151
capitalismo, 250-51
caraté, 204
Carlos V, imperador romano, 68, 73-74
Carlyle, Thomas, 421
carnívoros, inadequação para a domesticação, 169
carvalhos, 114, 117, 127-28, 152
casas de culto, 272
casuar, 147, 165
catapora, 321
cavalaria, soldados a pé guiados pela, 76
cavalos:
    difusão eurasiana de, 89

    domesticação de, 159, *160*, 163, *167*, 171-72, 390
    na África, 187, 401
    nas Américas, 162, 357, 359
    para transporte de longa distância, 89
    predomínio social em bandos de, 172-74
    uso militar do, 75-76, 89, 164, 359
    veículos motorizados *versus*, 243, 244
caverna de Lascaux, 40
caverna de Meadowcroft, 48, 49
caxumba, 203, 205, 212
centeio, 125
cerâmica de Lapita, 348-51, 352
cerâmica:
    da expansão austronésia, 340, 341, 346, 348-51, 352
    das culturas conquistadoras, 101
    na África, 263, 401
    polinésios abandonam a, 259, 313
    porcelana, 254, 255, 256-57
    primeiros aparecimentos da, 255, 261, 334, *363*
    técnicas dos fornos para, 259
cereais:
    climas tropicais e, 148-49
    como culturas fundadoras, 141, 142, 146
    domesticação de, 109, 110, 123-24, *126*
    escassez australiana de, 310
    locais de início de cultivo dos, 133, 389, 396
    resultados produtivos dos, 136-37

tecnologias desenvolvidas para a agricultura de, 109-10, 312
valor nutritivo dos, 125, 127, 132, 138
cerejas, 121, 124
cervo vermelho (alce), 167, 168, 172
cervo, 172, 174
cevada:
   como cultura fundadora, *126*, 140, 141, 146, 183
   domesticação da, 119-20, 123, 137
   propagação da, 330, 334
   valor nutritivo da, 125, 138, 151
Chalcuchima, 79
chimpanzés, 36, 269
China, República Popular da, população da, 278, 324
China:
   animais domésticos da, 158, 186, 330-31
   atitudes étnicas na, 331-33
   cerâmica da, 254, 255, 256
   como local de origem da produção de alimentos, 96, 97, *98*, 190, 330-31, 412
   conectividade geográfica da, 414-17, *415*
   culturas agrícolas na, 125, *126*, 137, 186-87, 330, 331
   desenvolvimento da impressão na, 240-41, 254, 260
   diversidade genética na, 324
   expansão austronésia da, 341, 343
   expansão cultural a partir da, 187, 325-26, 329, 333-34
   fontes de proteína não-animal na, 125
   história lingüística da, 324-29, *327*, *328*, 332-33, 339, 345-46, *369*, 414, 419-20
   imigrantes da Nova Guiné vindos da, 336
   indício mais antigo da presença humana na, 325
   inovação *versus* conservadorismo na, 254, 258-59, 331, 412-14
   invenção da pólvora na, 247, 253-54, 331
   liderança tecnológica perdida, 409-10, 412-17
   mudanças culturais na, 331-32
   norte *versus* sul, 324, 329, 331-33
   sistema de escrita da, 217, 218, *219*, 224, 230, 231, *232*, 235, 236-37, 260, 324, 331, 332, 334, 368, 414, 419
   técnicas agrícolas desenvolvidas na, 124, 187
   unidade política da, 324, 332-33, 339, 413-14, 416
   variedade ambiental/climática na, 324, 330, 412
cicadáceas, 311
ciclos de seca, 310
cidades:
   aldeias *versus*, 278-79
   doenças infecciosas propagadas nas, 205
ciência, história como, 408-09, 421-27
Cirilo, São, 225
clãs, 271

cleptocracias, quatro estratégias de sustentação da, 276-78
clima:
    biodiversidade ligada ao, 138-40
    características relacionadas com latitude, 184-87
    da Austrália *versus* Nova Guiné, 304
    difusão de culturas agrícolas e, 184-87, 190-91
    dos ciclos da seca, 310
    extinções de animais e, 43-44, 47
    frio, 39, 44, 46, 372-73
    habitats de plantas ampliados por mudanças globais no, 109
    inovação tecnológica *versus*, 251
    mediterrâneo, 136, 139-41, *139*, 185, 400-01
    variação sazonal em, 304, 310, 387
climas frios, sobrevivência humana em, 39, 44, 46, 372-73
coalas, 169
coelhos, 158, 166, 207, 209-10
cogumelos, 113, 144
coissãs:
    ausência de plantas domesticadas pelos, 188, 389, 392, 401
    como caçadores-coletores *versus* pastores, 99-100, 112, 164, 396-97
    dizimação branca dos, 188, 213-14, 396-97, 398
    família lingüística dos, 329, 382, *383*, 384-85, 386, 392
    formação genética dos, 379-81
    invasão dos bantos, 385-86, 394-98
cólera, 196, 199, 200, 202, 206, 214, 358

Colledge, Susan, 145
Colombo, Cristóvão, 67, 78, 197, 211-12, 214, *336*, 355, 412-13
colônias americanas, unificação das, 290
cominho, 186
comportamento territorial, 174
condores, 168
confederação cherokee, 289-90
conquistas:
    alfabetização como um fator nas, 78-80, 215-16
    doenças disseminadas pelas, 77, 197, 210-14, 358, 373-74
    fusão dos Estados pelas, 289, 290-93
    justificativa religiosa para, 69, 71, 73, 88, 266, 278, 281, 282, 360-61, 420
    lutas suicidas em apoio às, 281-82
    tributo obtido com as, 292
contrato social, 283
controle hidráulico, 283-84
Cook, James, 214
Cooke, William, 245
coqueluche (tosse comprida), 199, 203, *207*, 212
Coréia:
    influência chinesa na, 325, 334
    sistema de escrita desenvolvido para, 230, *231*, 334
Cortés, Hernán, 74-75, 78, 79, 89, 210, 356
couro, 88
crenças sobrenaturais, institucionalização religiosa das, 277-78
Crescente Fértil (Oriente Próximo) (sudoeste asiático):

biodiversidade natural do, 138-42
cerâmica oriunda do, 255
clima do, 136, 138-39
como local de origem da produção de alimentos, 95, 96, *97*, *98*, 330
culturas agrícolas do, 123-25, *126*, 133, 134
declínio dos caçadores-coletores no, 142
difusão de espécies domesticadas do, 97, 99, 100
elementos do pacote de produção de alimentos no, 141-42
evolução da organização social no, 270-71, 272
expansão tecnológica do, 183
liderança tecnológica perdida, 409-12, 417-18
mamíferos domesticados no, 141, 142
mapa do, *135*
processo de difusão do pacote de alimentos oriundo do, 179, 180-88, *182*, 190-91, 390-91, 392
seqüência do desenvolvimento das culturas agrícolas no, 123-25
vantagens ambientais e bióticas para o início da produção de alimentos no, 134-43
variedade topográfica no, 140-41
crescimento da população, 45, 56
desenvolvimento tecnológico ligado a, 257-58, 262, 263, 264, 370, 407-08
organização social e, 266-67, *268*, 271, 273, 278-79, 284-93

para doenças epidêmicas, 203-07
tamanho da população:
crise dos mísseis em Cuba, 279
Cuitláhuac, 77, 210
cultivo da papoula, 98-99, 118, 183, 186
cultivo de arroz, 125, *126*, 132, 138, 149, 151, 330, 332, 333-34, 389
cultivo do café, 186, 252, 389
cultura Hopewell, 152
cultura Linearbandkeramik, 86
culturas agrícolas:
animais domésticos usados nas, 86-87, 96, 127, 330, 358
biologia reprodutiva e, 121-22
características climáticas relacionadas com latitude e, 185
de ervas que deixaram de ser daninhas, 125
de fibras, 118-19, 125
de frutas e frutos secos, 124-25, 127-28, 155-56
de óleos, 118-19
difusão continental das, 179-92, 357
domesticação preventiva e, 179-81
doze espécies principais de, 132, 136
em diferentes altitudes em curta distância, 140-41
em diversos ambientes polinésios, 60-61
evidência lingüística em, 391-92
fatores de estocagem e, 123, 136-37
ferramentas e tecnologias de, 86-87 109-10, 127, 156, 358
na África, 387-92, *388*

oito culturas agrícolas fundadoras, 141-42
  por ameríndios *versus* eurasianos, 356-58
  seleção natural e, 115-17, 119-20, 122-23
  valor nutritivo e, 125, 128-29, 149, 357-58
culturas amazônicas, *98*, *126*, 203-04, 266, 267, 374
cuneiforme, 218-24, *221*, 230, 232, 234
Custer, George, 74

Daimler, Gottfried, 243
Darwin, Charles, 122, 129
datação radiocarbônica calibrada, 35n, 94
datação radiocarbônica, 35n, 47, 93-94
densidade demográfica:
  complexidade social ligada a, 284-88
  de ambientes polinésios, 61-63
  de sociedade sedentária *versus* povos nômades, 87
  destino dos povos derrotados vinculado a, 291-93
  diversidade da força de trabalho e, 62-63
  doenças epidêmicas ligadas a, *85*, 203, 204-06
  organização política afetada pela, 62, 63-64, 285-86
  produtividade da agricultura *versus*, 60, 86-87, 307-08
  vínculos bidirecionais da produção de alimentos com, 86-87, 110-11, 195, 205, 284-86

descaroçador de algodão, 242, 245
desenvolvimento do esqueleto humano, 37
determinativos, 220, 222
determinismo geográfico, 408
diferenças continentais no desenvolvimento cultural:
  adaptação ambiental e, 50-52
  área total e tamanho da população nas, 407-08
  conectividade geográfica e, 414-17, *415*
  datas iniciais de colonização e, 49-51
  direção dos eixos, 177, *178*, 179, 184-92, 400-01
  fatores de difusão nas, 406-07
  mutabilidade das, 417-18
  papel da idiossincrasia nas, 417-21
  potencial de domesticação nas, 406
difteria, 212
difusão de idéias:
  da tecnologia da porcelana, 256-57
  sistemas de escrita desenvolvidos por meio da 224-25, 228-32
dinastia Zhou, 326, 332
Dingiswayo, 290-91, 292
direção dos eixos, 177-92, *178*, 255-56, 262-63, 330, 367, 400-01
  condições climáticas relacionadas com latitude e, 184-87, 400-01
  da África, 187-88, 189, 263, 400-01
  da Eurásia, 177, 184-87, 330, 367, 400
  das Américas, 177, 188-89, 191, 256, 263, 367

difusão tecnológica e, 191
disco de Festos, 239-40, *240*, 246, 254, 260
disenteria, 204, 319
distribuição de riqueza:
  em organizações sociais menores, 272
  nas tribos centralizadas, 274
  para elite *versus* povo em geral, 276-78
diversidade étnica, incorporação política da, 323-24
dodô, extinção do, 43
doença do riso (kuru), 198, 208
doença do sono, 199, 201
doença, mais antigo indício de tratamento, 38
doenças causadas por tripanossomas, 164, 187, 213, 401
doenças venéreas, 199
doenças infecciosas:
  animais domésticos na propagação de, *85*, 90, 164, 195-97, 206-9, *207*, 213-14, 331, 356, 358
  conquistas européias seguidas de, 76-77, 197, 210-13, 358, 373-74
  de climas tropicais, 77, 196-97, 214, 359
  defesas genéticas contra, 201
  defesas imunológicas contra, 200-02, 204, 319-20, 358, 397
  epidemias de, 202-14, 358-59
  estratégias de transmissão dos germes e, 198-200, 201-02, 209-10
  população e, 203-07

  produção de alimentos relacionada com o desenvolvimento de, 84, *85*, 195
  quatro fases evolutivas das, 207-10
  sintomas das reações corporais às, 199-202
  transmissão sexual de, 196, 199
domesticação preventiva, 179-81, 183-84
Domestication of Plants in the Old World (Zohary e Hopf), *182*
doninhas, 158

economia:
  controle centralizado da, 279, 287
  de não-produtores de alimentos, 269, 272, 279, 285, 292
  redistributiva, *268*, 275, 276, 287
Edison, Thomas, 241, 243, 244, 245
Egito, antigo:
  produção de alimentos no, 99, 179, 182-83, 390-91, 400
  hieróglifos, 217, 218, *219*, 224, 226-27, 230, 231-32, *233*, 235, 236, 401
Ehret, Christopher, 392
eixos continentais norte-sul, 177, 179, 187-92, 255-56, 263, 367, 400-01
eixos leste-oeste, difusão continental ao longo dos, 177, *178*, 179, 184-87, 262, 330, 367, 400
eland, 167-68, 172
elefantes, 159, 165, 169, 399
embarcações:
  canoas, 259, 315, 342-43, 352

eurasianas *versus* ameríndias, 360
mais antiga evidência de, 41-42, 44, 299
para a expansão austronésia, 340-43, 351-52
retrocessos culturais, 258-59
transatlânticas, 372, 373
energia da água, 359-60
energia do vapor, 241, 242, 244-45, 360
energia eólica, 360
Enso (El Niño Southern Oscillation), 310
enxerto, 124, 156
eqüídeos, 171
era pleistocena, fim da, 35
Era Recente, 35
Eras Glaciais, 35
    istmos durante, 38, 41, 299, *300*
ervas, *126*, 151
ervilhaca amarga, 141
ervilhas, 114, 117, 119, 120-21, 123, 125, *126*, 141, 183, 184
escandinavos, tentativas de expansão dos, no Atlântico Norte, 371-73, *371*, 408
escolas públicas de Los Angeles, diversidade étnica, nas 323
escravidão, 204, 210-11, 250, *268*, 272, 274, 279, 292, 378
escrita cuneiforme suméria, 217, 218-24, *221*, 230, 231-32, 233-34, 236-37
espadas, 75, 258, 359
espécies domesticadas fundadoras, 97-100, *98*, 141-42
espectrometria de aceleração de massa, 94

esquimós:
    colonização eurasiana e, 371
    doenças européias contraídas por, 374
    em bandos, 267
    habilidades de sobrevivência dos, 372-73
    tecnologias abandonadas por, 259
esquistossomas, 199, 205
Estado merina, 291
Estado zulu, 290-91, 292-93
Estados Unidos, diversidade étnica dos, 323
Estreito de Bering, 38, 41, 44, 46
estreito de Torres, ilhas do, 301, 316-17
estrume, 86, 356, 358
estrutura do cérebro, habilidades lingüísticas, 40
Etiópia:
    culturas agrícolas da, 125, *126*, 182, 186, 388-89, 392
    produção de alimentos iniciada na, 96, *98*, 99, 391
    sistema de escrita na, 227, 401
etnobiologia, 143-47
Eurásia:
    como local de inovação tecnológica, 241, 262-64, 359-60
    definição de, 161
    densidade demográfica na, 264
    doenças da, 197, 205-06, 212-13
    domesticação de grandes mamíferos na, 157-75
    dominação européia da, 409-17
    eixo leste-oeste da, 177, 184-87, 330-31, 367, 400

expansão da produção de alimentos na, 179, 181-82, 183, 190, 192
expansão tecnológica na, 255, 256, 257, 258, 260, 262-63
expansões lingüísticas da, 89, 368, *369*, 375
extinções de grandes animais na, 44
produção de alimentos nas Américas *versus*, 355-58
trajetória histórica de avanços fundamentais na, 361-70, *363*

Europa:
  conquistas no Pacífico pela, 353
  doenças infecciosas da, 76-77, 197
  doenças tropicais dos colonizadores oriundos da, 197, 214, 319, 359
  domínio de Cro-Magnon na população, 39, 40-41
  Eurásia dominada pela, 409-17
  fabricação de cerâmica na, 101
  fragmentação geográfica/política da, 413-16, *415*
  imunidades genéticas desenvolvidas na, 201
  início da produção de alimentos na, *98*, 98-99, 101, 108
  Novo Mundo conquistado pela, 67-80, 197, 355, 356, 373-75
  presença humana inicial na, 36-37, 49
  substituições lingüísticas da, 329
  tecnologia naval da, 77-78, 360
  tradição letrada na, 78-80, 360-61
expansão austronésia, 337-53
  avanços da cerâmica, 340, 341, 346, 348-51, 352

  embarcações para, 342-43, 352
  evidência lingüística de, 337-40, *338*, 343-46, 347-48, *369*, 382, 384
  expansão das culturas agrícolas, 344-45, 351, 352
  para a Nova Guiné, 308-09, 319, 320, 337, 346-52
  para Madagascar, 341, 378, 381-82, 389, 392-94
  rotas da, 100, 315, 319, 340-41, *342*, 343, 345-46, 347, 351-53, 389, 393-94
extinção de animais:
  dos ancestrais dos mamíferos domésticos, *160*, 175
  na Austrália/Nova Guiné, 42-44, 46, 162, 175, 306, 309, 406
  na Polinésia, 59-60
  nas Américas, 46-47, 162, 175, 213, 356, 406
  produção de alimentos intensificada depois da, 109
  programas de reprodução para prevenção da,168
  teoria climática da, 47

família de línguas afro-asiáticas, 382, 384-85, 392, 396
família de línguas de hmong-mien (miao-iao), 325-26, 329, 333, 346, *369*
família de línguas nigero-congolesas, 382, 384-86, 391, 392
família de línguas nilo-saarianas, 382, 384, 389, 392, 396

família de línguas sino-tibetanas, 325
  329, 332, 333, *369*
fazendas de peixes, 205, 312
febre amarela, 204, 212, 214, 359
febre de Lassa, 208
febre hemorrágica coreana, 199
febre tifóide, 214, 321
feijão, 108, 118, 125, *126*, 151, 180, 189, 367
feijão-de-corda, 125, *126*
feijão-de-lima, 118, 180, 189
feijão-soja, 125, *126*, 132
ferramentas de ossos, 39, 88
ferramentas de pedra:
  de rocha vulcânica, 58, 64
  dos aborígines australianos, 299
  dos caçadores Clóvis, 45
  identificação arqueológica das, 47-48
  nas sociedades modernas, 36, 37-38, 241, 253, 301
  padronização, 39
  para agricultura, 306, 312
  uso mais antigo das, 36, 38, 261
ferramentas:
  metal, 362, *363*, 364
  ossos usados em, 39, 88
  para plantio, 86-87, 109-10, 358
  recursos naturais para, 58, 64
  ver também ferramentas de pedra
fertilizante, 86, 205
figos, 124, 133
Filipinas:
  culturas agrícolas levadas para as, 149
  expansão austronésia para as, 100-01, 338-39, 343-44, 348-49, 350

expansão da produção de alimentos a partir das, 179
línguas das, 329, 333, 337, 338-39, 343, 344, 384
Flannery, Tim, 51
florestas tropicais, limitações de latitude das, 185
fogo:
  para uso da terra, 311
  uso do fogo pelo homem, 38
fonemas, 217, 218
fonógrafo, invenção do, 243
fontes de energia, mecânicas, 359-60
fontes de proteína:
  animais como, 142, 149-50
  deficiências de, 149-50
  não-animal, 125, 138, 142, 149, 151, 357
força de trabalho:
  diversidade da, 62-63
  inovação tecnológica relacionada com o tamanho da, 250
  mudanças sazonais na, 285
forças armadas:
  ideologia do suicídio patriótico nas, 281-82
  motivação religiosa das, 69, 71, 73, 88, 266, 278, 281, 282, 360-61
  suprimentos alimentares para as, 88
  transporte motorizado nas, 244
  vantagens tecnológicas eurasianas nas, 359
foré, 144, 208, 270
fruta-pão, 127, 148, 345
frutas cítricas, 186

frutas:
  dispersão de sementes das, 115-16
  início do cultivo de, 133-34
  mutações de plantas sem sementes, 118, 121

gado (vacas), 95-96, 141, 159, *160*, 166, *167*, 169, 187, 206-07, *207*, 357, 390, 391, 401
gado de Bali, *161*
galinhas, domesticação de, 158, 186, 305, 389-90
Galton, Francis, 165, 168
Gama, Vasco da, 393, 399, 412
gansos, 158
gasolina, extração da, 247
gatos, 158, 173, 207, 390
gauro, 159, *161*, 163, *167*
gazelas, 142, 165, 172
germes, evolução dos, 90, 207-10
germinação, inibidores naturais da, 120-21
girafas, 165, 390, 399
girassóis, 118, 120, 122, 150, 151, 189
glandes, 114, 115, 117, 127-28
glotocronologia, 392
Goering, Heinrich, 377
Goering, Hermann, 377
gonorréia, 214
gorilas, 36, 168, 169, 269
governo:
  expansão religiosa vinculada ao, 266
  processo decisório comunal usado para, 271, 287
gramíneas, 305
  cultivo antigo de, 125, *126*, 146
  pesquisa de âmbito mundial das, 153
  ver também cereais
Grand Canyon, 46-47
Grande Salto Adiante, 39, 40, 41, 51-52
grandes mamíferos, domesticados, 157-75
  aquáticos, 158-59
  características sociais, 172-74
  catorze espécies antigas de, 159, *160-61*, 161-63, 166, 355-56
  critérios de adequação, 131-32, 157-58, 166-75, 399
  datas da domesticação de, 142-43, 165-66, *167*
  difusão continental de, 178, 187, 188-89
  distribuição global desigual de candidatos à, 141, 161-63, 174-75, 356, 389-90, 406, 409
  escassez na África de, 389-90, 399-400, 401
  iniciativas modernas de desenvolvimento, 166-68
  rápida aceitação de espécies eurasianas de, 163-64
  requisitos da dieta, 169
  tamanho de, 159-60
  taxas de crescimento, 169-70
  temperamento como fator de, 170-72
grão-de-bico, 95, *126*, 141
Greenberg, Joseph, 369, 382, 384, 385
gripe, 90, 196, 199, 200-01, 202, *207*, 212, 214, 321, 331, 358, 359
Groenlândia, povoação escandinava na, 371-72, 373, 408

grupo de línguas austro-asiáticas, 326, 329, 333, 346, 353, *369*, 384
grupo de línguas malaio-polinésias, 337, *338*, 339-40, 343-44, 345
grupo de línguas tai-kadai, 326, 329, 346
guanaco, *160*
guepardos, 165, 170
guerra:
    avanço tecnológico afetado pela, 251, 256
    cavalos usados na, 74-75, 76, 89, 164, 243-44, 359
    doenças transmitidas pela, 197
    fusão social favorecida pela, 289-93
Gutenberg, Johannes, 241, 260-61

habilidades de caça:
    dos proto-humanos, 39, 43
    extinções de animais e, 42-43, 46-47, 175
habilidades de pesca, 39, 253
habitantes de Andaman, 333
Halmahera, *338*, *342*, 346, 347
Harris, David, 145
haus tamburan, 272
Havaí:
    doenças epidêmicas no, 214
    isolamento do, 237-38
    produção de alimentos no, 353
    tribos centralizadas do, 273-76, 277-78, 280, 291
    unificação política do, 64, 66, 291
Henry, Joseph, 245
hepatite, 319
hidrofobia (raiva), 199

hierarquia de dominação, 173, 174
hieróglifos, 217, 218, *219*, 224, 226-27, 230, 231-32, *233*, 235
Hillman, Gordon, 145
hipopótamos, 171, 390, 399
história, como ciência, 408-09, 420-27
Hitler, Adolf, 416, 420, 424
Hobbes, Thomas, 103
homens de Cro-Magnon, 39-41
Homo erectus, 36-37, 338
Homo habilis, 36
Homo sapiens, 37-38
Hopf, Maria, 182, *182*
Huáscar, 77, 211
Huayna Cápac, imperador dos incas, 77, 211
humanos:
    evolução biológica dos, 36-41
    padrões de colonização geográfica dos, 36-52
Huygens, Christiaan, 245

iaque, 159, *161*, 161, 163, *167*
ilha de Muralug, 316-17
ilha de Páscoa:
    estátuas gigantes na, 65
    sistema de escrita da, 224, 230
ilha Malai, 349-50
ilhas Chatham:
    caçadores-coletores na, 56, 353
    expansão austronésia para as, 352
    sobre a conquista pelos maoris dos povoados de Moriori, 53-57
ilhas Fiji:
    armas introduzidas nas, 75

doenças européias nas, 77, 214
ilhas polinésias, variações ambientais nas:
   cultura material e, 64-65
   desenvolvimento da agricultura influenciado por, 60-61, 109
   em tamanho, 59
   especialização econômica e, 62-64
   isolamento e, 59, 61-62, 64
   na fragmentação do terreno, 59, 61-62
   no clima, 58
   organização política e, 61-64
   práticas de subsistência e, 59-61
   recursos marinhos da, 59-60
   tipos geológicos de, 58-59
ilhas polinésias:
   adaptação humana aos diversos ambientes nas, 55-66, 352-53
   animais domésticos nas, 60, 149
   expansão austronésia para as, 337
   expansão da produção de alimentos nas, 179, 187
   experiência náutica desenvolvida nas, 337
   línguas das, 329, 338, 344-45
   metalurgia e inexistência da escrita nas, 353
   tecnologias abandonadas nas, 259, 313
   tribos centralizadas nas, 273, 274-75, 276, 277, 280, 291
ilhas vulcânicas, 58-59, 64
iluminação de rua, gás *versus* eletricidade para, 247-48, 249
iluminação elétrica, 245, 248, 249

Império asteca, 361
   conquista espanhola do, 210, 356, 373
   ideologia religiosa guerreira do, 281
   tributo coletado pelo, 292
Império inca:
   animais do, 170
   epidemias de doenças no, 76-77, 373
   isolamento geográfico do, 237, 238, 263
Império mongol, 368
Império romano:
   extensão geográfica do, 368, 416
   produção de alimentos no, 186-87
incas, conquista européia dos:
   alfabetização como auxiliar da, 78-80
   aparato militar da, 74-75
   captura de Ataualpa e, 68-74, 76-77
   cavalaria *versus* soldados a pé na conquista do, 75-76
   organização política centralizada e, 78, 361
Índia:
   Culturas agrícolas cultivadas na, 125, 126
   espécies domesticadas na, 186
   expansão da produção de alimentos para a, 181-82, 183, 190
   influência chinesa na, 325
   rotas de comércio marítimo com a, 393-94
índices pluviométricos, difusão das *culturas agrícolas* e, 190, 191
índios yahis, 374
índios mandan, 212, 374

índios pés-pretos, 83, 84
Indonésia, 325, *369*
   colonização da, 41, 51
   culturas agrícolas da, 320, 391
   expansão austronésia e, 100-01, 308-09, 315, 319, 337, 338-39, 343, 344, 347-49, 350, 393
   influência cultural dos papuásios oriunda da, 308-09
   Nova Guiné ocidental controlada pela, 320, 335-37
   população da, 336
informação, controle governamental da, *268*, 279
inhame, *126*, 127, 148, 187, 305, 306, 311, 345, 389, 391
inhame-branco, *126*, 127, 148, 149, 187, 305, 306, 345, 389
insetos:
   doenças transmitidas por, 199, 208
   espécies domesticadas, 158
   intervalos de nascimento, 87
Irian, 320
irmãos Wright, 241, 245
Islã, 253-54, 256
   armas incendiárias nas guerras do, 247
   difusão cultural do, fatores geográficos na, 257
iúca,125, *126*
iumbris, 353

Japão:
   armas abandonadas no, 258, 313
   cerâmica do, 255, 334
   estilo caçador-coletor, no 108
   influência chinesa no, 325, 334
   isolacionismo cultural no, 258
   sistemas de escrita do, 217, 248, 334
   sociedade dos ainos no, 171, 357
   tecnologia do transistor adquirida pelo, 249, 256
Java:
   continente asiático incorporando, *300*, 302
   expansão austronésia para, 337, 341, *342*
javali, 399
javanês, 36, 338
jicama, *126*
jóias, mais antiga evidência de, 39

Kamehameha I, rei do Havaí, 64
Kennedy, John F., 279
Kingdon, Jonathan, 51
kirikiri, 265
Kislev, Mordechai, 146
konohiki, 273, 280
kuru (doença do riso), 198, 208

lã, 125, 159, 164, 170
lágrimas de Job, 149
lâmpada incandescente, 245
Langley, Samuel, 245
laranjas, 118, 121
latitude, características climáticas relacionadas com, 184-87
legumes, 125, *126*, 132, 141, 142, 150
lei das patentes, 244-45, 250-51
lentilhas, 119, 125, *126*, 141

leões, 169, 171
lepra, 204, 205
leste dos Estados Unidos, grupos de ameríndios no:
    biota indígena *versus* itens importados cultivados por, 147, 150-53, 155-56
    culturas agrícolas antigas no, 96, *98*, *125*, *126*, 150-52, 180
Lévi-Strauss, Claude, 235
lhamas, 159, *160*, 161, *167*, 179, 188-89, 213, 263, 367-68
Lilienthal, Otto, 245
língua cherokee, sistema de escrita desenvolvido para a, 228-30, *229*
língua finlandesa, 226
língua inglesa, história geográfica da, 386
língua russa, 225, 368, *369*
línguas indo-européias, expansão regional das, 89, 325, 368, *369*, 375
línguas papuanas, 303, 347
línguas semíticas, 226-27, 384
línguas:
    ancestrais *versus* modernas, 344-45
    base anatômica para as, 40
    cliques, 384-85
    da Austrália/Nova Guiné *versus* Ásia, 303
    da China e do sudeste da Ásia, 324-30, *327*, *328*, 333
    da família austronésia, 326, 345-46, 351-52, 353, *369*, 384, 392, 393-94
    diversidade africana das, 382-86, *383*, 390-93
    dos ameríndios, 329, 368-70, 375
    história cultural deduzida a partir das, 343-45
    ligação política refletida nas, 414
    movimentos eurasianos das, 89, 368, *369*, 375
    para discurso da realeza, 280
    sistemas de escrita modificados por diferenças nas, 216-17, 225, 226
    substituições de, 326-30, 333
linho, 88, 118-19, 120, 125, *126*, 141, 142, 183
Liszt, Franz, 267
lobos, 158, 160, 166, 173
logogramas, 217, 234-35, 236

macacos, evolução humana a partir dos, 36, 204
maçãs, 114, 117, 121, 124, 134, 152, 155-56, 187
macassares, contato dos aborígines australianos com os, 315-16
Madagascar, expansão austronésia para, 341, 378, 381-82, 389, 392-94
maias:
    barreiras à difusão cultural dos, 263
    sistema de escrita desenvolvido pelos, 217, 222, 235
malária, 196, 201, 202, 212, 214, 269
    imunidade a, 351, 397
    limite da altitude, 319
    suscetibilidade européia a, 319, 321, 358, 359
    transmissão da, 199, 205
mamíferos:
    aquáticos, 159

como fontes de leite, 86
extinções de, 46-47, *160-61*, 175, 213, 356, 406
grandes espécies de, 42, 46-47
pequenos, como domésticos, 158, 166
Manco, 76
mandarim, 324, 325
mandioca, *126*, 127, 132, 179
maoris:
    derrota britânica dos, 88
    morioris conquistados por, 53-57
    mosquetes adotados pelos, 256
    Nova Zelândia colonizada por, 45, 50
mar de Arafura, 299, 303
mariposa bogong, 311
mariposas:
    como alimentos, 311
    seleção natural por melanismo industrial nas, 122-23
marmelo, 186
marsupiais, extintos, 306, 309
Marx, Karl, 276
Mateus, São, 175
megafauna, extinções da, 42-44, 46-47, 162, 175, 213, 356
melancia, 118, *126*, 183
melões, 115, *126*
Mena, Cristóbal de, 78
Mesoamérica:
    animais domésticos na, 142-43, 158, 179, 213
    avanços tecnológicos na, 248, 370
    barreiras à difusão cultural da, 263, 367-68

como local de origem da produção de alimentos, 96, *98*
difusão para e da América do Sul, 179, 181, 188-89
fontes de proteína não-animal na, 125
línguas da, 368-70
organização social iniciada na, 273
primeiras culturas agrícolas da, *98*, 125, *126*, 180
sistemas de escrita desenvolvidos na, 191, 217, 218, 222-24, 230, 235, 236-37, 361, 368
metalurgia do cobre, 259, 359, 396
metalurgia do ferro, 259, 331, 332, 363, 396
metalurgia, 183, 256, 259-60, 263, 331, 353, 359, 362, *363*, 364
métodos de impressão, 239-41, 253-54, 260-61
milhetes, 125, *126*, 186, 312, 330, 387, 391, 396
milho:
    ancestrais silvestres do, 113, 137
    cultivo do, *126*, 132, 148
    difusão do, 108, 151, 188, 189, 367, 391
    domesticação do, 117, 137, 143, 186
    para alimentar animais, 169
    valor nutritivo do, 125, 138, 151, 357
missionários, 266, 286
mithan, 161
Mobutu Sese Seko, 276
mongolóides, 324
Montezuma, 77, 79

morangos, 113, 114, 115, 116, 123, 127, 128-29, 152
Morse, Samuel, 245
moscas tsé-tsé, 164, 187, 199, 401
mosquetes, 256
mosquitos, 199, 205, 208, 397
nabo, 125
Namíbia, história do período colonial da, 377-78
Nature, 48
navajo, 164, 253, 357
Neanderthal, 38, 40-41, 44
negritos semangs, 333, 339, 384
negritos veddoids, 333
negritos, 333, 339, 384
Newcomen, Thomas, 245
Ninan Cuyuchi, 77
noroeste do Pacífico, tribos centralizadas coletoras-caçadoras, 274
norte da África, cultura eurasiana relacionada com, 161
Nova Guiné:
    animais domésticos na, 149, 305, 306-07, 309, 310, 316
    Austrália separada da, 299, *300*, 301, 303
    barreiras geográficas à difusão cultural na, 307, 308, 407
    biota indígena *versus* itens importados cultivados na, 147-50
    condições ambientais na, 147-48, 303-04, 306-08
    densidade demográfica da, 299, 306, 307-08
    expansão austronésia para a, 308-09,
319, 320, 337, 346-52
    fauna nativa da, 147, 149, 304
    fragmentação política na, 307-09
    guerra intertribal na, 307-08
    início da produção de alimentos na, 96, *97*, *98*, 305-06
    línguas diversas da, 303, 325, *338*, 347-48
    marsupiais gigantes exterminados na, 306
    população do estreito de Torres, 316-17
    presença européia na, 301, 309, 318-21
    presença humana inicial na, 41-44, 147, 302-03
    primeiras *culturas agrícolas* da, 125, *126*, 148-49
    produção de alimentos na, 147-50, 299, 305-07, 309, 319, 320
    província indonésia da, 320, 335-37
    ver também Austrália/Nova Guiné
Nova Zelândia:
    ancestrais dos maoris na, 45, 54
    diversidade geológica da, 58
    expansão austronésia para, 352
    recursos minerais, 58, 64, 65-66
noz macadâmia, 127, 310, 322
noz-de-cola, 389, 391

obras públicas, 275, 278, 279, 285
oca, *126*, 127
onagros, 171-72
organização social:
    como Estado, 266-93

de ameríndios *versus* eurasianos, 360-61
de tribos, *268*, 270-73, 277
desintegração da, 281, 288
distribuição de riqueza e, 272, 273-74, 275-78
em bandos, 203-04, 265-70, 276-78, 286-89
em tribos centralizadas, *268*, 272-76, 277-78, 279-80, 282, 292-93, 361-64
fusão da, 288-93
inovação tecnológica *versus*, 250-51
métodos de solução de conflitos relacionados com o tamanho da, 265-66, 270-72, 286
posição social hereditária na, 272-73, 274-76, 278-79, 280-81
produção de alimentos ligada a, 283-87
quatro categorias de, 266-81, *268*
tamanho da população e, 266-67, *268*, 270-71, 272-73, 278-79, 284
organização tribal, *268*, 269-73, 276-77
órgãos dos sentidos, de animais domésticos *versus* selvagens, 160
Oriente Próximo, *ver* Crescente Fértil
Otto, Nikolaus, 243, 244
ovelhas, 141, 159, *160*, 164, 166, *167*, 172, 173, 174, 183, 187, 196, 390, 391, 401

Papin, Denis, 245
papuas modernos:
 agricultura das regiões montanhosas *versus* subsistência nas planícies, 147-50, 305-07, 316-17, 336
 animais de estimação mantidos por, 165, 167
 arte dos, 306-07
 australianos nativos *versus*, 298-301, 303-04
 bandos de, 265-66, 267, 269-70, 299-301
 colonização européia entre os, 301
 conhecimento etnobiológico dos, 143-45, 146, 147, 149-50
 cultura inovadora *versus* conservadora na, 252-53
 distribuição da população, 305-06, 307-08
 doenças dos, 204, 208, 319
 ferramentas de pedra, 37-38, 299-301
 genealogia dos, 301-04, 333-34, 336-37, 345-47
 grupos tribais, 143-44, 208, 269-73, 277, 299-301, 306-07
 imigrantes chineses como, 336
 línguas dos, 270, 303, 308
 orientais *versus* ocidentais, 319-20
 tensões étnicas entre os, 335-37
pássaros, domesticados, 158, 165, 207, *207*, 389-90
pastores:
 movimento sazonal dos, 269-70
 na África subsaariana, 96, 100, 112, 163-64, 396-97
Patagônia, expansão dos Clóvis caçadores-coletores para, 45
pato-do-mato, 158, 213
patos, 158, *207*, 213

patriotismo, conquista incentivada por, 281-82
pecãs, 114, 127, 152
peixe, doenças do, 198
península malaia, expansão austronésia para, 337, 338-39, *342*, 343-44, 345
pepino, *126*, 186
peras, 124
perus, 143, 158, 189, 213
pesca de enguias, 311
pêssegos, 121, 186
peste bovina, 206-07
peste bubônica (peste negra), 196-97, 199, 202, 205, 206, 212, 331, 358-59
pigmeus, 329, 333-34 339, 379-81, 384, 385-87, 389-90, 393, 394, 396-97
pimenta-do-reino, 186
pimentões, 180, 181, 189
pinturas em cavernas, 39-40, 47-48, 51
pinturas rupestres na caverna da Pedra Furada, 48
pinturas rupestres, 297, 299
Pizarro, Francisco, 68-74, 75, 76, 77, 78, 79, 80, 84, 89, 211, 355, 360
Pizarro, Hernando, 68, 70, 79
Pizarro, Juan, 70
Pizarro, Pedro, 68
planos detalhados:
   difusão tecnológica por, 256-57
   novos sistemas de escrita desenvolvidos por, 224, 225-28
plantas anuais, 119-21, 136, 139-40
plantas, domesticação de, 113-56
   alterações ocorridas durante, 93, 114-23, 136-37, 146-47

   aumentos de tamanho em, 116-17
   conhecimento etnobiológico local empregado nas, 143-47
   datas mais antigas conhecidas, 35, *97*, *98*, 362-63, *363*
   definição, 113
   domesticação preventiva e, 179-81
   exemplos únicos *versus* múltiplos de, 180-81, 183-84, 189
   falta de importantes acréscimos a, 132-33
   hermafroditas autônomas e, 137-39
   híbridos interespecíficos, 138-39
   locais iniciais de, 95, 96-100, *98*, 254-55, 304-06, 388-89, 390-91
   mudanças climáticas pré-históricas e, 109
   mutantes silvestres nas, 119-22, 128, 179-80
   na China, 329-31
   na Nova Guiné, 305
   potencial regional para a variedade necessária de, 134-56, 400, 409-10
   processo de seleção natural *versus*, 115-18, 119-20, 122-23, 129
   rendimento nutricional e, 84-85, 125, 138-39, 142-43, 149, 151, 357-58
   variações na facilidade de, 122-29, 137-38
plantas, silvestres:
   amargor das, 113, 118
   amêndoas, 113, 117-18
   bagas, 114, 116
   cereais, 109, 110, 136, 137

conhecimento etnobiológico local de, 143-46
da Austrália, 310
espécies de grama, 139-40, *140*
inibição da germinação nas, 119-20
início da produção de alimentos baseada no sortimento regional inteiro, 134-56
número de espécies de, 132
potencial de domesticação de, 131-33, 136-38
venenosas, 113, 117-18, 144
plantas:
autofertilização das, 121, 123-24
espécies dióicas, 121-22
gás carbônico do ar absorvido pelas, 93
processos de reprodução das, 121-23, 137-38
plantio de raízes, *126*, 127, 132, 148, 149
plantio de tubérculos, *126*, 127, 132
Platão, 276
poliomielite, 205
pólvora, 225, 247, 253-54, 331
porcelana, 254, 256-57
porcos:
doenças humanas e, 198, 213
domesticação de, 141, 159, *160*, 163, 166, *167*, 305, 309, 331, 390
porquinhos-da-índia, 158, 159, 179, 188, 213
posição social hereditária, 273, 274-75, 279, 281
postura ereta, 36
povo iyau, 277

povo san, 77, 381 *ver também* coissãs
práticas fúnebres, 38, 39, 331
processo de decisão comunal, 271-72, 286-88
produção de alimentos:
administração do excedente da, 87-88, 285-86
combinação da flora local necessária para, 134-56
competição da caça-e-coleta com a, 55-56, 84, 147-48, 153-54, 365-66
conhecimento etnobiológico local na, 144-46
controle estatal da, 278-79
da biota indígena *versus* itens importados, 146-54
definição, 84
desenvolvimento da escrita e, 236-37
diferenças geográficas na história da, 91-92, 96-101, *97*, *98*, 406-07
difusão da, 177-92
direções dos eixos continentais na expansão da, 177, 179, 183-92
eixo leste-oeste da difusão eurasiana da, 177, 184-87, 330-31, 367, 400
especialistas não-produtores de alimentos possibilitados pela, 87-88, 261-62, 285-86
evolução de doenças epidêmicas relacionadas com, 84, *85*, 195-96, 205, 358
início da, 91-101, 155-56, 177-78, 262-63, 304-06, 330-31
na América pré-colombiana *versus* Eurásia, 355-58

níveis nutricionais na, 111, 307
população densa sustentada pela, 86-87, 110-12, 195, 205, 284-86
progressos tecnológicos ligados ao início da, 109-10, 262, 263, 359-60, 364-66
prova arqueológica da, 92-96
sedentarismo, na 86-87, 205, 261, 285-86
substituição de populações coincidente com o início da, 98-101, 345-46, 351, 352-53
vantagens militares e, 83-90
produção de ferro fundido, 254, 331
produção de fibras, 88, 118-19, 125, *126*
produção de leite, 86, 159, 183
produção de seda, 158, 256
produtos do petróleo, 247
Projeto Manhattan, 242
proto-indo-europeus, 344
protolínguas, 344
provisão de recursos, inovação tecnológica *versus*, 251
punans, 353

queimada e derrubada das matas para agricultura, 305, 307, 316
quenopódio, *126*, 150, 151, 180, 181, 189
quinoa, 125, *126*
quips, 361
Quizo Yupanqui, 76
rabanete, 125
região mediterrânea:
clima tipificado por, 136, 139-41, *139*, 185, 400-01
prova mais antiga de embarcações na, 41
religião:
cleptocracias sustentadas pela, *268*, 277-78
conquista justificada pela, 69, 71, 73, 88, 266, 278, 281, 282, 360-61, 420
crenças sobrenaturais tribais institucionalizadas como, 277-78
expansão dos governos ligada a, 266-67
inovação tecnológica e, 251
líderes de Estados elevados pela, 280
rena, 159, *161*, 172, 174, 357
repolho, 118, 122
resíduos de carvão, datação radiocarbônica de, 93-94
Revolução Industrial, 123, 360
rinoceronte, 168, 174, 390, 399, 400
rio Sepik, 272
roda, 183, 191, 225, 248, 255, 263, 359, 360, 368
roedores, 158, 205, 208, 209
romãzeira, 124
Rothschild, Lord Walter, 172
Rousseau, Jean-Jacques, 283, 288, 289
rubéola, 199, 203
Rússia, imperial, diversidade étnica incorporada na, 323-24

Saara, produção de alimentos na África iniciada no, 390-91

sacerdotes, 88, 235, 277, 280
sagüeiros, 147, 269, 306
salmonela, 198
samurai, 258
sarampo, 90, 196, 203, 204, 207, *207*, 212, 214, 321, 358
Savage, Charlie, 75
Savery, Thomas, 245
Sejong, rei da Coréia, 230
seleção natural:
    culturas agrícolas *versus*, 115-18, 119-20, 122-23, 129
    pela imunidade às doenças, 201
semeadura ampla, 125-27, 357-58
sementes de gergelim, 118, 186
sementes de mostarda, 118, 145
sementes:
    ampla semeadura, 125-27, 357-58
    culturas agrícolas, 118-19, 136-37
    de cereais, 122, 136-37
    dispersão natural e germinação das, 114-16, 117-18
    em vagens, 119
    mutantes, 119-22
    pressão competitiva do ambiente agrícola por, 123
Sequoyah, 228-30, *229*, 232
Sibéria, caçadores-coletores na, 100, 357, 361, 370-71
sífilis, 199, 210, 212, 214, 321, 358
silabários, 217, 222, 226, 228-30, *229*, 232, 236, 260
sistema de escrita Linear B, 217, 226, 234-35, 240

sistema fluvial Murray-Darling, 304, 311-12
sistema imunológico, 200-02, 204
sistemas de escrita, 66, 215-38
    alfabética, 191, 217, 225-28, 230, 234, 235, 236, 255, 260, 324, 334, 368, 401
    barreiras geográficas e ecológicas à expansão dos, 236-38, 401
    como vantagem militar, 78-80, 215-16
    diferenças lingüísticas e, 216, 225, 226
    difusão de idéias como uma fonte para o desenvolvimento dos, 224-25, 228-32
    expansão dos, 183, 191, 216-38, 352-53, 401
    invenção independente de, 217-24, *219*, 229-30, 235-36, 254-56
    limitações expressivas dos, 233-36
    locais de origem dos, 216, 235-37, 255, *363*
    na Eurásia ocidental *versus* China, 332
    na Mesoamérica *versus* Eurásia, 360
    no disco de Festos, 239-41, *240*
    organização sociopolítica ligada ao uso precoce da, 234-36
    planos detalhados e a modificação dos, 224, 225-28
    poder da transmissão de informações por meio dos, 78-80, 215-16, 360
    princípio fonético aplicado nos, 220-22, 234, 417-19

registros contábeis como estímulo para os, 218, 228, 361
sociedades estatais e, 280, 361
tecnologia de impressão e, 239-41, 259-61
três estratégias básicas usadas nos, 216-17, 222
sistemas de irrigação, 205, 275, 283-84, 357
sistemas políticos:
    avanço tecnológico e, 251-52
    centralizados, 78, 251, 272-79, 360-61
    conquistas espanholas possibilitadas por, 78
    das cleptocracias, 276-78
    das sociedades eurasianas *versus* ameríndios, 360-61
    densidade demográfica e, 62, 63-64, 285-86
    desenvolvimento da escrita ligado a, 234-37
    diversidade étnica abrangida por, 323-24
    diversidade polinésia de, 61-64
    do império inca, 78, 361
    expansão religiosa ligada a, 266
    nas sociedades sedentárias, 86-88
    unidades de, 61-62
    ver também organização social
sítio Monte Verde, 48-49
sociedade moriori, conquista maori da, 53-57
sociedades centralizadas:
    apoio religioso às tentativas de, 276-78, 360-61
    avanço tecnológico sob, 251-52
    economia controlada por, 278-79
    em tribos centralizadas, 272-74, 275-76, 277-78
    fluxo de informações limitado nas, 273, 279
    ordem pública mantida sob, 276-77
sociedades de bandos, 204, 265-70, 277, 286-89
sociedades estatais, *268*, 278-93
    burocratas em, *268*, 273-74, 280
    condições para a formação de, 282-93
    etnicidades múltiplas nas, 280, 323-24
    evidência arqueológica de, 278
    nas Américas *versus* Eurásia, 360-61, *363*
    patriotismo suicida e, 281-82
    porcentagem do globo ocupada por, 266, 283
    religião em apoio a, 280, 360-61
    vantagens militares de, 281-82, 360-61
sociedades sedentárias, 86-87
    controle do Estado de, 285-87
    densidade demográfica e, 87
    inovação tecnológica favorecida em, 261-62
    transmissão de doenças em, 205
solução de conflitos, sistemas sociais de, 265-66, *268*, 271-72, 280, 286-87
sorgo, 125, *126*, 132, 133, 187, 387, 391, 396
Soto, Hernando de, 70, 211
Stalin, Joseph, 225

sudeste da Ásia:
    ancestrais humanos no, 36, 302
    contorno da costa pré-histórico, *300*, 302-03
    expansão austronésia a partir do, *ver* Expansão austronésia
    família de línguas chinesas no, 325-26, *327, 328*, 329
    repovoamento do, 325, 333-34
    sudoeste da Ásia, *ver* Crescente Fértil
Sumatra, continente asiático unido a, *300*
sumpweed, 150, 151
sushi, 198

tabaco, 189, 315
Taiti, unificação do, 291
Taiwan:
    continente asiático ligado a, *300*
    cultura Ta-pen-Keng em, 340-41
    expansão austronésia iniciada em, 340-41, 343, 344, 345-46
    línguas de, *338*, 340, 343, 344-45
tamanho do cérebro:
    de animais domésticos *versus* selvagens, 159-60
    humano, 36, 38, 40
tâmaras, 124, 133
tamarineiros, 315
tanino, 128
Tanzânia, línguas da, 385
Tasmânia:
    cães adotados na, 164
    inovação tecnológica abandonada na, 259, 313-14

    isolamento cultural da, 253, 257, 313, 314
    primeira presença humana na, 302
taxação, 88, *268*, 275, 276, 279
taxas de carbono 14/carbono 12, 93, 94
tecelagem, 164, 253, 261-62
teclados de máquinas de datilografia, seqüência de letras projetada para, 248-49, 418-19
teclados Qwerty, 248-49, 418-19
técnicas de fabricação de papel, 253-54, 256, 260, 331
tecnologia de canais, 155, 253-54, 312, 331, 332
tecnologia dos transistores, 249, 256, 417-18
tecnologia marítima:
    da expansão austronésia, 315, 342-43
    da expansão européia, 77-78, 360
    origens eurasianas da, 241
teff, *126*, 388
telégrafo, 245
Tell Abu Hureyra, indício de seleção em plantas coletadas em, 145, 146-47
templos, 272, 274, 278, 280
teosinto, 137
terceiro chimpanzé, O (Diamond), 40
tifo, 199, 209, 212, 321, 358
tipos de atol, 58
Tolstói, Leon, 157, 175
Tonga, isolamento de, 237
tosse comprida (coqueluche), 199, 203, *207*, 212
transporte marítimo, *ver* tecnologia naval; embarcações

transporte supersônico, 248
tribo centralizada mtetwa, 290-91, 292-93
tribo chimbu, 252
tribos centralizadas, *268*, 272-76, 277, 278-80, 282, 290-91, 292-93, *363*
tributo, *268*, 272, 273, 275, 276, 278, 292
trigo:
    difusão do, 330, 334
    domesticação do, 95, 119-20, 122, 123-24, *126*, 133, 137, 146
    einkorn, 183
    facilidade de germinação do, 120-21
    produção mundial de, 132, 148
    valor nutritivo do, 125, 138, 142, 149, 151
triquinose, 198
tuberculose, 196, 201, 202, *207*, 212, 214, 321, 358
Tutancamon, 118

ultravírus da mixomatose, 209, 210
ursos, 165, 171
ursos-cinzentos, 165, 171
uvas, 114, 118, 121, 124, 133, 134, 152

vacas (gado bovino), 95-96, 141, 159, *160*, 166, *167*, 169, 187, 206-07, *207*, 357, 390, 391, 401
vacinação, 200
Vale do Indo, desenvolvimento da produção de alimentos no, *98*, 99, 179, 190

Vale do Jordão, plantas selecionadas para domesticação no, 146
Valverde, Vicente de, 71
varíola, 76-77, 90, 199, 203
    ameríndios mortos por, 199, 210, 212, 356, 373
    animais domésticos relacionados com a, 196, *207*
    como a peste de Antonino, 205
    controle moderno da, 319
    entre os aborígines australianos, 321
    imunidade a, 358
    no Havaí, 214
    primeiro aparecimento da, 205, 331
    transmissão da, 199, 359
veículos motorizados, invenção dos, 243
vicunha, 170
vida nas aldeias, 35, *363*
vidro, 241, 246-47
Vietnã, línguas faladas no, 326, 337-38
violência, repressão do governo à, 276-77
vírus dos macacos, 197, 204, 208

Washington, George, 276
Watt, James, 241, 242, 244-45
Wheatstone, Charles, 245
Whitney, Eli, 242, 245
Wills, William, 298, 322
Wu Li, *232*

xosa, 397-98

Yali, 35, 37, 405-09

Zaire, práticas cleptocráticas no, 276
zebras, 157, 163, 167, 172, 390, 399
Zohary, Daniel, 182, *182*
zona do Sael:
    culturas agrícolas da, *126*, 137, 187, 387, 401
    difusão das *culturas agrícolas* de leste para oeste na, 187
    início da produção de alimentos na, 96, *98*
    metalurgia da, 396
zoológicos, programas de reprodução nos, 168, 170

Este livro foi composto na tipologia Agaramond
em corpo 11/14 e impresso em papel Offset
75g/m² no Sistema Cameron da Divisão
Gráfica da Distribuidora Record.

Seja um Leitor Preferencial Record
e receba informações sobre nossos lançamentos.
Escreva para
RP Record
Caixa Postal 23.052
Rio de Janeiro, RJ – CEP 20922-970
dando seu nome e endereço
e tenha acesso a nossas ofertas especiais.

Válido somente no Brasil.

Ou visite a nossa *home page*:
http://www.record.com.br